# 明清研究論叢

第二輯

香港中文大學中國語言及文學系 編

上海古籍出版社

**編輯委員會**
華　瑋　張　健　周建渝　陳煒舜　徐　瑋

**編輯助理**
胡光明

# 目　　録

汪廷訥生平、交游與劇作考述 …………………… 呂識途 （ 1 ）

論毛氏父子（毛綸、毛宗崗）與金聖嘆評點活動的關係
……………………………………………………… 黎必信 （ 25 ）

誰是主角？誰在觀看？
　　——論清代戲曲中的崇禎之死 ………………… 華　瑋 （ 43 ）

從《西湖扇》中的"寫"與"不寫"看世變後文人的自我安頓
……………………………………………………… 張家禎 （ 83 ）

《聊齋志異》中"劉、阮遇仙"母題的再現 ………… 王玲玲 （101）

粉墨帝王：《無瑕璧》的靖難演義及其宮廷演出 …… 陳亮亮 （125）

《石頭記》的叙述層次及其功能與意義 …………… 周建渝 （151）

戲劇與權力之間：《昭代簫韶》中的君臣與神道書寫
……………………………………………………… 胡光明 （179）

空中樓閣，夢裏干戈：《筆生花》中"三仙祠"意象的分析
……………………………………………………… 張思靜 （215）

對語的生成與規則：以《對類》爲中心 …………… 張　健 （237）

明清禪宗教材的對句資料 …………………………… 黃耀堃 （259）

《永樂大典》卷八〇八所存宋詩話輯考 …………… 陳鴻圖 （277）

《禮經旁訓》明萬曆十六年朱鴻謨、陳文燭等刻本考………梁德華（301）

戴震《與王内翰鳳喈書》真僞考……………………………王　利（329）

論胡培翬《儀禮正義》之體例及其"以例治禮"方法之運用
　　………………………………………………………陳曙光（349）

華嚴字母韻表語音與符號系統考……………………………蕭振豪（387）

晚清傳教士與漢語研究
　　——以潮汕方言歷時語料爲例 ………………………徐宇航（415）

# 汪廷訥生平、交游與劇作考述

吕識途

**提要**：汪廷訥是晚明著名的文人曲家。其人博學善文，所作傳奇傳世者有《投桃記》、《種玉記》、《三祝記》、《獅吼記》、《彩舟記》、《義烈記》、《重訂天書記》等共七種，雜劇傳世者有《廣陵月》；其餘尚有散齣傳世與存目者數種。其中《獅吼記》是汪廷訥的代表作品，自刊行以來就盛演不衰，《梳妝》、《跪池》等折子戲，至今仍是崑曲舞臺上的保留劇目。另著有《坐隱先生全集》、《無如子正續贅言》，編有《文壇列俎》、《人鏡陽秋》等文集。本文主要在翻閲相關文獻材料的基礎上勾勒并描述出汪氏的生平情况。文章的新發現包括以下幾點：一、汪廷訥有兄弟三人，分别是兄長汪廷知、弟汪廷試以及宗弟汪元英。另至少有子嗣一人，生平資料未詳；二、在交游部分檢閲到諸多尚未爲學人所關注的人物，如汪廷訥與萬曆朝首輔沈一貫的聯句，而此前的研究均認爲在汪廷訥交游的諸多友朋中地位最高者要屬張位；三、汪廷訥結有文社，名爲"坐隱環翠社"；四、《重訂天書記》原有傳奇《天書記》，創作時間爲萬曆三十二年（1604）；五、汪氏現存的七部傳世傳奇戲曲作品的創作時間先後順序爲：《投桃記》、《種玉記》、《三祝記》、《獅吼記》、《彩舟記》、《義烈記》、《重訂天書記》。

**關鍵詞**：汪廷訥　親友　交游　創作時間

本文通過搜集整理汪廷訥的著述，并對汪氏友人的詩文、筆記以及史傳、方誌等文獻的爬梳歸納，對汪氏本人的生平概况、家園宅第、交游情况與著作時間等問題在前人研究的基礎上做出進一步的論述考辨。筆者在閲讀現有的文獻及研究著作之後，認爲在汪廷訥基本文獻的研究厘清上,依然存在如下疑問,如:生卒年月、家庭成員、交游情況及著述真偽與創作時間等問題,下文將會一一論述。有關汪氏基本文獻材料的辨析,徐朔方先生的《汪廷訥行實繫年》爲汪廷訥的相關研究打下了很好的文獻基礎,①對其生平、交游、仕途、著作等都有較爲詳盡的考述,故本文在徐先生研究的基礎上,就閱讀所及的新材料,提供若干補充性論述。

## 一、汪廷訥的生平

先略述汪廷訥生平情況如下:汪廷訥,或生于隆慶三年(1569),應卒于崇禎元年(1628)之後,原字去泰,後改字昌朝,②一字無如,③號坐隱先生,④休寧汪村人,⑤三十歲做過鹽官之類的官職,⑥在天啓元年(1621)至七年間任長汀縣的縣丞。⑦ 今據顧起元《坐隱先生傳》可對汪

---

① 《汪廷訥行實繫年》,徐朔方:《晚明曲家年譜·皖贛卷》(杭州:浙江古籍出版社,1993年),頁505—545。另:李雲峰的《汪廷訥戲曲研究》與曹光琴的《汪廷訥研究三題》對於汪廷訥的文獻研究亦有較大幫助。李雲峰:《汪廷訥戲曲研究》,安徽師範大學碩士論文,2007年;曹光琴:《汪廷訥研究三題》,揚州大學碩士論文,2011年。
② 朱之蕃在《坐隱先生贊有序》有云:"先生諱廷訥,馮大司成字之曰昌朝,楊少宗伯授别號曰無無居士。"汪廷訥撰:《坐隱先生全集十八卷》,《四庫全書存目叢書》,集部188册(臺南:莊嚴文化事業有限公司,1997年),頁520。另,廷訥,原字去泰。取義左思《魏都賦》:"左則中朝有艳,聽政作寢,匪樸匪斲,去泰去甚。"蕭統編、李善注:《文選》(上海:上海古籍出版社,1986年),頁270。
③ "廷訥字無如,休寧人。"朱彝尊輯録:《明詩綜》第六册(北京:中華書局,2007年),頁3187。
④ 關於汪廷訥的號"坐隱先生",其"坐隱"二字:"語本《莊子·齊物論》:'南郭子綦隱几而坐。'可能由於綦與棊(棋)通,《世説新語》以後,坐隱成爲下圍棊(棋)的代稱。"《汪廷訥行實繫年》,參見徐朔方:《晚明曲家年譜·皖贛卷》(杭州:浙江古籍出版社,1993年),頁506。另:晚明徽州人物號"坐隱先生"者還有汪曙。汪曙:自號坐隱先生,明嘉靖、萬曆時婺源人。善弈棋,爲隆慶、萬曆間以程汝亮爲代表的新安派著名弈人。不僅棋藝高超,且精于弈理。著有《弈隅會通》,又嘗取《玄玄棋經》重刊之。參見方正中編撰:《徽州人物志》(合肥:黄山書社,2009年),頁224—225。
⑤ 康熙《休寧縣志》亦有載:"汪廷訥,汪村人,加例鹽提舉。"轉引自趙景深、張增元編著:《方志著録元明清曲家傳略》(北京:中華書局,1987年),頁114。
⑥ 王經世:《題坐隱先生訂譜歌》:"年方三十拜鹽官,秩領大夫,縮銀綬。"汪廷訥撰:《坐隱先生全集十八卷》,《四庫全書存目叢書》,集部188册(臺南:莊嚴文化事業有限公司,1997年),頁656。
⑦ 乾隆《汀州府志》載:"休寧人,天啓時任長汀縣丞。"轉引自趙景深、張增元編著:《方志著録元明清曲家傳略》(北京:中華書局,1987年),頁114。

氏生平大略、思想志趣、好客助人之行、文學修養素質,以及棋藝愛好等方面有較爲詳盡的了解:

先生姓汪,名廷訥,字昌朝,別號無如,休寧之汪村里人也。家世好行德。母孕時,夢笙籟羽幢擁入其室而生先生。生而警敏特甚,垂髫慕古,過目輒誦于口、瞭于心。父篤愛之。長益博學,多所觀覽。自《七略》、《九流》諸書以逮竑經怪牒、丹篆竺典,靡不敦悦而研味焉。嘗偃息山廬,刳心古文辭。客間有操弈以進者,先生輒與之角,角又輒勝。客乃瞿然曰:"君殆所謂坐隱者?"人遂因以是目之。惟先生亦以是自愉快,它務夷然不屑也。先生學有元本,内行修潔而風流標置,追迹古人。始黃門祝公爲邑令,先生從之游,學所以盡性至命者。公爲著《爲人説》以示之。少宗伯復所楊先生講德南郡,先生復執贄而稟學焉。間以所得質先生,大器重之,因授號"無無居士",且爲之解。時等輩中往往目攝汪先生,爲虛左席遜矣。先生事父母孝,其精感神明。丁酉試棘闈,忽忽心動,亟投牘歸,父果病。乃哀號籲天,祈身代,無何病良已。父喪,毀瘠幾滅性,見者至爲感動。父故有愛姬,先生莊事之若母。比其殁,自數百里外返櫬祔父。兆人相謂曰:"孰有不欺死父,而愛如先生者哉?"于是先生遂秉家政矣。客有須臾更張、規厚利者,謝曰:吾忍改父之臣與?與父之政耶?謹守之顓若書一。父嘗許以千金莊嚴湖陰圓照寺,未就而卒。至是先生捐橐裝施,爲俾竟前志。鄉族有困厄者,往往緩急其人而不居德。月授糈,歲授衣,人人倚先生爲外府矣。僕有屋,豪有力者將奪之,先生爲出金直其事。其好爲節俠多此類。于是縉紳題其所居曰"高士里"以襃之……先生工臨池,遠宗魏晉,嘗與吳門王百穀氏論書,王爲之心服……生平直諒好義,性不能茹非道,顧己則忘之。遇事有不平者,感慨往赴,至身勞怨不避。①

---

① 顧起元:《坐隱先生傳》,載汪廷訥撰:《坐隱先生全集十八卷》,《四庫全書存目叢書》,集部188册(臺南:莊嚴文化事業有限公司,1997年),頁517。

另陳昭遠《三祝記叙》也對汪氏天賦、學問、才情,以及濟危好義的品行有贊揚之處:

> 新安無如汪鼪使,天縱慧悟性樂,潛藏五車,蕴藉三百,才情窮海内外,誰不想慕其人?而復世好行德,扶困濟厄,父子相承無替。而今且以大夫起家,天之報施善人,良不爽矣。復欲勸化顓蒙,偕與爲善,以濁世不可莊語也。①

如上所叙,我們可對汪廷訥有簡單的了解,但學術界關於汪氏的研究,尚存在諸多爭議的問題。現述論如下:汪廷訥的生卒年份問題,學界尚存爭議,徐朔方先生認爲其生卒年爲(1569?—1628後),②此説較爲可信。③ 由於缺乏進一步的文獻材料支持,對于汪氏的明確生卒年份我們目前尚不能準確界定。但據《坐隱先生全集十八卷》開篇所記萬曆己酉年(1609)汪廷訥即在文章落款處自稱清癡叟。④ "叟"字最早在《孟子》中有記:"孟子見梁惠王。王曰:'叟,不遠千里而來,亦將有以利吾國乎?'"⑤這裏梁惠王稱呼孟子爲叟。叟,本作叜,老也。⑥ 據錢穆先生《先秦諸子繫年》考證,孟子生卒年爲:公元前 390—公元前 305 年,⑦其

---

① 陳昭遠:《叙〈三祝記〉》,載汪廷訥:《環翠堂樂府三祝記》,載古本戲曲叢刊委員會編:《古本戲曲叢刊二集》(上海:商務印書館,1955年),頁1b。
② 《汪廷訥行實繫年》,徐朔方:《晚明曲家年譜·皖贛卷》(杭州:浙江古籍出版社,1993年),頁505。
③ 李雲峰曾總結學界諸位學者關於汪氏生卒年的觀點,并贊同徐朔方先生的説法:汪氏生卒年爲(1569?—1628後)。李雲峰:《汪廷訥戲曲研究》,安徽師範大學碩士論文,2007年,頁4—6。按:近年來有研究根據新發現的二十三卷本《人鏡陽秋》(比一般的二十二卷本多出來一卷)中的《坐隱先生紀年傳》判定汪廷訥生年爲萬曆五年(1577)左右。參見童捷:《燕雲讀書札記——晚明版畫史文獻新證二則》,《中國美術學院學報》第四期(2011年),頁64;林麗江:《徽版畫〈環翠堂園景圖〉之研究》,載《區域與網絡:近千年來中國美術史研究國際學術研討會論文集》(臺北市:臺北大學藝術史研究所,2001年),頁311。
④ 《自叙》,汪廷訥撰:《坐隱先生全集十八卷》,《四庫全書存目叢書》,集部188册(臺南:莊嚴文化事業有限公司,1997年),頁516。按:後文由于會多次引用此書内容,凡提此書名,均簡稱爲《全集》。
⑤ 《十三經注疏》整理委員會整理,李學勤主編:《孟子注疏·梁惠王章句上》(北京:北京大學出版社,1999年),頁2。
⑥ 許慎撰,段玉裁注:《説文解字注》(上海:上海古籍出版社,1988年),頁115。
⑦ 《諸子生卒年約數》,錢穆:《先秦諸子繫年》,《錢賓四先生全集》第五册(臺北:聯經出版事業股份有限公司,1998年),頁695。

見梁惠王在周慎靚王元年辛丑,是爲惠王後元之十五年(前 320)。① 可見在孟子的時代,老者七十方稱之爲叟。明人的壽命,相比前代有了大幅度提高,文人高壽者尤爲多見。② 所以筆者認爲萬曆己酉年(1609)汪廷訥作文自稱清癡叟時不會太過年輕,保守估計也應在四十歲左右。

我們今天只是知道汪廷訥家資豪富,③但對于汪廷訥家庭情况、親屬成員等不甚了解。今據汪氏彙輯典籍中所載的古忠孝節義者之事迹而成的《人鏡陽秋》卷十九義部惠愛類"汪仕齊"條下的記載:

> 皇明汪世衡,字仕齊,倚南號也,徽州休寧人。……無無居士曰:"赤張滿稽云:'病而求醫。孝子操藥以修慈父,其色燋然,聖人羞之。'不肖敢謂先君子躋至德之世哉,第以心論庶幾之爾,嘗誦《大雅·文王之什》,而嘆周公不逮及也,竊附赤張之義,于親不敢諛之云爾。"④

可知汪廷訥之父名爲汪世衡,字仕齊,倚南號也,徽州休寧人。⑤ 這裏汪廷訥是在借用《莊子》中的内容來表達自己對父親的敬意。徐朔方先生説汪父卒于萬曆二十六年戊戌(1598),可作參照;⑥ 又據《坐隱先生集》,汪廷訥有一兄,叫汪廷知,生平事迹不詳;還有一弟名汪廷試,"字墨林,捐過貢生,⑦有妾黄氏。"⑧且汪廷訥所屬宗族之中另有一宗弟名爲汪元英。據《明人小傳》所載汪元英事迹:"汪元英,字大吕,休寧人,有《栩栩

---

① 《孟子游梁考》,同前注,頁 412。
② 何宗美:《明代怡老詩社綜論》,載《明末清初文人結社研究續編》(北京:中華書局,2006 年),頁 83。
③ 汪廷訥著,黄颷評注:《試評汪廷訥和〈獅吼記〉》,《獅吼記評注》,《六十種曲評注》册 20(長春:吉林人民出版社,2001 年),頁 601。
④ 汪廷訥撰:《人鏡陽秋:二十二卷》,明萬曆二十七年(1599)金陵環翠堂本,卷十九,頁 34b—36a。
⑤ 司徒秀英曾在文章中提到過汪廷訥父親汪仕齊,但却未曾詳言其父親字號。參見司徒秀英:《汪廷訥〈三祝記〉、〈天書記〉、〈義烈記〉的歷史演義與教化言志》,載《明代教化劇群觀》(上海:上海古籍出版社,2009 年),頁 243。
⑥ 《汪廷訥行實繫年》,徐朔方:《晚明曲家年譜·皖贛卷》(杭州:浙江古籍出版社,1993 年),頁 515。
⑦ 徐乃昌等纂修:《南陵縣志》(合肥:黄山書社,2007 年),頁 392。
⑧ 何治基等撰:《安徽通志》第七册(臺北:華文書局,1967 年),頁 3426。

軒稿》。"①而關于汪廷訥的後代子孫,現在所知甚少,只知其在萬曆三十四年(1606)五月育有一子,但姓名不詳。②《坐隱先生全集》中有兄弟三人的詩歌記載,鑒于前述研究對此三人均未提及,現將三人詩作全引如下。《全集》中落款爲"兄汪廷知具草"的詩文:

> 《坐隱八音詩》:"金馬人間隱洞天,石田雲暖紫芝鮮。絲綸手自枰中試,竹帛勳從局上傳。匏繫有時通旅宦,土居無日不游仙。草囊已醒塵寰夢,木落千山片月懸。"③

汪廷知與汪廷訥的聯句:

> 《是日集諸友于坐隱園湖上聯句》:園中初避暑,湖上共乘風。(汪廷訥)……松濤喧振盪,瀑布挂虛空。(汪廷知)④

汪廷試的作品在《全集》中的記載爲:《春日諸社友集昌公湖亭閱坐隱訂譜各聯七言二句共成排律十八韻》落款處爲"弟廷試書于湖心亭"。⑤《全集》中關于宗弟汪元英的詩作爲:

> 《昌朝、宗丈,陳誼甚高,時名藉藉宇内,鉅公鴻士無不願與納交,匪獨爲吾宗重,即東南實稱雋焉。家有園林湖沼直與蓬瀛爭勝,昌朝日誦讀于其中,學問閑博,撰作廣布,暇則假弈適情,慧心所叢動成勝局,人因呼爲坐隱先生,余艷慕之極,遂走筆漫爲賦七

---

① 國家圖書館分館編:《孤本明代人物小傳》册3(北京:全國圖書館文獻縮微中心,2003年),頁92。
② 據《曲海總目提要》:"乙巳(1605)暮春,余晨參純陽子。禮畢,假寐瓊蕊房。……越明年夏五月,余果舉一丈夫子。于是信我師之夢,果不我欺矣。"參見清無名氏:《曲海總目提要》,俞爲民、孫蓉蓉編:《歷代曲話彙編:新編中國古典戲曲論著集成・清代編》(合肥:黃山書社,2009年),頁314。
③ 汪廷知:《坐隱八音詩》,汪廷訥撰:《坐隱先生全集十八卷》,《四庫全書存目叢書》,集部188册(臺南:莊嚴文化事業有限公司,1997年),頁648。
④ 《是日集諸友于坐隱園湖上聯句》,同前注,頁672。
⑤ 《春日諸社友集昌公湖亭閱坐隱訂譜各聯七言二句共成排律十八韻》,同前注,頁671。

言長句爲贈》：吾宗奇秀儲英彥，玉立丰標衆所羨。芸窗學業用三冬，縹帙緗編蒐萬卷。蚤曳華裾帝京游，才名灌耳動皇州。白璧黃金傾意氣，結交當世皆名流。百畝園開風景別，林巖積萃環堂列。一枰坐隱即壺天，若比商山更幽絕。碧榭青軒花月多，金塘畫舫漾迴波。彈絲品竹考鐘鼓，不惜朱顏偕客酡。丘園行樂何嘗已，勸駕桑時須崛遲。朝命新頒屬里鼙，恩霈銀艾從茲始。丈夫所貴豈浮榮，青簡當令氣色生。請看《人鏡陽秋》在，千載長留不朽名。①

汪元英與汪廷訥的聯句：

《春日諸社友集昌公湖園亭聯句十二韻》：石淙幽邃應殊勝（汪廷訥），梓澤繁華若□并，虹亘湖亭收花雨（汪元英）。②

《夏日集諸友于坐隱園湖上十四韻》：樓臺飛岸蕚，巖洞轉穹窿（汪廷訥），……披襟當四美，岸幘締群公（汪元英）。③

筆者認爲上述關於汪廷訥父親和兄弟的記載，有助於我們了解坐隱園中的景致風物、其個人的隱逸志趣及文學活動等生平事迹。但由于缺乏關于汪仕齊、汪廷知、汪廷試、汪元英四人的文獻資料支持，進一步的研究尚待發現新的資料以供佐證。

## 二、汪廷訥與晚明文人的交游

《休寧名族志》中有記："汪族素多名賢懿德，代不乏人。"④汪廷訥的好友性格，與休寧汪氏家族有著一脈相承的關係。汪廷訥自己曾説：

---

① 《昌朝、宗丈，陳誼甚高，時名藉藉宇内，鉅公鴻士無不願與納交，匪獨爲吾宗重，即東南實稱隽焉。家有園林湖沼直與蓬瀛爭勝，昌朝日誦讀于其中，學問閎博，撰作廣布，暇則假弈適情，慧心所叢動成勝局，人因呼爲坐隱先生，余艷慕之極，遂走筆漫爲賦七言長句爲贈》，同前注，頁 666。
② 《春日諸社友集昌公湖園亭聯句十二韻》，同前注，頁 671。
③ 《夏日集諸友于坐隱園湖上十四韻》，同前注，頁 672。
④ 曹嗣軒編撰，胡中生、王夔點校，周偉元審訂：《休寧名族志》（合肥：黃山書社，2007 年），頁 280。

"余生無他長,惟于友道最篤。交游中得一善,則過爲揄揚;遇滋垢,則曲爲隱護。"①徐朔方先生指出:汪廷訥與當時南北兩京的内閣大臣、尚書、侍郎、督撫、翰林學士如張位、朱賡、于慎行、朱之蕃、耿定力、顧起元、楊起元、馮夢禎、沈懋孝、焦竑,名流如李贄、湯顯祖、張鳳翼、屠隆、袁黄、于玉立、曹學佺等都有交往,或者至少有題詩贈答。汪氏二十二歲前後,就以《中吕駐馬聽·訪陳藎卿于孫楚酒樓有贈》得到曲學先輩陳所聞的贊賞;國子監祭酒馮夢禎給他改字昌朝,南京禮部侍郎楊起元給了他一個高雅的别號:無無居士。②《明人小傳》中也有他與湯顯祖、王百穀等人的交游記載:"無如耽情詩賦,兼愛填詞。結環翠亭,酒宴琴歌,與湯義仍、王百穀諸人游,興酬聯句。"③關于汪氏之交游經歷,學界至今仍存爭議的問題是:當時如此衆多的名人怎會與如此"名不見經傳"的汪廷訥有這許多的文章往來?如徐朔方先生曾提到,如按汪集中所載其與如此衆多之名流人物都有交游存在,怎麽會他家鄉的《休寧縣志》只有不滿一行字的傳記。④

對于汪集中收録的諸多名人題詞、序言的僞托問題,如果考慮到晚明的"潤筆"風氣,也就不難理解了。明代後期,商人開始尋求進入更高的社會階層,他們渴望得到士紳身份,千方百計地嘗試各種方法以實現從商人階層到士紳階層的轉變。⑤應該説與當時名流進行交往是晚明社會的一種流行風氣,而財富則是商人獲取真正的士紳身份的必備前提。汪廷訥的豐厚家資無疑又使其在與諸多名流的交往中具備了充分的條件。余英時曾説:"文人諛墓取酬,自古有之,但爲商人大量寫碑

---

① 《篤交銘·有序》,汪廷訥撰:《坐隱先生全集十八卷》,《四庫全書存目叢書》,集部 188 册(臺南:莊嚴文化事業有限公司,1997 年),頁 709。
② 《汪廷訥行實繫年》,參見徐朔方:《晚明曲家年譜·皖贛卷》(杭州:浙江古籍出版社,1993 年),頁 505—506。
③ 曹溶:《明人小傳》,國家圖書館分館編:《孤本明代人物小傳》册 3(北京:全國圖書館文獻縮微中心,2003 年),頁 91。
④ 《汪廷訥行實繫年》,參見徐朔方:《晚明曲家年譜·皖贛卷》(杭州:浙江古籍出版社,1993 年),頁 505。後文徐朔方先生又提到三點質疑:一、顧起元爲汪廷訥寫的傳記存疑;二、張鳳翼爲汪廷訥《投桃記》傳奇作的序存疑;三、湯顯祖與汪廷訥是否存在交往存疑。參見徐朔方:《晚明曲家年譜·皖贛卷》(杭州:浙江古籍出版社,1993 年),頁 506—532。
⑤ [加]卜正民著,方駿、王秀麗、羅天佑合譯,方駿校:《縱樂的困惑:明代商業與文化》(臺北:聯經出版事業股份有限公司,2004 年),頁 289—291。

傳、壽序,則是明代的新現象。……在 16 世紀時,詩文書畫都已正式取得了文化市場上商品的地位。許多名士各以不同的方式表現對於潤筆的重視,他們的共同態度是:爲人作文字必須取得適當的金錢或其他物質的報酬。"①那麼以汪廷訥家的經商傳統與萬貫家財,②能夠請到名流人物爲之題詞作序亦屬正常了。汪廷訥曾在《全集》自序中寫道:

"太史公云:'砥行礪名者,非附青雲之士,烏能聲施後世!'李青蓮曰:'一經品題,便作佳士。'今足下之贈言盈笥,夫非以品題之重而附青雲之士哉。且諸公之美意弗彰,作者之名言未著,幾于自匿而以匿人,甚非同儕所敢聞也,請從之。"余遂手彙而次第之,附于《訂譜》之後。書成,反覆自頌,曰:"是書也,若謂假曼倩之玩世,爲市朝之大隱,則吾豈敢! 獨以余立身霄壤,與斯人爲徒,寒蟬之潔所不能,腐鼠之污所不屑,清濁之間,隱顯之迹,余惟自信已耳。知我罪我,亦奚必問耶!"托楮生而自白其梗概,如雁唳鶴鳴,非有意于人。聽者幸毋以文視此篇也。③

汪廷訥先引用司馬遷和李白的話,來説明留存諸位名流給自己題語的重要性,其後又表明自己也并非要以標榜名流的題詞來顯示身份,但諸位友朋對自己的一番期望與心意,不能得到彰顯,自己的著作也没能得到流傳,同輩中人還從來没有聽説過要故意隱藏他人給自己題語的事情,所以才把這許多的題詞序言,收在了自己的文集裏。這裏除了汪廷訥自身的一番誠摯自白與明志,也道出了其《全集》成書之由來。筆者因此較爲贊同全集中收録作品非僞托的觀點。

汪廷訥曾結"坐隱環翠社",所謂"徵詩奏酒盛于金谷蘭亭,美哉奇

---

① 余英時:《士商互動與儒學轉向》,載《現代儒學的回顧與展望》(上海:三聯書店,2004年),頁 201—206。
② 汪廷訥父親就已"弱冠棄儒,修父業,賈于湖,得萬貨之情"。汪廷訥撰:《人鏡陽秋:二十二卷》,明萬曆二十七年(1599)金陵環翠堂本,卷十九,頁 34b。
③ 汪廷訥撰:《坐隱先生全集十八卷》,《四庫全書存目叢書》,集部 188 册(臺南:莊嚴文化事業有限公司,1997 年),頁 516。

矣。誰不侈談，然非吾之所謂社也。"①"金谷"即寓西晉石崇之"金谷園"，"金谷文會"和"蘭亭文會"是西晉最著名的兩次文會。這裏汪廷訥將自己的坐隱環翠社聚游以"金谷蘭亭"作比，明顯是希望兼取金谷之奢華富麗與蘭亭的天然靈秀，汪氏坐隱園有如此氣勢，無怪乎鄭振鐸先生說汪廷訥是明代劇作家中最富有者。② 關于社中諸人的詩文活動，《全集》中多有記載：《望青山懷社中諸君子》、③《月下同諸社友泛舟秦淮時余將游燕》、④《月下同社中諸友小集》、⑤《社中諸友過訪》、⑥《春日同諸社友小集坐隱園即事》、⑦《春日諸社友集昌公湖亭閱坐隱訂譜各聯七言二句共成排律十八韻》。⑧ 據上述詩作可知環翠社社友有：查介、閔道行、汪文抱、徐應泉、阮汝鳴、汪廷試、項昇、許應善、鮑啓成、許從陸、汪簡、程棟、王經世、項守易、梅春魁。上述諸人除阮汝鳴外，⑨生平事迹多不可考。

　　汪氏之友朋數量委實可觀，據統計："《坐隱全集》僅絲、竹部就列出二百多人的題序。"⑩今觀汪廷訥的朋友幾乎遍及社會各個階層，所謂"……雖納交乎山林野叟，尤折節于藝苑賢豪。"⑪隨之而來的問題是：如此衆多交游友人的存在使得前人的研究多停留于泛泛綜論的基礎之上，通讀之後對汪氏其人交游情況了解得總不甚清晰。今據筆者翻檢相關文獻，以在汪氏作品中出現次數爲兩次及以上爲標準，對汪廷訥的交友情況展開考證。爲避免重複，前述徐朔方先生曾提的到與汪廷訥

---

① 汪廷訥：《坐隱環翠社》，同前注，頁707。
② 鄭振鐸：《插圖本中國文學史》(香港：商務印書館，1961年)，頁925。
③ 汪廷訥：《望青山懷社中諸君子》，《坐隱先生全集十八卷》，《四庫全書存目叢書》，集部188冊(臺南：莊嚴文化事業有限公司，1997年)，頁727。
④ 汪廷訥：《月下同諸社友泛舟秦淮時余將游燕》，同前注，頁731。
⑤ 汪廷訥：《月下同社中諸友小集》，同前注，頁745。
⑥ 汪廷訥：《社中諸友過訪》，同前注，頁749。
⑦ 汪廷訥：《春日同諸社友小集坐隱園即事》，同前注，頁761。
⑧ 汪廷訥：《春日諸社友集昌公湖亭閱坐隱訂譜各聯七言二句共成排律十八韻》，同前注，頁671。
⑨ 阮汝鳴，徽州歙縣人，卒于萬曆三十八年(1610)三月三日，參見中國考古學會編：《中國考古學年鑑》2000年(北京：文物出版社，2002年)，頁469。
⑩ 曹光琴：《汪廷訥研究三題》，揚州大學碩士論文，2011年，頁26。
⑪ 汪廷訥：《自傳》，《坐隱先生全集十八卷》，《四庫全書存目叢書》，集部188冊(臺南：莊嚴文化事業有限公司，1997年)，頁698。

存在友朋關係的名流人物均不會出現在下文中:

李赤肚,生于正德五年庚午(1510),徽州黟人。萬曆三十三年乙巳(1605)三月爲汪廷訥作《坐隱園四奇紀事》,所謂四奇,一爲萬曆二十八年(1600)營建環翠堂,久雨忽晴;二爲次年開鑿昌湖,得蘇書《醉翁亭記》碑,將以入藏而石壞;三爲萬曆三十二年,群鶴飛舞湖干,有方士來游,"瀕行謂曰:願寫呂真人像供奉";四爲今春李赤肚再謁居士,觸于瓊蕊房,終日相與趺坐。① 汪廷訥作有《一陽日寄李赤肚道人》,中有"遍參道侶惟吾師,吾師握真詮,道在非遠"語句,②可見李赤肚爲道教中人,汪廷訥事之以師禮。

李登(1524—1609),金陵人,字伯庸,號華臺,治詩。年四十四舉庚辰進士第十六名,授評事,卒時壽數至少在八十五歲之上。③ 顧起元爲汪廷訥所作傳記中,記汪廷訥與李登談論心學。④ 李登與汪廷訥均好棋道,萬曆三十五年(1607)孟冬日汪氏嘗與李登、沈鳳翔、薛應和同賞棋譜以論棋道。⑤ 同年李登亦作有《題〈無如子贅言〉》,⑥此文是爲汪廷訥《無如子贅言》所寫的序言。李登另作有《坐隱偈有引》、《續坐隱先生歌》與《分得羅浮道士誰同觀》對汪廷訥及其坐隱園多有贊語。⑦《坐隱詩》中也收有其作品一首,⑧亦有《讀汪昌朝〈人鏡陽秋〉》,是爲汪氏編著的《人鏡陽秋》作的序言。⑨

---

① 李赤肚:《坐隱園四奇紀事》,同前注,頁620。
② 汪廷訥:《一陽日寄李赤肚道人》,同前注,頁722。
③ 張弘道、張凝道同輯:《皇明三元考:十四卷》,周駿富輯:《明代傳記叢刊》第19冊(臺北:明文書局,1991年),頁542。另:《坐隱先生全集》中李登爲汪廷訥寫的《坐隱偈有引》落款爲"上元八十五翁李登"。汪廷訥撰:《坐隱先生全集十八卷》,《四庫全書存目叢書》,集部188冊(臺南:莊嚴文化事業有限公司,1997年),頁600。
④ "先生舊嘗游武當,遇了悟禪師,談佛乘,歸來趺坐全一龕,閱數寒暑,隱隱有跌迹。復與吾鄉如真李先生論心學,玄理益暢。"顧起元:《坐隱先生傳》,汪廷訥撰:《坐隱先生全集十八卷》,《四庫全書存目叢書》,集部188冊(臺南:莊嚴文化事業有限公司,1997年),頁518。
⑤ 汪廷訥:《觀訂譜》,同前注,頁586。
⑥ 李登:《題無如子贅言》,汪廷訥:《無如子贅言》,明萬曆年間(1573—1620)海陽汪氏環翠堂刊本,頁6—9。
⑦ 李登:《坐隱偈有引》,汪廷訥撰:《坐隱先生全集十八卷》,《四庫全書存目叢書》,集部188冊(臺南:莊嚴文化事業有限公司,1997年),頁600;李登:《續坐隱先生歌》,同前注,頁629;李登:《分得羅浮道士誰同觀》,同前注,頁670。
⑧ 《坐隱詩》,同前注,頁670。
⑨ 李登:《讀汪昌朝〈人鏡陽秋〉》,汪廷訥撰:《人鏡陽秋:二十二卷》,明萬曆二十七年(1599)金陵環翠堂本,卷二十,頁李一至李三。

沈一貫(1531—1615)，字肩吾，又字不疑，鄞縣人。隆慶戊辰進士，選翰林庶吉士，授編修。萬曆二十二年(1594)，以禮部尚書入值東閣，累加少師左柱國，中極殿。三十四年致仕，卒謚文定。① 沈一貫做過萬曆年間的首輔，"萬曆二十九年(1601)九月志皋卒，一貫遂當國。"② 乃當朝一品大員。《明史》記："一貫之入閣也，爲錫爵、志皋所薦。輔政十有三年，當國者四年。"③《坐隱先生全集十八卷》中記有沈一貫與汪廷訥及其宗弟汪元英二人的聯句：

> 《上元環翠堂觀燈聯句》：山堂入夜敞芳筵(昌朝)，佳節娛賓興自偏(不疑)。三市人聲初動地(大呂)，九微燈火欲參天(昌朝)。星光燦爛朱欄外(不疑)，霞衫繽紛繡幕前(大呂)。照乘金羊紓暖色(昌朝)，團花蠟鳳吐春烟(不疑)。庭間竹樹嬌羅綺(大呂)，座上詼諧雜管弦(昌朝)。命酒欲依金谷數(不疑)，賡詩儼是柏梁篇(大呂)。歡騰錦裏元宵月(昌朝)，醉向珠宮大有年(不疑)。今夕竟成良宴會(大呂)，且停局戲共頹然(昌朝)。④

這裏的"大呂"是指汪廷訥宗弟汪元英，而"不疑"即是指沈一貫，以前的研究均認爲汪廷訥交往的名公大卿中最高位者要算張位，⑤但張位只是入值內閣，并沒有做過首輔。⑥ 沈一貫與汪廷訥聯句的發現無疑又可爲汪廷訥之交游情況提供新的可供佐證的資料。

祝世祿(萬曆三十年前後在世)，字無功，江西德興人。萬曆己丑進士，官至尚寶司卿。⑦ 值得注意的是，祝世祿在休寧爲知縣時，曾于萬曆

---

① 錢謙益：《列朝詩集小傳》，周駿富輯：《明代傳記叢刊》第 11 册(臺北：明文書局，1991 年)，頁 589。
② 張廷玉等：《明史·列傳第一百六》(北京：中華書局，1974 年)，頁 5756。
③ 同前注，頁 5719。
④ 《上元環翠堂觀燈聯句》，汪廷訥撰：《坐隱先生全集十八卷》，《四庫全書存目叢書》，集部 188 册(臺南：莊嚴文化事業有限公司，1997 年)，頁 743。
⑤ 如：《汪廷訥行實繫年》，參見徐朔方：《晚明曲家年譜·皖贛卷》(杭州：浙江古籍出版社，1993 年)，頁 505。
⑥ 張廷玉等，《明史·宰輔年表二》(北京：中華書局，1974 年)，頁 3370—3372。
⑦ 祝世祿：《祝子小言：一卷》，《四庫全書存目叢書》，子部 90 册(臺南：莊嚴文化事業有限公司，1997 年)，頁 723。

二十年(1592)始建還古書院，二十二年告成，爲明代中後期陽明學派舉行講會之中心。① 據顧起元的記載，祝氏曾爲汪廷訥之老師。② 據徐朔方先生考證，汪廷訥在萬曆二十二年從學于祝世祿。③ 祝世祿在《坐隱先生全集十八卷》中的記載有《坐隱解》談及汪廷訥與其相交日久，汪廷訥隱世修行及對弈棋的愛好等；④有詩作兩首收于《坐隱先生全集》；⑤另爲汪氏《人鏡陽秋》作有序言。⑥

王穉登(1535—1612)，字伯穀，先世江陰人。⑦《坐隱先生全集》中有其給汪廷訥的題辭，稱頌汪廷訥爲"真奇絶人豪"。⑧ 另作有《坐隱超悟》，文中首先解釋了汪廷訥何以稱坐隱先生，"無者，空也；覷空于無，空而又空，無復無無，此所以成坐隱也。"進而叙述了環翠園中諸多景物，如全一龕、昌公湖等景觀的名稱因緣。⑨ 在《坐隱詩録》中記載了他寫給汪廷訥的詩歌。⑩ 另有《題坐隱爲昌朝先生賦》，⑪《坐隱回文詩》中也有其作品，⑫亦有《〈人鏡陽秋〉贊》，是爲汪氏《人鏡陽秋》作的序言。⑬

---

① 關于還古書院相關記載還可參見趙繼序：《還古書院志藏板記》，施璜編：《還古書院志》，趙所生、薛正興主編：《中國歷代書院志》册 8(南京：江蘇教育出版社，1995 年)，頁 545；吳榮賢著：《安徽書院志》，趙所生、薛正興主編：《中國歷代書院志》册 1(南京：江蘇教育出版社，1995 年)，頁 120；鄧洪波編著：《中國書院章程》(長沙：湖南大學出版社，2000 年)，頁 76。
② 始門黃祝公爲邑令，先生從之游，學所以盡性至命者。顧起元：《坐隱先生傳》，汪廷訥撰：《坐隱先生全集十八卷》，《四庫全書存目叢書》，集部 188 册(臺南：莊嚴文化事業有限公司，1997 年)，頁 517。
③ 《汪廷訥行實繫年》，參見徐朔方：《晚明曲家年譜·皖贛卷》(杭州：浙江古籍出版社，1993 年)，頁 513。
④ 祝世祿：《坐隱解》，汪廷訥撰：《坐隱先生全集十八卷》，《四庫全書存目叢書》，集部 188 册(臺南：莊嚴文化事業有限公司，1997 年)，頁 596。
⑤ 汪廷訥撰：《坐隱先生全集十八卷》，同前注，頁 670。
⑥ 祝世祿：《人鏡陽秋序》，汪廷訥撰：《人鏡陽秋：二十二卷》，明萬曆二十七年(1599)金陵環翠堂本，卷二十，頁祝一——祝六。
⑦ 錢謙益：《列朝詩集小傳》，周駿富輯：《明代傳記叢刊》第 11 册(臺北：明文書局，1991 年)，頁 521—522。
⑧ 汪廷訥撰：《坐隱先生全集十八卷》，《四庫全書存目叢書》，集部 188 册(臺南：莊嚴文化事業有限公司，1997 年)，頁 587。
⑨ 王穉登：《坐隱超悟》，同前注，頁 616。
⑩ 王穉登：《臨江仙》，同前注，頁 683。
⑪ 王穉登：《題坐隱爲昌朝先生賦》，同前注，頁 660。
⑫ 《坐隱回文詩》，同前注，頁 675。
⑬ 王穉登：《人鏡陽秋贊》，汪廷訥撰：《人鏡陽秋：二十二卷》，明萬曆二十七年(1599)金陵環翠堂本，卷二十，頁王一——王二。

沈鳳翔,字孟威,生于嘉靖己酉(1549)二月二十二日,卒于萬曆戊申(1608)正月十一日,得年六十。萬曆二十年(1592)進士出身,萬曆三十二年(1604)補户科給事中,逾歲遷右給事中。① 與李登、薛應和皆友善,有《坐隱先生贊》是對汪廷訥隱逸德行的贊頌,②《坐隱訂譜釋問》則是對汪廷訥嗜好棋道與隱逸融通三教思想的叙述;③另有詩《坐隱詩奉寄無如詞丈》。④

　　梅鼎祚(1549—1615),字禹金,宣城人,國子監生,有《鹿裘石室集》。⑤ 梅氏作有《書坐隱先生傳後》一文,⑥對汪廷訥受業所學、思想中三教合一的傾向、時任官職及"無無"一號得自楊起元的命名諸事都有記載。⑦ 另外梅鼎祚尚有詩作《綺蘿香》收于《坐隱先生全集》之中。⑧

　　臧懋循(1550—1620),字晉叔,號顧渚,浙江長興人。萬曆庚辰(1580)進士,主要撰著有《負苞堂集》十二卷、《負苞堂稿》九卷等,編刊有《元曲選》。⑨ 臧懋循也有描繪坐隱園風物的無題五言詩贈汪廷訥。"見説松蘿異,山藏萬古春。幽園饒景物,勝地絶風塵。喬木千尋秀,名蒼百種新,多君精弈旨,洪範軒何神。"⑩

　　張鳳翼(1550—1636),字伯起,長洲人,嘉靖甲子舉人,有《處實堂集》。⑪

―――――――――

① 焦竑:《户科右給事中沈君鳳翔墓誌銘》,周駿富輯:《明代傳記叢刊》第112册(臺北:明文書局,1991年),頁884—885。
② 沈鳳翔:《坐隱先生贊》,汪廷訥撰:《坐隱先生全集十八卷》,《四庫全書存目叢書》,集部188册(臺南:莊嚴文化事業有限公司,1997年),頁609。
③ 沈鳳翔:《坐隱訂譜釋問》,同前注,頁601—603。
④ 沈鳳翔:《坐隱詩奉寄無如詞丈》,同前注,頁636。
⑤ 朱竹垞著:《静志居詩話》册二,周駿富輯:《明代傳記叢刊》第9册(臺北:明文書局,1991年),頁626。
⑥ 傳言先生嘗從祝、李講性命之學,從籛峰受記禪莂,又從吕祖齋全一之號于蕊珠之寐言。是三大聖人之教旨,先生皆游衍其端,調劑其用,以環應于無方,即坐隱直寄焉爾……今先生爵大夫,任在鹽筴,異日以才地徵,入爲侍從之臣……比န滇失内地,遼左虜方警,倘有薦先生待以不次,寧復得嗒焉,坐隱乎東山之别墅? 漢中之對戲,信可人也。雖然,先生已自楊宗伯命無無矣。梅鼎祚:《書坐隱先生傳後》,《鹿裘石室集》,《續修四庫全書》,集部别集類1379册(上海:上海古籍出版社,1995年),頁350—351。
⑦ 此文亦見于汪氏全集。汪廷訥撰:《坐隱先生全集十八卷》,《四庫全書存目叢書》,集部188册(臺南:莊嚴文化事業有限公司,1997年),頁519。
⑧ 梅鼎祚:《綺蘿香》,同前注,頁683。
⑨ 臧懋循撰,趙紅娟點校:《臧懋循集》前言(杭州:浙江古籍出版社,2012年),頁1—14。
⑩ 汪廷訥:《坐隱先生全集十八卷》,《四庫全書存目叢書》,集部188册(臺南:莊嚴文化事業有限公司,1997年),頁652。
⑪ 朱竹垞:《静志居詩話》册二,周駿富輯:《明代傳記叢刊》第9册(臺北:明文書局,1991年),頁275—276。

爲汪廷訥《投桃記》、①《無如子贅言》、②《人鏡陽秋》③等作品寫有序言，另外有《菩薩蠻》④與《坐隱園贈無如高士》⑤多記汪氏坐隱園的景色。

陳所聞（1556—1617後），卒年不詳，不遲于萬曆丁巳四十五年（1617）。⑥字藎卿，號蘿月居士。⑦上元諸生，豪邁不羈，工詩識曲，以抑鬱終，有《蘿月軒集》，顧起元嘗稱賞之。⑧爲汪廷訥《人鏡陽秋》作有散曲《題汪昌朝〈人鏡陽秋〉》。⑨汪陳二人之間詩作唱和甚多：汪廷訥作有《訪陳藎卿于孫楚酒樓有贈》、⑩《寄陳藎卿》、⑪另有集句《寄懷陳藎卿》；⑫陳所聞亦有《譜坐隱歌》、⑬《題新安汪無如環翠園》、⑭《題坐隱奉贈無如汪醝使》、⑮《海陽汪無如習靜昌湖以書見懷率此答謝》、⑯《新都

---

① 張鳳翼：《題汪無如投桃記序》，汪廷訥：《環翠堂樂府投桃記》，古本戲曲叢刊委員會編：《古本戲曲叢刊二集》（上海：商務印書館，1955年），頁1a—6a。
② 張鳳翼：《汪子贅言序》，《處實堂集·後集》卷四，《續修四庫全書》集部別集類，冊1353（上海：上海古籍出版社，1995年），頁639。
③ 張鳳翼：《人鏡陽秋序》，同前注，頁641。
④ 張鳳翼：《菩薩蠻》，汪廷訥撰：《坐隱先生全集十八卷》，《四庫全書存目叢書》，集部188冊（臺南：莊嚴文化事業有限公司，1997年），頁647。
⑤ 張鳳翼：《坐隱園贈無如高士》，同前注，頁683—684。
⑥ 《汪廷訥行實繫年》，參見徐朔方：《晚明曲家年譜·皖贛卷》（杭州：浙江古籍出版社，1993年），頁545。
⑦ 陳所聞：《譜坐隱歌》，汪廷訥撰：《坐隱先生全集十八卷》，《四庫全書存目叢書》，集部188冊（臺南：莊嚴文化事業有限公司，1997年），頁675。
⑧ 馮復京撰：《明常熟先賢事略》，周駿富輯：《明代傳記叢刊》第150冊（臺北：明文書局，1991年），頁296。
⑨ 汪廷訥：《題汪昌朝〈人鏡陽秋〉》，陳所聞輯：《新鐫古今大雅北宮詞紀：6卷；新鐫古今大雅南宮詞紀：6卷》，《續修四庫全書》編纂委員會編：《續修四庫全書》集部曲類1741冊（上海：上海古籍出版社，1995年），頁711。
⑩ 汪廷訥：《訪陳藎卿于孫楚酒樓有贈》，同前注，頁787。
⑪ 汪廷訥：《寄陳藎卿》，同前注，頁790。
⑫ 汪廷訥：《寄懷陳藎卿》，汪廷訥撰：《坐隱先生全集十八卷》，《四庫全書存目叢書》，集部188冊（臺南：莊嚴文化事業有限公司，1997年），頁753。
⑬ 陳所聞：《譜坐隱歌》，同前注，頁675。
⑭ 陳所聞：《題新安汪無如環翠園》，陳所聞輯：《新鐫古今大雅北宮詞紀：6卷；新鐫古今大雅南宮詞紀：6卷》，《續修四庫全書》編纂委員會編：《續修四庫全書》集部曲類1741冊（上海：上海古籍出版社，1995年），頁787。
⑮ 陳所聞：《題坐隱奉贈無如汪醝使》，汪廷訥撰：《坐隱先生全集十八卷》，《四庫全書存目叢書》，集部188冊（臺南：莊嚴文化事業有限公司，1997年），頁686。
⑯ 陳所聞：《海陽汪無如習靜昌湖以書見懷率此答謝》，陳所聞輯：《新鐫古今大雅北宮詞紀：6卷；新鐫古今大雅南宮詞紀：6卷》，《續修四庫全書》編纂委員會編：《續修四庫全書》集部曲類1741冊（上海：上海古籍出版社，1995年），頁790。

汪去太以書貺見寄率此答謝》與之唱和。① 另外陳所聞曾爲汪廷訥環翠園作過《題贈新安汪高士昌朝環翠堂三教圖景》、②《汪去泰開園范羅山下題贈》、《題贈新安無無居士昌公湖,湖在松蘿山下以昌朝得名》、③《題新安汪無如環翠園》,④對其園林之中的景致有相當詳細的描寫。⑤

　　薛應和,爲汪廷訥《義烈記》作序,⑥另有《坐隱祝》,⑦《分得曹衣木食輕王侯》。⑧ 與李登、沈鳳翔皆友善。薛應和生平資料闕如,但從《坐隱祝》後的落款可知其萬曆三十六年(1608)任成安縣縣事,繼查《(萬曆)成安邑乘》"秩官表"知其爲直隸江寧縣人,萬曆十七年中舉人。⑨

　　夏尚忠與陳昭遠,生平事迹不詳。他們爲汪氏傳奇《彩舟記》與《三祝記》作有序言,⑩可見亦是當時文林中人。陳昭遠的《坐隱吟奉贈無如汪權君》⑪和夏尚忠所作短文⑫亦是對汪廷訥隱逸品行的贊揚。其中陳昭遠在文中提到汪廷訥曾以《環翠堂華袞集》贈己。⑬

---

① 陳所聞:《新都汪去太以書貺見寄率此答謝》,同前注,頁 791。
② 陳所聞:《題贈新安汪高士昌朝環翠堂三教圖景》,同前注,頁 573。
③ 陳所聞:《汪去泰開園范羅山下題贈》、《題贈新安無無居士昌公湖,湖在松蘿山下以昌朝得名》,同前注,頁 710—711。
④ 陳所聞:《題新安汪無如環翠園》,同前注,頁 787。
⑤ 按:根據現有的研究,我們可以看見在晚明,文人爲自己興建庭院以供居住是非常普遍且流行的風氣,在巫仁恕的研究中,我們就可以看到明清建造園林成風,如王世貞、祁承爜(1565—1628)與其子祁彪佳,以及名臣如倪元璐之輩,都有築園之癖。參見巫仁恕:《江南園林與城市社會——明清蘇州園林的社會史分析》,《"中央研究院"近代史研究所集刊》第 61 期(2008 年),頁 6—7。
⑥ 蔡毅:《中國古典戲曲序跋彙編》(濟南:齊魯書社,1989 年),頁 1280。
⑦ 薛應和:《坐隱祝》,汪廷訥撰:《坐隱先生全集十八卷》,《四庫全書存目叢書》,集部 188 冊(臺南:莊嚴文化事業有限公司,1997 年),頁 613—614。
⑧ 薛應和:《分得曹衣木食輕王侯》,同前注,頁 670。
⑨ 賈三策修、王孫昌纂:《(萬曆)成安邑乘五卷》,國家圖書館地方志和家譜文獻中心編:《明代孤本方志選》(北京:中華全國圖書館文獻縮微複製中心,2000 年),頁 245。
⑩ 夏尚忠:《〈彩舟記〉叙》,汪廷訥:《環翠堂樂府彩舟記》,古本戲曲叢刊委員會編:《古本戲曲叢刊二集》(上海:商務印書館,1955 年),頁 1a—3b;陳昭遠:《叙〈三祝記〉》,汪廷訥:《環翠堂樂府三祝記》,古本戲曲叢刊委員會編:《古本戲曲叢刊二集》(上海:商務印書館,1955 年),頁 1a—2b。
⑪ 陳昭遠:《坐隱吟奉贈無如汪權君》,汪廷訥撰:《坐隱先生全集十八卷》,《四庫全書存目叢書》,集部 188 冊(臺南:莊嚴文化事業有限公司,1997 年),頁 650。
⑫ 同前注,頁 662。
⑬ 《汪廷訥行實繫年》,參見徐朔方:《晚明曲家年譜·皖贛卷》(杭州:浙江古籍出版社,1993 年),頁 527。

陳弘世，生平事迹不詳。有《柏梁體》詩贈汪廷訥，①另爲汪廷訥《長生記》作有序言，《長生記》今已無傳本，陳氏序言今見《曲海總目提要》卷八記載。②

了悟僧元覺和南，生平事迹不詳。爲汪廷訥作有《集經句奉寄全一真人并啓事》，③萬曆三十四年丙午（1606）曾以心法爲汪廷訥治病。④

王經世，生平事迹不詳。有《題坐隱先生訂譜歌》，對汪廷訥平生經歷、志趣愛好，個人修行有所描述。⑤ 他另有叙寫汪廷訥隨道家人物修行的七言詩《步吕祖師韻》。⑥

## 三、對汪氏傳奇作者的爭議及創作時間的考證

關于汪廷訥戲曲作品的著述問題，首先爲學界關注的就是周暉在《續金陵瑣事》中提出汪氏戲曲作品多爲陳所聞代作的觀點："陳蓋卿所聞工樂府，《濠上齋樂府》外，尚有八種傳奇：《獅吼》、《長生》、《青梅》、《威鳳》、《同升》、《飛魚》、《彩舟》、《種玉》，今書坊汪廷訥皆刻爲己作。余憐陳之苦心，特爲拈出。"⑦學者趙景深先生的觀點與之較爲相似。⑧此問題徐朔方先生根據《曲海總目提要》中所引《長生記》的《自序》、陳弘世的《序言》以及劇作的《提要》，同《同昇記》的《冶城老人序》，認爲汪

---

① 陳弘世：《柏梁體》，汪廷訥撰：《坐隱先生全集十八卷》，《四庫全書存目叢書》，集部 188 册（臺南：莊嚴文化事業有限公司，1997 年），頁 649。
② "新安友人汪昌朝者，尊信導引之術，爲閣事吕祖甚謹。通籍拜嶭大夫，志益修潔，别號坐隱先生。一日，夢感純陽之異，若以元《解授記》而報之誕子者。公覺而披羅仙籍，摭純陽證果之始末，演爲傳奇，標曰《長生記》。"參見無名氏：《曲海總目提要》，俞爲民、孫蓉蓉編：《歷代曲話彙編：新編中國古典戲曲論著集成·清代編》（合肥：黄山書社，2009 年），頁 314。
③ 元覺和南：《集經句奉寄全一真人并啓事》，汪廷訥撰：《坐隱先生全集十八卷》，《四庫全書存目叢書》，集部 188 册（臺南：莊嚴文化事業有限公司，1997 年），頁 622—623。
④ "丙午春偶疾，醫奏禁方不效。會了悟至，示以心法，病乃霍然起。"顧起元：《坐隱先生傳》，同前注，頁 518。
⑤ 王經世：《題坐隱先生訂譜歌》，同前注，頁 656。
⑥ 王經世：《步吕祖師韻》，同前注，頁 661。
⑦ 周暉：《續金陵瑣事》，《筆記小説大觀》十六編（臺北：新興書局，1988 年），頁 2219。
⑧ 陳所聞編，趙景深校訂：《南北宫詞紀·序》（北京：中華書局，1959 年），頁 2。

氏劇作應都爲本人所作，很難說爲他人代筆。而周暉的說法則可能是因爲汪氏的作品曾經陳所聞校訂和潤色，也可能因爲《坐隱先生集》中一些其他的弄虛作假現象而導致人們對他本人的作品也產生懷疑。①關于此"代作"觀點，亦有碩士論文對周暉的《續金陵瑣事·八種傳奇》和顧起元《客座贅語》進行了相關辨析，認爲汪廷訥的作品當爲自己所作。②筆者贊同徐先生的觀點，且認爲從汪廷訥平生之著作的數量與内容來看，③他不僅創作戲曲，亦輯錄、刊刻文學作品等，并且對棋藝一道也有研究，④其戲曲作品均爲己作當無疑議。以下筆者將嘗試對汪氏戲曲作品的創作時間先後，做一具體的考證，以爲更好理解汪氏劇作提供可供參考的時代背景。

郭英德先生認爲："沈璟于萬曆十七年（1589）以疾告歸後，始致力于戲曲創作，汪廷訥既爲'詞隱高足'，則其從事戲曲創作活動當晚于沈璟。"⑤即汪廷訥戲曲創作的開始時間應該在萬曆十七年（1589）之後，筆者認同此說。

《曲品》中收錄作品的排列順序是按所作先後爲次，⑥所以關于汪氏戲曲作品創作時間的先後順序，我們可參照《曲品》中的排序："《長生》、

---

① 《汪廷訥行實繫年》，參見徐朔方：《晚明曲家年譜·皖贛卷》（杭州：浙江古籍出版社，1993年），頁508、537。
② 參見陳孟吟：《〈獅吼記〉人物研究》，逢甲大學碩士論文，2009年，頁24—31。
③ 顧起元對汪氏著作有如下叙述："行于世者，有《人鏡陽秋》二十二卷，少司成晴峰沈先生叙之，謂宵壤間不可一日無此人，則不可一日無此書。《文壇列俎》十卷，太史澹園焦先生序之，謂其擅文苑之大觀，集詞人之巨麗。它如《華袞集》、《無如子正續贅言》、《環翠堂集》三十卷，樂府傳奇數十種，或以垂映苕華、或以抱芬子夜，咸爲名流所激賞，懸之國門，紙幾爲貴焉。"參見顧起元：《坐隱先生傳》，汪廷訥撰：《坐隱先生全集十八卷》，《四庫全書存目叢書》，集部188冊（臺南：莊嚴文化事業有限公司，1997年），頁517。
④ 在個人創作之外，汪廷訥還輯有《留垣疏草》二卷，以其老師祝世禄官南京吏科給事中時所寫奏疏爲主要内容；《環翠堂華袞集》，該書主要由許多商業廣告式的傳記和贊頌組成。參見《汪廷訥行實繫年》，徐朔方：《晚明曲家年譜·皖贛卷》（杭州：浙江古籍出版社，1993年），頁505—521。《文壇列俎》，是歷代詩文選集；《人鏡陽秋》，收錄歷代忠孝節義故事；《養正兒小史》，收錄歷代名人的道德教化内容。汪氏書坊環翠堂刻有《陳大聲樂府全集》、《關尹子文始真經》、《袁了凡先生釋義琵琶記》、《四詞宗合刻五卷》。其中《關尹子文始真經》書前有汪廷訥所作序言，主要講述汪廷訥自己修道及悟道的心得。另外汪氏還校訂他人作品有：王世貞編的《蘇長公外紀》，祝世禄著的《環碧齋尺牘》第五卷等。
⑤ 郭英德、王麗娟：《〈詞林一枝〉、〈八能奏錦〉編纂年代考》，《文藝研究》第8期（2006年），頁58。
⑥ "每一人以所作先後爲次，非有所甲乙也。"吕天成撰，吴書蔭校注：《曲品校注》（北京：中華書局，2006年），頁201。

《投桃》、《種玉》、《三祝》、《獅吼》、《二閣》、《威鳳》、《彩舟》、《義烈》、《飛魚》、《忠孝完節》、《重訂天書》、《高士》、《同昇》。"①

上述作品中今有文獻記載可知其具體創作時間的有《長生記》與《三祝記》。根據《曲海總目提要》:"乙巳暮春,余晨參純陽子。禮畢,假寐瓊蕊房。……轉思無誘世之術,則急翻呂真人集,暨列仙傳、逸史百家,搜求純陽子顛末,爲作《長生記》。"②乙巳年爲萬曆三十三年(1605),可知《長生記》當作于此年。又據徐朔方先生《汪廷訥行實繫年》:"《三祝記》傳奇作于萬曆三十六年(1608)",③可知萬曆三十六年(1608)時,《三祝記》已經完成。

今據汪廷訥《坐隱園夜話》:

甲辰七月十六夜,坐隱先生與客坐湖上。客問曰弈間事也,連勝幾局則對弈者跳躍不平,拂衣而走,何其量之褊耶!先生答曰:"弈雖戲也,連勝則殺機在我,人之不平,夫復何怪!世不有生全其人,而人反以仇視者,此不可以弈解也。"客嘆服及更深,忽有人搊搜而來,即之知爲吳君師古也。師古遽呼先生曰:"先生知僕之來乎?"先生曰:"不知。"師古曰:"有受僕恩者,後反操戈入室,御車覆師之報。信爲善良,固薦于門下,不意其坑塹機巧到處陷人,近且毒波于先生,使僕至今無面孔見先生也。此人雖倖而存亦待辜于天者,誰意惡極罪大今果斃于獄矣,實天有以厭之也,聞而輒報先生亦足自快。"先生曰:"是正與客論者也,足下以爲世間僅見此人乎?"有如飢寒依人,飽暖飛去,急難求援,平則反噬,余之遭此,奚啻四五輩矣。不欲顯言惡迹,以傷雅道,故有孫龐傳奇之編,微寓其意,以見人心之難測也。④

---

① 按:由于"中國古典戲曲論著集成本"《曲品》的出版時間太老,所以本文選擇較新的研究成果——吳書蔭先生的《曲品校注》來作爲排序依據。參見呂天成著,吳書蔭校注:《曲品校注》(北京:中華書局,2006年),頁258—274。
② 無名氏《曲海總目提要》,俞爲民、孫蓉蓉編:《歷代曲話彙編·新編中國古典戲曲論著集成·清代編》(合肥:黃山書社,2009年),頁314。
③ 汪廷訥:《坐隱園戲墨》,《坐隱先生全集十八卷》,《四庫全書存目叢書》,集部188册(臺南:莊嚴文化事業有限公司,1997年),頁796。
④ 汪廷訥:《坐隱園夜話》,同前注,頁775。

從此《夜話》中，可以看到甲辰年七月十六日晚，汪廷訥與客人談及其編孫龐傳奇之因由。甲辰年爲萬曆三十二年（1604），所以在是年或者之前，《天書記》就已寫成。《遠山堂曲品》"能品"著錄《天書》，云："記孫、龐事。不肯襲元劇中語，亦堪自家生活。但北詞多訛，是以昌朝再訂之，而後付梓。"①所以據上述材料，今日通行之《環翠堂樂府重訂天書記》與《天書記》乃兩種不同傳奇戲曲，後者可説是前者的初稿，②《環翠堂樂府重訂天書記》當指《遠山堂曲品》中所説"昌朝再訂之，而後付梓"的版本，這也是爲何《曲品》會説《重訂天書》："詞采較初行本更覺工雅有致。"③

　　又吕天成《曲品》萬曆三十八年庚戌（1610）的改訂本并未收錄《彩舟記》、《義烈記》，④但萬曆四十一年癸丑（1613）增補本已經收錄，⑤可知上述二劇作于萬曆三十八年庚戌（1610）至萬曆四十一年癸丑（1613）之間。

　　據李郁爾等人選編《月露音》收錄汪廷訥《獅吼記》、《投桃記》、《三祝記》、《彩舟記》、《天書記》等傳奇作品，《月露音》刻本卷首有《月露音

---

① 祁彪佳：《遠山堂曲品》，俞爲民、孫蓉蓉編：《歷代曲話彙編：新編中國古典戲曲論著集成・明代編》第三集（合肥：黄山書社，2009 年），頁 560。
② 關于初稿《天書記》，已有期刊論文及碩士論文涉及。參見鄭守治：《初刻本〈天書記〉與正字戲〈馬陵道〉關係考述》，《韓山師範學院學報》第 27 卷第 5 期（2006 年 10 月），頁 12—18；劉井亮：《汪廷訥戲曲研究》，福建師範大學碩士論文，2011 年，頁 12—17。但二文均未談及《天書記》的創作時間，本節中的論述應可作爲《天書記》創作時間的證明。
③ 吕天成撰，吴書蔭校注：《曲品校注》（北京：中華書局，2006 年），頁 271。
④ 吕天成《曲品》初稿寫于萬曆三十年（1602）。于萬曆三十八年（1610）春，在王驥德的慫恿下，才又加以修定。參見吴書蔭：《吕天成和他的作品考》，吕天成撰，吴書蔭校注：《曲品校注》（北京：中華書局，2006 年），頁 429。另：《中國古典戲曲論著集成》第六册收入的《曲品》即爲萬曆三十八年庚戌（1610）的改訂本，此《曲品》未有收錄《彩舟記》、《義烈記》。參見吕天成：《曲品》，中國戲曲研究院編：《中國古典戲曲論著集成》第 6 册（北京：中國戲劇出版社，1959 年），頁 235—236。按："一九五九年彙編出版的《中國古典戲曲論著集成》第六册收入的《曲品》，系源于同一舊鈔本的四種本子的合校本，一般稱之爲通行本，卷首自序寫于萬曆庚戌（三十八年，即 1610 年）。幾乎與《集成》問世同時，又在清華大學圖書館發現了一個乾隆五十六年（1791）的楊志鴻鈔本《曲品》，寫定時間是萬曆癸丑（四十一年，即 1613 年），内容頗有增益，被稱爲增補本。"鄧長風：《吕天成〈曲品〉庚戌稿本初探》，《上海師範大學學報》第 4 期（1985 年），頁 26。
⑤ 吴書蔭先生《曲品校注》以杭州楊文瑩豐華堂所藏乾隆辛亥（1791）迦蟬楊志鴻鈔本《曲品》作爲底本（簡稱"原本"）。參見吕天成撰，吴書蔭校注：《曲品校注》"校注説明"（北京：中華書局，2006 年），頁 1。

序》,署"丙辰之花朝清余居士醉題于酒香山中",丙辰爲萬曆四十四年(1616)。① 所以在萬曆四十四年之前,《獅吼記》、《投桃記》、《三祝記》、《彩舟記》、《天書記》應該都已寫成。

綜上所論再參考《曲品校注》中的排序,可將汪廷訥的七部存世傳奇劇作的創作時間順序列表如下:

| 創 作 時 間 | 傳 奇 作 品 |
| --- | --- |
| 萬曆三十三年(1605)—萬曆三十六年(1608) | 《投桃記》 |
| 萬曆三十三年(1605)—萬曆三十六年(1608) | 《種玉記》(晚于《投桃記》的創作時間) |
| 萬曆三十六年(1608) | 《三祝記》 |
| 萬曆三十六年(1608)—萬曆四十一年(1613) | 《獅吼記》 |
| 萬曆三十八年(1610)—萬曆四十一年(1613) | 《彩舟記》(部分時間段與《獅吼記》趨同,但晚于《獅吼記》的創作時間) |
| 萬曆三十八年(1610)—萬曆四十一年(1613) | 《義烈記》(晚于《彩舟記》的創作時間) |
|  | 《重訂天書記》(應晚于《義烈記》的創作時間,具體時間段不詳) |

有了上述的排序之後,我們在理解汪氏作品時,便可以更好地參照大的背景、時代。比如以東漢黨錮之禍爲題材的《義烈記》,汪廷訥爲什麼會選擇東漢末年黨爭這樣的歷史題材?歷史題材在傳奇戲曲中的顯現其中蘊含的諫世之意是什麼?應該怎樣分析解讀《義烈記》中對晚明黨爭的影射書寫?創作于萬曆三十八年(1610)至萬曆四十一年(1613)之間的《義烈記》,恰好是萬曆朝末期,黨爭已愈演愈烈,該劇的創作明顯帶有汪廷訥自己對萬曆朝黨爭的反省與思考。汪廷訥本人在萬曆年間有沒有受過黨爭影響,目前具體的材料尚未見到,但萬曆年間的歷次京察與黨爭不休的政治風氣,比如萬曆三十三年

---

① 轉引自郭英德、王麗娟:《〈詞林一枝〉、〈八能奏錦〉編纂年代考》,《文藝研究》第 8 期(2006年),頁 58。

(1605)的"乙巳京察"、①萬曆三十九年(1611)的"辛亥京察"②,均可作爲汪廷訥爲何會創作黨爭題材的《義烈記》的社會背景來加以參考。③

另一方面,如果從時間順序上來理解汪氏劇作。《義烈記》全劇都在叙寫黨爭事迹,其"以史爲鑒"的意義在汪氏的劇作中可謂獨一無二,而此部作品又是汪氏諸傳奇作品中較爲晚出的一部。作者在經歷歲月滄桑之後,對于《投桃記》、《種玉記》、《彩舟記》中的愛情題材和《獅吼記》、《三祝記》中的教化書寫似已都失去了興趣,轉而對歷史表現出關注。此劇的創作又恰逢萬曆朝中期以後的"多事之秋"。無疑,這種種原因讓此部雖然是簡單再現"黨錮之事"的劇作,具備了諸多"諫世"之意。而到了創作生涯的最後,在以孫臏與龐涓的事迹爲題材的《重訂天書記》中,④一生的熱鬧繁華蜕變爲獨坐幽篁的出世神思。經歷了《義烈記》中對黨爭的諍諍諫言,《重訂天書記》中充溢著的則是熾烈追求之後的風輕雲淡,范蠡"泛舟西湖"的美好在眼前浮現,修仙出世的永生似已不再是鏡花水月。對俗世的追求固然還是如此現實,但畢竟已在昨日。《義烈記》中的諫世情懷在《重訂天書記》中已經烟消雲散,全劇的最後藉孫臏的唱詞再次回到"邯鄲夢醒"之寓意上:"身隨鬼谷棲丹洞,無辱亦無榮。從教打破邯鄲夢,笑他蠻觸徒爭訟。"⑤"對酒當歌樂未央"⑥的一場繁華後歸結到"浮世功名總是幻"。⑦ 所謂:"當年千騎破吳時,片帆

---

① 萬曆三十三年(1605)的"乙巳京察"期間爆發"僞楚王案",形成以沈一貫和沈鯉爲首的兩大集團之間的爭鬥。張廷玉等撰:《明史・葉向高傳》(北京:中華書局,1974 年),頁 6231—6232。
② 萬曆三十九年(1611)的辛亥京察,此時期朝廷的黨爭形成南北黨之間的爭鬥。《國榷》有載:"壬寅京畿道御史徐兆魁論今年察典盡趨東林,蓋無錫有東林書院,宋儒楊時祠也。顧憲成謫居,會諸臣講學于此,其門如市。貲郎黃正賓冒遷謫名,結淮撫李三才,東林所ToadS,傾動一時,能使南北交攻,角勝黨附。"談遷著,羅宗祥校點:《國榷》(北京:中華書局,1958 年),頁 5033。
③ "乙巳京察"、"辛亥京察"發生的時間正值《義烈記》的創作時段。另萬曆年間還有四十五年的"丁巳京察",關于這數次京察詳情還可參見謝國楨先生的《萬曆時代之朝政及各黨之紛爭》。謝國楨:《明清黨社運動考》(臺北:漢苑出版,1975 年),頁 22—35。
④ 根據吳書蔭校注的《曲品》,《重訂天書記》之後的創作尚有《高士記》和《同昇記》,可惜已不傳,但《高士記》乃是對汪廷訥生平德行的記述,所謂"高士"即謂汪廷訥自己。而《同昇記》更是蘊含作者對飛升出世强烈嚮往的情緒在内的作品。
⑤ 卷下,第三十四齣《恩榮》,頁 48b。
⑥ 同前注。
⑦ 同前注。

烟雨挾西施"①的逍遙隱逸,或許才是作者創作思想的最後真義所在。

在《義烈記》的基礎上分析汪氏傳奇,我們可以窺見確定劇作創作時間對理解其作品的幫助。因此,在深入分析文本之前,我們必須首先確立汪氏劇作的具體寫定時間。

## 四、結　語

本文立足于前人研究的基礎之上,根據筆者涉獵所及的文獻資料對汪廷訥的生平、交游與著述情況加以考辨、歸納、梳理了學界目前關于汪氏有所爭論的諸多問題,并對如汪氏生卒年份爲何、有哪些家庭成員、與晚明諸多文士的交往情況、劇作是自己創造還是他人代筆等問題提出了自己的看法。對學界一直未有結論的汪氏作品的創作時間順序,在現有材料與研究的基礎之上進行了大致的排序,爲後續的研究提供大的時代背景作爲參考,以便深入了解分析汪氏傳奇戲曲作品之内涵與意義。

本文主要在翻閱相關文獻材料和學界已有的研究基礎上進一步勾勒并描述汪氏的生平情況。文章的新發現有如下幾點:一、汪廷訥有兄弟三人,分別是兄長汪廷知、弟汪廷試以及宗弟汪元英。另至少有子嗣一人,生平資料未詳;二、在交游部分檢閱到諸多尚未爲學人所關注的人物,如汪廷訥與萬曆朝首輔沈一貫的聯句。而此前的研究均認爲在汪廷訥交游的諸多友朋中地位最高者要屬張位;三、汪廷訥結有文社,名爲"坐隱環翠社";四、《重訂天書記》原有傳奇《天書記》,創作時間爲萬曆三十二年(1604)或之前;五、汪氏現存的七部傳世傳奇戲曲作品的創作時間先後順序爲:《投桃記》、《種玉記》、《三祝記》、《獅吼記》、《彩舟記》、《義烈記》、《重訂天書記》。

(本文作者係香港高等教育科技學院語文及通識教育學院特任導師)

---

① 汪廷訥:《范蠡歸湖園》,《坐隱先生全集十八卷》,《四庫全書存目叢書》,集部 188 册(臺南:莊嚴文化事業有限公司,1997 年),頁 741。

# 論毛氏父子(毛綸、毛宗崗)與
# 金聖嘆評點活動的關係*

## 黎必信

**提要**：金聖嘆《水滸傳》評點及毛氏父子(毛綸、毛宗崗)《三國演義》評點均爲考察明末清初小説理論發展的重要材料，并各自以作品的"定本"姿態廣泛流傳。惟毛氏父子《三國演義》評點本成書稍後，其評點模式及理論框架又雷同于金聖嘆，致後世論者傾向否定毛氏父子小説理論的獨創意義，并偏向探討兩種評點的繼承關係。然而，筆者認爲這種評述前提未必有助我們正確掌握明清小説理論的發展進程。兹篇之撰，正擬從理論觀點以外的材料，重新思考兩者的關係，厘清當前毛氏父子《三國演義》評點研究的若干前提。

本文首先考辨《第一才子書序》及《與毛序始》兩種文獻的研究價值，指出兩種文獻未必能説明毛宗崗與金聖嘆過從甚密，更不能視爲毛宗崗刻意模仿金聖嘆評點通俗文學的力證；隨後，本文因應《三國演義》評點的著述情況，考述毛綸從事評點活動的動機及考慮因素，并略述毛綸與金聖嘆評點對象性質上的差異，藉以推測毛綸的評點活動可能有意識與金聖嘆競爭；最後，本文歸納毛氏父子《琵琶記》及《三國演義》評點中批評金聖嘆的評語，提出毛氏父子將金聖嘆視爲反襯對象，藉以確立自身評點的價值。是以當前論者著眼于兩者之"同"而漠視其"異"的

---

\* 拙文初稿曾在香港中文大學中國語言及文學系主辦的"重讀經典：中國古代小説與戲曲國際學術研討會"(2008)上發表，并蒙與會學者陶慕寧教授、黄坤堯教授及魏崇新教授提供寶貴意見，謹致謝忱。拙文修訂稿參照近年相關論題的研究成果，也調整了初稿的部分論點。

評述取向,或未盡恰當。

  **關鍵詞**:明清小說 小說評點 三國演義 毛氏父子

## 一、毛氏父子小說評點研究的評價前提

  小說評點萌芽于明季萬曆年間,其繁盛則以"四大奇書"評點爲代表,①當中金聖嘆(1608—1661)、毛宗崗(?—1700 後)及張竹坡(1670—1698)等評點家影響最大。金聖嘆確立小說評點的常規形態,并首次借用傳統詩文批評範疇評點小說,增强小說評點的理論内涵,堪爲"文人型"小說評點之典範;毛氏父子《三國志演義》評點因成書時間稍遲,向被視爲模仿金聖嘆的作品,後人對其評點成就的評價因而趨于負面,如解弢《小說話》直斥毛氏父子爲"金人瑞之應聲蟲",并認爲"其行文之盤旋,持論之張惶,亦惟恐不相肖";②鄭振鐸《三國志演義的演化》亦指出毛氏"對于張采(引者案:鄭氏誤以"金聖嘆"爲"張采")是極崇拜之誠的,他的批評方法完全承襲了張氏的";③葉朗《中國小說美學》也認爲"毛宗崗的小說美學要比金聖嘆遜色得多",并指出"毛宗崗新的創造并不多。他的主要貢獻,是把金聖嘆小說美學中關于叙事方法的理論加以發揮,使之條理化,從而擴大了它們的社會影響"。④綜合各家論斷,論者普遍在"承襲金聖嘆"的前提下否定毛氏父子評點的理論價值,鮮有從兩者的差異展開論述。

  核諸目前各種毛宗崗《三國演義》評點的研究材料,⑤直接對照毛宗崗與金聖嘆的論述并不多見,諸如張國光《毛宗崗繼承金聖嘆小說理論

---

① 有關小說評點源流及發展的基本資料,詳參譚帆:《中國小說評點研究》(上海:華東師範大學出版社,2001 年),頁 13—27。
② 解弢《小說話》(節錄),轉引朱一玄:《三國演義資料彙編》(天津:南開大學出版社,2001 年),頁 439。
③ 鄭振鐸:《三國志演義的演化》,載《中國文學論集》(上海:開明書局,1932 年),頁 331。
④ 葉朗:《中國小說美學》(北京:北京大學出版社,1982 年),頁 120、153。
⑤ 詳參《〈三國演義〉研究論著索引》,載沈伯俊、譚良嘯編著《三國演義大辭典》(北京:中華書局,2007 年),頁 898—996。

評改〈三國演義〉的貢獻》、①陳曦鍾《略談毛宗崗的小説論及其評價問題》②、郝朝陽《情節與閑筆——毛宗崗、金聖嘆小説結構觀念比較》③以至李正學《毛宗崗小説批評研究》④等論著仍以"崇金抑毛"的評價前提爲主，著眼于兩者的"繼承"關係，并未充分考慮毛氏父子評點的理論創新及貢獻。陳洪早于《中國小説理論史》已提出從差異角度考察毛宗崗對金聖嘆的承革，并嘗試闡釋毛氏父子在理論觀方面的創新成分，祇是後來學者于相關範疇之開發仍有不足。⑤

茲篇之撰，旨在重新審視及整理兩人的交游文獻，考察毛氏父子與金聖嘆評點活動的關係，并嘗試以"讀法"爲中心略述兩者觀點的異同，從而爲毛氏父子小説評點研究提出合理的評價前提。

## 二、《第一才子書序》與《與毛序始書》研究意義商榷

文學史或學術研究祇能反映編撰者及研究者的主觀意見，不一定就能反映當時文學發展的事實。論者倘對現存證據有錯誤的認識或過分的重視，都可使研究結果與歷史真實出現偏差。這種偏差更會隨研究成果的流布產生廣泛影響，如杜貴晨與紀德君先後質疑《録鬼簿續編》⑥及"歷史演義序跋"⑦等文獻的研究價值，正是客觀研讀文獻的示範。當前有

---

① 張國光：《毛宗崗繼承金聖嘆小説理論評改〈三國演義〉的貢獻》，載《三國演義論文集》（鄭州：中州古籍出版社，1985年），頁445—457。
② 吴小如、曦鍾、于洪江：《小説論稿合集》（北京：北京大學出版社，1989年），頁158—172。
③ 郝朝陽：《情節與閑筆——毛宗崗、金聖嘆的小説結構觀念比較》，《鄭州大學學報》（社會科學版）第33卷第5期，頁87—89。
④ 李正學《毛宗崗小説批評研究》曾考述毛氏父子與金聖嘆的交游，并認爲"在批評行爲和小説理論兩個方面，毛宗崗對金聖嘆均有救補裨"，但書内論述毛氏父子的理論觀點時多仍著眼于《三國演義》評點的内部論述，鮮有對照金聖嘆的理論觀點來確立毛氏父子的理論貢獻。有關李正學對毛氏父子與金聖嘆交游的考述，詳參李正學《毛宗崗小説批評研究》（北京：中國社會科學出版社，2010年），頁59—61。
⑤ 陳洪：《中國小説理論史》（天津：天津教育出版社，2005年），頁192—198。
⑥ 杜貴晨認爲現存《録鬼簿續篇》中有關"羅貫中"的一條材料當先"懸置"，並提出四項理由質疑該條材料的可信性。詳見杜貴晨：《近百年〈三國演義〉研究學術失範的一個顯例——論〈録鬼簿續編〉"羅貫中"條資料當先懸置及存疑》，《北京大學學報》第39卷第2期(2002年)，頁144—147。
⑦ 紀德君認爲過去的研究者誤解了明清歷史小説序跋的立論角度，往往以今日的（轉下頁）

關毛宗崗與金聖嘆關係的證據,要者有兩則:其一,流傳的毛評本《三國演義》卷前有偽托金聖嘆《第一才子書序》,部分學者更指序文爲毛氏父子刻意杜撰,并視之爲毛氏服膺聖嘆的力證;①其二,前賢論述每以《聖嘆尺牘》著錄的《與毛序始書》而稱兩人"過從甚密",并由此推斷金聖嘆與毛宗崗交誼深厚,後者因而對金聖嘆諸說莫敢違逆。兩說均影響今人對《三國演義》評點價值的判斷,實有必要先行辨正。

通行本《三國演義》評點本書首附有題署"時順治歲次甲申嘉平朔日金人瑞聖嘆氏題"之《第一才子書序》,其卷端題署"聖嘆外書"四字,②不少學者以此爲毛氏服膺金聖嘆的力證。然而,有關金人瑞《第一才子書序》的辨僞問題,解弢《小說話》早已指出"《三國演義》金氏一序,非應酬毛氏之作,即後人所僞造,就序中'第一才子書之目,又果在《三國》也'一語,可以啓人之疑矣"③、鄭振鐸《三國志演義的演化》亦謂:"此序文筆頗平庸拖遝,不似張氏之所作,或者是毛氏的自作而托名于他的也難說",④兩者先已質疑金聖嘆序的可信性;至近年黃霖《有關毛本〈三國演義〉的若干問題》從金聖嘆對《三國演義》的態度及序文題署之時間等綫索推斷"序文絕對不是金人瑞所作"、⑤陳洪《〈三國演義〉毛批考辨二則》從思想觀點及題署的角度進一步肯定黃霖的說法;⑥及後陳翔華《毛宗崗生平與〈三國志演義〉毛評本的金聖嘆序問題》通過對照金聖嘆《第一才子書序》與李漁《四大奇書第一種序》,而

---

(接上頁)小說觀念應用于閱讀古代序跋材料,因而導致各種錯誤的判斷。詳參紀德君《關于歷史演義序跋評點研究的若干思考》,載《中國古代小說文體生成及其他》(北京:商務印書館,2012 年),頁 327—341。

① "偽金聖嘆序"的作者問題影響對毛氏父子獨創意義的評價,如陳洪《中國小說理論史》嘗謂:"對金序真偽之辨正,不僅爲了揭示真相,而且爲了澄清一個重要的理論問題。由于毛宗崗的作僞托名,給人'毛承金說'的錯覺。可知"偽金聖嘆序"對"毛承金說"觀點的出現有一定影響。詳陳洪:《中國小說理論史》,頁 197。

② 以魏安所叙錄的毛評本爲例,除李漁序本外,其餘包括 60 卷小本、60 卷大本及 19 卷本均收有題署金人瑞之《第一才子書序》。詳見[英]魏安:《〈三國演義〉版本考》(上海:上海古籍出版社,1996 年),頁 29—32。

③ 解弢:《小說話》。轉引《〈三國演義〉資料彙編》,頁 439。

④ 鄭振鐸:《〈三國志演義〉的演化》,載《中國文學論集》,頁 331。

⑤ 黃霖:《有關毛本〈三國演義〉的若干問題》,載《社會科學研究叢刊》編輯部、四川省社會科學院文學研究所:《〈三國演義〉研究集》(成都:四川省社會科學院出版社,1983 年),頁 333—334。

⑥ 詳參陳洪:《〈三國〉毛批考辨二則》,載《明清小說研究》第 3 輯,頁 304—305。

考定前者乃删節後者而成。① 然則,僞托序文者爲誰?序文成于何人之手?倘僞托者即毛宗崗本人,是否亦可理解爲毛氏對金聖嘆的傾慕,故托名而爲此序?根據目前掌握的證據,我們雖未能確定僞托者的身份,②但至少可以從版本角度否定僞托《第一才子書序》爲毛宗崗的原意。今考中國國家圖書館館藏醉耕堂本《四大奇書第一種》③卷前没有收録金聖嘆《第一才子書序》。因該本已爲學者普遍認同爲現存毛氏父子《三國演義》評點的最早刊本,其書首既未著録僞托金聖嘆的序文,故可推斷《第一才子書序》在毛評本的初始階段並不存在,是知其非毛氏父子原意,序文亦非成于兩人之手,否則僞托序于原刻本應已刊載。准此,通行本書首設置僞托金聖嘆《第一才子書序》既非毛氏原意,其僞托者又當另有其人,故以《第一才子書序》爲據論證毛宗崗服膺金聖嘆之説亦不能成立。④

不少論者引述金聖嘆集内《與毛序始書》(筆者案:"序始"爲毛宗崗別字)論證毛宗崗與金聖嘆的關係。陳洪《中國小説理論史》曾指出毛宗崗"順治八年(引者案:即1651年)入長州縣學,與金聖嘆爲學友",⑤按陳先生的説法,金聖嘆與毛宗崗應早爲忘年之交。⑥ 當然,筆者不能

---

① 陳翔華:《毛宗崗的生平與〈三國志演義〉毛評本的金聖嘆序問題》,載周兆新《〈三國演義〉叢考》(北京:北京大學出版社,1995年),頁14—15。
② 筆者根據《三國演義》的版本資料,再對照杭永年《古文快筆貫通解》與金聖嘆《才子必讀古文》的文字,認爲杭永年很可能就是《第一才子書序》的僞托者。詳細論述請見《重論杭永年與〈三國志演義〉評點的關係——以《古文快筆貫通解》爲綫索》,《明代文學的新進展——2011明代文學與文化國際學術研討會暨明代文學學會(籌)第八屆年會論文集》(北京:生活·讀書·新知三聯書店,2013年)。
③ 有關醉耕堂本《四大奇書第一種》的版本價值,陳翔華先生以其爲"現存最早的毛評《三國志演義》刻本",見陳翔華:《毛宗崗的生平與〈三國志演義〉毛評本的金聖嘆序問題》,載周兆新《〈三國演義〉叢考》,頁14—15。劉世德先生亦曾指出"現存的毛評本,以醉耕堂刊本爲最早",見羅貫中原著、劉世德、鄭銘校點:《三國演義》"前言"(北京:中華書局,1995年),頁30。魏安在大量流覽《三國》存世版本後亦指出"此本似爲毛評本的原刊本",見[英]魏安:《三國演義版本考》,頁30。綜合學者的考察,醉耕堂本《四大奇書第一種》當爲現存毛氏父子《三國志演義》評點本的最早刊本。
④ 目前仍有論者堅持題署金聖嘆《第一才子書序》源出金聖嘆之手,並據此將毛評本的成書時限大幅推前,如王輝斌《毛批本〈三國演義〉中的幾個問題》即持此觀點。詳見《許昌師專學報》(社會科學版)第15卷第2期(1996年),頁46—48。
⑤ 陳洪:《中國小説理論史》,頁193—194。
⑥ 據孫琴安《中國評點文學史》推斷,金聖嘆約生于1608年,此説與王靖宇《金聖嘆的生平及文學批評》及譚帆《金聖嘆與中國戲曲批評》考辨而得之金聖嘆生卒年同(詳見孫琴安:《中國評點文學史》,頁176)。而毛宗崗生年據陳翔華先生推斷其生年爲明崇禎(轉下頁)

否認忘年之交可具深厚情誼,但金聖嘆作爲當時頗有聲望的長輩,未必就願意與寂寂無聞的後輩毛宗崗緊密來往。更重要的是,歷來論者重視的《與毛序始》①實僅匆匆數語,性質上也只是普通的論詩短札,只字未及小說命題:

  詩至五六而轉矣,而猶然三四,唐之律詩無是也。詩至五六雖轉,然遂盡脱三四,唐之律詩無是也。得便過我,試取唐律細細看之。②

據《聖嘆尺牘》著録統計,與金聖嘆有書信往來者不下百人,③而金氏其他著述亦未再提及毛宗崗之名。若論者僅以《與毛序始》推斷兩者關係密切,在未有其他證據配合下,證據顯然薄弱。

  以往論者過分重視金聖嘆與毛氏父子的關係,因而認爲毛宗崗對金聖嘆的小說觀點弗敢違逆,致有"應聲蟲"之譏。然從上述各項交游材料的辨正所見,毛宗崗與金聖嘆關係似未如論者所言親厚。④ 論者若過分強調毛宗崗與金聖嘆的關係,并將毛宗崗《三國演義》評點視爲純粹模仿或追慕金聖嘆的作品。這種評價前提必然影響我們對毛宗崗小說理論的評價,故有必要先行辨正。

---

(接上頁)五年(1632)(詳可見陳翔華:《毛宗崗的生平與〈三國志演義〉毛評本的金聖嘆序問題》,《〈三國演義〉叢考》,頁 6—7)。由此推斷,倘毛氏于 1651 年入長州縣學而與金聖嘆爲學友,則當時金氏已届 43 歲,而毛氏則只約二十歲,由是可稱"忘年交"。

① 《與毛序始》爲論者視作毛宗崗與金聖嘆關係密切的證據,如黃中模即據此書而指出:"毛宗崗與金聖嘆的交往是較爲密切的"。見黃中模:《論毛宗崗評改〈三國演義〉的主要思想意義——毛本〈三國〉是"維護清王朝的正統地位"辨》,載《明清小説研究》第三輯(北京:中國文聯出版公司,1986 年),頁 293。
② 《金聖嘆評點唐詩六百首》(杭州:浙江古籍出版社,1997 年),頁 524。
③ 《聖嘆尺牘》共輯書信 102 篇,當中涉及金氏與近百人的書信。參《金聖嘆評點唐詩六百首》附録《聖嘆尺牘》,頁 497—530。
④ 就現存材料所見,毛宗崗肯定閱讀過金聖嘆的《水滸傳》評點。此據毛宗崗于《第七才子書·參論》表示,其"嘗讀五才子書,將寫六月生辰綱,便先于説三阮時,寫阮小五鬢邊一朵石榴花,用筆最閑細。"可見毛宗崗嘗閱讀金氏的評點著作。毛宗崗:《第七才子書·參論》,轉引侯百朋《琵琶記資料彙編》(北京:書目文獻出版社,1989 年),頁 296。

## 三、金聖嘆與毛綸評點對象的選擇與分歧

論者已明確指出《三國演義》評點實爲毛綸、毛宗崗父子共同完成的作品。① 毛綸,字德音,失明後更號聲山,生平已難確考。② 惟據署名"毛聲山"評點之《第七才子書》③卷首《總論》,評點《三國演義》的動機當始于毛綸,并已至少完成各卷總評部分,其《總論》云:

> 昔羅貫中先生作《通俗三國志》共一百二十卷,其紀事之妙不讓史遷,却被村學究改壞,予甚惜之。前歲得讀其原本,因爲校正。復不揣愚陋,爲之條分節解,而每卷之前,又各綴以總評數段,且許兒輩亦得參附末論共贊其成。今特先以《琵琶》呈教,其《三國》一書,容當嗣出。④

後世普遍以《三國演義》評點的著作權歸于毛宗崗,⑤但核諸《第七才子書》的相關論述,毛宗崗于評點過程僅"參附末論",⑥其評點文字及主要

---

① 有關毛評本《三國》的著作權問題,學者普遍認同《三國》評點出于毛綸、毛宗崗之手。鄔國平嘗撰有專文論述毛綸對評點活動的參與,均肯定毛綸的參加意義。詳見鄔國平《毛綸爲主、毛綸毛宗崗合評〈三國演義〉》,《復旦學報》(社會科學版)第五期(1992 年),頁 63、76—78。
② 浮雲客子《第七才子書序》謂毛綸"不幸雙目失視,乃更號聲山"(浮雲客子:《第七才子書序》,轉引侯百朋:《琵琶記資料彙編》,頁 271)。毛綸生平資料匱乏,即錢仲聯主編:《中國文學家大辭典・清代卷》(北京:中華書局,1996 年)、《歷代戲曲家評傳》均無收毛綸資料,而劉葉秋、朱一玄、張守謙、姜東賦主編:《中國古典小説大辭典》則只有極簡略記載。[《中國古典小説大辭典》(石家莊:河北人民出版社,1998 年),頁 82。]
③ 《第七才子書》即毛氏父子《琵琶記》評本之別名。
④ 毛綸:《第七才子書・總論》,轉引侯百朋:《琵琶記資料彙編》,頁 286—287。
⑤ 論者普遍以《三國演義》評點的著作權獨歸毛宗崗,致討論其評點成就時僅以毛宗崗的背景爲參照,我們不能説強調毛綸對《三國演義》評點的參與對現有研究結果有甚麽重要的影響,但至少毛綸角色的厘清有助于我們通過毛綸《第七才子書》評點與《三國演義》評點的對照更清晰掌握毛氏父子評點活動于理論層面的貢獻與意義。就筆者掌握有關毛氏父子《三國演義》評點的研究材料所見,更有早期論者誤以兩者同爲一人。
⑥ 《第七才子書・總論》僅言"且許兒輩亦得參附末論,共贊其成",而未明言"兒輩"即爲毛宗崗,然就目前材料所見未有毛綸其他兒子的記載,且《第七才子書》各家序文僅言及毛宗崗事,而同書卷首《參論》部分亦出于毛宗崗之手,是以推斷毛綸所言"兒輩"爲毛宗崗。

觀點應出自毛綸,故《四大奇書第一種》雖于卷端題署"茂苑毛宗崗序始氏評",然其書首仍題名"聲山別集",可知毛宗崗本人亦没有否定其父的著作權。當然,父子之間細緻分工如何,目前已難考定;毛宗崗"參附末論"部分共計多少,我們也不得而知。過去研究者討論《水滸傳》評點與《三國演義》評點關係時,對毛綸的討論意義未足重視,討論焦點集中在金聖嘆與毛宗崗之上,明顯忽略毛綸在《三國演義》評點的主導意義。

　　毛綸著作僅《三國演義》及《琵琶記》評點傳世,持以對照金聖嘆通俗文學評點,則解弢《小説話》所言"金批《水滸》,毛即批《三國演義》;金批《西厢》,毛即批《琵琶》"①正好用以描述兩者評點活動的分歧。② 從毛綸與金聖嘆四部評點作品的性質考慮,《水滸傳》、《三國演義》爲早期長篇小説的代表作,《西厢記》及《琵琶記》則分别代表北曲與南曲的最高成就,故當時文人時將四書互爲比况,或合并討論,如張無咎《批評北宋三遂新平妖傳叙》嘗以傳奇比况小説,而謂"《水滸》,《西厢》也;《三國志》,《琵琶》也",③署名笑笑主人《今古奇觀序》更以之爲明代"四大書",④認爲四書"厥觀偉矣",可見四部作品的地位在當時舉足輕重。毛綸得悉金聖嘆評點《水滸傳》及《西厢記》後選擇同具代表性的《三國演義》及《琵琶記》爲評點對象,反映毛綸未必甘心屈居于金聖嘆之下,旨在和金聖嘆分庭抗禮。

　　歸納當時文人的論述可見,《水滸傳》與《三國演義》代表"虚構"與"實録"的争議,而《西厢記》與《琵琶記》則反映"重情"與"重理"的衝突。兩者的評點對象恰好反映了明代通俗文學思潮的不同取向。毛綸與金聖嘆既選擇了不同取向的作品爲評點對象,其評論立場自然難以一致。兹分述如下:

---

① 解弢《小説話》(節録)。轉引《〈三國演義〉資料彙編》,頁439。
② 從時間先後考慮,金聖嘆在評點《水滸傳》後才評點《西厢記》,而毛氏父子亦在評點《三國演義》後方開始《琵琶記》評點,配合文體的分類考慮,則兩者評點的次序亦是先小説而後戲劇。
③ 張無咎:《批評北宋三遂新平妖傳叙》。轉引黄霖、韓同文選注:《中國歷代小説論著選》(南昌:江西人民出版社,1985年),頁242。
④ 署名笑笑主人者于《今古奇觀序》嘗云:"元施、羅二公,大暢斯道,《水滸》、《三國》,奇奇正正,河漢無極。論者以二集配伯喈、《西厢》傳奇,號四大書,厥觀偉矣。"其中以"四大書"總名《琵琶記》、《西厢記》、《水滸傳》及《三國演義》等四部著作。轉引《中國歷代小説論著選》,頁270。

傳統小説理論有關"實錄"與"虛構"的爭論在明代已漸趨調和,①論者在強調傳統小説觀中"小説不可縈之以正史"等觀點的同時,②亦逐漸意識到"虛構"對小説創作的意義,如謝肇淛《五雜俎·卷十五》即言及"凡爲小説及雜劇戲文,須是虛實相半,方爲游戲三昧之筆,亦要情景造極而止,不必問其有無也",③而馮夢龍《警世通言序》亦通過擬答的方式表達對歷史小説虛實關係的看法:"野史盡真乎?曰:不必也。盡贗乎?曰:不必也。然則,去其贗而存其真乎?曰:不必也",④顯示明代小説思潮存在不必拘執于"去虛務實"的立場,而《三國演義》與《水滸傳》恰好反映上述兩種取向。明代《三國演義》評點者主要從"事紀真實"、⑤"羽翼信史"⑥等角度肯定文本的價值,而《水滸傳》評點者則強調其"虛構"特徵而予以稱賞,如署名李贄評點的容與堂本《忠義水滸傳》即屢次提到《水滸傳》事節都是假的,説來卻似逼真,而以爲妙"、"《水滸傳》文字,原是假的,只爲他描寫得真情出,所以便可與天地相終始"等觀點,⑦既不隱瞞其"虛構"的性質,也不因其偏離"實錄"有所批評,與《三國演義》的評點取向顯然不同。

　　《西廂記》與《琵琶記》成就之爭論作爲"明中葉後參與者最多、持續時間最長的一場大辯論",⑧論者固有從表述層面評述兩劇價值,⑨但筆

---

① 學者嘗歸納小説"實錄"理論的發展大致可以分爲三個階段:"從魏晉六朝至明初爲第一階段,這一階段的特點是粗糙地搬用史家'實錄',以致未能與小説自身基本文學特徵——虛構相結合,出現了理論與創作相脱節、史學'實錄'與虛構相牴牾或'實錄'與虛構參半并存等弊病。第二階段主要是明代,呈現對史學'實錄'反動的特徵,極端強調藝術虛構而否定'實錄'。第三階段以張竹坡爲代表沿至于清,理論上是對第一階段的超越或回歸,基本上完善了中國古典小説'實錄'論,并逐步走向近代。"明代作品是否如上述引文所言屬"極端強調藝術虛構"姑且不論,但明代小説確實在強調"補史"價值之餘發展了"虛構"的意義。引文參謝昕、羊列容、周啓志:《中國通俗小説理論綱要》(臺北:文津出版社,1992年),頁230。
② 熊大木:《新刊大宋演義中興英烈傳序》,轉引《中國歷代小説論著選》,頁121。
③ 謝肇淛:《五雜俎·卷十五》,轉引《中國歷代小説論著選》,頁20。
④ 馮夢龍:《警世通言叙》,丁錫根編:《中國歷代小説序跋集》(北京:人民文學出版社,1996年),頁776。
⑤ 蔣大器:《三國志通俗演義序》,轉引《三國演義資料彙編》,頁232。
⑥ 張尚德:《三國志通俗演義引》,轉引《三國演義資料彙編》,頁234。
⑦ 兩則引文分見容與堂本《忠義水滸傳》第一回及第十回回評,轉引《〈水滸傳〉資料彙編》,頁172及174。
⑧ 李昌集:《中國古代曲學史》(上海:華東師範大學出版社,1997年),頁525。
⑨ 明代論者嘗從内容、語言等方面品第《西廂記》與《琵琶記》:如有關《西廂記》與《琵琶記》在用事用典上的討論,王驥德《曲律》所述可爲代表,其《曲論》中《論用事第十二》(轉下頁)

者更希望强調兩者的思想差異。《琵琶記》自元代成書以來已被視爲教化劇的濫觴,劇中主人公的行爲符合傳統的道德觀念。反之,《西廂記》的角色將"情"凌駕于"理"與"禮"上,劇中主人公的行爲顯然有悖于傳統的道德觀念,故兩者在思想方面的差異應是顯而易見的。胡應麟嘗將《西廂記》及《琵琶記》譬況于李、杜之詩,而以"《西廂》主韻度風神,太白詩也;《琵琶》主名理倫教,少陵之作也",①胡應麟因應兩劇的題材性質而有不同譬況,所謂"風神"與"倫教"的概念正反映兩劇的主題思想的差異。《西廂記》既重男女之情的表現,而劇中亦不乏《酬簡》等有悖禮教的情節,故當時論者亦有視《西廂記》爲"誨淫"之作,金聖嘆對此亦有覺察,故其《讀第六才子書西廂記法》起首即回應時人以《西廂記》爲"淫書"的批評,②其立論既從文學意義上肯定其作爲"天地妙文"的價值,亦從現實角度指出所謂"淫穢"情節實亦日常生活中"何日無之"、"無地無之"之事,此説在《酬簡》一齣前的評語得到重申:③

> 有人謂《西廂》此篇最鄙穢者,此三家村中冬烘先生之言也。

---

(接上頁)云:"《西廂》、《琵琶》用事甚富,然無不恰好,所以動人"及《論須讀書第十三》一篇云:"勝國諸賢,及實甫、則誠輩,皆讀書人,其下筆有許多典故,許多好語襯副,所以其製作千古不磨",對《西廂》及《琵琶》用典均持正面態度(王驥德:《曲律》,《中國古典戲曲論著集成》第四册,頁121及127);而有關《西廂》與《琵琶》在語言方面的討論,早于何良俊《曲論》已有"《西廂》全帶脂粉,《琵琶》專弄學問,其本色語少。"認爲兩劇用語同樣缺乏"本色",各有明顯造作的傾向(何良俊:《曲論》,《中國古典戲曲論著集成》第四册,頁6)。繼後王驥德《曲律》中《雜論第三十九上》則以《琵琶記》語言稍差于《西廂記》云:"《琵琶》終以法讓《西廂》,故當進爲雙美,不得合爲聯璧。《琵琶》遣意嘔心,造語刺骨,似非以漫得之者,顧多蕪語、累字,何耶?《西廂》組艷,《琵琶》修質,其體固然。"對《琵琶記》及《西廂記》的語言論述正面,與何良俊的批評態度不同(王驥德:《曲律》,《中國古典戲曲論著集成》第四册,頁149);當然論者亦有主觀品第兩者,如王驥德《曲律》,其《雜論第三十九下》引《曲品》謂:"舊曲列品有四:曰神,曰妙,曰能,曰具。……惟實甫《西廂》可當之耳。《琵琶》尚多拗字顰句,可列妙品。"從其標準而知,列爲"神品"之《西廂記》當高于只屬"妙品"的《琵琶記》。(王驥德:《曲律》,《中國古典戲曲論著集成》第四册,頁172)。以上僅以何良俊及王驥德等人的論述爲例,説明當時論者有以《西廂記》與《琵琶記》比較者。由于《西廂記》與《琵琶記》在若干方面均有差異,故評點者各自對兩種文本的選擇,自然令人將兩種文本本身存在的競爭關係聯繫到評點者身上。

① 胡應麟:《少室山房筆叢》,《四庫全書》第886册(上海:上海古籍出版社,1987年),卷二十五,頁16B(總頁445)。
② 詳見金聖嘆《讀第六才子書〈西廂記〉法》。王實甫原著、金聖嘆批改、張國光校注:《金聖嘆批本〈西廂記〉》(上海:上海古籍出版社,1986年),頁10。
③ 金聖嘆卷四第一折《酬簡》總評。《金聖嘆批本西廂記》,頁209—210。

夫論此事，則自從盤古至于今日，誰人家中無此事者乎？若論此文，則亦自從盤古至于今日，誰人手下有此文乎？誰人家中無此事，而何鄙穢之與有？誰人手下有此文，而敢謂其有一句一字之鄙穢哉？

金聖嘆沒有否定《西廂記》的情欲內容，更從藝術角度加以辯護，而未按照傳統價值觀予以貶斥，可見金聖嘆的評點并未囿于傳統價值觀，這或許受到晚明以來思想解放風氣的影響。然而，從毛綸《琵琶記》的評點所見，傳統道德價值顯然是評語的基本立場，其表述更經常援引四書五經的文字為佐證，①是知其評點立場與金聖嘆顯然不同。尤侗《第七才子書序》曾引述毛綸云：

> 吾于傳奇取《琵琶》焉。凡臣之事君，子之事父母，婦之事舅姑，以至夫婦之相規，妻妾之相愛，朋友之相恤，莫不于斯編備之，此東嘉高先生之所為作也。今夫一哄之市，十家之村，梨園子弟有登臺而唱《琵琶》者，每至饑荒、離別、剪髮、築墳之事，則田夫里嫗、牧童樵叟，無不頰赤耳熱、涕淚覆面，嗚咽咄嗟而不能已；況吾輩讀其書而睹忠臣、孝子、貞夫、烈婦之所為，有不油然感動、喟然嘆興者乎！豈非本乎性、發乎情、止乎禮義，不自見其才，而才無不至者乎？②

就引述所見，毛綸相當推重《琵琶記》的教化作用，更指出《第七才子書》實因其"廣教化，美風俗"的編撰宗旨而得以梓行，其評點行為背後的道德思想與《西廂記》的思想涇渭分明。

綜上所述，《三國演義》評點既非毛宗崗的獨立著述，後人評價其成就時務必考慮毛綸的理論觀點或立場。從評點對象的選擇所見，毛綸不僅沒有對金聖嘆"亦步亦趨"，反而表現出強烈的競爭意識。兩者的

---

① 參李正學《毛宗崗小說批評研究》，頁43。
② 尤侗：《第七才子書序》，轉引《〈琵琶記〉資料彙編》，頁273。

評點對象在性質及思想方面都存在某種程度的對立,故論者若只從《三國演義》與《水滸傳》評點的同處著眼,因而忽略《三國演義》評點的主體性,那就違背了毛綸的評點動機,未必就能準確梳理出明清之際評點文學的邏輯進程及理論發展。

## 四、毛氏父子對金聖嘆的批評

毛氏父子雖以布衣終身,然亦薄具文名,如浮雲客子《第七才子書·序》謂毛綸"錦心繡腸,久爲文壇推重",[①]其交游中不乏尤侗、李漁等當世名士。毛氏父子既有一定名聲,則從動機層面考慮,毛氏父子未必就甘心屈居金聖嘆之下,故其評點文字中不乏對金聖嘆的議論,如《讀三國法》即通過比較《三國演義》與《水滸傳》貶抑後者:

> 讀《三國》勝讀《水滸傳》。《水滸》文字之真,雖較勝《西游》之幻,然無中生有,任意起滅,其匠心不難;終不若《三國》叙一定之事,無容改易,而卒能匠心之爲難也。且《三國》人才之盛,寫來各各出色,又有高出于吳用、公孫勝等萬萬者。吾謂才子書之目,宜以《三國演義》爲第一。[②]

評點者通過比較批評突顯所評小説的價值本不足奇,但上述引文涉及之理論命題更引人關注,且明顯指向金聖嘆的核心觀點。毛氏認爲《三國演義》叙事受史實制約,難以改易,不似《水滸傳》故事純屬"虛構"而可任意剪裁,是以《三國演義》較《水滸傳》等虛構之作更具"匠心"。[③] 毛氏父子一直將《三國演義》行文之妙歸于"造物者"的神巧,[④]

---

[①] 浮雲客子:《第七才子書序》。轉引《〈琵琶記〉資料彙編》,頁271。
[②] 《讀三國志法》,《三國演義》,頁30。
[③] 毛氏父子此説于其《三國演義》評點的具體回評中亦有呼應,如第九十四回回評即直言《三國演義》的情節安排"不似《西游》、《水滸》等書,原非正史,可以任意結構也"(第九十四回回評,《三國演義》,頁562)。
[④] 毛氏父子在具體評語中并非完全否定"人工"對文本叙述的作用,其評語之間亦時以《三國演義》與《史記》對比,而謂《史記》之叙述無以過之,如"匠心"一詞雖非毛氏父子評點的核心範疇,然亦曾見于文本分析之中,如第一百七回回評即云:"叙事作文,如此結(轉下頁)

強調叙述者依據歷史事件的自然順序叙述情節爲《三國演義》結構之妙的關鍵，認爲文本叙述之間的對照、伏應等關係皆屬"天造地設"，①單以其《讀三國志法》爲例，毛氏父子已先後强調《三國》行文之妙在"古事所傳，天然有此等波瀾，天然有此等層折，以成絶世妙文"②、"幻既出人意外，巧復在人意中，造物者可謂善于作文矣"③等觀點，將文本情節的波瀾視爲"實録"歷史的必然結果，淡化了作家的主體意識對文本的影響，可見"匠心"之説并非毛氏父子關心的命題。反之，金聖嘆于《水滸傳》評點却一再强調"才子"在創作過程中的能動作用，④并以《水滸傳》藝術之妙歸功于"才子"⑤施耐庵的苦心經營。⑥ 認爲作者必須通過"致知格物"深入瞭解生活，⑦再在下筆之先先有"若干年布想，若干年儲才"，⑧方能以"因緣生法"之筆敷演故事，⑨其創作過程顯然較《三國演義》更具"匠心"，但毛氏父子仍特意拈出"匠心"，并以《三國演義》能兼有《水滸傳》"匠心經營"之妙，其意正是針對金聖嘆的相關觀點。此外，毛氏父子評點《三國演義》時，金聖嘆當已極具名氣，時人對其所評選之"六才子書"之序次及名目當無不識之理，但毛氏父子仍在《讀三國志法》中明確表明"吾謂才子書之目，宜以《三國演義》爲第一"的構想，既破壞金聖

---

（接上頁）構，可謂匠心"。惟毛氏父子《三國演義》終究强調其"實録"性質，亦視此爲其較勝于其他小説者，惟評語之間對叙述作品"人工"的强調將影響"實録"的客觀性，故毛氏父子將《三國演義》各種叙事之妙歸功"天然"、"造物者"，而所謂的"天然"、"造物者"即代表歷史事件的自然安排，其表述意在强調叙述者乃根據歷史的真實書寫。

① 第九十九回回評云："斷斷續續，實實虛虛，豈非妙事妙文，天造地設。"《三國演義》，頁1108。
② 《讀三國志法》，《三國演義》，頁18。
③ 《讀三國志法》，《三國演義》，頁20。
④ 金聖嘆的創作思想較爲複雜，論説分歧也較多。本節論述金聖嘆之創作思想皆按筆者理解。
⑤ 原句爲"聖嘆于三千年中，獨以才子許此一人"，第二十二回夾批，《水滸傳會評本》，頁424。
⑥ 所謂"苦心經營"，按金聖嘆的説法，各才子撰書時皆"若莊周、屈平、馬遷、杜甫，以及施耐庵、董解元之書，是皆所謂心絶氣盡，面猶死人，然後其才前後繚繞，得成一書者也。"詳見《〈水滸傳〉序一》，轉引《〈水滸傳〉資料彙編》，頁210。
⑦ 郭瑞《金聖嘆小説理論與戲劇理論》"格物之法"即"是要求把尊重客觀事物、親自考察各種事物親自認真研究的精神。"詳參郭瑞：《金聖嘆小説理論與戲劇理論》（北京：中國文聯出版社，1993年），頁410。
⑧ 詳見楔子回評，轉引《〈水滸傳〉資料彙編》，頁227。
⑨ 第五十五回回評，轉引《〈水滸傳〉資料彙編》，頁286。

嘆原來"文備衆體"①的刻意安排,也對原來才子書系統的排序有所顛覆,可見毛氏父子有意挑戰對金聖嘆的理論觀點。

毛綸于稍後的《第七才子書》評點亦屢次提及金聖嘆評點《水滸傳》及《西廂記》事,均隻字未提金聖嘆之名,而以"批評《西廂》者"或"序《水滸》者"②代替,更多番在藝術層面上置《琵琶記》與《西廂記》比較討論,其中較重要的如《第七才子書・自序》明言:"故元人詞曲之佳者,雖《西廂》與《琵琶》并傳,而《琵琶》之勝《西廂》也有二:一曰情勝,一曰文勝。"③所謂"情勝",據毛氏所述是指《琵琶記》重在表達"孝子賢妻敦倫重誼纏綿悱惻之情",④較《西廂記》重在表達"佳人才子花前月下私期密約之情"⑤更具"教化"意義;而所謂"文勝",則以《西廂記》中經常"雜用方言土語",又謂其用語雅俗相雜而"豔不離野",⑥故不及《琵琶記》用語之"真而能典"、"質極而文"。⑦ 毛氏亦在夾批中對《琵琶記》及《西廂記》的比較有所論述,大體強調《琵琶記》曲文優于《西廂記》。⑧ 由于在《第七才子書》評點的同時,金聖嘆批點之《西廂記》是當時流行的版本,且其評語又以剔抉《西廂記》的藝術成就爲主,故毛氏父子有關《琵琶記》與《西廂記》藝術高下的評論,亦可視爲毛氏父子對金聖嘆《西廂記》評點的間接批評。

考諸《第七才子書》的具體評點,至少尚有兩則涉及金聖嘆的評語,其持論皆傾向負面,如毛綸于《第七才子書・自序》即曾批評金聖嘆選擇的《西廂記》底本:

---

① "六才子書"原來就代表了散文(《莊子》)、騷體(《離騷》)、史傳(《史記》)、詩(《杜詩》)、小說(《水滸傳》)及戲劇(《西廂記》),倘加入《三國演義》以爲第一,將使六才子書中包括《水滸傳》及《三國演義》兩種小說,造成文體的重複。
② 毛綸:《第七才子書・自序》,轉引《〈琵琶記〉資料彙編》,頁 275—276。
③ 毛綸:《第七才子書・自序》,轉引《〈琵琶記〉資料彙編》,頁 275。
④ 同上注。
⑤ 同上注。
⑥ 同上注。
⑦ 同上注。
⑧ 舉要而言,毛綸于夾批中經常將《琵琶記》與《西廂記》相似的情節相比對,而以《琵琶記》較勝,如第二十二出夾批比較兩書有關"聽琴"的情節;第二十八出夾批評兩書寫"月"之異同;第三十四出則就兩者寫"佛寺"的技巧來比較。詳見毛綸:《第七才子書》夾批,轉引《〈琵琶記〉資料彙編》,頁 367、385、404。

客不記序《水滸》者之言耶？序中蓋嘗論列六才子矣，而至于《西廂》，則稱是董解元之書，不聞其爲王實甫也。特以所批董解元之《西廂》爲友人携去，失其原稿，不能復記憶；又見世俗所傳誦者，皆王實甫《西廂》，而董解元《西廂》，人多不經見，于是遂以王實甫代之。①

現存金聖嘆評點之《西廂記》以王實甫《西廂記》爲底本，然據金聖嘆刊行較早的《第五才子書》，其所論列之"六才子"原爲"董解元"而非"王實甫"，可知毛氏所言非虛。② 金聖嘆更改底本之原因是否悉如毛氏所述，我們無從而知，但毛綸強調金聖嘆純因"失其原稿"及"人多不經見"而更改"才子"之選，似欲借此譏諷金聖嘆"才子"標準之兒嬉，而《琵琶記》評點本定名爲《第七才子書》，亦隱含對金聖嘆"才子"標準之批評。③

毛綸《第七才子書·總論》亦借評論時人有關《西廂記》的議論貶抑金聖嘆《第六才子書》之評點，其評點嘗云：

作文命題最是要緊。題目雖好，便使文章倍添光采；若題目不甚好，則文章雖極佳，畢竟還有可議處。如批《水滸傳》者，雖極罵宋江之權詐，而人猶以爲誨盜；批評《西廂記》者，雖極表雙文之矜貴，而人猶或以爲誨淫，蓋因其題目不甚正大也。今《琵琶記》，文章既已絶佳，而其題目又極正大，讀者其又何議焉？④

---

① 毛綸：《第七才子書·自序》，轉引《〈琵琶〉資料彙編》，頁276。
② 金聖嘆于《第五才子書〈水滸傳〉》中〈序一〉曾云："莊周有莊周之才，屈平有屈平之才，馬遷有馬遷之才，杜甫有杜甫之才，降而至于施耐庵有施耐庵之才，董解元有董解元之才。"由于《第五才子書》的評點較諸《第六才子書》評點爲早，故此則材料可證金聖嘆于《第六才子書》成書前曾計劃以董解元之《西廂》爲評點底本。轉引《〈水滸傳〉資料彙編》，頁209—210。
③ 毛綸于《第七才子書·自序》中借客問而嘗指出："夫以施耐庵爲才，而繼耐庵者，未必爲王實甫，乃不難六之以實甫，然則以王實甫爲才，即繼實甫者，不止一高東嘉，而又何妨七之以東嘉哉！"毛氏在解釋《第七才子書》取名的同時，亦同時對金聖嘆以王實甫之才繼之于施耐庵之後提出質疑，并隱約批評金聖嘆厘定"才子"次序時欠缺標準。毛綸：《第七才子書·自序》，轉引《〈琵琶〉資料彙編》，頁276。
④ 毛綸：《第七才子書·總論》，轉引《〈琵琶〉資料彙編》，頁286。

金聖嘆《讀第五才子書法》嘗謂"題目是作書第一件事。祇是題目好,便書也作得好",并謂《西游記》及《三國演義》不及《水滸傳》。① 上述引文從題材角度批評《西廂記》在"題目"上不及《琵琶記》,進而指出"批《水滸傳》者"及"批評《西廂記》者"雖力圖擺脫"誨盜"、"誨淫"之譏,但由於兩書本身"題目不甚正大",評點文字尚有可議,其成就猶當置於"題目正大"的《琵琶記》之下,矛頭明顯指向金聖嘆,且有"以子之矛,攻子之盾"的競勝意味。

綜上所論,毛氏父子的評點不乏批評金聖嘆的內容,只是上述材料未曾爲論者重視。歸納各則評語的觀點可知,至少在表述層面,毛氏父子旨在對照金聖嘆來確立自身的評點價值,而不是通過模仿或抄襲以附庸於金聖嘆的評點成就。

## 五、結　　語

總括而言,本文重新思考毛氏父子與金聖嘆的關係,并反思現時小説理論著述的相關叙述。本文首先考辨《第一才子書序》及《與毛序始》兩種文獻的研究價值,指出兩種文獻未必能説明毛宗崗與金聖嘆過從甚密,更不能視爲毛宗崗刻意模仿金聖嘆評點通俗文學的力證;隨後,本文因應《三國演義》評點的著述情況,考述毛綸從事評點活動的動機及考慮因素,并略述毛綸與金聖嘆評點對象性質上的差異,藉以推測毛綸的評點活動可能有意識與金聖嘆競爭;最後,本文歸納毛氏父子《琵琶記》及《三國演義》評點中批評金聖嘆的評語,提出毛氏父子將金聖嘆視爲反襯對象,藉以確立自身評點的價值。由此可見,以往論者執著於金聖嘆與毛氏父子的關係,集中討論兩者小説理論的繼承關係,著眼於"同"而漠視其"異",致未能清晰論述毛氏父子小説理論的獨特貢獻,也未能準確把握明清之際小説評點理論的發展進程,故有辨正的必要。然而,毛氏父子與金聖嘆小説理論的差異最終仍須通過"回評"、"眉批"及"夾批"等具體評語的對照始能清晰交代,而毛氏父子小説評點的定

---

① 《讀第五才子書法》,轉引《〈水滸傳〉資料彙編》,頁219。

位也必須在具體評語的分析基礎上方能確立,前文只是從評點的外緣層面質疑兩者的關係,但更深入的討論仍有待評點內在層面的剖析,此部分拙著《論毛氏父子(毛綸、毛宗崗)與金聖嘆小說評點取向之異同》[1]已嘗涉及,茲不復贅述。

(本文作者係香港中文大學中國語言及文學系講師)

---

[1] 拙著《論毛氏父子(毛綸、毛宗崗)與金聖嘆小說評點取向之異同》,載陳文新主編《明代文學與科舉文化》(北京:中國社會科學出版社,2009年),頁260—272。

# 誰是主角？誰在觀看？
——論清代戲曲中的崇禎之死*

華 瑋

**提要**：本文圍繞清順治迄道光計六部書寫崇禎之死的劇作(《鐵冠圖》、《桃花扇》、《虎口遺生》、《僑中人》、《芝龕記》和《帝女花》)，探討戲劇再現歷史的政治意涵，以及時代對歷史再現的限制及影響。從罕見之清內廷演出抄本《鐵冠圖》與民間演出本的比較，可見歷史記憶如何因政治目的被刻意地操控和利用。而時代的遷移也影響了作者再現歷史時，對其擬想觀衆之情感指引的目的上的差異。從清初至晚清，書寫崇禎之死的文人戲曲在有關"崇禎之死"這一極具戲劇性的關目處理上詳略不一，展現著由"悼明"到至少是表面上包含"頌清"的轉變。對崇禎個人命運及其所代表之有明一代滅亡的感懷，至清中葉已然失去其作爲劇作中心主旨的重要性。取而代之的，是一種"泛政治性的"對臣子百姓的忠義教化。至清後期，故國之感再度抬頭，并且夾雜著幾許對人生盛衰無常的感傷。本文結論指出，同一題材的歷史劇之間往往存在著互文性與對話性，且戲劇與政治的關聯、文本與意識形態的關係在歷史劇裏尤其顯著。然而在同時，清代劇場裏的演出可能不受內廷、官僚、文人重新編排史事的影響。《審音鑑古錄》中的《鐵冠圖·煤山》身

---

\* 本文原刊于《戲劇研究》第11期(2013年1月)，頁23—60；收入華瑋著，《明清戲曲中的女性聲音與歷史記憶》，頁179—232。本文的相關研究計劃："清代古典戲曲中的明史再現"(The Representations of Ming History in the Classical Drama of the Qing)得到香港研究資助局(RGC)"優配研究金"(GRF)的資助(計劃編號：CUHK 445910；2110184)，謹此致謝。

段譜，見證著文化藝術之超越時代氛圍與官方意識形態的穩定力量。

**關鍵詞**：清戲曲　崇禎之死　《鐵冠圖》《桃花扇》　歷史劇

## 一、前　　言

明崇禎十七年甲申（1644），李自成（1606—1645）逼犯京師，三月十九日，崇禎皇帝朱由檢（1611—1644）于煤山自縊。此一天崩地裂事件，不久即被戲曲家從不同角度、以不同方式、爲不同目的再現于清代舞台：從清初順治年間無名氏的《鐵冠圖》始，繼之而有康熙年間孔尚任（1648—1718）的《桃花扇》、清中葉乾隆年間遺民外史的《虎口餘生》、唐英（1682—1756）《傭中人》和董榕（1711—1760）《芝龕記》，至清後期則有黃燮清（1805—1864）作于道光十二年（1832）的《帝女花》。在這些書寫明亡的戲曲中，除了《傭中人》只有一折，屬雜劇外，其餘都是傳奇。照理説，與明亡直接相關的崇禎自縊這一幕應該是重要關目，然而頗爲反常的，讓崇禎親自上場成爲主角以明場演出他自盡的却只有時代最早之無名氏的《鐵冠圖》。這齣名爲《煤山》或稱《歸位》的戲，見于《審音鑑古錄》、①《崑曲粹存・初集》、②《崑劇手抄曲本一百册》、③《崑戲集存・甲編》，④以及中國藝術研究院所藏之數種内廷與民間之演出抄本。其中，刊刻于清道光十四年（1834）的《審音鑑古錄》所

---

① 琴隱翁編：《審音鑑古錄》，收入王秋桂主編：《善本戲曲叢刊》第 5 輯（臺北：臺灣學生書局，1987 年），頁 921—926。
② 崑劇國學保存會編校：《崑曲粹存・初集》（上海：朝記書莊，1919 年），頁 1a—3a。按：此本名爲《歸位》。
③ 張紫東等抄，中國崑曲博物館編：《崑劇手抄曲本一百册》（揚州：廣陵書社，2009 年），册 67，頁 31b—34a。按：緊接《歸位》34a—36a。
④ 周秦主編：《崑戲集存・甲編》（合肥：黄山書社，2011 年），卷 6，頁 4567—4571。此書所收齣目十四齣：《探山》、《營鬨》、《捉闖》、《借餉》、《對刀步戰》、《拜懇》、《别母》、《亂箭》、《撞鐘》、《分宫》、《煤山》、《守門》、《殺監》、《刺虎》，除《煤山》外，皆出于《崑曲粹存》。按："中央研究院"歷史語言研究所俗文學叢刊編輯小組編輯之《俗文學叢刊》（臺北：新文豐出版股份有限公司，2001 年）第 88 册，亦收有《鐵冠圖》數齣，其中無《煤山》，但在《守門》齣中有王承恩聽見崇禎自縊後所唱之【麽篇】、【烏夜啼】、【尾】三曲（見頁 440—443），此三曲被收于《審音鑑古錄》的《煤山》齣中。

錄之身段極爲詳盡,可知這齣折子戲經幾代藝人琢磨,在舞臺上享有長久之藝術生命。① 本文因而想探討,是什麽原因使得上述文人戲曲家書寫、反思甲申明亡却不直接呈現這最具戲劇性的高潮?"避免重覆"的藝術考量或許是重要原因之一,然而筆者發現,更重要的原因可能還在于官方意識形態在書寫時的介入,以致于戲曲家必須另闢蹊徑。因爲崇禎的死乃一連串歷史事件中的一個環節,對其著墨過多,或著墨的方式不"政治正確",勢會影響即將登上歷史舞台的"主角"——清朝的形象及其統治,從而觸犯清朝嚴密的文網。我們從内廷演出本如何刻意地解釋崇禎之死的前因後果,并與民間演出的版本有所差異,即可瞭解此一歷史事件再現于舞台的政治意涵。歷史的記憶,原是可以被操控和利用的。

根據官方《明史》的記載,崇禎皇帝臨死前數日和死後的兩個月内,京師發生了以下幾件大事:

> 戊戌,太監王承恩提督城守。己亥,李自成至宣府,監視太監杜勳降,巡撫都御史朱之馮等死之。癸卯,唐通、杜之秩降于自成,賊遂入關。甲辰,陷昌平。乙巳,賊犯京師,京營兵潰。丙午,日晡,外城陷。是夕,皇后周氏崩。丁未,昧爽,内城陷。帝崩于萬歲山,王承恩從死。御書衣襟曰:"朕凉德藐躬,上干天咎,然皆諸臣誤朕。朕死無面目見祖宗,自去冠冕,以髮覆面。任賊分裂,無傷百姓一人。"自大學士范景文而下死者數十人。丙辰,賊遷帝、后梓宫于昌平。昌平人啓田貴妃墓以葬。明亡。是年夏四月,我大清兵破賊于山海關。五月,入京師,以帝禮改葬,令臣民爲服喪三日,謚曰莊烈愍皇帝,陵曰思陵。②

以上的歷史叙述從三月初十(戊戌)寫到五月,先是京師失守,次是崇禎

---

① 如咸豐年間的昇平署檔案中亦可見《鐵冠圖》的排演紀録:"(咸豐十一年〔1861〕)二月初一日,朱筆:'《荆釵記》、《釵釧記》、《尋親記》、《白羅衫》、《八義記》、《占花魁》、《鐵冠圖》、《長生殿》、《宵光劍》、《紅梨記》夏天俱要排出來,不論帽兒排、小地方俱可唱。'"見洪惟助主編:《崑曲辭典》(宜蘭:傳統藝術中心,2002年),"清代宫中演劇場所",頁1060。
② 張廷玉等撰:《明史》(北京:中華書局,1974年),卷24"莊烈帝",頁335。

駕崩,宦官臣子亡軀殉節,後是"我大清兵破賊",入京師,以帝禮改葬崇禎,定其諡號。崇禎的遺詔是這段叙事中難得的細節特寫,"自去冠冕,以髮覆面"顯示的是明朝末代皇帝九五之尊的徹底瓦解,而由這樣的失序混亂到秩序重建,"我大清"扮演的撥亂反正角色,無疑是正史作者所冀望留予讀者的印象。結尾的"思陵"象徵性地以死亡的意象,把有明一代的存在送進了歷史的墓地。

## 二、"鐵冠圖"與《煤山》

民間對崇禎皇帝的思念與同情,則非正史的叙述框架所能規範或限制。早于康熙朝《明史・本紀》初稿完成前,在順治年間即已出現無名氏以曲寫史的傳奇《鐵冠圖》;① 該劇的整體框架用的是鐵冠道人張靜(或作"淨")在明初留下的三幅圖,來表明明朝由盛而衰、崇禎命盡煤山的定數難逃。這部傳奇作品,全本雖已佚失,但有部分折子戲流傳至今,如筆者最近新發現之《白氏盡節》② 以及今日崑劇舞台上仍在演出之《撞鐘》、《分宮》等,此可從《曲海總目提要》卷三十三的叙述中得到印證。③《提要》云此劇"演唱相沿,幾惑正史",指出其流傳之廣,并對其劇情與劇中人物有所評論:

> 不知何人所作。影掠明末崇禎事迹,真偽錯雜,淆惑視聽。如范景文之忠烈,而痛加詆毀;李國楨甚平平,而極口贊揚。非村夫妄談,即邪黨謬論。演唱相沿,幾惑正史。亟當駁正者也。據云:崇禎以流賊逼近,召見諸大臣魏藻德、范景文、朱純臣、李國楨等,措置軍餉。……李自成攻寧武關,總兵周遇吉力戰,關破自

---

① 程宗駿舉證指出無名氏著《鐵冠圖》最早的演出記載是順治十五年(1658),故知劇作完成于順治年間。見程宗駿《關于〈表忠記〉與〈鐵冠圖〉》,《藝術百家》1992年第3期,頁111。
② 見江湖知音者彙編、古潭訂定:《新刻精選南北時尚崑弋雅調》(清初廣平堂刻本),册1,下欄,頁碼原缺。中國藝術研究院圖書館藏。《白氏盡節》演周遇吉妻白氏被綁,招其夫降,白氏爲激夫死戰,撞城而死。詳拙文《新發現的〈鐵冠圖・白氏盡節〉》,發表于2012年7月,"第六屆中國崑曲國際學術研討會"。
③ 周遇吉妻白氏死節事,見佚名:《曲海總目提要》(天津:天津古籍書店影印本,1992年),卷33,頁1460。《撞鐘》和《分宮》,見同書卷33,頁1461。

列。……自成遂由居庸關入,直犯各門。崇禎知城已破,遂有煤山之變。……其時緣總兵吳三桂出關迎清,討逐自成。自成大敗,裝載金銀財寶,逃往陝西(此段實事,但未詳載自成之死)。末後,以鐵冠道人與誠意伯劉基說明畫圖三幅之故,以作收束云(此亦無中生有,憑空捏造)。①

由上可見《鐵冠圖》的劇名出處與大意,然而究竟圖上所畫爲何?《提要》並未說明,只云:"鐵冠道人留下畫圖三幅,崇禎得之通濟庫中,彼時稗乘中有此等語,亦是齊東謬妄之談。蓋鐵冠是洪武時人,成祖遷都北京,果見此圖,亦當毀滅,豈有移藏庫中之理?劇據以爲標題,曰'鐵冠圖',已鄙陋不足論。鐵冠乃張三丰,此捏一名,曰張淨,何也?白猿傳語,庫神現形,引崇禎視庫之說,更屬荒誕。所造五言絕句一首,尤妄。"②

在今存《鐵冠圖》民間演出本中,確有《觀圖》一齣,爲崇禎自盡的前奏,寫崇禎被鬼魅(庫神)引至通積庫,發現太祖御筆親封,傳諭子孫不得擅自開看之鐵冠仙師留下的圖畫。此畫分三層,第一層是"君臣朝賀的光景,上有垂裳而治四字",中間第二層是"一座焦山,一枝枯樹,一人披髮覆面,一足無履",崇禎不解其意,下面第三層畫的是"馬上又有許多兵將,手執大旗。"崇禎亦不解其故。③ 此畫的意義直至《煤山》一齣他才了悟:"哎呀!驀然想起鐵冠仙師所遺畫圖,今已應驗,想大數難逃,哎呀!命該如此。"④甲申之變後,民間對崇禎命運、歷史興廢,有尋求解釋的心理需要,"鐵冠圖"的產生可以從這樣的角度理解;其實不只是戲曲,在民間以《鐵冠圖》爲名的白話小說和影戲本同樣存在。⑤ 值得注意的是,有關此圖的意義在清代宮廷的演出本中,經過了衍化、發展與改造。我們可以說官方挪用了民間流行的傳說以爲己用。

---

① 佚名:《曲海總目提要》,卷33,頁1459—1462。
② 佚名:《曲海總目提要》,卷33,頁1460。
③ 崑山國學保存會編校:《崑曲粹存·鐵冠圖·觀圖》,頁2b—4a。
④ 崑山國學保存會編校:《崑曲粹存·鐵冠圖·歸位》,頁2a。
⑤ 按:中國藝術研究院圖書館藏有松排山人編,龍岩子校閱:《鐵冠圖忠烈全傳》(清光緒四年宏文堂刻本),50回,另有《鐵冠圖》影戲抄本,四卷。

這本清代宮廷演出本《鐵冠圖》①刻意地在劇首安排了《楔子》一齣，呈現天庭氣象，由玉皇大帝升坐後，宣普化天尊上殿；後者奏"中華大明國，金甌紛擾，黎民饑饉遍荒郊"，"國本將搖"，盼玉帝指點"乾坤新命"。于是玉皇宣示明朝氣數已盡，清朝將興。普化稟告玉皇，下界早有"鐵冠圖"之預言：

> （玉皇白）朱明國祚卜年二百七十有餘，卜世一十七主，此係前定之數。今值崇禎嗣位，國祚不能延矣。繼明定鼎者，乃是大清。現今聖主已誕于長白，帝業將成于奉天，泰運方亨，承年有日。那流寇李自成等不過劫數使然，不久當滅也。（普化白）原來如此，大清治事，乃中土蒼生之福也。臣查明朝氣運，不但天庭預定，下界已有伏案。（玉皇白）下界都是凡夫，怎知天機元妙？（普化白）原不是凡人所定，乃是張靜、劉基二仙卿畫成圖樣三幅，名爲"鐵冠圖"，預定明室將亡之事。（玉皇白）何爲"鐵冠圖"？（普化白）那張靜號爲"鐵冠道人"，故名"鐵冠圖"。洪武朝將此圖封貯內庫，後世子孫莫敢開看。（玉皇白）原來有此一樁異事存留下界，可把圖內情形，備細奏聞。（普化白）那"鐵冠圖"第一幅呵，（唱）【天下樂】繪著那明室垂衣定鼎朝，聚著官僚國運饒。（白）第二幅，（唱）【九孩兒】在馬上爭誇耀，今旆開逞著威，趁風行意氣豪。（白）第三幅實是可憐，（唱）却便是赴煤山劣狀堪悲悼。（玉皇白）此乃天數，莫能挽回。也罷，即著仙卿顯一神通，指引大明天子親臨內庫，開看"鐵冠圖"，使他覺悟緣由，明彰運數，并著主持劫運，速見天下太平。（普化白）領玉旨。臣就此欽奉施行。②

這齣戲藉由玉皇大帝與普化天尊的對白清楚地演出了"天命"所歸。作

---

① 此本封面題"虎口餘生全齣"，不著撰人，首葉題"鐵冠圖上 全串貫"，佚名抄，一册，中國藝術研究院圖書館藏。除楔子外，另有四齣，依序名：《大明國定數宣揚》、《耿耿丹心期報主》、《深深妙計急抽薪》、《李自成敗思叛國》。抄本著錄場面調度，從齣目七字題名的規則，以及抄本文字紙張的特點，當爲清內廷演出本。按：中國藝術研究院另藏有一本封面題"鉄冠圖"，首葉題"鉄冠圖下本"的十二齣崑弋連演的宮廷抄本，筆者認爲兩者應屬同一類型。

② 佚名：《鐵冠圖·楔子》演出抄本（中國藝術研究院藏），原無頁碼。

者尚且從天庭與下界兩個層次，雙重地宣揚大清承繼明朝"正統"之正當性。場上神祇的對話，涉及的幕後主角英雄，顯然就是那位"已誕于長白，帝業將成于奉天"的大清"聖主"（很有可能此劇的主要觀衆正是清朝皇室）。從而民間爲理解崇禎下場所結構出的鐵冠道人神話與其"鐵冠圖"解讀，因不合清廷演出的政治目的，在此被悄然替換。舉例而言，《崑劇手抄曲本一百册》所收之《鐵冠圖》第一齣《詢圖》，演鐵冠道人喚通積庫庫神，命其日後引領崇禎帝觀看其所留畫圖，使其了悟"雖有一代有德之君，難以挽回造化。"①同樣是預示天機，由鐵冠道人與庫神的對話，至宮廷本改成了玉皇大帝與普化天尊的對白，變化的痕迹清晰可見。而玉皇大帝傳達的訊息也與鐵冠道人極爲不同，後者感嘆人世滄桑興廢，數運如斯，②不像玉皇所述僅及眼前明亡清興之事而已。

宮廷本的作者對"鐵冠圖"第二、三幅的順序，比起前述演出本，似有意作了對調的安排。而且對原本第三幅圖，崇禎質樸的賓白："馬上又有許多兵將，手執大旗"和曲文："那壁厢旌旗兵仗，盡都是糾桓形狀"。③ 在宮廷本中經過修飾，被改爲："在馬上爭誇耀，今旗開逞著威，趁風行意氣豪。"顯得兵將威風八面，氣勢軒昂。如此一來，"大清舉兵"之圖像已躍居"鐵冠圖"的正中位置，直接接續第一幅圖的明室定鼎。因此改動，崇禎煤山的描畫，已不再居于三層畫的中心，反被移到了下位。作者更取消了民間本中"一座焦山、一枝枯樹、一人披髮覆面，一足無履"的具體細節，僅以"劣狀"二字籠統概括，不啻模糊淡化了原本民間對崇禎死亡的同情想象與追憶。從玉皇最後的念白可見，作者把崇禎的悲劇，定調爲個人的也是民間應該理性對待的事實，而"大清治事，乃中土蒼生之福也。"才是此齣（以及"鐵冠圖"）所要傳達的主旨。最

---

① 張紫東等抄，中國崑曲博物館編：《崑劇手抄曲本一百册》，册66，頁1b。
② 見鐵冠道人于《詢圖》一齣所唱主曲："【大紅袍】天運有循環，月形有圓缺。看世人古往今來，數不盡滄桑興廢。羨上古唐虞世，仁風化雨，盡垂裳而治，盡垂裳而治。夏商周三代相繼，天命歸人心歸，保企雍熙。只爲著分封列國，漸帝室衰微。暴秦虐民，鹿失爭相逐，楚漢鴻溝據。唉！嘆重瞳走烏江單騎。漢祚有四百年洪基，吳魏蜀鼎足相持，三國爭衡，司馬乘機統劃一。又只見五代紛紛南北蟻。休言唐宋元基，喜洪武開疆始，屈指年華二百七十。數運如斯，當驗鐵冠（洪武）圖記。"張紫東等抄，中國崑曲博物館編：《崑劇手抄曲本一百册》，册66，頁2a—3a。
③ 崑山國學保存會編校：《崑曲粹存·鐵冠圖·觀圖》，頁3b—4a。

後，作者更以衆人合唱與玉皇獨唱，鄭重宣示"新邦"、"新朝"時代的來臨，作爲此齣《楔子》的結束：

> 【煞尾】(衆同唱)朝看拱衆星，夕俯臨犀曜。見金闕層城渺渺，憫塵世紛爭無日了。警明君這遭、這遭，把新邦建著。(玉皇唱)佇看取靖烽烟、萬國慶新朝(衆擁玉皇同從靈霄門下)。①

在無名氏的《鐵冠圖》中，"鐵冠圖"是崇禎之死的預示，與之相關的《詢圖》、《觀圖》是解釋其死亡的框架，而《煤山》一齣才是崇禎之死本身的刻畫。《煤山》之前，還有《撞鐘》、《分宮》兩齣好戲。② 根據崑劇史家陸萼庭的研究，《撞鐘》、《分宮》和《煤山》爲無名氏的《鐵冠圖》所獨有，并不存在于康熙年間顯宦曹寅(1658—1712)改編《鐵冠圖》而成的《虎口餘生》(一名《表忠記》)中。③《撞鐘》寫崇禎帝命王承恩擊景陽鐘，集文武百官以定退兵之策，但除襄城伯李國楨與宦官杜之秩外，無一至者，顯示朝政已壞，國事已不可爲。《分宮》叙崇禎帝與王承恩回至內宮，帝先派王承恩巡察禁城內外，後與妻兒至太廟哭告列祖列宗，祭拜間，突獲報杜之秩已開城門迎寇。崇禎痛不欲生，決以一死謝天下。他先命徐高保護太子出宮以繼宗祧，後以劍斬死公主，周后自刎，崇禎旋即奔往煤山。接著《煤山》一齣以北極玄天上帝率雷公、電母、風伯、雨師、城隍、土地、青龍、白虎等開場，準備迎接原爲紫微星主臨凡的崇禎帝返回仙垣。然後崇禎奔上，寫血詔後上吊。緊接著王承恩爲尋帝急奔而上，見帝身亡，隨之自刎。衆神保護崇禎升天。可見這位無名氏作者把崇禎視爲主角，對他身處國破家亡、絕望自咎境地深感同情。

---

① 佚名：《鐵冠圖·楔子》演出抄本(中國藝術研究院藏)，原無頁碼。
② 《曲海總目提要·鐵冠圖》提到崇禎死前"擊鐘，無一人應，惟國楨與杜秩亨見駕。命秩亨于城上懸燈三盞云云。按：鳴鐘集百官，無一人至，是實，無國楨獨至之說。劇又言周后先殉，崇禎旋入煤山，王承恩從縊，皆是實事。但周后自經，作自刎，誤。"見〔清〕佚名：《曲海總目提要》，卷33，頁1461。
③ 陸萼庭：《讀〈曲海總目提要〉札記》第3節"《鐵冠圖》齣目辨正"，《清代戲曲與崑劇》，頁362—372。又，依吳新雷的看法，這三齣外，另有《詢圖》、《捉闖》，"這五折可能就是《鐵冠圖》原作留存的齣目"。見吳新雷：《崑曲劇目發微》，《東南大學學報(哲學社會科學版)》第5卷第1期(2003年1月)，頁94—95。

《審音鑒古錄》中，《煤山》一齣形象地再現了崇禎死前的心理、動作與王承恩的忠義，以情動人，爲史書記載及其他曲本、抄本所不及。爲清楚展現崇禎（末）的舞台形象、唱詞、身段，現把齣中崇禎演出部分，轉錄如下：

　　（內吶喊，末帶玉蟾冠，內穿緞褶，外罩龍披，奔出撲跌左上角，玉蟾冠落地，即撒髮。慌爬起，又仰跌，就勢摔左靴，甩落後場，赤左足，仰身科）（俗摔右足靴，論理落左靴妙）（唱科）

　　【么篇（又一體）】哎呀！天、天、天（左右手三摔袖），恨漫漫把天地迷，（龍披撒地，留褶，掙立起，作腿軟狀，唱科）哎呀！怨，怨騰騰陽光蔽。心驚膽碎，忽地裏山河迸裂金湯廢，生擦擦，巍巍社稷受凌夷。顧不得身和命如飛絮。（內作雷聲，空鼓浪板，風伯引雷公繞場，轉又立檯；末作衝地，側身看天唱）哎喲！頃刻間雷聲沸，（鼓作響雷，雨師引電母作閃電，飛圍上檯；末唬，衝身唱科）呀！又只見金蛇走，閃電馳飛，（青龍白虎接科，末恐）又只見猙獰鬼，緊相（作迎搖首退）嘎嘎隨。（二神引行科）這的是幽冥咫尺，命絕須臾。

　　（作喘悲白）朕嗣位以來，雖然薄德匪躬，上干天咎，然皆諸臣（念悲著力云）之悞朕也。（哭科，拭淚冷看身上下至兩足，又扯髮看，駭狀）哎呀！驀然想起鐵冠仙師所遺畫圖，今已應驗，想大數難逃，哎呀！命該如此。（大哭帶悲云）但天下人民，何由知朕冤慘？也罷！不免將此白練，咬破指尖，寫成血詩，以謝天下。（哭科）（白練放地，咬左手小指，捏左拳，盤坐地，右手小指蘸血寫）（唱）

　　【烏夜啼】顧不得毀傷毀傷遺體，寫不盡亡國身悲。哎呀！御妻管不得身首離。嬌兒免不得遭戮誅。今日裏國破身夷，子奔妻危，只留得素練血痕遺，留得素練血痕遺。這的是（將褶揩手指血科）亡國君王命絕詞。

　　（讀白）"德薄承天命，登庸十七年。朕（悲云）非亡國主，悞（恨念）國是讒奸。去冠髮覆面，自縊入黃泉。朕屍苦碎裂，萬姓望垂憐。"（內吶喊，城隍、本境土地在此上，打躬科；末即拿血練在手，急立起看下場科，白）呀！賊兵已至，（冷走上二步看天）哎呀！蒼天嗄！蒼天！(唱)閃、閃得我上天無路,入地無門。(作見樹睜目看,擦眼對上白科)哎呀！(唱)再不想(城隍、本境土地,兩角跪,執笏恭介)萬乘邦基,嗄嗄！到頭來致身無地。(雙手拿血練攤退)(將練挂高自縊科,撒髮面正對上,用黃羅籠臉,衆神下臺護圍遮式,仍上臺歸位立科)(老旦急奔上白)哎呀！唬死我也！(唱)……①

以上第一段唱,《崑曲粹存》題爲【哭皇天】,最後一段唱"閃、閃得我",《崑曲粹存》題爲【煞尾】,曲文大抵相同。② 換言之,崇禎在死前總共唱了三支曲子。曲文暫且不論,僅從上引之科介說明,即可見崇禎臨死前激烈的情感被藝人以一連串劇烈的身段動作表現得淋漓盡致。先是：奔出、撲跌、落冠、撒髮、仰跌、摔靴、甩袖、撇衣、掙立、腿軟、衝地、看天、搖首、退喘、拭淚、扯髮、大哭、咬指、盤坐。再是：急立、看天、見樹、睜目、擦眼、挂練、自縊。根據筆者對北崑老藝術家叢兆桓的采訪,落冠、撒髮、摔靴,需要特殊技巧,很難掌握。崇禎上場因路不平,且心情激動,摔了一跤。這裏用了一個特殊技巧,"吊毛"。③ 崇禎一個"吊毛"後跌坐地上,過程中脚下靴子要踢出飛起,人一跌坐,剛好靴子底朝上,靴筒朝下,套住頭上水髮的筒柱。而《煤山》裏的甩髮不同一般,當崇禎將水髮往上甩後,要讓水髮四面散開垂下,做出"披頭散髮"的效果。所以得用特製的水髮,與一般水髮纏"髮根"作基部剛好相反,改把人髮"髮梢"一端纏起來,作水髮的基部。髮根由于較髮梢重,垂下時容易出現四散的效果。④

崇禎《煤山》的三支曲牌和其中的念白在情感刻畫上很有層次,也很符合他的心理真實。第一曲寫他奔上煤山時的悲痛絕望,風雨雷電的指涉可以視作他面對死亡、內心驚懼情感的外現。此刻突然想起"鐵

---

① 琴隱翁編：《審音鑑古録》,收入王秋桂主編：《善本戲曲叢刊》第 5 輯,頁 921—923。
② 整齣戲在《崑曲粹存》題爲《歸位》,開場另有一曲【點絳唇】爲玄天上帝所唱,總共是【點絳唇】、【哭皇天】、【烏夜啼】和【煞尾】四支曲子。
③ "即身體向上翻,以背部落地的一種跌撲動作。……常用于表現人物絆跤跌倒和驚恐受挫的情節。"見余漢東編著：《中國戲曲表演藝術辭典》(武漢：湖北辭書出版社,1994 年),頁 165。
④ 以上摘自 2012 年 8 月 12 日叢兆桓先生北京家中的《煤山》訪問錄音。謹向叢先生和同行的王道先生表示感謝。

冠圖"，使他認命，紛亂的心境稍感平靜，于是決定在白練上寫下血詩作爲對百姓的遺言。接著第二曲【烏夜啼】就表現他寫血詩時的心情，除了身爲亡國之君，他還對自己造成妻女的死亡、兒子的奔逃深感愧疚，這與之前的《分宫》有所呼應。血詩寫就，共八句："德薄承天命，登庸十七年。朕非亡國主，悞國是讒奸。去冠髮覆面，自縊入黄泉。朕屍苦碎裂，萬姓望垂憐"。① 此詩相較于《明史》所記："朕涼德藐躬，上干天咎，然皆諸臣誤朕。朕死無面目見祖宗，自去冠冕，以髮覆面。任賊分裂，無傷百姓一人。"除了韻文、散文的差别，還有崇禎情感表現的强化。② 不僅詩用鮮血寫成，如同剖心而發，還有最後二句中的"苦"、"望"二字在絶望中流露希望，情真而高貴，無私而動人。此外，戲曲中也没有"朕死無面目見祖宗"的自貶之詞，顯出作者對崇禎帝的寬容。第三曲【煞尾】寫崇禎自縊前的心聲。"前頭的'閃得我上天無路，入地無門'，這兩句唱得較慢、較沉；到'再不想萬乘邦基〔畿〕'，氣氛要挑上去，感情較激動。最後一句'到頭來致〔置〕身無地'的'無'是最低腔，感覺氣氛最爲壓抑。"③崇禎上吊後，由老旦扮王承恩急奔而上，獨唱【元鶴鳴（又一體）】、④【烏夜啼】和【煞尾】三曲後自刎下。⑤ 再由衆神爲崇禎戴上平天冠，换上大紅袍，護送崇禎升天。衆神同唱【四塊玉】下場，⑥《煤山》完。

要之，《鐵冠圖》的作者對崇禎之死的描繪，不論正面側面，在在出

---

① 《崑曲粹存》作"朕屍可碎裂，萬姓望誰憐"，《崑劇手抄曲本一百册》作"朕屍可碎裂，萬姓望垂憐"。
② 若與其他歷史記載相比亦然，例如《明史記事本末·甲申之變》："上披髮、御藍衣，跣左足，右朱履，衣前書曰：'朕自登極十七年，逆賊直逼京師。雖朕薄德藐躬，上干天咎，然皆諸臣之誤朕也。朕死無面目見祖宗于地下，去朕冠冕，以髮覆面，任賊分裂朕屍，勿傷百姓一人。'又書一行：'百官俱赴東宫行在。'"見〔清〕谷應泰：《明史記事本末》（上海：上海古籍出版社，1994 年），卷 79"甲申之變"，頁 349。
③ 2012 年 8 月 12 日叢兆桓先生北京家中的《煤山》訪問録音。
④ 按：【元鶴鳴（又一體）】曲詞與《崑劇手抄曲本一百册》所收之《歸位》的【哭皇天】基本相同。
⑤ 按：《明史》只説王承恩"從死"，《烈皇小識》説王承恩對著崇禎自縊而死，有的演出本亦然。
⑥ 曲詞爲："赤緊的雷電飛，風雨追，騰騰的靉雲圍。人無百歲人，枉作千年計。將眉間悶鎖開，把心上愁繩解，今日裹厄滿赴紫微。（齊下）"見琴隱翁編：《審音鑑古録》，收入王秋桂主編：《善本戲曲叢刊》第 5 輯，頁 925—926。

以悲憫同情的筆觸,他對這位"飲恨含悲"[①]的亡國之君沒有批判諷刺,對于明朝的滅亡他歸之于大明"氣數"已盡、闖賊作亂、奸臣誤國,心中顯然充滿憤恨以及無奈的哀傷。《鐵冠圖》既然被批"演唱相沿,幾惑正史",我們有理由相信,這齣戲表現的亡國之恨獲得了觀衆的共鳴。

## 三、曹寅《虎口餘生》與孔尚任《桃花扇》

至康熙中葉,曹寅(1658—1712)的《虎口餘生》[②]與孔尚任的《桃花扇》書寫明末崇禎史事,另有一種視角,別有一番觀照。據研究者指出:"至康熙朝中葉以後,史學家大多已采用清人的角度探討明、清之際的歷史。"[③]這兩部傳奇的作者出生于明亡之後,亦都仕清,身受康熙皇帝之恩,對于前明崇禎帝的情感,自然遠不及經歷明亡的《鐵冠圖》的作者,他們書寫甲申之變的動機與前者相比亦出現變化,而彼此之間也有所不同。

曹寅是《紅樓夢》作者曹雪芹的祖父,滿清包衣出身,曾任蘇州、江寧織造長達二十年,家有戲班,一生寫過幾部戲曲作品。他所創作的《虎口餘生》傳奇原著已佚,但從《曲海總目提要》卷四十六可知劇情大要。[④] 此劇特表陜西米脂縣令邊大綬,掘李自成祖墳,被追捕,後因清兵討闖,自成兵敗,他得以返鄉,并因忠被清廷任命爲山西巡撫。邊氏著有《虎口餘生記》,故此劇亦名《虎口餘生》。徐扶明曾據清人王藻觀劇詩中之句:"擎杯含淚奉高堂,寧武關前血戰場。"及此詩自注:"曹棟亭《鐵冠圖》",指出此詩顯係王藻觀《鐵冠圖·別母亂箭》後所作,而依此詩寫作時間,可以推知曹寅編寫此劇當在康熙三十八年(1699)之前;甚至可能在蘇州織造任上,即康熙二十九年到三十一年間。這時,他不僅

---

① 此爲王承恩《煤山》中【烏夜啼】唱詞,見琴隱翁編:《審音鑑古錄》,收入王秋桂主編:《善本戲曲叢刊》第5輯,頁924。
② 按:無名氏《鐵冠圖》、曹寅《表忠記》(一名《虎口遺生》)和遺民外史《虎口餘生》,長期以來常被人混爲一談,其實三劇分別作于順治、康熙與乾隆年間。
③ 陳永明:《清代前期的政治認同與歷史書寫》(上海:上海古籍出版社,2011年),頁99。
④ 見佚名:《曲海總目提要》,卷46,頁1965—1977。有關此劇的作者身份歸屬問題曾有爭議,但目前學界一般認爲此劇爲曹寅所作。

自備家庭戲班,而且還從事戲曲創作。① 除了《別母亂箭》,今日崑劇舞台上常見之《鐵冠圖·刺虎》也正是曹寅改編無名氏原作而成,因原作係韓宮人刺殺李岩,非費貞娥刺殺一隻虎李過。

與曹寅有交誼的劉廷璣在《在園雜志》中提及曹寅據《虎口餘生記》:

> 演爲填詞五十餘齣,悉載明季北京之變及鼎革顛末,極其詳備。一以壯本朝兵威之强盛,一以感明末文武之忠義,一以暴闖賊行事之酷虐,一以恨從僞諸臣之卑污,游戲處皆示勸懲,以長白(邊大綬)爲始終,仍名曰《虎口餘生》。②

他指出曹寅旨在從頌清與"勸懲"的角度,書寫明季鼎革始末,雖與《鐵冠圖》之内容有所重叠,却與後者之悼明立意有所差距。陸萼庭研究認爲,二劇各有側重點,《鐵冠圖》偏于"宫闈戲",曹寅所作則偏于"忠臣戲"。③《虎口餘生》當時數見演出,可能有刻本流傳,因爲在《新定九宫大成南北詞宫譜》卷五"仙吕調隻曲"部分收有【大紅袍(又一體)】,標明出自《虎口餘生》。④ 此劇移除了鐵冠道人與"鐵冠圖"的神話叙事,改以出仕明清二朝的邊大綬綰結首尾,以爲忠于國事之報。世變劫餘者否極泰來的經歷成爲新的一代回顧明亡的視角,崇禎之死,從而失去了原本劇作據以哀悼明亡的中心點的重要意義。⑤ 邊氏先仕明,後仕清,不啻對應了當時清廷對漢人的懷柔政策。

與曹寅同時的孔尚任,身爲孔門聖裔,滿懷經世壯志,他多年反思明亡,經三易其稿,終于康熙三十八年(1699)完成傳奇鉅作《桃花扇》,

---

① 見徐扶明:《曹寅與〈虎口餘生〉傳奇》,《元明清戲曲探索》(杭州:浙江古籍出版社,1986年),頁 230—231。
② 劉廷璣:《在園雜志》(臺北:文海出版社,1969 年),卷 3,頁 144。
③ 陸萼庭:《讀〈曲海總目提要〉札記》第 3 節"《鐵冠圖》齣目辨正",《清代戲曲與崑劇》,頁 368。
④ 陸萼庭:《讀〈曲海總目提要〉札記》第 3 節"《鐵冠圖》齣目辨正",《清代戲曲與崑劇》,頁 367—368。
⑤ 《曲海總目提要》的此劇情節叙述,雖提到"懷宗手刃公主,走縊煤山。承恩聞之,急赴亭上,縊于旁"。但是否明場演出殊難判斷。佚名:《曲海總目提要》,卷 46,頁 1969。

時間既晚于無名氏的《鐵冠圖》也不早于曹寅的《虎口餘生》。他在《桃花扇·小引》中指出,《桃花扇》能使觀者"知三百年之基業,隳于何人？敗于何事？消于何年？歇于何地",①又于《桃花扇·小識》斥責"權奸者,魏閹黨之餘孽也;餘孽者,進聲色,羅貨利,結黨復仇,隳三百年之帝基者也",②可見《桃花扇》實爲總結明亡經驗而作,對明末黨爭尤其著意描寫深刻；民間圍繞鐵冠道人"鐵冠圖"之以天意、氣數解釋朝代興廢的思想方式,顯然不爲其所認同。這部"借離合之情,寫興亡之感"③的歷史劇,被他賦予和史書相等的《春秋》大義,④氣象恢宏,意蘊豐富,此處只能就與本文有關的崇禎之死的呈現略作討論。

《桃花扇》共有三齣寫到崇禎帝之死,依序是第十三齣《哭主》、閏二十齣《閑話》和第四十齣《入道》,用的都是旁人的敘述。《哭主》齣標明"甲申三月",寫左良玉元帥在黃鶴樓設宴,請督撫袁繼咸、巡按御史黃澍飲酒看江,二人剛落座,淨扮塘報人急上:

（淨急白介）稟元帥爺：大夥流賊北犯,層層圍住神京；三天不見救援兵,暗把城門開動。放火焚燒宮闕,持刀殺害生靈。（拍地介）可憐聖主好崇禎,（哭說介）縊死煤山樹頂。（衆驚問介）有這等事,是那一日來？（淨喘介）就是這、這、這三月十九日。（衆望北叩頭,大哭介）⑤

孔尚任先以一首【西江月】詞概述了甲申之變,接著用一曲【勝如花】讓左良玉唱出對先帝的悼念,然後安排三人當場換上白衣舉哀祭拜,再合唱一曲【勝如花】結束。這不啻爲崇禎舉行了一次場上的吊祭儀式。

第二次提到崇禎煤山自縊,是在"甲申七月",情境是兵荒馬亂中,畫士藍瑛與書商蔡益所,在去南京途中偶遇從北京下來的錦衣衛堂官

---

① 孔尚任：《桃花扇·小引》,收入《古本戲曲叢刊五集》（上海：上海古籍出版社,1986年據北京圖書館藏清康熙刊本影印）,冊45,頁10a。
② 孔尚任：《桃花扇·小識》,收入《古本戲曲叢刊五集》,冊48,頁150a—150b。
③ 孔尚任：《桃花扇》,《試一齣·先聲》,收入《古本戲曲叢刊五集》,冊45,頁10b。
④ 孔尚任：《桃花扇·小引》,收入《古本戲曲叢刊五集》,冊45,頁1a。
⑤ 孔尚任：《桃花扇》第13齣《哭主》,收入《古本戲曲叢刊五集》,冊46,頁86b—87a。

張薇,晚問三人在村店"豆棚閒話":

> (外)三月十九日,流賊攻破北京,崇禎先帝縊死煤山,周皇后也殉難自盡。下官走下城頭,領了些本管校尉,尋著屍骸,抬到東華門外,買棺收殮,獨自一個戴孝守靈。……(外掩淚介)可憐皇帝、皇后兩位梓宮,丟在路旁,竟沒人偢睬。(小生、丑俱掩淚介)(外)直到四月初三日,禮部奉了僞旨,將梓宮抬送皇陵。我執幡送殯,走到昌平州;虧了一個趙吏目,糾合義民,捐錢三百串,掘開田皇妃舊墳,安葬當中。下官就看守陵旁,早晚上香。誰想五月初旬,大兵進關,殺退流賊,安了百姓,替明朝報了大仇;特差工部查寶泉局內鑄的崇禎遺錢,發買工料,從新修造享殿碑亭,門墻橋道,與十二陵一般規模。真是亙古希有的事。①

張薇的敘述因爲是目擊者的見證,所以比上次塘報人的報告詳盡完備,更引人接近歷史的現場,而"三月十九日"和"先帝縊死煤山"的字句重複,與"掩淚介"的動作,不僅連結了前後兩次的敘述,也加強了觀者對此一事件的情感記憶。張薇的最後幾句贊美清朝的話("誰想……的事"),所謂清兵入關乃爲明朝報仇而來,這是當時清朝的官方說法,②令我們想起前引《明史》中爲崇禎定諡號、爲他建思陵之記載。接著,孔尚任巧妙安排了天下大雨,所以三人由豆棚下轉至房內,張薇"取包裹出香爐、香盒,設几上",于是舞台上順理成章又出現張薇等望北上香,下跪祭奠崇禎的儀式演出,恰與之前的《哭主》相呼應。當晚,張薇夢見先帝:"(內作細樂警蹕聲介)(外驚聽介)窗外又有人馬鼓樂聲,待我開門看來。(起看介)(雜扮文武冠帶騎馬、旛幢細樂引導,扮帝后乘輿上)",以致翌日有他述夢的一段:

> 我便開門出看,明明見崇禎先帝同著周皇后乘輿東行,引導的

---

① 孔尚任:《桃花扇》,《閏二十齣·閒話》,收入《古本戲曲叢刊五集》,冊46,頁127b—128b。
② 按:孔尚任此處難免有迎合清廷之嫌,但恐怕他也不得不如此寫。

> 文武官員,都是殉難忠臣;前面奏著細樂,排著儀仗,像個要升天的光景。我伏俯路旁,送駕過去,不覺失聲大哭起來。①

毫無疑問,崇禎正是此齣《閑話》的"主角",他是整齣戲中所有人物與觀衆情感關注的焦點。崇禎之死與大明的滅亡,爲張薇等人無法抹去的傷痛記憶。《閑話》居于全劇一半小收煞的位置,帶有總結前明、承上啓下的性質,②而張薇的夢境,恰好預示了下半劇尾【哀江南】所云:"殘山'夢'最真,舊境丟難掉,不信這興圖換稿"之遺民心境。③ 孔尚任作《桃花扇》,是否看過《鐵冠圖》或《虎口餘生》,我們尚未詳考,但他設計讓張薇"夢見"崇禎帝和殉難忠臣升天,等于是把之前戲劇的歷史再現"心理化",也"虛幻化"了。觀衆得到的不再是情感的滿足那麼簡單,而是能夠以一種"戲劇的視角"(a theatrical point of view),亦即一種"詮釋的態度"(interpretive attitude)④來觀看、省思歷史(再現)的意義。職此,孔尚任雖也寫到崇禎死後升天,但猶如在場上呈現了一段"戲中戲",而與《鐵冠圖》和《虎口遺生》中的崇禎歸位的戲有異。⑤ 相較于《煤山》,孔尚任不出風雨雷電等衆神護送崇禎升天,場上氛圍安靜肅穆。緊接著下齣《孤吟》,時間跳到四十年後的"康熙甲子八月",引戲串場的老贊禮吟道:"當年真是戲,今日戲如真;兩度旁觀者,天留冷眼人。"⑥歷史、戲劇、真實之間,界綫安在?歷史是真?如戲?是戲?如真?"冷眼旁觀"不是指情感的完全疏離,而是指思想的靈覺,這是孔尚任以曲寫史,對自己、對觀者的特殊要求,也是《桃花扇》作爲史劇之所以優異卓越之處。

《閑話》齣最後,張薇與藍瑛、蔡益所約定明年七月十五日中元,在

---

① 孔尚任:《桃花扇》,《閏二十齣·閑話》,收入《古本戲曲叢刊五集》,册46,頁130a—131a。
② 下一齣時間標明是"康熙甲子(1684)八月",已是整整四十年後。
③ 孔尚任:《桃花扇》,《續四十齣·餘韻》,收入《古本戲曲叢刊五集》,册48,頁133a。
④ 參見 Bruce Wilshire, *Role Playing and Identity: The Limits of Theatre as Metaphor* (Bloomington and Indianapolis: Indiana University Press, 1982), pp. ix - xiv.
⑤ 《曲海總目提要》叙《虎口餘生》有云:"諸盡節者,忠魂不散,玉帝使真武,伏魔二帝收録,隨懷宗上升。"可見該劇和《鐵冠圖》一樣安排有崇禎升天的一幕。佚名:《曲海總目提要》,卷46,頁1969。
⑥ 孔尚任:《桃花扇》,《加二十一齣·孤吟》,收入《古本戲曲叢刊五集》,册47,頁2b。

南京建水陸道場，追薦先帝并超度一切冤魂，預告了劇末第四十齣《入道》，"乙酉七月"在白雲庵舉行的一場隆重的崇禎祭典：

> （丑、小生設牌位；正壇設"故明思宗烈皇帝之位"；左壇設"故明甲申殉難文臣之位"；右壇設"故明甲申殉難武臣之位"）（內奏細樂介）（外九梁朝冠、鶴補朝服、金帶、朝鞋、牙笏上）（跪祝介）伏以星斗增輝，快睹蓬萊之現；風雷布令，遙瞻閶闔之開。恭請故明思宗烈皇帝九天法駕，及甲申殉難文臣……武臣……等，伏願彩伏隨車，素旗擁駕。君臣穆穆，指青鳥以來臨；文武皇皇，乘白雲而至止。共聽靈籟，同飲仙漿。（內奏樂，外三獻酒，四拜介）（副末、村民隨拜介）①

引文後，主祭者張薇唱："列仙曹，叩請烈皇下碧霄；捨煤山古樹，解却宮縧。"②由此可見，孔尚任雖沒有以明場表現崇禎皇帝煤山自縊，却精心設計了三個不同的場景，引領與他同時代的觀衆（包括故臣遺老）從劇中角色的心理來感受和紀念崇禎之死——尤以最後《入道》的儀式正式而隆重，已達到公開吊明的程度。而劇末《餘韻》裏，老贊禮和柳敬亭、蘇崑生寧爲漁翁樵子，拒不出山仕清的人生選擇，不啻也與清廷的官方思想相扞格。這些不免會令看過劇本的康熙皇帝不悅。③ 康熙三十九年(1700)元宵，距該劇完成不到一年，京城"金斗班"在都察院左都御史李枏府中上演《桃花扇》，三月中，孔尚任被罷官，是否與《桃花扇》有關，

---

① 以上引文省略的殉難文臣名單包括：東閣大學士范景文、戶部尚書倪元璐、刑部侍郎孟兆祥、協理京營兵部侍郎王家彥、左都御史李邦華、左副都御史施邦耀、大理寺卿淩義渠、太常寺少卿吳麟徵、太僕寺丞申佳胤、詹事府庶子周鳳翔、諭德馬世奇、中允劉理順、翰林院檢討汪偉、兵科都給事中吳甘來、巡視京營御史王章、河南道御史陳良謨、提學御史陳純德、兵部郎中成德、吏部員外郎許直、兵部主事金鉉。武臣包括：新樂侯劉文炳、襄城伯李國楨、駙馬都尉鞏永固、協理京營內監王承恩。見孔尚任：《桃花扇》，收入《古本戲曲叢刊五集》，册48，第40齣《入道》，頁119a—119b。
② 孔尚任：《桃花扇》，第40齣《入道》，收入《古本戲曲叢刊五集》，册48，頁119b。
③ 據孔尚任自己記載："己卯秋夕，內侍索《桃花扇》本甚急；予之繕本，莫知流傳何所，乃于張平州中丞家，覓得一本，午夜進之直邸，遂入內府。"孔尚任：《桃花扇·本末》，收入《古本戲曲叢刊五集》，册48，頁146a。

至今成謎。① 衹知道"長安之演《桃花扇》者,歲無虛日",此劇在官衙府第演出時,"笙歌靡麗之中,或有掩袂獨坐者,則故臣遺老也;燈炧酒闌,唏噓而散。"②《桃花扇》的藝術魅力與思想的危險性,實不言而喻。

## 四、遺民外史《虎口餘生》、唐英《傭中人》與董榕《芝龕記》

署名"遺民外史"之《虎口餘生》,成于乾隆初年,離清朝建基已有百年。③ 多位戲曲學者曾撰文討論無名氏《鐵冠圖》、曹寅《虎口餘生》與此劇間的關聯,以及今存崑劇《鐵冠圖》折子戲的來源。嚴敦易最早指出,此本《虎口餘生》乃某乾隆朝人刪改曹寅原作五十餘齣為四十二齣,再加上《鐵冠圖》二齣而成,理由是曹寅《虎口餘生》并無鐵冠圖的神話,但此本却有第十七齣《燒宮》和第二十齣《觀圖》,分別寫火靈聖母奉天符,將安民廠燒燬;崇禎帝發現通積庫所藏鐵冠道人遺圖三幅。觀圖時,崇禎唱曲感嘆安民廠火災死傷甚衆,可見二齣係出同源。④ 後陸萼庭更進一步舉證指出,"曹氏原作應是遺民外史本據以改竄或編集的主要藍本",遺民外史可能還增入了新進士石陞奏言及大學士李建泰自請督師出征,最後降闖獻城事。⑤ 陸的結論是:"這個外史本主要抄襲了前人的作品,加上東

---

① 官方并未公布處分孔尚任的理由,吳新雷據《放歌贈劉雨峰寅丈》詩中文字:"命薄忽遭文章憎,織口金人受謗誹"指出孔尚任"是因文字遭忌而受到誹謗被罷的官"。至于因何文字致禍,則有可能是孔尚任大發牢騷和揭露時弊的詩文,還有《桃花扇》。見吳新雷:《論〈桃花扇〉的創作歷程及其思想意蘊》,收入華瑋、王璦玲主編:《明清戲曲研討會論文集》(臺北:"中央研究院"中國文哲研究所,1998年),册下,頁547。
② 孔尚任:《桃花扇·本末》,收入《古本戲曲叢刊五集》,册48,頁148a。
③ 遺民外史《虎口餘生·序》云:"國朝定鼎以來,海宇奠安,迄有百歲。間嘗過河洛,走幽燕,見夫荊棘荒榛,久無虎迹。暇日就旅邸中,取逸史所載遷君事,証以父老傳聞,填詞四十四折。"見遺民外史:《虎口餘生·序》,《古本戲曲叢刊五集》,册88,頁1b。按:此版本注爲"據雲南大學藏清乾隆抄本景印"。
④ 嚴敦易:《〈鐵冠圖〉考》,《元明清戲曲論集》(鄭州:中州書畫社,1982年),頁188—198。
⑤ 陸萼庭:《讀〈曲海總目提要〉札記》第3節"《鐵冠圖》齣目辨正",《清代戲曲與崑劇》,頁366。按:石陞奏言及大學士李建泰自請督師出征事,見《虎口餘生》第20齣《上朝》。石陞奏言:"臣願單騎遠走陝北,内連甘肅、寧夏之兵,外合羌胡部落之衆。"不僅不被采納,反被朝臣譏笑,羞憤中,觸銅駝而死。此齣末還提到西洋學士湯若望被李建泰保舉,將隨兵出征剿闖,參劃機政。遺民外史:《虎口餘生》第20齣《上朝》,《古本戲曲叢刊五集》,册89,頁2a—3b。

搗西扯編集成書。……有了外史本,曹氏原作的框架和形貌乃顯。"①

此本《虎口餘生》,今傳世有坊刻巾箱本,想必當時流傳頗廣。值得注意的是,遺民外史雖摘選了《鐵冠圖》數齣,却沒有擇取該劇特有的重頭戲:《撞鐘》、《分宮》和《煤山》。② 在崇禎之死的處理上,避開了明場呈現,而是跟隨王承恩的叙述綫,在演出他守門殺監後,由小旦費貞娥上場告知:"王公公,不好了,聖上自縊在壽皇亭了!"③于是王承恩急忙奔上煤山:

(見介)呀! 果然聖上自縊了。(大哭介)呵呀,我那萬歲爺吓!【夜烏啼】④可憐你拋棄了千秋,千秋社稷,拋棄了百世洪基。后妃一任他喪溝渠,⑤儲君一任他走天涯。⑥ 可憐恁飲恨含悲,忍痛哀啼,⑦這般樣科頭跣足殞殘軀,科頭跣足殞殘軀。⑧ 只看他血痕淚迹沾衣袂,⑨光閃閃雙眼不瞑。⑩ 矻碎碎銀牙咬碎,⑪可憐恁一代明君,到做了千秋怨鬼。⑫

---

① 陸萼庭:《讀〈曲海總目提要〉札記》第 3 節"《鐵冠圖》齣目辨正",《清代戲曲與崑劇》,頁 367。
② 按:趙景深以爲《詢圖》、《撞鐘》、《分宮》、《歸位》四齣爲最早的《鐵冠圖》所有,見趙景深:《戲曲遺札五通》第一通,1978 年 6 月 23 日,《上海戲劇》2003 年第 9 期,頁 37。徐扶明認爲《燒宮》、《觀圖》之外,《夜樂》也取自《鐵冠圖》,但已增加齣目,見徐扶明:《曹寅與〈虎口餘生〉傳奇》,《元明清戲曲探索》(杭州:浙江古籍出版社,1986 年),頁 234。陸萼庭認爲除《燒宮》、《觀圖》外,《借餉》也出自舊本《鐵冠圖》,見陸萼庭:《讀〈曲海總目提要〉札記》第 3 節"《鐵冠圖》齣目辨正",《清代戲曲與崑劇》,頁 366。吳新雷則認爲《撞鐘》、《分宮》、《詢圖》、《捉闖》、《歸位》這五齣"可能就是《鐵冠圖》原作留存的齣目。"見吳新雷:《崑劇劇目發微》,頁 94。
③ 遺民外史:《虎口餘生》第 29 齣《守門》,《古本戲曲叢刊五集》,册 89,頁 40b。
④ 《崑劇手抄曲本一百册·鐵冠圖》作"【烏夜啼】",後接四字白"阿呀! 苦吓!","可憐你"作"苦憐恁"。
⑤ 《崑劇手抄曲本一百册·鐵冠圖》此句作"阿呀,后妃吓! 一任恁喪溝渠"。
⑥ 《崑劇手抄曲本一百册·鐵冠圖》此句作"吓! 阿呀,儲君吓! 那里去走天涯。"
⑦ 《崑劇手抄曲本一百册·鐵冠圖》此句作"可憐伊飲恨含悲,忍痛悲啼"。
⑧ 《崑劇手抄曲本一百册·鐵冠圖》此句作"怎這般蓬頭跣足喪殘軀,蓬頭跣足喪殘軀"。
⑨ 《崑劇手抄曲本一百册·鐵冠圖》此句作"看恁這淚痕血漬染衣袂"。
⑩ 《崑劇手抄曲本一百册·鐵冠圖》"眼"作"睛"。
⑪ 《崑劇手抄曲本一百册·鐵冠圖》此句作"跎爭爭",後夾"阿呀"再接"銀牙咬碎",後再加"阿呀! 萬歲吓!"。
⑫ 《崑劇手抄曲本一百册·鐵冠圖》于"一代明君"後有夾白"吓哈到";"千秋怨鬼"作"千秋的冤鬼"。

> 且住,聖上今已晏駕,我王承恩還想偷生于世麼？也罷,跟隨聖上去罷。①

他隨後自縊于君側。

由"費貞娥"而非"韓宮人"的角色姓名,筆者頗懷疑以上崇禎之死的暗場處理源自曹寅的《虎口餘生》。崇禎遺詔仍被提及,然而是由李自成手下搜尋崇禎下落發現其遺體衣襟上有字數行,故取呈闖王御覽,于是李當場把遺詔念出。此遺詔文字與別本并無不同,但是,用血寫成的重要細節却被略去不提。②而崇禎死後升天的安排,一直要到全劇最後,觀眾才得以眼見。顯然《虎口餘生》已把原本《鐵冠圖·煤山》所直接呈現的崇禎出奔、寫詔、自縊、升天這一連串過程,剪碎并改以淡化表現。

據遺民外史《虎口餘生·叙》云,他之所以特寫米脂令邊大綬,將其事迹與抗闖名將如孫傳廷、蔡懋德等并列,乃因邊君"心傷國政,念切民艱,恨無由身到行間,直入虎穴,不得已作探本窮源之想,使遺孽跳梁,禍延祖父,朽骨難安,王氣盡泄。"③可見他係有感于邊大綬之忠義而作此劇。頗堪玩味的是,邊氏之忠表現于"心傷國政,念切民艱",而由其最後接受清廷任命、身仕二朝來看,忠"君"的理念已被架空。遺民外史此《叙》對于崇禎皇帝隻字未提,《叙》文特意強調"君子知幾,達人安命"的處世哲學,言下之意并不認同甲申殉難忠臣之自我犧牲爲世變時之唯一選擇。作者指出,邊大綬"縲絏羈身,流離困苦,將瀕于危而卒脫離饞吻,……君子、達人俱兩不愧","如邊君者,直可繼美于孫、蔡諸公之後,論者勿以餘生而忽之也,幸夫!"拿劫後餘生的邊大綬與抗闖犧牲之孫傳廷、蔡懋德并論,顯然作者對于由明入清的許多人臣,非但沒有道德的批判,反而帶有寬容甚至肯定的看法。他還表示,以戲曲演出邊大

---

① 此段白《崑劇手抄曲本一百册·鐵冠圖》作"且住,聖上今已掩駕,俺王承恩何敢偷生！也罷！ 不免隨駕去罷！萬歲爺慢行,奴婢來也。"以上此曲見張紫東等抄,中國崑曲博物館編：《崑劇手抄曲本一百册·鐵冠圖·歸位》,册 67,頁 35a—36a。
② 見遺民外史：《虎口餘生》第 30 齣《清宮》,《古本戲曲叢刊五集》,册 89,頁 45b。
③ 遺民外史：《虎口餘生·叙》,《古本戲曲叢刊五集》,册 88,頁 1a—1b。

綏"耿耿丹忱"之行迹,會對倫常禮法、風俗教化大有助益,透露他對自己以曲寫史、用以教育百姓之自負心理。① 其自號"遺民外史",似有深意存焉,因爲此《叙》暨此劇不僅看不出傳統觀念下的"遺民"思考,劇作内容又多有頌清之處;顯然身處乾隆年間的作者,是想打破固有狹義之遺民觀念,而以邊大綏之類的"遺民"歷史的傳播爲己任,迎合官方意識形態,鼓吹忠"清"。

《虎口餘生》確實在表彰忠義上大做文章,崇禎帝夾在連串忠烈圖譜中,僅僅是表現明清易代背景之次要角色。他從第十九齣《觀圖》上場,作者直至最後一齣《升天》才安排他再次上場,就連這最後直接與其命運相關的一齣,他也不能算是觀衆關注的唯一對象,與上引《審音鑑古録》《煤山》中他所占據的中心位置不可同日而語。

《升天》先有仙官五人上唱【中吕粉孩兒】,再有另外的仙官五人上唱【福馬郎】,表示他們前來迎候崇禎聖駕。他們下場後,就在儀從引導下崇禎出場,唱【紅芍藥】,淡淡表達對命運變化的接受:"今日國運已終,神歸宵漢。"然後衆仙官復上,合唱【會河陽】、【縷縷金】、【紅繡鞋】和【尾聲】,表示對闖亂平定的寬慰,他們生前爲抗闖犧牲性命,至今已無怨尤,準備與崇禎同歸星垣。【尾聲】最後一句衆人唱的是:"惟願大清朝,鞏固皇圖萬萬年常泰保。"全劇就如此終場。可以説清朝的影蹤,比起崇禎先帝更受到此劇作者的關注。因爲之前在第三十六齣《起兵》中,他早已透過清朝鎮國大都統,宣告正義之師的來臨:"俺聖人統領八旗大兵,吊民伐罪,掃除强寇,爲朱天子報仇。"這位將軍有信心一統江山:"擺列著旌旗八面,分按龍虎風雲陣。千重鐵騎屯,萬灶黃巾遁。看戎衣,一著把江山穩。"②三齣之後,這位將軍偶遇剛逃離虎口的邊大綏,他與邊君的問答更是隱藏不住作者頌揚大清的表現:

(外)你如今脱離虎口了。(生)虎口餘生,這苦憑誰説向?(外)

---

① 《叙》曰:"其耿耿丹忱,可歌可泣,被之一丈氍毹,兩床絲竹,關乎名教風化,知匪淺鮮已。"見遺民外史:《虎口餘生·叙》,《古本戲曲叢刊五集》,册88,頁1b。
② 遺民外史:《虎口餘生》第36齣《起兵》,《古本戲曲叢刊五集》,册89,頁18a。

【玉交枝】……我們大清朝,堂堂正正,不比你明朝,奸臣多忠臣少,你也是萬中選一的了。我引你金門去面君、將忠義揚。朝廷自有褒賢榜。(生)謝將軍恩高義廣,謝將軍恩高義廣。

【川撥棹】……(生)若得滅了闖賊呵,效犬馬當報償,效犬馬當報償。

【尾聲】(外)山頭月落晨星亮,擁紅輪又早現出大地山河雄壯。你著我掃却陰霾,重扶化日光。(掌號內喊)起營(下)。①

以上這段,無法判斷是出自曹寅的手筆,還是乾隆朝"遺民外史"的改作,無論如何,其存在都顯示戲劇再現歷史的政治意涵。這幕裏清朝將軍襃清貶明,竟然還贏得明臣邊大綬的效忠感戴,不啻對清朝漢人觀衆進行愛國主義教育,鼓勵對大清的認同。【尾聲】曲文再以自然意象的變化昭示明之滅亡、清之興起。

《虎口餘生》在乾隆年間出版,與其時代背景脱離不了關係。衆所周知,乾隆皇帝對戲曲與政治的關係極爲重視。《大清高宗純皇帝實錄》記載:

> 乾隆四十五年十一月乙酉,上諭軍機大臣等,前令各省將違礙字句書籍,實力查繳,解京銷毀。現據各督撫等陸續解到者甚多。因思演戲曲本內,亦未必無違礙之處,如明季國初之事,有關涉本朝字句,自當一體飭查。至南宋與金朝關涉詞曲,外間劇本,往往有扮演過當,以致失實者;流傳久遠,無識之徒,或至轉以劇本爲真,殊有關係,亦當一體飭查。此等劇本,大約聚于蘇、揚等處,著傳諭伊齡阿、全德留心查察,有應刪改及抽撤者,各爲斟酌妥辦。并將查出原本暨刪改抽撤之篇,一并粘簽解京呈覽。但須不動聲色,不可稍涉張皇。②

---

① 遺民外史:《虎口餘生》第 40 齣《脱逃》,《古本戲曲叢刊五集》,册 89,頁 29b—30a。
② 王利器:《元明清三代禁毁小説戲曲史料》(增訂本)(上海:上海古籍出版社,1981 年),第 1 編《中央法令》,頁 48—49。

乾隆四十五年（1780）雖比《虎口餘生・叙》所言之寫作時間似乎略晚，但由引文中"前令各省"可知查察文字違礙早已進行。乾隆朝文字獄迭起，在這樣的時代氛圍下，《虎口餘生》處理"明季國初之事，有關涉本朝字句"特別小心，以致出現頌清字句應也并非意外之事。

乾隆年間出版的書寫明亡的戲曲，除了此本《虎口餘生》外，還有唐英的《傭中人》與董榕的《芝龕記》。後二劇也和《虎口餘生》一樣旨在表彰忠義，而且有資料證明董榕受到了唐英的影響。唐英在《芝龕記》第五十四齣《殉忠》尾評云："此齣自寧武至歸天，千頭萬緒，以一筆寫出，俱各盡情事；正史所載，無不條分緒理，真眼大如箕，筆大如椽。予向有菜傭一折，視此真如小巫大巫，霄壤之分矣。抱愧！抱愧！"①唐英所説的"菜傭一折"，指的就是他的《傭中人（哭靈）》。《明史紀事本末》《甲申殉難》中寫道："菜傭湯之瓊見先帝梓宮過，慟哭觸石死。"②這就是唐英創作《傭中人》的靈感來源。從下層百姓的觀點看崇禎之死，可以説是此劇在書寫上的特點。

《傭中人》共用【新水令】、【駐馬聽】、【折桂令】、【雁兒落】、【得勝令】、【沽美酒】、【收江南】、【煞尾】、【清江引】等九支曲子。除【收江南】由末扮李國楨唱、【清江引】由雜扮其從人合唱外，其餘七曲皆由賣菜傭主唱。此劇開場，"外扮菜傭挑菜籃上"，他孤苦伶仃一身一口，住在京城門外，每日靠挑擔青菜到城中販賣爲生。今早他進得城來發現市冷街空，詢問之下，聽人説："今乃舊皇帝遜位，新皇帝登極，改朝换帝，所以這般景象。"令他一頭霧水。當他走到東安門看到有物被蘆蓆遮擋，先不知是什麼，後才有"丑"（扮地方）解釋這是先帝與皇后的梓宮。他當下大慟，隨即痛駡流賊李自成，以及"那一班惧國賣君不知羞恥的爛忘八、臭烏龜、狗娘養的！"其後他以青菜和清水祭奠帝后大哭暈倒在地。此時襄城伯李國楨上場，他爲殯葬帝后而來。李因巷戰被擒，李闖逼其降順，他騙李闖要答應他三件事，他才肯降，而"以天子之禮葬帝

---

① 董榕：《芝龕記》，收于《傅惜華藏古典戲曲珍本叢刊》（北京：學苑出版社，2010 年），册 36，頁 307。按：董榕《芝龕記》第 44 齣《游虛》齣尾，唐英亦評曰："此齣前半，恰與拙詞《清忠譜正案》相似。"可見董榕作劇，確有從唐英劇作得到借鑒。
② 谷應泰：《明史紀事本末》，卷 80《甲申殉難》，頁 351。

后"正是其一。① 菜傭聽說後大贊李爲"忠臣"。當李國楨勸菜傭顧自己生計做生意去,以下這段是全劇的高潮:

> （外大叫,哭介）噯呀！李老爺,俺的聖明的皇帝與國母娘娘都沒了,目今李闖登極,流賊混世,上是賊君,下是賊臣,俺百姓都是些賊民了,還往那裏去？還有什麼生意？呀呸！這樣的世界,還要這條窮性命何用？李老爺,小民呵！
> 【煞尾】（外唱）湯菜傭名叫之瓊,赤子性未鑿鴻濛。做一個匹夫維持綱常,怕斷了忠烈種。（外作觸石死介）②

菜傭殉難的動機是"維持綱常",很明顯這也是作者唐英創作此劇的目的。菜傭死前,國破無地容身的一番表述讓人想起《桃花扇‧入道》張薇對侯方域、李香君的點撥:"你看國在那裏？家在那裏？君在那裏？父在那裏？"但比起《桃花扇》,這齣戲的思想藝術不免顯得平庸。接著,李國楨命令從人將菜傭入殮,準備在帝后陵墓告成之日將他埋在陵外,"做個守陵義勇"。全劇就在眾人贊美"千官賣故君,一個村傭慟。想不到菜畦中有真梁棟！"的合唱聲中結束。

唐英沒有寫到崇禎死亡的細節,只用丑脚輕描淡寫地說了一句:"新皇帝攻破京城,舊皇帝與皇后自縊殉國。"煤山、血詔沒有出現。而菜傭感慟先帝殉國的曲文,似也空泛地可以適用于任何歷史上的國君。③《傭中人》的戲劇情境雖然圍繞著崇禎之死,然而主角絕對不是崇禎,此劇主要的目的是褒揚忠于君的臣（李國楨）與民（賣菜傭）,同時痛斥奸臣賊子。爲此劇寫題辭的商盤說得很對:"舊事翻成新樂府,褒忠不爲感滄桑。"④唐英在此劇的下場詩也道:"明朝三百年天下,忠烈先輸

---

① 據《明史紀事本末》載,李國楨葬先帝于田貴妃墓後,"慟哭作詩數章,遂于帝后寢前自縊死之。"見谷應泰:《明史紀事本末》,卷80《甲申殉難》,頁351。
② 唐英:《傭中人》,唐英撰,周育德校點:《古柏堂戲曲集》（上海:上海古籍出版社,1987年）,頁80。
③ 例如:"【得勝令】（外唱）呀！怎比那望帝魂歸怨落花風？聖明君遭際國運窮。耗財的兵和盜,悮國的卿和公。朦朧！釀就了山河痛。中宮,携手殉社稷終,携手殉社稷終。"見唐英:《傭中人》,唐英撰,周育德校點:《古柏堂戲曲集》,頁78。
④ 商盤:《傭中人樂府題詞》（其二）:"一肩重擔是綱常,蔬蔌能留百代香。士守厥根（轉下頁）

一菜傭"。唐英在江西景德鎮監督窰務前後達十餘年,"蓄有陣容可觀的崑曲家班",①可以想見他與窰工畫匠同樂之餘,寓教于樂,以所編戲曲,行高臺教化,宣傳忠孝節義等道德觀念。

前已提及,唐英友人董榕在書寫明史的《芝龕記》裏也表揚了賣菜傭湯之瓊。有關此劇,吳梅評曰:"以秦良玉、沈雲英二女帥爲經,以明季事涉閨閣暨軍旅者爲緯,穿插野史,頗費經營。惟分爲六十齣,每齣正文外,旁及數事,甚至十餘事者,隸引太繁,止可于賓白中帶叙,篇幅過長,正義反略,喧賓奪主,眉目不清,此其所短也。論者謂軼《桃花扇》而上,非深知《芝龕》者。"②這可謂真知灼見。

《芝龕記》中,寫到崇禎之死的主要齣目爲第五十四齣《殉忠》和第五十五齣《龕祀》。《殉忠》由周遇吉妻蒙古劉氏開場,寫周遇吉夫妻于寧武關雙雙殉難,後李自成獲報,太監杜之秩與總兵唐通將開居庸關迎其進入,故決定立即進犯京師。在李自成等繞場下後,副末扮賣菜傭挑菜擔上,他獨唱【北雙角新水令】、【駐馬聽】、【沉醉東風】、【雁兒落】、【得勝令】、【挂玉鈎】、【川撥棹】、【七弟兄】、【梅花酒】、【收江南】等十支曲子,儼然是此齣一個獨立的單元。他表明"今乃崇禎十七年三月十九日","街上賊騎紛馳,民人逃竄",他想探聽聖主消息。于是我們跟隨他的腳步,一路尋找崇禎皇帝的蹤迹。他先來到象房橋。董榕顯然是要嘲諷降官禽獸不如,所以根據《明史紀事本末》:"賊經象房橋,群象哀鳴,淚下如雨"的記載,安排了二象懲奸的一段插曲。③這裏涉及降闖的內監杜勳(小丑)還有三名賊將(雜),杜說:"新主坐朝,少不得用象站隊,郊天用象駝寶瓶"所以他叫象奴引象給"新老爺"看。接著,"象作哀鳴介"、"一象作怒吼,鼻捲小丑,小丑喊介"、"一象捲一雜,雜喊介"、"各放地,作踹死介"、"二象又捲二雜作踹死介"、"二象作撞頭死下",因此

---

(接上頁)身抗節,民多此色世罹殃。故宮離黍雲千穗,變徵悲歌淚數行。舊事翻成新樂府,褒忠不爲感滄桑。"序署"甲戌",即乾隆十九年(1754)。見唐英撰,周育德校點:《古柏堂戲曲集》,頁75。

① 周育德:《簡論唐英的戲曲創作》,收入唐英撰,周育德校點:《古柏堂戲曲集》,頁627。
② 吳梅著,王衛民編:《吳梅戲曲論文集》(北京:中國戲劇出版社,1983年),頁183。
③ 《明史紀事本末》中提到"賊騎塞壘,大呼民間速獻騾馬。賊經象房橋,群象哀鳴,淚下如雨。"但未提象踹死人以及象奴自盡事。谷應泰:《明史紀事本末》,卷79,《甲申之變》,頁349。

象奴道:"象既殺賊而死,我也進去尋一死罷。"以上這段,情節過于誇張,而且在表演上難以想象能夠達到逼真的效果。菜傭接著的表現不啻爲作者代言:

　　　　(副末哭介)象呵,我賣菜傭這裏拜你了。(拜介)
　　　　【挂玉鈎】你本是野獸輪囷不會言,你又不衣冠非人面,你又不讀詩書不乘軒。你怎知慟故君悲啼濺,你怎知誅叛璠又把些賊徒踐,你還將一死把忠全,教俺拜倒淚如泉。①

隨後菜傭再到石芝庵尋找友人,見畫士夫妻二人對縊而死。他繼續行走遇到宮裏的長班,再度詢問崇禎信息,長班回答:"大概殉國,或說南幸",接著就說起有幾位官府,各家殉難,于是念出一長串殉難者名單。賣菜傭祭拜忠臣後轉至東華門,再次詢問聖上真信,此時才得知崇禎已自縊煤山,王承恩從死,周皇后先已自盡宮中。當菜傭發現眼下東華門抬出的兩副柳棺就是帝后梓宮,他的悲痛,作者試圖以【梅花酒】表現:

　　　　【梅花酒】呀,果然是駕返天,果然是駕返天,慟傷心柳木棺連。(跪哭介)我聖上呵,你治亂憂煎,宵旰勤惓。耐俺樸布衣身上穿,甘淡泊素食口中饘,苦熬熬十七年。實指望滅流氛靖侯甸,告郊壇釋恫怨,怎遍斥堠起烽烟,敢犯京華滿戈鋋。每問羣臣默無言,屢詔責躬引咎愆。竟壽皇亭社稷捐,又雙殉國後宮賢。非由恁致傾顛,偏教恁受奇冤,怎解這恨綿綿!②

菜傭感嘆崇禎盡心國事生活儉樸,十七年辛苦,換來的却是闖亂造成的家亡國破;雖曾下罪己詔,也多次尋求抵敵良方,但群臣束手,最終死于煤山壽皇亭。【梅花酒】的用詞如"宵旰勤惓"、"靖侯甸"等,實不肖市井

---

① 董榕:《芝龕記》第54齣《殉忠》,收于《傅惜華藏古典戲曲珍本叢刊》,册36,頁302。
② 董榕:《芝龕記》第54齣《殉忠》,收于《傅惜華藏古典戲曲珍本叢刊》,册36,頁305。

聲口。吳梅所説："蓋作曲者必文人,文人與市井,必不相近,乃欲以文人之筆,摹市井之心,則終不能形似。"①可作此處的注脚。唱完此曲,菜傭即以所携青菜吊祭崇禎,唱【收江南】後撞頭死。緊接著,仙官上場説明崇禎原是真武大帝降世,今奉玉詔歸天。于是崇禎"披髮衮玉",殉難的忠臣烈女前後導擁,包括二象,還有賣菜傭"戴紅紗仍挑筐盛靈芝"殿後,眾人合唱【鴛鴦煞】表示歸天,結束此齣。此曲最後:"自有天篤祐的真人替我把賊徒趁。"表示清主即將追趕流賊爲諸殉難者報仇。

此齣《殉忠》自寧武關之戰寫到崇禎歸天,頭緒紛雜,處理不易。但如上述,情節與表演兩方面的安排都嫌矯揉造作而非流暢自然,且搬演困難,藝術效果存疑。然而,董榕安排由賣菜傭進城以他的視角觀察叙述紫禁城内外景象,兼及褒貶,可謂用心良苦;和唐英一樣,他對平民百姓在歷史上的表現能够加以關注表揚,此舉值得贊賞。然而,我們也清楚地看見,歷史記載與記憶如何被唐英、董榕等官僚文人用來演繹他們心中的忠義觀念,負載他們以高視下,對一般百姓的思想教化大計。董榕長期在地方上做官,任金華知府時曾嚴禁溺女,并刊印《廣生録》以移風易俗,他亦曾輯《周子全書》,顯然對道學傳播十分看重。② 相較于《鐵冠圖》寫到崇禎駕崩之後,緊接著對崇禎的悼念與對誤國奸臣的諷刺,主要係藉太監王承恩與宫女韓宫人(費宫人)的忠義來表現;時過境遷,到一百多年後的乾隆時期,唐英與董榕却都略過太監宫娥而選擇了市井小民作爲忠義的化身。唐英與董榕書寫《傭中人》和《芝龕記·殉忠》的目的,與其説是描繪崇禎之死的歷史事件,還不如説是藉此歷史事件凸顯道德倫常以教化百姓。賣菜傭的出身恰恰成爲最貼近民間的人物範本。董榕于乾隆十八年(1753)所作《〈傭中人〉傳奇序》中有云:

> 論世于勝國之季,朝中可謂無人矣。……嗚呼!彼諸人者,曷嘗不戴髮含齒、頂弁拖紳,儼然自號爲人?而識者視之,直傭等耳。然猶勿以傭儗之也。以傭儗之,仍不啻尊之貴之,而彼固傭之所不

---

① 吳梅著,王衛民編:《吳梅戲曲論文集》,頁498。
② 見周妙中:《清代戲曲史》(鄭州:中州古籍出版社,1987年),頁222—226。

齒也。何者？傭中固大有人在也。余嘗觀甲申殉難中，有菜傭其人，爲之肅然起敬，愴然流涕，念其人與范吳橋以下諸公一同殉節而更見其難。蓋吳橋諸公，大人也；菜傭，小人也。以小人而立大人之節，斯乃不愧爲人。每思歌之詠之，播之管弦，奏之邦國鄉社，以告世人。①

此亦可視爲他創作上述《殉忠》齣的緣起。② 引文中的"范吳橋"乃范景文，崇禎時官至兵部尚書，由工部入閣，《曲海總目提要·鐵冠圖》曾稱他爲"二十忠臣之首"。③ 菜傭"以小人而立大人之節，斯乃不愧爲人"，其作爲"誠足以誅奸腴于既死，發潛德之幽光"。④ 由此可見，董榕仍未泯除階級觀念，而他歌詠庶民之行的目的也只是爲了"奏之邦國鄉社"，以愧臣子，感庶民而已。前已說過，《鐵冠圖》偏重"宮闈戲"，曹寅《虎口餘生》偏重"忠臣戲"，到唐英、董榕書寫明亡，則又多出了"義民戲"的向度。

接著的《龕祀》寫秦良玉與沈雲英兩位女將，⑤在麻灘驛"旌忠祠"設位哭祭崇禎，氣氛肅穆："（場上中設芝龕，黃紙書崇禎先帝先后兩神位）（左案紅紙書皇明殉難諸忠臣義士神位，……右案綠紙書皇明殉難諸烈婦貞媛神位）"。傳奇戲曲中寫女性吊祭崇禎的儀式前所未見，由于二女同時也是寡婦，其夫因盡殉國事而亡，所以從喪夫女將的視角哀悼崇禎之死，不免公私情感夾雜、遠近記憶交錯，情感和場面都更易引發悲愴之感。這應是董榕此齣情境設計上的特點，如下引二旦合唱曲的末句，即特意點出二人的寡婦身份：

【鶯啼御林】（【鶯啼序】首至合）杜鵑啼血風怒號，慟君王飲恨雲霄。三百年舊德淵淵，十七載憂心悄悄。實指望周室中興，不意

---

① 董榕：《〈傭中人〉傳奇序》，唐英撰，周育德校點：《古柏堂戲曲集》，頁73。
② 據周妙中依據此劇題辭，可知《芝龕記》成于乾隆十七年（1752），刊印于乾隆二十二年（1757）以後。見周妙中：《清代戲曲史》，頁223。
③ 佚名：《曲海總目提要》，卷33，頁1459。
④ 董榕：《〈傭中人〉傳奇序》，唐英撰，周育德校點：《古柏堂戲曲集》，頁74。
⑤ 秦良玉是石砫宣撫使馬千乘妻，夫死繼任其職，摧鋒陷敵，急公好義，英勇過人。沈雲英是道州守備沈至緒女，文武雙全，夫賈萬策守荆州戰死。

料杞天竟倒。(【簇御林】合至末)剩今朝一雙嫠婦,涕淚灑湘皋。①

之後二旦上香跪哭,再度合唱,痛悼崇禎。她倆深深感念聖主恩德,以致哭暈場上。醒轉後,她倆訴說已見聖帝聖后率許多忠臣烈女升天。作爲此齣場景之"旌忠祠",內設"芝龕",而"芝爲忠孝之祥",②由此可見,董榕寫《芝龕記》旨在"闡揚忠孝節義"。③《芝龕記》立意在爲秦良玉與沈雲英二位奇女子寫傳,"二女者非尋常閨閣之人,乃心乎國事、有功名教之人也。"④

總而言之,乾隆朝遺民外史的《虎口餘生》、唐英的《傭中人》與董榕的《芝龕記》不再以悼明或紀念崇禎之死作爲劇作思想情感之重心,而是擴大了書寫甲申之變的視角,也更符合清廷的意識形態。對於忠義人物的刻畫已不再局限于朝中之文臣武將、太監宮娥,躍上歷史劇舞臺的還有賣菜傭湯之瓊、女將秦良玉與沈雲英,他們身爲庶民百姓與女性之忠義楷模,完成了官宦文人曲家"崇獎忠貞、風勵臣節",⑤并且教化世人的使命。

## 五、黄燮清《帝女花》

道光十二年(1832)黄燮清作《帝女花》特寫崇禎長公主朱徽娖事。⑥在清代書寫崇禎之死的戲曲中,《帝女花》可謂別開生面,因其改從崇禎女兒的角度,捕捉前朝國破家亡之于個人生命的影響。此劇之歷史材料,參見《明史》卷一百二十一,列傳第九《公主》:

---

① 董榕:《芝龕記》第55齣《龕祀》,收于《傅惜華藏古典戲曲珍本叢刊》,册36,頁312—313。
② 董榕:《芝龕記》第55齣《龕祀》,收于《傅惜華藏古典戲曲珍本叢刊》,册36,頁325。
③ 《芝龕記·凡例》首云:"記中惟闡揚忠孝節義,并無影射譏彈。"董榕:《芝龕記》,《凡例》,收于《傅惜華藏古典戲曲珍本叢刊》,册35,頁93。
④ 董榕:《芝龕記》,《凡例》,收于《傅惜華藏古典戲曲珍本叢刊》,册35,頁93—94。
⑤ 此引文原爲"崇獎忠貞,所以風勵臣節",出自乾隆皇帝在乾隆四十年(1775)十一月十日的諭旨,此處借用之。有關此諭,詳見陳永明:《清代前期的政治認同與歷史書寫》,頁198。
⑥ 有關黄氏生平,可參考陸萼庭:《黄燮清年譜》,《清代戲曲家叢考》(上海:學林出版社,1995年),頁117—137。又,《帝女花》二十齣,卷上寫明,卷下寫清。卷上齣目有:《佛貶》、《宮嘆》、《傷亂》、《軼闈》、《割慈》、《佛餞》、《朝哄》、《哭墓》、《駭逅》、《探訊》。卷下齣目有:《殲寇》、《草表》、《訪配》、《尚主》、《觸叙》、《醫窮》、《香夭》、《魂游》、《殯玉》和《散花》。

> 長平公主,年十六,帝選周顯尚主。將婚,以寇警暫停。城陷,帝入壽寧宮,主牽帝衣哭。帝曰:"汝何故生我家!"以劍揮斫之,斷左臂;又斫昭仁公主于昭仁殿。越五日,長平公主復蘇。大清順治二年上書言:"九死臣妾,踽踽高天,願髠緇空王,稍申罔極。"詔不許,命顯復尚故主,土田邸第、金錢車馬,錫予有加。主涕泣,逾年病卒。賜葬廣寧門外。①

以及吳偉業《思陵長公主輓詩》與張宸《長平公主誄》,另外,《芝龕記》第五十九齣《徽感》也略寫長平公主劫後餘生,受順治皇帝恩典以公主禮下嫁原配事,不知黃燮清曾否參考。黃燮清還深受乾隆曲家蔣士銓影響,②在劇之首尾為男女主角增添了謫仙歸返的神話框架,也因這《佛貶》、《散花》二齣,而使得全劇染上佛家色空的色彩。此劇文字"哀感頑艷",③主題擺盪於抒發故國黍離之悲與反思佛家色空觀念之間,④與前述諸劇在藝術思想與創作目的上都有所差異。

此劇劇名,除有曾永義最早指出之"帝女如花"之意,⑤也與炎帝女銜冤早逝化作"帝女雀"(一名精衛,一名冤禽)的傳說有關。⑥黃燮清在道光壬辰(1832)寫的自序,一開始就提到"冤禽":"嗟乎!循環生死,神仙無了結之期;俯仰興亡,宇宙皆貯悲之境。大江東去,挽不住恨水波濤;小海西流,問不出冤禽消息。"⑦然後他説:"僕本恨人,史傳遺事,撫青編而流覽,愁寄天邊;憐紫玉之銷沉,心傷局外。"可見他對長平公主頗有"同是天涯淪落人"之感,二人都經歷過人生苦境,冤恨難平。徽妮

---

① 見張廷玉等撰:《明史》,卷121,列傳9,《公主》,頁3677—3678。
② 吳梅指出:"《帝女花》二十折……《佛貶》、《散花》兩折,全拾藏園唾餘。"見吳梅著,王衛民編:《吳梅戲曲論文集》,頁184。
③ 黃際清:《跋》,收入黃燮清:《帝女花》,《倚晴樓全集》(清咸豐七年拙宜園版),頁1b。
④ 有關《帝女花》的主題,筆者的看法與清代許麗京比較接近。其《序》云:"……韻珊黃君,獨參妙旨,鬱為宏詞。覺情文之相生,悟空色之即是,鋤奸攄憤,鐵筆森嚴,對酒當歌,唾壺碎缺。借前朝之幽怨,刻羽引商;仗我佛之慈悲,驚神泣鬼。此《帝女花》傳奇之所由作也。"許麗京:《序》,收入黃燮清:《帝女花》,《倚晴樓全集》,頁2b—3a。
⑤ 曾永義:《論黃韻珊的〈帝女花〉》,《中國古典戲劇論集》(臺北:聯經出版事業公司,1975年),頁283。
⑥ 張傳若:《黃燮清與倚晴樓戲曲》(上海戲劇學院碩士學位論文,2010年3月),頁48—50。
⑦ 黃燮清:《自序》,《帝女花》,《倚晴樓全集》,頁1a—3b。

贵爲公主，命運却無法自主，先遭親身父親砍殺，後又被順治皇帝强迫放棄出家。燮清多才早慧，十五歲應童子試，"其時以能詞章，頗自矜異"；二十歲時，"以詞章之學騰聲里門"。但他却先後四次參加鄉試而落第。① 就在他二十八歲落第後不久，同里友人陳其泰勸他傳長平公主事，"以發其鬱，以觀其才"，彌月而《帝女花》成。② 後來，學使陳用光視學浙江，"悦黄生韻珊文而賞之，繼覽其所製《帝女花》曲，蒼鬱詭麗，益嘆其才之美"，此是後話。③ 個人以爲，吴興女史許延礽爲此劇寫的題辭："精衛難填恨海波，青衫涕淚吊仙娥。不因歷盡塵寰劫，那識人間苦趣多？"④不啻爲知音之言，足以作爲詮釋《帝女花》"寫恨"主旨的重要參照。人之命運非己力所能轉圜，黄燮清恨人寫恨事，心理感受的契合使得此劇的抒情性特别濃郁。

《帝女花》以二十齣叙寫"咸陽賊犯順陷京師，莊烈帝割慈殉社稷；周駙馬喜續再生緣，長公主冥游衆香國。"⑤主角雖是朱徽妮，但崇禎皇帝因與她命運緊密相連，故其角色遠比前述乾隆朝諸作來得重要。在第五齣《割慈》中，他首度出場："生挂鬚帝服上"（此劇先有生扮周世顯，現改扮崇禎，因以挂鬚區别之）。崇禎由宫外，親探賊信後進入宫中，立刻宣坤興公主（謚長平）晉見。他告訴愛女，爲了免她受賊人凌辱，當以一劍了其殘生。他拔劍砍旦臂，旦倒地，他"撫旦屍猛看"，道："哎哟！我的親兒！真個死了麼？你好苦也！不如生在那百姓人家，倒得個慈父親娘憐他。"然後哭著下場。接著，周皇后與二皇子哭奔上，看見旦屍悲痛欲絶，内侍却于此時上場禀報，崇禎剛在内宫已將昭仁公主、袁貴

---

① 陸萼庭：《黄燮清年譜》，《清代戲曲家叢考》，頁119—122。
② 黄燮清兄長際清云："歲壬辰，秋闈報罷，益放浪詞酒。陳子琴齋將發其鬱以觀其才，請傳坤興故事。謂吾朝之恩禮勝國，與貴主之纏綿死生，皆前古稀覯，當不似《還魂》等記，托賦子虚，且亦我輩未得志時論古表微所必及也。韻珊趣之，彌月而稿出，哀感頑艷，聲情俱繪，一時傳覽無虚日。查子竹洲，復爲校訂宫譜，遂梓以行。"見黄際清：《跋》，收入黄燮清：《帝女花》，《倚晴樓全集》，頁1a—1b。另可參見陳其泰：《帝女花傳奇序》，收入黄燮清：《帝女花》，《倚晴樓全集》，頁2a。
③ 陳用光：《脊令原傳奇序》，收入黄燮清：《脊令原》，《倚晴樓全集》，頁1a。此序署"道光甲午"。
④ 許延礽：《題辭二》，收入黄燮清：《帝女花》，《倚晴樓全集》，頁1a—1b。按："精衛"和"仙娥"可指公主，而"青衫"則指燮清。
⑤ 黄燮清：《帝女花》，《宣略》下場詩，《倚晴樓全集》，卷上，頁1b。

妃砍死,他并且傳來崇禎旨意:請皇后歸天。皇后與二皇子訣別後下場。這時崇禎披頭散髮再上。當宮女上場報告皇后已死,崇禎不禁哭倒在地,他對自己成爲亡國之君深感愧疚:

> 我太祖皇帝,艱難創業,列聖相承,豈知喪于朕手!今乃崇禎十七年三月十九日,明運盡于此時。諸臣負朕,朕何顏見先帝于地下!願天早生聖人,削平盜賊,一雪有明之恥,使百姓免致塗炭,復見昇平。不獨朕在九泉之下,感激涕零,即列祖神宗在天之靈,亦當揚眉吐氣也。內侍們,隨朕往煤山紅閣去者。(引內侍下)①

上引文中,"諸臣負朕,朕何顏見先帝于地下!"與《明史》所述崇禎遺詔:"諸臣誤朕。朕死無面目見祖宗。"②相類。之後"願天早生聖人……揚眉吐氣也"的一段,表述得過于理性,似與崇禎此時紛亂的心境不合。黃燮清顯然感覺到有藉機頌清的必要,才會如此破壞此齣悲傷而逼真的氣氛,讓崇禎扮演清廷代言人的角色。這個頌清的"插曲"是否與黃燮清擬想的此劇讀者或觀衆包括清朝官員有關,我認爲很有可能。③ 其實在此刻前,崇禎與長女、皇后與二子生離死別的場景都描寫得相當逼真而動人。黃燮清或許曾借鑒了《鐵冠圖・分宮》的情節內容,不過,他添加了"早生聖人","一雪有明之恥"等原本所無而帶有清廷意識形態的表述,顯示出時代對歷史再現的限制及影響。

《帝女花》接下去并沒有明場演出《煤山》這一幕(連遺詔也算用以

---

① 黃燮清:《帝女花》第 5 齣《割慈》,《倚晴樓全集》,卷上,頁 20b—21a。
② 張廷玉等撰:《明史》,卷 24"莊烈帝",頁 335。
③ 《帝女花》卷下起始的第 11 齣《殉寇》,滿清英親王(末)上場,請看其穿戴與曲文:"(末國朝服色戎裝,引隊子、凈中軍上)【(中呂引子)菊花新】九州四海望雲霓,除暴安民振六師。龍虎翼新基,看長白山頭王氣。"其念白:"本藩恭承廟算,親統王兵,爲勝國復仇,爲蒼生靖亂。","復仇","靖亂"云云,恰與崇禎所述如出一轍。黃燮清接著把八旗軍搬上舞台,寫清軍入關乃爲殲滅闖賊,爲大明復仇,實係仁義之師,甚至還演出百姓簞食壺漿,以迎王師,這段描述完全合乎清朝官方的正統説法。除此之外,在《尚主》中,黃燮清安排《桃花扇》的老贊禮出場,回答《帝女花》爲何而作,曰:"你曉得他爲甚做這部《帝女花》?(副末)他説道……我煕朝待前明的恩德,別的也説不盡,即如坤興公主這椿情節,已是上軼虞夏、遠邁商周,連他也憑空感激,所以做這本樂府,無非歌詠聖德的意思。"黃燮清:《帝女花》第 11 齣《殉寇》,《倚晴樓全集》,卷下,頁 12b。

上引文代替了),而是以不同角色在不同場合反覆哀悼和回憶的方式,表現對崇禎之死的"抒情詩式的回應";這些角色包括(生)周世顯、(旦)長平公主,還有結束全劇的(淨)釋迦如來。《帝女花》寫明末遺恨,很特別地將史、詩、劇合而爲一,我們不妨稱它爲"歷史抒情詩劇"。

先舉第八齣《哭墓》爲例。此齣略謂:周世顯到崇禎梓宫暫時安放的田貴妃墓前祭奠,由守陵太監處得知公主未死。他一上場就感嘆崇禎皇帝駕崩:"悲夫!痛游魂去鼎湖,嗟乎!剩遺民泣路隅。"相傳黃帝鑄鼎于荆山下,鼎成,黃帝于此處乘龍飛上天空。周繼而上香奠酒,哀慟君死明亡:

【山坡羊】那裏有豔晶瑩玉魚殉墓,只見那苦惺忪金人泣露。說甚按來龍萬笏朝天,不過是吊寒鴉幾點的冬青樹。(拜起奠酒介)空剩取,酒澆墳上土。俺想萬歲爺與田貴妃,生前十分恩愛,如今骸骨相依,也算死則同穴了。兩匡冷穴骷髏附,一統殘碑鬣鬣扶。嗚呼,痛諸陵佳氣無。欷歔,滴重泉淚點枯。①

這曲【山坡羊】,評者曰:"有西風殘照,漢家陵闕光景。"確也!吴梅嘗云:《帝女花》"雖敘述清代殊恩,而言外自見故國之感。"曾永義更透徹地指出:"'言外自見故國之感',才正是韻珊深遠的寄意所在。"頌清只是門面話,對於故明的懷念,溢于言表,他透過"鋤奸擴憤"(如《朝闕》)和"憑吊追懷"(如《哭墓》)二種手法表現。上引曲文與《桃花扇》"野火頻燒,護墓長楸多半焦"的景象,同樣令人欷歔。② 其後在第十二齣《草表》,長平公主唱道:

【破齊陣】天地浮生若夢,河山舉目全非。銅雀荒臺,玉簫舊館,杜宇數聲而已。一點癡魂無歸宿,回首茫茫故國悲,潸然彈淚絲。③

---

① 黃燮清:《帝女花》第8齣《哭墓》,《倚晴樓全集》,卷上,頁32b—33a。
② 曾永義:《黄韻珊的〈帝女花〉》,《中國古典戲劇論集》,頁285—287。
③ 黃燮清:《帝女花》第12齣《草表》,《倚晴樓全集》,卷下,頁5a。

我們看見這種故國之感的重覆表現。

當公主和世顯新婚半載,僕人看她"雖處歡娛,仍然愁悶",只因家亡國破的記憶揮之不去。《觴敘》齣中,二人携手庭中,一玩秋色,黃燮清特別襲用了《長生殿·驚變》之南北合套,①極力刻畫君父之死對二人人生的影響。"想起那甲申之變,兀的不心痛欲碎也呵!"她禁不住感觸與回憶:

【南泣顔回】那時殺氣滿陳倉,帝后殘尸血葬。香消半臂,癡魂同見高皇。死灰未冷,苦韶華偏要閻羅賞。愧西門殺賊秦休,趁東風來嫁周郎。

李白《秦女休行》有云:"西門秦氏女,秀色如瓊花。手揮白楊刀,清晝殺仇家。"長平公主因爲自己没有像秦休一樣報殺父之仇而感到慚愧。原本"殺父之仇不共戴天",而她竟然苟生于世。我們可以說,正是這種劫餘者的命運使她活得很痛苦,她不久去世應與此幽恨悒鬱的心理有關。周世顯回憶甲申之變的角度則又有所不同:

【北鬥鵪鶉】猛想起鬧紛紛蟻潰蜂屯,鬧紛紛蟻潰蜂屯,亂攘攘狐群鼠黨。不能做烈轟轟柴紹提軍,氣昂昂淮陰拜將。只看著紫燕黃鸝泣上陽,累了你花一朵受風霜。到今日呵,剛落得恨悠悠精衛煩冤,苦淒淒姮娥小像。②

他身爲駙馬而未能于國事效犬馬之勞,像唐高祖李淵的女婿柴紹一樣成爲凌烟閣二十四位功臣之一,反倒是"碌碌半生","徒作黍禾之嘆",他心中感到無比慚愧。由此可見,故國之感于男女主角心理之重大影響。在書寫明亡的文人戲曲中,像這樣細緻的人物心理刻畫,之前似只有《桃花扇》。難怪黃燮清會自豪地說:《帝女花》"事涉盛衰,竊比《桃

---

① 曾永義:《黃韻珊的〈帝女花〉》,《中國古典戲劇論集》,頁291。
② 黃燮清:《帝女花》第15齣《觴敘》,《倚晴樓全集》,卷下,頁16b—17a。

花》畫扇"。①

長平公主死後游"思陵",作者安排她與父母短暫一面。此齣《魂游》與遺民外史《虎口餘生》的《魂游》齣名相同,情境相類,都是寫人死後回故宫,只是後者寫的是王承恩與費貞娥,此齣寫的是朱徽娖。朱爲找尋父母,信步游至一處:

　　(場上設牌方挂思陵匾額,旦看介)原來這裏就是思陵了。(生挂鬚帝服,正旦后服内侍隨上)孩兒,怎生你也到了這裏?(旦牽衣哭介)我的爹娘!一向却在那裏?叫孩兒想的好苦也!(同抱哭介)(旦)生離死别難沾乳縠,常常的尋來夢裏,總不見爹母把殘軀硬丢。閃的似雛鴉失巢無處投。(内金鼓,副淨扮魔王持刀沖上)(生、正旦、内侍避下)②

這幕親人死後重聚的戲,因"旦牽衣哭介"而情深動人。作者表達的不僅僅是明清易鼎、家亡國破之悲,也包含著更爲普遍的人生無常的滄桑之感與離亂之情。

全劇最後《散花》用【北仙吕點絳唇】套,由釋迦如來一人主唱。前人評曰:"按節酬歌,頭頭是道,一部《華嚴》,攝入筆端。古今治亂興衰大局,人生悲歡離合因緣,作如是觀。看得透,説得出,是天地間有數文字。"③此齣主要叙寫釋迦如來説法,回答生旦所問:"世上爲人,榮枯異境,偏我二人怎般苦楚,樂少哀多,是何因果?"曲近末了,生旦問:"怎生參悟才能放下一切?"淨答曰:

　　能放下去,便放下了。收轉了百樣心,推翻悶海;立住了兩隻脚,蹬出情關。是耶非?夢耶醒?定了神,只聽那五更鐘起;窮甚悲?達甚喜?冷著眼且看他一局棋殘。只要得猛回頭大翻身,跳

---

① 黄燮清:《自序》,《帝女花》,《倚晴樓全集》,卷上,頁3b。
② 黄燮清:《帝女花》第18齣《魂游》,《倚晴樓全集》,卷下,頁28a。
③ 黄燮清:《帝女花》第20齣《散花》,《倚晴樓全集》,卷下,頁34b。

上靈河岸,才能穀九根無礙,八垢同刪。①

靈河、九根、八垢都是佛家語,八垢指八種妄想,可見此齣旨在闡說破除我執,始能自在無礙的佛理。雖然之前,旦問過明亡的原因;之後旦問到父母歸處,生也問忠臣義士、叛臣奸黨的果報,但竊以爲,黃燮清對忠孝道德的關注,遠遠不及他對一種悽苦不自由之人生處境的關心,及其解脫之道的求索。他寫《帝女花》,大意爲此。

## 六、結　語

《明史・本紀・莊烈帝》的結尾,官方對崇禎皇帝的評價是:

> 贊曰:帝承神、熹之後,慨然有爲。即位之初,沈機獨斷,刈除奸逆,天下想望治平。惜乎大勢已傾,積習難挽。在廷則門户糾紛,疆場則將驕卒惰。兵荒四告,流寇蔓延。遂至潰爛而莫可救,可謂不幸也已。然在位十有七年,不邇聲色,憂勤惕勵,殫心治理。臨朝浩嘆,慨然思得非常之材,而用匪其人,益以僨事。乃復信任宦官,布列要地,舉措失當,制置乖方。祚訖運移,身罹禍變,豈非氣數使然哉。迨至大命有歸,妖氛盡掃,而帝得加謚建陵,典禮優厚。是則聖朝盛德度越千古,亦可以知帝之蒙難而不辱其身,爲亡國之義烈矣。②

這段文字對崇禎有褒有貶,有同情有批判,贊其"憂勤惕勵,殫心治理",責其"舉措失當,制置乖方"。其中寫到崇禎之死的幾句:"祚訖運移,身罹禍變,豈非氣數使然哉。"顯示官方史書對於崇禎于煤山自縊此一非常之歷史事件,既將其"模糊化",又加以"自然化"的處理方式。而前段既云:"在廷則門户糾紛,疆場則將驕卒惰。兵荒四告,流寇蔓延。"係以

---

① 黃燮清:《帝女花》第20齣《散花》,《倚晴樓全集》,卷下,頁36a—36b。
② 張廷玉等撰:《明史》,卷24"莊烈帝",頁335—336。

"人事"爲崇禎蒙難之主因,後段又指出"氣數使然",即以"天命"作爲解釋之根柢。

這種天命、人事雙重的歷史解釋方式,從清初順治年間的《鐵冠圖》一直延續到清道光年間的《帝女花》。然而,時代的差異的確也影響了戲曲再現歷史時,對其擬想觀衆(implied audience)的情感指引之某些重要面向。正如上引文所體現的,清人書寫崇禎、書寫明亡,最終歸結到對清朝接續正統,"大命有歸,妖氛盡掃","聖德度越千古"的刻意表彰。我們可以說,從《鐵冠圖》到《帝女花》,清代書寫崇禎之死的文人戲曲,正展現著由"悼明"到至少是表面上包含"頌清"的轉變。清人作者或許自覺地配合清朝官方的意識形態,或許想避免文字獄的迫害,總之,對崇禎個人命運及其所代表之有明一代滅亡的感懷,至清中葉已經失去其作爲劇作中心主旨的重要性。取而代之的,是一種"泛政治性的"對臣子百姓的忠義教化。至清後期,情況又有所改變,故國之感再度抬頭,并且夾雜著幾許對人生盛衰無常的感傷。

歷史興廢與個人命運的關係,在離歷史事件最近者,會有一種尋求解釋的心理需要。"鐵冠道人"的三幅圖之所以產生的心理背景,或許可以從此得到解釋。經過歷史動亂的劫餘者,或許在心裏面對衆多的死亡,懷著對逝者的記憶,會尋找一個感恩的對象:是誰爲他們的生存福祉付出了代價?《煤山》寫崇禎皇帝死前留下血詔,爲百姓衆生求情,其戲劇再現應該有其產生的時代心理因素。年代一久,崇禎駕崩的歷史事件,祇成爲純粹的歷史興廢的忠奸教訓,如乾隆朝的遺民外史、董榕、唐英等人,他們已經不把自己放在崇禎同時代觀衆的位置,以情感共鳴的方式觀看甲申明亡的歷史,而是以教化者的心態,以戲曲行勸懲之用。道光年間的黄燮清,眼看鴉片問題使清朝國事日非,加上個人科舉不第、懷才不遇,反思明亡時,則不僅又回到《鐵冠圖》之"氣數"論,而且還已包含著超越歷史的佛家觀點了。

清代劇場裏的景觀又是兩樣。崑劇《煤山》的表演承傳,經由師徒口傳心授的路徑從未中斷,與今日其他地方戲曲劇種如川劇的《煤山》表演等,一起見證著文化藝術超越時代氛圍與官方意識形態的穩定力量。《鐵冠圖》之諸多演出抄本的存在,顯示戲曲研究有時只靠研讀刊刻材料進行歸納的不足；因爲當出版與政治扯上關係，就連《綴白裘》也泯除了民間演出的部分真相。該選本的《鐵冠圖》未收以崇禎爲主角的《撞鐘》、《分宮》和《煤山》等齣，①若以此判斷劇壇當時情況恐有誤差。《審音鑑古錄·煤山》身段譜的流傳可以爲證。在清代崑劇舞台上，《鐵冠圖》是"大量本戲中一個熱門劇目"，②到清末民初此劇也長期盛演。著名京劇藝術家周信芳曾據以改編爲改良京劇《明末遺恨》。③

在本文所討論的幾部書寫崇禎之死的古典戲曲中，若就戲劇藝術論，《鐵冠圖》與《桃花扇》成就最高，前者直接呈現煤山自縊於觀者耳目之前，由崇禎現身說法連唱帶做，動人心弦；後者以敘述、以夢境加深歷史記憶與個人的情感關係，并引出理性的思考。至乾隆朝，作者與官方意識形態走得太近，歷史興亡之思已爲表彰忠義的目的所替代，書寫明亡主要是讓臣民記得此一歷史教訓。對庶民百姓的教化，表現於唐英和董榕對賣菜傭殉難的刻畫，他們刻意爲文，時而顯得做作。至道光年間，中國古典戲曲的發展已走到吳梅所說，"有曲無戲"的地步，黃燮清的《帝女花》戲劇性不強，但很特別地將史、詩、劇合而爲一，以"歷史抒情詩劇"之姿上演，別開生面。

最後，本文尚有兩點結論：首先，同一題材的歷史劇之間往往存在著互文性與對話性。我們很難說不是因爲有《鐵冠圖》在前，孔尚任才會另闢蹊徑，寫出《桃花扇》閏二十齣《閒話》，也才會有曹寅和遺民外史的《虎口餘生》。《芝龕記》對《桃花扇》和《傭中人》的借鑒也很明顯。時代更晚的《帝女花》則不僅繼承《鐵冠圖·分宮》部分的情節內容，從崇禎家庭內部著眼書寫明亡，更提到《桃花扇》與老贊禮，似又承接《芝龕記·徽感》而加以演繹。換言之，同一題材的歷史劇回應的往往不僅僅是歷史本身，還有先前的相關題材的歷史劇，它們相互對話，往往通過比較才能更好地掌握各劇的思想與藝術特性。其次，戲劇與政治的關

---

① 《綴白裘》第 4 集卷 1 收有《鐵冠圖》的《別母》、《亂箭》、《借餉》、《刺虎》；第 7 集卷 4 有《探營》、《詢圖》、《觀圖》、《夜樂》。跟崇禎死有關的《撞鐘》、《分宮》、《煤山》沒有入選。
② 陸萼庭：《讀〈曲海總目提要〉札記》第 3 節 "《鐵冠圖》齣目辨正"，《清代戲曲與崑劇》，頁 362。
③ 吳新雷：《崑曲劇目發微》，頁 94。

聯、文本與意識形態的關係在歷史劇裏尤其顯著。由以上所論清代書寫崇禎之死的諸種戲曲，確實可見內廷、官僚、文人對于史事與民間歷史的記憶，種種不同的編排、操控與利用的痕迹。

（本文作者係香港中文大學中國語言及文學系教授）

# 從《西湖扇》中的"寫"與"不寫"看世變後文人的自我安頓

張家禎

**提要**：明清之際是很吸引人的一個時期。在世變的歷史情境下，占據士大夫思考或文字中心的出處進退、華夷之辨，及記載中面孔模糊、比重不大，但却是大部分平民百姓共同心聲的厭動亂、求穩定的心態，乃至兼具這兩者的未得功名、不曾"沐恩"的下層文人的心理矛盾等，都構成了強烈的複雜性乃至戲劇性。本文試圖以丁耀亢的劇作《西湖扇》爲例，透過文人書寫的"寫"與"不寫"來看文人創作戲曲與其人生/時代反思的聯結。藉此窺視下層文人身處明清之際，藉戲曲書寫尋求不論是外在或內在的"秩序"的努力。沒有升天成佛的出世解脫，沒有因果報應的認命寬解，丁耀亢在《西湖扇》中以戲曲創作重新肯定自我價值，于時代與個人的斷裂矛盾間試圖尋求一個安身可能。

**關鍵詞**：丁耀亢 《西湖扇》 明清之際 世變 文人

## 前　言

清初戲曲史上有個傳頌一時的美談：順治帝因不滿寫楊繼盛事的明傳奇《鳴鳳記》過于枝蔓，時任兵部職方司主事的吳綺乃作傳奇《忠愍記》上呈，甚得聖意，得授楊繼盛原職武選司員外郎，此事被認爲是"極儒生榮遇"。① 事實上,在此之前另一位戲曲家丁耀亢受大學士馮銓、戶部尚書傅掌雷請托,作《蚺蛇膽》傳奇(後爲傅易名《表忠記》),但因劇中批評明朝弊政陋習,言語過激,馮、傅有所顧忌,要求修改,耀亢不肯,故未上呈。② 于是時任繼盛故鄉容城之教諭,住處緊鄰繼盛祠,甚至在《表忠記》前列名繼盛裔孫楊遠條校的丁耀亢,③便因爲他的個性而錯過了驚天奇遇。

丁耀亢(1599—1669),字西生,號野鶴,別署木雞道人、紫陽道人。山東諸城人。④ 其戲曲作品,一般認爲共十三種,主要根據其七代侄孫丁守存撰于同治十一年(1872)冬的《〈表忠記傳奇〉書後》所言:"傳奇十三種,亦多散佚。"⑤然而其子丁慎行《重刻〈西湖扇〉傳奇始末》羅列其著作甚詳,包括不見于方志著錄之今佚《非非夢》、《星漢槎》兩劇,并説"惟《西湖扇》刊本失傳",叙述自己如何得之于友人案頭,得以重刻。⑥ 爲了能讓父親著作留存、流傳,慎行兄弟可以説竭盡全力。除了重刻《西湖扇》外,丁耀亢晚年的詩集《江干草》、《歸山草》、《聽山亭草》都是在他死後,由丁慎行整理刊刻,"俾之得傳不朽"。⑦ 倘若丁耀亢傳奇著作多達十三種,《始末》不可能省略過半。對七代後且非本宗的丁守存的説法,似應存疑。丁耀亢戲曲作品今存《化人游》、《赤松游》、《西湖扇》及《表忠記》四種。⑧

---

① 〔清〕楊恩壽:《詞餘叢話》,收入《歷代詩史長編二輯》(臺北:"中國學典館"復館籌備處,1974年),册9,卷2,頁251。
② 〔清〕郭棻:《〈表忠記〉弁言》,《丁耀亢全集》(鄭州:中州古籍出版社,1999年),册上,頁915。
③ 〔清〕丁耀亢:《新編楊椒山表忠蚺蛇膽》,收入《古典戲曲叢刊五集》(上海:上海古籍出版社,1986年),册24,頁1a。
④ 生平見〔清〕宮懋讓等修,李文藻等纂:《諸城縣志(清乾隆二十九年刊本)》(臺北:成文出版社,1976年),册2,《藝文考》,頁361;册4,《文苑》,頁1052—1053。張清吉:《丁耀亢年譜》(南京:南京大學出版社,1996年)。陳慶浩:"海内焚書禁識丁"——丁耀亢生平及其著作",李豐楙主編:《文學、文化與世變——第三屆國際漢學會議論文集·文學組》(臺北:"中央研究院"中國文哲研究所,2002年),頁351—394。
⑤ 〔清〕丁守存:《〈表忠記傳奇〉書後》,《丁耀亢全集》,册上,頁1007。
⑥ 〔清〕丁慎行:《重刻〈西湖扇〉傳奇始末》,《丁耀亢全集》,册上,頁741。
⑦ 其幼子還赴北京求丁耀亢故交龔鼎孳爲《江干草》題詞,龔爲此感慨:"嗚呼! 顗若不忘詩耶? 不死父耶? 并不忘不死父之友耶?"分見〔清〕丁慎行:《聽山亭草·乞言小引》,《丁耀亢全集》,頁507;〔清〕龔鼎孳:《江干草序》,《丁耀亢全集》,頁353。
⑧ 皆見《古本戲曲叢刊五集》,本文所用爲《丁耀亢全集》版。

關于丁耀亢的研究,多半集中在其《續金瓶梅》一書,以及他是否爲《醒世姻緣傳》的作者"西周生"此一議題上。① 至于丁耀亢的戲曲作品,儘管鄭騫教授早在 1938 年便多有稱賞,②却是到 20 世紀 90 年代才開始有較多關注,且多爲綜述概括性的文章。③ 較深入的分析則多半結合世變的社會背景與丁耀亢的個人經歷探討其戲曲作品與其生命史的關聯,如石玲《丁耀亢劇作論》一文總結:"丁耀亢的劇作,反映了清順治四年到十四年十年間他的思想變化過程。"④并指出這四個劇作"反映了丁耀亢迷茫與痛苦——懷舊與動搖——承認現實——爭取仕進的轉變過程。"⑤伊維德(Wilt Idema)"'Crossing the Sea in a Leaking Boat':Three Plays by Ding Yaokang"一文則認爲丁耀亢在他的作品中不斷在處理一個仕新朝的明遺民如何重建其道德世界的問題。⑥ 當然,先後擔任過鑲白、鑲紅旗教習及容城教諭的丁耀亢是否能被稱爲遺民是有爭議的,⑦但一直以來,談他作品的各種論述無法避開世變與遺民意識也是不爭的事實,陳慶浩就指出:"大部分的評論者以民族鬥爭去看宋金(明清)之際的改朝換代,而丁氏却是從因果報應、天命運數

---

① 李增坡主編:《丁耀亢研究——海峽兩岸丁耀亢學術研討會論文集》(鄭州:中州古籍出版社,1998 年)中,與《續金瓶梅》或《醒世姻緣傳》相關的論文即占了十九篇中的十二篇。
② "所作傳奇則沉雄清麗,兼而有之,遠勝于《六十種曲》中之尋常作品。"并贊其《表忠記》"全劇結構謹嚴,關目生動,詞藻尤清麗遒健,遠勝于《鳴鳳記》之拉雜散漫,不止'文省于前,事增于舊'而已。"鄭騫:《善本傳奇十種提要》,《燕京學報》第 24 期(1938 年 12 月),頁 142—143、147。
③ 如郝詩仙、郭英德:《丁耀亢生平及其劇作》,《齊魯學刊》,1989 年第 6 期,頁 55—61;秦華生:《丁耀亢劇作論初探》,《戲曲研究》第 31 輯(北京:文化藝術出版社,1989 年),頁 62—90;陳美林、吳秀華:《試論丁耀亢的戲劇創作》,收入李增坡主編:《丁耀亢研究——海峽兩岸丁耀亢學術研討會論文集》,頁 183—195,本文歸納丁耀亢劇作的三個特色:(一)表現濃厚遺民情結;(二)入世精神與出世情懷的矛盾;(三)藝術成就較高。篇幅較大的則有賴慧娟:《丁耀亢戲曲傳承與創新之研究》,中山大學中國文學研究所碩士論文,2006 年,本文將丁耀亢劇作與其他相似主題或題材作品比較,以見其戲曲的傳承與創新。
④ 石玲:《丁耀亢劇作論》,收入李增坡主編:《丁耀亢研究——海峽兩岸丁耀亢學術研討會論文集》,頁 246。
⑤ 同前注,頁 247
⑥ Wilt L. Idema, "'Crossing the Sea in a Leaking Boat': Three Plays by Ding Yaokang", in Wilt L. Idema, Wai-yee Li, Ellen Widmer, eds. *Trauma and Transcendence in Early Qing Literature* (Cambridge, Mass.: Harvard University Press, 2006), p. 424.
⑦ 如楊琳便反駁説:"丁耀亢是以保命治生爲主的地主文人,并沒有多少遺民意識。他對明朝的懷念更多是對自己殷實富貴青少年時光的懷念。"見楊琳:《丁耀亢非遺民論》,《明清小説研究》,2010 年第 2 期。

來看這個問題。"①

筆者認爲,這正是《西湖扇》在丁耀亢的戲曲作品中顯得特別的地方。《西湖扇》評價并不突出,②且儘管它分類上是才子佳人愛情劇,論述重點却多半放在它世變背景的指涉、它與《桃花扇》的相似之處及其對《桃花扇》的可能影響。③ 但即使不提它以扇貫穿全劇,或以兒女之情帶出興亡之感的設計對《桃花扇》的啓發,《西湖扇》在丁耀亢戲曲中依然有幾個引人注意之處。其一,《西湖扇》是受托而作,且寫的是時人實事;其二,《西湖扇》中不見充斥于丁耀亢其他詩文、戲曲乃至小説中的因果報應觀;④其三,《西湖扇》書寫策略中的"寫"與"不寫"相當值得玩味。

## 一、《西湖扇》的創作及其時代背景

《西湖扇》爲丁耀亢第三部傳奇作品,叙寫亂世中一生二旦流離遇合的才子佳人故事。作者將時代背景設于宋、金之際,清初于詩文戲曲中以同樣亡于異族的宋朝取代明朝,多爲忌諱故,相當常見。但丁耀亢行文間却少有顧忌,直接出現"正黃旗"、"鑲黃旗"這樣明顯的清代指涉。⑤ 由此可知,其改換時代背景,并非全出于避忌,而另有別的因素,此點容後叙及。

由標爲"癸巳"的《陸舫詩草》卷五《曹子顧太史寄草堂貲三百緡,時爲子顧作西湖傳奇新成》一詩,可知此劇作于順治十年(1653)。⑥ 其子

---

① 陳慶浩:《"海内焚書禁識丁"——丁耀亢生平及其著作》,頁392。
② 郝詩仙、郭英德:《丁耀亢生平及其劇作》:"唯《西湖扇》一劇,行文立意殊無新穎之處,布局謀篇也多在俗套之中。"頁61。
③ 如徐貴振:《孔尚任何以要用戲劇形式寫作〈桃花扇〉》,《東南大學學報》第2卷第4期(2000年11月),頁76—81;賴慧娟:《論〈西湖扇〉與〈桃花扇〉中"扇"之砌末運用與象徵意義》,《中國文學研究》第十九期(2004年12月),頁105—132。
④ 早在丁耀亢山居期間,便于讀二十一史時"集其明白感應者,彙爲十案,注以管見",彙爲《天史》一書(有崇禎五年〔1631〕序)。到晚年所著《續金瓶梅》,更開章明義宣示:"兹刻以因果爲正論,借《金瓶梅》爲戲談。"分見《天史‧自序》,《丁耀亢全集》,册下,頁7;《續金瓶梅後集‧凡例》,《丁耀亢全集》,册中,頁4。
⑤ 《西湖扇‧後難》,《丁耀亢全集》,册上,頁770。
⑥ 曹爾堪(1617—1679),字子顧,浙江嘉善人。順治九年進士,順治十年時爲翰林院庶吉士,故丁耀亢以太史稱之。生平見王鍾翰點校:《清史列傳》(北京:中華書局,1987年),册18,卷70,"文苑傳一",頁5711;柯愈春:《清人詩文集總目提要》(北京:北京古籍出版社,2002年),册上,頁113。

丁慎行《重刻〈西湖扇〉傳奇始末》一文亦云："蓋先惠安公覊迹燕京時筆也。……石渠先生，天下有情人也。懇求先惠安公一喏，而藉題説法，寓意寫生，遂使才子佳人苦海離愁，一旦作登場歡笑。"①可知丁耀亢此劇作于北京，且并非個人有意創作，而是應曹爾堪要求所寫的。《陸舫詩草》卷一中有《感宋娟詩》二首，注云：

> 娟，浙中名妓。没于兵，題詩清風店壁，寄浙中孝廉曹子顧求贖。都中盛傳其事。

同卷之前有詩題爲《己丑新正二日曹子顧匡九畹宋艾石傅上生共集小齋大司馬張坦公偶至》，己丑爲順治六年（1649），可見當時丁耀亢與曹爾堪已有往來，這段軼事或許是在這樣的聚會中傳開。由曹爾堪後來托丁耀亢作劇紀事來看，《感宋娟詩》甚至可能是應曹爾堪講述後求題而作。然而由詩的内容看來，丁耀亢與其説是爲宋娟的不幸所觸動，不如説他是藉宋娟事感慨自己的不遇"失路"，②或可推斷此詩作于他順治六年三月入旗學爲教習前"困居于都"時。③曹爾堪爲順治九年進士，《西湖扇》則成于順治十年，我們或許可以大膽假設，正如《西湖扇》結尾以中探花、一門封賞解決危機的習套一般，曹爾堪托丁耀亢作劇的動機，可能是功成名就後期望以戲曲流傳來尋找宋娟。

《西湖扇》，二卷，三十二齣。④劇叙南宋武林人顧史游西湖時拾得宋湘仙題春蘭詩宫扇一把，以其爲信物與妓女宋娟娟訂盟。顧之社友陳道東，糾集國學生四百餘人上書阻宋金和議，遭秦檜陷害，出使金朝。

---

① 〔清〕丁慎行：《重刻〈西湖扇〉傳奇始末》，《丁耀亢全集》，册上，頁741。
② 《感宋娟詩》其一："一首新詩海内傳，人人解識惜嬋娟。不知國士埋塵土，馬上何人薦惠連？"其二："春盡飛花故苑空，休憐紅粉泣東風。燕台馬瘦英雄盡，白草黄沙失路同！"《陸舫詩草》，卷1，《丁耀亢全集》，册上，頁43。
③ 《出劫紀略·皂帽傳經笑》，《丁耀亢全集》，册下，頁284。
④ 本文所用爲《丁耀亢全集》版，即丁慎行于康熙十三年（1674）重刻本。上卷齣目：《開場》、《訂游》、《閨訓》、《南侵》、《徵艷》、《廷諍》、《題扇》、《奸陷》、《憶扇》、《驚避》、《航海》、《分掠》、《前難》、《後難》、《不辱》、《北征》、《雙題》。下卷齣目：《參偈》、《遇詩》、《遼帳》、《悲扇》、《妒貞》、《逢故》、《歸道》、《雙遘》、《竊扇》、《勢探》、《廷薦》、《亂盟》、《鬧宴》、《宫訊》、《還旌》、《完扇》。

顧史、宋娟娟、宋湘仙各自爲了避牽連或避金兵逃離杭州，路上爲金兵所擒。二女先後于清風店題詩，宋湘仙拾得宋娟娟不慎遺留之原扇。顧史于軍中被收爲書記，乃起意在金朝赴考求仕進。陳道東出使金朝，因不肯下跪，被流遼陽，開館授徒，後因門生保舉，得和弟子耶律楚材南返，被薦廷試。宋湘仙被收入將軍嬖室府，遭妒婦百般凌逼，欲尋死，爲耶律楚材所救，送往皇姑寺出家。宋娟娟被發到官家織坊，元宵往皇姑寺上香。顧史亦游皇姑寺，得見宋娟娟，并竊回湘仙手中詩扇。清明再會，三人叙明前因後果，爲嬖室衝破搶扇捕人，逢報顧史中探花，嬖室上告三人奸情，皇帝命由娘娘審問，娘娘訊知前情，下旨讓三人團圓。陳道東促成宋金和議後返南宋。

雖然《西湖扇》是受托代寫，"使才子佳人苦海離愁，一旦作登場歡笑"之作，丁耀亢却在其中加入了兩個新元素，其一是另一位女主角宋蕙湘（宋湘仙），其二是陳道東這個自我形象。而在"寫"這樣原本不在故事框架的新元素的同時，丁耀亢又刻意的"不寫"原本這樣的故事框架會出現的成分。在"寫"與"不寫"中，我們可以窺見丁耀亢面對傳統道德價值與個人處于世變環境下的思想矛盾，以及試圖調和此一矛盾以達成自我安頓的書寫嘗試。

## 二、寫與不寫：宋蕙湘的增飾與節烈的缺席

《西湖扇》卷首除了《宋娟題清風店原詩并序》，丁耀亢還加入了與顧、宋情緣無關，另一位被擄後題壁女子的《宋蕙湘原詩》。宋蕙湘事，在當時流傳亦廣，見于《板橋雜記》與《婦人集》。[①] 她與曹爾堪、宋娟事

---

① 《板橋雜記》："宋蕙湘，秦淮女也。兵燹流落，被擄入軍，至河南衛輝府城，題絕句四首于壁間云：……後跋云：'被難而來，野居露宿，即欲效章嘉故事，稍留翰墨，以告君子，不可得也。偶居邸舍，索筆漫題，以冀萬一之遇。命薄如此，想亦不可得矣。秦淮難女宋蕙湘和血題于古汲縣前潞王城之東。'潞王城，潞藩府第也。"《婦人集》："秦淮宋蕙湘，教坊女也。被北兵掠去，題詩郵壁，悽然有去國離家之痛焉。"分見〔清〕余懷：《板橋雜記》，卷下"軼事"，收入《清代筆記小說》（石家莊：河北教育出版社，1996 年），册 14，頁 342—343；〔清〕陳維崧：《婦人集》，收入《清代筆記小説》，册 29，頁 350。

完全没有關聯,將這樣一個無關人物納入受托而寫的劇作之中,模糊了代作戲曲原本的私人性,而將特定男女主人公的故事進一步擴大爲世變下流離失散的男男女女的共同遭遇。在丁耀亢的詩中亦可見到世變中女子被擄,過數年後家人求贖之記載,①他自己也曾積極地幫助一位教坊女子梁玉求贖。② 宋蕙湘詩末有"鑲黄旗下贖文姝"③一句,如果曹爾堪托丁耀亢作曲的動機在于尋找宋娟成立的話,那麽丁耀亢將宋蕙湘附入劇中,或許亦不無爲其擴展求贖機會的想法。

選擇宋蕙湘此一人物,可能是因爲她知名度够高,④同樣姓宋,以及同樣有題壁詩求救的相通點。明清之際有許多女子題壁詩的記載,Judith Zeitlin 認爲無論題壁詩真僞如何,⑤在世變之際文人對題壁詩及題壁女子軼事的狂熱,其實是帶有焦慮與急迫感的對亡國文化的保存意識,流落道旁的女性脆弱易逝的身體與書寫成爲亡國與文化的象徵。⑥ 然而丁耀亢筆下的女子儘管同樣脆弱無依,却很難説她們象徵了逝去的文化或是明朝。不論是宋娟娟或宋湘仙身上都看不到家國之思,她們的題壁詩内容主要是自傷薄命與急切地希冀救援。

戲曲女主角被亂軍或賊兵所擄的狀況下,哪怕觀衆清楚地認知失節的可能甚至必然,也往往要强調乃至當場演出貞烈尋死的情節,這幾乎已成爲習套。⑦ 然而不論是宋娟娟或宋湘仙,她們身上那份用來指涉

---

① 《夜雨留邱土區説故鄉事》一詩注云:"以贖女至都。"《陸舫詩草》卷 4,《丁耀亢全集》,册上,頁 147。
② 見《九日招妓約諸公過飲爲梁玉求贖二首》。事成後丁耀亢又紀以詩,視爲美談,見《秦姬梁玉良家子》詩注:"由兵火落教坊,代述所遇",其二注:"詩爲書扇。有涇陽孝廉劉季侯諱弘獻,見此惻然,贖之,遂成義舉。"《陸舫詩草》卷 4,《丁耀亢全集》,册上,頁 167、164。
③ 《西湖扇·宋蕙湘原詩》,《丁耀亢全集》,册上,頁 745。
④ 在湖上鷗吏的《叙》中,僅提及宋蕙湘詩,反不及宋娟事:"余昔走馬向長安道上,見所謂蕙湘詩者四首,清婉悲怨。"《西湖扇·叙》,《丁耀亢全集》,册上,頁 742。
⑤ 婦女題壁詩的真僞一直有爭議,的確也有男性文人假冒女性聲口題壁,造成轟動後,引以爲笑談的記載。見[日]合山究撰,李寅生譯:《明清女子題壁詩考》,《河池師專學報》,第 24 卷第 1 期(2004 年 3 月),頁 53—57。
⑥ Judith T. Zeitlin, "Disappearing Verses: Writing on Walls and Anxieties of Loss," in Judith T. Zeitlin, Lydia H. Liu, and Ellen Widmer eds., Writing and Materiality in China (Cambridge, Mass.: Harvard University Press, 2003), pp. 106–107.
⑦ 參照李漁《巧團圓》中,旦角的父母聞知女兒被逮入賊營,要打點前去取贖,唱道:"只求還我閨中物,回家重把香湯浴,便是受點污也難言辱。"這種預期心理反映了現實中大衆對被擄女子必然下場的理解。當然,李漁以喜劇性的處理,安排旦角假稱有病,以巴豆(轉下頁)

"忠"的"貞烈"都相當模糊。《西湖扇》中，雖然在第十三齣《後難》中宋娟娟自稱良家女子，并揚言誓死不失節；①在第二十一齣《妒貞》中則讓婁室指出"叵耐這個丫頭（宋湘仙）著實執拗，幾番要尋死自盡。"②然而比起《桃花扇》李香君的血濺扇面，③或《秦樓月》繡烟被斬、素素撞階的血淋淋畫面，④《西湖扇》中宋湘仙却是因爲受不過妒婦凌逼，悲悲切切的投井。⑤試看《後難》一齣，伏路金兵（丑、末扮）拿住宋娟娟及其姨娘，"丑來看喜科"：

> 起來講話！如今夜靜無人，你們二人遇見我們一對，就是天配姻緣。成其夫婦，明日送你上路，豈不兩便？（戲摟介）⑥

在這樣"夜靜無人"遇金兵的情況下，或《妒貞》齣中，婁室將宋湘仙鎖入書房，在湘仙請求讓她出家時，回應"那有見了羊肉不喫的"的步步進逼，⑦無疑讓她們最終的得保清白，成爲順應觀衆道德期待或因應戲曲喜劇要求而產生的神話。

李惠儀在"Heroic Transformations: Women and National Trauma in Early Qing literature"一文中提到清初戲曲與文學中往往將女性的守節、守貞冠以政治意義，并將中原爲清兵入侵與女子被強暴類比，⑧這樣的比喻在《西湖扇》中亦可見到。在第六齣《題扇》中，等著接男女客

---

（接上頁）塗抹欲對她上下其手的賊將，因此保住貞節。分見〔清〕李漁：《巧團圓》，《李漁全集》（杭州：浙江古籍出版社，1992年），册2，《聞詔》頁376、《全節》頁360。

① 《西湖扇·後難》，《丁耀亢全集》，册上，頁765。
② 《西湖扇·妒貞》，《丁耀亢全集》，册上，頁778。
③ 見《桃花扇·守樓》，〔清〕孔尚任著，俞爲民校注：《桃花扇校注》（臺北：華正書局，1994年），頁207。
④ 見《秦樓月·貞拒》，〔清〕朱素臣：《秦樓月》，《古本戲曲叢刊三集》（北京：文學古籍刊行社影印本，1957年），册79，頁5b—6a。值得注意的是，極可能也是受托而作的《秦樓月》，描寫的也是被豪強帶走的名妓，且如同《西湖扇》一樣，現實中并未有美好結局。
⑤ "俺宋湘仙，……被主母十分凌逼，使俺汲水。似此雪凍井滑，俺那裏熬得！只是一死，罷，罷，到底是死，不如投井而亡，免受此苦。"《西湖扇·歸道》，《丁耀亢全集》，册上，頁782。
⑥ 《西湖扇·後難》，《丁耀亢全集》，册上，頁765。
⑦ 《西湖扇·妒貞》，《丁耀亢全集》，册上，頁778。
⑧ Li Wai-yee, "Heroic Transformations: Women and National Trauma in Early Qing literature." *Harvard Journal of Asiatic Studies* 59.2 (Dec. 1999), p.424.

人游湖上香的艄子點出了繁華背後迫近的危機,用的就是這樣的比喻:"那個金家立馬吳山來看子個景囉哩,把一個西施女剝的赤條子條囉!"①而在第三十齣《宮訊》中,更描寫了兩個生性淫蕩、樂于入宮的揚州瘦馬,此一安排,往往被視爲對漢臣道德淪喪的比喻。②既然國土淪喪與女子失節的類比存在,那麼女性貞烈抗暴描寫的缺席與不見就值得玩味。對比第十四齣《不辱》中陳道東持節面對兀朮太子昂首不跪,"持節立介"的畫面,③是否因忠臣形象已經存在,便不再需要藉貞烈女性代言?李惠儀指出,清初戲曲中常見的女性英雄化的形象是爲了用以激勵"無能"男性。④但對丁耀亢來說,女性在地位德行上似乎沒有這種英雄性。即使在《詠木蘭將軍廟》這樣明白歌詠女英雄的詩中,"豈少奇男子,從無此婦人"⑤的語氣中也不帶有對男性的反襯。

## 三、寫與不寫:陳道東的突出與
    民族意識的模糊

不論是否有將個人生命史普遍化或代人求贖的意旨,宋蕙湘(宋湘仙)此一角色的加入,或許還能說是才子佳人故事中一生二旦的習套。但《西湖扇》中另一個與原故事無關,戲份却多到足以另構一綫的角色陳道東,就相當不符合才子佳人劇的情調。這個人物及其相關情節,也往往是討論《西湖扇》的重點——即世變背景與明遺民情結的來源。的確,陳道東此一角色的存在,讓原本一個單純受托代寫的才子佳人劇,有了多重解讀的可能。甚至我們可以說,丁耀亢將劇作背景由明末清初移至宋金對峙,主要目的并非在避開直寫鼎革的危險,而在于提供陳道東作爲南宋使臣出使北朝的可能性;更進一步地說,選擇宋、金對峙,而非宋、元易代的背景,讓陳道東出使北朝後,有著持節表忠的根源,與

---

① 《西湖扇·題扇》,《丁耀亢全集》,册上,頁753。
② 《西湖扇·宮訓》,《丁耀亢全集》,册上,頁795。
③ 《西湖扇·不辱》,《丁耀亢全集》,册上,頁767。
④ Li Wai-yee, "Heroic Transformations: Women and National Trauma in Early Qing literature." *Harvard Journal of Asiatic Studies* 59.2 (Dec. 1999), p.365.
⑤ 《椒丘詩》,《丁耀亢全集》,册上,頁301。

最終南返的依歸。

　　陳道東出場齣數多達十齣，①在第一齣《訂游》中便以顧史的社友身份登場，自叙"久懷忠憤"，并提出欲糾集太學生，上書阻奸臣和議。丁耀亢甚至藉男主角顧史——現實中的委托者與朋友之口大贊其"豪俠高爽，義氣過人"、"才高八斗，名滿三都"、"如先生呵，高談雄辯人驚倒，俠氣文心定久要"。② 其後，陳道東因上書爲秦檜所忌（第五齣《廷諍》），并遭秦檜陷害而出使金朝（第十齣《航海》），在第十四齣《不辱》中，力寫其作爲使臣，悍不畏死、不跪不屈的形象，被金朝流徙漠北更與蘇武相互映照，可以説是相當傳統的忠臣形象。儘管此一形象與現實中的丁耀亢至少在地位與經歷上有著相當的差距，陳道東却無疑是丁耀亢美化後的自寓形象，在第三十一齣《還旌》中便明白地點出"還如化鶴重歸去，疑是遼陽鳥姓丁。"③我們可以看到，丁耀亢藉由書寫陳道東這個角色，調和了個人期望與社會價值要求的痕迹。

　　丁耀亢的戲曲作品向來被認爲充滿自我指涉。第十九齣《遼帳》中，陳道東被流至遼陽開館，這明顯是丁耀亢旗下教習經歷的投射，可與其《出劫紀略》中的《皂帽傳經笑》一文對讀。只不過《皂帽傳經笑》裏對滿族旗下子弟的跋扈尚武采取直接批評，④在《遼帳》中則以拿《論語》打諢的描寫將他們的粗魯不文以喜劇化方式呈現。在《皂帽傳經笑》中可以看到，丁耀亢已經致力于尋找他作爲小小教習"教以慈善，化其貪鷙，爲他日牧民地"的存在意義，⑤但眼看這些不知書的滿族子弟只要略試清字數行，能分句讀，便得授官，短時間內便驟升高位，⑥更反襯他官

---

① 分別是：第一齣《訂游》、第五齣《廷諍》、第十齣《航海》、第十四齣《不辱》、第十九齣《遼帳》、第二十二齣《逢故》、第二十七齣《廷薦》、第二十九齣《鬧宴》、第三十一齣《還旌》、第三十二齣《完扇》。
② 《西湖扇·訂游》，《丁耀亢全集》，册上，頁747。
③ 《西湖扇·還旌》，《丁耀亢全集》，册上，頁797。
④ "環立而進拜，虎頭熊目之士班班也。……韋冠帶劍，少拂其意則怒去。……大抵羈縻少馴者，終不能雍雍揖遜也。"《出劫紀略·皂帽傳經笑》，《丁耀亢全集》，册下，頁284。
⑤ "予自春徂秋，跨蹇投旗，風沙積面，冒雨銜泥，以訓習之語彙曰'氎雪錄'，教以慈善，化其貪鷙，爲他日牧民地耳。"《出劫紀略·皂帽傳經笑》，《丁耀亢全集》，册下，頁284。
⑥ "凡三院六部，用人咸取于此。試以清字數行，略分句讀，則用爲he赤哈、筆帖式等官，不二年即爲理事、修撰、侍郎矣。名有內院，不隸吏部，故子弟多驕悍相習，北俗如此。"《出劫紀略·皂帽傳經笑》，《丁耀亢全集》，册下，頁284。

卑職小，而丁耀亢好不容易熬到考滿後，又被分發擔任"雞肋"的容城教諭，讓他不由得發出"大可哀矣"的感慨。① 現實如此，我們當能明白在《西湖扇·遼帳》中，作者如何于文字虛構中爲自己尋得一份肯定與滿足。此齣中陳道東獨唱一套北曲【中吕粉蝶兒】套，②講授"愛物推恩"、"不嗜殺"等"聖人之道"，學生們則由開始的插科打諢，轉爲虛心請教，到最後"先生講的我學生好喜也"的歡呼拜舞。③ 不論在現實或戲曲中，丁耀亢對"教習"都同樣冠以"將聖人大道傳之絶域"的意義。然而現實裹是"大可哀矣"的自覺卑微無奈的青氈生涯，戲曲中却成爲有意義、受尊重的傳道事業，其關鍵點就在歡呼拜舞場面的描寫。可以說作者藉著戲曲裹的角色扮演，達成某種自我的補償，尋求被承認、爲人所重的成就感。丁耀亢另有《青氈樂》與《青氈笑》④兩套曲，同樣呈現了現實與期望的差距，但比起《青氈樂》中帶有隱逸出世色彩的描寫，戲曲舞臺爲人所環繞敬仰的場面，無疑更加世俗與直接。

趙園提到，明遺民中有認爲教習、教官不算是"官"或"臣"而是"師"，因而不算仕清或失節的看法，同時"教學"又有著"傳道"的大義性。⑤ 更何況劇中陳道東在遼地坐的是私塾而非官學。⑥ 如果說這可以作爲丁耀亢/陳道東擔任教諭不妨節操的自辯，那麼儘管多次描述陳道東不肯接受金朝官職，却寫他接受舉薦去赴廷試的心理就頗值得探討。傳統士人的出路與自我成就衡量之尺的狹窄，使得科舉成爲每一個不遇文人的痛，甚至是一種糾纏不去的夢魘。丁耀亢習慣以詩紀事，

---

① "四十年窮經東省，卒無一就，乃由别經而入北籍，止傳一氈，猶羈雞肋不已，亦大可哀矣。"《出劫紀略·皂帽傳經笑》，《丁耀亢全集》，册下，頁285。
② 此套北曲後來被用在《續金瓶梅》第58回，由同樣是出使金朝，被流放邊地苦守節操開館傳聖人之教的使臣洪皓所作。見《續金瓶梅》，《丁耀亢全集》，册中，頁468—469。
③ 《西湖扇·遼帳》，《丁耀亢全集》，册上，頁775。
④ 談遷在《北游録·紀聞下》"丁耀亢"條收了這兩套曲，云："諸城丁耀亢野鶴。任容城縣學教諭。作《青氈樂》、《青氈笑》二劇。"由於《北游録》是記述他順治十年到十三年在北京期間的經歷見聞及一些詩文，可知此兩套曲皆作于丁耀亢于北京或容城時。〔清〕談遷：《北游録》，《清代史料筆記彙編第一輯》（香港：龍門書店，1969年），頁381。《青氈樂》亦見于《續金瓶梅》第52回，被挪爲一位劉學官所作。見《續金瓶梅》，《丁耀亢全集》，册中，頁406—407。
⑤ 參見趙園：《明清之際士大夫研究》（北京：北京大學出版社，1999年），頁388—389。
⑥ "幸喜本部達官，知俺忠直，請俺教訓子弟，這也是聖人大道傳之絶域了。"《西湖扇·遼帳》，《丁耀亢全集》，册上，頁774。

然而他的詩集中叙述赴考或落第的詩極爲稀少,這種"不寫"或是"不收"或許指向了"難以發聲"、"無可言説"的挫折感。在《山居志》中有一段簡短但讓人感慨的叙述,寫他和"歲試第一"的兒子去赴考透露出的期待,之後"被落時,父子相視,山靈無色"的慘痛。① 在他終于放棄科舉後,曾于乙未順天鄉試入簾執事,看到落卷被成堆賤賣,那份傷感亦寫得很深刻:

> 蠹魚捆載爛成堆,簾外傳呼運卷來。三殿題名懸御榻,七篇殘册付秦灰。好逢青眼粘書幌,幸遇黄流覆酒醅。聞道洛陽今紙貴,喜無名姓到塵埃(凡落卷,皆糊名不拆)。②

原本應試求的是揚名立世、光宗耀祖,却在看到落卷下場,發出了"喜無名姓到塵埃"的慨嘆。對于一個"自甲子至辛卯入闈八次"③,從 26 歲考到 53 歲,終究無法得中的老秀才來説,在戲曲中偷渡一個多年的執念,不由不讓人有"同情的理解"。第二十七齣《廷薦》末尾"始信文章自有名"可以説一抒多年落第不遇的憤懣。然而在第二十九齣《鬧宴》陳道東高中榜眼,寫他秉節拒絶受職説出"使臣原係宋朝,負罪北方,不敢受職"時,竟是"外跪白介"。④ 這不能不讓我們想到他在先前《不辱》中堅持不跪,"持節立介",慷慨陳詞的畫面。⑤《鬧宴》最後新進士們赴宴游街,衆人合唱"酬際遇,答恩光"、"此中得失尤難講,從今拋却舊生涯,大家做出新模樣",⑥或許可以讓人窺見在不跪與跪之間,拒官與謝宴之間,功名與"恩"的聯繫,及其所扮演的角色與意義。

將陳道東視爲遺民意識的化身,或是"忠奸"對立的"忠"的價值體現,的確是太過簡單的推論。丁耀亢在《續金瓶梅》第 58 回中描寫另一

---

① 《出劫紀略·山居志》,《丁耀亢全集》,册下,頁 269。
② 《榜後落卷捆載付市折價傷之》,《椒丘詩》,《丁耀亢全集》,册上,頁 266—267。
③ 《中秋同諸公宴集貢院·又》自注,詩云:"二十四年月,棘闈夢已孤。桂林誰捷足,天窟半穿窬。墨海雲生滅,玄霜藥有無。陰晴推不定,懷抱自冰壺。"見《椒丘詩》,卷 1,《丁耀亢全集》,册上,頁 263。
④ 《西湖扇·鬧宴》,《丁耀亢全集》,册上,頁 793。
⑤ 《西湖扇·不辱》,《丁耀亢全集》,册上,頁 767。
⑥ 《西湖扇·鬧宴》,《丁耀亢全集》,册上,頁 794。

個出使金朝的忠節之臣洪皓，在此回開章時提到：

> 總是臣子一受了國恩，這個七尺之軀就屬了朝廷，一切身家、爵祿、名譽俱是顧不得的。只爲完了這一生節義，才得快活。①

這種把"忠"由絕對的價值觀轉爲相對的"恩/義"價值觀，趙園在討論"遺民不世襲"觀念時亦有提及。② 特別值得點出的是在"顧不得"底下竟然有"名譽"一項。"恩/義"的相對價值觀或許在強硬的遺民口中是"僞"、是貳臣的自我辯解，但不能不指出這個觀念却普遍存在于俠義與演義故事中，無疑有其被廣爲接受的土壤，這指向了在明末清初的背景下，一介小小文人看待施恩者與盡忠的對象，未必不能是清；談"忠"，亦不必然導向遺民意識。

耶律楚材此一歷史人物的加入，更進一步地說明了此點。《西湖扇》中耶律楚材被設爲久在金朝的蒙古人，且與身爲金朝公主的皇姑有親。他作爲保舉陳道東南返的門生之首，後來又救了投井的宋湘仙，并將她安置于皇姑寺，在推動劇情上扮演重要的角色。然而在歷史上，耶律楚材本是遼國宗室，父、祖仕金，而他則先仕金，後爲元太祖、太宗重用，官至中書令。③ 他不但促成了元朝重新用科擧取士，④重啓讀書人學而優則仕之正途；又尋訪孔子之後，表奏其襲封衍聖公；更修書講經，使元朝"文治興焉"，可説正是一位"化其貪鷙"、"傳聖人之道"的名臣。⑤ 丁耀亢在一個受托之作裏加入了這樣一位立德、立功、立言，但其政治與民族立場置于明清易代之際的敏感中却很可能遭到質疑的歷史人物，除了以教出這樣一位"門生"呼應"將聖人大道傳之絕域"的自我價值外，似乎也將道德理念與民族認同劃分開來，藉由模糊與不斷移轉的國族身份，呈現出問德/行、不問華/夷的可能。

---

① 《續金瓶梅》，《丁耀亢全集》，册中，頁465。
② 趙園：《明清之際士大夫研究》，頁384、389。
③ 〔明〕宋濂等撰：《元史》(北京：中華書局，1976年)，卷146，頁3455—3468。
④ 〔明〕宋濂等撰：《元史》，卷81，《選舉志》，頁2015。
⑤ 〔明〕宋濂等撰：《元史》(北京：中華書局，1976年)，卷146，頁3459。

这样的心态造成了剧情前后对于宋金和议议题的矛盾。陈道东原本是因纠集国学生四百多人上书反对和议，才遭秦桧陷害出使金朝，但他最后在廷试中应对金蒙、金宋关系的考问时，却以南宋使臣身份提出"愿伸旧好"，强调"宋家是邻国，久通和好"，①最后导向了宋金和议的结局。相较于《续金瓶梅》中洪皓最终是因南宋称臣纳币才得以归国，②《西湖扇·还旌》一齣中，甚至还出现了金朝反向南朝讲和，"仍纳驼马貂参，永无相犯"的神话。③ 这样的矛盾或许是因爲"忠"的价值要求反抗奸臣秦桧及其政策，而求和止乱则是乱世中一介百姓的深切期望。于是以"有尊严"（儘管是神话式的）的由金朝纳款、要求和议，就成了调和两者矛盾的方式。

## 結　　語

相较于同样受托而作的《秦楼月》中对男女主角深情与贞烈的描绘，对相关赞助者高风亮节的称颂，《西湖扇》无疑是不太合格的，这让我们再度想起他因爲不肯修改《表忠记》而错失御览与可能的晉身之阶的軼事。然而作者的不幸却是读者的幸运，我们因此得以窥见易代後秩序尚未建立、框架尚未封死时，戏曲家得以保有的强烈个人风格与关心所在。

石玲认爲丁耀亢的戏曲作品"主观因素太强"，是"借戏剧形式，以历史题材、离奇情节抒发感慨，披露心迹，戏剧形式仅仅是一个外壳。"④主观因素太强是实，然而文体绝不仅仅是"外壳"而已。伊维德指出了丁耀亢在明亡的裂变造成的创伤後，于清初开始探索新文体以发声的意义，⑤亦将丁耀亢与同爲小说与戏曲作家的李渔加以对比，指出虽然丁耀亢与李渔两人都利用了随著明清之交的混乱所产生的真空，而得

---

① 《西湖扇·廷荐》，《丁耀亢全集》，册上，頁 790。
② 《续金瓶梅》，《丁耀亢全集》，册中，頁 469。
③ 《西湖扇·还旌》，《丁耀亢全集》，册上，頁 796。
④ 石玲：《丁耀亢剧作论》，頁 249。
⑤ Wilt Idema, "'Crossing the Sea in a Leaking Boat': Three Plays by Ding Yaokang," pp. 424–425.

到前所未有的創作自由,但丁耀亢的果報業障觀,使得他與追求享樂原則的李漁不同。李漁是個娛人者,丁耀亢則是想要將他的折磨呈現給觀衆的道學家。① 伊維德并未提及的是,李漁亦是在時代轉入清初後才開始探索戲曲此一新文體,這或許不僅是巧合。② 不同的是,李漁無意調和現實中價值觀的矛盾,他采取的是提供"非現實"——戲場上的歡愉,即"一夫不笑是吾憂"③——作爲一條現實之外的出路。相較丁耀亢的"不寫",李漁的"不寫"就更加明顯,哪怕是以闖賊肆虐爲背景的《巧團圓》,都能以父子相認、翁婿團圓,加以中舉、襲職、蔭封"三喜"的喜劇收結,④而置那下一秒便不知存在與否的"中"、"襲"、"蔭"之所由來的朝廷于"不寫"了。

《西湖扇》是丁耀亢惟一一部没有因果報應或出世思想的戲曲作品,劇中出現了一位番僧,却未提供佛教出世的遁逃之路,他回應顧史"身遭困厄,敬卜行藏"的要求,所給的偈語不存在度化的意圖或佛家的世事皆空幻的思想,而更像副末開場的劇情預告。⑤ 劇情中宋湘仙在皇姑寺出家,也只是"空門暫寄嘆栖遲",⑥其後,皇姑寺更成了才子佳人重逢幽會與竊扇的地點,而非破除塵妄的空門。正因《西湖扇》既不以果報來爲天崩地裂提出解釋,也無法提供出世的遁逃或升華之路,丁耀亢只能藉著書寫來調和價值觀的矛盾,建構生命的意義及嘗試尋求心靈安頓。丁耀亢所書寫的人物并不是英雄,他筆下的女主人公宋娟娟、宋湘仙缺乏能動性,單純仰賴作者提供的特殊照料來保住自己的貞節,而

---

① Wilt L. Idema, "'Crossing the Sea in a Leaking Boat': Three Plays by Ding Yaokang", p. 425.
② 李漁最早之戲曲作品《憐香伴》是在他移杭後不久所作。單錦珩將李漁移杭定于順治六年,黃強則質疑此點,但亦將其移杭置于售賣伊山别業後,即亦是在順治三年以後了。見單錦珩撰:《李漁年譜》,《李漁全集》,册12,頁22;黃強:《〈李漁全集·年譜〉斠疑》,《李漁研究》(杭州:浙江古籍出版社,1996年),頁314—316。
③ 〔清〕李漁:《風箏誤》劇末下場詩,見《李漁全集》,册2,頁203。
④ "戴了父親的紗帽,穿了丈人的圓領,踹了自己的皂靴,一齊拜謝,何等不好!"〔清〕李漁:《巧團圓·嘩嗣》,《李漁全集》,册2,頁413。
⑤ "北海當逢故友,西湖舊有奇逢。秋風團扇兩詩通,二美一時跨鳳。道院重逢家木,丹宸更占花榮。紅絲雙繫紫泥封,兩姓同歸一姓。"《西湖扇·參偈》,《丁耀亢全集》,册上,頁772—773。
⑥ 《西湖扇·歸道》,《丁耀亢全集》,册上,頁783。

即使是最主動展現正面價值"忠"的陳道東,亦不斷讓人看到他徘徊于全身保節的期望與功成名就的追求。① 我們或者可以說《西湖扇》是最貼近作者身爲世變混亂中一介不遇文人的戲曲。

然而,《西湖扇》雖然沒有丁耀亢作品中常見的天道果報,却以書寫與扮演的方式,滿足了矛盾的願望。就這一點來說,與李漁利用戲場追尋自我滿足却有類似。李漁在《閑情偶寄》中,有一段極著名的評論,提到了"製曲填詞"對于飽受挫折、處于落魄之境的士人所帶來的個人滿足感:

> 予生憂患之中,處落魄之境,自幼至長,自長至老,總無一刻舒眉,惟于製曲填詞之頃,非但鬱藉以舒、慍爲之解,且嘗僭作兩間最樂之人,覺富貴榮華,其受用不過如此,未有真境之爲所欲爲,能出幻境縱橫之上者:我欲作官,則頃刻之間便臻榮貴;我欲致仕,則轉盼之際又入山林;我欲作人間才子,即爲杜甫、李白之後身;我欲娶絕代佳人,即作王嬙、西施之元配;我欲成仙作佛,則西天蓬島即在硯池筆架之前;我欲盡孝輸忠,則君治親年,可躋堯、舜、彭籛之上。②

李漁的思想性向來評價是不高的,在此他所追求的個人滿足,也無非是富貴榮華、才色仙佛。有趣的是放置在榮貴、隱逸、才氣、美色與飛升之後的"盡孝輸忠",却讓我們看到了即使是李漁,即使處在世變中的真空期,身爲文人的他依然受著跟丁耀亢的矛盾所共通的那套價值觀的影響。

伊維德指出,由丁耀亢的支援者多爲名家巨公,可知他這些呈現個人親身痛感的時代議題的戲曲作品,在那個特定的時代背景中應該是很受歡迎的。但隨著時代的轉變,它們也失去了引發共鳴的力量。在

---

① 《廷諍》一齣,陳道東在上書勸阻和議後,憂慮奸臣會以此懷恨傾陷,决意"避世埋名,藏身遠遁,佯狂避禍"。《西湖扇・廷諍》,《丁耀亢全集》,册上,頁 753。
② 〔清〕李漁:《閑情偶寄・賓白第四》"語求肖似"條。見《李漁全集》(杭州:浙江古籍出版社,1992 年),册 11,頁 47。

17世紀末隨著清朝的掌控力增加，丁耀亢的憤怒、不敬與直言都已不可能出現。① 值得玩味的是，躲避時代議題，以娛人爲第一、風行一時的笠翁十種曲，到乾、嘉時的折子選輯《綴白裘》裏，也僅剩下了《風箏誤》四齣。② 當時代不再允許憤怒、不敬與直言時，群衆的娛樂口味竟似也不再欣賞游走于禮教邊緣的巧合、風情與大膽。這兩者共通的是一種個人性——身爲一介凡人的情緒與欲望。隨著清廷道德教化日益普遍與強勢，文人的戲曲書寫中無處不在的自我道德檢查，取代了明末清初時短暫却實實存在的個人性。《西湖扇》末尾例結以團圓，然而在前一齣《還旌》中提及陳道東將南返，却不見于場上演出的"不寫"，或者暗示了當時代由宋金對峙回歸到順治十年，作者終究無處歸著、無可安頓。

（本文作者係香港中文大學中國語言及文學系博士候選人）

---

① Wilt Idema, "'Crossing the Sea in a Leaking Boat': Three Plays by Ding Yaokang," pp. 425–426.
② 《雨村曲話》："李漁音律獨擅，近時盛行其《笠翁十種曲》。……世多演《風箏誤》。其《奈何天》，曾見蘇人演之。"李調元對笠翁戲曲的評價算是相當高的，但即使説"盛行"，亦可見在乾隆時也只剩《風箏誤》還經常上演了。〔清〕李調元：《雨村曲話》，收入《中國古典戲曲論著集成》(北京：中國戲劇出版社，1960年)，册8，頁26。

# 《聊齋志異》中"劉、阮遇仙"母題的再現

## 王玲玲

**提要**：作爲清代志怪傳奇的經典，《聊齋志異》的寫作并非蒲松齡閉門覓句而成，對于它與其他文本的關係，學者也有留意。本文突破純屬考證的整理，以《翩翩》、《賈奉雉》和《西湖主》爲主，來看《聊齋志異》與"劉、阮遇仙"故事的相互指涉。"劉阮遇仙"母題包含了三層意義：讓人稱羨的"忘憂"仙鄉、"滄桑之變"的落寞以及"雙失"的惆悵獨悲，三大意義相互交織所構成的叙述母題，正是後世文人創作的元素。本文分析《聊齋志異》對"劉、阮遇仙"母題的不同再現，透過人仙不同的互動關係，來探討蒲松齡背後的創作意圖，以及具體建構文本意義的過程。

**關鍵詞**：《聊齋志異》 "劉、阮遇仙" 母題再現

## 一、引　言

有關《聊齋志異》與本事、其他故事之間的關係，學界已有留意，汪汾玲的《鬼狐風情——〈聊齋志異〉與民俗文化》針對鬼、狐故事做了考源；[①]俞閱的《〈聊齋志異〉人物原型考論》亦考證了一系列小説人物的現

---

[①] 汪汾玲透過"歷史傳統人物"與《聊齋志異》人物的比較，以小説裏的虛構成分來看蒲松齡的創作思想及藝術性；又以鬼狐不同類型的故事來探討《聊齋志異》與鬼文化、狐文化的關係。見于汪汾玲：《鬼狐風情——〈聊齋志異〉與民俗文化》(哈爾濱：黑龍江人民出版社，2003年)。

實原型，①這些研究都不約而同地強調《聊齋志異》并非孤立的文本，而是受前代影響的。本文突破純屬考證的整理，以卷三《翩翩》、卷十《賈奉雉》、卷五《西湖主》爲中心，在"文本互涉的視野空間"②下，專注于《聊齋志異》與"劉、阮遇仙"母題的互動關係。

母題是爲建構主題而不斷引用的叙述元素，指的是"在各類文學作品中反復出現的人類的基本行爲、精神現象以及人類關于周圍世界的概念，諸如生死、離別、愛情、時間、空間等"，③母題可以是一幅畫、一個聲音、一個行爲、一個角色或者一個故事。"劉、阮遇仙"的故事膾炙人口而百世不衰，它由最初《幽明録》裏五百多字的簡短志怪故事，到唐宋，受到詩詞的拓展，再到元雜劇的大力提倡，一直到當代陳瑋君的《天台山遇仙記》，④故事情節、人物角色以及文化内涵雖然發生了一定的變化，但在文人的再現過程中，"劉、阮遇仙"確立了一套基本的叙述模式——"誤入天台山—仙凡相戀—仙境生活—思鄉求歸—滄海之變"，并成爲後世文人創作時所引用的叙述元素，即母題。

本文將分析"劉、阮遇仙"母題的内在結構及其文化内涵，并把它做爲一個文化符號、"象徵物"，⑤來探討它對蒲松齡創作《聊齋志異》的具體啓發作用。藉着分析《聊齋志異》對此母題的轉換和引用，來探討蒲松齡如何藉着呼應"劉、阮遇仙"母題來實現自己的書寫意圖；希望可以透過不同文本之間相互指涉的關係，來呈現其叙事結構裏文化意藴的

---

① 論文主要以小説人物與其現實生活的形象做比較，以探究蒲松齡將生活素材轉化爲藝術作品的手段。見于俞閲：《〈聊齋志異〉人物原型考論》，南京師範大學碩士論文，2006 年。
② 廖炳惠認爲"我們一旦在作品中讀到其他作品，或看到作品依賴其他作品，將它們吸收、變化，我們便邁入了交互指涉的空間"。見于廖炳惠：《解構批評論集》（臺北：東大圖書股份有限公司，1985 年），頁 270。
③ 魏崇新：《比較文學視閾中的中國古典文學》（北京：外語教學與研究出版社，2009 年），頁 34。
④ 陳瑋君所編的《天台山遇仙記》，別名爲《浙江山的傳説故事》，是一部有關浙江省山川風物的民間傳説合集，共 238 篇。故事只是口頭流傳，陳瑋君只是做記録整理，并没有修改。詳細見于陳瑋君編：《天台山遇仙記：浙江山的傳説故事》（北京：中國民間文藝出版社，1984 年）。
⑤ 臺灣學者陳鵬翔認爲母題可當作象徵看待："母題是重複出現的意象，而且除了表層意義外尚有弦外之音，這和象徵的形成和功用大體上都是一致的。……由兩個或兩個以上不斷出現的意象所構成，因爲往復出現，故常能當作象徵來看待。"見于陳鵬翔：《主題學研究與中國文學》，載于陳鵬翔主編：《主題學研究論文集》（臺北：東大圖書公司，1983 年），頁 24。

產生過程。

## 二、"劉、阮遇仙"母題的構成

"劉、阮遇仙"的故事在劉義慶(403—444年)《幽明錄》裏有完整記載，故事講述漢朝剡縣(今浙江嵊州)劉晨、阮肇入天台山取穀皮。在山中迷路、遇仙的故事。以下是《幽明錄·劉晨阮肇》對故事的叙述：

> 迷不得返。經十三日，<u>糧食乏盡，饑餒殆死</u>（引文橫綫乃筆者所加，下文如是）。……逆流二三里，得度山，出一大溪。
> 
> 溪邊有二女子，<u>姿質妙絶</u>。<u>見二人持杯出，便笑曰："劉、阮二郎捉向所失流杯來。"</u>晨，肇既不識之，(何)緣二女便呼其姓，似如有舊，乃相見而悉。問："來何晚耶？"因邀回家。
> 
> 其家筒瓦屋，南壁及東壁各有一大床，皆施絳羅帳，帳角懸鈴，金銀交錯。床頭各有十侍婢。敕云："劉、阮二郎，經陟山岨，向雖得瓊實，猶尚虛弊，可速作食！"食胡麻飯、山羊脯、牛肉，甚甘美。食畢，行酒。有一群女來，各持五三桃子，笑而言："賀汝婿來。"酒酣作樂，劉、阮欣怖交并。至暮，令各就一帳宿，女往就之，<u>言聲輕婉，令人忘憂</u>。①

上文的叙述可見，劉、阮遇見仙女之時，二人的狀態不只狼狽，更是厄運連連——"迷不得返"、"饑餒殆死"；持杯笑迎的仙女對劉、阮盛情款待之餘，更是主動示愛，劉、阮雖然"欣怖交并"，但進入仙鄉的劉、阮早已"忘憂"，由此亦可見，仙境對凡男的意義之所在——舒適、忘憂。然而，二人縱使在仙女的陪伴下，過着如此讓人羨慕的歡悦生活，但他們終因思鄉心切，堅持重返塵世，仙女雖言此乃"罪牽君"②，但仍設宴歡送，并爲劉、阮指路。捨棄了仙鄉，重返到塵世的劉、阮可謂再次"迷失"：

---

① 〔南朝宋〕劉義慶撰，鄭晚晴輯注：《幽明錄·劉晨阮肇》(北京：文化藝術出版社，1988年)，《幽明錄·劉晨阮肇》，頁1。
② 〔南朝宋〕劉義慶撰，鄭晚晴輯注：《幽明錄·劉晨阮肇》，頁2。

> 既出,親舊零落,邑屋改異,無復相識。問訊得七世孫,傳聞上世入山,迷不得歸。至晉太元八年,忽復去,不知何所。①

在山裏住了半年,回到塵世後却發現人間已歷七世。這富有夢幻色彩的故事,亦見于任昉(460—508)的《述異記》,王質觀童子下棋而爛柯。② 最值得注意的是,"劉、阮遇仙"的故事以"滄桑之變"作結。雖然故事没有細緻描述眨眼已歷七世予人所帶來的震撼,只以"迷不得歸"來交代親人已故、物事全非爲他們帶來的迷茫,繼而悵然若失地再度遠去。至于劉、阮的最後歸宿,《幽明録》裏并没有清楚指出。但作爲後世文人創作元素的"劉、阮遇仙"故事,其實還包涵了另一情節——"劉、阮返棹",即"迷不得歸"之後,劉、阮又返回深山,面對的是又一次"迷不得歸",無法尋見仙女。這"返棹不得"的情節,亦存在于蒲松齡的創作意識裏。如《聊齋志異》卷三《翩翩》的"異史氏曰":

> 翩翩、花城,殆仙者耶?餐葉衣雲,何其怪也!然幃幄誹謔,狎寢生雛,亦復何殊于人世?山中十五載,雖無"人民城郭"之異,而雲迷洞口,無迹可尋,睹其景況,真劉、阮返棹時矣。③

這"雲迷洞口,無迹可尋"正是蒲松齡心目中"劉、阮"最終所面對的情景,《聊齋志異》裏"真劉、阮返棹"一節,其實是在回應唐人詩中的"劉、阮遇仙"故事。有關劉、阮最後的結局,唐宋詩詞在《幽明録》的基礎上,做了較大的拓展,當中以曹唐(860—874)的七律組詩較有代表。曹唐以五首七律詩,將"劉、阮遇仙"的故事情節推衍爲五大部分——"劉晨、阮肇游天台"、"劉、阮洞中遇仙子"、"仙子送劉、阮出洞"、"仙子洞中有

---

① 〔南朝宋〕劉義慶撰,鄭晚晴輯注:《幽明録·劉晨阮肇》,頁 2。
② 南朝梁文學家任昉(460—508)《述異記》中記載:"信安郡石室山,晉時王質伐木,至見童子數人,棋而歌,質因聽之。童子以一物與質,如棗核,質含之不覺饑。俄頃,童子謂曰:'何不去?',質起,視斧柯爛盡,既歸,無復時人。"見于〔南朝梁〕任昉:《述異記》卷上,載〔宋〕不著撰人:《分門古今類事》(上海:上海古籍出版社,1991 年),頁 620。
③ 〔清〕蒲松齡著、張友鶴輯校:《〈聊齋志異〉會校會注會評本》(上海:上海古籍出版社,2012 年重印版),頁 436。

懷劉、阮"以及"劉、阮再到天台不復見仙子",情節的改動,讓簡短的凡人遇仙故事拓展爲感人的仙凡之戀,人仙互動情節的增設,也豐富了"劉、阮遇仙"母題的內涵。

《幽明錄》裏所記如夢似幻的際遇,包括宿緣仙女、美酒佳餚、無憂生活,曹唐組詩之其一《劉晨、阮肇游天台》、其二《劉、阮洞中遇仙子》,也都一一引用了。兩首詩作都描述了"無塵"的仙境:

樹入天台石路新,雲和草靜迥無塵。
烟霞不省生前事,水木空疑夢後身。①

進入"烟霞"般的仙境,"劉、阮"已不記得生前之事,即塵世之憂,這也正正呼應了《幽明錄》裏的"令人忘憂"②的仙境。組詩其三《仙子送劉、阮出洞》則從仙子的角度切入,言仙子的"殷勤相送"③以及相尋無路的茫然:

花當洞口應長在,水到人間定不回。
惆悵溪頭從此別,碧山明月照蒼苔。④

雖然曹唐詩中并沒有直接提及劉阮重返塵世後的"滄桑之變",但其四《仙子洞中有懷劉阮》則從另一角度——洞中仙女對劉阮的懷念,以"塵夢"與"鶴夢"相互對峙,以突出仙凡截然不同的時間概念:

不將清瑟理《霓裳》,塵夢那知鶴夢長?
洞裏有天春寂寂,人間無路月茫茫。
玉沙瑤草連溪碧,流水桃花滿澗香。

---

① 〔唐〕曹唐撰:《劉晨阮肇游天台》,載于陳繼明注:《曹唐詩注》(上海:上海古籍出版社,1996年),頁12。
② 〔南朝宋〕劉義慶撰;鄭晚晴輯注:《幽明錄·劉晨阮肇》,頁1。
③ 曹唐撰:《仙子送劉、阮出洞》,載于《曹唐詩注》,頁17。
④ 曹唐撰:《仙子送劉、阮出洞》,載于《曹唐詩注》,頁18。

曉露風燈零落盡,此生無處訪劉郎。①

塵世就像是易乾的"曉露"、易滅的"風燈",瞬間將會銷聲匿迹。情郎如流水,將一去不回,仙境常在的春色也隨即變得"寂寂"、"茫茫"。"惆悵溪頭從此別"及"此生無處訪劉郎"更一再強調仙凡之路的隔絕,仙凡之戀的纏綿與傷感在此盡顯。但詩人幷没有以此爲"劉、阮遇仙"的故事作結,而是又添置另一情節——《劉阮再到天台不復見仙子》,詩云:

再到天台訪玉真,青苔白石已成塵。
笙歌冥寞閑深洞,雲鶴蕭條絕舊鄰。
草樹總非前度色,烟霞不似昔年春。
桃花流水依然在,不見當時勸酒人。②

"劉、阮再到天台不復見仙子"這一情節的添置,不祇是呈現了仙凡互動下,"何等寂寞,何等蕭條"③的氛圍,更把劉、阮"返棹而不得"的惆悵注入"劉、阮遇仙"故事的叙述裏,讓"劉、阮遇仙"的叙述母題較《幽明録》,更具豐富意藴。

《幽明録》和曹唐的組詩相互指涉,爲後世文人確立了"劉、阮遇仙"的叙述模式——"迷途進入仙鄉"、"思鄉重返塵世"與"返棹不復見"三大情節。在"迷途進入仙鄉"叙述中,透過仙女的盛情款待及主動示愛,呈現出讓世人羨慕的"忘憂"仙鄉;在"思鄉重返塵世"的叙述中,又通過"滄桑之變"的經歷,表達"回不去"的落寞;而重返天台山,未能重見仙女的結局,又隱藏着"雙失"的惆悵獨悲,劉、阮最終在回不去現實塵世的同時,也一并喪失了暗喻美好理想的仙境,這也呈現了"現實"與"理想"之間複雜的關係。

---

① 曹唐撰:《仙子洞中有懷劉、阮》,載于《曹唐詩注》,頁 19。
② 曹唐撰:《劉、阮再到天台不復見仙子》,載于《曹唐詩注》,頁 21—22。
③ 朱東巖評箋曰:"(《劉、阮再到天台不復見仙子》)一寫到天台,二寫不見仙子。'已成塵'三字,何等寂寞,何等蕭條。三、四皆寫'已成塵'也。五寫天台草樹,已非前度;六寫天台煙霞,不以往年。此即七、八所謂'依然在'、'不見人'也。"載于《曹唐詩注》,頁 22。

上述三大意義相互交織，才能構成"劉、阮遇仙"完整的叙述母題，成爲後世文人創作的元素。文人以不同面貌的再現和改動，不斷地與此母題對話，藉以表達自己獨特的體驗與感悟。而"劉、阮遇仙"叙述母題被歷代文人融入了不同觀念、價值觀後，也變得更富文化内涵。

## 三、没有"滄桑之變"的母題再現

"劉、阮遇仙"的母題對于蒲松齡産生了重要的啓發作用，在《聊齋志異》的叙述中，蒲松齡不止一次地引入了"劉、阮遇仙"的叙述模式及叙述母題。學界也注意到"劉、阮遇仙"母題與《聊齋志異》的關係，臺灣學者陳翠英將《聊齋志異》裏牽涉到仙境塑造、仙凡流轉的故事，都視爲"劉、阮模式"的多樣演繹，并以此來探討情緣、道念如何相持與相拒。①筆者將以"劉、阮遇仙"的叙述模式和叙述母題爲討論焦點，選取《聊齋志異》裏與之相互指涉的作品，透過《聊齋志異》對"劉、阮遇仙"母題的再現，在探討蒲松齡具體創作意圖的同時，展現意義如何得到建構。

### （一）羅子浮與劉、阮的相互指涉

《聊齋志異》卷三《翩翩》裏，雖然没有仙鄉淹留後滄桑之變的情節，但它被認爲是以"劉、阮遇仙"故事作爲依據進行創作的作品。②《翩翩》的男主人翁是備受叔叔珍愛的孤兒羅子浮，年輕遭騙染病，在無路可走的情况下，偶遇仙女翩翩，在深山洞府不但獲得治療，更得仙妻。其後，因思念鄉里，携兒子、兒媳重返塵世。

---

① 陳翠英認爲"'劉、阮'母題藴涵有關神女傳説、人仙情緣、滄桑之變、仙凡流轉，尤以'離去/歸返'輻輳了多重的存在課題，既有生命空間置換轉化的兩端游移，更有流蕩之後肇致的人倫衝擊，在哀樂互渗中，《聊齋》踵繼承衍，亦婉轉拖麗，饒富辯證。"所以文章以"《聊齋》所揭人境/仙境流轉往復的動態進程爲論述主軸，分析《聊齋》多種措意的'劉、阮'母題，揭現劉、阮餘緒及其變調異音，除了提挈六朝'劉、阮模式'的多樣演繹，更進而探究情緣、道念如何相持與相距？如何超越世網纏縛、思辨功名的執守與捨離？乃至生命如何流通、重探自我？藉由仙、凡兩端的迂迴辯證及仙凡異境的互相融攝，彰明其周折婉曲之處所寄寓的人性底藴及多重啓悟。"見于陳翠英：《〈聊齋志異〉的仙凡流轉：劉、阮再返之思與情緣、道念之辨》，《臺大中文學報》第四十一期（2013 年 6 月），頁 230—233。
② 在"本事編"裏，卷三《翩翩》的本事是"劉、阮遇仙"故事。載于朱一玄：《〈聊齋志異〉資料彙編》（天津：南開大學出版社，2012 年），頁 107。

在《翩翩》的閱讀過程中,會令人不斷地聯想到劉、阮的經歷,《翩翩》對"劉、阮遇仙"故事的依賴盡現其中。羅子浮被"匪人"引誘,沉迷于勾欄而身染梅毒,"敗絮膿穢,無顏入里門,尚趑趄近邑間",①其厄運比昔日"糧食乏盡,饑餒殆死"②的劉、阮更是狼狽不堪。羅子浮在寺廟徘徊,遇偶美麗的仙女翩翩,從而進入深山裏的石洞仙府,"門横溪水,石梁駕之"、"光明徹照,無須燈燭",③溪水洗濯幾日後,身上瘡痂盡脫,梅毒痊癒後,更娶得"法力無邊的快樂女仙——翩翩"④爲妻,翩翩能把芭蕉化錦衣、白雲爲棉絮、秋葉變炊餅、溪水成佳釀,有她的陪伴,羅子浮在仙鄉過著清心質樸、豐衣足食的生活,這"無一毫拖纍,自然輕鬆;有十分生趣,自然快樂"⑤的世外桃源,可謂是劉、阮"忘憂"仙鄉的再現。

與劉、阮相似,羅子浮因"念故里",⑥"以叔老爲念",⑦兩次向仙妻提出欲返塵世的念頭,未卜先知的翩翩對羅子浮的挽留,道"阿叔臘故大高,幸復強健,無勞懸耿",⑧此處亦正如昔日仙女勸阻劉、阮返塵——"君已來是,宿福所牽,何復欲還邪?"。⑨ 同樣地,勸阻無效,翩翩也以宴席爲凡男餞行。重返俗世的羅子浮,最終也重返山洞尋找仙女,其結局"黃葉滿徑,洞口雲迷"⑩正是《劉、阮再到天台不復見仙子》裏"桃花流水依然在,不見當時勸酒人"⑪的重現。故事結束之時,作者還不忘在"異史氏曰"裏提醒讀者:"雲迷洞口,無迹可尋,睹其景況,真劉、阮返棹時矣",⑫可見叙述人直以羅子浮比喻劉、阮,將"劉、阮遇仙"巧妙地轉換成《翩翩》裏的叙述。從文本互涉的視野觀之,兩個文本不僅是歷時性的

---

① 《〈聊齋志異〉會校會注會評本》,頁432。
② 〔南朝宋〕劉義慶撰,鄭晚晴輯注:《幽明録・劉晨阮肇》,頁1。
③ 《〈聊齋志異〉會校會注會評本》,頁433。
④ 趙玉霞:《聊齋女兒譜》(濟南:齊魯書社,2010年),頁42。
⑤ 此言乃但明倫對羅子浮在洞山仙府生活的慨嘆,原文爲:"心不外放,視一切如浮雲。未來不逆,過去不留,當前不泥。太虛之中,一任白雲之出與盡。無一毫拖纍,自然輕鬆;有十分生趣,自然快樂",見于《〈聊齋志異〉會校會注會評本》,頁434—435。
⑥ 《〈聊齋志異〉會校會注會評本》,頁435。
⑦ 《〈聊齋志異〉會校會注會評本》,頁435。
⑧ 《〈聊齋志異〉會校會注會評本》,頁435。
⑨ 〔南朝宋〕劉義慶撰,鄭晚晴輯注:《幽明録・劉晨阮肇》,頁1—2。
⑩ 《〈聊齋志異〉會校會注會評本》,頁436。
⑪ 曹唐撰:《仙子洞中有懷劉、阮》,載于《曹唐詩注》,頁19。
⑫ 《〈聊齋志異〉會校會注會評本》,頁436。

影響關係,更是共時性的空間意義上的相互指涉,蒲松齡在自己的文本中,如何透過"風格模仿",既保留其原有意義,又賦予新意義的過程值得關注。

## (二) "重生"——再現背後的意圖

蒲松齡在創作《翩翩》時,雖然模仿了"劉、阮遇仙"的叙述模式,但"再現"過程中的改寫,重申了自己獨特的審美理想,更突顯了其創作意圖——糾正世風惡習,強調人倫親情。

衣衫襤褸、膿瘡潰臭的羅子浮,被妓女掃地出門,行乞討飯,人人都唯恐避之不及,羅子浮不但是過街老鼠,更是病入膏肓。但自從偶遇容貌若仙的翩翩,進入深山仙府的羅子浮不僅能安寢,就連病痛也變得"無苦"①。此處雖然活化了劉、阮故事裏的"忘憂"②仙鄉,但在對讀中不難看到,《翩翩》裏的山洞仙府又有不同于劉、阮仙境之處,雖然二者都能讓凡男豐衣足食,但羅子浮并沒有得到富麗豪華的享受,也沒有"金銀交錯"的"羅帳懸鈴"③,羅子浮進入的是質樸無僞的桃花源般的仙境,在那裏,芭蕉化錦衣,白雲爲棉絮,秋葉變炊餅,溪水成佳釀,④衣食住行都以樹葉、溪水爲主。如果仙境代表了作者的理想,那麽蒲松齡的審美價值已與"劉、阮遇仙"的作者不一樣,劉、阮所進之仙境,是榮華富貴的,而羅子浮的仙境却是令人神曠心怡的自然美,可見,蒲松齡在保留了仙境之"忘憂"的同時,又賦予了自己對自然的追崇。值得注意的是,這"自然美"的追求,并非前人研究中所指,祇是自然景色、居住環境的客觀自然,⑤《翩翩》對"劉、阮遇仙"的再現中,蒲松齡有意改寫凡男所入的仙境,當中所代表的對自然美的追求更是其理想的標準,是審美價

---

① 《〈聊齋志異〉會校會注會評本》,頁 433。
② 〔南朝宋〕劉義慶撰,鄭晚晴輯注:《幽明録·劉晨阮肇》,頁 1。
③ 〔南朝宋〕劉義慶撰,鄭晚晴輯注:《幽明録·劉晨阮肇》,頁 1。
④ 原文爲"取大葉類芭蕉,剪綴作衣。……山葉呼作餅,食之,果餅;又剪作雞、魚,烹之皆如真者。室隅一罍,貯佳醞,輒復取飲;少減,則以溪水灌益之。"見于《〈聊齋志異〉會校會注會評本》,頁 433。
⑤ 馬瑞芳以《地震》、《山市》等故事裏,蒲松齡對現實大自然環境,如深山幽谷、晨曦朝暉的描寫逼真爲由,來印證作者對自然美的强烈感受。見于馬瑞芳:《〈聊齋志異〉創作論》(濟南:山東大學出版社,1990 年),頁 116—121。

值的寄托。

不可忽略的是，《翩翩》裏的仙境比劉、阮的"忘憂"仙鄉隱含了更深一層的意義，那就是對羅子浮的"治療"。此"治療"又分爲兩個層次：一爲身體上的爛瘡；二爲輕薄本性，即溪水洗濯幾日後，身上瘡痂盡脱，梅毒痊癒的羅子浮身上所隱喻的道德洗滌——無欲返樸才是修身的真道。

溪水沐浴，膿瘡很快地由"無苦"到"盡脱"，①世外桃源般的仙境，讓遭世人唾棄的羅子浮暖衣飽食之餘，更得到完全的痊愈。更能彰顯作者改寫意圖的是，羅子浮在仙女翩翩的不斷提醒下，反省、修身養性，讓那輕薄的本性也得到治癒。膿瘡初癒、性命剛保的羅子浮已與翩翩結爲夫妻。雖有艷妻，但竟對另一女仙花城娘子，得隴望蜀。"陰捻翹鳳"、"指搔纖掌"，②其輕薄本性盡露。翩翩假裝并未覺察，只是暗中小施懲戒，化其衣褲爲蕉葉，嚇得羅子浮惶惶不安，事後并不深究的翩翩只是暗中揶揄、懲戒，讓羅子浮在忐忑不安中自我反省，直到他"慚顔息慮，不敢妄想"。③

由此可見，蒲松齡在再現"劉、阮遇仙"叙述模式的同時，又針對小説中的人物建構了具有更深層意義的仙境。羅子浮的遇仙，不但讓身體膿瘡得到治療，讓他過着無憂無慮的閑逸生活，而且也讓他的輕薄惡習得到"治療"。在臨別前的宴會上，翩翩唱道："我有佳兒，不羨貴官。我有佳婦，不羨綺紈。今夕聚首，皆當喜歡"，④兒好兒媳好，一家人和樂平安，無須羨慕綾羅綢緞，無須羨慕富貴高官。翩翩此段唱詞，可謂是神仙警世之語的傳輸，也是對羅子浮的再三勸誡。但明倫亦能領略到個中的至理：

> 無畔援，無歆羨，天倫至樂，隨地而安。茅屋菜羹，太和頤養，不可爲外人道。扣釵作歌，詞意亦翩翩可喜。惟其不羨，乃能喜

---

① 《〈聊齋志異〉會校會注會評本》，頁 433。
② 《〈聊齋志異〉會校會注會評本》，頁 434。
③ 《〈聊齋志異〉會校會注會評本》，頁 434。
④ 《〈聊齋志異〉會校會注會評本》，頁 435。

歡；惟能喜歡，乃能加餐飯也。彼不知足者，徒取辱耳。①

羅子浮最終携兒、兒媳返回塵世，與老歸林下的叔叔同住，因爲思念翩翩，更偕兒入深山尋找翩翩。可見，昔日的輕薄惡習已洗盡，而羅子浮的遇仙，除了成就一段人、仙戀情外，亦可視爲其悟道自新的歷程。

對于由"迷途入仙鄉"、"思親返塵世"與"返棹不復見"三大情節組成的"劉、阮遇仙"叙述模式，蒲松齡《翩翩》情節的再現裏有着惟一的不同，這就是他自己所言"山中十五載，雖無'人民城郭'之異"②。即是自山洞仙府重返塵世的羅子浮，并没有經歷所謂"洞中幾日，世上幾千年"的"滄桑之變"。如果劉、阮重返塵世時的"滄桑之變"暗含了再也"回不去"的落寞，那麽羅子浮的"無'人民城郭'之異"正正暗含了"回到過去"，而且得到重生的寓意。但明倫在故事結束評《翩翩》乃"寓言"：

> 此篇亦寓言也。雖有惡人，齋戒沐浴，可祀上帝。浮蕩子能翩然自反，則瘡潰可濯、氣質一新；葉可餐，雲可衣，隨在皆自得，無處非仙境也。顧或塵心未净、俗骨未剗，眷戀花城，復生妄想，則敗絮膿穢，故我依然。薄倖兒欲跳迹入雲霄去，便直得寒凍殺矣！佳兒佳婦，幸得之翩反自新之時。果能教以義方，不誤其生平，又何必羡貴官、羡綺紈哉！③

筆者認爲"寓言"一評其實正正暗合了《翩翩》裏的寄托之義，即仙境的經歷，讓惡人可以"齋戒沐浴"，重返"自新"，這就是蒲松齡在再現"劉、阮遇仙"叙述模式時的改寫動機——"重生"。雖然羅子浮跟劉、阮一樣，最終"返棹而不得"，"黄葉滿徑，洞口雲迷"，④白雲縹緲，舊迹已無處可尋。但在再現"劉、阮遇仙"叙述模式的同時，蒲松齡却讓羅子浮避免了"返棹"不得的惆悵，因爲他并没有"雙失"——既回不去現實，也找不

---

① 《〈聊齋志異〉會校會注會評本》，頁 435。
② 《〈聊齋志異〉會校會注會評本》，頁 436。
③ 《〈聊齋志異〉會校會注會評本》，頁 436。
④ 《〈聊齋志異〉會校會注會評本》，頁 436。

到仙境。相反地,重返塵世的他,不但可以重見老歸林下的叔叔,可以成就了"三代同堂"的美好生活,這不正是翩翩所言"天倫至樂,隨地而安"①嗎?

蒲松齡在"異史氏曰"裏稱《翩翩》與劉、阮的關係密切,但在再現"劉、阮遇仙"母題的同時,故意刪除重返塵世後的"滄桑之變",再次強調了人倫親情的重要,而且也凸顯了蒲松齡對人性缺失的關注,這種叙事有別以超現實來反諷人類之不如妖狐仙鬼者②,而是以情節設置,達到揶揄惡習、提示警省的效果。

## 四、作爲"解脱途徑"的"劉、阮"母題

卷十《賈奉雉》與"劉、阮"的相互指涉不僅僅是叙述情節之間,作者在小説叙述裏,不止一次地設置男主人翁賈奉雉直接以"劉、阮"自比,仿佛在提醒讀者,别忘二者的關係。"劉、阮"被當作意象符號,直接嵌入《賈奉雉》的文本裏,讓它在這不一樣的再現裏,發明了另一層意義。

### (一) 功名與歸隱

《賈奉雉》與仙傳文學的關係,一直備受關注。後世學者也認爲《賈奉雉》沿襲了"遇仙—游仙—返回人間"的仙傳文學傳統,③朱一玄在《賈奉雉》"本事編"中,節録了三篇作品,他們分别是葛洪《神仙傳》裏的《吕文敬》、唐人皇甫氏《原化記》裏的《采藥民》以及唐人薛用弱《集異記》裏的《李清》,④三篇都是遇仙故事,言凡人得道成仙。但聶石樵就其本事所案之語,值得注意:

這類故事,神仙志怪等書中記載很多。賈奉雉在郎某的引導

---

① 《〈聊齋志異〉會校會注會評本》,頁435。
② 楊昌年:《〈聊齋志異〉研究》(臺北:里仁書局,1996年),頁129。
③ 段宗社:《〈賈奉雉〉與中國"仙傳"文學傳統》,《蒲松齡研究》第4期(2011年12月),頁33—42。
④ 朱一玄:《〈聊齋志異〉資料彙編》,頁225—231。

下去深山洞府的經歷,即在這類故事的影響下寫成的。但《賈奉雉》一篇的意義并不在此,而在于揭露科舉制度的腐朽和官場的黑暗、權貴之排斥忠良等。①

《賈奉雉》雖以游仙元素改寫而成,但它是《聊齋志異》裏抨擊科舉弊端的名作,"才名冠一時,而試輒不售"②的賈奉雉,把儒家"三不朽"視爲人生追求的目的。但因爲他信奉着聖賢"學者立言,貴乎不朽"③的教誨,所以一直都是屢試屢敗。郎秀才道出個中的因由:

> 文章雖美,賤則弗傳。君將抱卷以終也則已;不然,簾內諸官,皆以此等物事進身,恐不能因閱君文,另換一副眼睛肺腸也。④

此言大大嘲諷了科舉考官的有眼無珠,本爲選拔人才的科舉,却變成淘汰人才的制度。才識過人的賈奉雉屢試屢敗,當他以自己所鄙棄者的標準,摘了些又臭又長、空洞無物、不可告人的句子并連綴成文章時,"竟中經魁"。⑤ 在實現了人生價值的那刻,迎來的并非喜悅,而是"汗透重衣"。小說中對此情景有如下叙述:

> 又閱舊稿,一讀一汗。讀竟,重衣盡濕。自言曰:"此文一出,何以見天下士矣!"方慚怍間,郎忽至曰:"求中既中矣,何其悶也?"曰:"僕適自念,以金盆玉碗貯狗矢,真無顔出見同人。行將遁迹山丘,與世長絶矣。"⑥

原來士子獵取功名的本領就是"狗矢"文章,可想而知八股取士的腐朽程度。以"狗矢"文章高中,這讓一身冷汗的賈奉雉愧疚不已,只能遁迹

---

① 朱一玄:《〈聊齋志異〉資料彙編》,頁226。
② 《〈聊齋志異〉會校會注會評本》,頁1359。
③ 《〈聊齋志異〉會校會注會評本》,頁1359。
④ 《〈聊齋志異〉會校會注會評本》,頁1359—1360。
⑤ 《〈聊齋志異〉會校會注會評本》,頁1361。
⑥ 《〈聊齋志異〉會校會注會評本》,頁1361。

山丘,但明倫所言可謂最中賈奉雉內心——"欲顧顏面,除非遁迹山林,與世長絕"①。賈奉雉的退隱不只表現了他對科舉制度的否定,這"中經魁"而來的羞恥之心,在作者眼裏,就是"仙骨"②的表現。作為諷刺科舉之弊的名作,叙述至此為止,"劉、阮遇仙"的叙述并没有與此文本產生互動關係。

### (二) 自我解脱的關鍵

由追求功名到决心歸隱,賈奉雉跟隨郎秀才進入長生之境的情節設置,已經呼應了"仙傳"的文學傳統,也建構了抨擊科舉的主題。但叙述人并没有以此作結,而是在賈奉雉在被驅逐、離開深山仙府後,開始與"劉、阮遇仙"的叙述進行隔空對話。并以多次對話,令本故事裏的"劉、阮"叙述超越了凡男的艷遇,叙述人藉着"劉、阮"的引用,將叙述主題推向更深的層次——自我如何解脱。

賈奉雉努力了大半生,也無法以其超凡的才氣進入仕途,但"狗矢"文章竟讓他"中經魁"③,如此荒謬的事實讓他對現實產生絕望感,由此遁入仙境。仙境老人一見到賈奉雉,便言:"來何早也"④,此言何解? 正所謂"尊孽尚未造完,故謂來早"⑤,此言已預示了賈奉雉的重返塵世。雖然賈奉雉遵師之誨,收神凝坐,以堅定的道念抵抗了種種試煉,但仍然不出老仙人所料,終因難過情關,賈奉雉被老仙人下逐客令。這道逐客令恰恰説明了賈奉雉未能真正地看破塵世,未能得到真正的解脱,故須再重返人間,繼續其歷練。

不可忽略的是,累賈奉雉被老仙人驅逐的,在仙府與賈奉雉"嬉笑為歡"⑥的,不是偶遇初識的仙女,而是其家中之妻。與"劉、阮遇仙"的叙述相比,賈奉雉的入仙鄉有着諸多的不同:劉、阮二人是在遇難的情

---

① 《〈聊齋志異〉會校會注會評本》,頁1361。
② 作者在"異史氏曰"中言:"賈生羞而遁去,此處有仙骨焉。"見於《〈聊齋志異〉會校會注會評本》,頁1366。
③ 《〈聊齋志異〉會校會注會評本》,頁1361。
④ 《〈聊齋志異〉會校會注會評本》,頁1362。
⑤ 但明倫所評之言,載于《〈聊齋志異〉會校會注會評本》,頁1362。
⑥ 《〈聊齋志異〉會校會注會評本》,頁1363。

况下,偶然入仙,賈奉雉則是主動要求歸隱隨郎秀才入山拜師;另外,賈奉雉乃是"仙境遇妻"。其實,歸隱深山、仙境遇妻、重返塵世的叙述,基本上無法讓人聯想起"劉、阮遇仙",賈奉雉與"劉、阮"的相互指涉也尚未建立。直到賈奉雉重返塵間,作者爲了提醒讀者賈奉雉與劉、阮相互指涉的關係,便以當事人賈奉雉之口,直接以劉、阮自喻,原文叙述爲:

>　　房垣零落,舊景全非,村中老幼,竟無一相識者,心始駭異。忽念劉、阮返自天台,情景真似。不敢入門,于對戶憩坐。良久,有老翁曳杖出。賈揖之,問:"賈某家何所?"翁指其第曰:"此即是也。得無欲問奇事耶?僕悉知之。相傳此公聞捷即遁;遁時,其子才七八歲。後至十四五歲,母忽大睡不醒。子在時,寒暑爲之易衣;迨殁,兩孫窮踧,房舍拆毀,惟以木架苫覆蔽之。月前,夫人忽醒,屈指百餘年矣。遠近聞其異,皆來訪視,近日稍稀矣。"賈豁然頓悟,曰:"翁不知賈奉雉即某是也。"翁大駭,走報其家。①

被老仙人逐回塵世的賈奉雉,竟"忽念劉、阮返自天台,情景真似",透過當時人的親身感受、聯想,文本裏"劉、阮"叙述的再現才得到肯定。而且昔日讓仙鄉淹留後的"劉、阮"、感慨萬千的"滄桑之變"——舊景全非,無一人相識,也一再重現在《賈奉雉》的叙述裏。但與"劉、阮遇仙"截然不同的是,其妻依在,而且在昏迷了一百多年後,賈奉雉回來前,忽然蘇醒過來。

　　賈奉雉再現了劉、阮重返塵世後的"滄桑之變",亦如《西湖主》一樣以"重返仙境"回應了劉、阮的"返棹不復見",而且不止一次地強調賈奉雉與劉、阮的感同身受。蒲松齡在叙述中,却以賈奉雉主動請求歸隱,以及仙境遇妻來改寫"劉、阮遇仙"的叙述。筆者認爲作者這樣的改寫,可能是爲了完全滌除"劉、阮遇仙"裏的纏綿情愛主題,讓"劉、阮遇仙"在新的文本裏,即《賈奉雉》裏,被濃縮、被"重塑",讓它成爲"滄桑之變"的文化符號,然後嫁接到《賈奉雉》的文本裏,并與新

---

① 《〈聊齋志異〉會校會注會評本》,頁1363—1364。

文本形成有機的聯繫,①以闡釋新的意義。作者藉着這符號所蘊含的意義,凸顯了《賈奉雉》裏的創作意圖,真正地自我解脱需要一定的歷煉,并非衹是一種感覺,或是一種衝動。賈奉雉的重返人間,再次歷練,也真正否定了故事開首,以"狗矢"文章中舉後,"欲顧顔面,除非遁迹山林,與世長絶"②的歸隱。

仙府數日,塵世已過百餘年,返回塵世的賈奉雉雖有妻子相伴,但生活依然痛苦不堪。孫子、曾孫們"陋劣少文"③,家裏窮困到連屋舍也被拆毁,房内"烟埃兒溺,雜氣熏人"④。自山中歸來的賈奉雉,"心思益明澈"⑤,登第做了官,而且聲名顯赫,故事裏有以下叙述:

> 又數年,以侍御出巡兩浙,聲名赫奕,歌舞樓臺,一時稱盛。賈爲人骾峭,不避權貴,朝中大僚,思中傷之。⑥

登第爲官後的賈奉雉,克己盡責,但因招人妒,終被朝中大僚中傷,禍起充軍,這時的賈奉雉才真正的大徹大悟。此時,叙述人再次强調賈奉雉與"劉、阮"的互動,雖經"滄桑之變",但并没有立刻"返棹"的賈奉雉,又在塵世經歷了十年。歷盡滄桑之後,他自言比"劉、阮"多造的那一重孽,他自己對妻子言道:

> 十餘年之富貴,曾不如一夢之久。今始知榮華之場,皆地獄境界,悔比劉晨、阮肇,多造一重孽案耳。⑦

---

① 法國學者薩莫瓦約在"文本之間的交流方式"裏指出,文本之間的交流只能通過文本所重複的話語,却又不能落入追本溯源的舊套子裏,或者陷入衹考慮先後傳承和前後聯繫的垂直判定當中。應該首先關注被借用文本的原始素材以及被借用部分在插入新文本後形成的新版本之間的關係。引文變成了文本的嫁接,而且能够"嫁接成活",也就是説,嫁接過來的文本在新的環境中生了根,并與新文本形成有機的聯繫。引自[法]薩莫瓦約著;邵煒譯:《互文性研究》(天津:天津人民出版社,2003年),頁130—131。
② 《聊齋志異》會校會注會評本》,頁1361。
③ 《聊齋志異》會校會注會評本》,頁1364。
④ 《聊齋志異》會校會注會評本》,頁1364。
⑤ 《聊齋志異》會校會注會評本》,頁1365。
⑥ 《聊齋志異》會校會注會評本》,頁1365。
⑦ 《聊齋志異》會校會注會評本》,頁1365。

但明倫對此作出的肯定不容忽視:

> 富貴一夢耳;謂十餘年不如一夢,<u>以夢思夢</u>,是大夢初覺時。①

"以夢思夢"指的是,以"十年富貴之夢"思其塵世之夢,而塵世之所以予人"夢"的感覺,筆者認爲這與十年前,賈奉雉被老仙人趕回塵世時,所經歷的與"劉、阮"相似的"滄桑之變"有密切關係。"滄桑之變"真正蘊含着"塵世哪知鶴夢長"②之意,往來于永恒的"鶴夢"與短暫的塵世之間,凡人自然而然地就會產生"蜉蝣天地"之感,如蘇軾《赤壁賦》中所言:"寄蜉蝣于天地,渺滄海之一粟。哀吾生之須臾,羨長江之無窮",③在須臾生命裏的得失成敗、富貴窮困都變成滄海一粟,微不足道,于是"大夢初覺"。此時的賈奉雉終于完成了其"地獄"般的苦難歷程,終在前往充軍的途中,被郎秀才接走,從此展開其無窮的"鶴夢"。

"劉、阮遇仙"的叙述模式在《賈奉雉》裏有着不一樣的再現,作者將"劉、阮遇仙"濃縮爲意象符號,讓它在賈奉雉由追求功名到成功悟道的歷程裏,發揮着關鍵的作用。叙述人一再地以"劉、阮"直接比喻賈奉雉,目的是以"劉、阮"叙述裏的"滄桑之變",讓對現實絕望的賈奉雉得到真正的解脫,徹底悟道。作爲解脫途徑的"劉、阮"母題,雖然艷遇的元素被剔除,但其母題裏所蘊含的"滄桑之感"却得到淋漓盡致地發揮,更見證了書生文士修煉、悟道的心理歷程。

## 五、成功"返棹":《西湖主》對<br>"劉、阮遇仙"不一樣的再現

《聊齋志異》活化"劉、阮遇仙"叙述母題的作品,還有卷五《西湖主》。在叙述中,蒲松齡雖然繼承了"劉、阮遇仙"的基本叙述模式,但又增設了不同的情節及發展綫索,令作品的寓意變得更多元化。

---

① 《〈聊齋志異〉會校會注會評本》,頁 1365。
② 曹唐撰:《仙子洞中有懷劉阮》,載于《曹唐詩注》,頁 19。
③ 〔宋〕蘇軾:《赤壁賦》,《蘇軾全集》第二卷(上海:上海古籍出版社,2000 年),頁 648。

《西湖主》并不像《翩翩》那樣完整地再現了"劉、阮遇仙"的叙述，而是采用了活化式的再現。首先，男主人翁陳弼教在洞庭湖上遇難，"枵腸轆轆，饑不可堪"①的慘况就猶如"糧食乏盡，饑餒殆死"②的劉晨、阮肇。後又迷路，誤入"怡目快心"③的殿閣，遇海難入仙閣的情境與劉、阮"迷途進入仙鄉"又相互呼應。與劉、阮一樣，天黑之時，在婢女的引領下"入幛"與仙女結合，居住幾天後，由于念家心切，先遣僕人送平安書歸家，捎書信返回塵世的僕人見證了"劉、阮遇仙"時的"滄桑"，原來其妻以爲陳弼教已罹難，并爲他守孝年餘。半年後，陳弼教騎着裘馬、帶着寶玉回到塵世，并活到八十一歲而壽終，送殯的親友發現其棺乃"空棺"。其實"仙逝"真正是活化了劉、阮的"返棹"，不過，"劉、阮遇仙"的叙述裏，劉、阮"返棹"失敗，而《西湖主》裏的陳弼教是"返棹"成功，并且自此守在仙女身側，長享永生。

## （一）自由戀愛的結合

　　遇難誤入仙鄉的陳弼教，在婢女的引領下與西湖主結合，這讓人聯想到劉、阮在仙府與仙女的結合，恩愛甚歡。蒲松齡再現此情節的同時，更增設"紅巾題詩"一節，以文才博得公主之愛。誤入西湖主閨閣的陳弼教把籬下紅巾喜納袖中。更在亭裏題詩：

> 雅戲何人擬半仙？分明瓊女散金蓮。
> 廣寒隊裏應相妒，莫信淩波上九天。④

　　足以惹來殺身之禍的死罪——紅巾上所題之詩，竟意料不到地成爲二人的媒人，因爲本來竊窺宮儀，罪已不可赦。但此詩竟打動公主，讓陳弼教獲得美仙青睞，由公主近婢的轉述中，可見：

---

① 《〈聊齋志異〉會校會注會評本》，頁646。
② 〔南朝宋〕劉義慶撰，鄭晚晴輯注：《幽明録·劉晨阮肇》，頁1。
③ 《〈聊齋志異〉會校會注會評本》，頁647。
④ 《〈聊齋志異〉會校會注會評本》，頁648。

"子有生望矣！公主看巾三四遍，嶷然無怒容，或當放君去。"①
"公主沉思云：'深夜教渠何之？'遂命饋君食。"②
"公主不言殺，亦不言放。"③

常用的紅巾被塗鴉，公主不但沒有怒容，還于深夜賜食。然而"不言殺，不言放"④的西湖主，實在讓陳弼教感到吊詭不安。從公主後來的解說可見，"紅巾題詩"如何爲二人牽上紅綫："實憐君才，但不自主。顛倒終夜，他人不及知也"⑤，原來"不言放"是出於不捨，愛其才，但又不能自主，無計可施，終徹夜難眠。

誤入"閨閣，悢怯未敢深入"，⑥情不自禁之下，又在紅巾上題詩的陳弼教就像是古代小説裏的才子。其詩讓身處森嚴閨閣的西湖主終有機會與外界接觸，西湖主就像很多深閨女子一樣，她們"唯一知道的婚姻的信息，祇有來自父母及貼身僕人"，更像"其中一部分才女，由于接受了文學作品的熏陶，本身又有文學興趣，于是就把詩文一道作爲擇偶標準，以求情趣相投，由此便産生才女必配才子的婚姻理想"⑦，這"紅巾題詩"與"父母之命"、"媒妁之言"相比，就是男女雙方情投意合的象徵，而陳弼教與西湖主的情意綿綿就相當于才子、才女的理想婚姻。

雖然同爲與仙女聯姻，但蒲松齡在重現"劉、阮遇仙"的叙述過程中，在《西湖主》裏又添置了"紅巾題詩"的情節，此改寫讓《西湖主》在重現"劉、阮遇仙"的同時，更含有自己獨特的風味，讓陳弼教與西湖主的仙凡姻緣帶着一種清雅的詩意。因"題巾之愛"而徹夜難眠的西湖主終于能與愛郎結爲夫妻，這也爲他們之間的愛情賦予了自由戀愛的精神，且帶有才子佳人故事的叙述意味。

---

① 《〈聊齋志異〉會校會注會評本》，頁649。
② 《〈聊齋志異〉會校會注會評本》，頁649。
③ 《〈聊齋志異〉會校會注會評本》，頁649—650。
④ 《〈聊齋志異〉會校會注會評本》，頁649—650。
⑤ 《〈聊齋志異〉會校會注會評本》，頁651。
⑥ 《〈聊齋志異〉會校會注會評本》，頁647。
⑦ 周建渝：《才子佳人小説研究》（臺北：文史哲出版社，1998年），頁103。

### (二) 不一樣的"返棹"——"一身兩享"

　　陳弼教的"遇仙"故事脫胎自"劉、阮",但又有所超越,蒲松齡改寫了凡男的命運。"劉、阮遇仙"的故事裏,"相尋無路"是仙女與凡男的命運,縱使凡男再次返回天台山,但一切"已成塵"①,不但仙凡情緣曲終人散,而且凡男獨自面對"雙失"的悲傷。活化自"劉、阮"的陳弼教却能"一身而兩享其奉",②既享神仙逸樂,又兼享人世的天倫之樂,與"劉、阮"相對,陳弼教可謂"雙贏"。

　　西湖主從龍君那裏得到的"長生訣",并願與陳弼教共享,"思鄉重返塵世"的陳弼教其實已擁有長生不老之術。七八年間生子五人,家裏輕裘肥馬、寶玉充盈,日日以宮室飲饌宴客,聲色豪奢更是世家所不能及。與此同時,其童稚之交梁子俊,見證了另一陳弼教。在南方任官十餘年的童稚之交梁子俊,歸家途經洞庭湖時,偶遇携美妻準備西渡的陳弼教,親眼目睹了陳弼教達官貴人般的生活,其叙述如下:

>　　歸過洞庭,見一畫舫雕檻朱窗,笙歌幽細,緩蕩烟波。時有美人推窗憑眺。梁目注舫中,見一少年丈夫,科頭叠股其上,旁有二八姝麗,授莎交摩。念必楚裏貴官,而騶從殊少。凝眸審諦,則陳明允也。不覺憑欄酣呼,生聞罷棹,出臨鷁首,邀梁過舟。見殘肴滿案,酒霧猶濃。生立命撤去。頃之,美婢三五,進酒烹茗,山海珍錯,目所未睹。③

畫舫雕欄朱窗,幽幽笙歌,緩緩烟波,美人憑窗遠眺;殘肴酒霧猶濃,山海珍饈,全是童稚之交前所未見的。梁子俊不但得到陳弼教的盛情款待,而且臨別之際,更獲贈明珠一顆,歸家後,却又見證了正在"與客飲"④的陳弼教。

---

① 曹唐撰:《劉阮再到天台不復見仙子》,載于《曹唐詩注》,頁 21。
② 《〈聊齋志異〉會校會注會評本》,頁 654。
③ 《〈聊齋志異〉會校會注會評本》,頁 652。
④ 《〈聊齋志異〉會校會注會評本》,頁 653。

由此可見，《西湖主》裏，遇仙後的凡男，不但擁有不老之術，更憑着分身術，分別在仙、凡異域都享受着世人不曾見過的榮華富貴。直到八十一歲壽終，親友所目睹的"空棺"見證了陳弼教的仙逝，仙境成爲他最後的歸宿。既以"仙境"爲依歸，但作者也依然保留"劉、阮遇仙"的"思鄉重返塵世"，讓陳弼教分另一"身"重返凡間，作者對人倫親情的執著盡現其中。

## （三）善人的回報

"十年不見，何富貴一至于此！"，①陳弼教童稚之交目睹其生活後的驚訝，印證了陳弼教遇仙後的天翻地覆。同爲遇仙，但陳弼教却有着驚人的待遇，蒲松齡在"異史氏曰"指出個中的原因——"皆惻隱之一念所通也"②，作品裏的道德寓意盡現。

陳弼教最終之所以能"一身而兩享其奉"，皆因其仙境的化險爲夷；而轉禍爲福的關鍵又在其"放生之德"，這就是公主之母，王妃口中所謂的"再造之恩，恨無所報"③。在新婚之夜，其仙妻的詳細解説爲陳弼教解開謎團：

> 妾母，湖君妃子，乃揚江王女。舊歲歸寧，偶游湖上，爲流矢所中。蒙君脱免，又賜刀圭之藥，一門戴佩，常不去心。郎勿以非類見疑。妾從龍君得長生訣，願與郎共之。④

當年家貧的陳弼教做文書時，在洞庭湖上種下的善果。《西湖主》裏的叙述如下：

> 適豬婆龍浮水面，賈射之中背。有魚銜龍尾不去，并獲之。鎖置桅間，奄存氣息；而龍吻張翕，似求援拯。生惻然心動，請于賈而

---

① 《〈聊齋志異〉會校會注會評本》，頁 652—653。
② 《〈聊齋志異〉會校會注會評本》，頁 654。
③ 《〈聊齋志異〉會校會注會評本》，頁 650。
④ 《〈聊齋志異〉會校會注會評本》，頁 651。

释之。携有金创药,戏敷患处,纵之水中,浮沉逾刻而没。①

湖上求救的猪婆龙,就是"湘君妃",西湖主的母亲,而衔龙尾的小鱼儿,则是"洶洶入户"持索逮捕陈生的婢女。红巾上的题诗让"湘君妃"大感被冒犯,数人奉命持索绳,来势汹汹,缉捕治罪,"衔龙尾"的小鱼儿却发现这狂妄之徒,竟是昔日救命恩人。也正是这"放生之恩",才能让滔天大祸瞬间转为良缘。在陈弼教依然茫然不解之时,湘君妃已将那彻夜未眠的西湖主许配给他:

> 再造之恩,恨无所报。息女蒙题巾之爱,当是天缘,今夕即遣奉侍。②

昔日的放生之德,不但让陈弼教化危为机,转悲为喜,也让爱在心中却无计可施的西湖主愿望成真,所谓"德无不报,神亦犹是也",③人仙情缘既肯定了仙界报恩的美德,也肯定了陈弼教的恻隐之心,也赞许了仙界有恩必报的美德,正如所言。

透过与"刘、阮遇仙"叙述模式里三大情节的互动,可见,蒲松龄重现了"迷途进入仙乡"以及"思乡重返尘世"的叙述,却以"一身而两享其奉"来回应刘、阮的"不得返棹",这超乎常人的"待遇",其实正是作者的创作意图之一,对"放生之德"、"报恩之德"的肯定。由此可见,在《西湖主》的叙述里,蒲松龄在重现"刘、阮遇仙"叙述模式的同时,把自己的审美价值有机地融入其母题,建构了其文本里独特的叙述逻辑。

总而言之,《翩翩》、《贾奉雉》及《西湖主》分别用不同的方式再现了"刘、阮遇仙"的叙述母题,透过文本互涉的视野,蒲松龄对"刘、阮遇仙"母题不同的关注角度一一尽现。

在对读过程中,蒲松龄的改写呈现了不一样的仙乡,时而清幽自然,时而坚定克己以修道,时而感恩图报。在不断呈现"刘、阮遇仙"模

---

① 《〈聊斋志异〉会校会注会评本》,页646。
② 《〈聊斋志异〉会校会注会评本》,页650。
③ 何守奇之评,载于《〈聊斋志异〉会校会注会评本》,页655。

式的過程中,《聊齋志異》重塑了不同的仙鄉。如果將這三個仙鄉視爲同一"系統"①,一個與現實相對的系統,則發現蒲松齡筆下的仙鄉"雖號稱不死之地,但它絶非一絶對的存在,它祇是相對於現實世界的另一世界;它也不是哲學辯證下的産物,而是人類情感的産物"②。蒲松齡在《聊齋志異》裏的創作意識,彷彿是衆所周知的共識,但透過上述作品與"劉、阮遇仙"母題的相互指涉,可以看到作者如何建構作品寓意,也使文本意義及其産生的過程盡現。

(本文作者係香港中文大學中國語言及文學系博士研究生)

---

① "作爲一個'結構整體',系統暗示着整體理解或解釋的可能性"。見于張京媛等譯:《文學批評術語》(香港:牛津大學出版社,1994年),頁30。
② 郭玉雯:《〈聊齋志異〉的幻夢世界》(臺北:臺灣學生書局,1985年),頁97。

# 粉墨帝王:《無瑕璧》的靖難演義及其宮廷演出

陳亮亮

**提要**:《無瑕璧》乃乾隆中葉重要劇作家夏綸(1680—1753後)《惺齋五種》之一。此劇本爲明成祖朱棣"靖難"之事而作,寫忠臣鐵鉉不屈死節及其子女被救助之事。此劇不僅演于民間,也爲清朝宮廷搬演。有趣的是,原劇及題評者强調戲曲忠于官修《明史》及相關史實,現存可見的宫廷演出本却大幅删改,不僅避開歷史事件的真實與複雜,更加入許多神仙戲,使得演出面貌近乎怪誕的歷史"演義"。本文指出,這些删改既因應宫廷演出體制與戲曲排場,也不無意識形態之考衡。原劇力圖兼顧史實與道德主題,却因此對明成祖朱棣褒貶不定,呈現了特定歷史境遇中,"忠"作爲絶對價值所難免的道德悖論。相較之下,宫廷本簡化歷史與道德問題,極力肯定朱棣的正統地位與皇權的正當性。本文分析比較《無瑕璧》原本及宫廷演出本,并將此個案放入明末清初以來有關靖難的戲曲及清代宫廷歷史劇兩個脈絡下,分析文人與宫廷演出對歷史的不同演繹;本文也試圖通過不同劇本的朱棣形象,探討戲曲如何叙述與呈現"不義的帝王"。

**關鍵詞**: 文人戲　宫廷演劇　歷史書寫　靖難　帝王形象

## 一、引　言

建文四年(1402),燕王朱棣以"靖難"爲名,對建文皇帝發動戰爭,并成功登上帝位,改號永樂。登基之後,永樂朱棣大肆殺戮效忠于建文的衆多大臣,包括方孝孺、黄觀、黄子澄等人,手段暴虐血腥,牽連過泛,建文則不知所踪。朱棣治下的永樂王朝乃明朝國力的鼎盛時期,縱然置諸歷史,明成祖也是爲數不多真正可稱得上是"文治武功"的有爲君主。然而,終其一朝,靖難事件却始終是個不可言説的禁忌,其奪權方式爲其正統性投下了深深的陰影。登基伊始,永樂就開始删塗與建文朝相關的歷史記載,甚至革除建文年號。不過,從明中葉起,朝野人士還是開始爲建文諸臣翻案。至萬曆朝,建文諸臣被血腥殺戮之事已在各類私家筆記以及野史中廣爲傳述。此後,在一系列的文字論述與實際運作下,被屠殺殉難的建文諸大臣獲得輿論的普遍同情,并逐漸進入官方祭祀體系。①

儒家君臣倫理爲建文諸臣護航,爲他們平反也相對容易,但正是這一倫理也讓如何看待朱棣成爲真正棘手的難題。有明一朝對此恐怕都難以回應。儘管萬曆二十三年(1595)終于恢復了建文年號,但直至崇禎十七年(1644)明王朝覆滅前夕,建文才被追謚廟號。這現象并不太難理解:承認建文的在位事實,即意味著朱棣政權的不正當性,由此而來,朱棣則面臨"弑君篡位"的罪名。公開討論此一關乎政權本質的問題,顯非易事。各種私史、筆記、小説等流衍極廣的傳述,均聚焦于表現建文忠臣被虐殺時的忠烈氣節,但隨之而來的也暴露了當權君主的殘暴。如何處理"不義的帝王"或"昏庸的君主"這種挑戰正統價值觀的形象,成了耐人尋味的問題。

在本文的主要分析文本《無瑕璧》中,我們將會非常清楚地看到靖難這一特殊題材中的道德僵局,如何導致了戲曲文本的叙事斷裂,但同時我們也會看到劇本對其主題的補救,以及其最終可能導致的戲劇效果。《無瑕璧》是清中葉重要劇作家夏綸(1680—1753 後)的劇作《惺齋

---

① 王崇武:《明靖難史事考證稿》(香港:龍門書店,1969 年);牛建强,《試論明代建文帝歷史寃案的反正過程——以明中後期建文朝史籍撰修爲視角》,《史學月刊》,第 2 期(1996年),頁 32—39;孟森:《建文遜國事考》,載《明清史論著集刊正續編》(石家莊:河北教育出版社,2000 年),頁 3—14;Peter Ditmanson, venerating the Martyrs of the 1402 Usurpation: History and Memory in the Mid and Late Ming Dynasty, *T'oung Pao*, Vol. 93, 2007, pp. 110—158.

五種》之一,根據作者自序,此戲當創作于乾隆十一年(1746)至十四年期間。① 此事主要突出鐵鉉不屈死節,其子女被其義僕馬千里、好友林春田、門生高賢寧救助,并得到朱棣的赦免表彰。此戲上卷撻伐朱棣的激烈程度,在靖難戲曲中極爲罕見,下卷叙事立場却突然轉變,朱棣成了再造忠臣家族的恩主。文本將結合其他靖難戲曲中的朱棣呈現,指出這種叙事困境普遍存在,并嘗試分析此現象的根源。《無瑕璧》後來以一種未知的途徑進入清朝宮廷,在經過大量的删改之後被搬演。通過對比分析原劇及宮廷演出本,并涉及近似題材的作品,我們將分析帝王如何在不同的劇本及舞臺上被閲讀、觀看,從中觀察皇權觀念在不同劇場中被强化、質疑或顛覆的可能性。

明初以降,出于各種原因,靖難之事廣受關注,出現一大批歷史言論與文學書寫。根據這批豐富的資料,學者在考辨勾勒史實、分析文學作品等方面都做了大量工作,使我們對此歷史事件及其傳聞流衍,均有了相當深入的了解。② 本文再次以此話題爲切入點,實非著眼于這一歷史事件本身,而是旨在通過分析文人與宮廷戲曲演義歷史事件的差異,尤其是帝王形象的舞臺呈現,觀察皇權觀念如何影響不同階層或身份之戲曲叙述與呈現;再者,本文也希望反過來探討戲曲如何以其獨特的藝術形式,幽微曲折地表達或折射各種立場與情緒,營造劇場氣氛,產生不同的觀劇效果。

## 二、清初靖難戲曲的朱棣呈現

如學者指出,有明一代都難以負面評價明成祖的奪權性質,文學作品對朱棣的形象塑造也頗能折射這一問題。③ 除了大量的筆記、私史等

---

① 夏綸:《〈五種〉自序》,載蔡毅編著:《中國古典戲曲序跋彙編》,(濟南:齊魯書社,1989年),頁1740。
② 關于靖難歷史與文學書寫的最新研究成果以及相關研究綜述,參閲劉瓊云:《帝王還魂——明代建文帝流亡叙事的衍異》,《新史學》二十三卷四期(2012年),頁61—116;以及丁修真、夏維中:《明代中葉建文故事的整合與傳播——以黄佐〈革除遺事〉爲中心》,《安徽史學》第6期(2012年),頁63—69。
③ 佚名:《承運傳》,《古本小說叢刊》影印明萬曆寫刻本(北京:中華書局,1990年),第八輯三、四册;〔明〕空古老人編次:《續英烈傳》,《古本小說叢刊》據六宜堂刊本影印,第十五輯第一册。

言論外,明中後期出現了幾部以靖難爲題材的小説。萬曆中後期的《承運傳》斥責建文諸臣爲誤國奸臣,將朱棣塑造爲中興聖主,稍後的《續英烈傳》雖同情建文帝遭遇、褒揚忠臣,但始終強調永樂獲得皇位實乃天命所定。作品旨在塑造成祖智勇雙全的英雄形象,建文雖純仁至孝,却顯得過于柔弱。① 崇禎初年的《型世言》則出現以表彰鐵鉉、程濟等大臣爲主題的短篇小説,但不像後來的某些戲曲作品,這些小説并未正面展開朱棣對建文忠臣及其家屬的刑罰處置場面,甚少涉及對朱棣的評價。②

明朝的崩裂使靖難成爲清初戲曲舞臺的熱門題材。然而,儘管"靖難之役"的篡奪性質已漸有定論,③清初舞臺上正面指責朱棣的劇作并不多見。今日所知,清初以此爲題材的戲曲,有寫鐵鉉女兒的《鐵氏女花院全貞》、寫方孝孺的《讀書種》、寫練子寧的《練忠貞》、寫高賢寧與鐵鉉的《莽書生》、寫建文與程濟等人的《千忠戮》、寫黃觀及其妻兒的《血影石》、寫方孝孺之子與鐵鉉之女的《鳳雛圓》等。④ 這批戲曲多演建文忠臣及其妻女後代之事,甚少直接涉及二帝之爭,惟一的例外是《千忠戮》。這種處理方式,首先基于明中葉以來關于建文諸臣及其後代的大批傳述。其次,就劇場表演角度看,這種戲曲人物安排更符合行當的設置。然而,與歷史事實差距最大的是,劇作家下筆加工這段歷史時,朱棣總是作爲配角,被小心翼翼地藏在舞臺的帷幕後面。戲曲甚少譴責朱棣爲劊子手,也極力避免朱棣與靖難諸臣之間的衝突,轉而以投降朱棣的陳瑛、李景隆作爲鞭撻對象。通過"忠奸對立"這一常見模式,戲曲將歷史上的帝王政治鬥爭,叙事轉化爲臣僚之間的道德對立,并無一例外地在皇帝的詔書中實現大團圓。作爲赦免忠臣的最終權力來源,朱棣轉而成爲施恩者而非施暴者。

---

① 沈倩:《"靖難"及其文學重寫》(北京:中國社會科學院,2003 年),博士論文,頁 57。
② 《型世言》與"靖難"有關的章回包括第一回"烈士不背君,貞女不辱父"以及第八回"天智終成智,盟忠自得忠",見〔明〕陸人龍撰:《型世言》(瀋陽:遼寧古籍出版社,1995 年),頁 1—5;頁 78—88。
③ 趙園:《明清之際士大夫研究》,(北京:北京大學出版社,1999 年),頁 175。
④ 相關劇目整理參照崔文東:《〈千忠録〉中的歷史再現與歷史感受》,第二届"明清研究新視野"明清領域研究生論文發表會,香港:香港中文大學明清研究中心(2012 年 7 月),會議論文。

在清初蘇州派劇作家朱佐朝的傳奇《血影石》中，頗能看到劇作對朱棣形象的微妙處理。此劇共三十折，寫建文禮部侍郎黃觀殉節、其妻翁氏守貞投水而死、其子在經歷了流離顛沛後最終獲救。劇作取名《血影石》，乃因翁氏投水而死之後，鮮血染紅石頭并呈現人形圖像，此石後爲衆人設祠供奉。此傳聞見諸明朝筆記。戲曲塑造黃觀、黃子澄、翁氏等忠臣節婦的同時，將所有罪惡歸結于奸臣陳瑛。在呈現建文被迫出逃、諸臣落敗被審的上卷，朱棣從未登場，似乎建文政權被奪取與他無關。直至下卷開場第十八折，朱棣方以外角扮演登場。作爲最高權力的執掌者，成祖朱棣在戲曲下卷寬赦并表彰了建文諸臣。簡括而言，整部戲曲的敘事完全避開皇室鬥爭的真相，對朱棣更無任何正面問難。

這種忠奸鬥爭的敘事處理，在當時的靖難戲曲中極具典型性。一方面，這批戲曲無一例外地選擇了建文一系的敘事立場，在某種程度上正表明了社會對靖難事件的道德判斷與情感傾向。如衆多學者研究所示，對死難忠臣的同情在長期的靖難傳聞中纍積沉澱。但另一方面，對朱棣殺虐之重的不滿，在戲曲中却幾乎不見被直接表現。相反，戲曲刻意隱藏朱棣在這一事件中的負面形象，轉而以奸佞爲替罪羊。在絕對皇權觀念瀰漫的傳統社會，這種處理方式顯然是最主流保守的出路。縱然入清之後，靖難事件的論述逐漸定性，戲曲舞臺上對此事件的呈現與明中晚期的軼聞傳説并未見根本改變。

但若因此斷言劇作家與戲曲更爲保守，未免過于輕率——雖然戲曲敘事確實有套路化的流弊。考慮到戲曲創作面臨的政治道德壓力以及其文體特性，這種老套的忠奸對立模式似在情理之中。首先，在舞臺上直接呈現帝王的負面形象，并非容易的事情。明、清兩朝的國家法令都曾明令禁止舞臺演述"褻瀆"帝王的形象。無論這一禁令是否被嚴格執行，其風險都是存在的。① 其次，在"文以載道"的强大文學傳統與文化思想中，戲曲的娛樂游戲性質始終籠罩在"懲惡揚善"的社會教化功能下，正是這一始終暗含的戲曲倫理觀念，從根本上決定了戲曲的叙事結構。

具體來説，在絕對皇權觀念瀰漫的傳統社會，"不義的帝王"此觀念

---

① 王利器：《元明清三代禁毁小説戲曲史料》(上海：上海古籍出版社，1981年)，頁14、18。

本身已是一大挑戰。但如何爲"不義的帝王"收場,將會是更費神的叙事難題。既然皇權是至高無上的存在,不可能被處罰的"不義帝王"就會導致戲曲不可能完成懲惡揚善的叙事結尾。歷史學家或者大多數的文字或許不一定要重新處罰朱棣,反正歷史已經成爲過往,或者在天道輪迴的歷史觀中,明朝滅亡就是對朱棣篡奪皇位殺戮太過的終極懲罰。① 但戲曲則須在特定的文本/舞臺空間中,完成叙事,達到懲惡揚善的寓意。戲曲舞臺上的歷史并非過往,而是眼前正在發生且有待完成的事情。换言之,如果正面呈現朱棣殺戮建文的暴行,那麽文本/舞臺也必須同時展示對朱棣的最終處罰,否則就違反詩學正義,而這一原則幾乎是完成中國古典戲曲同時也是滿足觀衆的基本原則——問題在于:這如何可能?用什麽方法與名義來懲罰至高無上的"不義帝王"?在這個難題面前,迴避事實,另找替罪羊,把朱棣的殺戮行爲轉到其他人身上顯然是更爲方便的處理。也因此,舞臺甚少正面呈現朱棣屠殺忠臣、遣發女眷的場面,或僅以側筆點出。在明代歷史中,表彰建文忠臣没有因此導致對朱棣行爲的鞭伐,源于政治壓力、道德難題以及伴隨而來的情感上的不知所措;在清初的靖難戲曲中,這種現象則源于絕對皇權觀念與戲曲文體特質之間的衝突而造成的叙事難題。

　　無可諱言的是,這批戲曲選取流傳已久的忠臣子女之事,表演忠烈故事,本無意于探討靖難的真實複雜性,更無意評判這一歷史事件。能否抓住社會熟悉的題材,呼應時代情緒,産生牽動人心的劇場效果,毋寧才是劇作家更爲關切的問題。然而,這并不意味著對朱棣的負面行爲與批判就此完全隱去。在看似圓滿的叙事結構外,時有不協調的聲音躍出框架。

　　在《血影石》中,這種雜音表現爲劇作對朱棣王朝的嘲弄與戲謔。這集中在占據戲曲下卷大半篇幅的八百媳婦國中體現出來。八百媳婦國是一個位處中華邊夷的蠻夷小國,千百年來皆由女主當政,自唐宋以來就與中華交好。劇中演述八百媳婦國公主出使明朝,在四夷館被奸

---

① 《讀書種》"指斥崇禎帝煤山殉國事,以爲成祖誅戮太多之報應",見董康:《曲海總目提要》(北京:人民文學出版社,1959年),卷十四,頁436。

臣陳瑛調戲,于是領主賽罕天主糾集各島夷主,興師南朝。劇作安排賽罕天主在兩軍對峙之時,陳述興兵的緣故及她對朱棣登位的看法:

> 向聞中華被文明威德,一統車書,俺這裏慕他文獻之邦,爲此遣兒入貢。誰知先朝皇帝駕崩,他叔父奪了侄兒的天下。這等篡逆之事,俺這裏不問也罷了。①

這幾句話語的強烈諷刺意味是不言而喻的。中華素來自詡文明禮儀之邦,最引以爲傲的正是井然有序的道德倫理,但如今大明王朝却發生了"叔父奪了侄兒的天下"的"篡逆之事",言下之意,尚有何顏面威服四方?這種狀似不經意的陳述與揭露,可能是劇作家借以表露真實歷史觀的發聲方式。賽罕天主是蠻夷之民,且爲女流之輩,劇作安排這一具雙重"劣勢"身份的角色來譴責一代帝王,強化了諷刺意味。在這一近乎討伐的宣戰辭之後,賽罕天主帶領八百媳婦國士兵威風凜凜地攻池掠地,最終進逼帝京,永樂朱棣慌忙派陳瑛迎敵。陳瑛毫無應戰之力,只得以被遣罰入教坊司的約千名女眷充當女兵,結果全軍覆没,悉數被擒。賽罕從女兵口中得知個中隱情後,馬上將陳瑛梟首,爲建文諸臣報仇,并將頭顱交給衆女眷帶回,以爲祭拜忠良之用。

從全劇的題材來看,忠臣黄觀及其兒女才是核心人物,賽罕天主則是無甚相關的歧出情節,但却成了《血影石》下卷的主要情節,鋪排了數齣之多。當其最終底牌翻出之後,觀者就會清楚地知道,這是特意爲建文忠臣報仇而設的力量。用極爲弱小的力量,打敗了強國之君,簡直大快人心,雖然朱棣的頭顱不可能被砍下來,依然有陳瑛作爲替罪羊。在完成復仇與相關安排之後,賽罕天主不無自豪地總結了這一事件與行爲:

> (老旦)婦女們,果然是夷狄有君,不如諸夏反虧大節,這其間聖言論徹。②

---

① 朱佐朝:《血影石》,古本戲曲叢刊三集,第七函,第 65 册(北京:文學古籍刊行社,1957年),頁 64—65。
② 《血影石》,頁 87。

這一句乃《論語・八佾》之"夷狄之有君,不如諸夏之亡也"的化用。據朱熹《四書集注》,孔子此言乃感嘆號稱禮儀之邦的中華,雖有君臣之名,却陷入上下名分不分的僭亂,反而不如夷狄尚能恪守君臣之道。① 劇作以此作爲八百媳婦國收兵前的總結,照應强化了此前興兵時指責的"叔父奪了侄兒的天下"。藉著八百媳婦國賽罕天主之口,劇作家幽微但犀利地點出了所謂"靖難"的本質,提醒會意的觀眾注意歷史的真相。值得補充的是,八百媳婦國這一個蠻夷小國并非虛構,而是當時泰國北部以清邁、青萊爲中心的攬那王朝。據史籍所載,該部落王國酋長"有妻八百,各領一寨,因名八百媳婦",是明朝的朝貢國。② 也許如劇作所言,在真實的歷史中"從未有女帝雌臣",③但在八百媳婦國這一狀似荒謬的土地上,戲曲却構擬出正義國度。現實朝廷中被扭曲的正義,在這裏得到重新申張,展現了强烈的喜劇感與荒謬性。

將這一戲劇性的情節,與正史對永樂朝的評述對讀,更見戲謔意味十足。《成祖本紀》贊永樂曰"雄武之略,同符高祖。……至其季年,威德遐被,四方賓服,受朝命入貢者殆三十國。幅隕之廣,遠邁漢唐。成功駿烈,卓乎盛矣。"④由于朝貢往來頻密,明成祖特于永樂五年開設四夷館,負責往來之翻譯。正史中"威德遐被,四方賓服"的永樂王朝,在劇場中却在夷國前威風盡喪。劇作家雖采用保守的忠奸對立模式,却幻化出一場悲歡離合的英雄戲,在娛樂的同時,也讓觀眾得到情感滿足。這雙重需求都在八百媳婦國這一國度中,得到虛幻性滿足。⑤ 正統

---

① 朱熹:《四書章句集注》(北京:中華書局,1983 年)。邢昺的解釋則是:夷狄雖有君長之名而無禮義之實,中國雖偶而無君,若周、召共和之年,但禮義不廢,與朱熹等人的解釋截然相反,何晏注、邢昺疏:《論語注疏》(北京:北京大學出版社,1999 年)。朱佐朝取《四書集注》的解釋。
② 《明史・雲南土司》,相關研究見朱亞非:《明朝與八百媳婦國關係析論》,《明代中外關係史研究》(濟南:濟南出版社,1993 年),頁 225—237。
③ 《血影石》,頁 85。
④ 張廷玉撰:《明史》(北京:中華書局,1974 年),卷七,《本紀第七・成祖三》,頁 105。
⑤ 在戲謔中得到滿足,同樣值得一提的是寫方孝孺之子的《鳳雛圓》。在這部戲中,方孝孺之子在獲救後以男扮女裝的身份被偷偷帶大,并最終在皇帝的詔書中,與鐵鉉之女成婚。此劇關目粗俗但生動活潑,語言淺白流暢,慘烈的靖難故事已淪爲意在戲謔娛樂的兒女風情劇的點綴。縱然如此,堅持爲本已十族被誅的方孝孺保留一脉血緣,并爲兩位同樣死得極慘烈的忠臣聯姻,再次顯示建文一系對民間劇場所具有的情感號召力。無名氏,《鳳雛圓》,《復莊今樂府選》抄本,藏浙江圖書館。

王朝中無以制約的皇權，在夷國女主面前不復神聖。

在這種真假交錯的劇場與娛樂中，沉重的歷史與道德問題被暫時擱置。如我們對《血影石》的簡介所見，在舞臺上讓帝王爲其錯誤付出代價，依然是近乎不可能的事。帝王朱棣的殘暴，似乎是個難以觸及的忌諱。惟一的特例是李玉的《千忠戮》。不少學者都論述過這部戲曲中所積澱的歷史情感，而本文想特別指出的是，這部廣泛上演于舞臺的戲曲，不僅用蒼凉的基調呈現了動亂流離中的建文忠臣，也是僅見的直面建文與朱棣對峙衝突的靖難戲曲。無論是《奏朝》中被"寸剮雨花台"的齊泰、黃子澄，《草詔》中被"敲牙割舌"的方孝孺，還是《慘睹》中的數十車頭顱，這些長期被傳述的鏡頭，被搬上舞臺，并長期盛演。舞臺通過赤裸裸地表演殘酷而血腥的身體暴力，以最具震撼性的視覺衝擊力，塑造了我們對靖難事件與朱棣的印象與認識。

在激烈的矛盾衝突中，《千忠戮》毫不掩飾對朱棣大開殺戮的痛斥，將之比作暴君嬴政與曹操。① 劇作以"篡、篡、篡"三字，對朱棣奪權給予最直截有力的判斷，并在《索命》一折中，爲朱棣虛構了迥異於真實歷史的結局。② 此折寫朱棣在夢中遭遇朱元璋的怒譴，并遭衆多死去忠臣的冤魂前來索命，因受到強烈的驚嚇故此暴亡。這個極大膽的戲曲虛構，可謂戲曲家對一代君王朱棣的最終審判。鬼魂夢中現形可能并非《千忠戮》所獨創，在另一現已散佚的靖難戲曲《練忠貞》中也有此橋段。不過，據《曲海總目提要》，此劇 在"方孝孺、黃子澄等現形憤怒"之後，將夢的結果設置爲"太祖至，則散去"，迥異於《千忠戮》的結局。《練忠貞》雖旨在表彰練子寧的忠貞，《提要》却稱此劇"叙子寧死節甚略"，似乎未敢正面呈現朱棣的殺戮。不僅如此，戲曲爲成祖朱棣的殺戮罪行開脱，寫三法司奏請聖旨，誅殺忠臣家屬及親戚，而成祖不忍，"改批奏本，盡行寬赦，且録方孝孺等，追封葬祭"。③ 將《練忠貞》與《千忠戮》兩相對比之下，更見後者譴責朱棣的力度。

這種譴責，絕非僅出于儒家君臣倫理的價值判斷，而是指向更具普

---

① 李玉著，陳古虞等點校：《李玉戲曲集》（上海：上海古籍出版社，2004年），頁1044。
② 《李玉戲曲集》，頁1036。
③ 《曲海總目提要》，卷二十六，頁2259—2262。

世性的道德情感。① 同情建文、感佩忠臣無疑是此劇的基調，但此劇并不停留于忠奸善惡的道德論述中。如論者所強調，此戲在建文帝與其大臣程濟、史彬等人身上所傾注的情感，凝聚著明清易代的社會情感經驗。② 或許正是易代經歷的影響，讓《千忠戮》在呈現靖難事件時，具備了歷史反思深度。不同于其他靖難戲曲僅將此歷史當成一般而表面的忠臣故事，也迥異于《血影石》嘲弄政權的戲謔筆調，《千忠戮》呈現的是無比沉重悲涼的歷史。在表現戰亂時代的生靈塗炭與世變創傷時，劇作家不僅以悲天憫人的關懷去看待這一切，也思考帝王與政治、歷史與個體生命之間的關係，并試圖在殘酷的歷史面前尋求最終的解脫。當朱元璋怒斥朱棣屠戮建文宮嬪以及處置三王過于慘毒時，朱棣答曰：

（末白）唐朝建成、元吉死于玄武門，宋朝廷美、昭德俱不得其死；自古皆然，豈獨臣兒。③

唐、宋帝王爭鬥的事實，被朱棣援引而爲自己的行爲辯護。在正史中，這些事實都得到不同程度的美化，劇作家却在這裏逼出了宮廷鬥爭的殘酷性。成者爲王敗爲寇，至于爲了實踐儒家理念的忠臣，以及無辜被牽連的良民百姓，都成了帝室鬥爭的犧牲品。

如劇名之一《千忠戮》所示，這是個寫千千萬萬忠臣良民無辜被屠戮的戲。齊泰、黃子澄、方孝孺、吳成學、牛景先、嚴震直、程家乳娘夫婦，戲曲不斷上演的是一幕接一幕的死亡。最集中抒發此主題的無疑是舞臺流傳極廣的《慘睹》。舞臺不僅出現一大批被押送流放的犯人，更讓人怵目驚心的是，一輛輛滾滾而過的車滿載著被砍下的人頭。戲曲用這種暴戾慘毒的場面，形象地呈現"殺盡了女女男男村落荒，雲陽市，血湯湯"的政治暴力。④ 此戲讓逃離出屠殺的建文，親眼目睹這一

---

① 關于《千忠戮》對"歷史暴力"的感受，相關分析參看崔文東《〈千忠錄〉中的歷史再現與歷史感受》。
② 王璦玲：《記憶與叙事——清初劇作家之前朝意識與其易代感懷之戲劇轉化》，《中國文哲研究所集刊》第二十四期（2004 年），頁 39—103。
③ 《李玉戲曲集》，頁 1099。
④ 《李玉戲曲集》，頁 1098。

幕,并以整整六隻曲子表達建文帝的自責自嘆,爲了一個帝王之位的爭奪,以致于釀成"眼見得普天受枉,眼見得忠良盡喪"的殘酷歷史悲劇。劇作以建文之口,表達對這一災難的深層困惑與反思。儘管《千忠戮》最後只能以佛家思想驅散歷史的血腥暴力與人世的蒼涼無奈,但通過戲曲創作與舞臺再現,戲曲多少還是以史家之筆褒貶帝王、記住災難。在嘆惋生民與無辜犧牲者的命運的同時,譴責殘酷歷史與暴力政治。

總言之,在絕對的皇權觀念籠罩下,靖難戲曲往往以忠臣爲主角,二帝之爭甚少正面出現在舞臺之上。本文認爲,如《千忠戮》所示,除非質疑成祖的政權正當性與道德形象,否則,將帝室鬥爭轉移爲忠奸對立,就是靖難戲曲惟一可能的叙事模式。普遍的忠奸對立模式,乃是因爲皇權觀念對戲曲的制約,由此影響了其情節模式與人物形象,舞臺上的朱棣實際上是凜然不可侵犯的抽象皇權的象徵符號。值得一提的是,縱然在態度激烈的《千忠戮》中,懲罰處于世間權力之巔的帝王,也只能通過朱元璋與死難者的夢中顯靈,讓朱棣自己驚嚇而死。不過,對《血影石》的細節分析可見,雖然在叙述立場上難以正面譴責帝王或皇權,戲曲仍然可能曲折委婉地表達其道德與情感選擇,實現詩學正義,滿足讀者/劇場觀衆的情緒。

## 三、夏綸《無瑕璧》的"勸忠"困境

靖難這一完全改變明朝走向的事件,在易代之後被不斷回溯與闡釋。劇作家抓住時代關注點,將靖難搬上舞臺,讓劇場成爲歌哭笑罵的情感宣泄空間。縱然歷史逐漸遠去,靖難卸去相關的政治與情感包袱,處理評價"不義的帝王"及其政權合法性依然是個難題。站在儒家君臣倫理下,如何既批判一時暴戾之君,又維護萬世君臣綱常,成爲處理這一歷史事件時難以彌補的裂痕。清中葉劇作家夏綸的《無瑕璧》非常典型地說明了這一題材内在的政治道德難題,如何變成文本的叙事困境。

因致力于宣揚忠、孝、節、義的戲曲教化觀,夏綸廣受時人與現今學者關注。其所作六種傳奇合刻爲《新曲六種》,所有劇本皆由同里徐夢元評點。①《無瑕璧》乃其中一種，共三十三齣，分上下卷。劇寫燕王朱棣興兵造反，建文忠臣鐵鉉死守山東濟南，城被攻克後，雖遭屠戮仍不改忠心，其屍體被扔入鐵鑊油烹，猶能怒罵朱棣。鐵鉉死後，劇情圍繞鐵鉉子女被押送入京并獲救展開。此劇寫于乾隆十四年(1749)左右，內容雜糅了此前相關戲曲中的許多人物與情節，如鐵鉉女被遣入教坊司、鐵鉉門生高賢寧哭屍，分別見于清初的《鐵氏女花院全貞》及《莽書生》。夏綸之作可視爲靖難戲曲脈絡下的創作，也是鐵鉉事迹在清中葉繼續流衍的成果。

秉持其一貫的戲曲觀念，夏綸希望通過創作此劇宣揚忠君觀念。作品刻本封面自題"褒忠傳奇"，顧名思義，忠臣鐵鉉無疑正是此劇的主角，朱棣則被置于"忠奸對立"的另一端。在劇中，鐵鉉與朱棣，一忠一奸，二者之關係猶如太陽之于陰影，鐵鉉之光芒愈盛，愈見朱棣之陰暗。第八齣《烹鐵》叙鐵鉉被朱棣殘殺的過程，是塑造忠臣形象的高潮場面，也最見朱棣之殘暴不仁。戲曲不憚血腥，本《明史紀事本末》之文字，②細細呈現這一過程，"先把他耳鼻割下，再將他身上之肉，烹炙好了，塞入他口內，令其自吞自咦，然後全屍推入油鼎，扯上殿來"。③舞臺甚至當場表演鐵鉉入油鍋之一殘忍無道的過程：

    （隨意扮油鍋、死屍，二校扛擡，末副淨押上）……（丑）校尉，可將他屍首用鐵棒夾牢，向朕北面而立。（校尉夾住立介）（丑笑介）鐵鉉，你原來也朝見我了麽？（內暗放火藥，作油鍋火起，校放手，屍仍背立介）④

這一虐殺場面，勾起讀者聯想到《千忠戮·草詔》中慘死的方孝孺——

---

① 六種傳奇合刻爲《新曲六種》，最少有兩個世光堂刻本，一版本前有乾隆壬申(1752)序，綫裝，三函；一版爲清乾隆十八年(1753)年世光堂《夏惺齋新曲六種》(下稱《新曲六種》)，序跋頁有闕，收錄于北京大學圖書館編輯之"不登大雅文庫珍本戲曲叢刊"(北京：學苑出版社，2003年)，本文所用引文均用此版本，相關的序跋和題詞參考蔡毅編著《中國古典戲曲序跋彙編》。
② 谷應泰：《明史紀事本末》(臺灣：臺灣商務印書館，1956年)，第十八卷，《壬午殉難》，頁207。
③ 《無瑕璧》，頁86。
④ 《無瑕璧》，頁88。

二人都因其殉身之剛硬酷烈而名垂青史——但其舞臺場面的血腥暴力甚至遠遠超之。這種以死亡之慘烈凸顯死者之崇高道德的叙事思維,常見于明清傳述道德人物的史傳、小說及戲曲中。但就靖難事件而言,這種描述駭人過程的偏好,在激發對建文忠臣的敬佩與同情的同時,相關描述也顯現對朱棣殺虐的不滿。這些暴力場面,既是對忠臣的正面表彰,也是對暴君的指責。我們已看到《千忠戮》如何在表彰忠烈的同時,抨擊殘暴君王與政治暴力。這種抨擊,源于對亂世與歷史暴力的真實感受,尤其是對無辜弱小衆生的哀憫。正是這種悲天憫人的情懷,讓《千忠戮》的控訴與譴責具備了深刻永恒的藝術感染力。相比之下,《無瑕璧》缺乏類似的感受與情懷,劇作家夏綸試圖站在儒家倫理立場,以歷史審判的姿態譴責朱棣,但却因此讓劇本陷入道德困境與叙事難題。

劇作對朱棣的否定是顯而易見的,屢見"燕賊"、"賊"、"燕孽"等稱呼。當時官修《明史》以及衆多私史對靖難事件的清理已基本定性,劇作家持此立場似在情理之中。此劇甚至破天荒地以"丑角"扮演朱棣。在崑曲行當規範中,丑角通常用來扮演市井小人物或奸詐小人,《無瑕璧》中另一用丑角扮演的人物李南榮,即是典型的丑角人物。但以此扮演九五至尊的皇帝,在明清傳奇中幾乎未見。夏綸以這種最直觀的戲曲舞臺形象,表示對朱棣的貶斥。舞臺上的小丑朱棣不僅是篡奪皇位的逆賊,更是殘暴的殺虐者與迫害狂。除正面暴露朱棣之殘暴的《烹鐵》,第九齣《雨話》整齣通過皂隸之口,叙述朱棣殺戮齊泰、方孝孺、黄子澄等人,并將其女眷罰入教坊司。戲藉劇中人物高賢寧之口,指責朱棣種種近乎喪盡天良的做法,"就是千年萬載之後,也還是人人髮指的"。評點者徐夢元進一步指出,"玷辱妻女,直是盜賊所爲,傳之史册,詒誚千古"。[①] 這些斥駡,在明朝都是不可能想見的。

然而,不像《千忠戮》安排朱棣暴斃,《無瑕璧》雖如此激烈否定朱棣,懲惡在戲中却成了不可能的事情。不同于大多數以奸臣充當靶子、轉移矛盾焦點的靖難戲曲,當《無瑕璧》將矛頭直指朱棣時,它面臨的最大困難在于:如果皇權是賞善罰惡的最終權力來源,那麼誰來揚善? 懲

---

① 《無瑕璧》,頁93。

惡又如何可能？作爲鐵鉉的對立面，朱棣一開始被激烈地斥責爲"篡賊"；但隨著劇情發展，在戲的下卷中，登基爲帝的朱棣反過來成就鐵鉉一門忠孝，變成所有人頌德謝恩的君主。這種情節的矛盾與人物形象的斷裂，根本原因乃在于朱棣身上所具備的雙重身份：他是儒家君臣倫理標準下的篡位者，但事實上又是掌握一切權力的君主。與其他靖難戲曲一樣，通過皇權赦免鐵鉉子女是揚善的重要方式，但登上至尊之位的朱棣却不再可能被懲罰。

　　從本質上看，《無瑕璧》的敘事斷裂與朱棣形象的顛覆，反映的正是政治皇權與儒家君臣倫理的複雜張力所造成的倫理困境。自《孟子》提出"弑君"與"誅一夫"的區別後，這暗懸于皇權之上的"道"，固然沒有發展成穩定的制度，却形成了重要的傳統，爲評判皇權與君主的正當性提供了標準，其相關言論的潛在危險性也經常引起帝王的警覺。① 正是這一儒家傳統，讓以道自任的文人劇作家夏綸擁有評判朱棣的立場。但在實際政治中，無論多麼暴虐的皇帝，只要他一日在位，君臣倫理就必須被恪守；同樣的，王朝與政權一旦確立，新一輪的君臣倫理關係也隨之確立。這種道德倫理與絕對皇權挂鈎，超越了個別皇帝的道德品行。在這種邏輯下，儒家君臣倫理只得再次爲政權合法性護航。

　　在劇中，道德正義與皇權正義合而爲一的典型象徵物，正是鐵家的傳家寶"無瑕璧"。無瑕璧本是太祖朱元璋賜給鐵鉉之物，此璧一度被朱棣繳收，劇末鄭重安排朱棣重新將無瑕璧還給鐵鉉之女，"借此貞珉以彰淑德"。② 至此，家傳寶物"無瑕璧"的忠君象徵意涵，遂被替換成對女性貞節的表彰；朱棣則由篡臣賊子轉身爲代表道德的皇帝。這也是《無瑕璧》與《千忠戮》作爲歷史劇的根本不同處。李玉爲犧牲于殘酷的政治鬥爭之下的忠臣良民致唱輓歌，故安排雙手塗滿血腥的朱棣被衆冤魂嚇死，以示"詩歌正義"；夏綸希望藉表彰忠臣鐵鉉宣揚儒家君臣倫理，在這一主題下，"懲治不義的君主"根本就是悖論。

---

① 朱元璋對《孟子》學說的高度警惕，可參見 Benjamin Elman, "Where is King Ch'eng?: Civil Examinations and Confucian Ideology during the Early Ming. 1368—1415", *T'oung Pao*, Vol. 79, pp. 23—68.
② 《無瑕璧》，頁261。

縱然朱棣通過暴虐方式獲得政權,但在襃忠教忠的劇作中,帝王既象徵了絕對的政治皇權,臣民就必須無條件效忠。這種邏輯推導出的結論,正是爲劇本寫《題辭》的壺天隱叟所提出的論點。在其《題辭》中,他以設擬問答的方式,對劇本顛覆君臣倫理的潛在危險性提出質問:

> 若林春田、高賢寧,止知有鐵,不知有君,已屬不可。矧馬千里,感一己之私恩,而身爲戎首,指戈向闕,必欲滅此而甘心,其又何爲天下後世訓?①

此處所謂"只知有鐵,不知有君",指的是劇中鐵鉉好友林春田、鐵鉉門生高賢寧、鐵鉉家將馬千里三人。其中,最具危險性的人物是馬千里,他爲了忠于故主鐵鉉,竟然不惜違背朱棣禁令,興兵造反。作序者認爲,縱然三人出于對鐵鉉的忠義,其行爲却是破壞君臣大義之隱患,實不可"爲天下後世訓",也違背劇作的"勸忠"主題。壺天隱叟的擔慮,實可幫助我們理解《無瑕璧》出現的叙事斷裂,即爲何劇作家否定朱棣,却必須讓登基爲帝的朱棣彌補他所犯的罪惡,否則不可能修復君臣倫理。在襃忠教化理念下,這種修復雖不合理且極爲勉強,却不得不爲之。

壺天隱叟的顧忌顯示了其劇本閱讀的敏銳性。事實上,最挑戰此劇"勸忠"主題的馬千里,是此劇比重最大、刻畫最光彩奪目的人物,表達了不屈服于朱棣的聲音。此劇寫馬千里智救鐵鉉之子、勇抗朱棣、帶領義軍南征北戰,更在鐵鉉死後繼承其遺志,效忠于建文,痛斥朱棣爲"燕孽"、"逆臣",在所有人都謝聖恩時也始終不改口,凜然有生氣。劇寫馬千里帶領軍隊攻打京城之前,登上金川門眺望故都,立誓要爲故主報仇:

> 【油葫蘆】您休想僭竊江山久占牢,看靴尖輕踢倒,把亂臣賊子首懸梟。②

---

① 《無瑕璧》,頁 11—12。
② 《無瑕璧》,頁 238。

當下卷中所有人對登基爲帝的朱棣唯唯諾諾時,只有馬千里還在酣暢痛快地斥罵朱棣爲"亂臣賊子",既可視爲劇作家爲自己的歷史觀發聲,也是在爲馬千里的興兵提供道德辯護。馬千里的義軍不僅是爲鐵鉉與建文報仇,更凝聚著爲永樂篡位與殘暴所激發的民憤。這種民憤在馬千里士兵的集體合唱中,得到了集中的抒發表達:

(二生小旦雜扮四卒執旗引淨戎裝合唱行上)【中呂過曲】【越恁好】皇綱紐解,逆焰勢熏天,除殘討叛,欣開路,義聲先,奇忠慘殉人更憐,仇非淺鮮。……復故主之河山,拯遺孤于水火……(卒應又合唱行介)危城垛縱遮不住爭巢燕,長江水尚流不盡臣民怨。①

批者徐夢元引《明史紀事本末》谷應泰的看法,進一步點出此處唱詞中,"除殘討逆四字,加之永樂,實非過刻"。可以說,馬千里雖只是虛構的戲曲人物,却承載了作者與批者評價靖難事件的真實歷史觀。在"除殘討逆"這一價值判斷下,馬千里對永樂的興兵,實是"誅一夫"以舒天下臣民之怨。劇本特意寫馬千里帶兵到揚州,揚州百姓簞食壺漿,殺了城裏的僞官,夾道迎接馬千里軍隊,并以數齣之篇幅,寫馬千里統領軍兵,包圍京城,義軍逼近京城皇宮,大罵朱棣,甚至發願要"芟永樂,僞編年",拒絕承認其皇位的合法性。②

這種近乎梁山好漢替天行道式的揭竿而起,無疑對正統君臣倫理潛存著相當的威脅性,壺天隱叟的題辭正顯示了對此的警惕感。當然,在夏綸的筆下,這種近乎暴民的"綠林聚嘯",只能成爲發泄情緒、實現正義的方式,絕不可真正動搖帝王的統治。不過,馬千里最終雖在勸說下退兵,却拒絕被朱棣招安,而是"暫把兵馬移屯海島,別尋一棲身之地,靜候建文皇帝回鑾消息"。③ 劇作家爲馬千里安排這一意味深遠的結局,可謂用心良苦,在不破壞新一輪政權統治的前提下,維持對朱棣當政的負面價值判斷。而無論是逼迫皇宮的舉兵,抑或是再建"舊扶

---

① 《無瑕璧》,頁214—215。
② 《無瑕璧》,頁161。
③ 《無瑕璧》,頁214。

余"的海島,都讓我們想到了《血影石》中的八百媳婦國。在"普天之下,莫非王土;率土之濱,莫非王臣"的觀念下,這些都是力圖逃出王權掌控的虛構國土與行動。馬千里這一人物的創造,則可視爲戲曲家夏綸意識到"懲惡"不可能時的藝術創造。當劇作家寫馬千里軍兵殺向金陵,一路高歌"騎箕浩氣應無變,想到此定舒悲怨,笑殺那遺臭奸藩,徒將篡字傳"時,①可以想見作者與觀者都可得快意于筆下,紓胸中之憤懣。

徐夢元評《無瑕璧》時,處處以《明史》所載及相關史實作爲閱讀參照與評價標準,可見戲曲作爲歷史的記述方式,得到相當大程度的認同,儘管這些戲曲與史實存在著無比巨大的鴻溝。此外,通過劇本的閱讀評點,以及場上演出,作者與觀者共同構建了一個狹小的文本/劇場空間,交流其歷史觀點。在以戲爲史的觀念下,劇本/舞臺將朱棣重新召喚到眼前,使之接受歷史/世人的最終審判。劇中曾寫到,朱棣以"聖上乃高皇帝之嫡子,應天順人,垂裳繼統,與異姓革命者不同"爲自己辯解,鐵鉉駁斥以"篡奪之事,何代無之? 成則爲我明之逆燕,不成則爲漢代之七國",徐夢元在此處加批語:"一部十七史,包括殆盡。"②在另一處類似的辯解"解甲換黃袍,不比潛加體",又加批語曰:"只爲一領黃袍,多少亂臣賊子從此而起。厥後高煦、宸濠皆踵燕孽故智,而成敗不同,褒貶亦異,教猱之失,誰復爲永樂咎也?"③通過品評朱棣與靖難這一特殊歷史事件,無意中却尖銳地觸及了"成王敗寇"的本質以及隨之而來的歷史書寫詮釋權。

值得指出的是,《無瑕璧》并非僅是案頭劇。據筆者所見,臺灣"中央研究院"傅斯年圖書館即藏有《無瑕璧》抄本。由于僅存三頁,只能判斷其内容確係與夏綸劇本相關,難以進一步分析,但此抄本字體拙陋,錯別字甚多,當可判定是爲民間演出本。④ 此外,京劇也有《無瑕璧》,有北京戲曲研究所藏本,所有劇情、人物皆依夏綸劇本。麒派藝術創始人

---

① 《無瑕璧》,頁 214。
② 《無瑕璧》,頁 83。
③ 《無瑕璧》,頁 218。
④ 《頭本無瑕璧曲譜》,臺灣"中央研究院"傅斯年圖書館。

周信芳也曾演出《鐵尚書自食耳鼻羹》,可能也與此有關。① 陝西華劇則有一民間藝人抄本,名曰《鐵鉉撲油鍋》。② 儘管目前不能判斷這些演出劇本于何時開始流傳,但大致可以看到,《無瑕璧》進入民間演出時,最吸引人的是鐵鉉的死亡景象。這種忠臣烈性與血腥、暴力的場面相結合,很能刺激劇場觀衆的情感與想象,就猶如《千忠戮》的《草詔》。民間劇場所關注的焦點,與接下來要討論的宮廷本《無瑕璧》,存在著相當大的差異。

## 四、宮廷本《無瑕璧》的"靖難演義"

　　夏綸自詡以教化百姓、宣揚忠孝節義爲己任,但民間演出顯非其作劇的唯一關注點。無論是夏綸的自序,抑或他人爲劇本所做之序、跋,都期待劇作得到名公巨卿的青睞,搬上舞臺演出,甚至藉此邀得帝王垂青,道德教化成爲劇作家與戲曲創作的包裝論述。由序文措詞可見,戲曲在乾隆南巡中扮演的重要角色,無疑增加了進戲及以戲晉身的誘惑力。③

　　今存文獻未見夏綸戲曲在南巡演出的記錄。儘管如此,《無瑕璧》却以某種未得而知的途徑,進入清朝宮廷演出。如同今日所見的許多宮廷演劇劇目,傳奇《無瑕璧》在宮中演出時,被分成五段。今日尚保留第二段與第三段的完整串關,以及第五段的提綱。其中,第二段收于《清宮昇平署檔案集成》第91册,扉頁有"舊大班"、"吉"的標示;三段及五段則收入《綏中吳氏藏抄本稿本戲曲叢刊》第33册。由情節的連貫性及抄寫筆跡判斷,這三段當屬同一演劇本。

　　有趣的是,原劇及題評者強調戲曲忠于官修《明史》及相關史實,宮廷演出本却對原著大幅删改,淡化歷史故事的"真實性",尤其著重對燕王朱棣與建文軍隊的戰爭大加演繹,使得演出面貌更近乎歷史"演義"。④ 大

---

① 王森然:《中國劇目辭典》(石家莊:河北教育出版社,1997年)。
② 曾白融主編:《京劇劇目辭典》(北京:中國戲劇出版社,1987年)。
③ 《中國古典戲曲序跋彙編》,頁1740—1743。
④ "演義"之定義參見,譚帆:《"演義"考》,《文學遺產》,第二期(2002年),頁101—112。

量的歷史或虛擬人物被納入參與這場戰爭,但所涉及的人物又幾乎不見于傳統史書、小說、戲曲的靖難傳聞中。可以説,在歷史叙述與文學創作中所逐漸建構出來、已被廣爲接受的靖難叙述模式,在宫廷演出中却幾乎不見痕迹。

宫廷本串關首段現在未見。二段串關共八齣,圍繞朱棣軍隊攻克廬州、河南的幾場戰役展開,主要演出朱棣將領張茂、剛丙與洞蠻羅計荅所領之蠻兵的對決,鐵鉉僅在第二齣露面。① 三段串關劇情緊接二段,寫朱棣軍隊攻打廬州,在驪山老母的幫助下,不費一兵一卒,降服廬州。隨後,朱棣軍隊更在天神默佑之下,半夜渡淮,向濟南進攻。此過程雖遭馬千里的抵抗,但鐵鉉却不戰而屈,獻城投順。四段串關亦不見。五段僅存提綱,由齣目名稱及排演人物推斷,此部分基本遵循原著,述鐵鉉兒子鐵福安在投奔鐵鉉之友林芬後,因林芬侄子李南榮告密,被李景隆押解往京城,被馬千里解救。宫廷本似略過鐵鉉女兒瓊英被永樂遣入教坊司之事,但有兩齣敷演馬千里起義并被招安。與原著一樣,劇作以永樂爲鐵鉉子女賜婚終場。②

很明顯,宫廷劇《無瑕璧》對原劇本進行了大刀闊斧的改動。首先最明顯的差别是,宫廷本大比重突出武打場面,這種改動顯係因應宫廷戲劇的特色。宫廷演劇人員充分、道具齊全、舞臺開闊,極有利于呈現熱鬧恢弘的武戲場面,二段首齣《洞蠻演陣》即相當有代表性。如齣目標題所示,蠻兵演陣乃此齣的主打場面。戲曲通過數次變换蠻兵所持武器,提升表演的觀賞性,如分別用排陣、操藤牌操演、舞大刀、長槍操演,最後更安排異獸上臺,"口噴煙火舞陣"。除道具使用,每次演陣練武必配有士兵合唱,及珠崖洞蠻羅計荅的長段獨唱,舞臺場面齊整熱鬧。至于三段串關中出現的橋段如陣前招親、聖母諭旨、幻術用兵,都是宫廷戲常見的套式與場面,它所出動的驪山老母、仙女、雲使,也都是

---

① 《無瑕璧》二段串關,見中國國家圖書館:《清宫昇平署檔案集成》(北京:中華書局,2011年),91册。
② 《無瑕璧》三段串關、五段題綱,見吴書蔭主編:《綏中吴氏藏抄本稿本戲曲叢刊》(北京:學苑出版社,2004年),第33册。八齣齣目爲《奉敕巡查》、《忘恩大索》、《路拯除奸》、《偵報赴救》、《召議招安》、《陳説休兵》、《賜婚復璧》、《褒贈雙圓》。

宫廷劇常見的神仙。縱然情節頗千篇一律、人物形象極爲單薄,却充分利用了宫廷特有的演劇優勢,自有其觀賞性。

除舞臺場面的改動外,宫廷本與原劇的另一根本差别是改變叙事立場。宫廷本一反原劇以及我們所能得知的所有靖難戲曲,完全站在明成祖朱棣的立場,演出燕軍攻城收地、統一天下、獲取政權的"開國史"。在此叙事立場下,宫廷本削弱原著中朱棣與鐵鉉的衝突,轉而以洞蠻軍士以及驪山老母之徒作爲朱棣的戰争對手。原劇雖然最終并未懲罰朱棣,却對其行爲大加鞭撻,更塑造馬千里這一人物,呈現了皇權與道德正義所存在的難以彌合的裂縫;但在宫廷本中,朱棣的正統地位則完全無可置疑,燕王興兵純是順應天命之舉。

宫廷本在主題内容與藝術方式上的改動,實質上是一體的。宫廷本動用一切戲劇元素呈現朱棣的正統地位,最重要的是通過舞臺神仙具象化表演抽象的天命,傳達"皇權天定"的觀念。串關第三段整段無非都是在表演這一觀念。首齣《降凡敗索》一開場即藉驪山老母之口,宣稱人間帝王之争自有天數:

> 遥望金陵,軍民塗炭,那英豪爲國來争戰,燕王帝簡,也是瑞應隨天。(白)鴻蒙開闢我先游,踏遍乾坤四大洲,屈指到今千萬劫,朝宗又見水東流。吾乃驪山老母也,今因燕王,興靖難之師……①

王朝歷史更替只不過是天道運行之常理,"軍民塗炭"乃天命注定,在劫難逃,不能歸咎于人爲。建文忠臣固然是"爲國來征戰",但順天而起的燕王朱棣更當受天道護佑。此段緊接幾齣即演述驪山老母説服建文將領索武,讓其將女兒嫁給燕王的將領、"秉正剛堅"的"蓋世英雄"張茂。在驪山老母的諭旨下,索武非但將女兒紫玉許配與朱棣將領張茂,而且"舉城投順,扶保燕王",朱棣遂不費一兵一卒,收服盧州。

燕王軍隊是天與神歸的正義之師,這在其後的《冰渡長江》再次得到集中强調。此齣寫燕王帶兵攻打金陵,却苦于長江之阻,無法渡過此

---

① 《無瑕璧》三段串關,頁 262。

天然關卡。金龍四大王因"燕王乃真命之主，爲此相約淮神，前來商議，送他過江"。淮神提議由江湖淮瀆神祇，驅蝦兵蟹將送燕王渡河，但考慮到燕兵人馬衆多，最後在玉帝的旨意之下，由風雪二神相助，把水凍結成冰。燕兵最終在水卒、龍神、淮神等的護送之下，順利過江，并打敗建文將領徐輝祖。此齣最後由衆人合唱【尾聲】，高聲盛贊天命歸燕："整年征戰添惆悵，天命歸燕不費忙。知事臣僚拜首降。"面對"萬聖相扶"的聖君，投降迎接朱棣登位的臣僚，不再是其他靖難戲曲中千夫所指的奸臣，反而是"知事"而行的順天之人。緊接其後的《攘位投誠》一齣即寫永樂登基，李景隆、嚴震直等人歌【點絳唇】一曲，呈現出"天與人歸"的朝廷新氣象。至爲誇張的是，守城濟南的鐵鉉竟然以"孤城難保"爲由，向前來征戰的李景隆不戰而降，"我今開城，情願合家受縛，休傷害百姓"。① 這種顯然完全違背歷史事實與原劇創作的戲劇處理，並非有意弱化鐵鉉的忠臣形象，而是意在彰顯永樂天意難違的正統性。

其實，無論是河水夜結爲冰，抑或是風神助燕，種種神迹在靖難傳述中都流傳有自。② 在靖難傳聞與歷史解釋中，仁德的建文失位，殘暴的朱棣得權，這種不符合期待的歷史事實常被歸因于天命。不同的是，民間或者文人對此天命常表示無可奈何、困惑甚至不滿的態度，在夏綸原劇中，徐夢元即在批語中，對於朱棣三次得風神之助深表喟嘆。類似的道德或情感困惑，則絲毫不見于宮廷本中，相反，這些神迹成爲宮廷的表演重心，昭示著"皇權天定"的無上意志。

遺憾的是，處理鐵鉉之死以及馬千里興兵的四段與五段不存，以致我們未能詳細分析《無瑕璧》原著中的複雜聲音在宮廷本會被如何表演。諸如《烹鐵》那般血腥暴力的場面是否可能上演，實在是個很大的問號，但神化忠臣以示表彰，當是必然橋段。現存五段首齣題綱《奉敕巡查》出動人員包括日游神、夜游神、功曹、電母、雷部天君、從神、判官、鐵鉉、城隍、游戲神、土司、社令、李南榮、旗牌、家將、軍士、將校以及李景隆，動用多達四十九名的宮中伶人，可謂場面浩大。此齣若非演諸神

---

① 《無瑕璧》三段串關，頁291—294。
② 劉瓊云：《人、天、魔——〈女仙外史〉中的歷史缺憾與"她"界想象》，《中國文哲研究集刊》，第三十八期（2011年3月），頁55—56。

護送鐵鉉升天,即是演鐵鉉死後成神巡查人間,無論哪一種,莊嚴的舞臺場面都將觀衆的情緒導向對忠臣的敬畏,多過哀悼——後一種情緒在原劇中則極爲濃烈。至于原劇寫馬千里逼近皇宫的《燕窘》、《解圍》,其頗具春秋筆法的標題則被置換爲《召議招安》、《陳説休兵》,承載寄寓的道德判斷則由對燕王朱棣的嘲弄指責,變成對皇權收編權力的許肯。至于原劇寫馬千里對著皇宫與朱棣的指駡斥責,在宫廷本中是否會被消音,則不得而知了。

儘管只是殘存本,但由以上分析可清楚看到,宫廷本演繹靖難事件時,武戲與神仙場面,成爲劇情得以展開的基本綫索與主要呈現。這些看似荒誕無稽的情節,并非僅是爲了熱鬧的宫廷舞臺排場,而是在在彰顯皇權的至高無上。如前文分析所示,大多靖難戲曲的情節、細節,除依據各種私史、筆記、民間傳説外,也存在大量的虛構情節,靖難退爲叙事話題或背景,這也是本文稱之爲"演義"的原因。但正是在這些演義中——而非歷史事件的真實與否,我們看到了不同的作劇者/觀看者處理靖難歷史的不同方式與立場。相較于宫廷對皇權與君主形象的維護,在夏綸的《無瑕璧》中,儘管劇作最終歸附皇權,但它還是以特有的方式表示褒貶,隱約可見"道統"對"政統"的抗衡聲音。相比之下,宫廷在演義靖難事件時,更致力于昭顯朱棣所代表的絶對皇權。

類似宫廷本《無瑕璧》這般敷衍王朝興起的宫廷歷史劇,在所存宫廷劇本中占了頗大比重。清代宫廷大戲從開天闢地演到明代,歷代興亡的劇目都有。[①] 目前保存之清宫劇本,集中收録于《中國國家圖書館藏清宫昇平署檔案集成》與《故宫珍本叢刊》。筆者遍檢《故宫珍藏》所收録之宫廷歷史戲,發現無論昆弋腔,或者後來的亂彈、梆子,戲中的帝王幾乎都是以絶對正面的形象出現。無論演繹哪個朝代、哪個皇帝,皇帝至高無上的絶對神聖地位成了不容侵犯、質疑的神聖存在,超越了一切政治、道德判斷,至于其江山版圖之正統性更是毋庸置疑。

與宫廷本《無瑕璧》一樣,這些王朝歷史劇無一不是在傳達"皇權天定"的主題,且都以諸神贊佑的演劇方式呈現,如演朱元璋興起的《建洪

---

① 古本戲曲叢刊編輯委員會:《古本戲曲叢刊九集・序》(上海:中華書局,1964年)。

圖》、演唐王朝事業的《定太平》、《紅羅山》等,無一例外。① 最能説明問題的是演秦始皇統一六國的《平齡傳》。劇中孫臏被認爲逆天命而行,阻礙秦朝一統事業,以致造成生靈塗炭。秦朝則以絶對的正統性,代表了皇權的至高權威,在衆多降臨凡間的天神贊佑下,一統六國。最有典型的場面是第七齣《秦凱咸陽》,演秦王一統天下後,楚、魏、韓使臣前來獻版圖册籍以及投誠表文,以示歸順。② 秦始皇統一天下的舞臺場面,儼然彰顯現實中威服四海、懷柔遠人的大清帝國與帝王威嚴,其象徵意義昭然可見。"皇權至高無上"、"王朝一統天下"成爲宮廷演劇的核心,甚至已超越清王朝曾極爲忌諱的滿漢、蠻夷之分。在宫廷武戲中,苗族、回族等往往被呈現爲醜陋的洞蠻、番兵形象,如《全福慶》第一齣《醜寇侵邊》,他們試圖造反破壞王朝大一統,最終當然是"興兵一鼓收夷狄"。③

考慮到宫廷演劇經常承載著儀式功能,我們或許可以理解,宮廷演劇并非旨在承載歷史叙述,也不一定承載官修史書"鑒于往事,以資于治道"的歷史訓誡功用。恰恰相反,宫廷關于歷代王朝的"歷史演義",并非意圖通過演劇再現歷史,而是通過不斷地呈現王朝如何受到天道的庇護,宣示著皇權的至高無上與"君權神授"的觀念,以及附庸于其下的"忠君"觀念。它避開王朝興起的道德是非曲直與情感歸屬問題,歷史真實以及戲曲的人物、情節都非演出的呈現重點。就此角度而言,演劇在宫廷政治文化中,是以一套象徵語言發揮著作用,而非敘事文體。作爲一種虛誕的表演藝術,戲曲的内容可以任意發揮;其特殊的表演空間、場合與觀看者,又足以使宫廷演劇的象徵意義被解碼接受。

# 五、結　語

中國戲曲演述帝王并不少見,元雜劇甚至有"駕頭雜劇"這一專門

---

① 故宫博物院:《故宫珍本叢刊》(海口:海南出版社,2001年),第664册。《太平福》、《獻俘圓親》、《聘請洞苗》、《泄機遇仙》等數十齣演德昭征南唐事,也是典型例子,第667册。
② 《平齡傳》,《綏中吳氏藏抄本稿本戲曲叢刊》,第33册。
③ 《全福慶》,《故宫珍本叢刊》,第664册。

的類別,多少反映社會對帝王及其事迹的興趣。不過,能否將帝王形象搬上戲曲舞臺,這一問題却一度進入明、清兩朝的國家法令中。洪武三十年(1397)五月刊本《御製大明律》規定,"凡樂人搬做雜劇戲文,不許妝扮歷代帝王后妃、忠臣烈士、先聖先賢神像,違者杖一百。官民之家,容令妝扮者與同罪,其神仙道扮及義夫節婦孝子順孫勸人爲善者,不在禁限。"這一法令且完全爲清朝所沿襲。① 永樂九年更出示皇榜禁止收藏、傳送、印賣"褻瀆帝王聖賢之詞曲駕頭雜劇",有收藏者五日内將之送付官衙燒毁,"敢有收藏的,全家殺了"。② 無論這一律令對于相關戲曲的實際約束力有多少,可以肯定的是,戲曲舞臺上的帝王形象對于統治者而言是個頗爲重要的管治問題。③

　　本文通過分析夏綸的《無瑕璧》及由此改編的宫廷演出本指出,文人與宫廷在演繹同一歷史事件時,基于各自的身份與立場,往往會呈現不同的歷史。大批的靖難戲曲即已隱約表現民間對帝王的評價與情感歸屬,自有其不同于官方的聲音,而夏綸的劇本特别明顯地看到,對儒家忠孝節義與仁義修養的重視,始終構成一條隱綫,質疑著個别君主的正當性。看似圓滿的戲曲叙事表現著皇權與道德權威的合一,但戲曲通過強烈而直接的舞臺表演,却給觀衆留下揮之不去的印象,諸如《烹鐵》等表演場面,以及馬千里這樣的戲曲人物,挑戰了君主的正面形象。相反,圍繞著明成祖而展開的複雜道德爭議,全非宫廷本所關注。宫廷本《無瑕璧》意在通過演出歷史,宣示皇權的至高無上與"君權神授"觀念。衆多宫廷歷史劇中近乎相似的帝王形象指向同一個意涵:舞臺上的"帝王"雖爲"戲説",歷史演繹縱然近乎荒唐,但王朝的正統性與帝王的絶對權威性,却是不可質疑的。宫廷舞臺成爲展示權力的空間與場合。

　　本文也藉著對朱棣的不同舞臺呈現,探討戲曲如何演出"不義的帝王"。儘管忠奸對立的叙事以及聖旨下詔的戲曲大團圓模式,往往模糊

---

① 王利器,《元明清三代禁毁小説戲曲資料》,頁14。
② 王利器,《元明清三代禁毁小説戲曲資料》,頁18。
③ 相關研究見 Tian Yuan Tan, "Prohibition of Jiatou Zaju in the Ming Dynasty and the Portrayal of the Emperor on Stage," *Ming Studies*, 49, pp. 82—111.

轉移了矛盾的焦點,但這并不意味著劇場對帝王的所作所爲毫無反省。比起宮廷舞臺對帝王的"粉飾",文人因其立場與關注點,其戲曲體現著更爲複雜的思考。至于民間對于"不義的帝王"的態度,最能説明問題的是傳統戲曲小説中虛構出的"打王鞭"。這是一種威力無窮的武器,往往由先朝帝王賜予功臣或元老,在朝政昏敗之時可"上打昏君,下打奸臣",主持正義。① 舞臺不乏上演主持正義的大臣追打帝王的場面,場上鬧哄哄,場下紛紛叫好,昏庸的皇帝在衆人的逼迫下只好認錯。于是,賞善罰惡,觀衆心滿意足地回家。而無論是"打王鞭",抑或是本文分析所提及的夷國、海島,這些另類想象都希望挽回受至高無上皇權破壞的道德公正。這些近乎荒唐的演義想象,給予了劇作家及觀衆嬉笑怒罵的權力,但不可否認,這些批評却往往又在娛樂中被消弭化解或掩蓋了。大多數舞臺上粉墨登場的帝王,依然是巍巍皇權的象徵符號。

(本文作者係香港中文大學中國語言及文學系博士候選人)

---

① 王占鋒:《尚方寶劍與打王金鐧——傳統戲曲中兩類器物的法律文化解釋》,《中南財經政法大學研究生學報》,第 3 期(2011 年),頁 156—160。

# 《石頭記》的叙述層次及其功能與意義[①]

## 周建渝

**提要:** 本文以《石頭記》存在的多重叙述層次爲焦點,討論其在小説叙述進程中,分別具有怎樣的功能,如何爲作品寓意提供多種詮釋之可能性,以及這些層面與觀點如何相互關聯,使小説開端與其後的叙述相互連貫,促成小説結構的整體一致性。本文認爲,《石頭記》中的多重叙事觀點,導致作品中多層叙述的并存。多層叙述既具各自的功能與意義,又相互交織,相互指涉,由此構成小説叙述結構的豐富性與複雜性。一僧一道游走于不同叙事層面,既操控著小説主要人物的命運,又揭示出小説中多重世界、多重意義之間的相互關聯。

**關鍵詞:** 石頭記(紅樓夢) 叙述層次 叙事觀點 叙述功能 一僧一道

《石頭記》(或《紅樓夢》)研究,自 20 世紀初以來,從舊紅學的索隱、[②]新紅學的考證,[③]到小説思想意藴、文學性質的詮釋,[④]成果蔚爲壯觀,紅學早已成爲顯學。在這些研究成果啓發之下,本文試圖就《石頭

---

[①] 本文原刊于《中國文化研究所學報》第 58 期(2014 年 1 月),頁 177—198。荷蒙該刊編輯同意轉載,謹此致謝。
[②] 例如王夢阮、沈瓶庵《紅樓夢索隱》、蔡元培《石頭記索隱》、鄧狂言《紅樓夢釋真》等。
[③] 代表著作有胡適《紅樓夢考證》、俞平伯《紅樓夢辨》、周汝昌《紅樓夢新證》等。其後,吳世昌《紅樓夢探源》、趙岡、陳鍾毅《紅樓夢新探》,潘重規《紅樓夢新解》、陳慶浩《新編石頭記脂硯齋評語輯校》、王三慶《紅樓夢版本研究》等書有進一步的討論。
[④] 較早期的有王國維《紅樓夢評論》、李辰冬《紅樓夢研究》。此後相繼出現的大量 (轉下頁)

記》的叙述層次及其功能與意義，作出如下討論。本文僅就現存《石頭記》八十回本而非高鶚所續百二十回本作爲討論對象，原因在于《石頭記》八十回本較好地保留了這部小説的原書狀況，[1]有助于我們瞭解小説原初的叙事特徵。之所以選用庚辰本[2]作討論，亦由于該本較完整地保存了《石頭記》與脂評早期鈔本的面貌。吴世昌認爲現存五種脂評鈔本中，甲戌本與庚辰本最重要。甲戌本僅存十六回，庚辰本則有七十八回，"它不僅是五種脂評鈔本中最長的一部，而且評語最多，從十二至二十八回，又有不少後加的朱批，其中許多紀録了年月和評者的簽名"，[3]因而爲本文的討論，提供了價值豐富的材料。

《石頭記》中人物與事件衆多，其關係之複雜，早爲學者所關注。[4]若從叙事的角度觀之，往往可見這部小説中的叙述又含有另一層或數層叙述。這一特徵，可借用里蒙-凱南（Shlomith Rimmon-Kenan）在分

---

（接上頁）論著、論文，其部分研究成果見于浦安迪（Andrew H. Plaks）：《〈紅樓夢〉裏的原型與寓言》(*Archetype and Allegory in the* Dream of the Red Chamber [Princeton, NJ: Princeton University Press, 1976])；余國藩（Anthony C. Yu）：《重讀石頭記：〈紅樓夢〉裏的情欲與虚構》(*Rereading the Stone: Desire and the Making of Fiction in* Dream of the Red Chamber [Princeton, NJ: Princeton University Press, 1997])；紅樓夢研究小組編：《紅樓夢研究專刊》（香港：香港中文大學新亞書院中文系，1967—1970年）；臺北幼獅月刊社編：《紅樓夢研究》（1972年）；紅樓夢研究集刊編委會編：《紅樓夢研究集刊》（上海：上海古籍出版社，1979—1989年）；中國藝術研究院紅樓夢學刊編輯委員會編：《紅樓夢學刊》（天津：百花文藝出版社，1979年創刊）；以及胡文彬、周雷所編四部紅學論文集：《臺灣紅學論文選》（天津：百花文藝出版社，1981年）、《香港紅學論文選》（天津：百花文藝出版社，1982年）、《海外紅學論集》（上海：上海古籍出版社，1982年）、《紅學世界》（北京：北京出版社，1984年）。這些研究專刊與論文集所收文章，并不限于對《石頭記》（或《紅樓夢》）思想性、文學性的批評，亦含有大量關于作者、版本等考證性文章。

① 胡適：《跋乾隆庚辰本〈脂硯齋重評石頭記〉鈔本》，載《胡適紅樓夢研究論述全編》（上海：上海古籍出版社，1988年），頁206。
② 胡適《跋乾隆庚辰本〈脂硯齋重評石頭記〉鈔本》將此本稱作"庚辰本"，并認爲"此本是乾隆庚辰秋寫定本的過録本"（頁198）。
③ 吴世昌將庚辰本稱作脂評丙本或脂丙（京）本，見吴世昌：《紅樓探源》（北京：北京出版社，2000年），頁15。
④ 研究《紅樓夢》人物形象的專書有蔣和森：《紅樓夢論稿》（北京：人民文學出版社，1959年），王朝聞：《論鳳姐》（天津：百花文藝出版社，1980年），張錦池：《紅樓十二論》（天津：百花文藝出版社，1982年），王昆侖：《紅樓夢人物論》（北京：三聯書店，1983年），康來新《石頭渡海：紅樓夢散論》（臺北：漢光文化事業股份有限公司，1985年）與《紅樓長短夢》（板橋：駱駝出版社，1996年）兩書中的人物論部分，王志武：《紅樓夢人物衝突論》（西安：陝西人民出版社，1985年），朱眉叔：《紅樓夢的背景與人物》（瀋陽：遼寧大學出版社，1986年），郭玉雯：《紅樓夢人物研究》（臺北：大安出版社，1994年）等，以及大量相關論題的期刊論文。

析西方小說敘事層次時的話來説明:"一個人物的行爲是叙述的對象,可是反過來,他本身也可以叙述另一個故事。"①《石頭記》有多重叙述層次,是由于作品中有不同層次叙述者的觀點(point of view,亦稱視點)。所謂觀點,對小説創作而言,涉及叙述者與故事的關係,即叙述者以何種方式建構故事;對讀者而言,則是藉以認識構成小説作品的人物與事件等的視界。② 美國學者羅伯特・史可兹(Robert Scholes)與羅伯特・凱洛(Robert Kellogg)注意到,一部小説中,視其複雜的程度,各有三個或四個叙事觀點——小説人物、叙述者、讀者與作者的觀點。③

關于《石頭記》(或《紅樓夢》)的叙述特徵,學界已有很多深入的討論。盧西恩・米勒(Lucien Miller)在《紅樓夢中虛構的面具》(*Masks of Fiction in Dream of the Red Chamber*)一書中指出,小説有五個叙述角色(persona):一僧一道中的和尚、空空道人、石頭、曹雪芹、匿名叙述者。米勒對此五個叙述角色的視點、特徵及意義進行了細緻討論。④ 黄金銘《紅樓夢的叙述藝術》一書在論及《紅樓夢》的叙事觀點時,注意到曹雪芹"藉著控制他本身、代叙者(石頭、茫茫大士、渺渺真人與空空道人)、讀者間之距離,而將自傳客觀化爲自傳體小説",并分析作者如何"透過一位編輯而將藝術家與回憶録者之分别戲劇化"。⑤ 受其啓發,本文主要從小説叙述者與小説人物兩方面切入,通過討論《石頭記》叙述

---

① Shlomith Rimmon-Kenan, *Narrative Fiction: Contemporary Poetics* (London: Methuen, 1983), p. 91. 本書有姚錦清等中譯本:《叙事虛構作品:當代詩學》(北京:生活・讀書・新知三聯書店,1989 年)。本處中文引文主要參考此譯本頁 164,筆者略有修訂。
② Wong Kam Ming(黄金銘)著、黎登鑫譯:《紅樓夢的叙述藝術》(臺北:成文出版社,1977 年),頁 14。
③ Robert Scholes and Robert Kellogg, *The Nature of Narrative* (London: Oxford University Press, 1966), p. 240. 此處中文由筆者自譯。
④ 米勒認爲一僧一道中的和尚是"武斷的權威"(dogmatic authority),空空道人是"天真的學究"(naive pedant),石頭是"客觀的創新者"(objective innovator),曹雪芹是"自傳式懺悔者"(autobiographical confessor),匿名叙述者則是"忠實的書寫者"(faithful scribe)。詳見 Lucien Miller, *Masks of Fiction in Dream of the Red Chamber: Myth*, *Mimesis*, *and Persona* (Tuscon, AZ: Published for the Association for Asian Studies by the University of Arizona Press, 1975), p. 181. 米勒以上論述,係以《紅樓夢》百二十回本爲討論對象,因此涵蓋高鶚所續的後四十回。
⑤ 黄金銘:《紅樓夢的叙述藝術》,頁 26、57。

中隱含的多重敘述觀點,看到由此構成的多重敘事層面,以及作者設置一僧一道在小說不同層面敘述中的功能及意義。

## 一、小說開端的多重敘事觀點

《石頭記》的多層敘述首先而且主要地見於小說第一回,這也是引起學者諸多爭議的一回。從小說敘述者以說書人口吻開始,告訴我們青埂峰下那塊頑石的來歷,到僧人向道士講述的"還淚"故事,讀者被一個又一個敘述觀點所引導,進入小說一層又一層敘述空間。這樣多重敘述層次的交織式呈現,使小說從一開端便予讀者玄奧之感,也刺激著我們閱讀的興趣。簡而言之,若僅就敘述者觀點及小說人物觀點而論,我們可看到小說含有至少四個敘述層次。這些敘述的不同層次,分別涉及作品中敘述的不同觀點。既然如此,這些不同的敘述層面與觀點在小說的敘述進程中,具有怎樣不同的功能,又如何為作品的寓意提供多層面詮釋的可能?同時,這些層面與觀點如何相互關聯,如何使《石頭記》開端與其後的敘述相互連貫,以促成小說結構的整體一致性,這些便成為值得關注的問題。

讓我們從宏觀向微觀方向依序遞進,考察《石頭記》第一回裏呈現的四個敘事層次。第一層是整部小說敘述人的敘述。第二層是"石上書云",即青埂峰下頑石向讀者講述其到人間經歷過的事情,此與本書早期版本的題目《石頭記》相關合。第三層敘述甄士隱夢中所遇。第四層是僧人向道士講述的還淚故事。下面分別討論:

首先討論第一敘事層。此一層面的敘述又表現為兩種不同的呈現方式,一種是敘述人直接面對讀者的敘述,另一種是敘述人退居一旁,從側面向讀者敘述。在第一種方式呈現的敘述中,敘述人以傳統說書人口吻,①向讀者("列位看官")講述青埂峰下頑石的來歷與《石頭記》成

---

① 說書人口吻可見於小說第一回開端:"列位看官,你道此書從何而來?……待在下將此來歷注明,方使閱者瞭然不惑。"見曹雪芹著、脂硯齋評:《脂硯齋重評石頭記》(北京:人民文學出版社影印庚辰本過錄本,1974年),頁 4。本文所引《石頭記》文本,若非特別說明,皆引自此本。

書緣由。首先是石頭爲女媧補天所剩，棄于青埂峰下，被茫茫大士、渺渺真人攜往"繁華地"、"富貴鄉""安生樂業"。其後，敘述人又告訴讀者，石頭經歷一番人間的"離合悲歡、炎涼世態"後，回歸青埂峰下，將在人間的經歷鐫刻石上。再往後，空空道人將石上所刻故事"抄錄回來，問世傳奇"，此乃《石頭記》成書緣由。①

在此一呈現方式的敘事中，敘述人還説明了《石頭記》書名的演變：空空道人將此故事初名《石頭記》改爲《情僧錄》，吳玉峰題曰《紅樓夢》，②東魯孔梅溪題作《風月寶鑑》，後經曹雪芹增删五次，題作《金陵十二釵》。③

---

① 《脂硯齋重評石頭記》，頁 5—8。
② 此處"吳玉峰題曰《紅樓夢》"一句庚辰本無載，兹據甲戌本補入。見《脂硯齋重評石頭記甲戌本》(香港：夢梅館據乾隆甲戌脂硯齋本重印，2004 年)，卷一，頁 8 上。
③ 本段對《石頭記》書名演變過程的叙述，曾引起讀者對于作者與版本的廣泛討論與争議。關于作者，大部分人認爲《石頭記》作者是曹雪芹，其理由有：(一)《石頭記》脂硯齋等人評語多次提及曹雪芹撰此書，如甲戌本第一回脂評："雪芹舊有《風月寶鑒》之書，乃其弟棠村序也。"(卷一，頁 8 上)甲戌本第十三回脂評："秦可卿淫喪天香樓，作者用史筆也。老朽……因命芹溪删去。"(卷十三，頁 11 下)庚辰本第二十二回有畸笏叟評語："此回未成而芹逝矣。"(頁 509)庚辰本第七十四回正文後附評語："乾隆二十一年五月初七日對清。缺中秋詩，俟雪芹。"(頁 1831)(二) 明義詩《題紅樓夢》題下自注云："曹子雪芹出所撰《紅樓夢》一部，備記風月繁華之盛。蓋其先人爲江寧織府，其所謂大觀園者，即今隨園故址。惜其書未傳，世鮮知者，余見其鈔本焉。"見富察明義：《緑煙瑣窗集》(上海：上海古籍出版社，1984 年；與《棗窗閒筆》合刊)，頁 105。(三) 袁枚稱："康熙間，曹練亭爲江寧織造，……其子雪芹撰《紅樓夢》一部，備記風月繁華之盛。"見袁枚撰，雷瑨注：《箋注隨園詩話》(臺北：鼎文書局，1974 年)，卷二，頁 13—14。(四) 夢癡學人《夢癡説夢》云："《紅樓夢》一書，作自曹雪芹先生。"見一粟編：《紅樓夢資料彙編》(北京：中華書局，1964 年)，頁 219。(五) 蔣瑞藻《小説考證拾遺》引趙烈文《能静居筆記》語："謁宋于庭丈(翔鳳)于葑溪精舍，于翁言：'曹雪芹《紅樓夢》，高廟末年，和珅以呈上，然不知所指。高廟閲然而之，曰："此蓋爲明珠家作也。"後遂以此書爲珠遺事。曹實楝亭先生子，素放浪，至衣食不給。其父執某，鑰空室中，三年遂成此書'云。"見蔣瑞藻：《小説考證》(附續編、拾遺)(上海：商務印書館，1935 年)，頁 556。(六) 胡適《紅樓夢考證》確認"《紅樓夢》的著者是曹雪芹"，並認爲"《紅樓夢》這部書是曹雪芹的自叙傳"。見胡適等：《紅樓夢考證》(臺北：遠東圖書公司，1961 年)，頁 32、33。然而，也有人認爲曹雪芹并非《石頭記》原創作者，例如：(一) 裕瑞《棗窗閒筆·程偉元續紅樓夢自九十回至百二十回書後》一文稱："諸家所藏抄本八十回書，及八十回後之目錄，率大同小異者，蓋因雪芹改《風月寶鑑》數次，始成此書。"同書《後紅樓夢書後》又稱："聞舊有《風月寶鑑》一書，又名《石頭記》，不知爲何人之筆，曹雪芹得之，以是書所傳述者，與其家之事迹略同，因借題發揮，將此部删改爲五次，愈出愈奇，乃以近時之人情諺語，夾寫而潤色之，借以抒其寄托。曾見抄本卷額，本本有其叔脂研齋之批語，引其當年事甚確，易其名曰《紅樓夢》。"見愛新覺羅·裕瑞：《棗窗閒筆》(北京：文學古籍刊行社影印原稿本，1957 年)，頁 9、21。(二) 吳世昌認爲："《石頭記》的前身是《風月寶鑑》，……它不是雪芹所作。書中故事有的是曹家在南京時發生的，……即曹寅嫁女和康熙南巡之年。這些事情的經過大概由脂硯記録，應該是曹氏'家（轉下頁）

以上兩段敘述的重要功能在于，小說開端便將讀者視野帶入一個神話世界：大荒山無山名可稱，無稽崖不可實證，女媧補天是源遠流長的神話故事，棄石"靈性已通"，青埂峰諧音"情根"，①暗示石頭後來到人世間經歷的情感糾葛來源于此。兩段敘述的意義在于小說開端已提示讀者，後面的故事具有虛構性質，石頭在人間的經歷與情有關。而且，青埂峰下一棄石的設置，規範著小說後面的敘述，以及寶玉的回歸本原。②

在以第二種方式呈現的敘述中，觀點仍來自敘述人，却不再是向讀者的正面講述，而是敘述人退居一旁，并以旁觀者的視點帶入一僧一道與石頭的兩場對話。其中第一場對話爲石頭游歷人世前，與茫茫大士、渺渺真人的對話。這段對話未見于庚辰本，却見于甲戌本第一回。③ 在

---

（接上頁）史'的一部分。可是他又把家族中發生的其他事情編寫成小說，曾用《風月寶鑑》和《石頭記》等書名。這些舊稿後來由雪芹'批閱十載，增删五次，纂成目錄，分出章回'，最後定名爲《紅樓夢》，流傳至今。"見吳世昌：《紅樓夢探源外編》（上海：上海古籍出版社，1980年），頁483。（三）潘重規《〈近代的紅學述評〉商榷》據裕瑞《棗窗閒筆》等史料，提出《紅樓夢》"另有題名的原作者；曹雪芹只是增删補訂的執筆人。脂硯齋在評語中稱之爲作者，這便是曹雪芹變成《紅樓夢》作者的由來。'永忠、明義的詩'和'許多曹雪芹是作者的紀錄'，都是受脂評影響而產生的"。見潘重規：《紅學六十年》（臺北：三民書局，1991年），頁101—110。（四）鹽谷溫亦稱："像開頭的緣起所說，曹雪芹也是根據何種原本而纂成的。曹棟亭又實在是一個愛書家，其家藏着許多珍книг秘本之類，而這些書遂成爲《紅樓夢》之藍本。"見鹽谷溫著，君佐譯：《中國小說概論》（香港：龍門書店，1969年），頁95。此外，署名"冥飛"等人提出：《紅樓夢》作者疑係吳梅村，或出于遺老手筆，而梅村其一也。"見冥飛等：《古今小說評林》（上海：民權出版社，1919年），頁181。在版本方面，張愛玲認爲：《石頭記》與《風月寶鑑》原爲二書，後將《風月寶鑑》的材料搬入《石頭記》。"自從《風月寶鑑》收入此書後，書中才有太虛幻境，一采用了就改'玄'爲'幻'，所以第一、第五回內都是清一色的'幻境'。……太虛幻境是跟著《風月寶鑑》一起搬過來的，原名'太虛玄境'，吸收此書後改名太虛幻境"。"秦可卿的故事來自《風月寶鑑》。《風月寶鑑》收入此書後，書中才有秦氏大出喪，才有衛若蘭其人"。見張愛玲：《紅樓夢魘》（上海：上海古籍出版社，1995年），頁124、232、238、253。

① 甲戌本第一回正文："只單單的剩了一塊未用，便棄在此山青埂峰下。"此處"脂批"稱："妙，自謂落墮情根，故無補天之用。"（卷一，頁4上）
② Jing Wang, *The Story of Stone: Intertextuality, Ancient Chinese Stone Lore, and the Stone Symbolism of Dream of the Red Chamber, Water Margin, and The Journey to the West* (Durham, NC: Duke University Press, 1992), p. 277. 其原文爲："As a frame-device, the myth of the Nükua Stone regulates the narrative movement and predicts Pao-yü's return to its point of origin."此處中文由筆者自譯。
③ 據吳世昌說，此庚辰本與甲戌本皆非原本，而是其過錄本。見吳世昌著，吳華苓編：《紅樓探源》（北京：北京出版社，2000年），頁14—16。石頭與一僧一道這段對話爲何不見于庚辰本，有學者推測爲當初庚辰本抄錄者據甲戌手稿謄錄定本時，不慎遺失此頁所（轉下頁）

青埂峰下，石頭從旁聽見茫茫大士與渺渺真人提及人世間榮華富貴，動了凡心，請求將他帶往人間，遂被二位施展幻術，縮成美玉一塊，携往人間。第二場對話爲自人間回歸青埂峰的石頭，向空空道人解釋鐫刻身上的、自己在人間經歷的那段故事的性質及特徵。

就兩場對話的功能而言，第一場對話揭示這塊"靈性已通"的石頭，如何越過超自然的神話世界去到人世間，暗示讀者，寶玉在賈府的行爲，與石頭的靈性具有關聯（一如賈母所稱：玉是寶玉的命根子①），從而溝通了神話世界與人間的聯繫。第二場對話則預示了寶玉的結局。雖然《石頭記》僅存前八十回，八十回以後寶玉的命運結局將會怎樣叙述，我們不知其詳；②可是，從第二場對話中我們能預測，由石頭幻形入世的寶玉後面將會出家，最終將還形爲石頭，并回歸青埂峰。正是因爲回歸青埂峰，才有石頭與空空道人的那場對話。至于寶玉在八十回後出家的可能性，已爲不少學者注意到，因爲在小說前八十回正文以及脂硯齋等人評點中，學者找到相關佐證，例如《石頭記》文本中至少三次暗示寶玉出家爲僧：第二十二回叙寶玉聽曲文而悟禪機，自稱"赤條條來去無牽挂"；第三十回，寶玉對黛玉說："你死了，我做和尚！"第三十一回，寶玉又對襲人笑道："你死了，我做和尚去。"③脂硯齋等人評語中亦有類似的看法，如第二十一回叙寶玉同襲人吵架後，賭氣地想到："便權當他們死了，毫無牽挂，反能怡然自悅。"此段文字後附墨色夾批稱："寶玉有〔原作看〕此世人莫忍爲之毒，故後文方能'懸崖撒手'一回。若他仍〔原作人〕得寶釵之妻、麝月〔原作目〕之婢，豈能棄而爲〔原作而〕僧

---

（接上頁）致。見曹雪芹著、脂硯齋評、鄧遂夫校訂：《脂硯齋重評石頭記庚辰校本》（北京：作家出版社，2006 年），頁 103，校注 2。

① 《脂硯齋重評石頭記》，頁 69。
② 關于《石頭記》八十回後究竟還有多少回，學界曾有很多討論。胡適《跋乾隆庚辰本〈脂硯齋重評石頭記〉鈔本》曾提出：小說原計劃作一百回（頁 206）。其後，周汝昌指出，曹雪芹原著應當是一百十回。見周汝昌：《紅樓夢新證》（北京：人民文學出版社，1976 年增訂本），頁 877。在另一篇文章《〈紅樓夢〉原本是多少回？》中，他又修訂爲一百零八回。見周汝昌：《獻芹集》（太原：山西人民出版社，1985 年），頁 121。吳世昌《紅樓探源》則認爲，《石頭記》"全書至少當有一百十回或一百廿回"（頁 115）。趙岡、陳鍾毅亦視八十回後，當有三十回佚稿，且在雪芹生前已寫就。見二人合著《紅樓夢研究新編》（臺北：聯經出版事業公司，1975 年），頁 208。
③ 《脂硯齋重評石頭記》，頁 496、689、716。

哉？玉一生偏僻處。"①此評語説明：（一）小説後面未完部分當有寶玉"懸崖撒手"，出家爲僧之事；（二）"玉一生偏僻處"，當指故事結局時，寶玉還原爲玉石的原形，并回歸青埂峰下。周汝昌曾據第十八回元妃點戲第三齣《仙緣》及此處脂評而推斷，"這是暗示寶玉出家的事"，并推測"也許是甄寶玉後來來找賈寶玉，真假會合，這才'懸崖撒手'的"。② 趙岡、陳鍾毅亦據脂評"懸崖撒手"等文字，認爲"全書的最後一回就是寶玉出家爲僧的文字"。③ 總而言之，這些内證材料，與小説第一回中石頭回歸青埂峰的叙述交互指涉，顯示出作者對石頭結局原本的設置。這一點，亦如周汝昌所言："有許多事迹人物從一開端眼光便直射到結尾"。④ 不僅如此，空空道人與石頭的對話，點明石頭所記，是對其過去人間經歷的回憶，于是我們知道，小説後面的故事，是采用追記方式進行的。

同樣有意義的是，在第二場對話中，石頭向空空道人闡述了對自己將要叙述故事的看法。他告訴空空道人，自己在人世間經歷的故事不同于野史，非風月筆墨，非才子佳人故事熟套；而是叙述自己"半世親睹親聞的這幾個女子"的"離合悲歡，興衰際遇"，"追踪攝迹，不敢稍加穿鑿"。⑤ 高辛勇認爲：石頭與空空道人的這段對話，對于《石頭記》文本來説，是一種"後設語"（meta language），"自我指涉"了這部小説，成爲"反躬自指"的文式，意味著作者對自己文類特性的反省。⑥

茫茫大士、渺渺真人與石頭的對話引發了石頭離開青埂峰、去到人間的經歷；空空道人與石頭的對話則標誌著石頭結束人間游歷而回歸青埂峰，兩組對話以相互呼應的關係，并置于小説的第一叙事層，其叙述的功能及意義在于，它溝通了神話世界與人間的相互關聯，揭示了天

---

① 《脂硯齋重評石頭記》，頁467—468。文字校訂據鄧遂夫：《脂硯齋重評石頭記庚辰校本》，頁426。
② 周汝昌：《紅樓夢新證》，頁891—892。
③ 趙岡、陳鍾毅：《紅樓夢研究新編》，頁232—234。
④ 周汝昌：《紅樓夢新證》，頁877。學界在"探佚"方面的研究成果，亦有力地支持了周汝昌這一論點。關于"探佚"的討論，可參閱梁歸智《石頭記探佚》（太原：山西人民出版社，1983年）一書。書中就寶玉"懸崖撒手"一事，提出寶玉"二次出家"之説（頁126—132）。
⑤ 《脂硯齋重評石頭記》，頁7。
⑥ 高辛勇：《從"文際關係"看〈紅樓夢〉》，載張錦池、鄒進先編：《中外學者論紅樓：哈爾濱國際紅樓夢研討會論文選》（哈爾濱：北方文藝出版社，1989年），頁323。

意與人爲的相互影響,幫助我們理解小説的結構爲何從石頭離開青埂峰叙起,又回歸青埂峰。更重要的是,它將石頭宣稱"實録其事"的寫實性置于整個故事的虛構性框架之中。這種寫實性與虛構性在小説叙事結構上的整合,衍生出一種吊詭現象,導致作品後面以極大篇幅所叙故事的寫實性質與整部作品叙事框架的虛構性質之間,產生叙述的張力,也由此開啓小説在寓意層面上真與假的相互發明。這種真與假至少涉及兩層寓意,一是從小説批評角度,如何看待《石頭記》的叙事性質,究竟係如大荒山、無稽崖、女媧補天那樣的虛構傳説,還是作者對自己"半世親睹親聞的這幾個女子"的"實録"?《石頭記》在故事開端,藉著將兩者并置于同一叙事層的方式,已經暗示這部小説既有寫實,又有虛構,兩者相輔相成、不可分離,僅止于其中一面的詮釋都可能失于偏頗。余國藩將此種關係稱作"虛構所重現的'真實'",①顯然注意到兩者間的關聯。另一層寓意則指涉《石頭記》整部小説的意涵。石頭離開世外仙界青埂峰,到"昌明隆盛之邦、詩禮簪纓之族、花柳繁華地、温柔富貴鄉"②的人間體驗一番,然後又離開人間,回歸青埂峰。這段完整經歷的寓意,叙述人于小説第一回已有提示:"因空見色,由色生情,傳情入色,自色悟空。"③此句涉及空、色、情三個概念。按照余國藩的解釋,"空"爲世相真如,與"色"互爲辯證的兩極。④ 色界與欲界乃衆生所居三界中之兩界,色界但有色相,無男女情欲;欲界則有淫欲、情欲、色欲、食欲。⑤ 石頭在人間的經歷,可謂"由色生情,傳情入色",此與石頭來源與歸屬之"空"相對應,亦如余國藩所稱"互爲辯證的兩極"。此兩極中,"空"乃佛教所言之"真",或"真如"、"真諦","色"與"情"則指涉佛教所言之"假",或"假相"、"幻相"。"空"與"色"相輔相成,亦即"真"與"假"互爲辯證,此爲《石頭記》整體叙述的意涵。

---

① 余國藩著,李奭學譯:《重讀石頭記:〈紅樓夢〉裏的情慾與虛構》(臺北:麥田出版,2004年),頁32。
② 《脂硯齋重評石頭記》,頁5。
③ 同上注,頁8。
④ 余國藩:《重讀石頭記》,頁232。
⑤ 佛家將生死流轉的人世間分爲三界:欲界、色界、無色界。詳見世親著、玄奘譯:《阿毘達摩俱舍論》,收入日本大正一切經刊行會編:《大藏經》(北投:中華佛教文化館大藏經委員會影印本,1955年),第59册,卷八"分別世品第三之一",頁40—45。

第二叙事層爲"石上書云",即空空道人抄錄回來有關石頭在人世間經歷的故事。本層面所叙故事包括:甄士隱不聽從一僧一道的勸告,致女兒于元宵佳節失散;後來家道衰敗,"徹悟"瘋跛道士所唱的"好了歌",遂抛家棄妻,隨道士飄然出走。同時,曾受甄士隱資助的窮儒賈雨村,進京考中進士,升任本府知府。①

此一層當是由第一層叙述人的觀點轉化爲石頭的觀點,可是這種轉化并不十分清晰,常常表現爲此兩種觀點的交織或重叠,因爲"甄士隱夢幻識通靈"與"賈雨村風塵懷閨秀"兩件事的叙述,既出自石頭的觀點,又帶有叙述人觀點。此一關聯後面再會討論,這裏僅就石頭的觀點而言。在叙述功能上,第二叙事層將人世間第一對重要人物引進讀者視野。很多學者注意到,小説用諧音方式賦予這對人物形象不同的意義:一姓甄,名費,字士隱,暗喻"真廢"、"真事隱"之意;一姓賈,名化,字時飛,別號雨村,隱含"假話"、"實非"、"假是非"、"假語存"之意。在筆者看來,這種"隱真"、"存假"的諧音寓意,暗示石頭所叙故事并非空空道人眼中的"實錄"。甄士隱出家與賈雨村榮歸故里,隱喻了後面的叙述,是"實錄"退隱、虛構呈現。兩個角色在本回的并置叙述,顯示小説從一開始,便將讀者置于真與假交互指涉的語境,并爲讀者對小説後面叙述的閱讀與理解,予以方向性提示。

第三叙事層所叙,正如首回回目所稱,是"甄士隱夢幻識通靈"。甄士隱畫寢入夢,夢中從一僧一道的對話中,得知神瑛侍者與絳珠仙草之間的還淚故事,并從僧、道手中見到通靈寳玉,又在僧、道引導下見到刻有"太虛幻境"的牌坊,以及牌坊兩邊鐫刻的一副對聯:"假作真時真亦假,無爲有處有爲無。"②此一叙述層面呈現的是小説人物甄士隱的觀點,即通過甄士隱的觀點,帶入他在夢中經歷的故事。這段故事在小説中具有預示性叙述功能:甄士隱夢中看見通靈寳玉,暗示它與小説後面寳玉及其玉佩的關聯;他從旁邊聽到的還淚故事,預示夢外將要發生的寳玉與黛玉之間的情感糾葛;他所看見的太虛幻境,則與第五回寳玉夢

---

① 《脂硯齋重評石頭記》,頁 9—24。
② 同上注,頁 9—13。

游同一太虛幻境交互指涉：甄士隱想進却未能進入太虛幻境，賈寶玉進入此境所看到的"金陵十二釵"正副諸册，所聽到的"紅樓十二支曲"，則在甄士隱夢境基礎上，以更廣泛具體的方式，進一步預示了小說後面的故事。從整部小說的叙述結構看，此一層面比前面兩層叙事更爲微觀，所叙事件出自故事人物的視點。在小說後面的故事中，這一層面的叙述不斷地重複出現，特別是以故事人物做夢的方式推動情節發展，并呈現出不同的寓意。除了第一回甄士隱夢幻識通靈、第五回賈寶玉夢游太虛幻境外，其他例子還可見于第十三回叙秦可卿臨終托夢鳳姐，囑其"榮時籌畫"，以備"將來衰時"，從而預示賈府後來的衰敗。第三十六回叙寶玉在夢中叫道："和尚道士的話如何信得？什麽是金玉姻緣，我偏說是木石姻緣！"①暗示寶玉"由色生情"，陷入欲界的苦痛，有待後面的解脱："自色悟空"。② 王希廉《紅樓夢總評》曾據《紅樓夢》百二十回本，列舉小說中諸多人物入夢的叙述，如"甄士隱夢得一半幻境，絳雲軒夢語含糊，甄寶玉一夢而頓改前非，林黛玉一夢而情痴愈錮。又有柳湘蓮夢醒出家，香菱夢裹做詩，寶玉夢與甄寶玉相合，妙玉走魔惡夢，小紅私情痴夢，尤二姐夢妹勸斬妒婦，王鳳姐夢人强奪錦匹，寶玉夢至陰司，襲人夢見寶玉、秦氏、元妃等托夢，寶玉想夢無夢等事"。③ 這些故事人物入夢的叙述在《石頭記》中不僅很多，而且有不同的寓意。不同寓意之間相互呼應，造成這部小說在意義層面上的多樣性與豐富性。

第四叙事層面爲還淚的故事，由僧人向道士講述：赤瑕宫神瑛侍者以甘露灌溉西方靈河岸上三生石畔絳珠草，助其修成女體；絳珠仙子遂立願隨神瑛侍者下世爲人，并用一生眼淚償還灌溉之恩。此一層叙述呈現的是僧人的觀點，僧人是小說故事人物甄士隱夢中的人物，所以，還淚是故事人物夢中的人物所講述的故事。如前所述，僧人講述的還

---

① 《脂硯齋重評石頭記》，頁270、823。
② 王國維《紅樓夢評論》曾指出"玉"的諧音寓意，"所謂玉者，不過生活之欲之代表而已矣"，并認爲《紅樓夢》"示其解脱之道不可不由自己求之者也。而解脱之道，存于出世而不存于自殺。出世者，拒絶一切生活之欲者也"。見謝維揚、房鑫亮主編：《王國維全集》（杭州：浙江教育出版社；廣州：廣東教育出版社，2009年），卷一，頁61—64。
③ 馮其庸纂校訂定：《重校八家評批紅樓夢》（南昌：江西教育出版社，2002年），"總評"頁3。王氏所列某些夢境，乃八十回以後所述，非脂評本原有。

淚故事，預示神瑛侍者與絳珠仙子幻化成寶玉與黛玉後，將要發生情感糾葛。用還淚作爲酬報的方式，暗示這場情感糾葛的悲劇性質，也有效地幫助讀者理解小說後面的叙述中，爲何寶玉一次次愛情的表白，換來的却是黛玉一次次的淚水。另一方面，絳珠仙子居于佛教的西方極樂世界，①神瑛侍者所居赤瑕宫，或與民間道教傳說有關。神瑛侍者與絳珠仙子之間以"灌溉"與"還淚"爲特徵的互動關係，既與小説中一僧一道多次扮演相同角色的叙述相呼應，也在更爲廣闊的層面，隱喻了宋明以來儒佛道三教相互影響、融會貫通的思想潮流。至于此一層面的叙述功能與意義，亦如黃金銘所認爲，僧人向道士講述絳珠仙子與神瑛侍者故事，已爲小説建立一種寓言式的框架。②

　　總而言之，以上四個叙事層由較爲宏觀至較爲微觀，呈現出四重叙述觀點：叙述人的觀點、石頭的觀點、石頭所叙故事人物的觀點，以及故事人物觀點中的故事人物的觀點。觀點不同，對人物與事件的叙述也會產生差異。這一點，早在《石頭記》脂評本中已受到評者的關注。例如小說第二十回叙寶玉向正在生氣的黛玉解釋，自己對她的感情甚過對寶釵的感情，并且表白道："我也爲的是我的心。難道你就知你的心，不知我的心不成？"此處有墨色夾批："此二語不獨觀者不解，料作者亦未必解。不但作者未必解，想石頭亦不解。……石頭既未必解，寶、林此刻更自己亦不解。……若觀者必欲要解，須自揣自身是寶、林之流，則洞然可解；若自料不是寶、林之流，則不必求解矣。萬不可記此二句不解，錯謗寶、林及石頭、作者等人。"③評者顯然注意到，在小說的叙述與閱讀理解過程中，存在著作者、石頭、故事人物（寶玉、黛玉）及讀者（觀者）之間的差異。這種差異在我們今天看來，就是觀點的差異。亦

---

① 所謂"西方"，乃佛教所稱阿彌陀佛居住的西方極樂世界。《阿彌陀經》："從是西方，過十萬億佛土，有世界名曰極樂。……其國衆生，無有衆苦，但受諸樂。"(《大藏經》，第23册，頁346)所謂"靈河"，見釋道綽《安樂集》卷上："附水靈河，世早無竭。"(《大藏經》，第93册，頁7)佛教稱神龍居住而不枯竭的河川爲靈河，如龍樹著、鳩摩羅什譯《大智度論》卷八："譬如龍泉，龍力故水不竭。"(《大藏經》，第49册，頁114)關于三生石：其言三生，乃佛教所稱"三世"。舍利子説、玄奘譯《阿毗達摩集異門足論》云："三世者，謂過去世、未來世、現在世。"見《玄奘法師譯撰全集》(南京：金陵刻經處，1960年)，第211册，卷三，頁14。
② 黃金銘：《紅樓夢的叙述藝術》，頁118。
③ 《脂硯齋重評石頭記》，頁451。

如評者所言，寶玉對黛玉的責問，只有從其二人的視點觀之，才可能獲得答案。《石頭記》就是這樣的一部小説：多重敘事觀點導致小説敘述中有敘述、故事中有故事。這樣的書寫方式説明，《石頭記》作者對於這部小説的設計，具有強烈的自覺意識。《石頭記》第一回中顯示的觀點與其説是石頭的觀點，毋寧説是敘述人、石頭、故事人物等層面的多重觀點。若從微觀至宏觀逐層言之，我們看到在故事人物層面，甄士隱晝寢入夢以及僧人向道士講述故事，兩個事件都具有寫實性質；然而，甄士隱夢中所見所聞，以及僧人講述的還淚故事本身，則帶有虛構性。像這類夢裏與夢外相互交織的敘述，在整部小説中不斷呈現，乃爲此一層面敘述，奠定了虛實相生的特徵。然而，這種虛實相生的敘述，又出自石頭的觀點及其敘述層面。石頭宣稱自己所敘，是"我半世親睹親聞的這幾個女子"的"離合悲歡，興衰際遇"，"追踪攝迹，不敢稍加穿鑿"，由此强調整部"石上書云"的寫實性；可是到《石頭記》敘述人的觀點及其敘述層面，我們看到石頭源自青埂峰，又回歸青埂峰，從而又將"石上書云"納入虛構性的敘述框架。正是這些多重觀點間的交互指涉，構成這部小説似真似幻、非真非幻的敘述特徵。

既然《石頭記》是一部由不同層次敘述觀點構成的敘事文本，那麼，不同層次的敘述觀點相互間有著怎樣的關係？這問題值得進一步思考。在筆者看來，這種關係表現在不同觀點的相互重叠與相互分離兩方面。若就重叠關係而言，四層觀點中以第一層（即整部小説之敘事人）觀點籠罩其餘三層敘述觀點，因而構成兩者相互重叠的關係，因爲第二、三、四層的敘述最初皆出自第一層（敘述人）觀點。第二層（石頭）觀點則與第三、四層觀點重叠，第三層（故事人物）觀點與第四層（故事人物敘述的故事人物）觀點重叠。因此，這部小説從宏觀至微觀，依序構成由多至少層面敘事觀點的重叠。這一點想必不難理解，惟其相互分離的關係有待進一步討論。下文嘗試作一考察。

## 二、敘述人觀點與石頭觀點的分離

不少學者認爲，《石頭記》是由石頭敘述的故事，敘述者是石頭，敘述故事的觀點是石頭的觀點。張愛玲提出："石頭挂在寶玉頸項上觀察紀錄一切,像現代游客的袖珍照相機"。① 王瑾(Jing Wang)也認爲,這是一個由石頭講述的故事。② 這樣的看法均可成立,因爲在小說中的很多地方,叙述確實出自石頭的觀點,或者出自叙述人與石頭重叠的觀點。然而也并不盡然,因爲叙述人觀點并未完全被石頭觀點所取代。在其中一些章回裏,叙述人觀點仍然抽離于石頭觀點之外,對包括石頭在内的故事進行叙述,由此證明小說的叙述并非僅僅出自石頭觀點。例如前面曾討論的小說第一回,第一叙事層關于青埂峰下棄石的來歷與《石頭記》成書緣由的叙述,關于石頭游歷人間之前與其後,與茫茫大士、渺渺真人以及空空道人的先後兩場對話的叙述,便是來自叙述人觀點而非石頭觀點。直到第二叙事層的"石上書云",石頭觀點才開始介入叙述。這一現象説明,在小説開端,叙述人觀點與石頭觀點是彼此分離的。

不僅于小説第一回中,叙述人觀點與石頭觀點相互分離;在後面的叙述中,作者繼續采用這樣的方式,來强化叙述人對石頭的操控。例如小説第八回《比通靈金鶯微露意,探寶釵黛玉半含酸》,開端即通過石頭的觀點,叙述寶玉到梨香院探望病中的寶釵,并應寶釵要求,取下項上佩玉給寶釵瞧。小説于此處插入一段説明:

> 這就是大荒山中青埂峰下的那塊頑石的幻相。後人曾有詩嘲云:
> 女媧煉石已荒唐,又向荒唐演大荒。
> 失去幽靈真境界,幻來污濁臭皮囊。
> 好知運敗金無彩,堪嘆時乖玉不光。
> 白骨如山忘姓氏,無非公子與紅妝!
> 那頑石亦曾記下他這幻相,并癩僧所鐫的篆文。今亦按圖畫于後。但其真體最小,方能從胎兒口内銜下。今若按其體畫,恐字迹過于

---

① 張愛玲:《紅樓夢魘》,頁225。
② Jing Wang, *The Story of Stone*, p. 208.

微細,使觀者大廢眼光,亦非暢事。故今只按其形勢,無非略展些規矩,使觀者便于燈下、醉中亦可盡閱。今注明此故,方無"胎中之兒口有多大,怎得銜此狼犺蠢大之物"等語之謗。①

余國藩從這段作者自寫自諷的文字中,看到《石頭記》"本質上的虛構特性"。② 若從叙述的角度看,由于這段引文采用第三者口吻介紹頑石,所以它顯然不是出自頑石自己的觀點。這個第三人稱的叙述者是誰?筆者推測,此人就是曾經出現于小説第一回中那個第一叙事層面的叙述人。叙述人首先告訴讀者,此一佩玉就是青埂峰下那塊棄石的幻相,然後又對此玉在人間"污濁臭皮囊"的經歷,發出感慨性評論;同時他也不忘交代,後面展示給讀者看的,是佩玉上所刻文字的人爲放大,以便讀者"盡閱"。在這段引文中我們看到,前面原本是石頭的叙述,至此轉換成叙述人的叙述;原本作爲叙述主體的石頭,因此轉換成被叙述的客體。假若此處仍采用石頭的觀點解釋道:這塊佩玉就是當年青埂峰下的"我",則會使讀者困惑不解。因此,本來自隱其身的叙述人就于此時出場,讓讀者明白此塊佩玉與青埂峰下棄石的關聯,以及讀者何以能夠清楚識別佩玉上微細的刻字。叙述人這樣的説明,意在令故事更爲可信。可是他的介入,却中斷了石頭的叙述。只有在這段文字之後,叙述主體才重新轉回到石頭身上,繼續通過石頭觀點展開後面的叙述。

叙述人介入自己的觀點以取代石頭觀點的例子,還見于小説第二十五回。回中本來用石頭的觀點,叙及心懷妒嫉與不滿的趙姨娘賄請馬道婆做法,致使寶玉、鳳姐發病成瘋。危在旦夕之時,一僧一道來到賈府救治。救治方式是"拭玉":

那和尚接了過來,擎在掌上,長嘆一聲道:"青埂〔原作硬〕以別,輾〔原作目展〕眼已過十三載矣!人世光陰如此迅速,塵緣滿日若似彈指。可羨你當時的那段好處:

---

① 《脂硯齋重評石頭記》,頁179—180。按"幻來污濁臭皮囊"句,原文曾作"幻來親就臭皮囊",其中"親就"二字於該本中改作"污濁"。
② 余國藩:《重讀石頭記》,頁223—224。

　　　　天不拘兮地不羈,心頭無喜亦無悲;
　　　　却因鍛〔原作煆〕煉通靈後,便向人間覓是非。
　　可嘆你今日這番經歷:
　　　　粉漬脂痕污寶光,綺櫳晝夜困鴛鴦。
　　　　沉酣一夢終須醒,冤孽償清好散場!"
　　念畢,又摩弄一回,說了些瘋話,遞與賈政道:"此物已靈,不可褻瀆,懸于卧室上檻。將他二人安一屋之内,除親身妻母外,不可使陰人冲犯。三十三日之後,包管身安病退,復舊如初。"說着,回頭便走了。賈政趕着還說話,讓二人坐了吃茶,要送謝禮,他二人早已出去了。賈母等還只管着人去趕,那裏有個踪影。①

和尚拭玉隱含的寓意,已在前面第二十二回寶釵與黛玉論禪對話中涉及。② 那段對話提到唐代禪宗南北二宗宗主慧能與神秀關于"悟本性"的不同見解。據《壇經》載,北宗神秀認爲:"身是菩提樹,心如明鏡臺,時時勤拂拭,莫使有塵埃。"南宗慧能則認爲:"菩提本無樹,明鏡亦非臺。佛性常清净,何處有塵埃?"③《石頭記》關于和尚拭玉的叙述,其寓意似乎更接近神秀的觀點。宋代朱熹認爲:"其良知、良能,本自有之,祇爲私欲所蔽,故暗而不明。……譬如鏡焉:本是個明底物,緣爲塵昏,故不能照;須是磨去塵垢,然後鏡復明也。"④明代王陽明亦提出:良知是"心之本體","不假外求"。只因私欲障礙窒塞,失其本體。因此,"如今念念致良知,將此障礙窒塞,一齊去盡"。⑤ 玉佩本通靈性,却因粉漬

---

① 《脂硯齋重評石頭記》,頁 579—580。文字校訂據鄧遂夫:《脂硯齋重評石頭記庚辰校本》,頁 510。"冤孽償清好散場"句中"償"字原誤作"價",據甲戌本卷二五頁十六上改。
② 《脂硯齋重評石頭記》,頁 499—500。
③ 慧能著、郭朋校釋:《壇經校釋》(北京:中華書局,1986 年),頁 12—16。《壇經》由慧能弟子法海依據慧能的言論寫成,其後在流傳過程中,出現不同版本。郭朋據今存《壇經》最早版本(敦煌寫本)提出,慧能所言"佛性常清净"一句,在後來出現的三種版本中,被改爲"本來無一物"。詳見郭朋《壇經校釋》,頁 16—18;郭朋《〈壇經〉對勘》(濟南:齊魯書社,1981 年),頁 17—18。據此可知,《石頭記》第二十二回寶釵所引"本來無一物"句,乃出自後來版本。
④ 朱熹《朱子語類》卷十四。朱傑人等主編《朱子全書》(上海:上海古籍出版社;合肥:安徽教育出版社,2002 年),第十四册,頁 440。
⑤ 陳榮捷:《王陽明傳習録詳注集評》(臺北:臺灣學生書局,1983 年),頁 40、300。

脂痕所污；只有加以拭摩，除去蒙垢，方能回復通靈本性。小説此一寓意，與神秀、朱熹、王陽明上述看法均有一定關聯。然而我們注意到，這段敘述更像是出自小説叙述人的觀點而非石頭的觀點。將十三年前一僧一道携玉入世的舊事重提，呼應了小説第一回中第一敘事層面叙述人的觀點，因爲只有從叙述人的叙述中，讀者方知這塊佩玉與一僧一道的關係，及其幻形入世的來歷。和尚感嘆寶玉入世前後的不同遭遇，亦明顯代表著叙述人的看法，而非石頭自身的看法。我們或許可以假設另一種可能：既然小説是石頭以追記方式講述故事，那麼，石頭是在以過來者的觀點叙述這段引文。這樣的看法固然没錯，然而如前所言，佩玉與石頭本係一物，却在引文中被作爲叙述的客體，從第三者觀點叙出，那麼，叙述的主體當不再是石頭，而是深知石頭/寶玉來龍去脈的另一個叙述者。這個叙述者，應當就是小説第一叙事層的那個叙述者。而且，感嘆石頭入世前不拘不羈、無喜無悲的好處，入世後蒙污粉漬脂痕的冤孽遭遇的那個人，應當是叙述人而非石頭。

《石頭記》所呈現的并非僅是石頭的單一觀點，而是多重觀點，這一點亦受到學者注意，只是關注角度各不相同，看法因此相異。黄金銘提出，説書人與編輯曹雪芹，在《石頭記》叙述中扮演著不同角色，同時又認爲不必做此區分，而應將兩者視爲代表暗中作者人格的兩面。① 余珍珠（Angelina Chun-chu Yee）指出，《石頭記》的叙述出自雙重觀點（a dual perspective）：無個人偏見的觀察者却又帶著個人主觀的聲音説話（the impartial observer speaking with a subjective voice）。② 宋淇亦認爲，《石頭記》作者所采取的觀點并不統一，既不是全知觀點，又不是叙事者的觀點。他并且舉例説明小説的叙事觀點在作者、叙述人、小説人物之間轉換的情况。③ 這種情况在傳統的中國小説中，其實并非罕見。然而，以上三位學者的討論，都直接或間接地否定了視《石頭記》爲單一

---

① 黄金銘：《紅樓夢的叙述藝術》，頁23。
② Angelina Chun-chu Yee, "Sympathy, Counterpoise and Symbolism: Aspects of Structure in Dream of Red Chamber" (Ph. D. diss., Harvard University, 1986), p. 3. 此處中文由筆者自譯。
③ 宋淇：《〈紅樓夢〉識小》，載《香港紅學論文選》，頁270。

叙述觀點的看法。

## 三、石頭觀點與故事人物觀點的分離

討論石頭與小説中故事人物的關係，首先會遇到一個問題：石頭與寶玉是何關係？從"石上書云"的角度看，石頭是後面故事的叙述者，故事中的寶玉是石頭叙述的對象。寶玉活在人間，并不知道自己與石頭有何關聯，也不明白自己爲何銜玉而生。就此而言，寶玉的認知顯然與石頭的認知有異，石頭與寶玉似乎是各自獨立的兩者。可是，從整部小説叙述人的視點中我們又看到，石頭、寶玉之間僅爲本相與幻相之別，本來却是一物，兩者一幻爲二，二實爲一。

由此引出另一個問題：石頭與神瑛侍者是何關係？在脂評本中，石頭與神瑛侍者似乎是分離的兩個角色，因爲第一回叙甄士隱夢中所見所聞：當僧人向道士講述神瑛侍者與絳珠仙子之間甘露灌溉與還淚故事的同時，那塊由石頭縮小而成的美玉①尚爲僧人所携帶。僧道稱之爲"蠢物"，打算帶到警幻仙子宫中"交割清楚"。② 在程甲本中，則明確説明神瑛侍者的來歷便是石頭："這個石頭因媧皇未用，却也落得逍遥自在，各處去游玩。一日來到警幻仙子處，那仙子知他有些來歷，因留他在赤瑕宫居住，就名他爲赤瑕宫神瑛侍者。"③程甲本將兩者合而爲一的叙述，并不見于脂評本。

然而，脂評本中神瑛侍者與石頭的關係，雖然未如程甲本那樣明確

---

① 庚辰本第一回頁5道："俄見一僧一道遠遠而來，生得骨格不凡，丰神迥異，來至石下，席地而坐長談，見一塊鮮明瑩（原作瑩）潔的美玉，且又縮成扇墜大小的，可佩可拿。"讀者據此得知，僧人初見石頭時，石頭已是一塊扇墜大小的美玉。可是甲戌本卷一頁4叙"俄見一僧一道遠遠而來，生得骨格不凡，丰神迥别，説説笑笑，來至峰下，坐于石邊，高談快論"句後，至"一塊鮮明瑩潔的美玉，且又縮成扇墜大小的，可佩可拿"句，其間四百餘字爲庚辰本所無。正是這四百餘字叙及石頭本是一塊"大石"，經僧人幻化爲"一塊鮮明瑩潔的美玉，且又縮成扇墜大小的，可佩可拿"。由于庚辰本無此段文字，遂無"大石"經僧人幻化縮小之説。有學者比對此兩段文字後認爲，當是庚辰本漏抄此四百餘字所致。見周紹良：《讀甲戌本〈脂硯齋重評石頭記〉散記》，《紅樓夢研究集刊》第3輯（1980年1月），頁228—230。
② 《脂硯齋重評石頭記》，頁10—11。
③ 《程甲本紅樓夢》（北京：書目文獻出版社，1992年），第一回，頁5。

地合而爲一，我們從小說角色的相互關係中，仍能整理出這樣的關聯。首先，石頭被一僧一道携離青埂峰，"到那昌明隆盛之邦、詩禮簪纓之族、花柳繁華地、温柔富貴鄉去安身樂業"，此"安居樂業"的經歷，便是寶玉在賈府的經歷。其次，寶玉在人間的經歷，被鐫刻于石上，作爲"此石墜落之鄉、投胎之處親自經歷的一段陳迹故事"，①于此再次說明，石頭在人間的經歷便是寶玉在人間的經歷，石頭與寶玉乃本相與幻相之别，或一體的兩面。

再來看寶玉與神瑛侍者的關係。小說第一回叙甄士隱夢中聽見的"甘露灌溉"及"還淚"故事：因爲神瑛侍者的"甘露灌溉"，絳珠草得以修成女體。"只因未酬報灌溉之德，故甚至五内便鬱結着一段纏綿不盡之意"。"神瑛侍者凡心偶熾，秉此昌明太平朝世，意欲下凡，造歷幻緣"，絳珠仙子爲償其"甘露之惠"，聲稱"他既下世爲人，我也去下世爲人，但把我一生所有的眼淚還他"。這段叙述爲小說後面發生的故事，提供了很多暗示。神瑛侍者與絳珠仙子雙雙下凡，遂有了寶玉與黛玉兩個角色；神瑛侍者的"甘露之惠"與絳珠仙子"五内便鬱結着一段纏綿不盡之意"，②實已暗示寶玉與黛玉間將要發生的情感糾葛；絳珠仙子用"還淚"作爲酬報，也暗示這場情感糾葛的悲劇性質。這些叙述實已說明，神瑛侍者與寶玉是同一個角色，在神界是神瑛侍者，在凡間便是寶玉。此外，此一角色在神界取名"神瑛"，"瑛"者，《説文》釋作"玉光"，《玉篇》釋作"美石似玉"，③皆與"玉"相關聯。離開神界，故去其"神"而留其"瑛"，即與寶玉之"玉"相互指涉，亦爲一證。

以上討論說明，石頭與寶玉實爲同一角色，神瑛侍者與寶玉亦實爲同一角色，由此可推，石頭與神瑛侍者當爲同一角色。在青埂峰下是石頭，在赤瑕宫是神瑛侍者，在賈府則是寶玉。

至于寶玉與其所佩通靈寶玉的關係，亦可同理觀之。雖然寶玉是故事中的人物，通靈寶玉爲其所佩飾物，兩者似乎不可視爲同一角色；

---

① 《脂硯齋重評石頭記》，頁6。
② 同上注，頁10—11。
③ 許慎：《説文解字》（北京：中華書局，1963年），頁10；顧野王撰、孫强增字：《宋本玉篇》（北京：北京市中國書店影印張氏澤存堂本，1983年），頁18。

然而,小説亦在某些關鍵處暗示了這種同一關係,例如前面列舉的小説第八回,叙述寶玉于梨香院探望寶釵,取下佩玉給寶釵瞧。小説叙述人于此處特意提醒讀者:"這就是大荒山中青埂峰下的那塊頑石的幻相。"①由此可證,佩玉與石頭仍是幻相與本相的關係。

小説對石頭與寶玉、佩玉間關係做這樣的建構,想必受到佛教關于"幻相"觀念的啓發。佛教視世俗認識的一切現象爲如幻的假相,亦稱"幻相"。《大智度論》稱"衆生如幻",《中論》亦視世間萬物"各有變異相,生滅變易",②無有定性。在《石頭記》中,世俗人間的寶玉、佩玉,亦是此等變異相,或"幻相"。

既然如此,石頭的觀點與寶玉的觀點是否同一? 當然不是,因爲在叙述人觀點統攝下,石頭是以過來者的身份,用倒叙方式,講述自己幻化成寶玉,到人間走一遭的經歷。寶玉因此成爲石頭所叙故事中的一個角色,也就是石頭叙述的客體。石頭知道寶玉乃自身所幻化,寶玉却不知此事;石頭能夠操控他所叙述的寶玉,寶玉却不能操控石頭。因此,石頭的觀點與寶玉的觀點并非同一,亦不處于同一叙事層面。

儘管石頭與寶玉的叙事觀點不在同一叙述層面上,有時却表現爲兩者觀點的相互重疊。小説第一回以後,石頭在展開叙述時,通常會退居一旁,以第三者觀點叙述故事中的人物與事件。可是在小説第十七、十八合回中,我們仍能看到石頭直接現身,用傳統説書人的口吻插入一段獨白,一段在用石頭的觀點叙述元妃省親盛況時插入的"石頭的獨白":

> 此時自己回想當初在大荒山中、青埂峰下,那等凄涼寂寞。若不虧癩僧、跛道二人携來到此,又安能得見這般世面? 本欲作一篇《燈月賦》、《省親頌》,以誌今日之事,但又恐入了別書的俗套。按此時之景,即作一賦一贊,也不能形容得盡其妙。即不作賦贊,其豪華富麗,觀者諸公亦可想而知矣。所以到是省了這工夫紙墨,且

---

① 《脂硯齋重評石頭記》,頁179。
② 龍樹:《大智度論》,收入《大藏經》,第49册,卷五五,頁448;龍樹著、鳩摩羅什譯:《中論》,收入《大藏經》,第59册,卷四,頁34。

説正經的爲是。①

脂評庚辰本于此處有兩則評點,對小説在鋪陳描述省親盛況時插入這樣一段"自己回想"的文字甚加贊賞。其中一則墨色夾批云:"自'此時'以下皆石頭之語,真是千奇百怪之文。"另一則朱色眉批稱:"如此繁華極盛、花團錦簇之文,忽用石兄自語截住,是何筆力!令人安得不拍案叫絕!是閲歷來諸小説中有如此章法乎?"②兩條評語均注意到小説用"石兄自語"截住前面的鋪陳描述,因而在叙述中造成令人"拍案叫絕"的正面效果,顯示評者敏鋭的洞察力。然而,若從叙事層次分析的立場看,僅將此段"回想"視作"石頭自語"則未必完全妥當。一方面,我們看到引文中的"自己"雖然指涉"石兄",可是另一方面,作爲第三人稱叙述者的"石兄"此時又作爲自己所叙故事中的人物,目睹省親盛況。這個人物"虧癩僧、跛道二人携來到此",自然又指涉寶玉。"此時自己回想"一句的使用,表明石頭試圖采用第一人稱觀點,使自己與故事中寶玉的觀點合而爲一;可是提及自己曾于青埂峰下被癩僧、跛道携來至此這段經歷時,又將石頭的觀點與寶玉的觀點彼此分開,因爲寶玉并不知道自己有青埂峰下那段神奇經歷。在此引文之後的下一段,爲了解釋何以將寶玉作的題對用于大觀園,小説又用"諸公不知,待蠢物將原委説明,大家方知"③這一説書人口語,再次强調了石頭作爲叙述者(蠢物)的身份。這樣的例子説明,石頭與寶玉在叙述觀點上時而分離,時而重叠;也正是由于這樣的觀點轉换,使《石頭記》的叙述,比起很多傳統中國小説更爲複雜。

不僅如此,就整部作品而言,一方面,小説署名《石頭記》,表明是從石頭的觀點叙述石頭自身(幻化成寶玉)游歷人間的故事,兩者的觀點似乎應當合而爲一;另一方面,石頭的叙事又常常采用第三人稱觀點(而非第一人稱觀點),將寶玉外化成他者,即石頭所叙故事中的人物,因此又使兩者的觀點分離。一方面,叙述寶玉是"反身自涉"式地叙述

---

① 《脂硯齋重評石頭記》,頁381—382。
② 同上注。
③ 同上注,頁383。

石頭自身；另一方面，石頭觀點中的寶玉，已轉化爲石頭叙述的客體。作爲叙述主體的石頭，却以第三人稱視點講述自己的故事，這是《石頭記》叙述的重要特徵，引誘讀者探尋石頭與寶玉究竟是何關係。前面所説石頭與寶玉之間一而二、二而一的關係，也是由于兩者的觀點時而分離、時而重叠所造成的。

　　石頭與寶玉觀點既重叠又分離的關係，乃小説中第二叙事層與第三叙事層互動關係的主要呈現。在這種關係中，第二叙事層面石頭的觀點與第三層面故事人物的觀點本是相互交織、相互重叠的，因爲賈府内外衆多人物的言談舉止，均出自石頭的叙述。儘管如此，二者并不完全等同，因爲在石頭同一觀點中，不同故事人物各有其自身不同的觀點。如前所述，小説第一回甄士隱夢中所見一僧一道對話，出自甄士隱而非賈雨村的觀點；第二回冷子興講述賈府衰敗、寶玉銜玉而生等事，出自冷子興而非賈雨村的觀點；第四回應天府衙門子講述馮淵與薛蟠爭奪英菊①一事，出自門子而非賈雨村觀點；第五回賈寶玉夢游太虚幻境，所見"金陵十二釵"正副諸册内容，所聞"紅樓夢十二支曲"，出自寶玉而非秦可卿觀點等等。宋淇對此有細緻的舉例和討論：從劉姥姥眼中看榮國府、賈芸眼中看怡紅院、寶琴眼中看賈府除夕祭宗祠，特别是關于黛玉形象的描述出自寶玉觀點等等。② 這些情況説明，《石頭記》常常將叙事觀點在石頭與故事人物之間轉换，用此方式構成叙述。誠然，叙事觀點在叙述人與故事人物之間轉换，這在中國小説的叙事傳統中并非罕見。然而，《石頭記》在整部小説叙述人與故事人物之間，增設一石頭，并用石頭的觀點展開叙述，而叙述人又在石頭叙述過程中，不忘記插入自己觀點的叙述，如前所列第八回，叙述人提示讀者，寶玉項上的佩玉"就是大荒山中青埂峰下的那塊頑石的幻相"，第二十五回中，叙述人再次提及佩玉幻形入世的來歷。這樣的情況當是受到傳統説書人的影響，一如劉若愚（James J. Y. Liu）所論："古典小説的作者，包括那些最老練的作者都選擇了口頭講述故事者的語氣與方法。他們直接向

---

① "英菊"，庚辰本第一回作"英菊"，第四回作"菊英"，疑誤；甲戌本第一回作"英蓮"。
② 宋淇：《〈紅樓夢〉識小》，頁271。

讀者講話并往往以解説、評論或説教來打斷叙述。"①

　　關于第三叙事層與第四叙事層的關係，亦同于第二叙事層與第三叙事層的關係。從兩者重疊的角度看，如第一回中僧人向道士講述的還淚故事，出自僧人的觀點，此爲第四叙事層。另一方面，僧人出現在甄士隱夢中，因此與第三叙事層甄士隱的觀點重疊。然而，在第四叙事層面，還淚故事出自僧人的觀點，而非道士的觀點，又顯示出同一叙事層面中，僧人觀點與道士觀點相互分離，各自不同。

　　僧人告訴道士還淚的故事，爲故事人物甄士隱夢中所見所聞，因此，還淚是故事中的故事。此一叙事層的運用仍可見于小説後面第五十六回，其中叙及江南甄家進京，拜訪賈府。賈寶玉得知甄家有一甄寶玉，與自己"模樣是一樣"、"淘氣也一樣"，②遂生痴想，并于夢中遇見甄寶玉。賈寶玉夢中的經歷，便是第四叙事層面，亦即故事中的故事：他見到與自己居住的大觀園相同的另一個大觀園，并在那裏見到甄寶玉。甄寶玉告訴他，自己剛才亦做一夢，夢見長安賈寶玉。甄寶玉夢中經歷似乎可視作第五叙事層面，即故事中的故事中的故事：他在夢中見賈寶玉、大觀園、衆姊妹，大家都叫他臭小廝，不理他。甄、賈寶玉的互夢，顯然帶有"莊周夢蝶"的意涵。然而，甄寶玉的夢中經歷與賈寶玉的夢中經歷完全相同，則兩個夢中經歷其實可并置于同一叙事層面，即第四叙事層。在此層面，夢中的賈寶玉見到甄寶玉，與夢中的甄寶玉見到賈寶玉交互指涉，隱喻了甄（真）、賈（假）兩個寶玉互爲表裏的寓意。③　而且，

---

① James J. Y. Liu, *Essentials of Chinese Literary Art* (North Scituate, MA: Duxbury Press, 1979), p. 66. 本文引自王鎮遠中譯本：《中國文學藝術精華》（合肥：黄山書社，1989 年），頁 73。
② 《脂硯齋重評石頭記》，頁 1326。
③ 關于甄、賈寶玉互爲表裏的關聯，乃至整部小説中真與假的關係，學界已有很多討論。早在 1921 年，胡適《〈紅樓夢〉考證》就曾提出，曹雪芹即是甄賈（真假）兩個寶玉的底本，賈府與甄府只是曹雪芹家的影子（頁 23）。1976 年，浦安迪《〈紅樓夢〉的原型與寓言》則將真與假、現實與虛幻的二元補襯，視爲大觀園乃至整部小説寓意結構的中心比喻（*Archetype and Allegory in the Dream of the Red Chamber*, pp. 211, 222—224）；另見其文："Allegory in *Hsi-yu Chi* and *Hung-lou Meng*," in *Chinese Narrative: Critical and Theoretical Essays*, ed. Andrew H. Plaks (Princeton, NJ: Princeton University Press, 1977), p. 192。1997 年，余國藩《重讀石頭記》一書通過"檢視小説在修辭、語言和情節編製上的技巧"，探討《紅樓夢》的文學虛構性，其中有不少關于小説"真假"關係的精采論述，見該書頁 17、75。

寶玉夢中醒來，看見鏡中的寶玉，此一設置亦再次強化二者交互指涉的關係。

藉著以上討論，我們可達致這樣一個結論：以橫向觀之，同一叙事層面中不同角色的觀點往往是分離的；以縱向觀之，不同叙事層的角色，彼此間的觀點往往是相互重叠或交織的，這就是《石頭記》不同叙述層面與不同觀點之間的相互關係。

## 四、一僧一道在多層面叙述中的功能與意義

一僧一道在小説中扮演的角色，從《石頭記》問世至今，就不斷引起文人學者的注意。較早的如清人姚燮便在《讀紅樓夢綱領》中提及："一部之書，實一僧一道始終之。"①"五四"前文人周澍，曾在《悼紅吟草》中調侃僧道介入小説實爲多事："碌碌繁華富貴場，干卿底事爲誰忙？……侯門三入知何意，徒亂人間父母腸。"② 1914 年《中華小説界》期刊發表署名"成之"的《小説叢話》，則認爲"一僧一道，父母之喻"。③此後關於僧道的討論，主要側重於他們在小説藴含佛、道寓意方面所扮演的重要的象徵性作用。陳洪曾列舉"這兩個怪異形象"在《西游記》、《説岳全傳》、《濟公全傳》等小説中的"孿生"，并認爲其源自《五燈會元》、《宋高僧傳》、《太平廣記》、《老子》、《莊子》等書中的相關記載。④

僧道的多次出現，強化了小説的佛、道寓意，此一論點已廣爲學界所接受，余國藩即對小説中的佛教意藴，有過細緻而深入的討論。⑤ 然而，僧道的出現，在《石頭記》叙事結構中，究竟具有何種功能及意義？這問題仍有探索的必要。

學者已注意到，一僧一道在小説中已大大超越其固有的宗教意義，

---

① 馮其庸：《重校八家評批紅樓夢》，"總評"頁 10。
② 周澍《悼紅吟草》，載《紅樓夢資料彙編》，頁 492。此處所謂"侯門三入"，當是就《紅樓夢》百二十回本而言。
③ 《中華小説界》第 6 期（上海：中華書局，1914 年），頁 37。
④ 陳洪：《淺俗之下的厚重》（天津：南開大學出版社，2001 年），頁 178—183。
⑤ 詳見余國藩：《〈紅樓夢〉裏的情慾與虛構》，第三章。

而扮演著十分重要而複雜的角色。① 米勒認爲每當一僧一道同行時,僧人總是權威性發言人,道士不過是附和者或提問者。② 筆者覺得,僧與道或不必作如此區分,可將其看成一體的兩面,以指涉浦安迪所稱"二元補襯"的小説寓意。我們注意到,在上述四個叙述層面中,其他角色此起彼伏,一僧一道却在四個層面均有出現,儘管他們在不同地方被冠以不同稱謂:僧乃茫茫大士、癩頭和尚,道乃渺渺真人、空空道人、跛足道人。雖然佛、道二教判然有别,小説却將二者并置,實已强調他們作爲方外人、出世者的相同特徵與寓意,以及他們與人世間芸芸衆生的相互對應。小説將僧道冠名以"茫茫"、"渺渺"、"空空",藴涵佛教視塵世爲虚幻之意;將僧道形象描述爲"癩頭"、"跛足",亦隱喻傳統道家"大成若缺"、"形缺神全"的觀念。③ 智者以愚陋爲其表象特徵,這在《三國演義》、《西游記》等小説裏均可見到,④《石頭記》對僧道形象的描述,當來自同一象喻傳統。通過這樣的描述,表現出叙述人及其身後作者對於表象與實質二元關係的看法,及其對以貌取人的世俗觀念的嘲諷。梅新林指出,此僧道形象"在表象上係由莊子所推崇的真人、畸人兩類超人形象複合而成","在内藴上爲真假哲學觀念的形象表現"。⑤

如前所述,一僧一道在四個叙事層面均有出現。在第一層面,他們將石頭携往人間,其後又將石頭在人間的經歷抄録問世;他們亦與入世前後的石頭有過先後兩次對話。在第二層面,他們對於小説中許多主要人物的命運發生過重大影響。在第三層面,他們讓夢中的甄士隱見到通靈寶玉。在第四層面,僧人向道士講述了還淚故事。

在四個叙事層中,以石頭爲觀點的第二層面構成小説叙述的主要

---

① 如梅新林《紅樓夢哲學精神》(上海:學林出版社,1995年)曾提出此一看法(頁34)。
② Miller, *Masks of Fiction in Dream of the Red Chamber*, p.184.
③ 朱謙之:《老子校釋》(北京:中華書局,1984年),頁181;郭慶藩:《莊子集釋》(北京:中華書局,1982年),《德充符》,頁187—222。
④ 例如《三國志通俗演義》中與曹操鬥法的道士左慈,被描述爲"眇一目,跛一足";充滿智慧的龐統,被描述爲"濃眉厭鼻,面黑短髯,形容古怪"的人。見《三國志通俗演義》《續修四庫全書》本(上海:上海古籍出版社,1995年),卷十四,頁49上;卷十二,頁25上。《西游記》第八回叙觀音菩薩帶徒弟木叉行者(托塔李天王次子)赴大唐東土尋取經人,師徒二人"變作兩個疥癩游僧,入長安城裏"。見吴承恩:《西游記》(北京:人民文學出版社,1980年),頁99。
⑤ 梅新林:《紅樓夢哲學精神》,頁39—40。

部分。因此,一僧一道于此層面扮演的角色尤其令人關注。其中最引人注目的是,小說中許多主要人物的形象特徵及其命運,都與僧、道的影響有密切關聯。首先從寶、黛、釵三人說起。就寶玉而言,他離開青埂峰幻形入世,是由僧、道所安排的;他在人間性命遭遇危險時,得到僧、道拭玉拯救;①他經歷人間悲歡離合後,回歸青埂峰,又是空空道人將其故事抄錄問世。就黛玉而言,她幼時多病,癩頭和尚便警告她:"要好時,除非從此以後總不許見哭聲;除父母之外,凡有外姓親友之人,一概不見,方可平安了此一世。"②"不許見哭聲"的告誡與"還淚說"相抵觸,"不見外姓親友"的警示又與黛玉入住賈府的遭遇相衝突。顯然,和尚的勸告暗示了黛玉後來悲劇式命運不可避免。就寶釵而言,她所佩帶的金鎖爲癩頭和尚所送,③她所服用的冷香丸亦來自癩頭和尚。④ 其次,在寶、黛、釵三者的感情與婚姻糾葛上,僧、道亦起著重要作用。寶玉與黛玉的"木石前盟",是由僧、道對話中道出;寶玉佩玉所鐫"莫失莫忘,仙壽恒昌"八字,與寶釵金鎖所鐫"不離不棄,芳齡永繼"八字,均爲癩僧所鐫,⑤由此暗示兩人的"金玉姻緣"。寶玉宣稱"和尚道士的話如何信得?什麼是金玉姻緣,我偏說是木石姻緣",暗示寶玉在僧、道的干預下陷入情欲的痛苦與掙扎,有待解脫。⑥ 再次,僧、道對小說中其他一些重要人物,亦發生過重要影響:第一回英菊于元宵夜晚失散,癩僧早已暗示;⑦甄士隱徹悟出家,亦由跛足道人所指引;⑧他對塵世的拋棄,預示了寶玉的結局。⑨ 第十二回叙賈瑞因色惹病,跛足道人送來"風月寶鑑",以女色與骷髏乃一體兩面的隱喻,警告這個至死不悟者。⑩ 第六十六回叙尤三姐自刎後,柳湘蓮亦爲跛足道人點悟,隨他出家。⑪

---

① 《脂硯齋重評石頭記》,頁 4—5、573—581。
② 同上注,頁 55。"除非從此以後總不説許見哭聲"句中"説"字疑係衍文。
③ 同上注,頁 181、654。
④ 同上注,頁 152。
⑤ 同上注,頁 180—181。
⑥ 參見本文注 37。
⑦ 《脂硯齋重評石頭記》,頁 13—14。
⑧ 同上注,頁 21—24。
⑨ Yee,"Aspects of Structure in *Dream of Red Chamber* ," p. 191.
⑩ 《脂硯齋重評石頭記》,頁 264。
⑪ 同上注,頁 1609。

更爲重要的是，小説通過一僧一道的觀點，建構起石頭—寶玉—石頭的叙述過程：石頭入世→寶玉銜玉而生→寶玉摔玉→拭玉而痊愈→玉復原爲石，并回歸青埂峰。這樣的叙述提醒讀者：寶玉從何處來，又往何處去，使開端與結局相互呼應，促成小説結構的完整。然而，僧道穿梭游走于小説各個不同的叙述層面，一方面揭示出石頭與寶玉、神性與人性、仙界與人間，以及醒與夢、真與假、情與欲等小説中的多重世界、多重意義之間的相互作用，[1]另一方面，又巧妙地將這些不同層面的世界及其意義關合爲一有機的整體。這就是一僧一道在小説中所具有的功能與意義。

## 結　語

《石頭記》的多重叙事觀點，導致作品中多層叙述并存。多層叙述既具有各自的功能與意義，又相互交織、相互指涉，由此造成小説更爲複雜的叙述結構和更加豐富的寓意呈現。一僧一道游走于不同叙事層面，既操控著小説主要人物的命運，又揭示出小説中多重世界、多重意義之間的相互關聯。

（本文作者係香港中文大學中國語言及文學系教授）

---

[1] 關于小説裏石頭與寶玉、神性與人性、仙界與人間、醒與夢、真與假、情與慾等諸種二元對應式關係，學界已有很多有意義的討論，此處恕不贅述。

# 戲劇與權力之間：
# 《昭代簫韶》中的君臣與神道書寫

胡光明

**提要**：戲劇與權力的互動是清代宮廷演劇的一個突出特點。一方面，宮廷演劇的創作與演出機制，始終圍繞著帝王及其皇權，表現出戲劇創作與國家意識形態的融合，戲劇演出與皇室娛樂、朝政儀典、政治教化的多重融合。另一方面，特定場合演出的宮廷劇目，其議題選擇、角色關係、情節書寫等方面，與其演出空間的等級秩序、權力意識緊密相連。本文即以清代宮廷大戲《昭代簫韶》爲例，結合清中葉的歷史文化語境，分析探討宮廷演劇的君臣與神道書寫。《昭代簫韶》在傳統忠奸鬥爭的論述中，凸顯出"公"、"私"義利之辨的議題，與官方程朱理學的探討相互連接。君臣關係中，戲劇對楊門忠臣的褒獎、對奸臣潘仁美的撻伐以及對宋太宗的"隱形"批判，則在戲劇情節的進展中，賦予了清代歷史重寫與歷代帝王廟祀典的特定時代內涵。與此同時，《昭代簫韶》的神道書寫，在不受約束的隨意誇飾與壯觀炫目的舞台美術之外，數量衆多、層級明確的神仙譜系同樣蘊含著權力話語。戲劇中的神道角色，體現出"正"、"邪"對峙，與君臣書寫中的忠奸鬥爭相應。庭院式演劇場所中大戲臺與御座的空間位置，決定了宮廷演劇同時具有娛人與娛神的雙重功能。觀戲的帝后既是觀衆，又是戲劇贊頌的聖明君主，同時兼具神道的性格。

**關鍵詞**：《昭代簫韶》 宮廷演劇 君臣關係 神道 權力話語

戲劇與權力的互動是清代宮廷演劇的一個突出特點。一方面，宮廷演劇的創作與演出機制，始終圍繞著帝王及其皇權，表現出戲劇創作與國家意識形態的融合,戲劇演出與皇室娛樂、朝政儀典、政治教化的多重融合。另一方面,特定場合演出的宮廷劇目,其議題選擇、角色關係、情節書寫等方面,與其演出空間的等級秩序、權力意識緊密相連。在衆多宮廷戲劇中,"大戲"以其取材來源、篇幅規模、演劇需求等方面,呈現出對于宮廷演劇諸多面相的容納。其中有關君臣與神道的書寫,不僅與宮廷的月令與慶典承應劇目構成呼應,也與宮廷之外的民間與文人戲劇相互映照。清代宮廷演劇的獨特環境,使得宮廷大戲的君臣與神道書寫,觀劇現場的皇帝與臣子,以及清代歷史語境中的神道信仰及其寓意,在宮廷的三層大戲臺上下流動、互相融合。

有趣的是,清人趙翼曾在《簷曝雜記》中指出,清宮大戲"用《西游記》、《封神傳》等小説中神仙鬼怪之類",原因在于此類劇目"荒幻不經,無所觸忌,且可憑空點綴,排引多人,離奇變詭作大觀也"。① 這雖然指出了清代宮廷大戲較多神仙鬼怪内容的特點,但却僅僅將之視作戲劇規避政治風險與鋪排點綴的緣由,不免過于簡化了戲劇所具有的藝術與權力内涵。我們承認滿清統治者對于帝國文化的控制相當嚴密,文字獄的盛行便是突出的表現。參與宮廷戲曲創作的文人們,生活在皇帝周圍,自然對其言行愛好及禁忌深爲了解。在一切圍繞帝王旨趣的創作中,我們發現清宮大戲并非僅是"無所憑依"、"不受拘束"的"憑空點綴",而是特定内容的"神話傳説"和"歷史故事"與清代歷史文化的語境有著密切的聯繫。諸如《勸善金科》,在原本目連勸善救母的戲文中,引入了晚唐朱泚叛亂、顔真卿等忠臣奮身王事的綫索與情節,這便將地獄鬼怪與勸善信佛的故事和歷史事件的情節聯繫起來,如此,劇作便增入了忠君報國的政治意涵,正所謂:"義在談忠説孝"。②

因此,我們以清代宮廷大戲《昭代簫韶》爲例,結合清中葉的歷史文化語境,分析探討宮廷演劇的君臣與神道書寫。《昭代簫韶》在楊家將故事傳統的忠奸鬥爭的論述中,凸顯出"公"、"私"義利之辨的議題,與官方程朱理學的探討相連接。君臣關係中,戲劇對楊門忠臣的褒奬、對

---

① 〔清〕趙翼:《簷曝雜記》,北京:中華書局,1982年,頁11。
② 《凡例》,《勸善金科》,《古本戲曲叢刊》第九集,據清乾隆内府五色套印本影印,上海:中華書局,1964年。

奸臣潘仁美的撻伐以及對宋太宗的"隱形"批判，則在戲劇情節的進展中，賦予了清代重寫前代歷史與歷代帝王廟祀典的特定時代內涵。與此同時，《昭代簫韶》的神道書寫，在不受約束的隨意誇飾與壯觀炫目的舞臺美術之外，數量衆多、層級明確的神仙譜系同樣蘊含著權力話語。戲劇中的神道角色，體現出"正"、"邪"對峙，與君臣書寫中的忠奸鬥爭相應。庭院式演劇場所中大戲臺與御座的空間位置，決定了宮廷演劇同時具有娛人與娛神的雙重功能。觀戲的帝后既是觀衆，又是戲劇贊頌的聖明君主，同時兼具神道的性格。

## 一、公私之辨與重評歷史：《昭代簫韶》中的君臣書寫

有關楊家將的歷史與故事，我們在歷史記述與故事演變中可以看到兩個比較突出的面向：其一，楊家將所參與的宋、遼戰爭；其二，作爲忠臣良將的楊門，作爲對立面的奸臣潘仁美、王欽（或作王欽若、王强），及其相互鬥爭。前者是民族矛盾，後者則是忠奸鬥爭。梳理楊家將故事自宋至清的演變，無論是史傳、雜記，還是雜劇、傳奇與小説，楊家將故事的書寫體現出一種從民族矛盾向忠奸鬥爭的轉移過程。[1]

我們需要明瞭的是古代叙事文學中，以民族矛盾爲題材的作品，內在結構多由民族衝突轉換爲忠奸鬥爭。與此相應，表現忠奸鬥爭的文學作品，也多以民族矛盾爲基礎或背景。這成爲一個比較普遍的現象。[2] 在此兩方面的書寫中，爲什麼會有這樣的轉變呢？學者指出，明代中後期的經濟發展、內外黨爭以及與瓦剌、女真的軍事鬥爭等現實情形，使得民間與文人通過文學化的故事情節、人物形象與戲劇表演加以呈現。同時，這一轉換有著獨特的文化意義，"體現了中國古代知識分

---

[1] 參見周華斌：《略談楊家將故事的歷史衍變》，周華斌、陳寶富校訂：《楊家將演義》，北京：北京出版社，1981年，頁1—18；張春曉：《兩宋民族戰爭本事小説戲曲故事演變》，廣州：暨南大學出版社，2013年，頁47；張清發：《明家將小説研究》，臺北：學生書局，2010年，頁118—130。
[2] "忠奸鬥爭是明代文人傳奇創作的三大主題之一"。郭英德：《明清傳奇史》，南京：江蘇古籍出版社，1999年，頁111。

子從政治倫理角度理解、說明歷史文化現象和社會政治生活的傳統思維定勢",“是以漢民族的道德自省意識和仁政思想傳統、'以德懷遠'與攘外安內的史傳傳統、內斂固本的社會發展意識作爲認識論基礎的"。①

　　清代是北方少數民族的滿洲人入主中原,但楊家將小說戲曲却依然廣泛流行,文人傳奇有李玉的《昊天塔》與無名氏的《女中杰》,宮廷也先後編演了以楊家將爲其取材與寫作核心的《鐵旗陣》、《昭代簫韶》兩部大戲,清中葉以後民間的花部戲曲與曲藝更是劇目豐富、形式多樣,所有這些作品均受演義小說的影響。宮廷大戲《昭代簫韶》創作于乾隆後期,至嘉慶十八年(1813)由內府刊刻出版。凡十本、二百四十齣,以《北宋志傳》爲取材藍本,繼承了演義小說的傳統,戲劇的重心在忠奸鬥爭,而非民族矛盾。正如其序文中所論:"因宋代之遺聞,表楊氏之忠藎,誅佞人于既死,發潛德之幽光。"在在體現出其對于忠奸鬥爭的強調及其勸善懲惡的意圖。《昭代簫韶》對忠奸鬥爭的描寫,有如下兩方面的特點:忠奸鬥爭與"公""私"關係,忠奸鬥爭與君臣關係;忠奸之間的"公""私"議題亦屬于君臣關係的一個方面。

## (一) 忠奸鬥爭與公私之辨

　　首先,《昭代簫韶》在描寫楊、潘的忠奸鬥爭時,特別拈出了"公"與"私"的議題。且看議題的提出:潘仁美奏請伐遼,楊繼業父子出任先鋒。宋太宗准奏,而楊氏一門則對在潘仁美手下深感憂慮,爲此與呼延贊一起向賢王德昭求教:

> (德昭白)抵禦遼人,非卿父子不可。聖上與孤籌謀,乃准許仁美之請。(楊景白)臣父子受聖上如此隆恩,正圖仰報。奈仁美蓄楊氏之新仇宿怨,每欲謀雪。今若在他帳下,難免遭他毒手。臣等一死,分所當然,但恐有誤國事。(呼延贊白)仁美奸謀百出,若以私仇爲念,不惟不能建功,反貽害于將來。(德昭愕然科,白)孤家

---

① 許建中:《民族矛盾向忠奸鬥爭的結構轉換及其文化意義》,《文史哲》,2010年第5期,頁53—58。

適纔衹以邊關公事爲急,却忘了你們私仇妨礙。①

對話的德昭、楊景、呼延贊,在《昭代簫韶》中都是劇中忠臣良將的代表。對于抵禦遼人的國家使命,楊氏一門毫無異議,正如楊繼業所説"忠君報國乃臣子職分之事",然而卻對在潘仁美帳下抗遼,表現出了極大的擔憂,原因在于楊、潘之間的"新仇宿怨"。儘管如此,出于公忠體國,德昭保舉呼延贊爲監軍,同往軍前保護楊氏父子,以備不虞。因有監軍,潘仁美難以陷害,便與王侁、米信等人進一步設計,軍陣擺酒宴請呼延贊與楊氏父子,假意表示暫時擱置潘、楊之仇,一同抗遼報國:

> (王侁白)元帥也説來,遼衆勢大,須要將帥調和,與皇家出力。先爲公事,日後再論私仇。若先將私仇爲念,則不能同心戮力,有誤國家公事了。(楊繼業白)若元帥肯如此一想,非我之幸,實乃社稷之幸也。仁兄,我等同去走遭。(楊景白)爹爹,此話只怕未果如是。(楊繼業白)君子可欺其方也,且不必設疑……
> 
> (潘仁美白)今日實對令公説明了罷。昔日足下在劉王駕下,曾射下官一箭,仇之一也。七郎打死潘豹,仇之二也。前者涿鹿被擒,七郎出吾大醜,仇之三也……今日與令公説破,彼此釋疑。想你我做大臣的,總以國家公事爲要。此後你我并力同心,志在平遼,回朝後再論私仇,那時你我各顯報仇手段未遲……②

潘仁美先是宴請監軍呼延贊,向其表達彼此釋怨;再是王侁前去迎請楊繼業,言説戮力同心。儘管楊景、楊希對于潘氏之心態心存疑慮,楊繼業則相信了潘氏之論。由此,我們更可以看出《昭代簫韶》在楊、潘忠奸鬥爭中的"公"、"私",主要是指"公事"、"私仇"。其"公事",即抵禦遼人,這是潘、楊作爲國家大臣,應該著眼的宋朝國家利益。其"私仇",即潘氏所言"三仇",均爲潘之于楊。而楊之于潘則只有"公事",而無

---

① 《昭代簫韶》第一本第二十三齣《舉監軍護持良將》,《古本戲曲叢刊》第九集,據清嘉慶十八年內府朱墨套印本影印,上海:中華書局,1964年。
② 《昭代簫韶》第二本第四齣《糧假絶計撤監軍》。

"私仇"。當兩者發生衝突時,"私仇"應讓位于"公事"。這種"公"、"私"之論,在《昭代簫韶》全劇的上半部,尤其是在忠臣楊繼業父子死難、楊景爲父伸冤而經歷多番磨難、奸臣潘仁美最終得到懲罰時,通過衆多角色、多角度加以表現。當楊繼業父子、德昭及呼延贊等共商禦遼時,他們同唱"爲國公心,并没私懷";當楊希求救而反被潘仁美射殺時,他罵口唱出"您則顧記私忿忘國政,作元戎輔國祚不把公心秉";①當楊景擊鼓鳴冤時,奸臣傅鼎臣、黄玉則言"家事猶比國事急,濟私更比濟公忙",賢王德昭則以"事關重大,況公事不入私門,雖非關節,嫌疑須避"而論,構成强烈對比;②當傅鼎臣意圖用酷刑治死楊景時,德昭之内侍扮作百姓,衝上前去,痛罵"你這狗官,以私廢公,欺罔朝廷";③直至諸臣會勘,潘仁美矢口狡辯,"罪臣奉旨防禦遼兵,安敢以私仇而廢公事?"④凡此種種,無不體現出《昭代簫韶》對于"公"、"私"之辨的討論。

　　值得注意的是,上面引文中,楊繼業對于潘氏之計,回答以"君子可欺其方也"。該語源出《論語·雍也》:"君子可逝也,不可陷也;可欺也,不可罔也。"《孟子·萬章上》進一步舉例,并有所發揮:"故君子可欺以其方,難罔以非其道。"朱熹兩處的注解相同,"欺"與"欺以其方","謂誑之以理之所有";"罔"與"罔以非其道","謂昧之以理之所無"。⑤簡單而言,君子可以被合乎情理的方法欺騙,卻不可以被不合道理的言辭愚弄。潘氏遣王侁而來,所言之説詞,在楊繼業看來,即使是一種誆騙,但其所論之"公事",也是合乎情理的。另一方面,楊繼業引此語以論"公"、"私",還包含有"君子"、"小人"的内涵,這在朱熹的注解中有著清晰的表達。如《論語·里仁》:"子曰:'君子懷德,小人懷土;君子懷刑,小人懷惠。'"朱熹注曰:"君子小人趣向不同,公私之間而已。"⑥

---

① 《昭代簫韶》第二本第十齣《萬箭攢身先盡忠》。
② 《昭代簫韶》第三本第六齣《擊冤鼓聲竭心摧》。
③ 《昭代簫韶》第三本第十三齣《假虎威不分鱄鯉》。
④ 《昭代簫韶》第三本第十六齣《定鐵案罪著奸雄》。
⑤ 〔宋〕朱熹:《四書章句集注》,北京:中華書局,1983年,頁90—91,304。
⑥ 〔宋〕朱熹:《四書章句集注》,頁71。再比如:《論語·爲政》:"子曰:'君子周而不比,小人比而不周。'"朱熹注曰:"周,普遍也。比,偏黨也。皆與人親厚之意,但周公而比私耳。君子小人所爲不同⋯⋯則在公私之際、毫釐之差耳。"《論語·子路》:"仲弓爲季氏宰,問政。子曰:'先有司,赦小過,舉賢才。'"朱熹注曰:"一心可以興邦,一心可以喪邦,只在(轉下頁)

"公"、"私"之辨,與"君子"、"小人"之辨緊密相關,與"君子"、"小人"的爲人及趣向有別緊密相關,與爲政之心可能帶來的"興邦"、"喪邦"緊密相關。

我們需要進一步地分析公、私之辨的哲學意涵及其在官方意識形態中的論述。在中國傳統思想中,公等同于純粹至善的天理,而私被認爲是人間一切痛苦和罪惡的總根源。在這種將公私看作善惡的價值二分法的思維方式之下,一切的德行和正面的價值,都必須依靠破除洗滌人心的私欲來取得。這就是綿延五百多年的理學大潮中的"滅私存公"運動。理學家對于公私的判斷,依據的"天理",便是人間社會道德的準則。既包含仁義禮智信等萬古常新的不變天理,也包括"君爲臣綱、父爲子綱、夫爲妻綱"的宗法社會的倫理道德。于是,"一切的道德或不道德的問題,便被化約爲公或私的問題。"當宋明理學家的理論與實踐,通過朱熹的《四書章句集注》成爲科舉考試命題和評卷的依據,對官方意識形態的建構,以及社會知識系統和價值系統的塑造,有著大得無與倫比的制約力。通過讀書人的認知與學習,理學家尤其是朱熹"滅私存公"的思想便成爲中國人根深蒂固的公私觀念。這種趨勢歷經宋元明清五百年而不衰,即使到了清中葉乾隆時期反對"以理殺人"的戴震,在他攻訐宋明理學家的文字裏,"滅私存公"的觀念仍然是他立論的最主要憑藉。①

産生于乾嘉之際的宮廷大戲《昭代簫韶》,在忠奸鬥爭的刻畫中賦予了公私的議題,與當時作爲官方意識形態的程朱理學完全相應。由此返之于楊、潘,我們便在"公事"與"私仇"之外,體味到"君子"與"小人"、善與惡、是與非、義與利等一系列的概念,以及基于上述概念而來的道德與價值判斷。然而,就楊氏一門自身而言,抵禦遼邦的國家"公事"與父子夫妻兄弟的"天倫"人情,不可避免地發生衝突。五郎楊春即

---

(接上頁)公私之間爾。《孟子·盡心上》:"欲知舜與蹠之分,無他,利與善之間也。"朱熹引程子注曰:"善與利,公私而已矣。"參見:〔宋〕朱熹:《四書章句集注》,頁57、141、356。

① 翟志成:《宋明理學的公私之辨及其現代意涵》,黃克武、張哲嘉主編,《公與私:近代中國個體與群體之重建》,臺北:"中央研究院"近代史研究所,2000年,頁1—49。

言"爲盡綱常,怎顧天倫",①就連僕人楊千,在看到幽州救駕一戰,楊氏八子而失其五(大郎、二郎、三郎戰死,四郎、八郎失落番邦),不免感嘆:"雖則天恩隆重,可憐骨肉摧殘。太老爺、太夫人與衆位夫人等,不免時常悲感。正是,爲國抒忠烈,天倫樂事乖"。② 在"爲國"、"忠君"的"綱常"大義面前,即使正常的"天倫"人情,亦成爲需要捨棄的"私"。《昭代簫韶》正是極力表達"死報陛下"的"臣子之分",以"綱常"的君臣關係來代替"天倫"的父子情分。這與理學家所論之"滅私存公"也是契合的。

## (二) 帝王書寫與君臣關係

忠奸鬥爭與君臣際遇同樣關係密切。如何區分忠、奸,其中一個重要的向度即在于是否忠君。而其中君主的態度與表現,已有的研究則很少去考察。方之《昭代簫韶》與其他楊家將戲曲,我們可以通過對比分析,見出清代宮廷大戲對于君主的書寫,自有其特點及意涵。

探討戲曲中的君主書寫,必然會提及明代的《御製大明律》的規定:"凡樂人搬做雜劇戲文,不許妝扮歷代帝王后妃、忠臣烈士、先聖先賢神像,違者杖一百;官民之家,容令妝扮者與同罪。其神仙道扮及義夫節婦孝子順孫勸人爲善者,不在禁限"。清代亦然。③ 法律條令固然對戲劇創作演出有著一定的規範與限制,但戲曲舞臺上從來不乏歷代帝王后妃。這既是矛盾的,又是可解的。此處我們以《昭代簫韶》中的宋太宗爲例,分析宮廷大戲中的帝王書寫。

綜合而言,《昭代簫韶》采用正面出場、側面旨意兩重視角加以呈現。宋太宗直接出場的次數衆多,每一出場,大多都是全劇的"大場",并且具有一個基本的模式,以第一本第三齣《集鵷班議防邊釁》爲例:① 德昭出場,唱出"聖皇臻治德馨香"、"輔政勤勞莫敢違";文臣武將出場,言其"調梅補袞理陰陽",歌頌聖君治下朝野安寧。② 宋太宗出場,"受命承天御萬方"、"坐明堂,采言虛己納忠良",自言勤政愛民,王化普

---

① 《昭代簫韶》第一本第十九齣《好弟兄全忠死義》。
② 《昭代簫韶》第一本第二十三齣《舉監軍護持良將》。
③ 王利器輯錄:《元明清三代禁毀小說戲曲史料》(增訂本),上海:上海古籍出版社,1981年,頁 11、13、18。

遍。③ 君臣議政,因"朝野肅清,混一天下,只有遼邦,不遵歸化",議定楊繼業鎮撫代州等處,君臣同唱"鳳詔鶯章,舉賢鎮撫邊關上"。這一模式貫穿全劇。不過,劇中在歌功頌德之外,同樣有正面批判,第一本第十八齣:

> (楊繼業白)陛下既欲旋師,趁此遼兵退去,請車駕速速出城,臣父子保護進關。(宋太宗白)衆軍連日守禦,未得休息,今晚且令衆軍安頓一宵,明早起程。(楊繼業白)陛下,敵衆退去未遠,倘復來圍城,那時欲走不能矣。請陛下快快出城。(德昭白)令公之言是也,請陛下速整車駕起行。(潘仁美白)陛下聖意與臣愚見一樣,此時天色漸晚,倘車駕行至半途,遼兵踵後追來,前無救援,後有追兵,黑夜之間,自相踐踏,其害甚深。依陛下聖見,明早出城爲是。(宋太宗白)智者臨事不惑,何必議論紛紛,准定明早回駕。(潘仁美白)領旨。①

宋太宗被遼兵圍困于幽州,楊繼業父子救駕而至。一番欣喜之後,楊繼業與德昭就此勸其速速起駕返京,宋太宗的言行則表現出不諳邊釁、怠忽輕敵。在此場合,潘仁美僅僅是隨聲附和。這就很難將其看作是奸佞蠱惑,況且從情節發展來看,正是宋太宗的遲疑,使得遼兵再次圍困,楊繼業行漢高祖解滎陽之禍的計策,楊泰假扮宋太宗,造成楊氏諸子死難的結局。可見,這是對于宋太宗的直接批判。而此段引文見于崑弋本,爲乾、嘉、道、咸四朝演出所有,却在光緒後期慈禧太后主持的皮黄改編本中刪去,這也從反面證明了此處對于宋太宗的批評,是與其歷史情境緊密相關并爲統治者密切注視的。

另一方面,宋太宗并不直接出場的地方,則通過不同場景下的人物轉述與皇權象徵物來顯示其存在,如聖旨、聖旨牌、尚方寶劍、御賜金鞭等,我們可以視之爲反面襯托宋太宗的反覆無常。以皇帝旨意的變化無端,來書寫楊家將故事中的忠奸鬥爭,《昭代簫韶》并不是個例,至少

---

① 《昭代簫韶》第一本第十八齣《子承父志假龍袍》。

明末清初李玉的《昊天塔》傳奇即是如此。《昊天塔》傳奇，①所演始于楊業壽誕，宋遼交兵。潘仁美奏報，楊業出戰，在奸臣與遼國溝通呼應下，楊業被困，撞死在李陵碑下。六郎楊延昭御狀伸冤，終于誅殺潘仁美。楊業托夢，六郎昊天塔盜骨。謝金吾、王欽若拆毀天波府，六郎同焦贊下三關至誅殺王欽若。劇目内容大致相當于《昭代簫韶》第一至第四本的内容，不過，宮廷大戲規模更大、情節更豐富。傳奇中宋太宗并没有出場，劇中却用不同的方式表現了皇權的無所不在與絶對威權。全劇共有九次聖旨的下達，其中涉及潘、楊之爭的共有四次：楊業被困，楊六郎與佘太君發兵救援，大敗蕭后，却得楊業屈死、七郎被射。此際聖旨下，楊六郎遭潘陷害，著押解回京（第十六齣）。八王、寇準奉旨會勘潘、楊之爭。會勘還未開始，却"奉聖旨，將楊延昭先打一百御棍"。經八王、寇準請命"若先杖延昭"，"雖小臣一死亦何足惜，但謂陛下未經審明先刑杖斃，何以塞民之口"，于是"奉聖旨，楊延昭姑緩刑杖"。一番合同勘問之後，八王奏明，"奉聖旨，楊業兩朝夙將，父子奇功，陷陣身亡，忠勇可嘉"，楊氏一門死的追封、活的加封（第十七齣）。這似乎與傳奇開場楊繼業壽誕，聖旨御賜酒宴相呼應，同時也是"帝德"、"皇恩"與英雄悲劇的强烈對比。而聖旨在楊延昭伸冤過程中的反覆無常，讀者與觀衆不知聖旨因何而出，如何又出爾反爾，直欲呼出"昏君"之嘆，也難以從楊氏得封的結局中得到些許的寬慰。所謂"聖恩"所付與臣子所忠，構成一組反差與不對等的關係，這是劇作家的有意創作，也是劇作家的歷史省思。

　　與文人傳奇反思英雄悲劇命運不同，《昭代簫韶》向我們展示了忠良與奸臣鬥爭的背後，各自權力的來源都是皇帝。第一本第九齣《報私仇權臣竊柄》，潘仁美討得聖旨決定御駕親征，并封其爲平遼元帥，楊泰兄弟任其調遣。德昭指責潘仁美"一派佞語巧辯。昨日聖上纔議親征

---

① 《昊天塔》傳奇，現存清康熙鈔本，傅惜華舊藏，現藏于中國藝術研究院圖書館。二卷二十八齣，卷首、卷尾殘，卷中亦有缺頁。傳奇第一齣《開宗》："【滿庭芳】(末)無敵楊公，一門八虎，威名遠播華夷。遼邦行反間，密遣賀驢兒。仁美監軍，傾噬交牙谷，屈陷重圍。嗟撞死李陵碑底，庭勘斬奸。回幽□□盜骨，五臺大鬧，兄弟追隨。爲天波拆毀，關上潛歸。焦贊殺人……奸鋤惡，母子沐恩輝。"《傅惜華藏古典戲曲珍本叢刊》第 16 册據此影印（北京：學苑出版社，2010 年）。

之策,是孤家再三諫阻,俟會議命將出師,今復有親征旨意,明明是你蠱惑聖心,假弄威權,欲消私忿。"潘仁美曰:"此事出自聖裁,與臣何干?難道聖上不聽千歲之諫,倒信仁美之蠱惑?"德昭重行諫止,宋太宗以"旨意已下,如何反覆"爲論,議定君臣同赴沙場。此齣宋太宗并没出場,却通過德昭與潘仁美的言辭對答中顯現出來。宋太宗所言之"旨意已下,如何反覆",實際上是不折不扣的反覆。仁美的反問,可謂揭示了宋太宗所代表的皇權,對于圍繞在皇權周圍、并爲皇權服務的臣子,無論"忠"與"奸",都是同樣的駕馭與指揮,其態度與方法并無二致。

而在皇權象征物方面,《昭代簫韶》表現出更爲明顯的忠與奸同時、同等地受到皇權的重視與"保護"。同樣在第一本第九齣,前有潘仁美所捧的"尚方寶劍",後有德昭携陳琳所捧的"金鞭"。這種忠、奸雙方同持皇權象征物的情形,《昭代簫韶》中還有許多。在另一場合,我們看到兩個皇權象征物的對立、爭鬥。遼將劉子喻貌似楊希,至宋營行反間之計,引來潘、楊雙方爭鬥,直至監軍呼延贊拿出尚方寶劍,雙方構成皇權下的爭論:

  (呼延贊白)老夫奉旨,賜我尚方寶劍,如軍中有不遵吾令、不公不法者,先斬後奏。你敢胡亂施刑麽?請尚方寶劍過來。(陳琳遞劍科,潘仁美白)你有尚方寶劍,難道本帥没有?許你先斬後奏,偏我不許麽?取我的尚方寶劍過來。(王侁作取劍遞科,呼延贊作揪潘仁美,衆勸科,白)不要如此。①

忠、奸雙方同時拿出代表皇權的"尚方寶劍",可謂"針尖對麥芒"。這一方面在于戲劇的對稱性(古典戲曲以至中國古典藝術的對稱美),一方面也清晰表明無論忠、奸,其背後的權力來源均爲作爲最高統治者的皇帝。看似悖論的角力,恰恰是權力世界的現實映照。那就是皇帝之于臣子,後者要絕對忠于前者。至于臣子之間的忠奸之爭,皇帝所要做的是駕馭與平衡。在權力世界的現實運作中,歷代帝王莫不如此。

---

① 《昭代簫韶》第二本第三齣《面真同謀傾勇將》。

論述至此,我們必須將《昭代簫韶》重新放置于乾嘉時期的歷史語境中,尤其是在乾隆朝重寫前代歷史與歷代帝王廟祭祀的文化與禮儀實踐下,分析此中所内蕴的道德評判的權力意識。首當其衝的,便是有關楊業死因及其責任歸屬的問題。自宋及今,史學家們爭論不斷,不外王侁、潘美、宋太宗三說。本文對此不做討論,但在元明兩代的雜劇與小説中,歷史上的潘美便被塑造成奸臣潘仁美。不過,潘美在真實的官方歷史中,自宋至明,都獲得極高的評價。首先,宋真宗朝在太廟祭祀時,設置功臣配享,潘美成爲宋太宗三位配享功臣中唯一的武將。此一配享,終有宋一朝而未變,且宋人毫無訕議。蘇軾曾評價,"推擇元勳重望始終全德之人,以配食列聖。蓋自天子所不敢專,必命都省集議,其人非天下公議所屬,不在此選。"可見宋人于潘美重其開國之功,平定江南,消滅割據政權,奠定趙宋版圖。① 明代初年,朱元璋在南京創設歷代帝王廟祭祀,正殿祭祀三皇五帝和夏商周漢唐宋元開國帝王 16 人,東西配殿從祀歷代名臣 37 人。潘美同樣入祀,終有明一代而未變。② 但是到了清朝,情况發生轉變。滿洲統治者繼承了明代祭祀歷代帝王廟的傳統,但在入關後即對入祀的帝王與名臣進行調整。順治二年(1645),糾正了嘉靖帝罷祀元世祖之過,恢復其祭祀;又以"元世祖之有天下,功因太祖,應追崇元太祖"、"宋之天下,遼、金分統,南北之天下也"爲由,增祀了元太祖、遼太祖、金太祖和金世宗。這顯然是滿洲權貴出于自身與契丹、女真、蒙古同屬北方民族的雷同感與親近感。③ 這與清朝有關正統華夷之辨及其國家認同的議題緊密相關。順治十四年(1657),清廷重新議定歷代帝王廟入祀之帝王與名臣,潘美罷祀:

> 至從祀功臣内宋臣潘美,雖平南漢有功,然斜谷之敗,不能制護軍王侁,擅離陳家谷口,致楊業父子無援而死,宋之不能復征契

---

① 袁良勇:《宋代功臣配享述論》,《史學月刊》,2007 年第 5 期,頁 27—31。
② 許偉、曹海濤、于淼:《乾隆皇帝與歷代帝王廟》(上),《海内與海外》,2013 年 9 月號,頁 47—48。
③ 許偉、曹海濤、于淼:《乾隆皇帝與歷代帝王廟》(上),頁 49。

丹,實由此敗……罷其從祀。①

順治朝君臣的這一評價,直接決定了清朝官方對于潘美的態度,也明確了潘美對于陳家谷之敗、楊業父子之死甚至宋代沒能征服契丹,負有極其重大的責任。這在其後清代所修諸多官方史書中,均有直接的表現。以乾隆《御批歷代通鑒輯覽》爲例,針對宋雍熙三年(986)宋太宗命曹彬、田重進、潘美等分三路北伐契丹之事,楊業戰死陳家谷,御批曰:

  楊業久于行陣,不獨勇號無敵,即料事度勢,亦非侈口妄談。其欲避鋒紆道以出,蓋實有知彼知己之識,不得謂之畏懦不前。乃王侁不察時地之宜,激其輕進,復心疑敵遁,急欲爭功,致業深入無援,捐軀效節。侁之罪固不容誅,然潘美深膺閫帥,既與業約駐兵谷口聲援,侁離次不能禁制,已乖統御之職,乃亦不覘虛實,全師徑退,坐失驍將,又豈能辭債轅之責耶?②

乾隆不獨繼承順治諭旨對于潘美的批評,一方面將楊業之死的罪責指向王侁與潘美,另一方面則充分表彰楊業之忠勇與智謀。我們可以說,乾隆的御批,成爲《昭代簫韶》在書寫楊繼業、潘仁美的"指導性意見"。舉例而言,《昭代簫韶》中,北嶽大帝勘問潘仁美魂魄時即明確言明,"你雖有伐漢平南的大功,難蓋陳家谷之小過,此乃萬善不敵一惡也",③則與乾隆御批相應。而在另一部宮廷大戲《鐵旗陣》中,宮廷劇作家進一步"剝奪"潘美參與平南唐的功勞,并通過"移花接木",使得原本與宋、南唐的戰爭毫無關係的楊家將,一面與潘仁美等奸臣鬥爭,一面又南下金陵,幫助宋朝完成了中華一統。于是,民間、文人與宮廷,通過史傳、小説、戲劇等文體,在口頭、書面與舞臺表演之間,潘仁美都成爲

---

① 〔清〕托津等奉敕撰:《大清會典事例(嘉慶朝)》卷三百五十,臺北:文海出版社,1991—1992年,頁5550—5552。
② 〔清〕傅恒等奉敕撰:《御批歷代通鑒輯覽》卷七十二,《四庫全書》史部編年類,第338册,上海:上海古籍出版社,1987年,頁24。按:《御批歷代通鑒輯覽》完成于乾隆三十二年(1767)。
③ 《昭代簫韶》第四本第十五齣《勘惡鬼北嶽施刑》。

被極力批判的奸臣。

至于宋太宗,與宋朝太廟中潘美作爲宋太宗的配享功臣不同,明代歷代帝王廟中潘美入祀,而宋太宗并非開國帝王,未得入祀。這也就是後來康熙諭旨所指的"或配饗其臣而不及其君",因而"甚未允當"。① 直至康熙六十一年底,新登基的雍正帝奉康熙之旨,增祀歷代守成之君,宋太宗才得以入祀歷代帝王廟,從而改變了明代的情形。② 而在《御批通鑒輯覽》中,乾隆多次藉由御批對其批評。如太平興國四年(979),宋太宗攻下太原後,"詔毀太原舊城","縱火焚太原廬舍,老幼趨城門不及,焚死者衆矣"。御批曰:"仁者之師,牧民水火。今乃縱火害民,是誠何心?況攻圍未下時,尚慮城陷而殺傷者衆,因以宣諭招降。此趨門不及者,獨非曩所不忍害之良民乎?"③宋太宗之旨,顯然是出于政治的考慮,但在乾隆看來,宋軍既不是"仁者之師",宋太宗也非愛民之君。太原雖久攻不下,但既已招降,就不應有此毀城移民之舉。再如宋太宗挾平太原之勢,率軍伐遼,兵圍幽州,與遼將耶律休格大戰于高梁河,敗績乃還。皇子德昭請求對太原之功臣行賞,宋太宗大怒,德昭自殺。乾隆御批曰:

> 軍中謀立德昭,并無行迹可指,或讒人構釁,揣測猜疑而爲之,亦未可定。太宗遽責以"待汝自爲",則德昭雖欲不死而不能。可知太宗傳子私念,不待趙普贊成而早定于胸中矣。抱哭、追封,固無解于渝盟之過,所謂欲蓋彌彰耳。④

此處受宋太宗"逼迫"而自殺的"皇子德昭",正是小説戲曲中的八大王、賢王德昭之原型。歷史上的趙德昭與楊家將幾乎没有交集,後之小説戲曲則將其塑造爲賢王的形象,成爲與楊家將一起抗遼、與奸臣鬥爭的重要角色。乾隆御批著眼于宋太宗對于皇位繼承的"私心"。

無論是楊業、潘美,還是宋太宗,乾隆御批對于人物的評價與判斷

---

① 〔清〕托津等奉敕撰:《大清會典事例(嘉慶朝)》卷三百五十,頁5552。
② 〔清〕托津等奉敕撰:《大清會典事例(嘉慶朝)》卷三百五十,頁5554。
③ 〔清〕傅恒等奉敕撰:《御批歷代通鑒輯覽》卷七十二,頁10。
④ 〔清〕傅恒等奉敕撰:《御批歷代通鑒輯覽》卷七十二,頁11。

均基于道德立場,并非出于人物行爲的正當與否,而是依照其行爲背後的心態動機而進行的,以求做到"必觀前後以誅其心,始無所遁詞"。①乾隆對于歷史人物的評價,必然涉及清代前中期大規模的官修史書。何以清代會有如此的修史行爲、自康熙至乾隆都有御批史籍并加以刊刻出版?康熙針對歷代帝王廟的入祀員額,諭旨切責"書生妄論",指出"書生輩但知譏評往事,前代帝王雖無過失,亦必刻意指摘,論列短長,全無公是公非","況前代帝王曾爲天下主,後世之人俱分屬臣子,而可輕肆議論,定其崇祀不崇祀乎?"②衆所周知,後代爲前代修史,文臣編纂,帝王審定。康熙這裏"回收"了臣子的歷史評論權,也就是説,臣子應明了自身之地位,即使奉敕編纂歷史,仍爲臣子,不可對前代人主有所軒輊。那麽,對于歷史上的帝王與臣子,只有後代之帝王擁有這一歷史評判權。乾隆對此心領神會并付諸實踐,乃至成爲"有史以來參與修史最多的皇帝"。這種不斷重修前代史籍的行爲,目的在于使它們符合當時的現實需要:從歷史的教化作用出發,"希望由官方壟斷歷史編纂,再由他控制其中的筆削褒貶",那就是他自己"積極扮演歷史判官的角色"。"千古之是非繫于史氏之褒貶,史氏之是非則待于聖人之折衷",這個"聖人",就是作爲皇帝的乾隆自己。③ 于是,歷史書寫、闡釋與評判的權力,便從民間、文人,收歸官方甚至帝王手中,從而達到由國家意識形態壟斷思想文化的目的。

《昭代簫韶》正是在這樣的歷史語境下產生,并且在宫廷戲臺上演出于滿洲帝王、后妃、滿漢蒙古文武大臣之前。劇中對于臣子之間的忠奸鬥爭、對于宋遼君臣的評判與演繹,無不基于滿清王朝對于歷史的重評與書寫,既融合了元明楊家將小説戲曲中人物的情感態度,也包含了清朝出于現實政治需要而重寫歷史的實踐活動和帝王諭旨。

---

① 邵學禹:《〈御批歷代通鑒輯覽〉之御批析述》,新北:花木蘭文化出版社,2010年,頁53。
② 〔清〕托津等奉敕撰:《大清會典事例(嘉慶朝)》卷三百五十,頁5552—5553。
③ 何冠彪:《論清高宗自我吹嘘的歷史判官形象》,《明清人物與著述》,香港:香港教育圖書公司,1996年,頁146—156。

## 二、神譜權力與儀式再現：《昭代簫韶》中的神道書寫

從總體上看，神道書寫是宮廷大戲的普遍特徵。就《昭代簫韶》而言，神道書寫主要有三個方面：其一，作爲文本框架與整體論述的天帝預示與諸神慶祝；其二，作爲《昭代簫韶》下半部主體的天門陣與仙怪鬥法；其三，作爲道德審判的忠臣良將的褒獎升仙與奸臣佞人的鞭撻入地。于是，在宋、遼戰爭以及楊家將的歷史故事中，引入了神仙鬼怪與法術角鬥，在豐富舞臺技藝與美術的呈現之外，通過對神仙鬼怪及其法術力量的描寫，表現出戲劇中權力話語的多面與豐富，其中的綱常倫理、宗教文化與儀式再現，是宮廷戲曲研究中需要加以注意的。

### （一）神仙譜系與現實帝王的權力融合

宮廷大戲開頭、結尾的神道書寫，是戲劇結構與框架的重要特徵。在感嘆歌頌當今君聖臣良、治世清明的同時，宮廷大戲還建構出等級分明、秩序井然的神仙譜系。結合清代宮廷獨特的大戲臺和空間層次，以及觀戲殿堂、廊廡，舞臺中的神道譜系與現實中看戲的帝王臣子構成呼應。作爲觀衆的君臣藉由戲臺上演出的神道戲劇"體驗"權力的結構與運作。

首先，我們來看《昭代簫韶》在開場人闡明戲劇創作緣由之後的神道出場：

> （雜扮二十八宿，各戴本星形象冠，扎靠，各持金槍，從壽臺兩場門上。雜扮六丁，各戴黃扎巾額，扎黃靠，持金鞭；雜扮六甲，各戴白扎巾額，扎白靠，持銀鞭，從仙樓兩場門上。雜扮九曜元神，各戴扎紅金貂，穿黃鎧，持大刀，從祿臺兩場門上。雜扮黃巾力士，各戴扎巾額，穿金綫鎧，持劍，從福臺兩場門上。合跳舞走勢畢，分侍科。）
>
> （雜扮八星官，各戴朝冠，穿蟒束帶，執笏；旦扮四宮娥，各戴過

梁額、仙姑巾，穿蟒，繫絲縧，各執如意；旦扮四宮官，各戴宮官帽，穿蟒，繫絲縧，各執符節扇；小生扮金童，戴綫髮紫金冠，穿氅，繫絲縧，執旛；小旦扮玉女，戴仙姑巾、過梁額，穿氅，繫絲縧，執旛；引生扮紫微大帝，戴冕旒，穿紫八團蟒，束玉帶，執圭，仝從祿臺中場上。)……

（場上設高臺、帳幔、桌椅。内奏樂，紫微升座，衆神各分侍科。紫微大帝白）北極尊居衆所崇，群星環拱紫微宫。巍峨帝座中天主，協贊樞機化育功。吾神紫微大帝是也，位尊北辰，中天星主。掌群生之福應，操萬物之鈞陶……

（雜扮北陰三司，各戴扎紅嵌龍幞頭，穿蟒，束帶。雜扮四山川神，各戴扎紅金貂，穿蟒，束帶。雜扮四采訪使，各戴嵌龍幞頭，穿蟒，束帶。雜扮四城隍，各戴扎紅幞頭，穿圓領，束帶。各執笏，仝從壽臺上場門上。)①

之所以詳細引述劇中此一描述，旨在説明《昭代簫韶》中的神道框架，是一個詳細具體而又層次清晰的神譜系列。在福臺、祿臺、壽臺、仙樓構成的多層次大戲臺上，同時有近百位扮演的神祇出現。此種情形在《昭代簫韶》第九本的結尾再次出現。② 在相同的二十八宿、九曜元神、宫娥、宫官、金童、玉女、采訪使之外，又出現了玉皇上帝、靈官、馬劉温趙四帥、三頭六臂、四頭八臂、千里眼、順風耳、左輔右弼、三台北斗、北嶽大帝、梓潼帝君等神祇。開端與結尾的這種不同，主要在于前後的功能差異，前者在于由神祇預示《昭代簫韶》戲劇内容的主題及天命所在，後者乃是戲劇的"大收煞"，衆神同頌大清朝"民安國正天心順"，"萬萬年天上人間祝聖君"。

我們必須清楚，這個譜系中的每一個角色都有其出場的空間、次序、穿戴，以及他們各自獨特的動作、語言，無不表明其神職地位與功能的差異。以前、後兩齣中的紫微大帝、玉皇上帝爲例，我們就可以看出

---

① 《昭代簫韶》第一本第二齣《三霄帝座拱星辰》。
② 《昭代簫韶》第九本第二十四齣《仙侣會衆陣消除》。

等級與地位的微妙內涵。在前一齣中,紫微大帝爲所有上場者中位階最高之神,預示戲劇情節,成爲該齣的主唱,由生扮,在宮娥等導引下由禄臺中場上,其穿戴是"戴冕旒,穿紫八團蟒,束玉帶,執圭"。對比而言,後一齣中,主唱的是玉皇上帝,在宮娥等引導下從禄臺上,"戴冕旒,穿黄團龍蟒,束黄鞓帶"。而紫微大帝則改由末扮,與三臺北斗、梓潼帝君是"各戴冕旒,穿蟒,束玉帶,執圭,仝從壽臺上場門上"。紫微大帝在前後兩齣中扮演者的角色行當、穿戴服飾、出場舞臺的變化,表明其神仙位次的差異。尤其是蟒袍的顔色,紫微大帝衣紫,玉皇上帝著黄。"黄者,中之色,君之服也。"自唐高宗時,就成爲衆首之色,成爲皇權的象徵。紫色則與道教的流行相關,成爲象徵性的顔色。① 就品官服色而言,紫色在唐、宋、元爲三品以上高級官員的服色,但在明清兩代的官員朝服中,均不用紫。② 因此,作爲神祇的紫微大帝地位是低於玉皇上帝的。玉皇上帝的"穿黄團龍蟒,束黄鞓帶",則與劇中宋太宗"戴金王帽,穿黄蟒,束黄鞓帶"的著裝一致,同時與人間帝王衮服龍袍上的黄色一致。可見,《昭代簫韶》所構築的神仙譜系中,與人間帝王對應的是玉皇上帝,而非紫微大帝。

在福臺、禄臺、壽臺、仙樓出場的上述神祇,以及戲劇中出現的北嶽大帝、十殿閻君、鬼卒判官、城隍土地、聖母雲使、元武神、水德星君、鍾離道人、吕洞賓等,構成一個包含仙界、人間、地獄的神道譜系,他們在不同的戲劇場景中出現,具有不同的職能。《昭代簫韶》中的神道譜系,應該是來源于道教神譜。其中無論是玉皇上帝、紫微大帝、二十八宿,還是北嶽、閻君、城隍、土地等,我們都可以找到上述信仰的歷史演變及

---

① 王安安:《古代服飾制度中服色的文化內涵》,《文博》,2003 年第 3 期,頁 39。
② 許哲娜:《中國古代等級服色符號的內涵與功能》,《南開學報(哲學社會科學版)》,2013 年第 6 期,頁 99。

文化内涵。① 宗教與戲劇中的仙界、地獄之于人間的生死、善惡的賞罰黜陟，特別是忠良者升天、奸佞者入地的書寫，帶有強烈的"倫理—政治"的觀念，以及整理人間倫理秩序的功能。②

如果要討論宗教與宮廷大戲中的神譜，與現實中的帝王的關係，我們就要結合清代宮廷演劇的環境加以分析。作爲道教與民間信仰神祇的玉皇上帝，也是清代帝王祭祀崇拜的神仙。滿洲統治者在自身傳統的薩滿信仰之外，出於政治的目的推崇藏傳佛教中的黄教，而對于漢族具有悠久信仰傳統的道教，清代諸帝態度有別，但都延續了明末的宮廷宗教建築與祭祀，如大高玄殿。是殿建于明嘉靖年間，成爲明清兩代皇家御用道觀，供奉有玉皇大帝與三清像。清代皇帝每到年節，照例都要到大高玄殿拈香行禮。特別是大旱或者大澇時節，皇帝都要在這裏祈雨、祈晴。而在衆多道教的節日，大高玄殿還要舉行各種道場。以乾隆時期爲例，便有元旦的新禧道場、正月初九玉皇大帝生日的天誕道場、七月十五的中元道場、皇帝生日的萬壽平安道場等等。③ 如此，作爲人間帝王的皇帝親至道觀向玉皇大帝的神像拈香行禮，崇拜致敬；而在宮廷戲臺上，演員裝扮的玉皇大帝，面對作爲觀衆的人間帝王，歌功頌德。這種有趣的對應，還體現在兩種場合下的方位對應：宗教場所的殿堂内，大高玄殿坐北朝南，神位南向，皇帝則是面北行禮；演劇場所中，觀戲殿坐北朝南，皇帝南向，戲臺則是面北表演。這種位置的"互换"恰恰體現出皇權與神權的交互融合。從君權神授的角度而言，皇權本身就具有神權。這不僅體現在皇帝在禮神與觀劇中的位置"互换"，也體現在宫廷戲臺建築與民間廟宇祠堂戲臺建築的一種對應。廟中設臺，是神廟建築的通例。廟宇中的神殿坐北朝南，廟中的戲臺往往設在神殿

---

① 舉例而言，梅莉：《玉皇崇拜論》，《湖北大學學報（哲學社會科學版）》，2011年第5期；劉世天：《城隍信仰在傳統社會中的作用》，《中國道教》，2013年第6期；吴秋林：《中國土地信仰的文化人類學研究》，《宗教學研究》，2013年第3期；萬方：《華夏民間俗信宗教——閻王》，《書屋》，2003年第3期；莊宏誼：《玄天上帝信仰的由來及其傳説》，《文化視窗》，1998年11月；祝秀麗：《北斗七星信仰探微》，《遼寧大學學報（哲學社會科學版）》，1999年第1期，等等。綜合論著，可參看張澤洪：《道教神仙信仰與祭祀儀式》，臺北：文津出版社，2003年；張興發：《道教神仙信仰》，北京：中國社會科學出版社，2001年。
② 葛兆光：《道教與中國文化》，上海：上海人民出版社，1987年，頁76—77。
③ 王建濤：《大高玄殿的滄桑歲月（上）》，《紫禁城》，2012年第5期，頁34—39。

的對面,坐南朝北,帶有娛神的目的。宮廷中的戲臺在建築方位上與此相同,只不過是將"正殿"内的神靈換成了人間地位最尊貴的皇帝而已。① 因此,宮廷演劇中作爲觀衆的皇帝,既是人間的帝王,同時也是人間的"神"。戲劇中的最高神職與現實中的帝王形成對應,神譜系列的各司執掌的仙界、人間、地獄的角色,也與觀劇現場等級、職位不同的内廷與外朝人員有著某種契合。于是,福臺、禄臺、壽臺、仙樓各個層次的神仙以及通過天井、地井上下溝通的神鬼,構成一個立體的結構層級。演劇現場則通過觀戲殿、觀戲廊的平面布局,安排了觀戲人員的位次。在動態的舞臺演出與静態的平面的觀劇位次之間,所有人體會到的便是舞臺上下高度一致的君臣秩序。

## (二) 戲劇神道的藝術化與政治化

《昭代簫韶》在宋、遼對陣中加入了仙怪鬥法的描寫,對比《北宋志傳》,我們發現一個驚人的狀況,那就是小説中自第三十二回《蕭后出榜募兵》至第三十八回《宗保大破天門陣》共 7 回,《昭代簫韶》則敷衍出從第六本第五齣《一函寶册由天賜》至第十本第四齣《仙佑正陣破妖除》整整 96 齣。由此,我們必須承認這些屬于宫廷劇作家的創造,并且成爲《昭代簫韶》在楊家將故事系列中與衆不同的獨特面相。研究《昭代簫韶》作爲宫廷大戲的藝術特色與内涵,便不能忽視戲劇中占據半壁江山的仙怪鬥法,這是本文特别强調的一點。

場面衆多、鋪排繁複的仙怪鬥法,我們無法全面考察,本節將集中探討兩個問題:其一,《昭代簫韶》中的鍾離權、吕洞賓與宋遼對峙中的仙怪鬥法及其寓意。其二,《昭代簫韶》中的元武神與明清真武大帝信仰的演變。

首先考察八仙中的鍾離權、吕洞賓與宋遼對峙中的天門陣之關係。此節故事不見于八仙信仰的各種道教典籍,而是出自明代小説《北宋志傳》、《楊家府演義》以及描寫八仙故事的《東游記》。學者已經指出,《東

---

① 《中國古戲臺研究與保護》課題組:《中國古戲臺研究與保護》,北京:中國戲劇出版社,2009 年,頁 43、75—76。

游记》此部分的書寫襲自明代的楊家將小說。① 關于呂洞賓爲何會出現在宋、遼交戰的故事書寫中,有學者認爲,這并非簡單的"戲不夠,神仙湊",而是影射了以呂洞賓爲純陽祖師的全真教,在宋金、宋元的對抗中,幫助北方少數民族的金、元,而與漢人的宋政權對抗。② 漢學家伊維德與奚如谷認爲,明代小說戲曲涉及異族與漢族之間的矛盾衝突時,普遍存在著以元蒙統治者的形象來書寫異族人物與故事的現象。③ 這或許可以做一注脚。《昭代簫韶》雖然取材于《北宋志傳》,但對于鍾離權、呂洞賓參與天門陣的緣由則做了重大的改變,主要有兩方面:其一,天門陣擺設的起因,小說中呂洞賓因"氣"而設,大戲中改爲椿樹精欺騙呂洞賓而設。其二,呂洞賓對于天門陣的作用,小說中爲呂一手操縱,大戲則改爲呂洞賓不知情,其後主動面見鍾離權,收服椿巖。這種改造與調整背後,有着獨特的政治寓意。

來看《昭代簫韶》中天門陣故事的開端,椿巖揭榜:

(白)俺碧蘿山椿巖是也。昔年盜得天書三卷,正愁無人傳授心法,恰遇洞賓呂仙師收我爲徒,在蓬萊山學道半載,將八門金鎖陣演成七十二座天門陣。俺假説助宋伐遼,辭別仙師下山。我想目下蕭氏正在敗困之時,若去助宋伐遼,也不顯俺的本領。我不免竟投遼邦,與宋家抵敵一番,也見得俺的神通奥妙。只是這般模樣不雅相,有了,待我幻作道人前去,變……果然有些仙風道骨,只是名兒粗俗不雅。有了,仙師道號洞賓,我何不充其名兒,竟叫做嚴洞賓有何不可。④

小説中呂洞賓助遼抗宋,乃是出于不滿師友對其"酒色財氣"的譏諷,恰

---

① 趙景深:《八仙傳説》,吴光正主編:《八仙文化與八仙文學的現代闡釋》,哈爾濱:黑龍江人民出版社,2006年,頁48—49。周曉薇:《〈東游記〉天門陣故事抄襲〈楊家府演義〉考辨》,《陝西師大學報(哲學社會科學版)》,1993年第4期。
② 趙杏根:《八仙故事源流考》,北京:宗教文化出版社,2002年,頁86—87。
③ Wilt L. Idema, Stephen H. West. Introduction, *The Generals of the Yang Family: four early plays*, Hackensack, NJ: World Century Publishing Corp.; Singapore: World Scientific, 2013, p. xxxii.
④ 《昭代簫韶》第六本第七齣《榜始懸妖仙應召》。

值宋遼交爭,他便趁機助遼,要與鍾離所指示的"定數"做一番競爭。雖然呂洞賓將六甲兵書交予椿樹精,令其下界揭取蕭后榜文,但真正擺兵布陣、對抗宋朝的是親降凡間的呂洞賓。① 宋遼爭鬥是天數,但助遼布陣、對抗宋朝,則是呂洞賓的主動行爲。《昭代簫韶》發生了改變:椿樹精盜得天書後,被呂洞賓收爲徒弟,加以指點,學得陣法後,欺騙呂洞賓要助宋伐遼,却投遼抗宋,并幻作道人模樣,假充洞賓法號。那麽,《昭代簫韶》中的一切就都成爲椿巖的行爲,作爲八仙之一的呂洞賓對此全然不曉。此後鍾離道人出場,説明作爲"妖妄"的椿樹精興兵布陣,凡人難以識破,他便親往宋營,"指示破陣之法,贊成功績"。《昭代簫韶》便在椿巖布陣、鍾離道人指示破陣的仙怪鬥法的循環往復中進行。直到天門陣即將終結時,呂洞賓才真正登場,拜見鍾離仙師,一同"收陣除妖"。②

從小説到大戲,天門陣中呂洞賓的形象與作用發生了根本轉變,助遼逆宋的一切作爲歸于椿樹精,呂洞賓則成爲順應天命、輔助宋朝的仙人。那麽,《昭代簫韶》爲什麽要做這樣的調整呢? 原因在于仙怪之間的"正邪"之分。劇中,呂洞賓出場即指出"扶正除邪,仙家分内之事",鍾離道人也多次表示要"秉正邪難勝"。區分"正邪",標準即是輔宋、抗宋,原因在于宋朝是天命所興,遼國乃妄逆天命。宮廷劇作家對于椿巖與鍾離權、呂洞賓的不同態度,我們可以在清代官方對于道教神仙信仰的政策中找到解答。第一,清朝對于道教,既循例封贈正一派天師世系與全真龍門派的掌教道士等,以爲羈縻之策,同時,因鑒于元朝白蓮教故事,故對其餘道教各派舉凡類似另有門派的組織,或近于巫覡邪道者,皆予以嚴禁。《大清會典》中均有相關的記載。③ 官方對于道教,采取分而治之的態度與政策,無異于一種"正邪"之分。事實上,乾隆時代尊崇儒學,又奉黄教,道教在朝廷的地位大爲降低。不僅規定天師不許

---

① 裴效維校訂:《楊家將演義》,北京:寶文堂書店,1980 年,頁 168—172。按,該本實爲《北宋志傳》。
② 《昭代簫韶》第九本第二十四齣《仙侣會槊陣消除》。
③ 南懷瑾,《中國道教發展史略》,上海:復旦大學出版社,1996 年,頁 131—132。莊吉發:《清代政治與民間信仰》,《清史論集(一)》,臺北:文史哲出版社,1999 年,頁 169—206。

入朝臣班行,而且品級降低,原本由道士充任的太常寺樂官,也命別選儒士爲樂官。① 官方認可甚至封贈的道教派別尚且嚴格控制,更不消說那些被認爲是"旁門左道"的民間幫會,清廷以"邪教"來定位它們并嚴行禁止,是可以想見的。第二,作爲宋元以來廣爲信仰的八仙,尤其是首二位的鍾離權、吕洞賓,清廷則有著一定的支持。鍾、吕二位是全真教"北五祖"中的正陽祖師、純陽祖師,地位崇高。以全真教祖庭白雲觀爲例,康熙、乾隆屢次諭旨以内帑修葺白雲觀,供奉玉皇大帝的玉皇殿、供奉吕洞賓的吕祖殿,悉在其内。乾隆五十三年(1788),皇帝親幸瞻禮,并賜御筆詩碑并碑記。② 單就吕洞賓而言,嘉慶九年(1804),在吕洞賓原有"演正警化孚佑帝君"的封號前,加"燮元贊運純陽"六字,令直省通祀。如此,吕洞賓便進入了清代省級政府的國家祀典。③ 帝王的態度,顯然會影響宮廷戲曲的創作,産生于乾嘉之際的大戲《昭代簫韶》,自然會對帝王之于全真教及其信奉的鍾、吕的態度加以采納。我們就不難理解劇中對"正邪"的區分,吕洞賓的形象便從小説中的"酒色財氣"之徒,改造成"扶正除邪"的仙人。第三,《昭代簫韶》藉此提出方外修行與忠心王事之間關係的問題。鍾、吕在助宋破陣之後向德昭表示,"我等雖居方外,久沾聖主德澤,理應濟世匡功"。④ 這就表明皇恩布滿天地,不管是在世臣民,還是方外修行,無不沾溉德澤,因而在輔助聖朝王事上,方外之士亦同臣子之道。此一話語,不免令人想起丘處機《世宗挽詞引》中"雖道修方外,身處世間,重念皇恩,寧不有感"之語。⑤ 全真道士丘處機所挽的金世宗,正是滿清皇室追認的金朝祖先中最受尊崇的皇帝。清初各帝尤其是乾隆,屢屢表示對于金世宗保持女真舊俗

---

① 任繼愈主編:《中國道教史》,上海:上海人民出版社,1990年,頁642。有關乾隆初年清廷對于道教政策的改變詳情,可參看鄭永華:《清代乾隆初年道教史事兩則考訂》,《宗教學研究》,2009年第3期。
② 李養正編著:《新編北京白雲觀志》,北京:宗教文化出版社,2003年,頁23。
③ 〔清〕曾國荃、張煦等修,王軒、楊篤等纂:《(光緒)山西通志》卷七十三,《續修四庫全書》第643册,據清光緒十八年刻本影印,上海:上海古籍出版社,1995年,頁152—153;〔美〕康豹著,吴光正、劉瑋譯,《多面相的神仙——永樂宫的吕洞賓信仰》,濟南:齊魯書社,2010年,頁146。
④ 《昭代簫韶》第十本第四齣《仙佑正陣破妖除》。
⑤ 〔金〕丘處機:《磻溪集》卷二,《續修四庫全書》第1322册,據金刻本影印,頁62。

政策的贊佩,將之作爲清人強調國語騎射的典範。① 大戲借鍾、吕之口,表明方外修行也當努力輸忠,將清淨修行與感念皇恩、濟世匡功聯繫起來。

其次,清代的道教政策與帝王參與宫廷内外道教活動之間存在著相當複雜的關係。《昭代簫韶》中椿巖做法召請元武神助陣的片段,可以幫助我們來探討道教召請的法術儀式與清代的元武神信仰。椿巖是逆天而行的"邪怪",它的作法召神,大戲是采取批判的態度,却又對作法召請的儀式與過程詳細描繪:

(場上設法臺、香案桌,左、右側設經桌,置法器。)……(雜扮四法官,各戴法官帽,穿行衣,捧牙笏、寶劍、法盞、令牌。引旦扮白雲仙子,戴蓮花冠,簪狐形,穿法衣;淨扮嚴洞賓,戴虬髮道冠,扎金箍,穿法衣,從上場門上。)……(雜扮音樂道士、法器道士,各戴法官帽,穿各色道袍,繫絲縧,從兩場門暗上,吹打法器科。嚴洞賓、白雲仙子作上法臺拈香禮拜科。法官、嚴洞賓、白雲仙子仝唱)【絃索調·玉嬌枝】……此香爲召神通信,拜邀坎水神元武……

(音樂道士吹打,嚴洞賓執劍、盞,白雲仙子執牙笏,作步斗科畢,上法臺。嚴洞賓白)吾奉玉虛上相吕真人法旨,召請北方元武神,率領水府衆將速降壇場。(法器道士擂鼓,嚴洞賓焚符科。法官等仝唱)【絃索調·山坡羊】擂法鼓一通,加一道、靈符火化焚。用一顆五雷印信,好催他、風馬雲車緊。(嚴洞賓白)還不到來,不免再加催符一道。(法官、白雲仙子仝唱)令牌兒、一擊如雷震,急律令火符敕牒,疾似迅雷奔。這法諭謹遵依吕嵩上真,衆神降壇須緊,衆神降壇須緊。(嚴洞賓作擊令牌科,白)速降。

(音樂道士、法器道士從兩場門下,隨撤經桌、法器科。旦扮蚌

---

① 《金世宗論》,《清高宗御製文》二集卷三,《故宫珍本叢刊》第569册,據乾隆五十一年殿本影印,海口:海南出版社,2001年,頁302—303。另可參見唐英凱:《乾隆御製〈宋孝宗論〉辨析》,《滿族研究》,2001年第2期,頁34;郭成康:《也談滿族漢化》,《清史研究》,2000年第2期,頁24—27;王鍾翰:《國語騎射與滿族的發展》,《清史新考》,沈陽:遼寧大學出版社,1990年,頁59—63。

精,戴本形臉腦,穿緊身,繫月華裙,持雙劍。雜扮蟹精、龜精、鰍精、黑魚精、金魚精,各戴本形臉腦,小扎扮,持兵器。引雜扮元武神,戴元武盔,扎紅,扎靠,持斧,從上場門上。)①

《昭代簫韶》的天門陣整體情節是椿樹精假冒呂洞賓而為,此處進行召請的亦是假冒呂真人的椿巖,在道義上是被《昭代簫韶》所否定的,但我們仍然于此看到了一個道教召請儀式的場景與過程。其間既有法臺、香案、經桌、法器的擺設與布置,也有道教法官、音樂道士、法器道士的參與。既有道士們吹打法器的音樂與唱誦,也有椿巖、白雲仙子執劍、盞、牙笏而步罡踏斗。既有法鼓雷動,也有焚化靈符。在一番唱做呼喊之後,北方元武神便率領水族衆將出場了。如果我們將上述儀式及過程與道教齋醮科儀做一對比,便會發現《昭代簫韶》的書寫,幾乎完全按照道教的壇儀格式來進行。② 我們不需要對其細節做出逐一對應,也可以暫時忽略椿巖的作法在《昭代簫韶》中是以假冒名義助遼逆宋的形式出現,大戲意在否定與批判。但正如葛兆光所論,道教的齋醮逐漸積澱為一種形式、一種符號,至于它的具體內容與目的,它的實際效用與靈驗都成了次要的,重要的祇是,在壇燈閃爍、仙樂瀰漫的現場,召雷則雷響,焚香而神至,儀式給人以詭秘奇幻、恍如離開人間的感覺,身處其中的人便獲得聽覺、視覺與心理的自由與解脫。③

滿洲皇室不僅在紫禁城北面的大高玄殿拈香行禮、舉辦道場,圓明園、頤和園、熱河避暑山莊都有道教活動場所,宮廷裏也有道教宮殿——欽安殿,其中供奉的玄天上帝,即是此處椿巖冒名召請的北方元武神。中國歷史上的真武信仰淵源流長。元武,即玄武,又作真武,或稱玄帝,原屬先民們的自然與天文崇拜,主管北方的星宿。道教興起後,玄武便被納入道教神譜,伴隨著玄武的人格化、神格化,玄武神在道教神譜中的地位也在逐漸提升。歷宋、元、明三代,真武神屢被加封。

---

① 《昭代簫韶》第八本第二齣《妖道人書符作法》。
② 參見張澤洪:《道教齋醮符咒儀式》第二章《道教齋醮科儀的壇儀格式》,成都:巴蜀書社,1999年,頁75—149。
③ 葛兆光:《道教與中國文化》,頁91、411—414。

在歷代帝王的提倡下，真武的社會地位便一躍千丈，職能也逐漸擴大。不僅是鎮守與佑護北方的神仙，也是職掌水族與雷電的神祇，此後又兼管人的壽算。如此，它的信仰在社會上越發普遍與深刻。① 尤其是明代，真武成爲少數幾個真正普及全國的道教神祇，成爲自最高地位的皇帝至最低層次的民衆普遍崇拜的神祇。② 晚明小説《北游記》，又稱《北方真武祖師玄天上帝出身志傳》，講的就是真武出身修煉、最終得道成仙的故事。

如此便會令人疑惑，宋元明以來崇奉有加的玄天上帝，爲什麽在《昭代簫韶》中僅僅是一個被椿樹精召喚的北方元武神？戲劇中，不明情況的元武神率領水族精怪，在元武陣中"興波作浪"。之後水德星君上場，言其乃"上界正神，不應聽妖道驅使，阻扼宋師"，元武神便率領衆水族重回天府了。這樣，元武神似乎又成了水德星君之下的"小神"。何以如此？根本的原因在于清朝統治者對于道教的態度轉變。就真武信仰而言，態度的轉變表現在三個方面：其一，明代歷代帝王崇奉玄天上帝，太祖反元、成祖靖難都得玄帝庇佑，因而大修武當山及南、北兩京的真武宫觀。成祖甚至認爲自身就是玄帝的化身，成祖之後的歷代帝王即位後均向玄帝獻祭。③ 從明朝手裏接獲江山的滿清統治者，原本即無道教信仰，反思明代亡國的教訓，對于護佑明王朝的玄天上帝，自然不會著意信仰。儘管紫禁城正中北方坎位上的欽安殿，仍然是供奉著以永樂皇帝自身形象而塑造的玄天上帝像，乾隆帝也題匾額"統握元樞"。④ 但在清朝的國家祀典中，北極佑聖真君（即真武）僅位列群祀，甚至位于關帝、文昌帝君之後。與明代相比，真武在國家祭典中的地位大

---

① 許道齡：《玄武之起源及其蜕變考》，《史學集刊》第五期，1947 年 12 月，頁 227—240。關于真武神的研究衆多，可參考黃兆漢：《玄帝考》，陳炳良主編：《馮平山圖書館金禧紀念論文集》，香港：香港大學，1982 年；楊立志：《玄武——玄帝神格地位演變考略》，《宗教學研究》，1993 年 Z1 期。
② John Lagerwey, "The Pilgrimage to Wu-tang Shan", Susan Naquin and Chün-fang Yü ed. *Pilgrims and Sacred Sites in China*, Berkeley: University of California Press, 1992. p. 293.
③ John Lagerwey, The Pilgrimage to Wu-tang Shan, p. 326.
④ 王子林：《紫禁城里的真武道觀——欽安殿》，《紫禁城》，2005 年第 2 期，頁 146—153。

爲降低了。① 其二,宋、元兩代對于真武的信仰與加封,均著眼於北方。宋因北方遼、金、西夏、蒙古政權的侵擾,期冀鎮守北方的真武神能夠安定邊疆。蒙古人則認爲自己起于北方,由北方大神庇護,所以入主中原後也特別尊奉真武。② 真武被封爲"大帝",便是始于元成宗。清朝初期,認同遼、金、元,同樣認爲自身政權源于北方,順治年間也多有致祭真武的記載。乾隆時期,這種情況有所變化,以中原王朝正統地位自詡的清王朝,不再以北方民族王朝的立場出發,因而不再重視真武祠祀。其三,明代以來普及下民的真武信仰,在民眾的生活中仍然深具影響。它往往被民間秘密宗教與會社等利用,成爲民間秘密社會信仰的神祇之一。③ 這一點正是滿清統治者要著意加以控制的。

于是,從《昭代簫韶》中椿巖召請元武神的戲劇演出中,我們看到一個完整的道教召請儀式。這既是道教的,也是戲劇的。在娛神與娛人的兩方面,我們發現其中具有深厚傳統信仰基礎的真武神,在宮廷大戲的舞臺上,其神職地位的降低,實際上包含了滿清王朝統治政策的細微變化。

### (三) 忠奸的道德審判:升仙與"人誅"、"冥罰"

楊家將小説戲曲忠奸鬥爭的書寫中,宮廷大戲同樣增入了神道的筆墨,意在通過臣子的忠奸行爲,分別對其善惡加以賞罰黜陟。在具體的書寫與表演方式上,忠臣良將升入仙班,奸臣佞子貶入地獄。前者以楊繼業之死爲代表,後者以潘仁美之亡爲例。前文已述《昭代簫韶》中的忠奸鬥爭與君臣關係,本節著重分析宮廷大戲在人物結局上具體的藝術呈現。同時,我們需要引入楊家將題材的文人與民間戲曲,對比類似內容的不同書寫,在道德褒貶之外見出別樣的審美趣味。

楊繼業在遼兵圍困、內無糧草、外無救兵的絶境中,仍然是"雄心"

---

① 〔清〕托津等奉敕撰:《大清會典事例(嘉慶朝)》卷三百三十四,頁 4749—4750。〔明〕申時行等修,〔明〕趙用賢等纂:《大明會典》卷九十三,《續修四庫全書》第 790 册,據明萬曆內府刻本影印,頁 625。
② 葛兆光:《道教與中國文化》,頁 334—335。
③ 梅莉:《清代真武大帝信仰之流變》,《湖北大學學報(哲學社會科學版)》,2005 年第 5 期,頁 607。

滿滿，依然可以"一身轉戰將萬騎擋"。他"心念聖恩深，便作厲鬼不敢忘"，這種以忠君報恩的"理念"支撐人物全部思維與言行的表達方式，是宮廷文學修辭的一個突出特點，《昭代簫韶》中的楊繼業并非個例。即使在撞李陵碑而死之前，他仍反復詠嘆"我心如鐵，身似鋼，忠肝義膽烈志腸"。今天的研究者容易將之批評爲渲染忠君的"陳詞濫調"，但在當日的清宮，我們不難想象滿洲統治者以此來教化臣民思想意志的用心。且看楊繼業撞碑死後的場景：

（雜扮土地……雜扮山神……從上場門暗上。內吶喊。楊繼業……作四顧見碑科，白）李陵碑。（作唾科，白）漢李陵不忠于國，也配立碑在此？（作嘆科，白）楊繼業嗄楊繼業，你生受奸黨之害，臨死又逢奸佞之碑。（作恨科，白）就將此碑觸倒便了……

（內奏樂。雜扮雲使……從兩場門上，繞場科。小生扮金童……小旦扮玉女……末扮賀懷浦，生扮楊泰、楊徵、楊高，淨扮楊希，各戴扎紅盔，穿蟒，束帶，楊泰、楊徵捧扎紅金貂、蟒、帶，仝乘大雲板從天井下至壽臺。賀懷浦白）令公請了。（楊泰、楊徵、楊高、楊希跪科，白）爹爹，孩兒們奉玉帝勅旨，特來迎接爹爹。（楊繼業作恨氣奮起科，白）俺勢必掃蕩逆遼，削除奸黨，此心方已，你們且去，不必管我。（欲行，賀懷浦攔科，白）令公，且按捺怨氣，報應循環，自有天庭作主。請快去朝見玉帝，一同陳訴冤情便了。（楊繼業作會悟科，楊泰等白）請爹爹更衣。（作與楊繼業更衣。山神、土地作取金刀扛，從下場門下。楊繼業等仝上大雲板起至半空科，雲使作遶場退，從下場門暫下。）……（內作風聲，雲使從上場門作圍裹，勇士、將官戴魂帕上，繞場，作見楊繼業科。金童、玉女作揚旛招引科，仝唱）

【慶餘】祥雲簇擁三垣上，到青霄胸襟豁朗，試看取忠君自有天獎。（楊繼業等乘大雲板從天井上，雲使圍勇士、將官兩下場門下。）[1]

---

[1] 《昭代簫韶》第二本第十五齣《頭觸碑欵心未泯》。

我們在此看到了一幅升仙的具體場景：土地、山神、雲使、金童、玉女等仙界人物，賀懷浦與繼業四子楊泰、楊徵、楊高、楊希等忠臣之魂，他們分別從上場門、兩場門、天井下至壽臺，一同奉著玉帝勅旨，迎接楊繼業進入仙界。儘管已經撞碑身亡，繼業之靈仍然不忘"掃蕩逆遼，削除奸黨"。在賀懷浦等人的勸解下，"報應循環，自有天庭作主"，繼業隨之醒悟，跟隨衆人魂靈同去"朝見玉帝"、"陳訴冤情"。通過"更衣"的舉動，原本"扎靠，持九環金刀"的沙場戰將楊繼業，改變穿戴爲"扎紅金貂，蟒袍玉帶"，成爲仙界一員。在金童玉女的"揚旛招引"下，衆人同唱"忠臣自有天獎"，楊繼業便乘搭大雲板從天井而上。這樣一個升仙儀式的舞臺呈現，它包含在忠君天獎的思想内涵之中，展現在土地、山神等仙界人物與賀懷浦、楊希等忠臣良將的招引行爲中，也蘊藉于宫廷戲劇獨特的砌末裝置與舞臺層次裏。

　　同樣是寫楊業之死，清初李玉的《昊天塔》傳奇與清中葉以來的亂彈《李陵碑》[①]，生死之際的楊繼業均有著深深的命運感嘆。傳奇第十四齣作爲上卷的結束，亦爲全劇的高潮。全齣采用黃鐘宫南北合套的曲式，共十三隻曲。被困絕境的楊業，儘管也對于皇帝感到"有負委托，萬死莫贖"的遺憾，但他却有了"畫儀容早上淩煙閣，誰知道，到頭來没下梢"的人生感喟，更有諸如"苦苦苦、苦殺老妻房白首抛，想想想、想著衆孩兒音信遥"的家庭情感、"恨恨恨、恨著那胡兒排陷奸謀狡"的民族懷抱。亂彈本《李陵碑》的重點是楊繼業"反二黄慢板轉快三眼、轉原板"的唱段。繼業開口所唱的"嘆楊家秉忠心大宋輔保，到如今只落得兵敗荒郊"，其命運感嘆的抒情性與《昊天塔》傳奇相似，不免使人想起元雜劇《昊天塔》開篇楊繼業鬼魂所唱："傀儡棚中，鼓笛聲送，相搬弄。想著那世事皆空，恰便似一枕南柯夢"，[②]這既是對于悲劇命運的感嘆，同樣充滿了"人生如戲、戲如人生"的"空幻感"。在文人、民間與宫廷戲曲中楊業之死的片段對比，我們可以見出叙事性與抒情性脈絡的差異，《昭

---

① 《李陵碑》劇本，參見王大錯主編：《戲考》第1册，臺北：里仁書局，1980年；"中央研究院"歷史語言研究所俗文學叢刊編輯小組，《俗文學叢刊》第2册，臺北：新文豐出版股份有限公司，2001年。
② 《昊天塔》，王季思主編：《全元戲曲》第五卷，北京：人民文學出版社，1999年，頁183。

代簫韶》的書寫，抒情性弱化，敘事性增強，尤其重在展現楊繼業死後升仙的場景與儀式。

　　與楊繼業死後升仙以及世間的名位追封、子嗣嘉獎比起來，奸臣潘仁美在《昭代簫韶》中受到了反復的審判與懲罰，皇權與民眾，人間與地獄，奸佞要爲其迫害忠良的行爲承受來自各個層面權力話語的"審判"，甚至是一種"集體批判"。具體而言，六郎御狀替父伸冤的過程中，潘仁美百般阻撓。在德昭等人的會勘、刑訊下，潘氏最終招認。太白金星至冥府宣示上帝玉旨，潘仁美"欺君誤國，罪惡滔天"，"令其先受人誅，然後拿赴酆都治罪施行"。① 之後，差鬼鎖拿傅鼎臣等人的魂魄，宋太宗却赦免了潘氏死刑。在押解的過程中，山中綠林盜賊（此後均被六郎收服，成爲盡忠王事的英雄豪俠），則以民間的情感與視角，參與到追襲潘仁美的人間"審判"中。女扮男裝的八娘、九妹、杜玉娥、呼延赤金等，爲報父兄丈夫之仇，一路追趕。恰與綠林豪杰相遇，"自古亂臣賊子，人人得而誅之"的普遍價值觀念，使得楊氏一門的情感與民間對于忠臣義士的敬佩、奸佞之徒的憤慨相結合。② 在朝廷之外的廣闊天地，楊門女將與綠林豪傑共同承擔了"審判與誅除"奸頑的職責，以潘仁美之血來祭奠楊令公、楊七郎之靈位。特別是山寨審判中，呼延赤金等提出，讓潘仁美以其妻子演示當初射殺七郎的場景。衆人皆謂，"奸賊射死令公之子，今日學個樣兒射死奸賊之子，循環報應，痛快人心"。經過"換了衣服"裝扮起來，潘仁美"把那很惡的威勢做出來"，終于以射死楊希的方式，射殺了其子潘虎。"循環報應"，果報昭彰。潘虎，或者說是他所"扮演"的楊七郎，數點了潘氏的罪狀。這種父子之間、"扮演"之中的"真假"與轉換，不僅有益於增強戲劇效果，也使得"審判"變得複雜而多面，在"回味"此前戲劇情節的同時，也彰顯當下戲劇情境的嚴肅認真。"死亡"的另一種面相，足以告誡觀劇者，臣子應用心于"忠君報國"：

　　　　（八娘、九妹等向靈位哭科）爹爹、哥哥，今日我四人將奸賊剮

---

① 《昭代簫韶》第三本第十七齣《冥主拘魂聚差鬼》。
② 《昭代簫韶》第三本第二十二齣《義旅伸鷗鶚并獲》。

心祭奠,與你報仇也,將奸賊綁在樁上。(眾應科,左臺口立木樁。雜扮二差鬼,戴鬼髮,穿劉唐衣,繫虎皮搭膊,襲青紬道袍,從上場門暗上,作指潘仁美科。潘仁美作癲狂狀,喊叫科,白)都來看看,我潘仁美倚私廢公,辜恩背旨,謀害忠良,欺君誤國,今日在此受剮,以償惡報。大凡爲臣的,須要忠君報國,不要像我潘仁美。(呼延赤金白)快綁。(眾應,作拿潘仁美科。潘仁美從地井隱下。地井作出彩人切末,頭目作綁于木樁科,向下取木盆尖刀置彩人切末前科。呼延赤金持刀科,白)奸賊,你也有今日麽,看刀。(作剮彩人取心肝科。呼延赤金白)供在靈前。(眾僂儸作擡彩人、木樁、木盆從兩場門下。隨上差鬼,作鎖潘仁美魂,搭魂帕從地井上,差鬼帶從下場門下。呼延赤金、杜玉娥、八娘、九妹向靈前跪哭。眾隨同作祭奠科)①

在模擬迫害忠良以及"審判"潘仁美之後,《昭代簫韶》具體而細緻地呈現了楊氏妻女殺死潘仁美、剜剮潘氏心肝以祭奠父兄的"暴力與血腥"場景。我們需要知道,上述迫害模擬、審判懲罰與剜心祭奠的書寫,小説《北宋志傳》中并無其文,顯然出于宮廷大戲的創造。② 地獄差鬼前來鎖拿潘仁美的魂魄,"癲狂狀"的潘仁美在臺上的現身説法,自陳害忠的罪狀,應受剜心的惡報,且又良言昭告爲人臣子者,須要忠君報國。戲劇所具有的教化臣子的功能便宜之于這種直白的話語中。恰是此際,已經升仙的楊繼業、楊希在神吏的引領下,"從禄臺下至仙樓","觀看"了潘仁美自審其子至楊八娘等以潘氏頭顱祭奠父兄的場景與過程。這種"觀看"的行爲,既有同在舞臺上指揮潘氏模擬審判的楊門女將、綠林豪杰,也有舞臺下作爲《昭代簫韶》"觀衆"的皇帝與臣子。潘仁美所受

---

① 《昭代簫韶》第三本第二十三齣《山寨復仇開勁弩》。
② 對比其他楊家將戲曲小説,元明雜劇《八大王開詔救忠臣》(《全元戲曲》第八卷)與明小説《楊家府世代忠勇演義志傳》中有黨彦進與寇準審問潘仁美的場景,經八王設計由楊景斬殺了潘仁美,但都没有模擬迫害、殺死剜心、差鬼鎖魂的内容。《昭代簫韶》這裏模擬再現的内容,估計是來自明代徐渭《狂鼓史漁陽三弄》與宮廷大戲《鼎峙春秋》。徐渭雜劇中,禰衡陰間審判曹操,讓其模擬當初情景,《鼎峙春秋》完全襲用。禰衡升天之際,在地獄重演一番罵曹、審曹的場景。《昭代簫韶》則在誅殺潘仁美之前,讓其重演一番射殺七郎的情形。

懲處與誅罰,無異于是對觀劇臣子的警示,其現場的告白,如同觀劇寶座上的皇帝通過舞臺上、戲劇中的潘仁美之口向臣子發布的訓諭。

此後在楊景率領宋軍與遼國的征伐中,在椿樹精助遼逆宋的仙怪鬥法中,我們仍然不時看到地獄"審判"的場景。既有北嶽大帝"將潘仁美一起奸賊鬼魂勘問明白","解往陰司,受重重地獄之罪",① 也有楊繼業父子會同十殿閻王,審判衆奸臣"欺心誤國,廢公報私",結果是"潘仁美問油鍋之罪,王侁、米信問火柱鐵床之罪,劉君其、田重進問碓磨之罪"。② 直至全劇即將終結,潘仁美、王欽等奸臣重新被"審判",前此參與審判的北嶽大帝、十殿閻君再次登場。"今者宋帝戡定邊亂,朝野肅清。俺冥府先將那忠孝節義衆善人送上天府,陣亡柱死諸將士轉生陽世,其巨惡奸黨兇徒一一分別定案,貶定輪迴,填償果報"。不過,這裏也通過潘仁美等人之口,表明了奸佞言語行爲的書寫,乃在于凸顯忠良的意志與榮耀:"若無奸佞,怎顯忠良。鬼犯們一時起了妒功懷怨之心,成了楊家千載美名。死者超升天界,存者賜爵榮封。鬼犯們陽間受了顯戮,陰司又受重重地獄的酷刑"。③ 所有這些地獄"審判",在在體現出"道德法庭"的意味。以理想的道德觀念做準繩,通過人鬼生前的行爲,將其在人間的所有善惡行爲徹底揭露。案情是非清清楚楚,審判形式多種多樣,結論與刑罰明明白白。經過陽間的"人誅"與陰司的"冥判",陰陽判斷的互補,使得藝術形象達到一種"蓋棺論定"的效果,從而起到"警世和醒世"的作用。④

我們從作爲鬼的潘仁美奸佞襯托忠良的表述中,獲得與前述"爲臣當作忠良"的自我告白的衝突與呼應。舞臺上奸臣的自白可以與乾隆帝諭旨中"歷觀前代,忠良屈指可數而奸佞接踵不絕"相互印證。⑤ 對于觀劇現場的臣子而言,大戲在教其可以"忠"之外,更基本的應該是警其不可"奸"。劇中降宋之際,遼國文武官員便説,"俺國多少智勇將帥,爭

---

① 《昭代簫韶》第四本第十五齣《勘惡鬼北嶽施刑》。
② 《昭代簫韶》第四本第二十齣《眼前襃貶快人心》。
③ 《昭代簫韶》第十本第二十三齣《帝鑑無私著册籍》。
④ 許祥麟:《中國鬼戲》,天津:天津教育出版社,1997年,頁229—236。
⑤ 《明闢尹嘉銓標榜之罪諭》,原北平故宫博物院文獻館編:《清代文字獄檔》,上海:上海書店出版社,1986年,頁596—598。

謀誇勇"，最終却"只落得寸功未立，命棄沙場。算起來，不如俺們這些守本分的好，文不敢獻謀，武不敢出陣"。① 這在戲劇中不免有揶揄之意與科諢之效，但是，聯繫到乾隆帝所論"本朝紀綱整肅，無名臣亦無奸臣，何則？乾綱在上，不致朝廷有名臣、奸臣，亦社稷之福耳"，聯繫到他駕馭臣僚之手段，不惜將能臣變作庸臣，只爲在朝廷中樹立爲臣的榜樣。作爲臣子來講，他們體味到的不是爲官之道，而是爲臣的真諦。②

　　無論是楊繼業升仙的場景，還是地獄冥判潘仁美的情形，都具有儀式性特徵，而此後"大宋皇帝恩旨"、"五臺山悟覺禪師建醮超度"跟隨令公陣亡的"盡節將士"，其施放焰口的過程又是一場完整的儀式。在超度盡節將士亡魂的過程中，奸臣潘仁美等人的魂魄亦掙脱鬼差前來搶食。鬼王命令，祭起鋼叉，捉拿潘氏鬼魂，實現其當初"死後入鐵叉地獄"的誓言。舞臺上的焰口儀式，音樂僧、法器僧的"吹打法器"，五郎楊春"升座"并"詠唱"【焰口讚】、【佛讚】、【嘆孤調】，加之"撒花米"、"拋斛食"，以及衆僧同詠的"施食功德殊勝行，無邊勝福皆迴向。普願沉溺諸有情，速往無量光佛刹。十方三世一切佛，一切菩薩摩訶薩。摩訶般若波羅蜜"。③ 既有出于《觀世音菩薩救苦經》的【佛讚】，也有專門用于七月十五日中元節接亡、送亡念超度經文時使用的【嘆孤調】，④更不用説【焰口讚】與衆僧所詠的文辭，宮廷大戲的這一場景，不啻爲現實中上至皇室宮廷、下至民間信仰都普遍流行的焰口超度的再現。須知清代宮廷十分重視中元法會，根據晚清宮女的回憶，中元節往往由僧、道、喇嘛同時進行法事，焰口更是必不可少。和尚、喇嘛講超度，道士則憑法力，拘魂鎮壓，捉住鬼頭。水陸道場，鼓鐃齊鳴，佛號喧天，三教齊心，共同超度。⑤ 此外，清代宮廷的節令承應戲中，亦有中元承應的《佛旨度魔》、《魔王答佛》等劇目。在這樣的歷史語境下，我們可以將《昭代簫韶》中的儀式再現理解爲清代宮廷社會生活的藝術融匯，并由此對君臣關係

---

① 《昭代簫韶》第十本第十九齣《懷德畏威欣振旅》。
② 吴十洲：《乾隆一日》，濟南：山東畫報出版社，2006年，頁175。
③ 《昭代簫韶》第三本第二十四齣《泉臺捉鬼擲鋼叉》。
④ 普志忠：《古風神韻——維西洞經古樂初探》，《雲南檔案》，2009年第4期，頁23。
⑤ 金易、沈義羚：《宮女談往録》，北京：紫禁城出版社，1991年，頁193—194。

的倫理秩序與行爲規範加以舞臺表達,進而將"爲臣之道"的真諦影響到觀劇現場的臣民。

## 三、結　語

　　事實上,《昭代簫韶》中等級明確、秩序井然的神道譜系,也可以看做是一種君臣關係。而其間仙怪鬥法的正邪之分、忠奸審判的升仙入地,同樣是一種"重新評價"。在君臣與神道兩方面,宮廷大戲是相互聯繫與意脈相通的。在具體的情節內容、角色人物與戲劇演出中,《昭代簫韶》延續了元明以來楊家將故事書寫重心由民族矛盾向忠奸鬥爭的轉移。在忠奸鬥爭的書寫中,《昭代簫韶》特別強調了"公私之辨"的議題。劇中的公私之分,以忠君、抗遼爲先決,個人恩怨則須擱置。這與宋代以來官方理學話語體系中的"公私之辨"相應。宮廷劇場內看戲的帝王與臣子,在其讀書成長與科舉做官的生命歷程中,理學中的公私之分與"滅私存公"的社會思潮,正是《昭代簫韶》強調此一議題的源泉與映射。而在劇中的帝王即宋太宗的形象塑造中,我們看到《昭代簫韶》的複雜態度,那就是臣子口中的明君聖主,却又旨意反覆無常,處處體現出皇權對于忠奸的平衡。這既是作爲最高統治者駕馭臣工的現實需要,也是清代皇帝重寫、重評歷史的一個方式,前代帝王之得失,非後之臣子所可訾議,歷史評價的權力話語僅在于當下的帝王及其從現實需要而來的對于歷史資源的借重與開發。

　　神道的書寫,讓我們看到宮廷大戲的鋪排與點綴,場面的恢弘壯觀,這必然依賴于宮廷演劇的傳統,那就是宮廷劇團在皇權關照下的人員眾多、財力充盈、物資豐沛,突出體現在大戲臺的龐大規模與舞臺層次、服裝砌末的紛繁複雜與精美絕倫。在此作用下,我們才可以看到人數眾多的神仙譜系,層次分明地在大戲臺上演出仙界的等級與秩序,從而與演戲現場由帝王、后妃、臣子通過觀戲殿、觀戲廊的平面位次構成的觀劇秩序相互呼應;看到在仙怪鬥法的描寫中,展現出神奇瑰麗的舞臺技藝與戲劇表演,并且通過道教儀式的舞臺再現,在戲劇演出的神秘與幻化景象下,融彙清代宗教政策的微妙變化,以及舞臺上下角色人物的"觀看"寓意;看到忠奸鬥爭的道德審判中,演繹出升天、入地的"獎"與"罰",寄希望于對觀劇現場的臣子有所教化。所有這些宮廷演劇的獨特面相,無不意圖"旌善鋤奸","以神設教"。① 正如錢鍾書所論,神道設教,"爲治人者言,法令之力所不逮,得宗教以裁約之","抉剔治于人者之衷心,遭荼毒而不獲申于人世,乃禱諸鬼神以冀疾苦之或蘇"。② 前一方面,《昭代簫韶》爲帝王而創作,著眼于滿清皇室的統治,潘仁美生前死後的言行,不啻爲不忠者對于現實臣子的訓諭與警示,得以維護君明臣忠的理想化的政治秩序。後一方面,遭受奸臣迫害的楊氏父子,以"忠臣天獎"的號召升入仙班,盡節將士們亦得焰口超度,而奸佞之鬼魂須受重重酷刑,自是一種在現實世界之外的精神慰藉。

我們必須指出,上述忠奸鬥爭與君臣關係、神道譜系與政教寓意的書寫與演出,《昭代簫韶》并非是一個特例,而是宮廷大戲共同的特點。以《封神演義》爲題材的《封神天榜》,在商周興替的叙述中,忠良奸佞與昏君明主的對比書寫,更加凸顯其間的公私義利之辨與重評歷史的姿態。在大戲的框架與具體的軍陣鬥法中,我們同樣看到了與《昭代簫韶》相似的道教諸神譜系。原本位列道教最高神職三清之一的元始天尊,《封神天榜》中則成爲玉皇大帝屬下的一員。而以目連救母爲題材的《勸善金科》,其間加入的朱泚叛亂與顏真卿忠君報國的情節,同樣意在書寫忠奸與君臣,以歷史事件的重新書寫與評價,結合本身雖源于佛教的故事,借臺上的戲劇宣示清代統治者所需要的爲善爲忠。此外,以西遊故事爲藍本的《昇平寶筏》和以三國故事爲藍本的《鼎峙春秋》,均以佛教譜系的羅漢、菩薩、佛等進入戲劇。儘管這些大戲中的神道譜系不同,但其角色演出的作用則是相同的,即通過宗教神譜的等級次序、空間權力、倫理職能,與現實中的君臣之道相呼應,在倫理與政治之間,起到溝通與再現、表演與強化的功能。

(本文作者係香港高等科技教育學院語文及通識教育學院助理講師)

---

① 《昭代簫韶》序。
② 錢鍾書:《管錐編》第1冊,北京:中華書局,1979年,頁21。

# 空中樓閣，夢裏干戈：
# 《筆生花》中"三仙祠"意象的分析

張思靜

**提要**：《筆生花》爲清代女作家邱心如撰寫的一部長篇彈詞小說。是書在清代曾深受歡迎，而在現代文學批評視野中却被目爲"思想陳腐"，備受詬病。筆者認爲，雖然小說中女扮男裝中狀元的叙事主綫爲女性彈詞小說家所慣用，而主人公于功成名就後嫁爲人婦，回歸家庭的安排更顯示了作者對傳統性別規範的妥協，但不可忽略的是，小說中"三仙祠"這一意象的設定却泄露了邱心如對女性處境諸多曖昧不明和幽微曲折的看法，提示對《筆生花》複雜性的重新認識。本論文藉由對"三仙祠"中三位女神形象的分析，揭示邱心如在表現女性人生理想、情感歸依、宗教訴求等問題時既依附傳統，又試圖思考新變之可能的矛盾心態。

**關鍵詞**：邱心如　筆生花　彈詞　女性寫作　女神

在中國文學史上，清代女性彈詞小說一直是被集體忽略的一個文類，即使是在其流傳當日擁有可觀讀者數量的個中翹楚，在當代的文學史書寫脈絡中亦難逃寂寞的命運。而在彈詞小說中位居"三大"之一的《筆生花》之鮮入現代研究者的法眼，另一相當重要的原因則與其長期被冠以"思想落後"的標籤有關。

《筆生花》計八卷三十二回，由淮陰女作家邱心如（約1805—約1837）費時三十年完成。這部長篇巨製以明正德年間爲其背景，情節主綫爲女主人公姜德華女扮男裝高中狀元，位至宰相，後國戚楚氏謀反，姜德華獻策平定叛亂。其女性身份被識破之後,嫁于自幼定親的表哥文少霞。小説的後三分之一部分主要叙姜德華既爲人妻後的持家故事。在學界少數有關《筆生花》的評論和研究中,一般存在着兩種意見。其一是就文學技法而言賞其架構嚴謹、人物生動、文筆細膩,例如譚正璧曾經指出:"《筆生花》一書,雖事迹過于故常,不脱《再生緣》窠臼,而文采之勝,則當首屈一指";"不獨描寫細緻,結構也較有斟酌"。[①] 另外則是就思想意識而言,責其"思想陳腐",而這一點幾乎是 20 世紀 50 年代以來大陸學者提及《筆生花》時必然歸結的屬性[②]。而《筆生花》所以有這樣毁譽很大程度上則是因爲學界慣于將其與彈詞作品中另一經典之作,陳端生(1751—約 1796)的《再生緣》進行對比。

《筆生花》與《再生緣》在情節模式上有其相似之處,即小説的叙事主綫都是女主人公女扮男裝出走家門,通過科舉高中狀元、位極人臣的人生經歷,唯《再生緣》的主人公孟麗君在功成名就之後對還裝歸位表現得極爲抗拒,再三不願履行與未婚夫皇甫少華的婚約。而邱心如不但讓姜德華嫁與文少霞爲妻,還津津樂道其此後操持家務、迎往送來的瑣細婚姻生活。這一態度的分歧致使學界普遍視《再生緣》爲現代女性主義的先聲,而《筆生花》則爲繼《再生緣》之後的一股保守逆流。

針對這一看法,筆者認爲,從公衆領域轉向家庭内閫的選擇并不能必然地視爲對傳統的妥協而與保守畫上等號,而小説中"三仙祠"這一意象的設置尤其顯示了作者對女性婚姻、家庭、情感歸宿等問題的看法其實極爲複雜,甚至個中充滿了作者個人亦不能完全調和的張力,難以用單純統一的標準進行衡量評判。

雖然《筆生花》是一部完全虛構的通俗小説,作者曾將自己的寫作看待爲"空中樓閣憑心構、幻裏戈矛任意揮"[③],但事實上整部小説的核

---

[①] 譚正璧:《中國女性文學史話》(天津:百花文藝出版社,1984 年),頁 418。
[②] 相關論述見駱玉明《中國文學史》:"此書深受《再生緣》影響,但作者針對《再生緣》不合'三從四德'的'缺陷',強調了正統道德規範,思想陳腐。"此外如郭沫若:"這些見解,出諸封建時代女性的筆下,倒是并不稀奇的",見《郭沫若古典文學論文集》(上海:上海古籍出版社,1985 年),頁 872。江巨榮:《〈筆生花〉序》:"她要在正面人物身上表現出封建倫理道德的力量,并集中寫出一個全忠全孝、全文全武完全符合封建道德規範的女性來",見《筆生花》(鄭州:中州古籍出版社,1984 年),頁 1。
[③] 邱心如:《筆生花》(鄭州:中州古籍出版社,1984 年),頁 268。

心關注點仍在現實人間。真正在形式層面符合"空中樓閣"和"幻裏戈矛"性質的在小說中只有與"三仙祠"相關的三位仙人部分。這三位仙人蓋爲：多次救助姜德華于危難中的狐仙胡月仙；姜德華男裝時候娶的假妻，後來飛升成仙的謝雪仙；在夢裏傳授姜德華武藝和兵法的女神孫夫人。這三人都在女主人公人生的某個特定階段扮演過她的拯救者或類似人生導師的角色，所以主人公功成名就之後表請朝廷建造"三仙祠"供奉三位仙人。邱心如之塑造姜德華，意在寫出一個自己心目中全功全福的最爲理想的女性形象，然而下文將通過對三仙形象的具體分析指出，邱心如所以能夠塑造姜德華這個人物，正是因爲她已經將一切的徘徊、猶疑，及對其他人生道路可能的選擇和嘗試全部放置在"三仙祠"中三位異能女性身上。筆者認爲，祇有將與當時主流意識形態相背離的這三位女性，和完全像是應主流價值觀而生的主角姜德華一起考察，才能構成作者對女性問題看法的全貌。而這一點，卻是前此學界以姜德華的形象塑造而批評邱心如"思想陳腐"的學者所從未予深究的。

## 一、"奴即是卿卿是我"：胡月仙與姜德華的一體兩面

在《筆生花》爲數衆多的出場人物中，胡月仙似乎是最令人難以捉摸的一個。這一點不僅是就小說的文本層面而言，她作爲一個擁有神奇法力的超現實人物而行踪不定，予人神龍見首不見尾的神秘感，作者寄托在這一角色身上的理想和用意似乎同樣撲朔迷離，值得細緻的分析和考究。

小說第五回，姜德華及其女伴們在自家的後花園裏放風箏，結果她們的美人跨鶴風箏化身爲一個花容月貌的活美人，而其相貌竟與姜德華一般無二[①]。這位從天而降的美人自稱姓胡名月仙，從她此處及後文多次的自述身世中，讀者得知月仙本是青城山上修煉成仙的狐精，曾在

---

① 邱心如：《筆生花》(鄭州：中州古籍出版社，1984年)，頁184。

姜家祖傳的花園裏避劫，蒙其蔭蔽，所以前來報恩①。而在第五回中她所以亮相，就是因爲預先知道姜德華不久將要被正德帝徵選入宮，并因此遭劫難，所以特地來給她提個醒。在這場姜、胡二人的花園初遇中，胡月仙作了一番頗爲意味深長的告白：

> 可也知，奴即是卿卿是我，卿須憐我我憐卿。因教賤貌同尊貌，奴與你，緣結三生夙有因。這其間，未過天機難預測，少不得，他時轉眼即分明。②

然而，終《筆生花》之作，邱心如并未再對這一"奴即是卿卿是我"的玄奧之語做出更進一步的解釋。胡月仙的樣貌因何會與姜德華完全相同，而她們之間的"三生夙緣"究系何指，文本中難以找到確切的綫索予以解答。而我們所知道的就是，其後胡月仙始終以姜德華的守護神和拯救者的身份出現，每每在姜氏遭遇劫難、生命危在旦夕的時刻，胡月仙便會現身解救，同時給予她有關前途方向的指示。

桑梓蘭曾因"緣結三生夙有因"之句暗合了"三生之約"，這一經常用于指涉男女情愛的習語而認爲姜、胡之間具有某種同性愛戀的關係③，胡曉真則就"奴即是卿卿是我"這句指出：

> 狐仙竟跟女主角長得一模一樣，還宣稱彼此即爲一體，換言之，狐仙便是姜德華的複體，代表她外于秩序的潜在特質，或者違反常道的私密欲望。④

就此，筆者認爲，胡曉真的"複體"之說揭露了胡月仙在《筆生花》文本中的重要價值及核心意義，即除了推動小説情節發展的叙事功用之外，邱

---

① 邱心如：《筆生花》(鄭州：中州古籍出版社，1984 年)，頁 185、305。
② 同上，頁 185。
③ Tze-lan D. Sang: *The Emerging Lesbian: Female Same-Sex Desire in Modern China* (Chicago: University of Chicago Press, 2003), 90.
④ 胡曉真：《才女徹夜未眠》(北京：北京大學出版社，2008 年)，頁 158。

心如借助對胡月仙的刻畫來完善對其理想中完美女性姜德華的塑造。正是出于這一用意,與姜德華相貌如出一轍的胡月仙在性格上却恰爲姜氏的反面:姜德華言規步矩,行爲女則,動爲女範,頗有道學家的持重端嚴氣象,而邱心如反覆加諸于胡月仙的則是"嬌憨"二字。所謂"嬌滴滴,吐出鶯啼燕語聲。笑憨憨,告爾金閨諸女伴";①"美人言訖微微笑,他的那,一段嬌憨滿面春";"那仙家,自代千金登道路,伊却是,孜孜終日笑如顛",②諸如此類的形容遍布紙頁。可以說,邱心如筆下的這位狐仙已經到了開口必笑、言無不笑的地步。她一派天真爛漫,富于幽默感,尤其喜歡和凡人開些善意的玩笑,而這一切,都使讀者直覺地聯想到《聊齋志異》中的名篇《嬰寧》。

目前尚沒有切實的證據證明邱心如曾受《聊齋志異》的直接影響,但是同樣具有狐精血統的嬰寧和胡月仙在嬌憨善笑方面確實有高度的相似性。而《聊齋志異》中嬰寧"憨狂爾爾"的性格未獲凡人欣賞,出嫁後其姑以"人罔不笑,但須有時"的規範約束之,以致嬰寧最終"竟不復笑"。同樣,在《筆生花》中,姜德華等主流價值觀的代言人亦屢屢不滿于胡月仙的這一性格,稱其爲"作戲荒唐沒正經"。祇是,從邱心如的筆墨之間明顯可以感受到作者對這個角色的縱容和喜愛。與此同時,姜德華的嚴肅、沉穩,言不逾矩、行不越軌的作風雖然被作者視爲理想女性應有的德行來進行贊美,却仍然不忘時不時地借劇中人之口揶揄一下她的道學氣過重。可以說,在人情與物理的衡量標準未能統一的情況下,身爲女子而同時兼有可敬并且可愛實屬不易,過于不及之間,尺度極難把握。于是作者技巧性地在兩套不同的價值體系内塑造了兩個截然相反的女子,而以她們并爲理想女性的一體兩面。

在小說中,作者憑藉胡月仙的超自然法力和她不必受世俗禮教約束的仙家身份而放心大膽地讓她做了一些姜德華所不能爲的驚世駭俗之事,其中最重要的一回則是在宫闕之中戲弄正德皇帝。

小説第十回寫到胡月仙冒姜德華之名替代她甄選入宫,正德帝見

---

① 邱心如:《筆生花》,頁184。
② 同上,頁324。

而悦其色,封爲美人。胡月仙不知人間禮數,見了君王亦只會一味痴笑,同時半真半假地稱自己"雖然生作官衙女,修煉仙山本異胎。前世因由還記憶,曾隨王母侍瑶臺",故通曉"霓裳舞,弓腰舞,盤中舞,凌雲舞,御風舞"等各色舞蹈①。于是在正德帝的要求之下,胡月仙"款步金蓮到殿前","慢轉柔腰舞袖偏"。正當衆人爲其出衆的舞技所陶醉的時候,胡月仙——

> 舞當佳妙如神際,忽起微風勢欲仙。染彩羅裙離地上,凌波素襪在空懸。漸高漸遠乘風起,冉冉憑虛欲上天。帝主當時驚駭甚,娘娘差異道奇焉。離座下,到庭前,共與君皇仰面觀。②

這一情景的設計正如邱心如筆下的許多場面一樣,頗具畫面感和視覺衝擊力。就作品的可讀性及趣味性而言,《筆生花》可謂清代女性彈詞小説中的翹楚。而此處筆者最在意的則是這騰空而起,致使一代君皇必須抬頭仰視的一幕背後藴含的象徵意味。

20世紀50年代,陳寅恪(1890—1969)曾稱《再生緣》的作者陳端生爲"當日無數女性中思想最超越之人",理由便是"夫當日一般人所能取得之政治上最高地位爲宰相,社會上最高地位爲狀元,此兩事通常皆由科舉之途徑得之。而科舉則爲男性專占之權利。當日女子無論其才學如何卓越,均無與男性競爭之機會,即應試中第、作官當國之可能。此固爲具有才學之女子心中所最不平者"③,而端生能爲女性發此不平之鳴,塑造了一位與男性競爭而且勝出的奇女子。

借用陳寅恪的這一思路,則對當日一般女性而言,政治上最高權威者爲其君,社會上最高權威者爲其夫,此或亦爲追求獨立存在價值之女子所最不平者,是以邱心如刻畫了這以臣妃而騰越于君夫之上的一幕。雖然這一主從地位的轉換需要藉由胡月仙身爲異類的超現實能力才能達成,却在某種程度上泄露了作者心中顛覆既有性别、階級秩序的潛在

---

① 邱心如:《筆生花》,頁449。
② 同上,頁450。
③ 同上,頁57。

欲望。

　　就這個層面來講，筆者非常認同胡曉真指出的，胡月仙代表了姜德華"外于秩序的潛在特質，或者違反常道的私密欲望"。然而，同樣值得注意的是，雖然時有震驚凡人的出格之舉，胡月仙在《筆生花》中最主要的事迹却恰恰是替代姜德華完成其最傳統、最根本的職責和義務。從小説第七回胡月仙救下投繯自盡的姜德華開始，便一路冒其名進宫爲秀女以保全其家人的人身安全。而姜德華更因此之便得以女扮男裝，僭越性别秩序，開始個人的冒險歷程。在皇宫期間，面對正德皇帝侍寢的要求，胡月仙又以頭碰地以死相抗，爲姜德華贏得了作爲當時一般女子的最高榮譽：貞烈。最終，亦是由于胡月仙的陳情請願，姜德華自幼定親的未婚夫文少霞才得以秉承聖旨迎娶愛妻。可以説，在姜德華脱離既定人生軌迹，化名姜小峰以男裝行世的這段時期，正是由胡月仙替代她完成了一系列爲人妻女必盡的責任和義務。

　　而最爲難得的是，胡月仙對姜德華的成全不僅僅體現在幫助她履行了主流社會所要求的女性道德，更扶持她實現了清代知識女性所普遍具有的追求個人價值的欲望。胡月仙最後一次正面出場是在小説的第十二回，這時冒名姜德華的狐仙已經被皇帝賜予文少霞爲妻，她與少霞成其婚禮，却在洞房花燭之夜化爲一陣清風遁去。此舉雖然令文少霞滿腹猜疑，却也只能暫時接受了姜家衆人有關姜德華時常學道，"這一向，多應妙旨已通靈。因而一旦潛形去，不戀人間情與愛"的解釋①，從而爲真正的姜德華回歸閨閣贏得了時間，使其得以繼續以男裝身份暫時流連于公衆領域，一展才華抱負。

　　就插手干預女主人公的婚姻而言，胡月仙在某種程度上令人聯想到《聊齋志異・封三娘》中的那位狐仙。在這個短篇故事中，狐仙封三娘愛慕仕女范十一娘，與之結爲金蘭姐妹。後封三娘動用起死回生之術幫助范十一娘擺脱了由其父母指定的婚姻，使她得以嫁給貧寒但多才的書生孟某。婚後，范十一娘設計灌醉封三娘，并安排自己的丈夫與之交合，希望以此實現自己和三娘共事一夫的願望。封三娘醒後對范

---

① 邱心如：《筆生花》，頁527。

十一娘作了一番最終的表白:"我乃狐也。緣瞻麗容,忽生愛慕,如繭自纏,遂有今日。此乃情魔之劫,非關人力。再留則魔更生,無底止矣",并從此遠逝。

事實上,封三娘與范十一娘之間和胡月仙與姜德華之間都是桑梓蘭討論前現代中國文學中的女同性戀問題時所舉爲典型的例子。根據桑梓蘭的研究,胡月仙之于姜德華的同性愛,正如同封三娘之于范十一娘,體現在兩者都保護了女主人公免遭來自男性的侵犯[①]。在此筆者想要指出,同樣值得在意的是,也正是封三娘和胡月仙,在促成受她們保護的凡間女子與男性的婚姻方面起到了舉足輕重的推動作用。

此外,雖然不否認姜德華與胡月仙關係之親密、緊密或不無曖昧之處,筆者仍然以爲,邱心如塑造這一對形貌相似、性格相悖的女子的主要目的不是爲了探索女性情誼/情欲的疆界,而是出于作者對何爲完美女性這一問題的難以委決。"情"與"禮"兩個層面的理想標準同樣誘人而不忍割捨,于是她讓主人公姜德華生活在一個嚴守禮教規範的世界,而讓作爲其鏡像的胡月仙自由出入于現實和超現實的層面。只是,倘若根據現代同性戀理論中有關同性戀多源于自戀的説法,同樣相貌的姜德華和胡月仙之前確實予人某種同性情欲(same-sex desire)的聯想,而胡月仙出場時的那句"卿須憐我我憐卿"便有了更爲深遠的意味。而在桑梓蘭借用《筆生花》分析同性情欲的諸個案中,不僅是姜德華、胡月仙之間的關係值得重新解讀和考量,姜、胡二女與姜德華的假妻謝雪仙之間更具有某種錯綜複雜的曖昧。謝雪仙名絮才,字雪仙,女主人公姜德華的表妹,同時也是她女扮男裝時期名義上的妻子。姜德華的女性身份被識破之後,謝雪仙拒絕家人再度爲其安排婚姻,而堅持在姜家的後花園裏修煉道法,最終她在胡月仙的接引下飛升成仙。桑梓蘭指出,雖然作者安排了主人公姜德華接受一段最爲傳統的婚姻,却讓作爲姜德華複體的胡月仙和姜的假妻謝氏之間擁有了一種永恒的同性依附關係,實現一種完全獨立于男性的生活。

邱心如在意識形態層面的保守性曾一度使其備受指責,而其中首

---

① Tze-lan D. Sang, *The Emerging Lesbian*, 90.

當其衝的一點便是她認爲一個理想的女性必須是一個孝順的女兒和賢淑的妻子。但實際上由文本中透露出來的有關作者對婚姻、家庭、女性定位等問題的看法遠非其明確標榜的道德意識所能涵蓋。雖然小說中的衆人皆對謝雪仙的獨身修道表示了難以理解和強烈的反對，正如同他們對胡月仙的嬌痴憨直、好開玩笑每多抱怨，但作者的筆墨趣味分明透露了她對這兩個角色不亞於姜德華的喜愛。"三仙祠"中居其二的謝雪仙和胡月仙不是她們在人間的姐妹姜德華的反面觀照，而正是姜氏不可或缺的兩翼：正因爲有胡月仙秉于自然之性的嬌憨可愛作爲調和，姜德華後天習染的道德規範才沒有給人以過于沉重的壓迫感；也正因爲有謝雪仙的拒絕婚姻作爲底色，邱心如才能没有猶疑地大肆鋪陳姜德華婚後持家的細節。可以說，對邱心如而言，是胡月仙與姜德華的合體而非其中任何一個，構成了她對完美女性的想象；同樣地，是姜德華的主持中饋宜室宜家和謝雪仙的閉門清修獨身向道，而非其中的任何一種，承載了邱心如對女性人生軌迹的終極想象。

作爲一部女性寫女性的通俗小說，姜德華的身上無疑安放了太多邱心如在現實中難以企及的夢想：她幼出名門，文韜武略，功名富貴盛極一時，而婚姻美滿和諧，一生可謂全功全福，而胡月仙則無疑是姜德華一生功業的最大守護者和成就者。然而值得深思之處在于，正是這一形象的存在，就某種程度而言解構了姜德華人生的完滿性，指向了背後隱藏的空缺和遺憾：不論是自由率真的個性發展，還是外于婚姻的情感訴求。小說題名《筆生花》，乃作者自喻"妙筆生花"，而花開兩枝，互爲映照，恰爲後世讀者進入那個時代，及反思時代中女性的處境提供了最有效的資源。

## 二、絮才還是雪仙？謝氏的選擇背後

有關謝雪仙這個人物的身世背景和人生歷程，前文已經略有提及。她本是女主人公姜德華姨母的女兒，姜德華女扮男裝化名姜小峰之後寄身其家，謝女在父母的安排下嫁與小峰爲妻。被逼成婚幾乎是彈詞小說中每一位女扮男裝的女英雄都會遭遇的一件尷尬事，而作者必須通過種種敘事情節的設置來保障其女主人公的化險爲夷。在《再生緣》中，陳端生的解決之道是讓孟麗君與其假妻梁素華爲舊日的閨閣密友，素華遂自願配合麗君出演假鳳虛凰的戲碼。而在《筆生花》中，邱心如則做了如下安排：謝雪仙是個自幼一心嚮道，不羨鴛鴦只羨仙的奇女子，她對父母指配的這椿婚事甚爲不悅，成婚之後不肯與姜小峰同房，兩人因此得以做一對相安無事的挂名夫妻。

較之陳端生以巧合來化解磨難，邱心如的這一設計或予人以牽强之感。然而有意思的是，此後劇情的發展越來越顯示出作者對謝雪仙這個人物本身，以及她這一奇特追求的寫作興趣，而并非僅僅將她作爲保障姜德華女性身份不被識破的敘事工具。後文中，修仙之志無比堅定的謝雪仙道法造詣日漸精純，甚至在亂軍圍攻姜家的時候以其自修的超自然法力保護了闔府上下的生命安全。姜德華還爲女兒身之後，謝雪仙斷然拒絕衆親友將她與姜德華一并嫁與文少霞的提議，而是獨居在姜家的後花園裏繼續修道，最終在胡月仙的接引下飛升成仙，成爲"三仙祠"中供奉的三位偶像之一。

身爲女子而立意修道的選擇在當時社會或文學呈現中似乎都帶有某種異端色彩而不爲一般人所能接受。在中國敘事文學史上最負盛名的經典之作《紅樓夢》中，最終出家修行的惜春早年尚在賈府之時就一直被目爲性格怪異。然而，如果説和謝雪仙同爲"秀户侯門女"而終伴"青燈古佛旁"的賈惜春之擯棄人世，還能從她的家庭環境和幼年經歷中尋找其心理動機，謝雪仙作爲深受父母兄長寵愛，從未有任何超離常規遭遇的大家閨秀，其完全偏離正常人生軌迹的出世之志似乎缺乏合情合理的解釋。在小説中，謝雪仙的父母親友對此也都極爲困惑。由于作爲其修仙導師及接引人的胡月仙在小説的後半部分并未正面登場，二人之間的交流亦未經作者詳細寫出，所以，事實上小説中的人物包括姜德華在内，在獨身修道這一問題上無一是謝雪仙的同盟和知音。

從謝雪仙這一人生選擇中讀者或許能夠感受到一點邱心如出自身經歷而對婚姻抱持的消極態度。清代女性彈詞小説作家一貫有在回前、回末夾帶自叙文述説自身境況的傳統，而綜合《筆生花》全篇的自叙文來看，邱心如的婚後生活極不理想。丈夫屢試不第造成的家境貧寒、來自婆婆的猜忌、與小姑不和、大家庭的諸多閒言碎語和複雜人際關係等皆讓作者不堪其負。而在初聞父母欲將其嫁給姜小峰之後，謝雪仙的第一反應正是："奴心不願染紅塵，何必爹娘許甚婚。賦于歸，俗累牽纏何好處？有幾個，劉剛夫婦共登真？"聯想到《筆生花》第五卷卷末邱心如對於"一自于歸多俗累"的諸多抱怨，借謝氏之口發出的詰問"賦于歸，俗累牽纏何好處"幾乎可以看成是作者的内心自道。然而，即使謝氏對出嫁的抵觸情緒可以從邱心如自身的經歷中找到心理動機，作者再三渲染的她對修道所抱有的虔誠達到近乎狂熱的態度仍然令人詫異。小說中謝雪仙所修習的類似於以道家爲本而略有禪宗意味的混合宗教，而謝氏爲了修道而拒絶履行婦職，甚至爲了修道而完全割捨與家人的牽絆幾乎都到了一種不近人情的地步，這些都令她的母親傷心欲絶。

一直以來，邱心如在《筆生花》中自我標榜的形象都是一位高度強調家庭倫理尤其是孝道的女作家。在正文叙事部分，作者再三褒揚主人公姜德華對父母的孝心；而在作品的自叙文裏，邱心如曾稱其寫作《筆生花》的重要動機就是爲了抗議《再生緣》中孟麗君的不孝①。正是從這個角度來看，邱心如既已明知謝雪仙的執意修道會傷害她和父母之間的感情，甚至正面叙寫了謝氏與母親之間的衝突，却仍然對其修道行爲持正面贊賞的態度，這一點似乎令人難以理解。而筆者認爲，這一作品自然走勢與作者所明確標榜的道德意識之間未能銜接的矛盾正如同《筆生花》中其餘諸多曖昧不明的對立面一樣，體現了邱心如一方面執著於做一個符合主流意識形態的正統女性，另一方面却未能很好地約束基於個人實際經驗而形成的、與上述價值觀相背離的情緒體驗。如果說單就文學呈現的層面而言，小說中時常出現的邏輯斷裂無疑是一種會引起讀者困惑的敗筆，然而，從另一個角度來說，文本中遍布的連作者本人都未能很好覺察和協調的裂縫正爲我們進入其内心世界提供了有效的入口，從而爲清代婦女思想史的研究提供了富有價值的

---

① 見："酈保和，才容節操皆完備，政事文章各擅兼。但摘其疵何不孝，竟將那，劬勞天性一時捐。閱當金殿辭朝際，辱父欺君太覺偏。實乃美中之不足，從來說，人間百善孝爲先。因翻其意更新調，竊笑無知姑妄言"，《筆生花》，頁1。

訊息。

對于謝雪仙這個角色，胡曉真在其研究中指出，"雪仙人如其名，無暇如雪，而且一心求道修仙，無意于婚姻"。① 胡曉真未曾進一步論述的則是，謝氏本名絮才，雪仙是她的字，而小説中稱呼謝女，時而以其名，時而以其字。如果説"雪仙"兩字帶有明顯的象徵意味，暗示主人公日後將成仙了道、不落紅塵，則"謝絮才"這一命名的原由自然與明清才女的重要偶像、東晉女詩人謝道韞有關。據《世説新語·言語》記載，謝安聚子侄賞雪，隨口問道，"白雪紛紛何所似"，謝道韞以一句"未若柳絮因風起"而令謝安激賞不已，并爲自己贏得了"詠絮之才"的美名。② "絮才"二字因爲直指女子的才名追求而帶有入世的色彩，和體現出世之志的"雪仙"恰好構成有趣的對話關係。謝氏一身而兼有這兩個名字，似乎正昭示着主人公，抑或説是作者在兩種人生態度上的取捨矛盾。謝雪仙并非一貫"如雪"、"似仙"般的出塵，這一點在江巨榮爲校點本《筆生花》所作的序言中已有提及：

> 作品告訴我們：在表面的鐘饌玉食之中，很多人也藴藏著難言的痛苦。比如，謝軍門的女兒雪仙，真好似一個淡泊無欲的人。她後來學道、飛升，也好似成了正果。但是，這條路絶非是她本來願意走的。她在改裝學道之前經歷了激烈的思想鬥爭。作者側面寫她："卧倒床中已兩天，不茶不飯不開言。有時獨自孜孜笑，看他那，神氣分明半是癲。一任你，萬語千言爲解勸，如風吹去半邊天。"③

事實上，上述這段文字并非完全精準。根據小説的叙述，謝雪仙確實從一出場就是一個"立足不願染紅塵"的少女④，不能説是"這條路絶非是她本來願意走的。"但是江巨榮敏感地體察到這段文字中謝雪仙行爲的

---

① 胡曉真：《才女徹夜未眠》，頁158。
② 邱心如：《筆生花》，頁3。
③ 同上，頁4。
④ 同上，頁162。

突兀和不合常情,尤其與她一貫淡泊靜穆的形象不符。在此,江巨榮將這段相當值得注意的文字摘引出來,是爲了説明謝雪仙"在改裝學道之前經歷了激烈的思想鬥爭"。但是,爲什麽會經歷激烈的思想鬥爭? 具體的鬥爭内容又是何指? 江巨榮的研究中没有進一步回答這些問題。而邱心如的文本本身,也没有提供十足明確的綫索。小説中謝雪仙以其對宗教的熱烈追求而予人深刻印象,而同時這種追求背後却似乎難以找到足够的心理動機。從直觀的閲讀效果而言,讀者能够感受到的就是這個人物表面平靜的背後實則藴含著某種强大的能量、衝動及難以調和的張力。

上文的論述中已經指出,"謝雪仙"和"謝絮才"這兩個寓意截然相反的名字凝聚了作者在出世和入世理想之間的游離,及在進取與退守的人生態度之間的掙扎,此處筆者想要進一步指出的是,"謝絮才"這個名字放置到整個清代女性文學史的語境中觀照將更具别樣的意味。

清代女性文學作品中,同樣以"謝絮才"爲名而更爲著名的人物角色當屬吴藻(1799—1862)戲曲作品《喬影》(又名《飲酒讀騷圖》)中的女主人公。在這部僅有一折的短劇中,明顯帶有作者自况意味的主人公謝絮才[①]著男子巾服,一邊展玩她爲自己所繪的男装"飲酒讀騷"小像,一邊對著畫像飲酒抒懷,感嘆自己身爲女兒,不能一展抱負,與歷史上懷才不遇的屈原相似。《喬影》付刻于道光五年(1825)。在此之前的數月,已經由蘇州男子顧蘭洲在上海某廣場演出,取得了極爲熱烈的反響("見者擊節,聞者傳抄,一時紙貴")。[②] 目前没有直接的證據可以證明邱心如爲謝雪仙取字"絮才"是有意對《喬影》的回應,但考慮到邱心如寫作《筆生花》中與謝雪仙有關段落的時間正當《喬影》風靡之期,而邱心如與吴藻雖非同鄉,却也相去未遠(一爲江蘇淮陰,一爲浙江仁和),以及《喬影》在清代當時的影響力,邱心如曾閲讀《喬影》劇本亦非全無可能。而即使邱心如在創造謝雪仙這一角色時并不曾受到吴藻影響,兩者同時取用"謝絮才"爲名亦正反映了清代知識女性對才名的某種普遍訴求。

---

[①] 在現實中,吴藻亦嘗自寫"飲酒讀騷"小像,作男子装。見華瑋:《明清婦女之戲曲創作與批評》(臺北:"中央研究院"中國文哲研究所,2003 年),頁 121。

[②] 同上,頁 127。

对照两部作品，就其表现方式而言，吴藻依傍抒情传统，邱心如诉诸叙事手法；就人物形象而言，《乔影》中的谢絮才极热，而《笔生花》中的谢絮才极冷。前者满腹才华，一腔热情，郁结于胸，无人可诉，遂遍及上下古今，想从时间的脉络中获得慰藉的资源；后者斩断红尘，不恋人间，在空间上自我划界，固守于姜府后园。而看似差异巨大的人物形象背后实则有其共通之处，即两位絮才在其身处的时空中都难以找到安身立命的所在，遂成"无处安放"的畸零之人。然而，就谢絮才因抗拒婚姻而与父母进行多番辩论这一点来看，她的选择在一个封闭的花园内自处并非一种全然逃避的姿态，而更像是带有主动进取性质的不合作。她拒绝眼前繁华的人世，安身于一方狭小的角落——姜家的花园，却因此为自己赢得了一片海阔天空的更为广大的空间——三仙祠，并在斩断一切人伦羁绊之后获得了人生真正的归属。

而更为促人深思的则是，吴藻——另一个谢絮才的缔造者和自喻者，本人正是以独居修道为其最终归宿。道光十七年（1837），吴藻移居南湖古城，取梵语将自己的居所定名为"香南雪北庐"。道光二十四年（1844），她编订《香南雪北词》，作《〈香南雪北词〉自记》云："自今以往，扫除文字，潜心奉道，香山南雪山北，皈依净土。"[1]如前所述，兼取"雪仙"和"絮才"为笔下人物命名体现了邱心如对女性理想归宿的矛盾和挣扎，而同样由早年对"絮才"的追求发展至晚岁对"雪"的意象的迷恋，吴藻的例子恰恰反映了两种不同人生理想的内在联系以及如何随着生命历程的推移终至于合为一体。

# 三、妻与女：孙夫人的尴尬

三仙祠供奉的三位仙人之中，出场次数最少而地位最为崇高的是孙夫人。在《笔生花》第十六回，姜德华得一位女神在梦里传授武艺和兵法，这位女神是玉帝亲自册封的"脂粉都巡"，专伺勘查人间妇女的善恶贞淫，以定赏罚。小说中多次出场，善于腾挪变幻的胡月仙于她是半

---

[1] 〔清〕冒俊编：《林下雅音集》第十六卷，清光绪甲申十年（1884）如不及斋刊本。

爲侍從半爲友的存在，最終落成的三仙祠即以此位女神爲首，胡月仙和謝雪仙配饗其側，而這位女神在人世間的前身，在中國通俗文化的傳統中有著重要地位，她即是三國故事中孫權之妹、劉備之妻孫夫人。

據史傳記載，三國時期吳侯孫權有妹，"才捷剛猛，有諸兄之風，侍婢百餘人，皆親執刀侍立"。① 赤壁之戰後，劉備攻克武陵、長沙、桂陽、零陵四郡，自領荆州牧，孫權忌憚他的實力，將這個妹妹嫁給劉備以修盟好。後劉備進兵四川，孫權向劉備索要荆州不得，一怒之下，將妹妹接回東吳。至于孫夫人還吳之後的事迹，史傳就此再無記載。

在明清時期廣爲流傳的通俗小説《三國演義》中，孫夫人的故事本于正史而有所擴充。小説中與孫夫人相關的情節大致出現在三處。其一是孫、劉兩家爲爭奪荆州而進行的交涉中，孫權一方以孫夫人的婚姻作爲政治籌碼，誘使劉備到東吳成親，意圖將其扣留軟禁，以換回被劉備占據的荆州。結果在諸葛亮預設的計謀幫助之下，劉備順利地携新婚妻子逃離東吳，返回荆州。其二是劉備北上攻取四川之時，孫權意欲興兵討伐荆州，故謊稱母親病重，派人至荆州接回妹妹。第三處情節不曾見載于正史，純爲小説建構：劉備討伐東吳，結果被東吳大將陸遜火燒連營，慘遭大敗，一路逃至白帝城。身在東吳的孫夫人誤信傳言，以爲劉備戰死沙場，遂投江自盡以身相殉。演義中的這些情節亦同時爲明清以降各地方劇種熱衷上演的劇目。

由以上介紹可以看出，不論是就史傳記載還是就通俗演義而言，孫夫人的形象都近乎一個政治犧牲品。較之于正史或民間叙事傳統中其他弓馬嫻熟的女英雄而言，孫夫人雖然也以"才捷剛猛"著稱，但是她的武藝實際上并没有發揮作用的機會，更無法改變她對自身命運完全無力掌控的事實。除去驍勇尚武的表象，孫夫人實則與歷史上諸多爲了政治利益而和親異國的女子并無不同，是作爲女人的身體而非才能使她具有獲取政治利益的價值。

事實上，戴錦華曾在其研究中不無尖鋭地指出，在前現代時期的中國社會，"一個女人偶然地'浮出歷史地表'，爲國盡忠的前提是爲家盡

---

① 趙幼文編：《三國志校箋》（成都：巴蜀書社，2001年），頁1304。

孝。"因而——

> 口耳相傳、家喻户曉的《楊家將》故事中最著名的劇目是《百歲挂帥》和《穆桂英挂帥》。那都是在家中男兒均戰死疆場,而強敵壓境、國家危亡的時刻,女人迫不得已挺身而出的女英雄傳奇。令人回腸蕩氣的"梁紅玉擂鼓戰金山"的劇目,儘管同樣呈現了戰爭、歷史場景中的女人,但這位女英雄,有著更爲"端正"的位置:爲夫擂鼓助戰。①

從戴錦華的論述中似乎不難發現這樣一個事實:中國的叙事傳統中少有不是妻子或者女兒的女英雄,就這一點而言,《筆生花》的吊詭之處在於被邱心如選中的孫夫人恰恰少有地獨立於這條"爲國盡忠的前提是爲家盡孝"的文化脈絡之外。由于父兄之國和夫家之國的敵對性,孫夫人爲任何一方而戰似都缺乏足够的正當性,而正是從這個意義上説,邱心如選擇孫夫人來做姜德華授業恩師的安排才特別值得玩味。

孫夫人的"才捷剛猛"固然使她在技藝層面具備教授姜德華的資格,但中國的叙事傳統中勇猛善戰、武藝嫻熟的女將軍并非只有孫夫人一個。事實上,上述諸如花木蘭、穆桂英、梁紅玉等女將,在通俗小説的傳統中遠比孫夫人更負盛名,而在保家衛國的實戰中建立的赫赫戰功也使她們當中的任何一個都能做姜德華的師父,輔佐其平定反賊的事業都比選擇孫夫人更具説服力。尤其考慮到,邱心如塑造姜德華的用意在於描畫一個"全功全福"的理想女性,負載於這個角色的不僅是出類拔萃的文才武功和白璧無瑕的德行操守,同時更有登峰造極的功名事業。而孫夫人的一生則恰可爲"全功全福"四字作反面注脚:被兄長嫁去敵國在先,被丈夫拒絕接納在後,最終在十年獨居之後投水自盡。以此之故,爲何要選擇一個去國離家、一生幾度輾轉、身份不無尷尬之處、境遇慘淡的孫夫人來做姜德華技藝及精神上的導師,個中的象徵意

---

① 《筆生花》,頁 7。

義及透露的價值取向實有值得深思之處①。

小説中孫夫人的正面亮相只有第十六回一處。在這一回的回末,姜德華夢中得胡月仙引見孫夫人,并承其指授兵法、武藝,整個過程的交代只用了一千餘字,相對于全書百萬字的篇幅而言,孫夫人只是一個驚鴻一現的非主要人物。然而這一點并未妨礙她成爲小説中極有存在感的、令人印象深刻的角色。相對于全書正文部分大量渲染富貴、鋪陳功業的文字而言,孫夫人的出場近于暖色系基調中一抹醒目的冷色。在初會姜德華時,孫夫人如此回顧并介紹自己的一生:

> 予生漢末孫家女,幼習孫吴勇不凡。寡母慈恩憐弱息,諸兄虎踞守江南。將吾許嫁劉先生,既締姻盟忽又翻。詐稱母病迎還國,幽禁吾,十年困殆伴慈顔。敢誇清操冰霜共,自許丹心鐵石般。繼后萱幃悲棄世,漢王爲弟亦升天。實堪哀,思親淚落吴江冷,誠可痛,望帝魂歸蜀道難。因此上,投水聊酬夫婦義,荷承那,玉皇見憫列仙班。②

這一身世自述與史傳及《演義》中的交代并無顯著差別。值得玩味的除了"悲"、"哀"、"痛"、"困殆"等情緒的定位透露了邱心如對這一歷史人物的基本看法及由"弱息"、"幽禁"、"冰霜"、"鐵石"、"吴江冷"、"蜀道難"等詞彙營造的清冷氛圍之外,較爲突出的一點則是邱心如對于"母親"在孫氏生命中的重要性的强調。除了自報家門時特別强調"寡母慈恩憐弱息"這與身份確認并無直接關聯的一點之外,在《三國演義》中,孫夫人投水自盡的唯一動機是殉夫,小説并無隻字提及她母親的情況③。而在《筆生花》中,邱心如將孫氏自盡的原因歸爲"繼后萱幃悲棄世,漢王爲弟亦升天"。如果説"漢王"、"爲弟"分别指向了"夫"、"父"的

---

① 需要説明的是,孫夫人自述身世中"思親淚落吴江冷,望帝魂歸蜀道難"這兩句本來是明代文人徐渭(1521—1593)爲蕪湖靈澤夫人祠所題寫的楹聯。靈澤夫人即孫夫人,其祠在安徽蕪湖蟂磯,今已不存。邱心如將這兩句化用在其彈詞中,或表示其曾親身游覽靈澤夫人祠,這也可以從另一角度解釋她對孫夫人的格外在意。
② 邱心如:《筆生花》,頁748。
③ 見羅貫中:《三國演義》(上海:上海古籍出版社,2004年),頁409。

譜系,則"萱幃"棄世代表的與母系聯繫的割裂,也是造成孫氏生命終結的重要原因。而值得注意的是,真實歷史情境中,母親的辭世亦多造成彈詞女作家文學生命的斷裂或至少是暫時的休止。陳端生因爲母親病逝而擱置寫作達十二年之久的例子或許最爲著名。而邱心如歷時三十年的創作得以持續進行,一個重要的原因正是其母親作爲第一讀者的始終在場。

然而,胡曉真的研究中也曾指出,將娛樂老母奉爲創作的動機,一方面有其現實原因:"可能同樣身爲文學淑媛的母親,本來就對女兒的寫作成果有高度興趣";而另一方面也具有象徵意義:"以娛樂慈親的孝道爲名,女性執筆寫作也算多了一道擋箭牌"①。胡曉真并且認爲,作爲"不登大雅的小道",彈詞小説"無由成爲父系的文學傳承,稱爲母系的譜系則較爲理所當然"②。

這一發現似乎可以解釋在衆多可供選擇的女英雄人物中,邱心如何以略過"替父從軍"的花木蘭或是"爲夫助戰"的梁紅玉之流而唯獨對孫夫人情有獨鍾,以及其筆下的孫氏何以念念不忘將"寡母"、"萱堂"挂在嘴邊。雖然邱心如等清代女作家筆下的主人公與前此叙事傳統中的女英雄形象已有本質的分別:她們得以擔綱傳奇的主角皆非迫於父、夫的缺席,而被推至故事的前臺後皆以自己而非家族的名義建功立業。而彈詞女作家們在自叙文中再三強調母親對其寫作的影響,確乎體現了其有意或無意間掙扎、背離父系傳統而建立女性文學譜系的企圖。然而,"爲母親而寫作"與"爲父親而戰"雖然指向不同的文化脈絡,卻似乎動用了同種邏輯和策略,背後透露的都是前現代社會女性獲取合法活動空間的舉步維艱。與此同時,筆者想要進一步探究的問題則是:清代才女文化語境下,"母親"是否真的完全是"女兒"的同盟者、庇護者和襄助者?

這一問題同樣須分爲現實和象徵兩個層面進行解答。現實中母親在才女的成長中扮演的角色及對其文學素養習成所起到的推動抑或某

---

① 胡曉真:《才女徹夜未眠》,頁9。
② 同上,頁7。

種程度的阻礙有賴于更多史料的考察，姑俟于他日更進一步的研究。象徵層面"母"與"女"的關係及背後透露的作者潛意識、文化信息等可于虛構的文學作品中尋找某種介入的可能。令人驚奇的是，雖然絕大多數彈詞女作家都宣稱其作品是寫給母親及與她們一樣的"閨閣知音"看的，似乎只有這兩者才是她們的精神同盟，然而在彈詞作品中，母親以及閨閣知音往往與父、夫等男權勢力一樣成爲斷送主人公事業的潛在威脅，甚至是造成主人公身份被識破的關鍵原因。《筆生花》中，姜德華所以必須還裝出嫁，正是因爲其未婚夫文少霞一家設計宴請姜德華的母親，從其口中套出實情。而這一點，在《再生緣》中表現得尤爲明顯。

一方面，在陳端生的自叙文中，她也像所有女性作家一樣將自己的預期讀者定爲"母親"、"閨閣知音"，但是其小說中的孟麗君在堅持個人理想方面却是一個徹底孤軍作戰的悲劇英雄。分別來自君、父、夫三方的逼迫勢力令諸多現代讀者感嘆，但同時未曾引起評論界和學界廣泛注意的則是，孟麗君的母親和她最親密的閨閣知音蘇映雪同樣對她的不肯還裝難以理解，并施加了諸多壓力。甚至于，在面對父、夫、君之時極其強硬的孟麗君，唯一一次妥協地透露自己的真實身份，正是在面對裝病試探她的母親的時候①。

胡曉真曾以"父與女"爲關鍵詞解讀清初重要彈詞小説《天雨花》，并藉由文本的分析指出小説中具有父權文化象徵意義的父親既對女兒的才情和能力寄以很高的期待，又對女兒的潛在威脅充滿疑懼②。筆者認爲相似的矛盾與張力同時存在于彈詞作家對母女關係的刻畫中，而其表現則更爲曲折幽微。彈詞作家在自述文中公開宣稱的"爲母親而寫作"作爲一種掩護策略的同時標志了女性于父權話語之下別尋文化依傍的企圖，然而小説中母親的意志往往與女兒呈對立面這一點又在某種程度上透露了彈詞女作家內心的孤獨感。而在明清通俗文學中體察并表現了母女之間背離的并非只有彈詞女作家。《紅樓夢》第五十五

---

① 陳端生：《再生緣》（鄭州：中州書畫社，1982年），頁601—614。
② 胡曉真：《才女徹夜未眠》，頁204。

回趙姨娘對賈探春的非難及第五十九回春燕與其母的對抗,或許是中國文學史上最爲深入人心的母女對峙場面,其激烈程度遠非彈詞小說在相似問題上的溫柔含蓄可比。曹雪芹甚至藉賈寶玉之口提出了這樣一個頗有文化史意義的命題:爲何女子未嫁之前都甚爲可愛,出嫁之後"染了男人的氣味",就變得"混賬起來"①。這番話的值得注意之處,或許在于作者敏銳地覺察到"女人"(妻母)與"女兒"并非兩個分裂、獨立的群體,而是具有某種發展和轉換的關係。就這一點而言,侯芝《再造天》中孟麗君與其女皇甫飛龍似乎正印證了這重關係:昔年叛逆的母親在遇到更爲叛逆的女兒之後轉化爲傳統/正統勢力及父權文化的代表而重複着其父、夫當年加諸其身的鎮壓②。如果説,保守的父親和激進的兒子之間的矛盾以及從青年時代的激進墜入中年以後的保守的循環是"五四"文學熱衷表現的題材,則清代散體小説及女性彈詞作品中的母女關係模式雖沒有受到學界同等的關注,確實亦有其值得深究之處。值得指出的是,雖然在多部作品中呈現出某種文化共性,如往往正是母親而非父親成爲女主人公還裝的最終顛覆力量等,具體的表現則仍因作家個人的不同經歷、背景而呈現差異。

## 四、結　　論

從以上對"三仙祠"中三位女神的具體分析,我們可以看出,直接宣稱擁護主流道德觀和價值取向的《筆生花》之中實則隱含了對婚姻的逃避和抗拒,對既有性別及倫理秩序的質疑和反省。邱心如筆下的女主人公之所以可以安安分分地履行最傳統的女性職責,或是因爲作者已經將其隱含的焦慮和猶疑全都束諸于三仙祠中,懸挂于方外淨土的緣故。"三仙祠"的存在反映了知識女性的矛盾曖昧心理:一方面想要做一個符合主流意識形態的女性,另一方面却用曲筆寫出了對探索更多種可能性的難以忘情。這種情况,類似于傳統社會中男性士人往往兼

---

① 曹雪芹:《紅樓夢》(北京:中華書局,2005 年),頁 607。
② 有關《再造天》這部小說的相關解讀和評論,還可參見胡曉真:《才女徹夜未眠》,頁 27—36。

有對"仕"與"隱"的嚮往與迷思。不是單純的積極入世,也不是單純的消極逃世,而是時刻游走在兩者之間的矛盾心理,成爲一個恒久有味的話題,造就了中國文學史上的諸多經典作品。而在清代女性文學中,像陳端生這樣明確標榜反對夫權的畢竟只是少數,在更多的作品中,我們看到的正是像邱心如這樣,尚未明確歸屬的游離和迷茫。而這種曖昧的游離和迷茫,成了叙事張力和美學表現的源動力。可以說,不是作者意識明確的塑造的姜德華,而是"三仙祠"中帶有異端和非主流色彩的女性形象——因爲喜歡玩笑而被人抱怨的胡月仙、因爲堅持獨身而不被親友理解的謝雪仙、因爲被兄長和丈夫抛棄而幽閉十年的孫夫人——成爲解讀清代女性處境和精神、文化狀態的重要介入點,并提示了對《筆生花》思想性重新考察的必要。

(本文作者係美國聖路易華盛頓大學博士研究生)

# 對語的生成與規則：
# 以《對類》爲中心

張　健

**提要：**《對類》是古代流傳最久、最爲重要的對屬啓蒙教科書。此書將古代詩詞賦中的對語分拆開來，按照對偶的規則編排，成爲一個有系統結構的語料庫。學習者依據規則運用相關語料就可以自由地作出對語。因此書之蒙學性質，流傳雖廣，但不受重視，現代學者未有專門研究。本文考察其版本及流傳，探討其編排方式，從而重建其對偶規則。文章對了解古代對語的生成方式及教學方法具有重要意義。

**關鍵詞：**對類　對語　蒙學

## 一、引　言

陳寅恪先生《與劉叔雅論國文試題書》中説："對偶確爲中國語文特性之所在，而欲研究此種特性者，不得不研究由此特性所產生之對子。"[①]對子怎樣生成，其間有什麽機制？古代人自幼習對，其中有什麽方法？要討論這些問題，有一種書難以繞開，那就是《對類》——古代一部對屬的啓蒙教材。古人學做對語的途徑有別，一是將前人所作的現成對語提供給學者，令其記誦，然後摹仿。像祝明《聲律發蒙》、李漁《笠

---

\* 本論文的相關研究受到香港研究資助局的資助，項目號：456812。
① 《金明館叢稿二編》(北京：中華書局，2001年)，頁248。

翁對韻》之類的書籍，便是如此。另一種途徑則是將前人的對語拆開，還原到最基本的單字，告訴學者如何由最基本的單字組合成對語。《對類》即屬此類。這本書把古代詩詞賦中的對語都分拆開來，按照對偶的規則編排，形成一個有系統結構的語料庫。有了基本的語料與基本的組合規則，學習者據此就可以自由地作出對語。

《對類》代表了宋元時代關於對屬問題的認識，而對明清兩代產生了深遠的影響，奠定了明清時代有關對屬問題論述的基礎。但在傳統書目中，此書往往被置於類書類中，一直沒有引起文學研究者的注意。本文將以本書爲中心，一探古人對屬世界的奧秘。

## 二、關於《對類》的編集、刊刻及流傳

關於《對類》一書，至今未見有現代學者做過真正的研究①。就現有文獻看，最早提到《對類》一書的是元人程端禮（1271—1345），其《讀書分年日程》卷一云："更令記《對類》單字，使知虛實死活字；更記類首長天永日字，但臨放學時，面屬一對便行，使略知對偶輕重虛實足矣。"程端禮所見《對類》今已不存，然現存元刊本《詩詞賦通用對類賽大成》跟其書有密切的淵源關係。②《詩詞賦通用對類賽大成》爲元至正二十年（1360）陳氏秀岩書堂所刻，至正二十六年（1366）增補重刊。編者不詳。根據至正二十六年刻本牌記，此書乃是在舊編《詩對大成》基礎上，增入《賦對珍珠囊》一書而成。《詩對大成》、《賦對珍珠囊》二書久佚，然《文淵閣書目》卷三著錄《詩對賽大成》一部一冊，《珍珠囊》一部四冊，當即前二書，可見二書明初尚有流傳。流傳至今的元刊本《詩詞賦通用對類賽大成》與程端禮所提到的《對類》有淵源關係。程氏所云類首"長天永日"在《詩詞賦通用對類賽大成》卷一天文門"長天永日第八"，"長天"與

---

① 張志公《傳統語文教育初探》曾提及本書，説："這本書可能是宋元之際編印的，現存明初刊本。以後有好些種都是以它爲基礎增删修改的。"（上海：上海教育出版社，1962年初版，1979年重印），頁101。
② 原書藏美國哈佛大學哈佛燕京圖書館，本文所據爲《中國古籍海外珍本叢刊·美國哈佛大學哈佛燕京圖書館藏中文善本叢刊》影印本，（北京：商務印書館，桂林：廣西師範大學出版社，2003年），第30冊。

"永日"分别爲本類平聲與仄聲之首,正是程端禮所謂"類首"。程氏所謂《對類》中單字、虛實死活,都與《詩詞賦通用對類賽大成》相合。元刊本牌記云:"舊編《詩對大成》盛行久矣。"可見這類書籍流傳已久。我們基本上可以推斷,程氏所謂《對類》、《詩對大成》與《詩詞賦通用對類賽大成》同爲一類書,因而由《詩詞賦通用對類賽大成》可以瞭解元代此類書籍的基本內容。

《詩詞賦通用對類賽大成》流傳至明,曾被增改,其書名也被簡化成《對類》。現存最早可以確定刊刻年代的明刊本是正統十二年(1447)司禮監新刊本二十卷。① 此本可以確認源自《詩詞賦通用對類賽大成》,其證據除了門類卷數上的一致外,還有一個重要的標志,即《詩詞賦通用對類賽大成》第十九卷之後有"重新增廣古今巧對全集",此部分內容在卷首目錄中被標爲卷二十,但在書中却未標出卷二十字樣,而此部分內容在司禮監本中被正式編入《對類》卷二十。正統本《對類》卷首有《習對發蒙格式》、《習對歌》、《習對定式》、《切韻十六字訣》等內容。這些內容爲元刊本《詩詞賦通用對類賽大成》中所無,而後來刊本《對類》大體上與正統本相同,也有這些內容。關於宮廷刊刻《對類》一書,呂毖《明宮史》卷六載:"《對類》計十二本,八百七十三頁。"除了正統十二年司禮監刻本外,還有兩種明經廠刊本《對類》二十卷,均藏日本內閣文庫。除了官刊之外,民間也廣爲刊刻,其間書名亦有變化,而內容或在增删,但基本相同。現將流傳的重要明刊本列表如下:

| 書　名 | 版　本 | 編 刊 者 | 館　藏 |
| --- | --- | --- | --- |
| 對類二十卷 | 明正統十二年司禮監新刊本 | | 北京清華大學圖書館 |
| 對類二十卷 | 明經廠本 | | 日本內閣文庫 |
| 對類　卷 | 明經廠本 | | 日本內閣文庫 |

① 此本書末有"正統十二年五月初二日司禮監新刊"兩行。全書收入《四庫全書存目叢書》子部第225冊。

(續表)

| 書　　名 | 版　　本 | 編刊者 | 館　　藏 |
|---|---|---|---|
| 對類二十卷 | 嘉靖二十九年序刊本 | | 日本東大文研所 |
| 對類二十卷 | 嘉靖四十三年勿齋重刊本 | | 日本蓬佐文庫 |
| 對類二十卷 | 新安吳勉學重刊本 | | 日本國會圖書館 |
| 新刻陳明卿先生對類會海二十卷 | 金閶山玉堂刊本 | 明陳仁錫編 | 日本神户市立圖書館 |
| 縹緗對類大全二十卷 | 明刊本 | 明屠龍序 | |
| （精選）縹緗會海對類二十卷 | 明刊本 | 明吳望校編 | 日本國士館 |
| 建邑書林南陽郡鼎鐫會海對類二十卷 | 萬曆二十五年序葆和堂刊本 | 明吳望校編 | 日本國會圖書館 |
| 詩文切玉對類正宗十九卷 首一卷 | 日本明治十六年刊本 | 明唐居子編注，日本豐島毅訓點 | 日本內閣文庫等 |

## 三、《對類》分類的基本規則

《對類》一書把傳統的對語拆開，按照對偶的規則編排，形成一個對語的語料庫。這個語料庫的編排結構就是對偶的規則。我們這一節以《詩詞賦通用對類賽大成》及正統本《對類》爲中心討論其基本規則。

**1. 總體構架：對語的四個方面與分類的四個層次**

在傳統的對偶中，涉及四個方面的法則：門類、字數、平仄、虛實（虛實中又分死活）。要求門類相同或相近，字數相同，平仄相反，虛實死活相同。《對類》就是根據這四個原則編排的。這四個原則體現在本書的結構上形成全書的幾個結構層次：第一個層次是分門，本書共分天文、地理等二十門；第二個層次是字數，一門之內，再按字數分類，一字類、二字類、三字類、四字類，因爲對語的基本組合規則到四字基本已經涵蓋,所以不列五字、六字等;第三個層次是在門之内再按照語義的相關性及虚實死活性質劃分爲若干小類;第四個層次是在各小類之中,再按平仄分類。

我們以"天文門"爲例列表如下:

| 門 | 類 | 小 類 | 虛實 | 死活 | 平仄 | 例 字 | 通 用 |
|---|---|---|---|---|---|---|---|
| 天文門 | 一字類 | 天日第一 | 實字 | 死 | 平 | 天、乾、空、穹、陽、曦…… | 與"地理門"山水小類通用 |
| | | | | | 仄 | 日、照、暑、曜、月、魄…… | |
| | | 高厚第二 | 虛字 | 死 | 平 | 高、層、長、清、疏、微…… | |
| | | | | | 仄 | 厚、大、遠、麗、皎、缺…… | |
| | | 吹照第三 | 虛字 | 活 | 平 | 吹、飄、烘、騰、舒、升…… | |
| | | | | | 仄 | 照、曬、曝、覆、蓋、震…… | |
| | | 聲色第四 | 半實 | 死 | 平 | 聲、光、威、華、音、文…… | |
| | | | | | 仄 | 色、彩、片、氣、量、影…… | |

| 門 | 類 | 小 類 | 虛實 | 平仄 | 例 字 | 平仄 | 通 用 |
|---|---|---|---|---|---|---|---|
| | 二字類 | 乾坤日月第五 | 並實 | 平 | 乾坤、陰陽、虛空、雲霄…… | 上仄 | 斗牛、女牛 |
| | | | | 仄 | 日月、雪月、雨露、雨雪…… | 上平 | 穹昊、天日 |
| | | 風濤雨水第六 | 並實 | 平 | 風濤、風波、風塵、風沙 | 上仄 | 雪濤、斗山 |
| | | | | 仄 | 雨水、雨澤、雲浪、雪水 | 上平 | 天水、風水 |
| | | 天高日遠第九 | 上實下虛 | 平 | 天高、天長、天清、天澄 | 上仄 | 日遲、日融 |
| | | | | 仄 | 日遠、日近、日永、日短 | 上平 | 天闊、空遠 |
| | | 蒼蒼皎皎八三 | 並虛 | 平 | 蒼蒼、昭昭、高高、恢恢 | | |
| | | | | 仄 | 皎皎、穆穆、杲杲、赫赫 | | |

**2. 分門:對的種類與事物的類别**

對偶的基本規則之一是同類的字相對,根據這一規則,傳統將對偶進行了歸類,《對類》共分爲二十二門。兹列表如下:

| 順序 | 1 | 2 | 3 | 4 | 5 | 6 | 7 | 8 | 9 | 10 | 11 | 12 | 13 | 14 | 15 | 16 | 17 | 18 | 19 | 20 | 21 | 22 |
|---|---|---|---|---|---|---|---|---|---|---|---|---|---|---|---|---|---|---|---|---|---|---|
| 門類 | 天文 | 地理 | 節令 | 花木 | 鳥獸 | 宮室 | 器用 | 人物 | 人事 | 身體 | 衣服 | 聲色 | 珍寶 | 飲饌 | 文史 | 數目 | 干名 | 卦對 | 通用 | 巧對 | 連綿 | 叠字 |
| 舉例 | 天日 | 山水 | 春夏 | 桃李 | 鶯燕 | 宮殿 | 琴棋 | 君臣 | 憂樂 | 肥瘦 | 冠冕 | 青白 | 金玉 | 茶酒 | 經史 | 千萬 | 庚甲 | 乾坤 | 高遠 | 天龍地虎 | 徘徊眷戀 | 亭亭當當 |

二十二門就是二十二種對。此二十二門的劃分標準并不是單一的。前十八門的劃分依據是單字所指涉的事物，換句話說，其依據是語義學上的。第十九門"通用"乃是可以與各門搭配的虛字，相當于現代語言學所謂動詞、形容詞、副詞等。第二十門乃是彙集的現成的巧妙的對語，分天文、地理等類按二字、三字乃至長聯等排列，可以說是巧妙的對語範例。第二十一門"連綿"門依據的是語音的標準；第二十二門則依據單字的重叠。以上標準不一的問題到明萬曆年間唐居子編《對類正宗》有所調整。《對類正宗》乃在《對類》基礎上修訂而成，共分十九門，茲列表如下：

| 順序 | 1 | 2 | 3 | 4 | 5 | 6 | 7 | 8 | 9 | 10 | 11 | 12 | 13 | 14 | 15 | 16 | 17 | 18 | 19 |
|---|---|---|---|---|---|---|---|---|---|---|---|---|---|---|---|---|---|---|---|
| 門類 | 天文 | 地理 | 時令 | 人物 | 鳥獸 | 花木 | 人事 | 宮室 | 器用 | 飲食 | 衣服 | 身體 | 文史 | 卦名 | 干支 | 數目 | 珍寶 | 彩色 | 通用 |

就分門看，此書删去了《對類》的"巧對"門，而將"連綿"、"叠字"歸併到相關門類中，不作爲獨立的門類，這樣更加合理。因爲"巧對"嚴格意義上不是對偶的分類，天文門中可以有巧對，地理門中也可以有巧對，所以從分類上說删去這些是合理的。本來在《對類》中，連綿、叠字兩門并沒有獨立成卷，而是附在各門的後面，因爲天文、地理等各門都可以有連綿、叠字，這種歸併也是合理的。由於《對類》在明清兩代的普遍影響，所以其分門已成爲一種普遍接受的分類。後來雖然有一些局部的調整，但大體不出以上範圍。

關於對偶的分類，王力先生在《漢語詩律學》中有具體的討論，他稱之"對仗的範疇"，指出："對仗的範疇差不多也就是名詞的範疇。"而對於這些範疇劃分的依據，王先生認爲："名詞的範疇似乎也沒有明文規定，祇有科舉時代某一些韻書裏附載著若干門類。"①又說這些門類"并沒有明顯的界限。例如'霜'歸天文，而'冰'應歸地理，這種區分不一定找得出科學的依據。"②事實上，這些門類的劃分雖然沒有明確的規定，但是却是有明確的依據的，其依據是中國古代關於事物類別的觀念，而這些觀念有著長久的知識傳統，儘管在現在看來，古人的觀念不一定符合現代科學。到宋元時代，已有基本穩定的知識分類體系。對偶所依據的分類原則基本上就是建立在這一體系基礎上的。③ 這個系統最基本的構架就是以天、地、人爲中心組成的，而這種構架背後的觀念基礎就是古代以天、地、人爲三才的思想。

不僅門類劃分的背後有知識分類及觀念的依據，而且這些門類先後的排列順序在古人也有觀念的基礎。這一層意思，萬曆刊本《對類正宗》所載舒鳳翼萬曆丙申（二十四年，1596 年）序，曾有說明：

> 首天文而地理者，以開子而闢丑也。兩儀奠，而造化流行，時序定矣，故受之以時令。化機運而人物生，故受之以人物、禽獸、花木焉。人物既生，而人事起焉。人事之大者，莫要形于宫室、器用、衣服。聖王垂衣而治，是民爲先，故受之以飲食。養而後教，又受之以文史。蓋厚生正德之義矣。若干支、卦名，是亦文史之類　故以是繼之。若珍寶、聲色，尤聖王耽欲之戒，非所以道民之務也，故輕，附於末。至於通用，則諸門類之不可缺者，故總括於後，以爲全部之末結者也。先儒立法之善，大有深意焉。

這裏對《對類正宗》的門類順序作了觀念上的說明。在舒鳳翼看來，門類的順序安排體現了天地造化生物的順序，即由開天闢地而形成天地，

---

① 《漢語詩律學》（上海：上海教育出版社，2002 年），頁 158。
② 同上注，頁 172。王先生所說的"霜"、"冰"，在傳統的分類中其歸屬是不同的，如在《初學記》中"霜"屬天部，而"冰"屬地部，這是因爲在古人的觀念中，霜是天上下的，而冰是地上結的。但在《對類》中則"霜"與"冰"都屬於天文門。
③ 此一點本人已在拙文《中國古代的聲律啓蒙讀物：〈聲律發蒙〉及其他》一文中論及，將刊載於《嶺南學報》復刊第一期。

天地形成而運行,因而有時令,天地化生人物,人出現之後,則會出現相關的物質、文化諸方面。這就是門類次序背後的觀念。

### 3. 虛實與死活

《對類》中另一個突出的分類就是虛實字的劃分,這在對偶來説,乃是關鍵。正統本《對類》等卷首有"習對啓蒙格式"説:"虛字對虛,實字對實。"可見虛實的劃分是對的基礎。《對類》應該是中國語言學史上現存第一部清楚標明虛實字的著作。傳統的關於虛實字的觀念不同於現代。現代語言學關於虛、實字的説法源自馬建忠《馬氏文通》,《文通》對傳統虛實説不滿,而提出了自己的界定:"凡字有事理可解者,曰實字。無解而惟以助實字之情態者,曰虛字。"①這種虛實劃分的依據是字有無實際的意義,與傳統説法大異。

(1) 虛實死活的定義

傳統所謂實字、虛字之明確的定義就本人所知最早見於正統本《對類》卷首"習對啓蒙格式":

> 蓋字之有形體者爲實,字之無形體者爲虛;似有而無者爲半虛,似無而有者爲半實。

這大概是現在所知最早關於虛實字的明確定義。按照以上的説明,所謂虛實的劃分依據是語義學上的,是就字義所指涉的對象而言,如果所指涉的對象是有形體之物,就是所謂實字;如果所指涉的對象沒有形體,就是虛字。在虛字、實字之間還有半實字與半虛字的劃分。正統本《對類》等卷首載"習對定式"中説:"似有似無者,半實半虛。"也就是説似有者爲半實,似無者爲半虛。

《對類》中除了虛實字的分類外,還有死活字的劃分。"習對啓蒙格式"説:

> 實者皆是死字,惟虛字則有死有活。死謂其自然而然者,如高

---

① 吕叔湘、王海棻編《馬氏文通讀本》(上海:上海教育出版社,2000年),頁48。

下洪纖之類是也;活謂其使然而然者,如飛騰變化之類是也。

死字謂其現成如此,不表示活動、變化之意,在這種意義上,所有的實字都有形體,不涉變化、活動,都是死字。虛字中的死字,按照其所舉字例,乃是表示性質狀態的字;虛活字則表示動作變化。

其虛實死活的分類可圖示如下:

```
實字   ─┐
半實字 ─┼→ 死        虛字 ─┬→ 死
半虛字 ─┘                    └→ 活
```

(2) 關於實字的問題

"習對啓蒙格式"對於虛實的定義雖然非常清晰明確,但在實際的操作中却是有問題的。我們説過,"習對啓蒙格式"等篇文字在元刊本《詩詞賦通用對類賽大成》中是没有的,只是明刊本《對類》才有,因而這篇文字關於虛實等問題的論述並不等於《對類》編者本人的原意。不過,應該是代表元明時代關于這些問題的一般認識。

先説實字的定義。"習對啓蒙格式"以有形體爲實字,這種定義只能涵蓋一部分實字,比如天、地、山、水等一部分表示有形體對象的字;但并不能涵蓋《對類》中所列全部的實字。比如"身體門"一字類之"性情"小類,所列情、懷、衷、思、忱、悰、誠、機、儀(以上平聲)、性、志、意、念、慮、興、思、態、度、量、想、抱、臆(以上仄聲),都是實字,但這些字并無形體可言。用現代語言學的術語説,實字不僅僅指實體名詞,也包括了一部分抽象名詞。因而"習對啓蒙格式"的定義現在看起來并不是一個完全恰當的定義。

(3) 虛字及其死活

按照虛實死活的定義,實字皆是死字,虛字則分死活。依照其解釋及例子,可以看出其所謂虛死字,是表示性質、狀態的,相當於形容詞;虛活字表示動態或過程的,相當于動詞。就《對類》所標虛字的死活來看,"啓蒙格式"對虛活字的定義大體與《對類》所標相符。但其對虛死字的定義則不能涵蓋《對類》標示的所有虛死字。茲將《對類》中虛死字

的類別列表如下:

| 門 | 類 | 詩詞賦通用對類賽大成 | 正統本《對類》 |
|---|---|---|---|
| 天文 | 高厚第二 | 高、長、清、堅、厚、大、遠、輕…… | |
| 地理 | 深淺第三 | 深、危、平、低、淺、闊、峻、險…… | |
| 數目 | 千萬第一 | 千、單、孤、雙、多、萬、一、二、三、四…… | 《詩詞賦通用對類賽大成》未標死活,正統本《對類》標爲死字 |
| 通用 | 同異第二 | 同、無、猶、何、常、異、有、愈、是、遍…… | 同上 |
| | 如似第四 | 如、齊、侔、俱、殊、似、若、比、擬…… | 同上 |
| | 乎也第五 | 乎、歟、夫、如、于、哉、也、者、爾、此…… | 同上 |
| | 初乍第六 | 初、方、纔、將、曾、嘗、乍、始、正、漸…… | 同上 |
| | 宜稱第七 | 宜、當、應、須、堪、能、稱、可、待、要…… | 同上 |

從列表中可以看出,《對類》中所謂虛死字,當然以表示性質、狀態的形容詞爲代表,但是,同時包括了數詞、能願動詞以及副詞、介詞、助詞、語氣詞等現代所謂虛詞。

(4) 半實字與半虛字

更複雜的是半實字與半虛字。先看半實字。半實字的定義是"似無而有",也就是沒有形體,但確實存在。《詩詞賦通用對類賽大成》及正統本《對類》中所列半實字的類別如下:

| 門 | 類 | 平仄 | 詩詞賦通用對類賽大成 | 備注 |
|---|---|---|---|---|
| 天文 | 聲色第四 | 平 | 聲、光、威、華、音、文、容…… | |
| | | 仄 | 色、彩、片、氣、暈、影、力…… | |
| 人物 | 明哲第二 | 平 | 明、英、賢、才、忠、良、廉、清、愚、貪…… | |
| | | 仄 | 哲、俊、茂、秀、異、直、勇、猛、壯、美、老…… | |

這些半實字包括聲音、色彩及形象的名詞,以及描述道德品性的抽象名詞。

再看半虛字。《對類》所列半虛字的類別如下：

| 門 | 類 | 平仄 | 詩詞賦通用對類賽大成 | 備注 |
|---|---|---|---|---|
| 節令 | 寒暑第二 | 平 | 寒、暄、溫、暖、和、炎、涼、陰、晴、蒸…… | |
| | | 仄 | 暑、熱、煖、燠、爽、冷、凍、霽、燥、濕、晦、明、旱…… | |
| 聲色 | 青白第二 | 平 | 青、蒼、藍、朱、紅、緋、纁、丹、彤、黃、緇…… | |
| | | 仄 | 白、皓、素、粉、黑、墨、紺、綠、碧、翠、赤、赭…… | |

根據上表，可以看出，半虛字包括冷熱、乾濕等與天氣相關的字，以及顏色字。

值得注意的是，《詩詞賦通用對類賽大成》中"干支門"與"卦名門"兩門都沒有標虛實，正統本《對類》、《標緗對類》同《詩詞賦通用對類賽大成》、《對類正宗》于"干支門"標實字，但"卦名門"未標。如果干支屬于實字的話，同理，卦名也應該屬于實字。但是，如果以有形體為實字，則干支、卦名都無形體，不能為實字。看來，干支與卦名的虛實問題不易處理。

(5) 雙重詞性與詞性的變化

同一字可以有虛實雙重性詞，同一單字，屬性不同，其組合方式就不同。這表明古人已經認識到單字的語法功能問題。如："歌"字，在"文史門"一字類"經史第一"小類與經、詩、文等并列為實字，同時也是死字，這是文類的名稱。但在"人事門"一字類"游宴第二"則與言、談、哦、吟等并列為虛活字，顯然為歌唱的活動。

再如卷三節令門，"春夏第一"，標春、夏、秋、冬等表示節令的字為實字，但"春前臘後十五"類却標"上半實下虛"，即表示節令的春、夏、秋、冬、歲等字成了半實字。如春前、春間、春中、秋中、冬間、年前、時間、朝前、宵中、夏間、歲間、社前、午前、日前、晚後、早上、夜後等。

半實字與半虛字在不同的組合中屬性有不同。如"光"字在分類中屬於半實字，但在不同的組合中，其虛實性質是有變化的。在"清光"、"餘光"的組合中，"光"是半實字（卷一天文門，清光淡影六八）；但在"光浮"、"光舒"、"光搖"、"光騰"、"光生"、"光流"、"光凝"、"光飛"組合（卷一天文門,光浮影轉六七),以及"光清"、"光斜"、"光微"組合(卷一天文門,光清色潤六九)中,則被列爲半虛字。

影字也是如此。在影轉、影射、影散、影倒、影過、影動等詞語中,影被列爲半虛字(卷一光浮影轉六七),而在疏影、斜影、餘影、清影、微影、殘影等中(卷一清光淡影六八),則被列爲半實字。

以上所列舉的變化之例都是出自《詩詞賦通用對類賽大成》,但到明正統司禮監刊本《對類》,大概發現了以上的差異情況,將一些差異統一起來。如本來《詩詞賦通用對類賽大成》本"光浮影轉"類標"上半虛下虛","清光淡影"一類標"上虛下半實",而到正統本《對類》中"光浮影轉"一類標爲"上半實下虛",這樣"光"、"影"等字的虛實統一了。那麼,這就有一個問題。在《詩詞賦通用對類賽大成》中,這些差異是編者的疏漏造成的,還是他們確實認爲虛實、死活真的是可以變化的?從正統本《對類》的改正可以知道,在正統本修改者看來,《詩詞賦通用對類賽大成》的差異是疏漏造成,但正統本並沒有全部劃一。如果《詩詞賦通用對類賽大成》並非疏漏,那麼從宋末到明初的這種變化就具有語言學史的意義。這一問題需要進一步研究才能清楚。

從語言學史的角度看,字之分虛字死活及其功能變化,宋末人已經有清楚的認識。方回《續古今考》卷二十七《朝字有虛實之辨》指出,《尚書》"群后四朝",《禮記》"一不朝,再不朝",這裏的"朝","皆虛字也。所謂朝見、朝會、朝謁之禮也",而《周禮・天官》"宰夫掌治朝之法"及"司士掌焉,王入內朝皆退",這些"朝"以及曰立朝、曰造朝、曰臨朝、曰朝位、曰朝廷等,"皆實字也,地名也"。又其《續古今考》卷七"玉字":

> 凡玉皆實字,《民勞》詩:"王欲玉汝,是用大諫。"用作虛字,妙甚。

是方回已經認識到實字虛用的問題。

宋人也已經認識到虛實死活的功能變化對於文學創作的審美價值。宋末范晞文《對床夜語》(有南宋景定三年〔1262〕序)卷二:

虚活字極難下,虚死字尤不易。蓋雖是死字,欲使之活,此所以爲難。老杜"古墙猶竹色,虚閣自松聲",及"江山有巴蜀,棟宇自齊梁",人到於今誦之。予近讀其瞿唐兩崖詩云:"入天猶石色,穿水忽雲根。""猶"、"忽"二字,如浮雲着風,閃爍無定,誰能迹其妙處?他如"江山且相見,戎馬未安居","故國猶兵馬,他鄉亦鼓鼙","地偏初衣裕,山擁更登危","詩書遂墻壁,奴僕且旌旄",皆用力於一字。

這裏"猶"、"有"、"自"、"忽"、"且"、"未"、"亦"、"初"、"更"、"遂"等字,都是范晞文所謂虛死字。這些虛死字被放到五言詩句中的第三字,使之具有虛活字即動詞的功能。

"習對啓蒙格式"中説:"若夫實字作虛字使,以死字作活字用,是作家有此活法,初學未易語此。"所謂實字作虛字使,如上引方回論"玉"字在"玉汝於成"時爲虛字。又《誠齋詩話》:

詩有實字,而善用之者以實爲虛。杜云:"弟子貧原憲,諸生老伏虔。""老"字盖用"趙充國請行,上老之"。

所謂死字作活字用,即范晞文所論是也。

## 四、對語生成的基礎:核心單字及其分類

對語的最小單位是單字,最小的對是一字對,如天對地,雲對雨,由此而增字,爲二字對、三字對,如此類推。因而單字是對語的基礎。在《對類》中,各門中的一字類是該門的核心單字,這些單字是組合對語的基礎。

前面説《對類》的分門基本上是按照事物來分類的,也就是王力先生所説的名詞的範疇。但是,《對類》的分門并非如此簡單。更值得注意的是,此書在各門中,也列出了可以跟該門實字搭配的虛字、半虛字

等。用現代的術語說,就是它不僅把名詞分了門類,也把動詞、形容詞做了相關的劃分。以天文門的一字類爲例:

| 門 | 類 | 小類 | 虛實 | 死活 | 平仄 | 例　字 | 通　用 |
|---|---|---|---|---|---|---|---|
| 天文門 | 一字類 | 天日第一 | 實字 | 死 | 平 | 天、乾、空、穹、陽、曦…… | 與"地理門"山水小類通用 |
| | | | | | 仄 | 日、照、晷、曜、月、魄…… | |
| | | 高厚第二 | 虛字 | 死 | 平 | 高、層、長、清、疏、微…… | |
| | | | | | 仄 | 厚、大、遠、麗、皎、缺…… | |
| | | 吹照第三 | 虛字 | 活 | 平 | 吹、飄、烘、騰、舒、升…… | |
| | | | | | 仄 | 照、曬、曝、覆、蓋、震…… | |
| | | 聲色第四 | 半實 | 死 | 平 | 聲、光、威、華、音、文…… | |
| | | | | | 仄 | 色、彩、片、氣、暈、影…… | |

天文門一字類共有四個小類,這四個小類包括了與"天文門"在意義上及組合功能上相關的單字,我們或可稱之爲天文類字群。一字類實際上是本門的核心用字。這些字既包括表示本門的事物的實字,也包括與該門實字搭配的虛字。"天文門"一字類,共分四個小類:"天日第一",此是天文門的基本名詞,也就是實字。"高厚第二",這是與天文門實字搭配的形容詞,也就是虛死字。"吹照第三",乃是與天文門實字搭配的動詞,即虛活字。"聲色第四"是表示天文門聲色等形態的名詞,即半實字。這些小類又各分平仄兩類。

"高厚第二"與"吹照第三"都是與天文門實字搭配的虛字,這些虛字所以被入本門大體有兩個依據:一是這些虛字從語義上原本就與天文相關。如"吹"字,注釋說:"風鼓動萬物";"照"字是"日月所照也"。二是與本門實字常見搭配。如"高"、"厚"。

再以"地理門"爲例:

| 門 | 類 | 小類 | 虛實 | 死活 | 平仄 | 例　字 | 通　用 |
|---|---|---|---|---|---|---|---|
| 地理門 | 一字類 | 山水第一 | 實字 | 死 | 平 | 山、峰、岑、巒、巖、崖…… | 與天文門天日類通用 |
| | | | | | 仄 | 水、海、濟、渚、岸、壑…… | |

(續表)

| 門 | 類 | 小類 | 虛實 | 死活 | 平仄 | 例　字 | 通　用 |
|---|---|---|---|---|---|---|---|
| 地理門 | 一字類 | 州縣第二 | 實字 | 死 | 平 | 州、軍、都、邦、關、畿…… | |
| | | | | | 仄 | 縣、邑、府、國、市、郭…… | |
| | | 深淺第三 | 虛字 | 死 | 平 | 深、危、巍、平、低、澄…… | |
| | | | | | 仄 | 淺、渺、淨、急、遠、狹…… | |
| | | 流峙第四 | 虛字 | 活 | 平 | 流、浮、涵、飛、圍、埋…… | "活",《詩詞賦通用對類賽大成》作"生" |
| | | | | | 仄 | 峙、聳、浸、漲、繞、拍…… | |

地理門的單字分四個小類。屬于實字的有"山水第一"與"州縣第二"。前者是自然地理相關的實字,後者是與行政區劃相關的實字。"深淺第三"是可以與本門實字搭配的形容詞,"流峙第四"是可以與本門實字組合的動詞。

在一門之內,小類的劃分表示可以組成對語的範圍。如天文門,應該是在小類內組合成對,比如"山水"小類內相對,"流峙"小類內相對。一門中的某小類可以與他門的小類相通用。比如天文門"天日"類與地理門"山水"類可以通用,也就是"天"可以與"地"相對。

## 五、單字的組合與二字語的生成

對語有一字對、二字對、三字對等等,對必須有上、下句,但單句是基礎。那麼,單句是如何生成的?《對類》中揭示了這種生成機制及規則。古人就是把核心字通過一定的規則進行組合,由一字與一字的組成生成二字語,再由同樣的規則生成三字、四字語以至更長句子。其中二字語是對語生成的基礎。其生成方式就是一字類各小類內部或相互之間的組合。茲分述于下。

**1. 實字＋實字**

實字組合有兩種方式:一是本門內部的一字類中的實字組合,二是本門與他門實字的組合。現分述如下。

(1) 本門内部的實字組合。

本門内部實字組合即實字類的内部組合。其組合方式因平仄關係的不同可以有四種，以天文門爲例，列表如下：

| 門 | 小類 | 虛　實 | 死　活 | 平　仄 | 例　　詞 | 語法結構 |
|---|---|---|---|---|---|---|
| 天文門 | 天日第一 | 實＋實 | 死＋死 | 平＋平 | 乾坤、陰陽、風雲 | 并列 |
| | | 實＋實 | 死＋死 | 仄＋平 | 斗牛、日星、雪霜 | 并列 |
| | | 實＋實 | 死＋死 | 仄＋仄 | 日月、雪月、雨露 | 并列 |
| | | 實＋實 | 死＋死 | 平＋仄 | 天日、星月、雲月 | 并列 |

(2) 本門實字與其他門實字的組合。

本門實字與其他門實字的組合，《詩詞賦通用對類賽大成》及正統本《對類》分別標以"地理"、"時令"等。在《對類正宗》本，本門之内的組合稱爲"本門正類"，與其他門的組合，則稱爲"小地理門"、"小時令門"等。今以天文門與其他門實字組合爲例，列表如下：

| 門 | | 地理 | 花木 | 鳥獸 | 宮室 | 器用 | 人物 | 身體 | 聲色 | 方隅 |
|---|---|---|---|---|---|---|---|---|---|---|
| 天文門 | 平平 | 江風 | 荷風 | 陽烏 | 窗風 | 檣風 | 堯天 | 雲頭 | 青天 | 東風 |
| | 仄平 | 隴雲 | 柳烟 | 日烏 | 寺雲 | 枕風 | 舜天 | 雪肌 | 彩雲 | 北風 |
| | 仄仄 | 海月 | 杏雨 | 月兔 | 院月 | 笠雪 | 舜日 | 雨脚 | 皓月 | 朔雪 |
| | 平仄 | 江月 | 梅月 | 天馬 | 庭月 | 舟月 | 羲日 | 雲脚 | 紅雨 | 東日 |

**2. 虛死字＋實字**

這種組合是將一字類中的虛死字與一字類中的實字組合，用現代語言學術語說就是形容詞加名詞組合。以天文門爲例，也就是一字類中"高厚第二"小類與"天日第一"小類的組合。《對類》二字類之"長天永日第八"即是這種組合，其組合關係也以平仄關係分爲四種。今列表如下：

對語的生成與規則：以《對類》爲中心　253

| 門 | 類 | 虛實 | 死活 | 平仄 | 例詞 | 語法結構 |
|---|---|---|---|---|---|---|
| 天文門 | 長天永日第八 | 虛＋實 | 死＋死 | 平＋平 | 長天、高空、清霄、浮雲 | 偏正 |
| | | 虛＋實 | 死＋死 | 仄＋平 | 昊天、太陽、淡雲、惠風 | 偏正 |
| | | 虛＋實 | 死＋死 | 仄＋平 | 永日、皎月、好雨、大雪 | 偏正 |
| | | 虛＋實 | 死＋死 | 平＋仄 | 遲日、殘月、初雪、香霧 | 偏正 |

### 3. 虛活字＋實字

這種組合是將一字類中的虛活字（動詞）與實字搭配組合。有些動詞與名詞搭配，動詞部分明顯起修飾作用，屬于偏正結構，有些像"起烟"、"飄霜"、"回雪"單就詞語本身言，比較偏向于動賓結構，但在具體詩句當中亦可成爲偏正結構。以天文門爲例。

| 門 | 類 | 虛實 | 死活 | 平仄 | 例詞 | 語法結構 |
|---|---|---|---|---|---|---|
| 天文門 | 行雲落日十二 | 虛＋實 | 活＋死 | 平＋平 | 行雲、流星、飛烟、飄霜 | 偏正、動賓 |
| | | 虛＋實 | 活＋死 | 仄＋平 | 震雷、落霞、斷雲、起煙 | 偏正、動賓 |
| | | 虛＋實 | 活＋死 | 仄＋仄 | 落日、落雪、降雨、閃電 | 偏正、動賓 |
| | | 虛＋實 | 活＋死 | 平＋仄 | 回雪、飛電、飛雨、零露 | 偏正、動賓 |

《對類》的編者大概認爲，這些都是偏正結構，所以注此類與"天長永日"類互用。

### 4. 實字＋虛死字

這種組合是將一字類中的實字與虛死字的組合，以天文門爲例，即一字類中"天日第一"小類與"高厚第二"小類的組合，也就是名詞與形容詞的組合。

| 門 | 類 | 虛實 | 死活 | 平仄 | 例詞 | 語法結構 |
|---|---|---|---|---|---|---|
| 天文門 | 天高日遠第九 | 實＋虛 | 死＋死 | 平＋平 | 天高、風斜、星明、雲輕 | 主謂 |
| | | 實＋虛 | 死＋死 | 仄＋平 | 日遲、月明、露清、雨微 | 主謂 |
| | | 實＋虛 | 死＋死 | 仄＋仄 | 日遠、月淡、雨驟、雪大 | 主謂 |
| | | 實＋虛 | 死＋死 | 平＋仄 | 天闊、風細、雲靜、星燦 | 主謂 |

## 5. 實字＋虛活字

這種組合是一字類中實字與虛活字的組合，以天文門為例，即"天日第一"小類與"吹照第二"小類的組合，也就是名詞與動詞的組合。

| 門 | 類 | 虛　實 | 死　活 | 平　仄 | 例　　詞 | 語法結構 |
|---|---|---|---|---|---|---|
| 天文門 | 風吹日照第十 | 實＋虛 | 死＋活 | 平＋平 | 風吹、雲遮、星浮、天垂 | 主謂 |
| | | 實＋虛 | 死＋活 | 仄＋平 | 日移、月橫、露垂、雨飄 | 主謂 |
| | | 實＋虛 | 死＋活 | 仄＋仄 | 日照、雨潤、露滴、雪落 | 主謂 |
| | | 實＋虛 | 死＋活 | 平＋仄 | 風入、煙抹、雲起、雲破 | 主謂 |

## 6. 虛死字＋虛死字

這種組合是一字類中兩個虛死字之間的組合，以節令門為例。

| 門 | 類 | 虛　實 | 死　活 | 平　仄 | 例　　詞 | 備注 |
|---|---|---|---|---|---|---|
| 節令門 | 融和凜冽五七 | 虛＋虛 | 死＋死 | 平＋平 | 融和、冲和、芳菲、繁華 | |
| | | 虛＋虛 | 死＋死 | 仄＋平 | 慘淒、寂寥、鬱陶 | |
| | | 虛＋虛 | 死＋死 | 仄＋仄 | 凜冽、料峭、酷烈、熾熱 | |
| | | 虛＋虛 | 死＋死 | 平＋仄 | 和暢、明媚、瀟灑、清爽 | |

## 7. 虛活字＋虛活字

這種組合是一字類中兩個虛活字的組合，以節令門為例。

| 門 | 類 | 虛　實 | 死　活 | 平　仄 | 例　　詞 | 備注 |
|---|---|---|---|---|---|---|
| 節令門 | 翻成變作五四 | 虛＋虛 | 活＋活 | 平＋平 | 翻成、翻為、來臨、凝成 | |
| | | 虛＋虛 | 活＋活 | 仄＋平 | 釀成、化成、豁開、扇來 | |
| | | 虛＋虛 | 活＋活 | 仄＋仄 | 變作、化化、轉作、減却 | |
| | | 虛＋虛 | 活＋活 | 　仄 | 凝作 | |

## 8. 虛死字＋虛活字

這種組合是一字類中虛死字與虛活字的組合，以人事門為例。

| 門 | 類 | 虛實 | 死活 | 平仄 | 例詞 | 備注 |
|---|---|---|---|---|---|---|
| 人事門 | 閒游靜坐第十 | 虛＋虛 | 死＋活 | 平＋平 | 閒游、高歌、遙聞、深居 | |
| | | 虛＋虛 | 死＋活 | 仄＋平 | 淺斟、穩騎、巧逢、密鋪 | 此欄出"高攀斟酌十二" |
| | | 虛＋虛 | 死＋活 | 仄＋仄 | 靜坐、信步、暗想、近看 | |
| | | 虛＋虛 | 死＋活 | 平＋仄 | 閒步、遙望、高臥、低唱 | |

### 9. 虛活字＋虛死字

這種組合是一字類中虛活字與虛死字的組合，以宮室門爲例。

| 門 | 類 | 虛實 | 死活 | 平仄 | 例詞 | 備注 |
|---|---|---|---|---|---|---|
| 宮室門 | 居高養拙四十一 | 虛＋虛 | 活＋死 | 平＋平 | 居高、臨高、臨清、通幽 | |
| | | 虛＋虛 | 活＋死 | 仄＋平 | 掃寬、掃平 | |
| | | 虛＋虛 | 活＋死 | 仄＋仄 | 養拙、眺遠、望遠、卜築 | |
| | | 虛＋虛 | 活＋死 | 平＋仄 | 尋勝、藏密、居陋 | |

### 10. 半實字、半虛字的組合方式

在《對類》中，半實字、半虛字及其與虛死字、虛活字之間的組合關係，與實字的相關組合方式相同，此從略。

## 六、三字、四字語的生成

三字語的生成方式，是在二字語基礎上加一字而成。四字語則是兩個二字語組成。三字、四字語的組合隸屬于各門，門中分小類，但已不再標虛實、死活，祇分平仄，而平仄僅計末一字。小類的劃分依據內容及短語的結構。以天文門爲例。

| 門 | 類 | 小類 | 平仄 | 例語 |
|---|---|---|---|---|
| 天文門 | 三字類 | 一江風千里月八四 | 平 | 半江風、一溪風、一林風、一潭星…… |
| | | | 仄 | 千山月、一窗月、半窗月、千山雨…… |

(續表)

| 門 | 類 | 小　　類 | 平仄 | 例　　語 |
|---|---|---|---|---|
| 天文門 | 三字類 | 雨生涼風解凍一百七 | 平 | 雨生寒、雨凝寒、雨送涼…… |
| | | | 仄 | 風布暖、風滴暑、日亭午…… |
| | | 酒旗風書案雪百十二 | 平 | 酒帘風、漁笛風、釣絲風…… |
| | | | 仄 | 釣船雪、樵笠雪、書窗月…… |
| | 四字類 | 日月星辰風雨霜露百十三 | 平 | 月露風雲、雨露雪霜…… |
| | | | 仄 | 雪霜風雨、風雷雨雹…… |
| | | 地闢天開雲行雨施百十八 | 平 | 地平天成、雷厲風飛…… |
| | | | 仄 | 天覆地載、風調雨順…… |
| | | 三辰五星五風十雨百廿六 | 平 | 兩曜五星、九曜三辰…… |
| | | | 仄 | 參天兩地、兩儀萬象…… |

《對類》的單字組合至四字而止，因爲從一字組合到四字，其組合方式已經可以涵蓋四字以上的各種組合。

## 七、對的規則與方式

前面說《對類》是對語的語料庫，這個語料庫是按照對偶的規則編排的，但是書中各門并沒有給出現成的對語。而第二十卷爲"古今巧對全集"(《詩詞賦通用對類賽大成》，正統本作"巧對門")，列出了從二字類到十三字類的現成對語，每小類中再天文門等。這些可以作爲對語的典範，不過這些對語是以巧爲特徵的。如二字對"天龍"對"地虎"、"竹郎"對"木客"等，三字對有"滿天星"對"連日雨"、"嵩山高"對"蜀水濁"等。

現存的元刊本《詩詞賦通用對類賽大成》中并沒有關於如何運用這個語料庫作對子的論述。但正統本及其他明刊本《對類》卷首所載的《習對啓蒙格式》及《習對歌》對對偶規則作了歸納。《習對歌》說：

平對仄，仄對平。反切要分明。有無虛與實，死活重兼輕。實對實,虛對虛,輕重莫偏枯。

《習對啓蒙格式》説:

  虛字對虛,實字對實,半虛半實者亦然。最是死字不可對以活字,活字不可對以死字。此而不審,則文理謬矣。

以上所説的虛實死活字同類相對的法則,一直到清末還被視爲不變的法則。清末《對類引端》[①]卷首"對聯略述"云:"其法乃平對仄,仄對平,實字對實字,虛字對虛字,活字對活字,半虛實字對半虛實字。"正統本等明本《對類》卷首的《習對歌》乃是分門的對語,如"時令對"一首云:"春對夏,夜對晨。夏至對秋分。重陽對七夕,上巳對清明。三百枯棋削永晝,十千美酒賞芳辰。"這些對語正符合《對類》所體現的對偶法則。

(本文作者係香港中文大學中國語言及文學系教授)

---

① 卷首有光緒六年(1880)蒲月硯香書屋主人誌。澳門:典文出版社影印本。

# 明清禪宗教材的對句資料*

黃耀堃

**提要**：佛教對中國文化重大的影響，不一定是來自原始佛教，而可能來自生長在中國土地上的佛教宗派，特別是中國的禪宗。禪宗形成一種富有思辨意識的禪宗語言，更在東亞地區形成與漢字互相依存的禪宗語言文化。過去對禪宗語言文化的研究，似乎忽略了禪宗的"對句"這一方面，本文擬從一些明清時期的禪宗教材說起，探討禪宗與對句的關係，以考見禪宗對句的中國文化特色。

**關鍵詞**：禪宗　對句　句雙紙　禪林句集　文鏡秘府論

## 一、引　言

佛教對中國文化的影響，不一定是來自原始佛教，而可能來自生長在中國土地上的佛教宗派。正如不少佛教詞彙滲入到日常口語之中，然而這些詞彙可能只是生長在漢語世界的佛教宗派的產物。正如禪宗是一個極爲重要的佛教宗派，在發展過程中形成一種富有思辨意識的禪宗語言，這個宗派長期在漢字地區發展，也形成一種與中國語言文字有互相依存關係的禪宗文化。

過去研究禪宗的文化語言，取得很大的成就，特別是對禪宗的語言

---

\* 本文得蒙平田昌司教授和文映霞博士、陳鴻圖博士的幫助，謹此致謝！（CERG No.：CUHK4551/06H）

材料,以及禪宗與中國文學等方面已有不少的研究,但似乎忽略了禪宗的"對句"這個方面。本文擬從一些明清時期的禪宗教材説起,並從源頭探討禪宗與"對句"的關係,分析這關乎語言與文學的禪宗文化現象。

"教材"雖然是可以登于"大雅"學府之物,但素以"蒙書"稱之,過去並不佔有重要的地位。然而隨着學術的研究發展和研究視角的變化,漸漸興起對蒙書的研究,而蒙書所提供的材料也往往有舉足輕重的地位。正如19世紀末開展的敦煌文獻研究之中,《開蒙要訓》、《太公家教》一類蒙書扮演了重要的角色,近年就出現不少專門的學位論文;其至國外的教材,也引起學者的關注,古朝鮮的漢語課本《朴通事》和《老乞大》,不單是漢語史的重要材料,也是文學研究的重要史料。

現在來看看明清時期流行在日本的禪宗教材系列 ——"句雙紙"。川瀨一馬(KAWASE Kazuma,1906—1999)《句雙紙考》稱禪宗的緇流爲學習禪句,或尋覓合適的語句編成的禪句集,有多種傳寫本流傳,到了江戶時代加以刊行,而其中特以句子字數分類的,稱之爲"句雙紙"。①"句雙紙"這些日本禪僧所用的教材,幾乎純粹剪裁自中國的語句,過去只看作文學研究的輔助材料和檢索禪宗語句的工具書,或者只當作研究中國語文的資料集。然而在十多年前竟進入了日本文學世界的殿堂,《新日本古典文學大系》的編輯把一本"句雙紙"收入其中第52册,在1996年出版。② 根據《新日本古典文學大系》的介紹,所收的《句雙紙》可能是日本室町時代(1392—1573)到江戶時代(1600—1867)初期無名禪僧編成,《新日本古典文學大系》的底本是用名古屋市蓬左文庫所藏的古寫本。③《句雙紙》原作《句双紙》,所謂"双紙"就是"草紙",日本語中"草紙"是指簡便的小册子的意思。

---

① 川瀨一馬:《句雙紙考》,載《日本書志學之研究》(東京:大日本雄辯會講談社,1943年),頁1371。按:"句雙紙"有按内容分類編排,並有加上日語的解釋之類(田島照久:《"禪林句集"考》,《早稻田大學大學院文學研究科紀要》2004年第1分册,頁14—15),本文只討論以字數編排的"句雙紙"爲主。
② 按:跟《新日本古典文學大系》的《句雙紙》相類的書籍,如東陽英朝《(增補頭書)禪林句集》,早在1994年就刊于《中國語文資料彙刊》的第四篇第二卷(東京:不二出版,1994年,頁141—228)。又如1990年花園大學禪文化研究所已出版《定本禪林句集索引》。
③ 入矢義高・早苗憲生(校注)《句双紙》的解説(《新日本古典文學大系》第52册。東京:岩波書店,1996年,頁112)。

《新日本古典文學大系》的《句雙紙》（下面凡加書名號作《句雙紙》的，均指《新日本古典文學大系》本）的身份是"日本古典文學"，入矢義高（IRIYA Yoshitaka，1910—1998）也認爲，尚未聽聞在中國有像這樣的專門屬于禪語的入門書，① 然而早苗憲生（SANAE Kensei，1942—　）却指出，明清時代傳去日本相關的書籍有好幾種，包括了《人天眼目》所附的《禪林方語新增》之類。② 而川瀨一馬《句雙紙考》則認爲其中一類的"句雙紙"是模仿元人高耻傳《群書鈎元》，不過，田島照久（TAJIMA Teruhisa，1947—　）《"禪林句集"考》認爲《群書鈎元》所收的禪語極少，從内容來看很難說"句雙紙"的編纂模仿《群書鈎元》，因此《群書鈎元》只可以說是以字數順序排列的"金句集"、"金言集"的先行類書。③ 無論它的源頭如何，以字數分類的"句雙紙"大部分的内容跟中國禪宗典籍關係密切。

## 二、《句雙紙》與對句

　　《句雙紙》刊行在《新日本古典文學大系》裏面之後，引起中國學者的注意，如梁曉虹（1956—　）發表了《"句雙紙"（禪林句集）與日本近代禪學》，文中就"句雙紙"的漢典語句和禪語語句，加以分析，認爲包括幾個方面：方語俗詞、熟語、詩句、古典語句。④ 梁曉虹的分類似乎並不是針對《句雙紙》以及東陽英朝（Toyou Eichyou，1429—1504）的《禪林句集》之類，這兩本"句雙紙"並不是以語詞的内容來編排，雖然以收方語俗詞和熟語爲主的部分佔了不少篇幅，但"句雙紙"的編輯目的不在于這些語詞，

---

① 《〈句雙紙〉解說》，載《新日本古典文學大系》第52册（東京：岩波書店，1996年），頁573。按："入門書"原文爲"マニュアル"（manual），也可以譯作手册、指南之類。
② 見《"句双紙"の諸本と成立》《新日本古典文學大系》第52册，頁586）。此外，早苗憲生提到按字數排列"方語"的書還有岡島冠山（OKAJIMA Kanzan，1674—1728）所編的《唐話纂要》、《唐話便用》、《唐話便用》、《唐音世話》、《語録字義》等所謂"唐話辭書"（《新日本古典文學大系》第52册，頁586）。按：岡島冠山所編的"唐話辭書"，祇是按字數排列，所收祇是一般用語，而非一些特別精警的語句，編撰目的跟"句雙紙"并不相同，因此關係不大，祇能說在按字數編排上有相似的地方。
③ 《"禪林句集"考》頁9。
④ 梁曉虹：《"句雙紙"（禪林句集）與日本近代禪學》，《中國禪學》第三卷（2004年），頁199—202。

正如"句雙紙"的名字也好，"禪林句集"的名字也好，其中心是"句"。①

《句雙紙》也不是單純以字數來排列。② 現在先來看看《句雙紙》的構成，內容包括了十一個部分：一字、二字、三字、四言、五言、六言、七言、八言、五言對、六言對、七言長句。③ 如果單從各部分的標題來看，就可以分出了四個類別："字"、"言"、"言對"和"長句"；此外從次序來看，也可以分出三類：由一字至八言，五言對和六言對，以及七言長句。無論依從哪一種分類，五言對和六言對很明顯是以對句來劃分。④ 如果再仔細分析其中的內容，不難發現六言、八言，以至七言長句裏面都有不少對句。《新日本文古典文學大系》的編者對《句雙紙》加以標點，經常把六言和八言分成"三三"兩句及"四四"兩句，特別是八言之中，不少是"四四"一組的對句；至于所謂七言長句，都是兩個七言句子的組合，其中不少是七言對句。當然可以分成字數相等的兩句的，並不全是對句，但如果從考慮當時禪僧對對句的看法，這些字數相同並排的句子，可以勉強說是一種對句，這一點下文還會提到。

早苗憲生指出"句雙紙"一類的作品還有不少，如上面提到的《禪林句集》之類。⑤ 如果翻開《禪林句集》，就可以發現跟《句雙紙》有相類的結構模式，包括：一字關、二字關、三字關、四言、五言、五言對句、六言、六言對句、七言、七言對、八言、八言對。⑥ "關"大致是單字、單詞，"言"大多指單句，區別于"對句"。如果再深入分析的話，《禪林句集》和《句雙紙》中六言、八言的部分，⑦有極爲相似的地方，就是六言和八言裏面，

---

① 按：川瀨一馬、早苗憲生等都把《宗門方語》之類，歸入"句雙紙"一類（《句雙紙考》頁1381，及《新日本古典文學大系》第52冊，頁585—586），其中所列的"方語"，很多可以視爲俗語或者熟語。但除此之外，"句雙紙"所收多是句子，雖然也有以內容分類的"句雙紙"（《"禪林句集"考》，頁15），但也不是俗語、熟語爲主。
② 按：本文是針對《句雙紙》而言，而"句雙紙"有多種編排方式，如早苗憲生指出"句雙紙"可以分兩個系統，一是"句數排列體"和"內容分類體"（《"句双紙"の諸本と成立》，載《新日本古典文學大系》第52冊，頁587）。田島照久則分五大類（《"禪林句集"考》，頁14—15）。
③ 《新日本古典文學大系》第52冊目錄頁 ii。
④ 按：根據《"句双紙"の諸本と成立》對現存的"句數排列體"內容的介紹，不少有專屬對句的部分，如《語錄集》（七言對）（《新日本古典文學大系》第52冊，頁587）。
⑤ 見《"句双紙"の諸本と成立》，載《新日本古典文學大系》第52冊，頁591。
⑥ 《(增補頭書)禪林句集》頁153—228。
⑦ 同上書，頁192—196及頁221—226。

分别有很多可以断爲"三三"和"四四"的對句。

此外,早苗憲生提到的無著道忠(Mojyaku Douchyuu, 1653—1745)的《句聚》,①這本書雖然没有像《句雙紙》和《禪林句集》那樣標明是多少"言",但在頁心注明多少"字",如"三字"、"四字"之類,②特別值得注意的是,《句聚》裏面没有"對"的部分,但在其中雙數字句的部分,如"十字"、"十二字"、"十四字"、"十六字"之類,收了很多對句,甚至爲了收録一些駢語,還立了"十八字"、"二十字"、"廿二字"等部分。③ 早苗憲生認爲京都大學文學部所藏的無著道忠《句聚》以及《四字連》的抄本,同出于可山禪悦(Kazan Zenetsu, 生卒年不詳)的手筆。④ 與《句聚》、《四字連》相類出于同一筆迹,而又同時(1916 年 2 月)入藏京都大學文學部圖書館(屬于印度哲學研究室)的抄本有好幾種,如《句聚引證》等,⑤一如《句聚》,混雜了"對"的部分。此外還有《語句集》,⑥雖然分量不大,但其中出現了標明四字對的部分。特別值得注意的是同一批抄本之中,有《巧對》一册,⑦其中包括由三字對到十五字對,其後還有八字稱,所收的是一組兩句四言句,"對"就是"對句",而"稱"跟對句的

---

① 見《"句双紙"の諸本と成立》,《新日本古典文學大系》第 52 册,頁 594。
② 早苗憲生認爲《句聚》是從"三字"到"三十六字"(《"句双紙"の諸本と成立》,載《新日本古典文學大系》第 52 册。頁 594)。按:《句聚》的京都大學文學部圖書館編號爲: Ind. Ph. S. III31。《句聚》並没有標明爲"三十六字"的部分,而最後一面爲:"馬散華山之陽而弗復乘,牛散桃林之野而不復服",合共二十字,是十字的駢句(頁 51a)。"三十六字"的部分可能是指:"昨夜雨霂烹,打倒蒲萄棚。知事普請行者人力拄底,拄欓底欓,欓欓拄拄到天明,依舊可憐生"(頁 46a)。
③ 《句聚》頁 41a—44b。
④ 見《"句双紙"の諸本と成立》,載《新日本古典文學大系》第 52 册,頁 594。按:京都大學文學部藏的手抄本《四字連》的圖書館編號爲: Ind. Ph. S. III37,早苗憲生之説大約是根據《四字連》卷末的題記,但該題記被人用墨筆塗抹,這一批抄本的封面、封底經常用廢紙釘裝(如這個抄本的封面內頁有倒文"口實"、"早年住院"、"二"共七個字,雖然出同一人之手,似與正文無關),因此這個題記雖然標明爲"衡梅可山禪悦謹識",但全書是否可山禪悦所抄,可能有問題;而且最後一句:"寬延庚午夏五月七日資始,明年寶曆元(十月改元)辛未冬十二月二十畢功",在"辛未冬十二月二十日畢功"右邊有小字旁記:"壬申正月初十日",疑即于十二月二十日並未完成,到了第二年正月初十才完成,如果是可山禪悦自己抄寫《四字連》之後的題記,爲何日期那裏加上旁記,並且用墨筆塗抹,這可能是廢紙的一個證明。
⑤ 京都大學文學部圖書館編號: Ind. Ph. S. III32。
⑥ 京都大學文學部圖書館編號: Ind. Ph. S. III36。
⑦ 京都大學文學部圖書館編號: Ind. Ph. S. III25。

關係如何,①一時還未找到其中不同的地方。

從上面的資料來看,《句雙紙》和《禪林句集》一類書籍,對句所佔的比例不容忽視。上面提到田島照久質疑川瀨一馬的説法,其實如果從對句的角度來看,《群書鈎玄》跟《句雙紙》確實是有分別的。《群書鈎玄》所集的"句",包括:一字、二字、三字二句、三字、四字二句、四字、五字二句、六字二句、七字二句、八字二句、三字四句、四字四句、五字、六字、七字、②膾炙句、③這些部分雖然不難找出對句,但沒有一個部分特別標明是對句,或者劃出專門爲對句的部分。因此,《句雙紙》也好,《禪林句集》也好,劃出對句這個分類,尤爲突出。

## 三、禪宗教材與對句化

上面提過的《人天眼目》中《禪林方語新增》,也跟《群書鈎玄》相類,與對句沒有直接的關係,《禪林方語新增》裏面幾乎找不到真正的對句。不過,如果翻閲明清禪宗教材,如《禪苑蒙求》的續書《禪苑蒙求拾遺》,就不難發現禪宗教材有從單句發展到對句的傾向。

《禪苑蒙求》的内頁有另一個名稱:《禪苑瑤林》,現在流行的有《卍大日本續藏經》本,題爲"少林樂真子志明撰",④楊守敬(1839—1915)《日本訪書志》所見的是日本寬文九年(1669)刊本,⑤楊守敬認爲"此本鐫刻尚有古式,當原于金",⑥其實他所見的並不是真正"金本",祇是

---

① 按:"八字稱"可能是指直對,請參閱秦慧玉(HATA Egyoku,1896—1985)《禪と漢詩》所引卍山道白(Manzan Doubaku,1635—1715)的作品,其中分六個部分:頌、呼稱、八字稱、腹、一字關、脚,秦慧玉對"八字稱"的解釋是"直對"(《禪と漢詩》,載《講座・禪》第五卷《禪と文化》[1968年],頁 99—100)。但甚麽是"直對",秦慧玉沒有進一步的解釋。
② 按:《四庫全書存目叢書》卷七的卷首缺頁(見該書頁 461 的旁記),"七字"按川瀨一馬所記補(《句雙紙考》,頁 1373)。
③ 按:下面還有《沿革》(上、下)、《文則》的部分(《群書鈎玄》,頁 481—540)。
④ 《禪苑蒙求》,載《卍大日本續藏經》第 1 輯第 2 編乙第 21 套 2 册,1912 年,頁 97a。
⑤ 楊守敬:《日本訪書志》(瀋陽:遼寧教育出版社,2003 年),頁 254。相田滿(AIDA Mitsuru,1959—  )《"蒙求"型類書的世界》指出《禪苑蒙求》還有寬永十七年(1640)刊本(《"蒙求"型類書の世界》,載《和漢比較文學叢書》第八卷《和漢比較文學研究の諸問題》[東京:汲古書院,1988 年]頁 116)。
⑥ 同上。

"燕京大萬壽寺僧無諍、德諫"元代的注釋本。楊守敬所見的《禪苑蒙求》似乎並沒有續書，《日本訪書志》稱："大抵出于《五燈會元》者十之七、八，間有不知所出者。屬對雖未工，誠彼教中之記事珠也"。① 如果就《禪苑蒙求》而言，出于《五燈會元》的確很多，也有"不知所出"的部分，如卷上"南華稻粟"、"天鉢花開"、"亞子延僧"、"白雲搖艣"、"慈覺養母"等都沒有"無諍、德諫"的注釋。② 然而《禪苑蒙求拾遺》則全部施注，而且直接引用《五燈會元》少于《禪苑蒙求》，《卍大日本續藏經》本的《禪苑蒙求》和《禪苑蒙求拾遺》的排列方式明顯不同，《禪苑蒙求拾遺》的對句和自注的形式，比起《禪苑蒙求》更像唐五代的李瀚（約 8 世紀人）的《蒙求》，兩句四言對句排在一起然後施注，而不像《禪苑蒙求》單句施注，《禪苑蒙求拾遺》的屬對也工于《禪苑蒙求》。《禪苑蒙求》續書比原書對仗更工整，跟早期的如《禪林方語新增》之類發展到"句雙紙"相像，就是對句的意識更爲明顯。東陽英朝《禪林句集》所列的"訓解書"中，提到的《禪蒙求》，③似乎是指《禪苑蒙求》，④但《禪苑蒙求》跟《禪林句集》有甚麽關係則難以考究。

如果再看看另一禪宗教材，對句的意識更爲明顯。明代永覺元賢（1578—1657）的《禪林疏語》是一本禪宗疏語的範本，超然道果（1567—1644）加注而成《禪林疏語考證》，教材的性質更爲明顯。書中的疏語基本用駢體文，因爲佛門的疏語大律如此，正如永覺元賢的《小引》説：

> 禪林之有疏語，非佛制也，亦非祖制也，但此土有僧以來，引群生以歸佛海，其間表事陳情，則必有藉于疏，故疏之爲用，其來已久。⑤

因此使用駢體文只是習慣而已。而要注意的是《禪林疏語》在附錄和續

---

① 《日本訪書志》，頁 254。
② 《禪苑蒙求》，頁 100a、100b、101a、101b。
③ 《(增補頭書)禪林句集》頁 155。
④ 相田滿指出日本所編的"蒙求"有《傳法蒙求》、《釋書蒙求》、《釋氏蒙求》、《扶桑禪蒙求》、《扶桑釋氏蒙求》等(《"蒙求"型類書の世界》，頁 120、121、122)。按：這些書名都與"禪蒙求"的名稱有關，不過東陽英朝相對的時間較早，似與《禪苑蒙求》的關係大一點。
⑤ 永覺元賢：《禪林疏語》，載《佛光大藏經・禪藏・雜集部》，高雄：佛光出版社，1994 年，頁 301。

錄之間,有《道場聯》的部分。這個部分一共63聯,①數量不多,但也說明聯語在禪林成爲必要的"公文",在禪宗教材中佔了一個席位。

上面提到"句雙紙"一類,雖然由日本編撰,但内容跟中國古籍關係密切。正如東陽英朝《禪林句集》所列的"訓解書"之中,除了極少數來自朝鮮和日本的著作外,都是中國古籍。②《句雙紙》的底本雖然沒注出所據之書,但據入矢義高和早苗憲生的注釋,幾乎都出于漢籍。③ 因此,從另一個角度來看,《禪林句集》可以說是漢籍語句的索引,這跟現代日本學者所編中國典籍的語詞索引相近,屬于中國作品的延伸性書籍。至于後期"句雙紙"一類,如上面提到的《巧對》,漸漸大量加入晚近的作品,其中的確有日本人的東西,如"虎關録",當爲虎關師錬(Kokan Shiren,1278—1346)的東西,實際上新增的大部分仍是跟中國有關的人物,如"清拙"的《支那録》、《日本録》、《建仁録》、《禪居集》等,以及"竺仙"的《南禪録》、《建長録》、《東度語》等,"竺仙"即竺仙梵僊(1292—1348),"清拙"即清拙正澄(1274—1339),兩個都是東渡日本的中國禪僧。

## 四、禪宗和對句

從上面提到的明清時期的禪宗教材,無論是中國的還是日本的都有對句化的傾向。而這些教材剪裁的資料來源,除了一部分是當時的禪籍之外,大部分都是剪裁自唐宋的"佛門法語、禪林偈頌"。因此對句化並不是明清禪宗用語的特徵,祇不過明清時代用教材、入門書之類系

---

① 《禪林疏語》,頁644—659。
② 《(增補頭書)禪林句集》頁155。按:如《擊蒙要訣》是朝鮮李朝人李珥(I Yi,1536—1584)所撰,《絶海録》是日本人絶海中津(Zetukai Chyuushin,1336—1405)所撰,至于《大施餓鬼》可能是日本人原古志稽(Genko Shikei,? —1475)的作品。
③ 見《句雙紙・出典一覽》(《新日本古典文學大系》第52册,頁442—529)。按:據《句雙紙・出典一覽》的《出典書名概説》所列有少部分出于高麗的作品,如智訥(Chinul,1158—1121)的《真心直説》(《新日本古典文學大系》第52册,頁535),以及日本的作品(《新日本古典文學大系》第52册,頁536)。又按:從早苗憲生所列的禪籍來看,《句雙紙》並不太早,因爲引了無著道忠的《禪林句集弁苗》和《葛藤語箋》(《新日本古典文學大系》第52册,頁536)。而《句雙紙》原文沒有注出典,可以説是一種世俗化的表現。

統化收集對句而已,因此必須從源頭來探討一下禪宗與對句的關係。

禪宗是一個中國化的佛教宗派,六祖慧能(638—713)的《壇經》裏面已出現專門討論"對"的部分,所謂"三十六對":

> 此三十六對法,解用通一切經,出入即離兩邊。如何自性起用、三十六對?共人言語,出外,於相離相;入內,於空離空。著空,即惟長無明;著相,即惟長邪見。①

這三十六對是慧能對門人最後的囑咐,可以說是傳法的要點,所謂:"吾教汝說法,不失本宗。舉三科法門,動用三十六對,出沒即離兩邊,說一切法,莫離於性相",而"對"更是傳法的形式,慧能接着又說:

> 若有人問法,出語盡雙,皆取對法,來去相因,究竟二法盡除,更無去處。②

所謂"出語盡雙,皆取對法",當然可以理解為不落一邊的"雙",而達到"二法盡除"。但從另一角度,特別是從語言文字的角度來看,就是說話行文要用對句。這不是對《壇經》的誤解,而是一個引伸,因為慧能在下文就說"語與言對、法與相對"——有些本子作"語言、法相對"③——語言與法相合而言,語的"雙、對",也跟"法相"相合。因此"三十六對"為禪宗語言文字中運用對句立下一個理論的依據。

另一方面,《壇經》所列出的"對",確實與世俗的"對"關係密切,先看看"三十六對"中第一部分:

> 外境無情對有五:天與地對,日與月對,暗與明對,陰與陽對,水與火對。④

---

① 慧能著,郭朋(1920—2004)(校釋):《壇經校釋》(北京:中華書局,1983年),頁96。
② 《壇經校釋》,頁92。
③ 《壇經校釋》,頁95—97。
④ 《壇經校釋》,頁95。

這五對幾乎都見于空海(Kuukai, 774—835)《文鏡秘府論》東卷《論對》的第一種"的名對":

> 第一,的名對。……或曰:天、地,日、月,好、惡,去、來,輕、重,浮、沉,長、短,進、退,方、圓,大、小,明、暗,老、少,凶、懌,俯、仰,壯、弱,往、還,清、濁,南、北,東、西。如此之類,名正名對。①

"外境無情對"之中所舉的例子雖然是平常之物,但跟"的名對"有重疊的地方,慧能所說的跟世俗所指的東西相近。上面《文鏡秘府論》的"或曰"部分,現代學者大致認爲出自上官儀(608—664)的《筆札華梁》。② 黃炳寅(1926— )《破禪的智慧》的《緒論》就提到慧能與上官儀相關這一點:

> 事實上,中國文學家早就將話頭功夫落實在詩詞之內,譬如唐朝初年上官儀發明的"上官體"律詩格調,特別講究對偶,所謂對偶就是把同類字互相配合並用。……使人聯繫到與唐高宗年代上官儀幾乎是同一世代的禪宗六祖慧能,他在稍後(唐中宗)時所提出的"三十六對法"(如:天地、日月、色空、動靜、長短、直曲、實虛、險平、生滅等等)都對唐詩風格發生激盪之作用。③

可惜黃炳寅沒有進一步的說明,現在再深入討論一下。《筆札華梁》原書已佚,現存的資料大部分見于《文鏡秘府論》,在《文鏡秘府論》的東卷裏,還收了題爲"筆札七種言句例"的部分,④"筆札七種言句例"也應該

---

① 盧盛江:《文鏡秘府論彙校彙考》(北京:中華書局,2006 年),頁 687—688。
② 《文鏡秘府論彙校彙考》,頁 698。
③ 黃炳寅:《破禪的智慧》(臺北:正中書局,1996 年),頁 12—13。
④ 《文鏡秘府論彙校彙考》,頁 849—850。爲清楚說明,現在把"七種語句例"抄錄下來(標點略有改動):"一曰,一言句例;二曰,二言句例;三曰,三言句例,四曰,四言句例;五曰,五言句例;六曰,六言句例;七曰,七言句例。一曰,一言句例。一言句者,'天'、'地','陰'、'陽','江'、'河','日'、'月'是也。二曰,二言句例。二言句者,'天高,地下','露結,雲收'是也。(又'翼乎,沛乎'等是)三曰,三言句例。三言句者,'斟清酒,拍青琴','尋往信,訪來音'是也。又云:'春可樂,秋可哀'。四曰,四言句例。四言句者,'朝燃獸炭,夜秉魚燈',(轉下頁)

源于《筆札華梁》。單從題目來看，所謂"言"和"句"，就跟上面談到的《句雙紙》結構和名稱非常相近，如果再看看內容，可以說是個小型本的"句雙紙"。

"筆札七種言句例"以多少"言"來分類，每類舉出例句。"筆札七種言句例"其實并不是"七種"，而是"十一種"——由"一言句例"至"十一言句例"，祇不過其中"十言句例"沒有例子，其他十種的例子都是對句。"筆札七種言句例"之中祇有"十一言句例"標明出于《文賦》，其餘都沒有標注出處，這也跟"句雙紙"之中沒有標注出處的類型相似。特別值得注意的是"一言句例"，所謂："一言句者，天、地、陰、陽、江、河、日、月是也"，所舉的例子跟《壇經》的"外境、無情"五對非常相近，完全相異的只有一個（"江、河"與"水、火"），而"陰、陽"跟"明、暗"則相近。

如果祇就"一言句例"而言，似乎《壇經》可能是因襲了《筆札華梁》，不過，如果從"筆札七種言句例"的構成來討論，則可以看到《壇經》與當時中國語言文字的風尚。"筆札七種言句例"分爲兩個部分，第一部分就是由"一言句例"至"七言句例"，第二部分就是"八言句例"以下的部分。王晉江（1950—　）《文鏡秘府論探源》認爲第二部分出自《文筆式》，①《文筆式》這本書已亡佚，其成書年代有不同的說法，大致是由隋至盛唐以前。② 王晉江又指出：

> 標題說明是錄自《筆札華梁》的"七種言句例"，雖然全節有十一種言句例，而標目云"七種言句例"，當然不是弘法大師整理後所加，而是直接抄錄自《筆札華梁》的，否則不會前後矛盾。③

---

（接上頁）'宋臘已歌，秦姬欲笑'是也。五曰，五言句例。五言句者，'霧開山有媚，雲閉日無光'，'燥塵籠野白，寒樹染村黃'是也。六曰，六言句例。六言句者，'訝桃花之似頰，笑柳葉之如眉'，'拔笙簧而數暖，促箏柱而劬移'。七曰，七言句例。七言句者，'素琴奏乎五三拍，綠酒傾乎一兩卮'，'忘言則貴于得趣，不樂則更待何爲。'八曰，八言句例。八言句者，'吾家嫁我今天一方，遠托異國兮烏孫王。'九曰，九言句例。九言句者，'嗟余薄德從役至他鄉，筋力疲頓無意入長楊。'十曰，十言句例。十一曰，十一言句例。《文賦》云：'沈辭佛悦，若游魚銜鈎而出重淵之深；浮藻聯翩，猶翔鳥纓繳而墜層雲之峻。'下句皆十一字是也"（《文鏡秘府論彙校彙考》，頁849—850）。

① 王晉江：《文鏡秘府論探源》（香港：天地圖書有限公司，1980年），頁104。
② 《文鏡秘府論探源》，頁103。
③ 同上，頁194。

王晉江的意思大約是指"八言句例"以下的部分雖然出于《文筆式》,但空海所見的《筆札華梁》已有這十一種。至于第一部分也許確實出自《筆札華梁》,但這一部分的例子也見于所謂"魏文帝《詩格》",①當然這個"魏文帝《詩格》"并不是魏文帝曹丕(187—226)所編的,而是出于後人偽托,張伯偉(1959—  )認爲"惟此書題名雖偽,內容則真,實可以初唐人詩論視之"。② 因此"筆札七種言句例"可以説是大部分都互見于盛唐或以前的作品。"魏文帝《詩格》"的"一言句"只舉三個例子:"天、地,江、河,日、月",這可能是因後人編撰"魏文帝《詩格》"時,節取了某書的一部分,而這三個例子跟《壇經》的"外境、無情對"也非常相近。或者可以這樣説《壇經》不是因襲某一本書,而是當時社會風尚如此,慧能隨手摘取爲例而已。

## 五、中國化的佛教和對句

如果要進一步比附"三十六對"與中國語言文字的關係的話,不妨再看看《文鏡秘府論》北卷的《論對屬》。這篇作品的來源可能是《筆札華梁》或《文筆式》,③其中提到:"夫對屬者,皆并見以致辭,不對者,必相因成義。何則? 偶辭在于參事,孤義不可別言故也",在"偶辭在于參事"句下,有注:"凡爲對屬,皆偶其辭,事若不雙,辭便有闕,故須參用,始得成之也"。④ "不對"存在于"相因",與《壇經》的"出語盡雙,皆取對法,來去相因,究竟二法盡除,更無走處",不是互相發明嗎? 印順(1906—2005)《中國禪宗史》指出:

> 三科及三十六對中的"有爲無爲"、"有色無色"、"有相無相"、"有漏無漏",與阿毗達摩的自相(三科)、共相(對法)有關。⑤

---

① 張伯偉:《全唐五代詩格校考》(西安:陝西人民教育出版社,1996年),頁77—78。
② 《全唐五代詩格校考》,頁75—76。
③ 《文鏡秘府論彙校彙考》,頁1677—1678。
④ 同上,頁1685—1686。
⑤ 印順:《中國禪宗史》(揚州:廣陵書社,2008年),頁145。

印順從阿毗達摩（Abhidharma，論藏）的角度來討論，不過不妨換一個角度來討論，就是"南宗"的興起，禪宗逐步向中國化發展這個方面來分析。印順指出："（'依義不依語'）原是佛教的通義，但在南中國文化的陶冶中，充分地多方面表達了這一傾向"，"依義不依語"中國化之後，就變成"不拘章句的，不泥于句讀、訓詁的"傾向。①

所謂不拘和不泥，應該是針對佛經的原文而言。不過佛經在翻譯的過程中，早已不拘和不泥。況且，也不可能依照佛經原文無所改動，很多詩歌翻譯成漢語之後，變成既無格律也無音律的散行，佛經的詞語無論音譯還是意譯，都得按照漢語的習慣多有改變。而印順所謂不拘和不泥，也就是接受漢語的形式加以改造。漢語區別于其他語言，其中一個很大特點，就是漢語的對偶性，漢語可以組成平行整齊而語義相關的句子，正如陳寅恪（1890—1969）指出"對偶確爲中國語文特性之所在，而欲研究此種特性者，不得不研究由此特性所産生之對子"，②認爲對偶是"漢族語文之特性"。③ 中國化的傾向，或者說是漢文化的傾向，在語言表現來說，其中一項就是得接受對句這個特性。

另一方面，《壇經》說：

> 何名無念？無念法者，見一切法，不著一切法，遍一切處，不著一切處。常淨自性，使六賊從六門走出，于六塵中不離不染，來去自由，即是般若三昧，自在解脱，名無念行。④

鬥禪機時出現完全無關的對話，只是極度的"不染"，其實某種程度上違背了"不離"的宗旨。一組對句中，上下兩句存在一種若即若離的關係，這就是說上下句相應位置的語詞有義類上的聯繫，但不一定是同類，有的可以完全相同，有的只是在某個義項上可能產生相關的聯想，甚至由

---

① 《中國禪宗史》，頁 59。
② 陳寅恪：《與劉叔雅論國文試題書》，載《金明館叢稿二編》（北京：三聯書店，2001 年），頁 256。
③ 《與劉叔雅論國文試題書》，頁 256。
④ 《壇經校釋》，頁 60。

內容矛盾的上下句組成一個完整的意義，也就是《壇經》所説的"來去相因"。同時，有些對句把一些"同一思想的兩個極端性詞語分置于兩句之中"，①也就是《壇經》的"二法盡除"，但另一方面這些極端性的詞語却又"是一種啓示，一種對人類思維能力的啓迪和示意"。② 因此對句的上下句若即若離的關係，正合乎禪宗"不離不染"的要旨。

禪宗在處理語言的問題上，的確有令人索解的地方，《壇經》在説明"三十六對"之後就説：

> 直言"不用文字"，既言"不用文字"，人不合言語，言語即是文字。自性上説空，正語言本性。不空迷自惑，語言除故。暗不自暗，以明故暗；暗不自暗，以明變暗，以暗現明，來去相因，三十六對，亦復如是。③

不用文字，却要用文字來彰顯出來，"對"的功用發揮之後，也當"不空迷自惑"。上下句的對立起了相輔相成、互相映襯的，直接闡釋了禪宗"不離不染"的主張，因此禪宗放棄對佛經文本的拘泥，但于對句這個漢語之中隱含的法則却有所執着。但禪宗可以抛開一切"法相"，所謂"共人言語，出外，于相離相；入内，于空離空"，對"三十六對，亦復如是"。另一方面，《文鏡秘府論》所列的"二十九種對"裏，最後一種叫"總不對對"，《文鏡秘府論》説："此總不對之詩，如此作者，最爲佳妙"，④以"不對"爲"對"，跟禪宗語言何其相似，也是一種不拘不泥的對句。這樣可以從另一角度説明，一些禪僧認爲合乎"對"的兩句組合，却不符合詩歌的對句的要求。

隨着漢語對句論的發展，對句的辭格可以分出很細，⑤遠遠超過《文鏡秘府論》的"二十九種對"。不過漢語詩歌創作的對句，大多只就對偶

---

① 朱承平：《對偶辭格》（長沙：岳麓書社，2003年），頁7。
② 《對偶辭格》，頁7。
③ 《壇經校釋》，頁96。
④ 《文鏡秘府論彙校彙考》，頁824。
⑤ 請參閲朱承平《對偶辭格》一書。

的工切，不太過問用上甚麼辭格。禪宗的"三十六對"也有相同的命運，印順指出：

> 禪師們好簡成性，三科三十六對，大概也嫌他名數紛繁，這所以一向少人注意！①

"二十九種對"和"三十六對"逐漸簡約，可以説是世俗和禪宗的對句走向共同的歸宿。正如"句雙紙"之類，大部分都不按辭格將對句劃分，而只按字數劃分。

格拉耐（Marcel GRANET, 1884—1940）《中國古代的祭禮與歌謡》對中國歌謡有這樣的觀察：

> 最單純的中國歌謡，一般由稍稍變形的一聯對句（四個單句）所構成。各對句又是由兩句嚴密的對偶的并置所構成。就是説，最初的詩作，是對聯的合唱，這才是詩的原始形態。②

這個説法祗是來自格拉耐自己的觀察，但也反映了一個法國人所把握的漢語詩歌的特徵。禪宗要中國化就要向漢語文字看齊，對句化也是其中一個途徑。陳寅恪指出：

> 天竺偈頌音綴之多少、聲調之高下，皆有一定規律，唯獨不必叶韻。六朝初期四聲尚未發明，……而改竺爲華，以文爲詩，實未能成功。③

用漢語音律改造偈頌，是第一步，隨着對句論的流行，偈頌再向對句發展。《壇經》記録神秀（606—706）所作的呈心偈，和慧能回應的得法偈，

---

① 《中國禪宗史》，頁145。
② 格拉耐：《中國古代的祭禮與歌謡》（上海：上海文藝出版社，1989年），頁203。
③ 陳寅恪：《論韓愈》，載《金明館叢稿初編》（北京：三聯書店，2001年），頁330—331。

都用上了對句,①正説明了這個漢語文化的傾向。

## 六、小　結

　　入矢義高認爲"句雙紙"可以追溯到較古的文獻,如日本源爲憲(MINAMOTO No Tamenori,？—1011)《世俗諺文》、菅原爲長(SUGAWARA No Tamenaga,1158—1246)《管蠡抄》,以及室町時代各種"金句集"。② 梁曉虹則認爲"句雙紙"是"具有格言集的作用,所以可以認爲原是作爲早期'金句集'的一種而編纂的"。③ 不過,《世俗諺文》、《管蠡抄》之類,都不是以句爲中心,至于"金句集"基本上也不是以字數作爲分類的標準。相反,與其溯源至《世俗諺文》、《管蠡抄》,不如追溯到源順(MINAMOTO No Shitagou,911—983)的《作文大體》,其中《雜筆大體》之下有壯句、緊句、五字、六字、七字、八字、九字、十字、十一字、十四字等部分,壯句和緊句各收三字對句和四字對句,而五字至十四字各以字數收錄對句,④如五字收五言對句,不注出處,這跟《句雙紙》極爲相似,而且時代也早于源爲憲和菅原爲長。另一方面,藤原佐世(FUJIWARA No Sukeyo,847—897)《日本國見在書目錄》在"雜家類"之下有"《語麗》十一朱澹遠撰"及"《編珠錄》三",⑤這兩本中土的著作可能是"句雙紙"的源頭,不過兩書已佚無可考,至于《文鏡秘府論》所引的"筆札七種言句例"所説多少"言"就是指多少言的對句,與《禪林集句》這一類"句雙紙"在形式上更爲接近。也許"句雙紙"這些日本禪宗所傳的教材,在中國本土并不容易找到時代相若的東西,但可以見到《禪苑蒙求拾遺》、《禪林疏語》之類的近親,或者説明在中國禪林之中有相類的東西,只不過没有編印出來,只是在私底下流傳。無論如何《筆札華梁》似乎是一個遠祖,況且收有《筆札華梁》零簡斷縑的《文鏡秘府論》長

---

① 《壇經校釋》,頁12、16。
② 見《〈句雙紙〉解説》,載《新日本古典文學大系》第52册,頁565。
③ "句雙紙"(禪林句集)與日本近代禪學》,頁203。
④ 源順:《作文大體》,載《群書類從》第九輯卷第百三十七,1987年,頁365—367。
⑤ 藤原佐世:《日本國見在書目録》(東京:古典保存會,1925年),無頁碼。

期在日本流傳,可能因而直接影響了明清時代日本的禪僧而編撰出"句雙紙"來也説不定。

**附記:**這篇小文提出明清禪宗的對句教材,可以溯源至《筆札華梁》,但没有提到較後的材料。本文原刊于佛光大學文學系、元明清研究中心主編的《元明清文化與文學國際研討會論文集(一)》(宜蘭,2009年4月,頁55—70)之後,本人于2012年在香港教育學院發表了《他讀過語法嗎?——韓愈怎樣寫〈送窮文〉》,提到明正統十二年(1447)司禮監印的《對類》,有相近的對句的材料。此外,張健教授在嶺南大學中文系主辦的"經學之傳承與開拓國際學術會議暨聲音與意義——古典詩歌新探國際研討會"(2014年3月7—8日),發表了《對語的生成與規則:以〈對類〉爲中心》一文,對《對類》有詳細的考證和分析。

(本文作者係香港中文大學中國語言及文學系教授)

# 《永樂大典》卷八〇八所存
# 宋詩話輯考

陳鴻圖

**提要：**《永樂大典》所收詩話，據《連筠簃叢書》本《永樂大典目錄》記載，共有六十五卷之多。這些詩話大部分成書于宋、元間，極具文獻價值，清人編修《四庫全書》時已輯出不少著作。筆者在前人的研究基礎上，重新翻檢《永樂大典》現存詩話類，發現卷八〇八尚遺留大量宋人詩話文獻，多爲館臣輯錄時所遺漏。其中王正德《餘師錄》、項安世《家說》、張侃《拙軒初藁》和陸游《老學庵筆記》四書中載錄的宋人詩話均不見于今存輯本。兹篇之撰，擬將以上各書不見于今本的佚文錄出，略加考按，并說明其文獻價值，以期引起學界注意。

**關鍵詞：**《永樂大典》 詩話 《餘師錄》 《家說》 《拙軒初藁》 《老學庵筆記》

## 一、引　　言

《永樂大典》所收詩話，據《連筠簃叢書》本《永樂大典目錄》記載，共有六十五卷之多。① 過去由于《永樂大典》散失嚴重，其中"詩話"一類僅存卷之七八二、七八三、七八四、八〇三、八〇四、八〇五、八〇六、八〇

---

\* 本文初稿曾宣讀于 2010 年香港中文大學中國語言及文學系所主辦的"詮釋、比較與建構：中國古代文學理論國際學術研討會"，承蒙陳尚君教授惠賜寶貴意見，謹此致謝！
① 《〈永樂大典〉目錄》，楊尚文校：《連筠簃叢書》（臺北：藝文印書館，1966 年），頁 26—27。

七、八〇八、八二一、八二十二、八二十三,約占全帙六分之一。這些詩話大部分成書于宋、元間,極具文獻價值,清人編修《四庫全書》時已輯出不少著作,如《藏海詩話》、《歲寒堂詩話》、《環溪詩話》、《少陵詩格》、《敬齋古今黈》等。不過,清人在編纂輯本之時,多急于求成,以致遺漏大量佚文,學者如陳尚君已據《永樂大典》輯出《潛溪詩眼》二十一條,① 鍾仕倫亦輯有《南北朝詩話》一百五十一條佚文,② 都在在説明《永樂大典》的輯佚未臻完善。③ 有鑒及此,筆者重新翻檢《永樂大典》現存"詩話"類,發現卷八〇八尚遺留大量宋人詩話文獻,多爲館臣輯録《永樂大典》時所遺漏。這些佚文長期以來罕爲人所知,④ 或與該卷迭經鈔録,原稿之墨迹漶漫不清有關。而後來中華書局編印《永樂大典》時,以英國牛津大學圖書館所藏原稿膠片影印,⑤ 因黑白影印更增添文字辨認的困難。現經查考後可知此卷"詩話"來源于周必大(1126—1204)《二老堂詩話》、王正德(生卒年不詳)《餘師録》、項安世(1153—1208)《家説》、張侃(1189—1259?)《拙軒初藳》、陸游(1125—1210)《老學庵筆記》、王楙(1151—1213)《野客叢書》六書。其中王正德《餘師録》、項安世《家説》、張侃《拙軒初藳》、陸游《老學庵筆記》四書中載録的宋人詩話均不見于今存輯本,如能加以整理不僅能夠補充現存輯本之遺漏,亦可以供日後進一步研治宋代詩話之用。兹篇之撰,擬將以上各書不見于今本的佚文録出,略加考按,⑥ 并説明其文獻價值,以期引起學界注意。

---

① 陳尚君:《〈宋詩話輯佚〉匡補》,載《漢唐文學與文獻論考》(上海:上海古籍出版社,2008年),頁266—268。
② 鍾仕倫:《南北朝詩話校釋・前言》(北京:中華書局,2007年),頁6。
③ 從《永樂大典》輯出的"詩話"佚文還包括《詩話總龜》等,見金程宇:《新發現的〈永樂大典〉殘卷初探》,載《域外漢籍叢考》(北京:中華書局,2007年),頁152—166。郝艷華、洪濤:《新輯〈永樂大典〉所載〈詩話總龜〉佚文》,《文獻》2005年10月第4期,頁280—283。卞東波:《〈永樂大典〉所載宋詩話叢考》,載《宋代詩話與詩學文獻研究》(北京:中華書局,2013年),頁124—126。
④ 筆者曾就《永樂大典》卷八〇八所收文獻及《二老堂詩話》一書作初步研究,見陳鴻圖:《周必大〈二老堂詩話〉二題》,《文學論衡》總第13期(2008年10月),頁9—19。該文檢索附有"待考"條目,今由本文考證出各條來源。
⑤ 《永樂大典》卷八〇八之收藏經過可參考 David Helliwell:《英國圖書館所藏〈永樂大典〉》,收入中國國家圖書館編:《"永樂大典"編纂600周年國際研討會論文集》(北京:北京圖書館出版社,2003年),頁264—306。
⑥ 本文輯出之佚文多有異文可校,因恐文煩瑣碎,除個别文字訂正外,其餘一仍其舊。又凡底本模糊而不能辨認分别以"……"、"□"標示。間有難以辨認之録文,則據原出(轉下頁)

## 二、王正德《餘師録》

王正德，宋光宗(1189—1194 在位)時人，其里貫仕履皆不見于史乘，今僅見《餘師録》一書行世。①該書自明以來佚亡已久，幸得《四庫全書》館臣自《永樂大典》輯出釐定爲四卷，尚可窺其梗概而已。《四庫提要》謂是書輯前代論文語録，起自北齊下迄于宋，録之以饗問者，使歸而求之有"餘師"，故名《餘師録》。② 輯本今存王正德原序，其謂："慨念前輩論文章利病甚具，散在方册"，③可知是書旨在供後人作文問學之用，似非專爲論詩而作。唯檢輯本卷二引黄魯直(1045—1105)"學詩工夫以多讀書貫穿"、卷四引洪邁(1123—1202)《楚東酬倡序》云"次韻作詩于古無有"等條，④則多涉及論詩，似又不以文評爲限。是書多采衆説，不參論斷，今佚文計有唐子西(1069—1120)《論文》、《眉山集》，葉夢得(1077—1148)《石林詩話》、《巖下放言》，許彥周(1091?—?)《彥周詩話》五書，⑤均與論詩創作有關。考《永樂大典》卷八〇八稱引"《徐師録》"，"餘"字誤作"徐"，今計《永樂大典》引録二十九條，經比勘《四庫全書》輯本得知輯本缺録達二十七條之多，雖已非完帙，但亦能窺見宋人彙編詩文之風貌，兹鈔録如下。

1. 三謝詩，靈運爲勝，當就《文選》中寫出熟讀，⑥自見其優劣也。
2. 唐人有詩云："山僧不解數甲子，一葉落知天下秋。"及觀陶元亮

---

(接上頁)處予以補録，并出校語，以示更録之迹。
① 除《餘師録》外，《成都文類》收有王正德《昭覺寺無量壽介殿記》一文，原文謂："淳熙六年(1179)正月二十三日四川制置敷文閣學士胡公之夫人魏氏以其弟軍器監丞崔介大祥，欲擇勝地建無量壽佛之像。"(上海：上海古籍出版社，1987 年，據文淵閣《四庫全書》影印)，卷 4，頁 11b。
② 紀昀等總纂：《四庫全書總目提要》(石家莊：河北人民出版社，2000 年)，卷 195，頁 5387。
③ 王正德《餘師録·原序》，(上海：上海古籍出版社，1987 年，據文淵閣《四庫全書》影印)，頁 1b。
④ 同上，卷 2，頁 5b。卷 4，頁 31b。
⑤ 按：第一至第十六條出《唐子西文録》，第十七條出唐子西《眉山文集》。第十八至十九條出《石林詩話》，第二十條出《巖下放言》。第二十一至二十七條出《彥周詩話》。
⑥ "文"字原脱，《歷代詩話》據《學海類編》補，今從。見何文煥輯：《歷代詩話》(北京：中華書局，1981 年)，頁 443。

詩云：“雖無紀歷志，四時自成歲。”便覺唐人費力。如《桃源紀》言“尚不知有漢，無論魏晉。”①可見造語之簡妙。蓋晉人工造語，而元亮其尤也。

3. 杜子美《秦中紀行詩》，如“江間饒奇石”，未爲極勝，到“暝色帶遠客”，則不可及已。

4. 子美詩云：“天欲今朝雨，山歸萬古春。”蓋絕唱也。予惠州詩亦云：“雨在時時黑，春歸處處青。”又云：“片雲明外暗，斜日雨邊晴。山轉秋光曲，川長暝色橫。”皆閑中所得句也。

5. 東坡作《病鶴詩》，嘗寫“三尺長脛瘦軀”，闕其一字，使任德翁輩下之凡數字。東坡徐出其藁，蓋“閣”字也。此字既出，儼然如見病鶴矣。

6. 《琴操》非古詩，非騷詞，惟韓退之爲得體。退之《琴操》，柳子厚不能作。

7. 東坡詩，敘事言簡而意盡。惠州有潭，潭有潛蛟，人未之信也。虎飲水其上，蛟尾而食之，俄而浮骨水上，人方知之。東坡以十字道盡云：“潛鱗有飢蛟，掉尾取渴虎。”言“渴”則知虎以飲水而召災，言“飢”則蛟食其肉矣。

8. 謝固爲綿州推官，推官之廨，歐陽文忠公生焉。謝作六一堂，求余賦詩。余雅善東坡以約辭紀事，冥搜竟夕，僅得句云：“即彼生處所，館之與周旋。”然深有愧于東坡矣。

9. 韓退之作古詩，有故避屬對者，“淮之水舒舒，楚山直叢叢”是也。

10. 王荆公五字詩，得子美句法，其詩云：“地蟠三楚大，天入五湖低。”

11. 《樂府解題》須熟讀，②大有詩材。余詩云：“時難將進酒，家遠莫登樓。”用古樂府名作對也。

12. 過岳陽樓觀杜子美詩，不過四十字爾，氣象閎放，涵蓄深遠，殆與洞庭爭雄，所謂富哉言乎者。太白、退之輩率爲大篇，極其筆力，終不逮也。杜詩雖小而大，餘詩雖大而小。

---

① “桃”原作“陶”，今改。
② “樂府”原作“文選”，據《歷代詩話》改，頁447。

13. 凡作詩，平居須收拾詩材以備用。退之作《范陽盧殷墓銘》云："于書無所不讀，然止用資以爲詩"是也。①

14. 詩疏不可不閱，詩材最多，其載諺語，如"絡緯鳴，懶婦驚"之類，尤宜入詩用。②

15. 謝玄暉詩云："寒城一以眺，平楚正蒼然。""平楚"猶"平野"也。呂延濟乃用"翹翹錯薪，言刈其楚"，謂楚，木叢。③便覺意象殊窘，凡五臣之陋，類若此。

16. 古之作者，初無意于造語，所謂因事以陳辭，如杜子美《北征》一篇，直紀行役爾，忽云"或紅如丹砂，或黑如點漆。雨露之所濡，甘苦齊結實。"此類是也。文章只如人作家書乃是。

17. 《書三謝詩後》："江左諸謝，詩文見《文選》者六人。希逸無詩，宣遠、叔源有詩不工。今取靈運、惠連、玄暉詩，合六十四篇爲三謝詩。是三人者，詩至玄暉語益工，然蕭散自得之趣亦復少減，漸有唐風矣。于此可以觀世變也。"

18. 詩人以一字爲工，世固知之，惟老杜變化開闔，出奇無窮，④殆不可以形迹捕詰。如"江山有巴蜀，⑤棟宇自齊梁"，遠近數千里，上下數百年，只在"有"與"自"兩字間，而吞納山川之氣，俯仰古今之懷，皆見于言外。《滕王亭子》"粉牆猶竹色。虛閣自松聲"，若不用"猶"與"自"兩字，則餘八言凡亭子皆可用，不必滕王也。此皆工妙至到，人力不可及，而此老獨雍容閑肆，出于自然，略不見其用力處。今人多取其已用字模仿用之，偃蹇狹陋，盡成死法。不知意與境會，言中其節，凡字皆可用也。

19. 蘇明允至和間來京師，既爲歐陽文忠公所知，其名翕然，韓忠憲諸公皆待以上客。嘗遇重陽，忠憲置酒私第，惟文忠與一二執政，而明允乃以布衣參其間，都人以爲此之異禮。席間賦詩，明允有"佳節屢從

---

① "止"原作"正"，據《歷代詩話》改，頁447。
② "其載"以下字迹不清，兹據《歷代詩話》補，頁447。
③ "平楚"至"木叢"一段，據《歷代詩話》補錄，頁447。
④ "無"字原脫，據《石林詩話》補。葉夢得撰，逯銘昕校注：《石林詩話校注》（北京：人民文學出版社，2011年），頁103。
⑤ "如"字原脫，據《石林詩話》補。同上，頁104。

愁裏過,壯心時傍醉中來"之句,其意氣尤不少衰。明允詩不多見,然精深有味,語不徒發,正類其文。如《讀易詩》云:"誰爲善相應嫌瘦,後有知音可廢彈。"婉而不迫,哀而不傷,所作自不必多也。

20. 《楚辭》言"些",①沈存中謂梵語"薩嚩訶"三合之音,此非是。不知梵語何緣得通荆楚之閒? 此正方言,各係其山川風氣所然,安可以義考? 大抵古文多有卒語之辭,如"螽斯羽,詵詵兮。宜爾子孫,繩繩兮"以"兮"爲終。《老子》文亦多然。"母也天只! 不諒人只!"以"只"爲終,"狂童之狂也且"、"椒聊且,遠條且"以"且"爲終。"唐棣之華,偏其反而"、②"俟我于著乎而,充耳以素乎而"以"而"爲終。"既曰歸止,曷又懷止"以"止"爲終,無不皆然。風俗所習,齊不可移之宋,鄭不可移之許。後世文體變,不復論其終。爲辭者類仍用此,語已誤,更欲窮其義,失之遠矣。

21. 鮑明遠《松柏篇》悲哀曲折,其末不以道自釋,僕竊恨之。

22. 古人文章不可輕易,反覆熟讀,加意思索,庶幾其見之。東坡《送安惇落第詩》云:"故書不厭百回讀,熟讀深思子自知。"僕嘗以此語銘坐右而書諸紳也。東坡在海外,方盛稱柳柳州詩。後嘗有人得罪過海,見黎子雲秀才,説海外絶無書,適渠家有柳文,東坡日夕玩味,嗟乎,雖東坡觀書,亦須着意研窮,方見用心處耶!③

23. 韓退之云:"橫空盤硬語,④妥帖力排奡。"蓋能殺縛事實與意義合最難,能知其難則可與論詩矣,此所以稱孟東野也。

24. 楊華既奔梁,元魏胡武靈后作《楊白華歌》,令宮人連臂踏之,聲甚凄斷。柳子厚《樂府》云:"楊白華,風吹渡江水。坐令宮樹無顏色,搖蕩春心幾千里。回看落日下長秋,哀歌未斷城烏起。"言婉而情深,古今絶唱也。

25. 明遠《行路難》,壯麗豪放,若決江河,詩中不可比擬,大似賈誼

---

① "楚"字原脱,據《說郛》本《巖下放言》補,下同。陶宗儀編:《說郛》(北京:中國書店,1986年,據涵芬樓1927年11月版影印),卷29,頁25。
② "棣"字因明諱闕,今據補。
③ 按:"方盛"以下一段墨迹漫漶,不可辨認,今據《歷代詩話》本補,頁383。
④ "韓退之云橫空盤硬語"據《歷代詩話》本《彥周詩話》補,頁399。

《過秦論》。

26. 錢希白內翰作《擬唐詩》百篇,備諸家之體。自序曰:"今之所擬,不獨其詞,至于題目,豈欲拋離本集,或有事迹,斯亦見之本傳。"故其《擬張籍上裴晉公詩》曰:"午橋莊上千竿竹,綠野堂中白日春。富貴極來惟重老,功名高後轉輕身。嚴更未報皇城裏,勝賞時游洛水濱。昨日庭趍三節度,淮西曾是執戈人。"擬古當如此相似方可傳。

27. 元稹微之《樂府古題序》云:"詩之爲體,二十四名,①賦、頌、銘、贊、文、誄、箴、詩、行、詠、吟、題、怨、嘆、篇、章、操、引、謠、謳、歌、曲、辭、調,皆詩人六義之餘。"

## 三、項安世《家說》

項安世,字平父,其先括蒼人,後家江陵,淳熙二年(1175)同進士出身,紹熙五年(1194)除校書郎,慶元元年(1195)添差通判池州,至嘉定元年(1208)卒。項安世著作甚豐,計有《周易玩辭》、《平庵悔藁》、《項氏家説》等書。② 前兩種現仍尚存,《家説》則自明代以來久佚,已無原本。據陳振孫(1183? —1262?)《直齋書錄解題》和《宋史‧藝文志》所錄,③原書分作十卷,另有附錄四卷。今存輯本乃《四庫全書》館臣從《永樂大典》中輯出,計有"卷一、卷二并《易説》,卷三《書説》,卷四《詩説》,卷五《周禮》,卷六《禮記》,卷七《論語》、《孟子》等,是爲《説經篇》,凡七篇。其八、九、十三卷,則先以《説事篇》,次《説政篇》,次《説學篇》。"④雖仍仿原書作十卷,然已非原帙。按《家説》前八卷論九經,至第八卷後始雜説經史政學,是以輯本《説事篇》多收詩賦、宋人長短句等雜語叢談,則《永樂大典》論詩條目或源出此篇。是書大抵是平日摘錄之札記,并非專門

---
① "題"字原脱,據《歷代詩話》補,頁395。
② 參脱脱等撰:《宋史》(北京:中華書局,1977年),卷397,頁12088。及紀昀等總纂:《四庫全書總目提要》,卷92,頁2378。又項安世之生平事迹可參賴貴三:《項安世〈周易玩辭〉研究》(臺北:花木蘭文化出版社,2007年),頁1—48。
③ 陳振孫撰,徐小蠻、顧美華點校:《直齋書錄解題》(上海:上海古籍出版社,1987年),卷3,頁83。《宋史‧藝文志》,卷202,頁5071。
④ 紀昀等總纂:《四庫全書總目提要》,卷92,頁785。

論詩之著作,其文或考詩文名物,如謂杜詩"黃知橘柚來"誤以"柿"為"橘柚",或探詩人之意旨,如非議後人穿鑿,不解李商隱《錦瑟》之題為詠婦人等。《四庫提要》謂安世學有體用,通達治道,①又頗著詩名,有《平庵悔藁》詩集行世。今輯得佚文十一條,可以補輯本之闕漏,對研探項安世之詩學亦不無裨益。

1. 唐人絕句有不可及者,余嘗謂杜牧之《雲夢》絕句可作《三賢論》,其辭云:"日旗雲旆想悠揚,一索功高縛楚王。直是扁舟五湖客,未如終始郭汾陽。"詩意謂反接不若肥遁之高,肥遁不若君臣相保之懿,使文士評之,當作數百字,而牧之直以末聯十四字盡之,真奇作也。

2. 李商隱《詠江都事》云:"地下若逢陳後主,豈宜重問後庭花。"用事命意皆為精切,然溫庭筠用之愈工。庭筠云:"後主宮中有曉鶯,飛來只隔西江水。"誦其語但若吟詠景物,玩其意則目睫之譏,前車之戒,皆在其中矣。

3. 息嬀廟,在今漢陽軍城中,俗呼桃花夫人廟。杜牧之嘗作此詩,但以末句七字斷此一段公案:"細腰宮裏露桃新,脉脉無言度幾春。畢竟息亡緣底事,可憐金谷墜樓人。"前三句可及,後一句不可及也。以綠珠證息嬀,是非判然,不待下語,此正與賈詡對曹公云"思劉景升、袁本初父子"相類,可謂詞不迫切而意已獨至矣。

4. 余嘗見黃太史訂正李太白詩字,如《送紀秀才游越詩》云:"送爾游華頂,令余發會吟。"太史云"會"當作"舄",蓋華頂越中山名"舄吟"。用思越事,可謂精切矣。然《文選》中自有《會吟行》一篇,專言會稽山川風物之美,則尤于送人游越為宜,而"舄吟"乃越人思鄉之事,反更不切也。

5. 李義山壓卷詩云:"藍田日暖玉生烟",正如司空圖記戴叔倫語云:"詩人之辭如藍田日暖,良玉生烟,其光潤之態,可愛而想也。"義山此詩本詠婦人,而後人穿鑿,便以中間四句為琴之四曲。此詩本自明白,不煩注解,注詩者之弊,如此甚多。

6. 朱、呂二先生□次河南諸君子之言……利慾也。

---

① 紀昀等總纂:《四庫全書總目提要》,卷92,頁785。

7. 又見任子淵注黃太史《浯溪行》"臣結春秋二三策,臣甫杜鵑再拜詩",云:"甫有《杜鵑行》,結有《春陵行》,'春秋'當作'春陵'。"後呂秘書作《皇宋文鑒》,亦用任氏之説。獨張左司先生栻云:"浯溪石本上是春秋字,任説非也。"紹熙壬子歲,余以潭州教授考試永州,過浯溪捫崖石,讀太史親迹,如先生之言。因笑曰:"山谷既改李太白詩,任子淵安得不改山谷詩耶!"二事皆爲博學所誤,故出奇至此。

8. 杜詩有《遣行官張望視稻詩》,又《答嚴武》云:"雨映行官辱贈詩",蓋唐人例呼"官力"爲"行官",若今散從官銜官之類。韓退之《與孟簡書》云"行官自南回,得吾兄書"者是也。如杜詩有"馬軍送酒",盧仝詩有"軍將送茶",皆當時送書之人。後人不知,遂以"雨映行官"爲"雨映行宫",其去本事遠矣。

9. "風蒲獵獵弄輕柔,欲立蜻蜓不自由。五月臨平山下路,藕花無數滿汀州。"此詩興人之失所依托也。藕花可依而依蒲,豈不謬哉,此楊秘監萬里説。

10. 同年游寺簿仲鴻言親至麥積山,野寺山園至今婉然,始覺杜詩之妙。滿山皆櫻桃,方熟時山鷂與鸚鵡群食之,人皆知隴山是鸚鵡所聚,特未知金桃之爲櫻桃爾。安世嘗讀許慎注《淮南子》云:"含桃,鶯所含食,故名含桃。"意櫻桃字當爲鶯。今觀游兄言,則許氏所謂鶯者當爲鸚鵡,而含桃又當名爲金桃也。今西邊人用野櫻桃皮飾刀靶,謂之"金桃皮",則櫻桃之爲金桃無疑矣。

11. 蜀人皆言滄溪縣宜柿,秋時,黃實照映山谷,舟中望之極可愛玩。杜詩所謂"青惜峰巒過,黃知橘柚來"者,蓋柿也。地初不産橘柚,特過客遙見似是橘柚爾!如蘇子瞻詩中"通印紫魚",問之閩人乃是通應江所出。傳聞之誤,如此非一,後世謂古人當時所得爲真者,未必然也。

## 四、張侃《拙軒初藁》

張侃,① 字直夫,號拙軒,邗城人,生于宋寧宗淳熙十六年(1189),約

---

① 《永樂大典》原本作"偘",本文一律改爲"侃",下同。

卒于開慶元年(1259)以後。① 嘉定(1208—1224)年間官常州奔牛鎮酒稅監及上虞丞，後又任句容令及鎮江簽判。吳泳《鶴林集》卷三十六謂："吾友張直夫，道韻沖澹，舊號拙軒，今又以退名齋，且自叙其歷官狀爲之記，于名利雜糅之關而猛歇焉，是亦難矣。"②知其爲人淡泊名利，不慕功名。考是書初期流傳不廣，宋代簿録罕見著録。入明後，《内閣藏書目録》和《國史經籍志》所録均作"四卷(册)"，③其後全書佚亡，清代館臣從《永樂大典》輯出，排訂編次，釐訂爲六卷。張侃于嘉定十七年任虞水丞，録文内有"嘉定十五年"題記，④佚文又言及"虞水丞廳事西屋一間"，《内閣秘書録》謂成書于宋嘉定年間，其説蓋可信。今存輯本計收張氏之作品有詩、文、辭、賦、序、跋等文類，而卷五之《跋·詞》及附論詞話共二十則，今人唐圭璋輯入《詞話叢編》後改稱《拙軒詞話》。《四庫全書總目提要》稱張侃所作"格律"多清雋圓轉，時于閑淡之致，⑤其論詩之語今亦散見于集中，所述多及考證詩句，如少陵詩"春歸待一金"之價同黃金、林君俊詩"雲木叫鉤輈"之"鉤輈"非"鵂鶹"等，其評隋詩文亦偶有涉及，如論子美、退之句律，備簡嚴易直之體等，蓋亦宋人筆記體詩話之風氣使然。欒貴明《四庫輯本別集拾遺》曾據《永樂大典》補輯《四庫》輯本之闕漏，惜僅得三條，本文檢《永樂大典》卷八○八尚存六十二條之多，乃據以補輯如下，雖已非完帙，然大略亦可睹矣。

1. 光堯宴玉津園，武臣趙伯驌奏曰："雖桃源亦未易儕。"光堯曰："漁父游仙，非漁也，愚也。使其不愚，其肯反棹而回。"伯驌進詩云："當時漫説有桃源，始信漁人不得仙。何似玉皇親到處，一時和氣滿山川。"遂稱旨，即日換通奉大夫。

2. 光堯嘗于晚春問劉妃云："南中今有何草木？"妃以"荔支初結子，萱草正宜男"對。《詩》有兩鵲巢，名一而義殊。召南美其德，陳國憂

---

① 參段學儉、劉榮平：《張侃三考》，《文學遺産》2001年第一期，頁136。
② 吳泳《鶴林集》：《四庫全書》(上海：上海古籍出版社，1987年，據文淵閣本《四庫全書》影印)，卷36，頁16b。
③ 孫能傳、張萱等撰：《内閣藏書目録》"拙軒初稿四册全"，《續修四庫全書》(上海：上海古籍出版社，1995年)，卷3，頁37。焦竑：《國史經籍志》"張侃拙軒藁四卷"(長沙：商務印書館，1939年)，卷5，頁274。
④ 張侃：《拙軒集》，卷6，頁11a。
⑤ 紀昀等總纂：《四庫全書總目提要》，卷164，頁4191。

其讒。

3. 子美《北征詩》云："海圖拆波濤，舊繡移曲折。天吴及紫鳳，顛倒在短褐。"可謂窮矣。及賦《韋偃畫古松詩》，則云："我有一匹好束絹，愛之不滅錦繡段。已令拂拭光零亂，請君放筆爲直幹。"子美乃有餘絹作畫材，何也？余嘗戲作小詩示少陵云："百尺寒松老幹枯，韋郎筆妙古今無。何如莫掃鵝溪絹，留取天吴紫鳳圖。"使少陵尚無恙，當爲我一捧腹也。以上周紫芝語。予因攷公歲月，《題韋偃雙松》在東都長安時，《北征》在鄜州及扈從還京時，至"焉知南鄰客，九月猶絺綌"在棄官秦州時。少陵平日出處，自天寶東都長安之後，多在流離顛沛中，其所得豈如畫松時耶？上元歸成都，立草堂，覓檀木于何十一少府、覓松樹子于章少府、覓果栽于徐卿。未幾，楠樹茅屋爲風雨所破，長歌自嘆，至有力不得救之語，則少陵困苦，又不止于九月猶絺綌也。越四年，張舍人遺縟段，少陵辭之，且云："今我一賤老，短褐更無營。煌煌珠宮物，寢處禍所嬰。"觀此數語，少陵之心可見，紫芝特未考歲月先後耳。

4. 子美、退之句律，非他人可及。杜云："兩章對秋月，一字偕華星。"韓云："肝膽一古劍，波濤兩浮萍。"備簡嚴易直之體。

5. 四時詩，許彦周云："顧愷之《神情詩》①中語，非淵明詩。"山谷在忠州時，摘樂天詩成十小絶，彦周特未知耳。

6. 杜子美云："朱紱負平生。"又云："扶病垂朱紱。"又云："挈帶看朱紱，銀章付老翁。"白樂天詩云："金帶縋腰衫委地。"又云："紫綬相輝亦不惡。"又云："赤紱金章盡到身。"韋應物詩云："除書忽到門，冠帶便拘束。"山林鍾鼎，各天性也。

7. 少陵詩有"苔卧綠沉槍"，周紫芝舉趙德麟以"綠沉"爲"竹"，引陸龜蒙"一架三百竿，綠沉森杳冥。"又引《廣志》"古弓名"。又引劉邵《趙郡賦》"其器用則六弓四弩，綠沉黄門，堂溪魚腸，丁令角瑞。"雖有依據，既云"弓"，少陵詩何必下"槍"字。"弓"字與"槍"是兩物，趙次公云："以綠色之物沈沫其柄。""沈"與"沉"同。元嘉《起居注》：②"十六年，廣州

---

① "神"字原闕，據《古詩紀》補。
② "起居注"三字原脱，據《編珠》補。杜公瞻：《編珠》（上海：上海古籍出版社，1987年，據文淵閣本《四庫全書》影印），卷3，頁7a。

所作銀塗添屏風二十三床,綠沉屏風一床。"又石季龍出,乘輿用桃枝扇,或綠沉色,或木蘭色,或紫組色,或欎金色。當以次公之説爲正。

8. 廣南風俗,無市有虚。其俗棟虚曠可容衆之地,先數日出榜云:"某日于某處做虚,是日貴賤咸集,百貨悉備。"雖謀親田産之類,亦于其地主。昏,閴然而散,其地依虚曠,故曰"虚"。柳子厚詩云:"青箬裹鹽歸洞老,綠荷包飯趁虚人。"是也。予始至上陌村,其地屬湖之武康,依山産竹木,牙儈門前各有虚地。至晨,山民荷竹木畢集,交橫其中,售者紛然,不售則牙儈代還直。山民得錢,買鹽糴米而歸,地則虚曠,終日無一人迹,亦廣南虚之類也。

9. 《東坡志林》載晉辭客云:"黍熟頭低,麥熟頭昂,黍麥俱熟,是以低昂。"此雖戲語,然古人造酒,理蓋如此。黍稻之出穗也必直而仰,其熟也必曲而俯,麥則反是,此陰陽之物也。北方之稻不足于陰,南方之麥不足于陽,故南方無佳酒。一以麴麥,陰氣也。又況如海南無麥而用米作麴耶!吾嘗自京畿載麥百斛至錢塘以踏□。是歲官酒,比京釀,而北方造酒皆用南米,故常有善酒。吾昔在高密,用土米作酒皆無味。今在海南,取舶上麪作麴,則酒亦絶佳,以此知其驗。龍臺先生潘迪雨中步行,路過歸正官願知書,吐語質直有理,道旁見刈者,余問曰:"北人□□何也。"復曰:"稻豈粟之比。"余疑其言之□,彼曰:"□生于乾地,稻非水不活,冷□之□甚,□□□□"詩云:"小雨冥冥欲作□,黑雲頭上正關詩。皇皇客路有何好,耿耿秋悚如許悲。兀生竹輿澤似醉,徐行藜杖頗相宜。路逢北客亦不惡,野店濁醪時共持。木落天晴山翠開,愛山騎馬入山來。心知不是柴桑令,一宿西林便却回。"詩人多以柴桑令爲陶淵明,不知劉遺民曾作柴桑令。樂天《宿西林》作。①

10. 曾裘甫親見凌季文尚書,言"千里蒪羹,未下鹽豉","未"當作"末","千里"、"末下"是兩地名。予嘗取《陸機傳》考之,因侍中王濟指羊酪謂機曰:"卿吳中何以敵此?"機以是對。吳中不聞有"千里"、"末下"地名,説恐未確。又考之《世説》"但未下鹽豉",則曉然不是"末"字,

---

① 按此條文義不連貫,"木落天晴山翠開"至"一宿西林便却回"出白居易《宿西林寺》,疑有脱誤,待考。

亦不是地名,故老杜詩云:"豉化蓴絲熟。"近又見《雲間志》引《寰宇志》"華亭谷出佳魚蓴菜",陸平原所指"千里蓴羹",意者不獨指太湖也。孔毅父《珩璜論》云:"'千里蓴羹,但未下鹽豉',謂蓴生水中,後人誤以'千里'、'末下'爲地名,可删去'但'字。劉長卿《歷陽詩》'一鍾菰蔣末,千里水葵羹。'亦機之意。"今人藏蓴,無鹽則化成水,少陵、毅父之言驗矣。陸三山云:"蓴菜最宜鹽豉,所謂未下鹽豉者,言下鹽豉,即非羊酪可敵。"蓋盛言蓴菜之美。

11. 北苑茶甲天下,歲貢龍團,不得鳳凰山味潭水不成。潭中石黑堅如玉,爲研與筆墨宜。熙寧中,王順始發其妙,東坡因而名之,有《龍尾研歌》云:"况嗔蘇子鳳味銘,戲語相嘲作牛後。"穎濱用此傳《易》。

12. 歐陽文忠重交游,送詩最多。于劉原父云:"别君今幾時,歲月如插羽。悠悠寢與食,忽忽朝復暮。"又云:"朝廷無獻納,倉廪徒耗蠹。"于孔生云:"志士惜白日,高車無停輪。孔生東魯儒,年少勇且仁。"又云:"丈夫患不遇,豈患長賤貧。"于白秀才云:"白子來自西,投我文與書。升階揖讓席,言氣温且舒。"又云:"子其從我游,有志知何如。"于韓子華云:"嘆我久不見韓子,如讀古書思古人。忽然相逢又數日,笑語返不共一尊。"于孔秀才云:"吾始未識子,但聞楊公賢。及子來叩門,手持贈予篇。"于吴生云:"自我得曾子,于兹二十年。今又得吴生,既得喜且嘆。"于姜秀才云:"憶從太學諸生列,我尚弱齡君秀發。"于章生云:"子年方少力可勉,往與夫子爲顔回。"于焦千之云:"焦生獨立士,勢利不可恐。誰言一身窮,自待九鼎重。"于蘇子美云:"衆奇子美貌,堂堂千人英。我獨疑其胸,浩浩包滄溟。"于梅聖俞云:"人皆喜詩翁有酒,誰肯一醉之。嗟我獨無酒,數往就翁何所爲。"又云:"憶昔識君初,我少君方壯。風期一相許,意氣曾誰讓。"及哭之則云:"黄河一千年一清,岐山鳴鳳不再鳴。自從蘇梅二子死,天地寂默無佳聲。"又云:"昔逢詩老伊水頭,清衫白馬渡伊流。"最後題《章安集》云:"蘇梅久作黄泉客,我亦今爲白髮翁。卧讀楊蟠一千首,乞渠秋月與春風。"諸公聲名因文忠而□,而蘇、梅尤著云。

13. 蘇文忠平日出處,顧慕白樂天,黄州東坡恐亦效樂天。東坡也爲忠州刺史,時有《東坡種花》二詩。又有《步東坡詩》云:"朝上東坡步,夕上東坡步。東坡何所愛，愛此新成樹。"又有《西省對花憶忠州》，東坡詩云："每看闕下丹青樹，不忘天邊錦繡林。西掖垣中今日眼，南賓樓上去年心。花舍春意無分別，物盛人情有淺深。最憶東坡紅爛熳，野桃山店小林檎。"又詩云："二年留滯在江城，草木禽魚盡有情。何處殷勤重回首，東坡桃李種新城。"文忠不輕許可，獨敬愛樂天，屢形詩篇。蓋其文章旨主辭達，而忠厚好施，剛直盡言，與人有情，于物無著，大略相似。謫居黃州，始號東坡，其原實起于樂天忠州之作。①

14. 后山云："歐陽文忠公不喜杜詩，蘇文忠不喜《史記》。"予謂二公文章，度越諸子，已有餘力，其不敢比方《史記》、子美者，蓋尊之也。

15. 范文正《京口即事》云："突兀立孤城，詩中別有情。地深江底過，日大海心生。甘露樓臺古，金山氣象清。六朝人薄命，不見此昇平。"其視劉長卿《金陵五詠》，氣象復不同矣。

16. 《月令》"孟春之月，昏參中。"言三星直戶。焦林《天斗記》"天河之西，有星煌煌，與星俱出，謂之牽牛。"東坡《元日次張子野七夕》云："得句牛女夕，轉頭參尾中。"用事精切。

17. 太白詩："剗却君山好，平鋪湘水流。"子美詩："斫却月中桂，清光應更多。"陸務觀摘作一聯："剗却君山湘水平，斫却桂樹月更明。"蓋太白、子美平日以詩自適，淋漓筆墨，故有此耳。近世如危逢吉《白沙舟中月夜詩》云："萬丈碧琉璃，孤舟夜搖破。誰知老蓬牕，下有謫仙坐。和月吸玻璃，詩清神欲舞。此月能水酒，此酒能玉汝。"亦是佳句。

18. 張安國《題秦城》云："塹山堙谷北防胡，南築堅城更遠圖。桂海冰天塵不動，那知隴上兩耕夫。"倪巨濟《題昆陽光武祠》云："空村烟樹鎖叢祠，幡影吹風過客知。賽饌不來寒雨濕，却如當日渡河時。"真詩史也。"叢祠"，《陳勝傳》注"草木岑蔚貌"。

19. 太祖即位四年郊，日至亦在晦。至期寶儀始上聞，②不得已用十六日甲子，非日至郊，惟此一舉。范鎮《太報賦》云："用日之至，吾道之長。就國之南，吾君之饗。"與前說同。又吳曾《漫錄》云："熙寧二年

---

① "文忠不輕許可"以下一段出周必大《二老堂詩話》，疑《永樂大典》鈔錄有誤，待考。
② "期"原作"其"，今據《避暑錄話》改。葉夢得：《避暑錄話》（上海：上海古籍出版社，1987年，據文淵閣本《四庫全書》影印），卷上，頁61a。

十一月三十日冬至，嫌其御殿，帝謂侍臣曰：'若當郊祀歲奈何。'"或言"景祐三年十一月晦冬至"，帝疑其不經。宋敏求奏"唐時以月晦祀天爲非，①宜移用十五日甲子。"詔曰："月既肇于黄鍾，日且臨于甲子。"杜甫有《晦日過崔戢詩》、陳與義有《休日詩》，則知晦日，不惟不可用于郊，雖他事亦不可用。後世用爲休澣日。

20.《前漢·食貨志》"天用莫如龍，地用莫如馬。"少陵取爲《遣興》，首句《淮南子》注也，不可以□□□也，不可以持□馬也，不可以服□牛也，不可以追遠□。□□□王□□□□此句□。

21. ……窮年守邊疆。何由一洗濯，執熱互相望。韓文公《感春》云："春田可耕時已催，王師討北何當歸。放車載草農事濟，戰馬飢苦誰念哉。蔡州納節舊將死，起居諫議聯翩來。朝廷未省有遺策，肯不垂意瓶與罍。"蓋未嘗一日不以家國爲念也。

22.《飲馬長城窟》，說者謂"秦築長城，飲馬水窟。婦人思夫，故作此曲。"《文選》載一篇正用是說。唐詩僧子蘭一篇，當以賈誼《過秦》觀之。蓋唐征戰之多，故借是以寓言。其詩云："洗盡骨上土，不洗骨中冤。"其言哀以怨。

23. 元次山《舂陵行》及《賊退示官吏》詩，少陵有曰："得結輩十數公，落落然參錯天下爲邦伯，萬物吐氣，天下少安，可待矣。"及觀杜牧之詩云："太守政如水，長官貪似狼。征輸一云畢，任爾自存亡。"又陸魯望《叙小雞山樵人》語，欲移以責乾符間郡守，則其比興體製，蓋與少陵述元次山詩意同也。

24.《明皇雜録》曰："上御勤政樓，大張聲樂，羅列百伎。時教坊有王大娘善戰百尺竿，竿上施木山，狀瀛洲方丈，仍令小兒持絳節，②出入其間而舞不輟。"又有公孫大娘善劍舞，能爲《隣里曲》，曾裹甫以《渾脱西河劍器》是曲名，謂豈有婦人而能舞劍者。予考少陵詩曰："爗如羿射九日落，矯如群帝驂龍翔。來如雷霆收震怒，罷如江海凝清光。"又曰："妙舞此曲神揚揚"，則以劍而舞也明矣。如項伯請以劍舞，梁元帝九劍

---

① "唐"原作"堂"，今正。
② "絳"原作"鋒"，誤，今據《明皇雜録》改。鄭處誨、裴庭裕撰，田廷柱點校：《明皇雜録》(北京：中華書局，1997年)，卷上，頁13。

之戲亦此類也。

25. 毛澤民《九日煎茶代酒》曾有吟句,釋皎然《九日同陸處士賞茶詩》云:"九日山僧院,東籬菊也黃。俗人泛新酒,誰解助茶香。"因思前輩做事,雖曰自我作,古俱有來歷。

26. 李太白、陳履常有《妾薄命》詩,陸務觀反之,末句云:"命薄却令天下樂。"

27. 少陵詩"春歸待一金",東坡注引王逸少"春歸待一金"事,予考《孟子注》"古者一鎰爲一金,一鎰二十兩。"則知百金二千兩,千金二萬兩,此戰國時也。漢賜諸侯王及功臣以下金,凡言黃金皆真金,不言黃金者,一金與萬錢。又《食貨志》"黃金一斤直萬錢",漢賜陳平金二十鎰,則是戰國時四百兩。沈存中云:"古之一斤,今四兩有餘。"其直二千五百。漢之四金,方及黃金乙斤價例。唐太宗賜功臣黃金各乙斤,若以一金論之,則唐之一金視漢之一金,其價已同于黃金耶!少陵之待一金,可謂□□,溢與鎰同。

28. 蔡堅老《望夫石》詩云:"千古流傳果是非,爲誰□佇更□離。當時仰望終身者,何事淹留竟不歸。"前輩以顧況詩能形容妙處,終不若堅老盡情而歸于義云。

29. 詩人詠秋,多是感傷。李方叔《秋十日詠》,窮造化以安天命。晁端友詩云□□□□□,清不□□□。其得之□□□□□有羨秋賦。

30. 古者士皆有……《謝陳常惠一摺巾詩》云:"半升僅漉淵明酒,二寸纔容子夏冠。"此冠巾之別也。

31. 歐陽在潁雪詩,禁用瓊、玉、梅、月等字,號"白戰體"。坡公繼《守潁遇雪》,次歐公韻又作長篇,皆效其體,格律一新,聳動當時。其後如山谷《詠雪》"家貧無酒望鄰富,官冷有田知歲豐"之句,亦可企二公矣。

32. 張子韶雅意山林,有《擬淵明歸田園詩》。今觀《喜晴詩》云:"開門玩秋色,愛此佳山林。"此真得山林趣也。

33. 韋應物刺滁日有《吊僧詩》云:"破衣挂樹老僧亡,惜無姓氏惠勤從。"歐公《游醉翁亭記》得以名書,何其幸耶!

34. 張正見《詠梅》云:"祇言花是雪,不悟有香來。"楊誠齋以爲警句,韓子蒼用"春不雪"三字,語意尤新。

35. 詩中用三嬋娟字。"嬋娟去作誰家妾",人嬋娟也。"但願人長久,千里共嬋娟",月嬋娟也。"雨洗嬋娟淨",竹嬋娟也。又有"山嬋娟"。嬋娟,美貌也。

36. 吳淑姬《送別詩》"婦人雖眼軟,淚不等閑流。只因苦離別,揮盡三江秋。"用陸龜蒙"丈夫非無淚,不洒離別間"之句。

37. 李義山《槿花詩》云:"風露淒淒秋景繁,可憐榮落在朝昏。未央宮裏三千女,但保紅顏莫保恩。"引類深遠,哀而不怨,末句與樂天《行路難》之作頗相類也。

38. 詩非能窮人,詩工故謂之窮。窮,盡也,歐公《叙梅聖俞》亦云。東坡《次秦少游梅花》"詩人固長貧,日午飢未動。偶然得一飽,萬象困嘲弄。"亦非謂因詩而後窮。韓文公《讀島詩》云:"竹實鳳所食,德馨神所歆。"《讀郊詩》云:"冥觀洞古今,象外逐幽好。"豈非以詩至郊、島而窮其妙耶!近代如陳去非以《墨梅》五詠見知于君上,葛魯卿序之,遂有窮人、達人之說,此則循襲詩能窮人之語愈失之矣。

39. 曾吉甫《喜雨詩》:"無田似我猶歡喜,何況人間望歲心。"真所謂樂民之樂者也。

40. 蔡天啓七歲見王荆公,公時在蔣山三門上坐,天啓父云:"小子能詩,乞丞相出一題。"適三門有榜云:"人不得于三門池上取魚。"荆公云:"此乃題也。"天啓應聲云:"門前秋水碧粼粼,赤鯉躍出如有神。汝要取魚須遠去,切勿近前丞相嗔。"天啓實集古人句而成章耳。許彥周作《葉致遠戲書》,惟第三句不同葉云:"君欲釣魚須遠去。"

41. 徐東湖《送張仲宗詩》云:"詩如雲態度,人似柳風流。"全用張姓事。汪彥章《酬李太僕文詩》云:"詩成白也無毫敵,落筆潮乎奈勁何。"全用李姓事,前輩作詩,精切如此。

42. 水仙花,外白中黃,莖幹虛通如葱,①本生武當山谷間,土人謂之天葱。楊誠齋《水仙詩》盛稱千葉為真水仙,而單葉當用舊名,不知東越園丁種此花,能出新意。正夏取根碎刻,曝之烈日中,遂為千葉蠟梅,

---

① "如葱"原作"葱如",今正。

湖南謂之"狗蠅",花賤□□□□古枯枝綴狗蠅者。山谷則云:"京洛謂之蠟梅,木身與葉類荋蘆。"天有"色染薔薇露"之句,自注云:"嶺南薔薇露染衣輒黃。"僧持《水仙詩》云:"□□風清玉臺小,薔薇露重金杯寒。年年只作瑤池宴,不許春風正眼看。"《蠟梅詩》云:"蜜脾新出凍蜂奇,奴隸春風萬玉枝。清客同名□蕚綠,黃姑換骨與西施。淒涼鼓角非吾事,月到池臺亦汝時。桃李盤中無鼎實,真成清德畏人知。"善于詠三花也。

43. 麹信陵詩云:"鶯尋謾囀窺歌扇,風裊花枝學舞腰。"柳耆卿詞云:"漁市孤煙裊寒碧,水村殘葉舞愁紅。"予謂麹之詩似詞,柳之詞似詩。唐詩近纖靡,後世稱開元、元和者此也。令狐文公有《進張(祐)〔祜〕詩表》云:"凡製五言,包含六義。近多放誕,靡有宗師。前件人久在江湖,早攻篇什。研機甚苦,搜象頗深。輩流所推,風格罕及。"故(祐)〔祜〕之名,比諸人稍著。信陵即樂天《立碑詩》所謂"我聞望江縣,麹令撫惸嫠。在官有仁政,名不聞京師"者,此則又不專以詩垂名也。

44. 《紅梅詩》"紫府與丹來換骨,春風吹酒上凝脂。"曾裘甫云:"徐東湖得意句,東坡一見極稱賞。"《春日詩》"沾衣欲濕杏花雨,吹面不寒楊柳風。"僧仲南作《朱晦翁親書後》,見方惟深《和周楚望紅梅》、王純道《和傳墨卿寒食》詩聯一同,若非東坡稱賞、晦翁親書,則東湖仲南不得專美矣。予頃跋海昌刊《蘇才翁行草》,世以詩為才翁作,不知乃樂天詩也。

45. 杜少陵詩云:"遠慚勾漏令,不必問丹砂。"容州勾漏縣,白砂洞多白石,石中有白丸,狀似丹砂。梅聖俞詩云:"鼓添蕈菜紫。"福州閩縣王埔,傍水有地三畝,上有兩石鼓。俗傳舊日湖入鼓振,今鼓不復振而菜品最佳。漫書補兩邦圖經之闕。

46. 《選》載《古詩十九首》,李善《注》"枚乘作",疑不能明也。近得徐庾《玉臺新詠》有古詩八首,又有枚乘雜詩九首,則知昭明未編入《選》詩時,不知何人精擇十九詩。及取他詩讀之,往往不及,通以古詩為名,此正昭明得編類之例也。《選》注又云:"行行重行行,相去日已遠。"作兩篇尤為穿鑿。

47. 俗諺云:"酒腸寬似海,色膽大如天。"本盧玉川詩,"色膽"作"詩膽"。

48. 林君復詩云:"雲木叫鈎輈",《爾雅》云"鈎輈"、"硌磔"爲鷓鴣聲,詩話多以爲鷓鴣。舊見士友自湖湘來,云:"鷓鴣全以竹雞而形模稍大,其色則類染家鹿胎斑,其聲則行不得也。""哥哥"與"鈎輈"不類,此詩當是吳浙士大夫作。浙無鷓鴣,予嘗春行湖上,及臨安溪山間,有禽如拖白練而尾深褐色,其聲分明叫鈎輈。村人以管笋爲鳥呼之,取聲之清越,則"鈎輈"乃此禽,非鷓鴣明矣。倪巨濟詩云:"晚風起晴江,殘日滿叢竹。鷓鴣不耐啼,相喚催粥熟。東家吹玉厭爾啼,西家無粥聲更悲。"又自題云:"以硌磔爲粥熟。"後讀《許渾集》有《夜讌詩》云:"鷓鴣先聽美人歌",又有"過陝州夜讌將罷,妓人善歌鷓鴣者,詞調清怨,往往在耳",則知傲其聲也。

49. 太白詩"蜀國曾聞子規鳥,宣城還見杜鵑花",魯直詩"西湖昔聞水仙廟,荆州今見水仙花……古人句法"。

50. 陳……此類倒用字格。

51. 前人事作□已□,如王昌齡《過嚴子陵祠詩》"聖主已寬光武量,微臣當遵子陵高。"

52. 五方風俗不同,言語不通,中國謂之詩,西竺謂之偈。倪巨濟《還金光經詩》不押韻,用偈格也。

53. 顏太初《詠藕結句》云:"爾溫其如玉,胡爲乎泥中。"韓子蒼《六言》云:"藕割江妃玉臂,茨分水府珠胎。"不若太初之詩婉。

54. 韓文公《贈張籍詩》云:"李杜文章在,光熖萬丈長。"籍詠笛用"笛秋"字,詠竹用"竹香"字,用心甚苦,文公亦善誘後輩者也。

55. 山谷《水仙詩》云:"凌波仙子生塵襪",近人見詠襪,直謂"凌波"是"襪"。李義山詩云:"嘗聞宓妃襪,渡水欲生塵。好借嫦娥看,清霄踏月輪。"則以"凌波"爲襪非是。

56. 竇滔妻蘇氏織回紋詩,今所傳本乃文理不斷,非順讀,倒讀謂之回紋也。倒讀回文,未知起于何代。

57. 近見朱鼎子大題閻立本畫《蘇李河梁執別圖》詩,末句"前身想是胡婦子,親見兩公相別時",狀一時之景極佳。因記坡公答劉沔云:"李陵、蘇武贈別長安,而詩有江漢之語。及陵《與武書》,詞句儇陋,正齊梁小兒所擬作,決非兩漢文。"及取《武傳》觀焉,則陵置酒舞歌,言已罄矣。詩與書誠贅,坡公之言王所以斥陵之不忠于漢,而統之精識不幾于無理會耶!

58. 陸三山《和宋都曹詩》云:"古詩三千篇,刪取才十一。每讀先再拜,若聽清廟瑟。詩降爲楚騷,猶足中六律。天未喪斯文,杜老乃獨出。陵遲至元白,固已可憤疾。及觀晚唐作,令人欲焚筆。此風近復熾,隙冗殆難窒。淫哇解移人,往往喪妙質。若言告學者,切勿爲所怵。杭州必至海,爲道當擇術。"三山此詩當矣。葉水心《序王木叔詩卷》云:"近歲唐詩方盛行,聞者皆以爲疑。夫爭妍鬥巧,極外物之變態,唐人所長也。反求于內,不足以定其志之所止,唐人所短也。"此文與之分辨。

59. 吳興俞汝尚退翁《題三角亭》警句云:"春無四面花,夜欠一檐雨。"人多稱誦。括蒼陳汝錫師予《題八角亭》云:"最好蕭蕭春夜雨,一檐分作兩檐聲。"小宋公云:"退之《送窮文》等,皆古人意思未到,可以名家矣。然《送窮文》與揚子雲《逐貧》大意相類。"蓋古人作文皆有祖述,然攻之愈深,句法尤奇,此學者所當考。

60.《詩》三百五篇,率是閭兒巷婦之言,有關風教。近見書肆圖像人物,其事則詳于左,中有一絕"拾得半文錢,上有開元字。想見團圓時,買盡不平事。"言雖鄙而理到。又有一絕"夜雨滴空階,滴滴空階裏。空階滴不入,滴入愁人耳。"可謂善于形詠者。每見詩人窮日夜以苦思,欲高而反下,欲平而反怪,欲明而反晦,深有愧于前二詩者多矣。

61. 后山《題石氏畫苑詩》云:"卒行無好步,事忙不草書。"又文士以作事逼促者,通謂之佬慔。陸士衡《文賦》曰:"佬慔瀾漫,亡耦失疇。""老草"一作"佬慔"。

62. 虞水丞廳事西屋一間,扁以"日哦",摘韓文公《藍田壁記》中語,①攻媿樓公爲汪作德書。侃後作德三十五年,以椎魯之質來繼執蹋,公餘唫句,讀續未已,因以"日哦"名集。廳壁石鼓戴公所記,戴公謂文公記語特一時有爲而言,而丞不負予,竟爲虛設。侃曰:"官無小大,各行其志,丞豈負予。"第恐予之不能守其職爾,故爲之言曰:"做官休妄想,遇事莫安排。"識者必有取焉。先是四月二十六日離膝下,凡耳目所

---

① "扁"原本作"篇",今據文改正。

接,雜然有觸于中者,見諸歌詠,輒擇數解列之卷首。

## 五、陸游《老學庵筆記》

陸游,字務觀,號放翁,越州山陰人,南宋著名詩人。陸游一生著作豐富,有《劍南詩稿》、《渭南文集》等作品傳世,《老學庵筆記》爲其晚年所見所聞之筆記體作品。此書陸游生前未曾刊印,至宋理宗紹定元年(1228)方由其子綴合其他遺稿一并付梓,[①]主要刻本有《稗海》、《津逮》、《説郛》等本,商務印書館曾以陸氏家刻的穴硯齋鈔本爲底本,校以其他本子,印入《宋元人説部叢書》。中華書局點校本後以此作底本,加以標點,是目前最完備的本子。《四庫提要》嘗謂:"此編論詩諸條,頗足見游之宗旨,亦可以補《詩話》之闕矣。"[②]今檢《永樂大典》卷八○八引録《老學庵筆記》二十二條,多涉宋代詩人故實,軼聞舊典,足爲詩話考證之資。然比勘中華書局點校本後,發現其中三條未見載録。《老學庵筆記》成書後有多種版本流傳,似未見散亡,此三則佚文出自何處,值得予以注意。[③]

1.《金陵新雁》云:"影沉瓜步晚,聲掠石城秋。"亡兄仲高及陳阜卿皆喜誦之。端節亦仕宦,晚得嶺表一郡而卒,其詩不甚傳。

2.《國史補》記李端宴郭曖駙馬,宅賦詩有"荀令"、"何郎"之句,衆稱絶妙而其詩乃不傳。山谷作《酴醾詩》用之云:"露濕何郎試湯餅,日烘荀令炷爐香。"遂爲古今絶唱,不知端詩能及之否?

3.杜少陵《月詩》云:"微升紫塞外,已隱暮雲端。"前輩以爲譏肅宗,恐未必然。若《初到成都詩》云:"烏雀夜各歸,中原杳茫茫。初月出不高,衆星尚爭光。"此則或爲時事發,然憂愛忠敬之意,鬱然見于言外,非譏刺也。

---

① 陸游撰,李劍雄、劉德權點校:《老學庵筆記·前言》(北京:中華書局,1979年),頁1—3。
② 永瑢等總裁,紀昀等總纂:《四庫全書總目》,卷121,頁1045。
③ 金程宇曾指出《永樂大典》誤將曾鞏《續元豐類稿》稱作《元豐類稿》,見金程宇:《曾鞏佚作辨證、補遺及其來源考述》,載《稀見唐宋文獻叢考》(北京:中華書局,2009年),頁316—317。今《永樂大典》鈔録《老學庵筆記》外,亦引録《老學庵續筆記》之文,是否亦有誤稱的情況,姑且存疑以待考。

## 六、結　語

　　首先,《永樂大典》成書于永樂年間,所錄之書多爲宋元珍本,足資後人借以輯佚以補充現存文獻。清人編纂《四庫全書》即利用《永樂大典》輯出百多種宋元文集,然從以上《永樂大典》佚存的大量宋人詩話來看,可知《四庫》館臣的輯錄未臻完善,若今人能重加彙編整理,則可補充《四庫》輯本闕漏之餘,亦可以完善今人所編纂的宋代詩話文獻等著作,對宋代詩話或文學的研究亦有重要價值。

　　舉例言之,今人編纂之《宋詩話全編》堪稱收錄宋人詩話最多之專書,收錄宋代詩話達五百六十二家,① 却未有充分利用《永樂大典》卷八〇八所存之詩話。如項安世論詩條目,今可據《永樂大典》補入十二則;又《宋詩話全編》輯錄張侃詩話只得四則,若能利用《永樂大典》加以補輯,則可以補入六十二則佚文,數量甚爲可觀。其次,《永樂大典》輯出的佚文不但保存了宋代詩話文獻,其中引文涉及不少宋人佚詩和殘句,例如危逢吉《白沙舟中月夜詩》、倪巨濟《題昆陽光武祠》、蔡堅老《望夫石》和僧持《水仙詩》等,《全宋詩》和《全宋詩訂補》兩書均未有收錄,而其餘斷句殘章可補充者亦不少,在在可見《永樂大典》在輯佚宋人作品方面深具價值。

　　再次,《永樂大典》編纂時使用不少善本,除可資輯佚外,亦有助校勘之用。兹略舉一二,以見其梗概。《歷代詩話》引唐子西《論文》謂:"東坡詩,叙事言簡而意盡。忠州有潭,潭有潛蛟,人未之信也。虎飲水其上,蛟尾而食之,俄而浮骨水上,人方知之。"② 按此詩成于宋哲宗紹聖元年(1094),時蘇軾在惠州,③ 今《永樂大典》引"忠州"作"惠州",可證《歷代詩話》本有誤。又《彥周詩話》,《歷代詩話》本作"蓋能殺縛事實與意義合最難能之,知其難則可與論詩矣,此所以稱孟東野也。"按"最難

---

① 吳文治主編:《宋詩話全編·前言》(南京:江蘇古籍出版社,1998年),頁1。
② 何文煥輯:《歷代詩話》,頁444。
③ 蘇軾著,馮應榴輯注,黃任軻、朱懷春校點:《蘇軾詩集合注》(上海:上海古籍出版社,2001年),卷38,頁1967。

能之"一句"之"字疑衍,今檢《永樂大典》作"最難",又"能"字當屬下讀,檢《苕溪漁隱叢話後集》卷十一正與《永樂大典》合。① 凡此均可見《永樂大典》卷八〇八于研探宋代文學之價值,亟待學界予以關注。

(本文作者係香港恒生管理學院助理教授)

---

① 胡仔纂集,廖德明校點:《苕溪漁隱叢話·後集》(北京:人民文學出版社,1962年),卷11,頁79。

# 《禮經旁訓》明萬曆十六年
# 朱鴻謨、陳文燭等刻本考

梁德華

**提要**：元代李恕所撰的《五經旁訓》，全書十九卷，其中訓解了《易》、《書》、《詩》、《禮記》、《春秋》等五經，是元代一部重要的經學著作，而書中注釋《禮記》的部分就稱爲《禮經旁訓》。根據《中國古籍善本書目》著錄，是書已無元槧，現存最早的刊本是明萬曆十六年(1588)朱鴻謨、陳文燭等刻本。此本已收入《故宮珍本叢刊》，由南海出版社于2000年複印原書出版，故流傳頗廣。然而由於鮮有學者研究李恕的經學思想，以致此本一直乏人關注。本文首次考察各館藏《五經旁訓》的版本情形，并透過不同版本之比對，對朱鴻謨本《禮經旁訓》進行深入研究，從而全面討論此本的價值及其問題，以略補前人研究之未足。

**關鍵詞**：李恕 《五經旁訓》 《禮記》

元代李恕所撰的《五經旁訓》，全書十九卷，其中訓解了《易》、《書》、《詩》、《禮記》、《春秋》等五經，是元代一部重要的經學著作，而書中注釋《禮記》的部分就稱爲《禮經旁訓》。根據《中國古籍善本書目》著錄，是書已無元槧，現存最早的刊本是明萬曆十六年(1588)朱鴻謨、陳文燭等刻本。此本已收入《故宮珍本叢刊》，由南海出版社于2000年複印原書出版，[1]故流傳頗廣。然而由於鮮有學者研究李恕的經學思想，以致此本一直乏人關注。本文首次考察各館藏《五經旁訓》的版本情形，并透

---

[1] 北京故宮博物院編：《五經旁訓》(海南：海南出版社，2000年)。

過不同版本之比對,對朱鴻謨本《禮經旁訓》進行深入研究,從而全面討論此本的價值及其問題,以略補前人研究之未足。

### 李恕生平及其《禮經旁訓》述略

李恕,字省中,元代人,生平不詳,其事迹僅見于明人楊士奇《東里續集》中,其云:"《五經旁注》,《易》、《書》、《詩》、《論》、《孟》旁注,廬陵李省中先生作,簡明切當,便于初學。先生名恕,與龍麟洲、劉水窗同輩行。余識其從曾孫思益,爲沭陽縣教諭,其家已不傳此書,余所畜總六册,書坊板頗有闕誤。"①其後清人王梓材、馮雲濠《宋元學案補遺》及朱彝尊《經義考》等皆節引楊說以記述李氏生平。然今本《五經旁訓》與楊氏所記不同:首先書名并非"旁注",而稱爲"旁訓";又今本《旁訓》是由注釋《易》、《書》、《詩》、《禮記》、《春秋》五書所組成,其中并無《論語》、《孟子》。

考《經義考》所載,"易"類著錄李恕《周易旁注》四卷,注曰"未見";②"書"類著錄李恕《書旁注》,注曰"佚";③"詩"類著錄李恕《毛詩音訓》,注曰"未見";④"孟子"類著錄李恕《孟子旁注》七卷,注曰"佚";⑤"群經"類著錄李恕《五經旁注》六卷,注曰"未見"。⑥ 以上可見,《經義考》所著錄的李恕著作多殘佚不存,而朱彝尊亦未能親見其書。其中朱氏記錄《五經旁注》六卷頗爲可疑,因現存李恕《五經旁訓》皆爲十九卷。⑦ 另外,上引楊士奇《東里續集》所載《旁注》爲"六册",并非卷數。而朱氏《經義考》後文節引楊說曰"楊士奇曰廬陵李省中,先生名恕,與龍麟洲、劉水窗同輩行。《五經旁注》者,《易》、《書》、《詩》、《論》、《孟》旁注,簡明切當,便于初學。"⑧其中并無册數的記錄,故此《經義考》所載"六卷"之數可能源于《東里續集》中的"六册"而來。學者陳鴻森亦言"(今本《五經旁訓》)并無楊士奇所言《論》、《孟》二種;且以《論》、《孟》充五經,殊覺不

---

① 楊士奇:《東里續集》,《文淵閣四庫全書》本,集部,別集類,卷十六,頁 20。
② 朱彝尊:《經義考》(北京:中華書局出版,1998 年),卷四十四,頁 245。
③ 同上,卷八十六,頁 473。
④ 同上,卷一百一十一,頁 592。
⑤ 同上,卷二百三十五,頁 1192。
⑥ 同上,卷二百四十六,頁 1245。
⑦ 案:臺北圖書館館藏明刊本《五經旁訓》缺《易經旁訓》卷二及卷三,現存只有十七卷。
⑧ 朱彝尊:《經義考》,卷二百四十六,頁 1245。

倫。復據《經義考》卷二三五著錄李恕《孟子旁注》七卷,蓋《論》、《孟》別有成書,與《五經旁訓》非一書,楊士奇之説殆未可據。又,此書當名《旁訓》,竹垞作'旁注'者,亦緣楊氏而誤也。"①此可備一説。上述《經義考》所載李氏五種著作或稱"旁注",或稱"音訓",皆與今本《五經旁訓》稱"旁訓"者不同。據李恕《周易旁訓·序》云:"今不量淺陋,輒合程、朱二家之説及《本義附錄》、《何氏發揮》、《大易粹言》、《南軒解義》諸書,節而一之,以爲《旁訓》。"②即李氏實以"旁訓"命名其書。故此,若非楊氏誤記,《五經旁注》與《五經旁訓》可能是李氏兩種不同的著作。

所謂"旁訓",是一種注釋古書的方式,注者把訓詁、注解書于正文旁邊,以方便讀者閲讀。李恕《五經旁訓》就是利用這種注釋體裁訓解《五經》,欲以"儻便初學"。而《五經旁訓》中的"旁訓"主要是删削、節録前人的經學著作而來,如今本《易經旁訓》卷前載有《伊川易傳序》及《晦奄本義五贊》,以示《易經旁訓》的注解乃取自程頤《程氏易傳》與朱熹《周易本義》兩書。李恕《易經旁訓·序》更言:"今不量淺陋,輒合程、朱二家之説及《本義附錄》、《何氏發揮》、《大易粹言》、《南軒解義》諸書,節而一之,以爲《旁訓》,通異同之説,集一書之成,非敢有去取于其間,約而歸之,儻便初學云爾。"③可見《易經旁訓》實彙録群書而成,并不限于程、朱兩書。然而《五經旁訓》中只有《易經旁訓》卷前載有李恕序,其餘《書》、《詩》、《禮》、《春秋》皆無《序》文以論述其撰作之法。此四種只于卷前載有不同著作的序文,如《書經旁訓》卷前録有宋人蔡沈《書集傳·序》;《詩經旁訓》卷前録有朱熹《詩集傳·序》;《禮經旁訓》卷前録有元人陳澔《禮記集説·序》;《春秋旁訓》卷前録有胡安國《春秋胡氏傳序》及程頤《春秋傳·序》。這些《序》文都初步顯示了各書與前人著作之關係。

上云《禮記旁訓》卷前録有陳澔《禮記集説·序》,顯示其書與陳氏《集説》關係密切,而比勘兩書注解,則知《禮經旁訓》其實是删節陳説而

---

① 陳鴻森:《〈經義考〉札逐》,《經學研究集刊》第五期(2008年),頁122。
② 北京故宫博物院編:《五經旁訓》(海南:海南出版社,2000年),《序》,頁5上至5下,總頁4。
③ 同上。

來，如《禮記‧曲禮上》："臨財毋苟得，臨難毋苟免，狠毋求勝，分毋求多。"陳氏《集説》言："毋苟得，見利思義也。毋苟免，守死善道也。狠無求勝，忿思難也。分無求多，不患寡而患不均也。況求勝者未必能勝，求多者未必能多，徒爲失已也。難、分，并去聲。"①可見陳氏仔細解釋《曲禮》原文之句意。而李恕《旁訓》删節陳説，并把注解摘録在《禮記》原文旁邊，如于"臨財毋苟得"句旁注云"見利思義"；于"臨難毋苟免"句旁注云"守死善道"；于"狠毋求勝"句旁注云"忿思難"；于"分毋求多"句旁注云"不患寡而患不均"，②可見這些訓解均是源于陳説。李恕又于部分字詞下夾注字音，如于"難"字下夾注"去聲"；"狠"字下夾注"胡懇反"；"分"字下夾注"去聲"，③其中除"胡懇反"爲李氏所加外，其餘注音皆取于陳氏。考《禮經旁訓》中的"夾注"不單標示字音，有時亦可注釋字義，如《禮記‧曲禮》"曲禮曰：毋不敬，儼若思。"《旁訓》于"思"字下夾注"敬之貌"以釋"思"字之義。④ 又《旁訓》或以夾注顯示句讀，如《禮記‧曲禮》："是故聖人作，爲禮以教人。"《旁訓》于"作"字下夾注"句"字，以示《禮記》原文當在"作"字絶句。⑤而《旁訓》亦以"夾注"節録前人注解，如《禮記‧曲禮》："曲禮曰：毋不敬，儼若思，安定辭，安民哉。"《旁訓》于"哉"字下夾注云："修身之要在此三者而其效足以安民，乃禮之本，故以冠篇。"⑥以釋該句文意，而此注解亦撮要自陳氏《集説》。可見李恕以"旁訓"、"夾注"等不同形式對陳氏《集説》作出整理。另外，《旁訓》亦于每章末句旁邊加上"節"號，以示分章，如《禮記‧曲禮》云："大上貴德，其次務施報，禮尚往來，往而不來，非禮也。來而不往，亦非禮也。"《旁訓》于"亦非禮也"句末旁加上"節"號，⑦以示此章完結，并作爲開啓下章之記號。

　　以上可知，"旁訓"這種注解方式能讓讀者在閱讀原文之際，一併參

---

① 陳澔：《陳氏禮記集説》，影印文淵閣本《四庫全書》（上海：上海古籍出版社，1987年），卷一，頁2上，總頁682。
② 北京故宫博物院編：《禮經旁訓》，卷一，頁1下，總頁217。
③ 同上。
④ 同上。
⑤ 北京故宫博物院編：《禮經旁訓》，卷一，頁2下，總頁217。
⑥ 同上，頁1上，總頁217。
⑦ 同上，頁2下，總頁217。

考前人注解，從而使初學者熟習《五經》訓詁，并能簡明地掌握經義，避免了"博而寡要，勞而少功"之毛病。當然，《禮經旁訓》并非純據陳氏《集說》而成，考書中所載亦多用鄭玄注、孔穎達《正義》及宋元學者注解等不同材料，以補充陳書之不足，此點將詳論于下文。

**李恕《五經旁訓》版本述略**

根據《中國古籍善本書目》著錄，李恕《五經旁訓》現存有四個版本，分別爲明萬曆十六年(1588)朱鴻謨、陳文燭等刻本(下文簡稱"朱鴻謨本")，現藏北京故宮博物院；明萬曆二十三年鄭汝璧、田疇等刻本(下文簡稱"鄭汝璧本")，現藏北京故宮博物院、中央教育科學研究所、江西省圖書館；明萬曆二十四年陳大科刻本(下文簡稱"陳大科本")，現藏臺北圖書館、北京師範大學圖書館、南通市圖書館；明崇禎二年(1629)彙錦堂刻本，現存遼寧省圖書館。①

由上可見，朱鴻謨本是《五經旁訓》現存刻本中時代最早的一種。此本共十九卷，包括《易經旁訓》三卷、《書經旁訓》二卷、《詩經旁訓》四卷、《禮經旁訓》六卷及《春秋旁訓》四卷。《易經旁訓》卷前首陳文燭序，序末云："明萬曆戊子五日沔陽陳文燭謹識。"明萬曆戊子年，即萬曆十六年(1588)。此本大字寫刻，半頁八行，行十六字；而《禮經旁訓》卷前錄有陳澔《禮記·序》(即《禮記集說·序》)，亦半頁八行，行十六字；次正文，首卷首頁頂格題"禮經旁訓卷之一"，次行下七字題"巡按江西監察御史朱鴻謨重訂"。第三、四行下九字題"江西左布政使陳文燭、江西提學副使沈九疇仝校"。第五行低二字題"曲禮上第一"，正文大字，半頁七行，每行二十字，注文小字雙行，旁訓書于正文旁邊，白口，黑魚尾，而版中書口下刻有刻工姓名及每頁字數，如卷一頁二頁中下旁記有"鄒順　五百九十五個"、卷二頁三頁中下旁記有"熊會　五百三十三個"。②

考朱鴻謨(生卒年不詳)，字文甫，益都人，于隆慶五年進士，授吉安

---

① 中國古籍善本書目編輯委員會編：《中國古籍善本書目》(上海：上海古籍出版社，1986年)，頁23—24。明崇禎二年彙錦堂刻本，據《中國古籍總目》，除遼寧省圖書館外，尚存于福建省圖書館。
② 北京故宮博物院編：《禮經旁訓》，卷一，頁2，總頁217及卷二，頁3，總頁249。

推官，後擢南京御史，因事斥爲民。張居正卒後，朱氏出按江西，事見《明史·列傳》卷二百二十七。① 而陳文燭（生卒年不詳），字玉叔，沔陽人，爲陳柏次子，嘉靖四十四年（1565）進士，萬曆三年以副使督四川，著有《淮安府志》十六卷、《二酉園詩文集》，事見《四川通志》、《湖廣通志》等。② 沈九疇（生卒年不詳），字箕仲，鄞縣人，萬曆五年進士，授刑部主事，累遷山東參政，終江西布政使，曾重修正學書院，事見《浙江通志》、《江西通志》等。③ 上述朱鴻謨本正文卷前題有"巡按江西監察御史朱鴻謨重訂"、"江西左布政使陳文燭、江西提學副使沈九疇仝校"，而陳文燭序亦言："侍御朱公按江以西諸郡，觀風之暇，校刻五經旁訓，檄布學官。……燭與學憲沈君，董剞劂之役。"④可知三人同任官江西時，合作刊刻《五經旁訓》，其中先由朱鴻謨整理校訂，後經陳文燭、沈九疇兩人共同校勘。

上引《善本書目》稱臺北圖書館藏有明萬曆二十四年陳大科刻本《五經旁訓》頗爲可疑。筆者曾親身前往臺北圖書館得見館藏的《五經旁訓》，當時發現館方只統稱此本爲"明刊本"（臺北圖書館書號：01224，下文稱爲"臺圖本"）。考此本現存十七卷，缺《易經旁訓》卷二、卷三，半頁七行，行十七字，正文旁小字亦七行，注文小字雙行，旁訓小字單行，雙欄，版心白口，單魚尾，⑤其文句、版式與朱鴻謨本不同。而此本卷前、卷後并無序、跋，故此不能確定爲陳大科刻本。其後筆者再到臺北故宮博物院圖書文獻館調閱明代朱升《五經旁訓》原書（統一編號：故善012258—012265），發現其書卷前載有陳大科《刻五經旁訓序》，題爲"明通議大夫總督兩廣兵都察院右僉都御史維揚陳大科譔"，序後云"萬曆丙申秋七月既望"。考"萬曆丙申秋"，即明萬曆二十四年，故筆者懷疑《善本書目》所指的"明萬曆二十四年陳大科刻本"其實是朱升所著的《五經旁訓》，非李恕的著作，而臺北圖書館所藏的《五經旁訓》未能確定

---

① 《明人傳記資料索引》（北京：中華書局，1987年），頁148。
② 同上，頁575。
③ 張豫章：《御選宋金元明四朝詩》（上海：上海古籍出版社，1987年），《御選明詩》，《姓名爵里五》，頁10。
④ 北京故宮博物院編：《五經旁訓》，《序》，頁1上至1下，總頁1。
⑤ 參考自臺北圖書館"臺灣書目整合查詢系統"《五經旁訓》之版本說明。

屬于何本。

　　另外,《善本書目》主要收錄現存中國大陸和臺灣的本子,其中不及日本藏本。根據《日本藏先秦兩漢文獻研究漢籍書目》,日本另藏内閣文庫明末刊本及明萬曆二十三年序山東布政司刊本。① 而據《中國古籍總目·經部》著錄,除《善本書目》所錄的四種外,尚有明金閶魯鄒嶽刻清印本(以下簡稱"清印本"),由美國哈佛燕京所藏;及清嘉慶間刻本,現藏于北京大學。② 清印本卷前提爲"鍾敬伯先生重訂"、"金閶魯鄒嶽梓行",正文半頁七行,行二十字,文旁小字亦七行,注文小字雙行,旁訓小字單行,單欄白口,無魚尾,正文旁有紅筆的校改及批注。鍾敬伯(1574—1624),即鍾惺,號退谷,竟陵人,萬曆三十八年進士,爲明代竟陵派文學家③,而魯鄒嶽生平不詳。此本年代不明,據美國哈佛大學哈佛燕京圖書館顯示,其時代約在西元 1736—1861 年間,即清乾隆元年(1861)至咸豐十一年(1736)間。此本已由美國哈佛大學哈佛燕京圖書館數字化,讀者能在互聯網上瀏覽原書。④

　　以上諸《目錄》均没有提及香港的藏本,其實香港中文大學圖書館古籍善本書庫亦藏有是書,經考證後定爲鄭汝璧本(下文簡稱爲"中大本")。⑤ 筆者亦曾前往香港中文大學圖書館古籍善本書庫調閱原本。此本半頁七行,行十八至二十字,文旁小字亦七行,注文小字雙行,旁訓小字單行,白口,單黑魚尾,左右雙邊,子目内封題"徐龍峰梓行"等。⑥卷一、卷二正文旁邊時有紅色批語及標記,當爲閱讀者所加,如卷二篇題《王制》旁有紅批云"疏曰王制之作在秦漢之際,盧植云文帝令博士諸生作。"⑦此本頁下亦時有顯示刻工姓名及每頁字數,如《禮經旁訓》卷二

---

① 劉毓慶:《日本藏先秦兩漢文獻研究漢籍書目》(山西:三晉出版社,2012 年),頁 198。
② 中國古籍總目編纂委員會編:《中國古籍總目》(北京:中華書局;上海:上海古籍出版社,2012 年),經部,上册,頁 13。
③ 《明人傳記資料索引》,頁 911。
④ 可參考附錄一、書影二,詳見美國哈佛大學哈佛燕京圖書館網頁,網址如下:http://pds.lib.harvard.edu/pds/view/15085735? n=1&imagesize=1200&jp2Res=0.25&printThumbnails=no.
⑤ 王世偉、陳秉仁、周秋芳主編:《香港中文大學圖書館古籍善本書錄》(香港:中文大學出版社,2001 年),經部,頁 2。
⑥ 同上。
⑦ 《禮經旁訓》,香港中文大學藏鄭汝璧本,卷一,頁 1 上。

頁四十三頁下有刻者"林玉時",而卷四頁二十二有字數"大三百六三,小三百九十一"。此本前有萬曆二十三年(1595)鄭汝璧序、嘉靖三十八年(1559)游居敬序,後有邵以仁跋。考《浙江通志・卷二百四十二》云:"《五經旁訓》,縉雲縣志,鄭汝璧著。"當指此書。鄭汝璧(1546—1607),字邦章,號崑巖,縉雲人,隆慶二年(1568)進士,官至僉都御史都督,著有《功臣封爵考》、《帝后紀畧》等。① 游居敬序後題"明嘉靖三十八年己未冬十月吉通議大夫都察院右副都御史奉敕巡撫雲南等處地方南平游居敬譔",可見此本是以游居敬所校訂的本子爲底本。而上述清印本前亦有鄭汝璧《刻五經旁訓引》,與中大本的版式雖有若干差異,然兩書正文字數、行數、旁訓的位置、注文內容等都基本一致,反映清印本是以鄭汝璧本作爲底本。

明代刊刻者對《五經旁訓》有極高的評價,如陳文燭序云:"今取六經之古文而旁訓之,根本注疏,折衷衆論,易則易知,簡則易從,如菽粟療饑,布帛御寒,通之千萬世者也。"② 又游居敬序云:"余近得《五經旁訓》一書,俱離斷句讀,摘注意義,簡明精約,披卷即可瞭然知其大義,余甚喜之,以爲初學者誦此,則諸經聖賢立言之指,即可以得其大端,研而窮之,會而通之。"③ 鄭汝璧引亦云:"偶得《五經旁訓》舊刻,暇一披玩,注簡而旨明,欣然若有會焉,乃屬二三大夫,刪冗考誤,補其闕略,正其句讀而畀之梓,以公同好。"④ 可見明代刊刻者都認爲《旁訓》注解簡明,便于誦讀,實爲研習五經之一助。⑤

---

① 《明人傳記資料索引》,頁783。
② 北京故宮博物院編:《五經旁訓》,《序》,頁2下,總頁1。
③ 《五經旁訓》,香港中文大學藏鄭汝璧本,《引》,頁2下至3下。
④ 同上,頁1上至1下。
⑤ 明代刊刻李恕《五經旁訓》的原因或與科舉有關。明代的科舉考試制度因襲自元代,據《明史・志第四十六・選舉二》云:"四書主朱子集注,易主程傳、朱子本義,書主蔡氏傳及古注疏,詩主朱子集傳,春秋主左氏、公羊、穀梁三傳及胡安國、張洽傳,禮記主古注疏。永樂間,頒四書五經大全,廢注疏不用。其後,春秋亦不用張洽傳,禮記止用陳澔集說。"可見明代科舉考試的內容以宋、元經學著作爲主。至永樂年間,官方更編纂《四書五經大全》作爲考試指定讀本。李恕《五經旁訓》于《易》主取程頤《程氏易傳》與朱熹《周易本義》;于《書》主取宋人蔡沈《書集傳》;于《詩》主取朱熹《詩集傳》;于《禮記》主取陳澔《禮記集說》;于《春秋》主取胡安國《春秋胡氏傳》及程頤《春秋傳》,可見《旁訓》所取用的前人注解與明代科舉範圍相合。相較一百二十七卷的《五經大全》,十九卷的《五經旁訓》更切合初學,實可作爲科舉前的基礎讀本,因而明代不乏刊刻其書,由于問題複雜,當另文再議。

### 朱鴻謨本《禮經旁訓》與他本文句異同考

本文首次比對朱鴻謨本、中大鄭汝璧本、臺圖明刊本及哈佛清印本等四種《五經旁訓》中的《禮經旁訓》，并選取顯例以說明各種本子之異同，從而探討朱鴻謨本的價值及其問題。四本《禮記旁訓》卷前都録有陳澔《禮記集說·序》，而各本于序後皆題爲"至正壬戌良月既望後學東彙陳澔序"。考元代至正無壬戌年，而陳氏《集說》原書序云"至治壬戌良月既望"，①即西元 1322 年，可證各本《旁訓》所録陳序之時代皆誤。本節爲了方便論述，先引録《禮記》原文，然後再列出朱鴻謨本中的"旁訓"與"夾注"，②最後在案語中交代《旁訓》的依據及他本之異文，并加以說明，以示各版本中的差異。

## 一、以朱鴻謨本校正他本例

經比對各本後，本文發現可據朱鴻謨本校正他本之訛誤，如：

1.《禮記·曾子問》：昔者齊桓公亟舉兵，作僞主以行。及反，藏諸祖廟。廟有二主，自桓公始也。

《旁訓》：師行而載遷廟之主于齊車，示有所尊奉也。既作僞主，又藏于廟，是二主也。

《夾注》："亟"字下夾注"器"。③

案：陳澔《禮記集說》云："師行而載遷廟之主于齊車，示有所尊奉也。既作僞主，又藏于廟，是二主矣。"④即李恕《禮經旁訓》所本。"是二主也"，中大本、清印本同，⑤然臺圖本獨作"是二失也"，⑥當誤，應從《集說》及他本作"二主"爲是。

2.《禮記·檀弓下》：喪，公弔之，必有拜者，雖朋友、州里、舍人可

---

① 陳澔：《陳氏禮記集說》，《序》，頁 2 上，總頁 681。
② 《五經旁訓》原文中的"旁訓"及"夾注"并無標點，爲了方便閱讀，本文所引録《禮經旁訓》注解都加上新式標點。
③ 北京故宮博物院編：《禮經旁訓》，卷二，頁 41 下至 42 上，總頁 268—269。
④ 陳澔：《陳氏禮記集說》，卷四，頁 9 上，總頁 783。
⑤ 《禮經旁訓》，香港中文大學藏鄭汝璧本，卷二，頁 41 上；《禮經旁訓》，美國哈佛燕京藏清印本，卷二，頁 41 上。
⑥ 《禮經旁訓》，臺北圖書館館藏明刊本，卷二，頁 41 下至 42 上。

也。吊曰:"寡君承事。"主人曰:"臨。"

《旁訓》:國君吊其諸臣之喪,主人當往拜謝。若無主後,同州里及典喪家舍人往拜可也。來承助喪事。謝辱臨之重。

《夾注》:"臨"字下夾注"如字"。①

案:陳澔《禮記集説》云:"此謂國君吊其諸臣之喪,吊後主人當親往拜謝,喪家若無主後,必使以次疏親往拜,若又無疏親,則死者之朋友及同州、同里及喪家典舍之人往拜亦可也。寡君承事,言來承助喪事,此君語擯者傳命以入之辭。主人曰臨者,謝辱臨之重也。臨如字。"② 即《旁訓》所本。朱鴻謨本《旁訓》"若無主後,同州里及典喪家舍人往拜可也"數句乃刪節陳説而來,然臺圖本、中大本、清印本同作"同州及典喪人往拜可也",③可見三本對原句刪節更甚,然三本把"喪家典舍之人"約略成"典喪人",文意不明,當以朱鴻謨本爲優。

3.《禮記·檀弓下》:既卒哭,宰夫執木鐸以命于宮曰:"舍故而諱新。"自寢門至于庫門。

《旁訓》:周禮大喪小喪。掌戒令。金口木舌。令。使之舍舊諱而諱新死者之名。自外入之第一門爲庫門。④

《集説》:陳澔《禮記集説》云:"周禮大喪小喪,宰夫掌其戒令,故卒哭後使宰夫執金口木舌之鐸,振之以命令于宮也,其令之之辭曰舍故而諱新,故謂高祖之父當遷者諱多則難避,故使之舍舊諱而諱新死者之名也,以其親盡故可不諱。庫門自外入之第一門,亦曰皋門。舍上聲。"⑤ 即《旁訓》所本。朱鴻謨本"金口木舌",中大本、清印本無此句及"令"字,⑥而臺圖本作"金木舌",⑦缺"口"字,或有脫文,當據《集説》及朱鴻謨本補之。

---

① 北京故宫博物院編:《禮經旁訓》,卷一,頁 44 上,總頁 238。
② 陳澔:《陳氏禮記集説》,卷二,頁 40 下至 41 上,總頁 727。
③ 《禮經旁訓》,臺北圖書館館藏明刊本,卷一,頁 44 上至 44 下;《禮經旁訓》,香港中文大學藏鄭汝璧本,卷一,頁 43 下;《禮經旁訓》,美國哈佛燕京藏清印本,卷一,頁 43 下。
④ 北京故宫博物院編:《禮經旁訓》,卷一,頁 56 下至 57 上,總頁 244—245。
⑤ 陳澔:《陳氏禮記集説》,卷二,頁 64 上至 64 下,總頁 739。
⑥ 《禮經旁訓》,香港中文大學藏鄭汝璧本,卷一,頁 56 上;《禮經旁訓》,美國哈佛燕京藏清印本,卷一,頁 56 上。
⑦ 《禮經旁訓》,臺北圖書館館藏明刊本,卷一,頁 57 上。

以上三例,可見研究者可據朱鴻謨本以訂正別本文句上的錯誤,反映朱鴻謨本的版本價值。

## 二、朱鴻謨本文意不及他本例

朱鴻謨本年代雖較諸本爲早,然經比對後,亦可發現其文意有時不及他本明晰,如:

4.《禮記·檀弓下》:五十無車者,不越疆而吊人。

《旁訓》:始衰之年。徒行。過界。不可以筋力爲禮。①

案:陳氏《禮記集說》云:"始衰之年,不可以筋力爲禮也。"②即《旁訓》所本,然《旁訓》尚有"徒行"、"過界"四字以釋"無車"及"越疆"之義,補充陳說之未足。中大本、清印本無"過界"兩字。而朱鴻謨本"徒行",臺圖本、中大本、清印本同作"不徒行遠吊",③解釋了年滿五十無車者不應徒步遠地吊喪之句意,考孔穎達《禮記正義》云:"此一節論衰老不許徒行遠吊之事。"④即三本所本,文意較朱鴻謨本詳盡。

5.《禮記·曾子問》:曰:"君既啓,而臣有父母之喪,則如之何?"孔子曰:"歸哭而反送君。"

《旁訓》:哭親喪。復往送君之葬。⑤

案:陳氏《集說》云:"啓,啓殯也。歸哭,哭親喪也。反送君,復往送君之葬也。"⑥即《旁訓》所本。臺圖本、中大本、清印本于"啓"字旁多"啓殯"兩字,⑦亦取于陳說,然朱鴻謨本無之。考南海出版社複印朱鴻謨本"啓"字旁略爲模糊不清,疑是脫"啓殯"兩字,當以臺圖本、中大本、清印本爲是。

---

① 北京故宫博物院編:《禮經旁訓》,卷一,頁43下,總頁238。
② 陳澔:《陳氏禮記集說》,卷二,頁39下,總頁726。
③ 《禮經旁訓》,臺灣國家圖書館藏明刊本,卷一,頁44上;《禮經旁訓》,香港中文大學藏鄭汝璧本,卷一,頁43上;《禮經旁訓》,美國哈佛燕京藏清印本,卷一,頁43上。
④ 鄭玄注,孔穎達疏:《禮記正義》(北京:北京大學出版社,1999年),卷九,頁256。
⑤ 北京故宫博物院編:《禮經旁訓》,卷二,頁45下至46上,總頁270—271。
⑥ 陳澔:《陳氏禮記集說》,卷四,頁15上至15下,總頁786。
⑦ 《禮經旁訓》,臺北圖書館藏明刊本,卷二,頁46上;《禮經旁訓》,香港中文大學藏鄭汝璧本,卷二,頁45上;《禮經旁訓》,美國哈佛燕京藏清印本,卷二,頁45上。

6.《禮記·學記》：古之學者，比物醜類。鼓無當于五聲，五聲弗得不和。水無當于五色，五色弗得不章。學無當于五官，五官弗得不治。師無當于五服，五服弗得不親。

《旁訓》：以同類之事相比方。鼓聲不宮不商于五聲，本無所主。五聲不得鼓則無諧和之節。水無色不在五色之內。繢畫者不得水則不章明。學于吾吾身五者之官，本無所主。①　五官不得學則不能治。師于弟子不當五服之一。弟子若非師教，則五服不相和親。

《夾注》："比"字下夾注"妣"。"當"字下夾注"去聲"。"學無當于五官"句下夾注"身、口、耳、目、心"。"師無當于五服"句下夾注"斬衰、齊衰、大功、小功、緦麻"。②

案：陳氏《集説》云："比物醜類，謂以同類之事相比方也。當猶主也，鼓聲不宮不商于五聲，本無所主，然而五聲不得鼓則無諧和之節。水無色不在五色之列，而繢畫者不得水則不章明。五官，身、口、耳、目、心之所職，即洪範之五事也，學于吾身五者之官本無所當，而五官不得學則不能治。師于弟子不當五服之一，而弟子若無師之教誨，則五服之屬不相和親。……比音紕。當去聲。與去聲。"③即《旁訓》所本。朱鴻謨本"學于吾吾身五者之官本無所主"，陳氏《集説》作"學于吾身五者之官本無所當"，而臺圖本作"學于吾身五者之官本無所主"，④兩文皆少一"吾"字，可見朱鴻謨本此句衍一"吾"字。

## 三、朱鴻謨本所載《集説》之注解異于別本例

對比朱鴻謨本與其他本子，本文發現朱鴻謨本的注解有與他本不同者，其中更反映出各本對陳氏《集説》有不同取捨，如：

7.《禮記·檀弓上》：后木曰："喪，吾聞諸縣子曰：夫喪，不可不深

---

① 中大本、清印本此句作"于身、口、耳、目、心五者之言太無所主"，見《禮經旁訓》，香港中文大學藏鄭汝璧本，卷四，頁14下；《禮經旁訓》，美國哈佛燕京藏清印本，卷四，頁14下。
② 北京故宮博物院編：《禮經旁訓》，卷四，頁14下—15上，總頁319—320。
③ 陳澔：《陳氏禮記集説》，卷六，頁74下，總頁879。
④ 《禮經旁訓》，臺北圖書館館藏明刊本，卷四，頁14下。

長思也,買棺外內易,我死則亦然。"

《旁訓》:魯孝公子惠伯鞏之後。買棺之時,外內皆要精好。自孝子當爲,非父母囑托。

《夾注》:"易"字下夾注"異"。①

案:陳氏《集說》云:"后木,魯孝公子惠伯鞏之後。馮氏曰此條重在不可不深長思一句,買棺之時,外內皆要精好,此是孝子當爲之事,非是父母豫所屬托,而曰我死則亦然,記禮者譏失言也。易音異。屬音燭。"②即《旁訓》所本。臺圖本只作"魯孝公子惠伯鞏之後。買棺之時,外內皆要精好。"③注解較簡。而中大本、清印本同作"魯孝公子。買棺時,外內皆要精好。此是孝子當爲事,非是父母豫屬,而曰我死亦然,記禮者譏其失言。"④文辭又與朱鴻謨本等不同,可見各本所載《集說》注解之文句差異頗大。

8.《禮記·曾子問》:若宗子有罪,居于他國,庶子爲大夫,其祭也,祝曰:"孝子某使介子某執其常事。"攝主不厭祭,不旅,不假,不綏祭,不配。

《旁訓》:介子非當主祭者,故謂之攝主,其禮略于宗子者有五。饜飫之義。旅酬。假當作嘏,福慶之辭。不言以某氏配。

《夾注》:"綏"字下夾注"虛規反"。⑤

案:陳氏《集說》云:"介子非當主祭者,故謂之攝主,其禮略于宗子者有五焉,若以祭禮先後之次言之,當云不配不綏祭不假不旅不厭祭,今倒言之者,舊説攝主非正,故逆陳以見義,抑或記者之誤與。今依次釋之,不配者祭禮初行尸未入之時,祝告神曰孝孫某來日丁亥用薦歲事于皇祖伯某以某妃配某氏,如姜氏子氏之類,今攝主不敢備禮,但言薦歲事于皇祖伯某,不言以某妃配也。不綏祭者,綏字當從周禮作隋,減毀之名也,尸與主人俱有隋祭,主人減黍稷牢肉而祭之于豆閒,尸則取

---

① 北京故宫博物院編:《禮經旁訓》,卷一,頁39下,總頁236。
② 陳澔:《陳氏禮記集説》,卷二,頁30上至30下,總頁722。
③ 《禮經旁訓》,臺北圖書館館藏明刊本,卷一,頁40上。
④ 《禮經旁訓》,香港中文大學藏鄭汝璧本,卷一,頁39上。《禮經旁訓》,美國哈佛燕京藏清印本,卷一,頁39上。
⑤ 北京故宫博物院編:《禮經旁訓》,卷二,頁47上至47下,總頁271。

菹及黍稷肺而祭于豆閒,所謂隋祭也。今尸自隋祭,主人是攝主,故不隋祭也。不假者,假字當作嘏,福慶之辭也……不旅,不旅酬也,詳見前章。不厭祭者,厭是饜飫之義,謂神之歆享也。……綏虛規切。見音現。隋音灰。女音汝。爲主,爲去聲。謖音速。"①即《旁訓》所本。其中朱鴻謨本"不言以某氏配",臺圖本、中大本、清印本并作"主人減黍稷牢肉而祭之于豆閒,尸則取菹及黍稷肺而祭于豆閒,謂隋祭",②亦取諸陳說,然與朱鴻謨本不同,反映各本對陳說之因襲詳略有別。

  9.《禮記・曾子問》：布奠于賓,賓奠而不舉,不歸肉。其辭于賓曰："宗兄、宗弟、宗子在他國,使某辭。"

  《旁訓》：不舉以酬兄弟。不歸俎肉于賓。非但祭不備,其將祭告賓之辭亦異。不得親祭。告。

  《夾注》："布奠"字下夾注"奠爵"。③

  案：陳氏《集說》云："主人酬賓之時,賓在西廂,東面主人布此奠爵于賓俎之北,賓坐取此爵而奠于俎之南,不舉之以酬兄弟,此即不旅之事,若宗子主祭則凡助祭之賓各歸之以俎肉,今攝主故不歸俎肉于賓也,非但祭不備禮,其將祭之初告賓之辭亦異,曰宗兄宗弟宗子在他國不得親祭,故使某執其常事,使某告也,故云使某辭。"④即《旁訓》所本。朱鴻謨本"不舉以酬兄弟",臺圖本、中大本、清印本同作"不舉酬",且三本無"非但祭不備,其將祭告賓之辭亦異"句,⑤此亦反映不同版本與《集說》的因襲關係詳略不同。

  10.《禮記・學記》：古之教者,家有塾,黨有庠,術有序,國有學。比年入學,中年考校。一年視離經辨志,三年視敬業樂群,五年視博習親師,七年視論學取友,謂之小成；九年知類通達,強立而不反,謂之大成。

  《旁訓》：二十五家。門側。五百家。黨學。萬二千五百家。州學。

---

① 陳澔：《陳氏禮記集說》,卷四,頁17上至18上,總頁787—788。
② 《禮經旁訓》,臺北圖書館館藏明刊本,卷二,頁49上；《禮經旁訓》,香港中文大學藏鄭汝璧本,卷二,頁46下；《禮經旁訓》,美國哈佛燕京藏清印本,卷二,頁46上至46下。
③ 北京故宮博物院編：《禮經旁訓》,卷二,頁47上,總頁271。
④ 陳澔：《陳氏禮記集說》,卷四,頁18上,總頁788。
⑤ 《禮經旁訓》,臺北圖書館館藏明刊本,卷二,頁49上；《禮經旁訓》,香港中文大學藏鄭汝璧本,卷二,頁46下；《禮經旁訓》,美國哈佛燕京藏清印本,卷二,頁46下。

天子諸侯國中。每。每間一年考校其藝之進否。離絕經書之句讀。所習無怠忽。朋徒無睽貳。不限程度。訓誨知好。講求學問之蘊奧。擇益者而友之。觸類而長，無所不通。卓然自立，外物不得以奪之。

《夾注》："術"字下夾注"當爲州"。"比"字下夾注"毗志反"。"中"字下夾注"平聲"。"志"字下夾注"辨別趨向之邪正"。"樂"字下夾注"五教反"。①

案：陳氏《集說》云："古者二十五家爲閭，同在一巷，巷首有門，門側有塾，民在家者朝夕受教于塾也。五百家爲黨，黨之學曰庠，教閭塾所升之人也。術當爲州，萬二千五百家爲州，州之學曰序，周禮鄉大夫春秋以禮會民而射于州序是也，序則教黨學所升之人。天子所都及諸侯國中之學謂之國，學以教元子、衆子及卿大夫士之子與所升俊選之士焉。比年，每歲也，每歲皆有入學之人。中年，間一年也，與小記中一以上之中同，每間一年而考校其藝之進否也。離經，離絕經書之句讀也。辨志，辨別其趨向之邪正也。敬業則于所習無怠忽，樂羣則于朋徒無睽貳，博習則不以程度爲限制，親師則于訓誨知嗜好，論學講求學問之縕奧也，取友擇取益者而友之也，能如此，是學之小成地。至于九年則理明義精、觸類而長、無所不通，有卓然自立之行而外物不得以奪之矣，是大成也。朱子曰這幾句都是上兩字説學，下兩字説所得處，如離經便是學，辨志是所得處，他仿此。術當爲州。比毗至切。中平聲。樂五教切。論去聲。間去聲。以上，上上聲。讀音豆。別必列切。行去聲。"②可見《旁訓》刪削陳説，并將關鍵字詞摘錄于《禮記》正文旁邊，以方便閱讀。臺圖本、中大本、清印本均無"天子諸侯國中"句，③考上文陳氏《集説》言"天子所都及諸侯國中之學謂之國"，可見朱鴻謨本《旁訓》實有所承，然臺圖本、中大本、清印本皆無之，此亦可反映各種本子間對陳説有不同的取捨。

---

① 北京故宫博物院編：《禮經旁訓》，卷四，頁11，總頁318。
② 陳澔：《陳氏禮記集説》，卷六，頁67上至67下，總頁875。
③ 《禮經旁訓》，臺北圖書館館藏明刊本，卷四，頁10下至11上；《禮經旁訓》，香港中文大學藏鄭汝璧本，卷四，頁10下至11上；《禮經旁訓》，美國哈佛燕京藏清印本，卷四，頁10下至11上。

## 四、朱鴻謨本所載注解略于別本例

經對比各本後，本文發現朱本所載之注解有時略于他本，如：

11.《禮記・曾子問》：曾子問曰："下殤：土周葬于園，遂輿機而往，塗邇故也。今墓遠，則其葬也如之何？"

《旁訓》：八歲至十一歲。聖周也。園圃。抗也。機者，輿尸之具。不葬于園。①

案：陳氏《集說》云："八歲至十一爲下殤。土周聖周也，說見檀弓。成人則葬于墓，此葬于園圃之中。輿，猶抗也。機者，輿尸之具，木爲之，狀如床而無脚，以繩橫直維繫之，抗舉而往聖周之所棺，斂而葬之塗，近故也。曾子言今世禮變，皆棺斂下殤于家而葬之于墓，則塗遠矣，其葬也如之何，問既不用輿機則當用人舉棺以往乎，爲當用車載棺而往乎，然此謂大夫之下殤及士庶人之中下殤耳，若大夫之適長殤，中殤有遣車者，亦不輿機而葬也。"②即《旁訓》所本。臺圖本于"機者，輿尸之具"後尚有"木爲之，狀如床而無脚，以繩橫直維繫之，抗舉而往聖周之所棺，斂而葬之"一段文字，并于"邇"字下夾注"近也"，及"遠"字下夾注"不葬于園"。③ 而中大本、清印本皆無夾注，而于"斂而葬之"句後尚多"今世禮變而葬于墓則塗遠矣"句，④反映四本對陳說之因襲亦各不相同，其中以朱鴻謨本最略。

12.《禮記・檀弓上》：南宮縚之妻之姑之喪，夫子誨之髽，曰："爾毋從從爾，爾毋扈扈爾，蓋榛以爲笄，長尺，而總八寸。"

《旁訓》：夫子兄女也。教。汝。無。太高。語助辭。太廣。榛木。笄。束髮垂餘之總長八寸。

《夾注》："縚"字下夾注"叨"。⑤ "從從"字下夾注"總"。"扈扈"字下

---

① 北京故宮博物院編：《禮經旁訓》，卷二，頁49上至49下，總頁272。
② 陳澔：《陳氏禮記集說》，卷二，頁6上至6下，總頁710。
③ 《禮經旁訓》，臺北圖書館館藏明刊本，卷二，頁49上。
④ 《禮經旁訓》，香港中文大學藏鄭汝璧本，卷二，頁48下。《禮經旁訓》，美國哈佛燕京藏清印本，卷二，頁48下。
⑤ 清印本《禮經旁訓》此注音作"明"字，當誤。

夾注"户"。"長"字下夾注"仗"。①

案：陳氏《集説》云："綃妻，夫子兄女也。姑死夫子教之爲髽。從從，高也。扈扈，廣也。言爾髽不可太高，不可太廣，又教以笄總之法。笄，即簪也。吉笄，尺二寸。喪笄，一尺。斬衰之笄，用箭竹，竹之小者也。婦爲舅姑，皆齊衰不杖，則當用榛木爲笄也。束髮謂之總，以布爲之，既束其本末，而總之餘者垂于髻後，其長八寸也。綃音叨。從音總。扈音户。長音仗。婦爲，爲去聲。"②即《旁訓》所本。《集説》中并無解釋"從從爾"之"爾"字爲語助辭，而《旁訓》補充之。臺圖本、中大本、清印本于"南宮綃"旁尚有"字子容"三字，③考鄭玄《禮記注》云："南宮綃，孟僖子之子南宮閲也，字子容，其妻孔子兄女。"④可見臺圖本、中大本、清印本取鄭注以補充南宮綃之字號，而朱鴻謨本無之。

13.《禮記·檀弓下》：趙文子與叔譽觀乎九原。文子曰："死者如可作也，吾誰與歸？"

《旁訓》：晉大夫。假令可以再生而起，吾于衆大夫誰從乎。文子設此欲論前人賢否。⑤

案：陳氏《集説》云："文子，晉大夫名武。叔譽，叔向也。言卿大夫之死而葬于此者多矣，假令可以再生而起，吾于衆大夫誰從乎。文子蓋設此説，欲與叔向共論前人賢否也。令平聲。"⑥即《旁訓》所本。臺圖本、中大本、清印本于"晉大夫"下多"言卿大夫之死而葬于此者多矣"一句，⑦亦取于陳説，然朱鴻謨本無之，此亦可見不同版本對陳説之取捨有詳略之别。

14.《禮記·大傳》：從服有六：有屬從，有徒從，有從有服而無服，有從無服而有服，有從重而輕，有從輕而重。

---

① 北京故宮博物院編：《禮經旁訓》，卷一，頁 28 上至 28 下，總頁 230。
② 陳澔《陳氏禮記集説》，卷二，頁 10 上，總頁 712。
③ 《禮經旁訓》，臺北圖書館藏明刊本，卷一，頁 28 下；《禮經旁訓》，香港中文大學藏鄭汝璧本，卷一，頁 27 下；《禮經旁訓》，美國哈佛燕京藏清印本，卷一，頁 27 下。
④ 鄭玄注，孔穎達疏：《禮記正義》，卷六，頁 189。
⑤ 北京故宮博物院編：《禮經旁訓》，卷一，頁 61 下，頁 247。
⑥ 陳澔《陳氏禮記集説》，卷二，頁 72 上至 72 下，總頁 743。
⑦ 《禮經旁訓》，臺北圖書館藏明刊本，卷一，頁 61 下至 62 上；《禮經旁訓》，香港中文大學藏鄭汝璧本，卷一，頁 60 下；《禮經旁訓》，美國哈佛燕京藏清印本，卷一，頁 60 下。

《旁訓》：如子從母而服母黨之類。如臣從君而服君黨之類　如兄有服而嫂無服。如妻爲夫昆弟無服而服娣姒。如妻爲父母期，夫從妻而服三月。如公子爲母練冠，而公子之妻服期。

《夾注》："徒"字下夾注"空也,非親屬而空從之服其黨"。①

案：陳氏《集説》云："屬，親屬也。子從母而服母黨，妻從夫而服夫黨，夫從妻而服妻黨，是屬從也。徒,空也,非親屬而空從之服其黨，如臣從君而服君之黨，妻從夫而服夫之君，妾服女君之黨，庶子服君母之父母，子服母之君母，是徒從也。如公子之妻爲父母期而公子爲君所厭不得服外舅外姑，是妻有服而公子無服。如兄有服而嫂無服，是從有服而無服也。公子爲君所厭不得爲外兄弟服，而公子之妻則服之，妻爲夫之昆弟無服而服娣姒，是從無服而有服也。妻爲其父母期重也，夫從妻而服之三月則爲輕，母爲其兄弟之子大功重也，子從母而服之三月則爲輕，此從重而輕也。公子爲君所厭自爲其母練冠輕矣，而公子之妻爲之服期，此從輕而重也。爲父、爲外、爲夫、爲其、爲之，爲去聲。"②即《旁訓》所本。臺圖本、中大本、清印本無"如子從母而服母黨之類　如臣從君而服君黨之類"兩句，并于原文"屬"字旁有"親屬也"三字，③亦取于陳説，然朱鴻謨本無此三字，可見三本對陳説取捨亦不一。

## 五、朱鴻謨本所載之注解來源異于別本例

李恕《禮經旁訓》注釋《禮記》的資料來源并不局限于陳氏《集説》一書，本文發現《旁訓》亦多取宋元學者之説以訓解《禮記》，然而不同版本對宋元注解的取捨亦不一致，如：

15.《禮記·檀弓下》：國昭子之母死，問于子張曰："葬及墓，男子、婦人安位？"子張曰："司徒敬子之喪，夫子相，男子西鄉，婦人東鄉。"曰：

---

① "空也,非親屬而空從之服其黨"，臺圖本、清印本作"空也,非親屬而空從之"，且在原文旁邊，而非夾注。北京故宮博物院編：《禮經旁訓》，卷四，頁2下至3上，總頁313—314。
② 陳澔：《陳氏禮記集説》，卷六，頁50下至52上，總頁867。
③ 《禮經旁訓》，臺北圖書館館藏明刊本，卷四，頁2下；《禮經旁訓》，香港中文大學藏鄭汝璧本，卷四，頁2下；《禮經旁訓》，美國哈佛燕京藏清印本，卷四，頁2下。

"噫！毋。"

《旁訓》：齊大夫。孔子相禮。位乎東。位乎西。

《夾注》："斯"字下夾注"去聲"。"毋"字下夾注"無"。①

案：陳氏《集説》云："國昭子，齊大夫。葬其母以子張相禮，故問之。夫子，孔子也，主人家男子皆西鄉，婦人皆東向，而男賓在衆主人之南，女賓在衆婦之南，禮也。相鄉，并去聲。"②即《旁訓》所本。然上文《旁訓》："位乎東。位乎西。"不見于《集説》，考衛湜《禮記集説·卷二十一》云："嚴陵方氏曰：……至于葬男子則西向而位乎東，婦人則東向而位乎西，凡以辨陰陽之義而已。"③可見《旁訓》除陳説外，亦有取用嚴陵方氏之説。中大本、清印本同朱鴻謨本，然臺圖本于"婦人東鄉"下夾注"亦以辨陰陽之義而已"，④考此句亦本嚴陵方氏之説，可見各本對宋人注解的取捨并不一致。

16.《禮記·檀弓下》：曰："我喪也斯沾。爾專之，賓爲賓焉，主爲主焉，婦人從男子皆西鄉。"

《旁訓》：昭子聞子張言，嘆息而止。盡也。⑤ 視。專主其事。⑥ 使賓自爲賓。主自爲主。

《夾注》："斯"字下夾注"去聲"。"沾"字下夾注"覘。言我爲大夫，今行喪禮人必盡來覘視，當更改以示人，豈宜一循舊禮。""西鄉"下夾注"于是昭子家婦人既與男子同居主位而西鄉，而女賓亦與男賓同居賓位而東鄉，失古禮矣。"⑦

案：陳氏《集説》云："昭子聞子張之言，嘆息而止之，言我爲大夫，齊之顯家，今行喪禮人必盡求覘視，當有所更改以示人，豈宜一循舊禮。爾當專主其事，使賓自爲賓，主自爲主可也，于是昭子家婦人既與男子

---

① 北京故宫博物院編：《禮經旁訓》，卷一，頁49上，總頁241。
② 陳澔：《陳氏禮記集説》，卷二，頁55下，總頁732。
③ 衛湜：《禮記集説》文淵閣四庫全書本，卷21，頁20上。
④ 《禮經旁訓》，臺北圖書館館藏明刊本，卷一，頁49上至49下；《禮經旁訓》，香港中文大學藏鄭汝璧本，卷一，頁48上至48下；《禮經旁訓》，美國哈佛燕京藏清印本，卷一，頁48上至48下。
⑤ 清印本于"盡也"下多"讀爲沾"三字。
⑥ 清印本于"專主其事"上多"爾當"兩字。
⑦ 北京故宫博物院編：《禮經旁訓》，卷一，頁49上，總頁241。

同居主位而西鄉,而女賓亦與男賓同居賓位而東鄉矣。斯,盡也。沾讀爲覘,此記禮之變。毋無同。斯去聲。沾覘同。更平聲。"①即《旁訓》所本。臺圖本、中大本、清印本于"主自爲主"四字後多"昭子家男子、婦人同居主位而西鄉"兩句,而朱鴻謨本在夾注中。且臺圖本、中大本、清印本于"西鄉"下夾注"徒爲賓主之辨,曾無男女之嫌,其失禮也不已甚乎。"②亦與朱鴻謨本異。考衛湜《禮記集説‧卷二十一》云:"嚴陵方氏曰……司徒敬子之喪夫子爲相固嘗行之矣,而國昭子徒爲賓主之辨,曾無男女之別,則其失禮也,不已甚乎。"③可見臺圖本、中大本、清印本于此章取宋人之説,而朱鴻謨本無之。

17.《禮記‧檀弓下》:襄公朝于荊,康王卒。荊人曰:"必請襲。"魯人曰:"非禮也。"荊人強之。巫先拂柩。荊人悔之。

《旁訓》:荊,楚本號。荊人以人臣之事待襄公。襄公則以人臣之事臨荊人。及其覺之追悔無及,此其適權變之宜,足以雪恥。

《夾注》:"強"字下夾注"上聲"。"柩"字下夾注"巫祝桃茢,君臨臣喪之禮"。④

案:陳氏《集説》云:"荊,禹貢州名,楚立國之本號。魯僖公元年始稱楚。魯襄公以二十八年朝楚,適遭楚子昭之喪,魯人知襲之非禮而不能違,于是以君臨臣喪之禮先之,及其覺之而悔已無及矣,此其適權變之宜,足以雪恥。強上聲。"⑤即《旁訓》所本。《旁訓》中"荊人以人臣之事待襄公,襄公則以人臣之事臨荊人"兩句乃取自長樂陳氏,⑥而夾注"巫祝桃茢,君臨臣喪之禮"則取自鄭注,⑦可見《旁訓》于此章糅合不同注解以爲説。臺圖本、中大本、清印本于"荊,楚本號"中多"禹貢州名"

---

① 陳澔:《陳氏禮記集説》,卷二,頁 51 上,總頁 732。
② 《禮經旁訓》,臺北圖書館館藏明刊本,卷一,頁 49 下;《禮經旁訓》,香港中文大學藏鄭汝璧本,卷一,頁 48 下;《禮經旁訓》,美國哈佛燕京藏清印本,卷一,頁 48 下。
③ 衛湜:《禮記集説》,卷二十一,頁 20 上。
④ 北京故宮博物院編:《禮經旁訓》,卷一,頁 55 上至 55 下,總頁 244。
⑤ 陳澔:《陳氏禮記集説》,卷二,頁 61 上,總頁 737。
⑥ 衛湜《禮記集説‧卷二十二》:"長樂陳氏曰荊人以人臣之事待襄公,襄公則以人君之事臨荊人。"見衛湜:《禮記集説》,卷二十二,頁 15 下。吳澄《禮記纂言‧卷十四中》引作"陳氏曰荊人以人臣之事待襄公,襄公則以人臣之事臨荊人。"其中"人君之事"作"人臣之事",與《旁訓》同,見吳澄:《禮記纂言》,卷十四中,頁 55 下。
⑦ 鄭玄注:"巫祝桃茢,君臨臣喪之禮。"見鄭玄注、孔穎達疏:《禮記正義》,卷十,頁 303。

四字,亦取自陳説。另外,臺圖本獨于"強"字夾注云"去聲。荆人欲尊康王故強之",①則取自鄭注,②可見各本差異頗大。

18.《禮記·檀弓下》:"我則隨武子乎,利其君不忘其身,謀其身不遺其友。"晉人謂文子知人。

《旁訓》:士會。棄。

《夾注》:"友"字下夾注"不忘其身而謀之,智也;利其君不遺其友,仁也"。③

案:陳氏《集説》云:"文子自言我所願歸者惟隨武子乎。武子,士會也,食邑于隨,《左傳》言夫子之家事治言于晉國無隱情,蓋不忘其身而謀之,知也;利其君不遺其友,皆仁也。"④即《旁訓》所本。中大本《旁訓》作"棄,仁也。"⑤而臺圖本、清印本于"利其君"旁多"進思盡忠"四字,又于"忘其身"旁多"保全父母遺體"六字,⑥考《禮記正義》云:"利其君者謂進思盡忠,不忘其身者保全父母。"⑦即兩本所本,然朱鴻謨本無之。臺圖本于"乎"字下尚多夾注"文子言願歸者惟武子",亦取自陳説,與朱鴻謨本不同。

19.《禮記·大傳》:立權、度、量,考文章,改正朔,易服色,殊徽號,異器械,別衣服,此其所得與民變革者也。

《旁訓》:稱錘。丈尺。斗斛。典籍。年之始,月之初。服色隨尚變易。旌旗之屬。禮樂與軍旅之器。章采不同。⑧

案:陳氏《集説》云:"權稱錘,度丈尺,量斗斛也。文章,典籍也。正者年之始,朔者月之初。服之色隨所尚而變易。徽,旌旗之屬,徽之號亦隨所尚而殊異,如殷之大白,周之大赤之類也。器者,禮樂之器。械

---

① 臺圖本《禮經旁訓》,卷一,頁55下至56上;《禮經旁訓》,香港中文大學藏鄭汝璧本,卷一,頁54下;《禮經旁訓》,美國哈佛燕京藏清印本,卷一,頁54下。
② 鄭玄注:"欲尊康王。"見鄭玄注、孔穎達疏:《禮記正義》,卷十,頁303。
③ 北京故宮博物院編:《禮經旁訓》,卷一,頁61上,總頁247。案:清印本無夾注。
④ 陳澔:《陳氏禮記集説》,卷二,頁73上,總頁743。
⑤ 《禮經旁訓》,香港中文大學藏鄭汝璧本,卷一,頁60下。
⑥ 《禮經旁訓》,臺北圖書館館藏明刊本,卷一,頁62上;《禮經旁訓》,美國哈佛燕京藏清印本,卷一,頁60下。
⑦ 鄭玄注、孔穎達疏:《禮記正義》,卷十,頁325。
⑧ 北京故宮博物院編:《禮經旁訓》,卷四,頁2上,總頁313。

者,軍旅之器。衣服各有章采,時王因革不同,此七者以立考改易殊異別爲言,是與民變革者也。量去聲。別必列切。"①即《旁訓》所本。臺圖本、中大本、清印本于《旁訓》"章采不同"下多"聖人立法因民而已,易曰通其變,使民不倦是也"數句,②考衛湜《禮記集説・卷八十四》:"長樂陳氏曰……蓋聖人立法因民而已,民之所安聖人不強去,民之所厭聖人不強存,通其變使民不倦。"③即三本所本,然朱鴻謨本無之。

20.《禮記・檀弓下》:仲尼之畜狗死,使子貢埋之,曰:"吾聞之也,敝帷不棄,爲埋馬也;敝蓋不棄,爲埋狗也。丘也貧,無蓋;于其封也,亦予之席,毋使其首陷焉。"

《旁訓》:犬馬皆有力于人,故特示恩。没于土。

《夾注》:"畜"字下夾注"許六反"。"封"字下夾注"窆"。"予"字下夾注"上聲"。④

案:陳氏《集説》云:"狗馬皆有力于人,故特示恩也。畜許六切。爲去聲。封音窆。予上聲。"⑤即《旁訓》所本。臺圖本、中大本、清印本《旁訓》作"帷蓋近于身以爲障蔽,犬馬畜于家以爲代禦,皆有力人,死以帷蓋埋之,故特示恩也。"與朱鴻謨本異,⑥考衛湜《禮記集説・卷二十三》云:"石林葉氏曰帷蓋之近于身以爲障蔽者也,犬馬之畜于家以爲代禦也,障蔽者敝所不敢棄,而代禦者死用以埋之,所謂仁之至、義之盡也。"⑦可見三本取宋人之説,然朱鴻謨本無之。

21.《禮記・學記》:三王之祭川也,皆先河而後海;或源也,或委也。此之謂務本。

《旁訓》:河爲海之源,海乃河之委。

《夾注》:"三王之祭川也"句下夾注"河、海皆川"。"委"字下夾注

---

① 陳澔:《陳氏禮記集説》,卷六,頁49上,總頁866。
② 《禮經旁訓》,臺北圖書館館藏明刊本,卷四,頁1下;《禮經旁訓》,香港中文大學藏鄭汝璧本,卷四,頁1下至2上;《禮經旁訓》,美國哈佛燕京藏清印本,卷四,頁1上至2下。
③ 衛湜:《禮記集説》,卷八十四,頁21下至22上。
④ 北京故宮博物院編:《禮經旁訓》,卷一,頁60上,總頁246。
⑤ 陳澔:《陳氏禮記集説》,卷二,頁70上,總頁742。
⑥ 《禮經旁訓》,臺北圖書館館藏明刊本,卷一,頁60下;《禮經旁訓》,香港中文大學藏鄭汝璧本,卷一,頁59上至59下;《禮經旁訓》,美國哈佛燕京藏清印本,卷一,頁59上至59下。
⑦ 衛湜:《禮記集説》,卷二十三,頁13下。

"去聲"。①

案：陳氏《集說》云："河爲海之源，海乃河之委，承上文志于本而言，水之爲物盈科而後進，放乎四海有本者如是也，君子之于學不成章不達，故先務本。委去聲。放上聲。"即《旁訓》所本。《夾注》"河、海皆川"乃取于元人吳澄《禮記纂言·卷三十五》"河海皆川也"，②各本皆同。而臺圖本、中大本、清印本于"此之謂務本"句下尚多夾注"此又言本之當先，以申上文大德、大道、大信、大時之意。"③亦取自吳澄《禮記纂言·卷三十五》，④然朱鴻謨本無之。

以上各例，可證不同版本的《禮經旁訓》對鄭注、孔疏及宋、元學者注解之取捨各不相同，故此要論定李恕的經學淵源，必須注意各版本之差異。

## 六、朱鴻謨本所載之注解異于別本

朱鴻謨本所載之注解有時與衆本差異頗大，細考之下，其注解亦非純據成說，或是朱鴻謨重訂《旁訓》時自出己意的文字，如：

22.《禮記·曲禮上》：敖不可長，欲不可從，志不可滿，樂不可極。

《旁訓》：矜高。長傲喪德。嗜好。縱欲敗度。期願。志滿則溢。歡娛。樂極則流。

《夾注》："長"字下夾注"上聲"。"從"字下夾注"縱"。"樂"字下夾注"洛"。⑤

案：陳氏《集說》云："朱子曰此篇雜取諸書精要之語集以成篇，雖大意相似而文不連屬，如首章四句乃曲禮古經之言，敖不可長以下四句，不知何書語，又自爲一節，皆禁戒之辭。應氏曰敬之反爲敖，情之動爲

---

① 北京故宮博物院編：《禮經旁訓》，卷四，頁15上，總頁320。
② 吳澄：《禮記纂言》影印文淵閣本《四庫全書》（上海：上海古籍出版社，1987年），卷三十五，頁16下，總頁648。
③ 《禮經旁訓》，臺北圖書館館藏明刊本，卷四，頁15上；《禮經旁訓》，香港中文大學藏鄭汝璧本，卷四，頁14下；《禮經旁訓》，美國哈佛燕京藏清印本，卷四，頁14下。
④ 吳澄《禮記纂言》："此又言本之當先，以申上文大德、大道、太信、大時之意。"見吳澄：《禮記纂言》，卷三十五，頁16下，總頁648。
⑤ 北京故宮博物院編：《禮經旁訓》，卷一，頁1上，總頁217。

欲,志滿則溢,樂極則反。敖,去聲。長,上聲。從音縱,樂音洛。"①其中所引"應氏"之說即朱鴻謨本"縱欲敗度"、"志滿則溢"兩句所本,而上引其他訓解不見于前代典籍,或是朱鴻謨本以己意所補充。臺圖本、中大本、清印本此章《旁訓》作"慢。當消而絕之。當克而止之。當損而抑之。當約之歸于理。"②考衛湜《禮記集說‧卷一》云:"馬氏曰敖不可長者,欲消而絕之也;欲不可縱者,欲克而止之也;志不可滿者,欲損而抑之也;樂不可極者,欲約而歸于禮也。"③即三本所本。可見三本于此章不取陳氏《集說》而用宋人之說,其訓解遂與朱鴻謨本異。

23.《禮記‧曾子問》:曾子問曰:"諸侯之祭社稷,俎豆既陳,聞天子崩,后之喪,君薨,夫人之喪,如之何?"孔子曰:"廢。自薨比至于殯,自啓至于反哭,奉帥天子。"

《旁訓》:及。自殯後葬後補祭社稷,亦師循上文天子殯後祭五祀之禮。

《夾注》:"比"字下夾注"畀"。④

案:陳氏《集說》云:"比,及也。曾子所問如此,孔子曰廢,又言自薨至殯,自啓至反哭,皆帥循天子之禮者,謂諸侯既殯而祭社稷或五祀者,亦如天子殯後祭五祀之禮也。其葬後而祭社稷五祀者,亦如天子葬後祭五祀之禮也。比音畀。帥入聲。"⑤可見朱鴻謨本實據己意撮要陳說。而臺圖本、中大本、清印本《旁訓》皆作"及。師循天子之禮",⑥乃直接取用陳說,與朱鴻謨本異。

24.《禮記‧大傳》:自仁率親,等而上之,至于祖;自義率祖,順而下之,至于禰。是故人道親親也。親親故尊祖,尊祖故敬宗,敬宗故收族,收族故宗廟嚴,宗廟嚴故重社稷,重社稷故愛百姓,愛百姓故刑罰中,刑罰中故庶民安,庶民安故財用足,財用足故百志成,百志成故禮俗

---

① 陳澔:《陳氏禮記集說》,卷一,頁1下,總頁681。
② 《禮經旁訓》,臺北圖書館館藏明刊本,卷一,頁1上;《禮經旁訓》,香港中文大學藏鄭汝璧本,卷一,頁1上;《禮經旁訓》,美國哈佛燕京藏清印本,卷一,頁1上。
③ 衛湜:《禮記集說》,卷一,頁15上。
④ 北京故宮博物院編:《禮經旁訓》,卷二,頁44下,總頁270。
⑤ 陳澔:《陳氏禮記集說》,卷四,頁13上,總頁785。
⑥ 《禮經旁訓》,臺北圖書館館藏明刊本,卷二,頁44下;《禮經旁訓》,香港中文大學藏鄭汝璧本,卷二,頁44上;《禮經旁訓》,美國哈佛燕京藏清印本,卷二,頁44上。

刑,禮俗刑然後樂。《詩》云:"不顯不承,無斁于人斯"。此之謂也。

《旁訓》:順。仁始于親,義終于親。祖者親之自出。宗者祖之正體。族人之衆統于宗子。宗廟之尊共于族人。社稷安危又宗廟所繫。百官族姓離合又社稷所繫。官治則刑罰不濫。刑適則民有所措手足。民安生則自能樂業。民有恒產則有恒心。成。如此則爭鬥之患息,和平之氣通,故然後樂。豈不。光。尊。厭。

《夾注》:"愛百姓故刑罰中"句下夾注"去聲"。"樂"字下夾注"洛"。"斁"字下夾注"亦"。"此之謂也"句下夾注"引此以喻人君自親親推之家國天下至于禮俗大成,其可樂者亦無厭斁也"。①

案:陳氏《集説》云:"祖之遷者逾遠,宗之繼者無窮,必知尊祖乃能敬宗,收不離散也。宗道既尊,故族無離散而祭祀之禮嚴,肅内嚴宗廟之事故外重社稷之禮,知社稷之不可輕則知百官族姓之當愛,官得其人則刑不濫而民安其生,安生樂業而食貨所資,上下俱足,有恒產者有恒心,倉廩實而知禮節,故非心邪念不萌而百志以成,乖爭陵犯不作而禮俗一致。刑猶成也,如此則協氣嘉生,薰爲大和矣,豈不可樂乎。詩周頌清廟之篇,言文王之德豈不光顯乎,豈不見尊奉于人乎,無厭斁于人矣,引此以喻人君自親親之道,推之而家而國而天下,至于禮俗大成,其可樂者亦無有厭斁也。中去聲。樂音洛。斁音亦。"②可見朱鴻謨本除部分文字取自陳說外,其他訓解皆與《集説》差異頗大,其中"如此則爭鬥之患息,和平之氣通,故然後樂"數句乃取諸嚴陵方氏,見于衛湜《禮記集説·卷八十五》。③ 臺圖本、中大本、清印本此段《旁訓》皆作"順。祖遷逾遠,宗繼無窮,必知尊祖乃能敬宗。不離散。族無離而祭祀之禮嚴肅。内嚴宗廟之祭故外重社稷之禮。知社稷不可輕則知百官族姓之當愛。食貨所資,上下俱足。倉廩實而知禮節。成。如此則爭鬥之患息,和平之氣通,故然後樂。光。尊。厭。"④可見三本多摘錄陳說以爲

---

① 北京故宫博物院編:《禮經旁訓》,卷四,頁4下,總頁314。
② 陳澔:《陳氏禮記集説》,卷六,頁53上至53下,總頁868。
③ 衛湜《禮記集説·卷八十五》:"嚴陵方氏曰:……禮俗刑矣,則爭鬥之患息,和平之氣通,故曰然後樂。"見衛湜《禮記集説》,卷八十五,頁39上。
④ 《禮經旁訓》,臺北圖書館館藏明刊本,卷四,頁3下至4上;《禮經旁訓》,香港中文大學藏鄭汝璧本,卷四,頁3下至4上;《禮經旁訓》,美國哈佛燕京藏清印本,卷四,頁3下至4上。

訓解，其中除取嚴陵方氏之說外，其他文字多與朱鴻謨本不同，反映三本取諸成說，而朱鴻謨本以己意為訓，遂形成這些差異。

## 結　　論

本文可總結為以下各點：

一、元人李恕《五經旁訓》為元代重要的經學著作，然而鮮有學者注意此書。本文初步論述了李恕的生平、《禮經旁訓》的注釋體例以及《五經旁訓》的版本問題，對於研讀《五經旁訓》一書，不無裨益。

二、經過考察各館藏本的情況，本文指出《中國古籍善本書目》所著錄的明萬曆二十四年陳大科刻本《五經旁訓》，其著者或為朱升，而非李恕之作。而臺北圖書館所藏李恕《五經旁訓》只題為"明刊本"，并不能確認為"明萬曆二十四年陳大科刻本"。以上的發現，補充了《五經旁訓》的版本資訊。

三、朱鴻謨本《五經旁訓》是現存版本中刊刻時間最早的本子，其版本價值自不待言，而其中的《禮經旁訓》亦是討論元人李恕如何注釋《禮記》的重要材料。上文舉出書證，指出研究者可據朱鴻謨本《禮經旁訓》訂正他本之誤，以進一步顯示朱鴻謨本在校勘上的價值，略補前人研究之未足。

四、朱鴻謨本《五經旁訓》年代雖早，又最為通行，但本文指出其《禮經旁訓》所載之注釋有時與其他版本差異頗大，其中或有誤文，或文意有遜于他本之處，因而使用朱鴻謨本《禮經旁訓》以論述李恕經學思想時，尤須注意這些版本的差異，才可深入了解李恕的經學特點。

五、李恕《禮經旁訓》以刪節元人陳澔《禮記集說》為主，其中并參考鄭注、孔疏及宋元學者之說，可見《旁訓》訓解《禮記》的資料來源未以陳氏《集說》為限。然而本文亦舉出書證，指出朱鴻謨本與中大鄭汝璧本、臺圖明刊本及哈佛清印本等有時對陳說之取捨并不相同，四者甚至在取用古注疏及宋元學者見解方面詳略不同。故此，要探討李恕的經學特點，研究者實不可單以朱鴻謨本為據，而必須要全面掌握各本的差異，勘其異同，才有望得實。

六、朱鴻謨本所載《旁訓》、《夾注》的文字有時明顯與他本不同,細考之下,這些《旁訓》、《夾注》的異文亦非源于成説。本文推測這些文字可能出于朱鴻謨之手,是他在重訂《五經旁訓》時以己意潤改的,故此形成與他本出入甚大的注釋,此點亦是研讀朱鴻謨本《五經旁訓》時尤須注意者。

(本文作者係香港中文大學中國語言及文學系講師)

# 戴震《與王内翰鳳喈書》真僞考

王 利

**提要：** 乾隆二十年（1755），戴震在《與王内翰鳳喈書》中，論證了《堯典》"光被四表"當作"橫被四表"；而三十餘年後，戴震早已離世，當事人王鳴盛（鳳喈）却否認收到過此信，並對戴氏學問提出質疑。由此而産生戴震《與王内翰鳳喈書》是否爲僞托的問題。經考證，可知戴震此封書信並非僞托，王鳴盛對戴震的指控也不成立。戴、王學術形態的不同，使得二人對"鄭氏家法"的理解各有不同，並直接導致二人爲學宗旨的差異。雖然王鳴盛指控戴震僞托書信，或别有隱情，但治學宗尚的不同，當是其中信而可徵的一面。

**關鍵詞：** 戴震　王鳴盛　《與王内翰鳳喈書》　光被四表　鄭氏家法

# 一、引　　言

王鳴盛（字鳳喈，號西莊，晚號西沚，1722—1798）在《蛾術編・光被》一文中，回憶乾隆乙亥（1755）戴震（字東原，1724—1777）與之討論"光被四表"一事，并引録戴震與其書札，云："新安戴吉士震，號爲精於經。乙亥歲，予官京師，作《尚書後案》。吉士偶過予，爲予論《堯典》'光被四表'，'光'當作'橫'，予未敢信。吉士没，其《文集》出，内有與予札。"[①]戴震謝世

---

① 〔清〕王鳴盛：《蛾術編》，清道光二十一年（1841）世楷堂本，卷四，頁6下至10上。下引不具。

多年後，王氏却舊事重提，并對此事另有解釋：

> 三十餘年前，予雖與吉士往還，曾未出鄙著相質，吉士從未以札見投，突見於其集。昔樂安李象先自刻集内，有詭稱顧亭林與之書論地理，象先答以書辨顧說爲非，亭林呼爲"譎觚"。今吉士札譎與否不足辨，獨鄙見謂鄭注載《毛詩疏》者，竟未檢照，而遽欲改經字，創新說爲鹵莽，此則吉士在地下亦當首肯。至段玉裁重刻《戴集》，仍存此文。

"鄙著"即是王鳴盛《尚書後案》，"以札見投"即今戴震《文集》之《與王内翰鳳喈書》，李象先事見顧炎武《譎觚十事》。[①] 按照西莊的説法，似乎東原聽説他在寫《尚書後案》，便在一次偶然的過訪中，專門爲其論"光被"當作"横被"，而其實東原并未讀過其書，西莊更未主動出示其作。之後東原僞稱有《與王内翰鳳喈書》，與其討論"光被"，之後又將此札收入文集中，而西莊直到東原《文集》出才看到此札。如此，則戴震《與王内翰鳳喈書》是否爲僞托，便成爲一大問題。

王鳴盛不僅僅回憶舊事，更表示其經學宗旨與戴震大不相同，曰：

> 吉士爲人，信心自是，眼空千古，殆如韓昌黎所謂"世無仲尼，不當在弟子列"，必謂鄭康成注不如己説精也。漢儒説經，各有家法，一人專一經，一經專一師，鄭則兼通衆經，會合衆師，擇善而從，不守家法，在鄭自宜然。蓋其人生於漢季，其學博而且精，自七十子以下，集其大成而裁斷之。自漢至唐千餘年，天下所共宗仰。予小子則守鄭氏家法者也，方且退處義疏之末，步孔、賈後塵。此其道與吉士固大不同，道不同不相爲謀。

又曰：

---

① 〔清〕顧炎武：《譎觚十事》，《四庫全書存目叢書》史部第 248 册影私藏清吳江潘氏遂初堂刻亭林遺書本（濟南：齊魯書社，1996 年），頁 1（總頁 501）。

戴於漢儒所謂家法，竟不識爲何物。豈惟戴震，今天下無人不說經，無一人知家法也。……戴於洪适輩，視如蟣蝨，古之狂也肆，若戴氏，其狂而幾於妄者乎？

王鳴盛提出"鄭氏家法"作爲經學研究之最高標準，并以此質疑戴震之學，認爲自己乃是遵守"鄭氏家法"者，而戴震則不識家法，僭越鄭注，狂妄之極，將己學與戴氏之學斷然判分兩途。

圍繞此札，前人研究可分爲真偽考辨和内容分析兩類。① 而此札若真偽不辨，則會直接影響深入研究，本文試圖在前人的基礎上對此做一系統而全面的檢討。

## 二、本　證

除戴震《文集》與王鳴盛《蛾術編》中保存《與王内翰鳳喈書》外，王昶《湖海文傳》同樣收錄。② 本文以戴震《文集》中的《與王内翰鳳喈書》

---

① 真偽考辨方面，日本學者近藤光男先生論證最稱細密，對本文寫作啓發也最大，參其《戴震の經學》，載氏著：《清朝考證學の研究》（東京：研文出版，1987年），頁327—351；林文華先生則將對此事的考辨作爲王鳴盛與戴震交往的中心，參其《戴震經學之研究》（臺北：政治大學中文系博士論文，2005年），頁79—83；陳鴻森先生引述并贊同近藤先生之説，且做出近實推測，參其《考據的虛與實》，《經學研究集刊》第二期（2006年10月），頁125—139；陳先生又爲西莊作《年譜》，對此事別有感懷，"乾隆乙亥"條云："似先生當日未見戴君論學札，豈是年秋冬先生家多故，致未措懷歟"，"多故"是指"九月下澣，先生患風疾，臥床月餘，乃漸瘥可。十月，風疾稍愈，而子女相繼痘瘍，十五至二十四日，一旬連失五兒，爲人間至慘之事"，可見陳先生知人論世之心，參其《王鳴盛年譜（上）》，《"中央研究院"歷史語言研究所集刊》第八十二本第四分（2011年12月），頁715。内容分析方面，岑溢成先生做過較爲翔實的論述，認爲此事真偽無從稽考，而重點放在王氏對資料的反駁上，參其《詩補傳與戴震解經方法》（臺北：文津出版社，1992年），頁155—167；井上亘先生則著力表彰戴震"疑古"與"信古"的辯證思維，參其《"疑古"與"信古"——基於戴震〈與王内翰鳳喈書〉》，載《〈古史辨〉第一册出版八十周年國際學術檢討會論文集》（濟南：山東大學文史哲研究院，2006年10月），頁240—246；陳志峰先生圍繞二人"光被"之説做出精深研究，不過其中心在於以解經之方法、立場、風格諸方面論吳、皖分派，同樣將是非問題存而不論，參其《論王鳴盛、戴震解〈堯典〉"光被四表"及相關問題》，《中國文學研究》第30期（2010年6月），頁181—214。

② 〔清〕戴震：《與王編修鳳階書》，載〔清〕王昶：《湖海文傳》，清道光十七年（1837）經訓堂本，卷四十，頁3下至5上。王昶，生於雍正二年（1724），卒於乾嘉十一年（1806），字德甫，號述庵，又號蘭泉，江蘇青浦人。乾隆十二年與王鳴盛訂交，乾隆十九年與戴震訂交，同年與王鳴盛、錢大昕等同科進士。早年爲詩，與王鳴盛、錢大昕等并稱"吳中七子"，（轉下頁）

爲底本，校以王昶《湖海文傳》、王鳴盛《蛾術編》之引錄本。凡有出入，皆於正文加粗以示區別，并出校記，重要闕文則於校記中以"闕"字表明。其他問題則另作脚注。爲便討論，書信全文載于本文附錄，校文自前至後依次編號。

本文引用三家版本如下：戴震《戴東原集》，清乾隆五十七年（1792）經韻樓本，簡稱"文集"。① 王昶《湖海文傳》，清道光十七年（1837）經訓堂本，簡稱"湖海"。王鳴盛《蛾術編》，清道光二十一年世楷堂本，簡稱"蛾術"。②

據之可見，除題目而外，共有 45 處校文，再除去無關宏旨者，③可分異文與闕文兩大類。異文可從以下五方面分析：

第一，文俗不一。

第 1 條"承示《書‧堯典》注"，《湖海》作"讀所注《書‧堯典》"、西莊作"昨讀所注《今文尚書》"。《文集》所言要比《湖海》、西莊所引文雅。

又如第 37 條"殆失古文屬詞意歟"，《湖海》大致相似，西莊作"非古

---

（接上頁）後王、錢先後辭官歸田，有"三老"之稱。見王昶：《詹事府少詹事錢君墓志銘》，載氏著：《春融堂集》，《續修四庫全書》集部第 1438 册影清嘉慶十二年（1807）塾南書舍刻本（上海：上海古籍出版社，1995 年），卷五十五，頁 15（總頁 222）。王昶《戴東原先生墓銘》云："若東原之敦善行，精經誼，余雖不獲企其少分，而定交之久，與知東原之深，莫如余也，非余誰當志者！"見氏著：《春融堂集》，卷五十五，頁 6（總頁 217）。可見，王昶與西莊、東原交情皆非淺。

① 〔清〕戴震：《與王內翰鳳喈書》，載《戴東原集》，清乾隆五十七年（1792）經韻樓本，卷三，頁 3 下至 5 下。又見《戴氏文集》，《戴氏遺書》之二十三，清乾隆四十三年（1778）微波榭本，卷八，頁 16 上至 18 上。經韻樓本據微波榭本重刊，僅個別字詞有異，故微波榭本權作參考。《戴集》又收錄於《皇清經解》，節爲兩卷，見卷五六一—五六六。參考趙玉新點校：《戴震文集》（北京：中華書局，1980 年），頁 46—47；湯志鈞點校：《戴震集》（上海：上海古籍出版社，1980 年），頁 53—55；《戴震全書》第 6 册（合肥：黃山書社，1995 年），頁 277—279；《戴震全集》第 5 册（北京：清華大學出版社，1997 年），頁 2235—2236。

② 此本乃连鶴壽删節本，其《凡例》云："近時譚考據者，前以顧亭林、後以戴東原兩先生爲最，學有根柢，言皆確實。是編務必力斥之。斯乃文人相輕之積習，今從節。"而"光被"多斥戴震語，连氏亦有回護東原之案語，其文從節可知。據陳鴻森先生言，北京國家圖書館藏有海寧楊文蓀述鄭齋鈔本九十五卷，未及見，不知原本如何，參考《王鳴盛年譜（下）》，《"中央研究院"歷史語言研究所集刊》第八十三本第一分（2012 年 3 月），頁 167。

③ 如第 8 與 34"於"與"扵"、第 14"歟"與"與"、第 17"聞"與"問"、第 25"寖"與"浸"、第 27"韻"與"韵"、第 36"曰"與"云"諸條，意義皆同；第 24 脱"篆籀"、第 26"桄"作"光"、第 33"四"作"曰"、第 35"及"作"極"諸條，皆《湖海》校刻偶誤，無他意義。另外，經韻樓本所有"光"字皆作"炛"（包括"桄"之偏旁），而《蛾術編》中除特別引古篆文"炛"（芡）外，皆作"光"，二字本同，僅字體有別。

文屬辭意矣"。

第二,詳略不一。

第 4 條"昨僕偶舉篇首'灮'字,引《爾雅》:'灮,充也。'僕以爲此解不可無辨。欲就一字見考古之難,則請終其說以明例",《湖海》同,西莊作"震偶舉卷首一'光'字,語未竟而退,不可不終其説"。詳略對比顯明。前者將寫信背景與旨意交待相當明確,後者語言簡略,較爲隨意。

又如第 20 條"如灮之訓充",《湖海》作"如光不直云顯必曲云充",則《文集》較《湖海》爲簡。

第三,稱名不一。

第 5、6、29 條稱"陸德明"、"孔沖遠"、"鄭康成"①,西莊引作"陸氏"、"穎達"(《湖海》作"孔穎達")、"鄭"。《文集》形式統一,皆以字相稱,又如"蔡仲默"。西莊引文則較爲隨意,無統一標準。

至於篇名,"王內翰鳳喈",《湖海》作"王編修鳳階"。時王鳴盛官翰林院編修,故有"內翰"、"編修"兩稱,"喈"與"階"或爲音近、形近而誤。第 44 條《文集》"錢太史",《湖海》作"錢編修",亦同。

第四,措辭不一。

此類頗多,如第 2 條"故訓",二本作"詁訓";第 3 條"乃後",西莊作"然後";第 14 條"遠舉",《湖海》作"更尋";第 23 條"已來",二本作"以來";第 40 條"如此",西莊作"若此";第 43 條"株守",《湖海》作"拘守"。

更爲明顯的例子,則是第 9、10、11、14 條:

> 然如灮字,雖不解,靡不曉者,解之爲充,轉致學者疑。……古説必遠舉灮充之解何歟?(《文集》)

> 然如光字,雖不訓,靡不解者,訓之爲充,轉致學者疑。……古説必遠舉光充之訓何歟?(《蛾術》)

"曉"與"解","解"與"訓",如此精煉整齊的易換,定非以西莊引用失誤所能解釋的。

---

① 全篇兩引鄭玄注,第 29 條《文集》稱"鄭康成注"爲首見,後則作"鄭注",與二本同。

又如第 19、21、22 條：

> 後人不用《爾雅》及古注，……余獨以謂病在後人不能遍觀盡識，輕疑前古，不知而作也。(《文集》)
>
> 後儒不用《爾雅》及古注，……余獨謂病在後儒不遍觀盡識，輕疑前人，不知而作也。(《蛾術》)

"後儒"易爲"後人"，則減弱針對以蔡沈爲代表的宋儒；"前人"易爲"前古"，則加強重視以《爾雅》爲代表的古注。"輕疑前古"可與後文"疑古者在茲"參照，戴震此札有"準乎古"、"學古"、"考古"、"述古"、"好古"、"市古"、"信古"、"疑古"等治學方法及態度，又有"古說"、"古人"、"古注"、"古本"、"古文"、"古初"等用語，或可與此相照應。

第五，引用不一。

第 7 條引《釋文》曰："桄，孫作光，古黄反。"西莊作"桄，古黄反，孫叔然作光"。據《經典釋文》單行本及《爾雅注疏》所引，《文集》中爲《釋文》原文，而西莊引文則爲化用。

又如第 28 條引孫愐《唐韻》"古曠反"，二本皆作"古曠切"，第 38 條西莊同作"古曠切"。孫愐《唐韻》已佚，戴震所引應是大徐本《說文》所加。《說文》本作"古曠切"，或與全文協調(亦引《釋文》"古曠反")，故《文集》皆改作"古曠反"。

至於闕文，可分兩類討論：

第一，《文集》有、二本無者。

此類闕文較簡單，多以單字爲主。就作用而言，又有補足文義與補足語氣之別。

補足文義者，如第 5 條"《釋文》無音切"、第 39 條"《釋文》於《堯典》無音切"，西莊引皆無"切"字。此點可與上文第 28、38 條"古曠反"例相聯繫，西莊引作"古曠切"，則"《釋文》無音"；而《文集》"《釋文》無音切"，則"古曠反"，皆避重出"切"字。又如第 21 條"余獨以謂病在後人不能遍觀盡識"，二本無"以"、"能"二字。

補足語氣者,第 13 條《湖海》無"似"字,第 15 條二本無"以僕觀"三字,第 16 條西莊無"又"字,第 18 條西莊無"遂"字,《文集》皆補之以足文氣。

第二,二本有、《文集》無者。

此類闕文共有三處,即第 12、31、32 條,其中第 32 條《湖海》"《後漢書·馮異傳》永初六年安帝詔有'橫被四表,昭假上下'之語,班孟堅《西都賦》'橫被六合',其宜有所自矣",蓋涉戴震後記而衍,兹不論。

第 12 條:

> 詁訓之體,遠而近之,不幾廢近索遠。(《湖海》)
> 詁訓之體,遠而近之,不廢近索遠。(《蛾術》)

第 31 條:

> 古字蓋橫、桄通,六經中用橫不用桄。(《湖海》)
> 古字蓋橫、桄通。《漢書》"黃道"爲"光道",則又古篆法黃〔兾〕、光〔苂〕近似故也。六經中用橫不用桄。(《蛾術》)

《湖海文傳》與《蛾術編》在同一位置出現高度吻合的文字,《文集》出現漏刻的可能性極大。因事關重要,需先對闕文產生之原因作一分析。

首先可排除王鳴盛與王昶自行增補的可能,剩下便只有作者本人與《文集》編刻者兩個因素。

就作者而言,在修訂書信準備編入文集時,完全有可能删減原札。不過在此處可能性却不大,我們可將西莊的引文帶入《文集》中略作分析。

第 12 條:

> 然如光字,雖不解,靡不曉者,解之爲充,轉致學者疑。〔詁訓之體,遠而近之,不廢近索遠。〕蔡仲默《書集傳》"光,顯也",似比近可通,古説必遠舉光充之解何歟?

先提出光解之爲充的疑問,進而説明詁訓一般體例,然後又回到蔡《傳》與古説矛盾處,且闕文"廢近索遠"與"比近"、"遠舉"一一照應,不僅文從字順,而且論證更加嚴密。

第 31 條:

> 古字蓋橫、桄通。《漢書》"黄道"爲"光道",則又古篆法黄〔𡕛〕、兊〔芺〕近似故也。六經中用橫不用桄。

此段文字之於戴震通盤論證而言至關重要,所以本文不避繁瑣,俱辭以明之。戴震的考證可分爲三步:

第一步,光與桄。孔《傳》"光,充也"出《爾雅》,而"桄,充也"同出《爾雅》,孫炎本"桄"又作"光",音"古黄反",故光與桄形、義可通。

第二步,桄與橫。六經無"桄"字。桄,《説文》訓"充",《唐韻》音"古曠反";橫,鄭注曰"充",《釋文》音"古曠反"。闕文又舉"《漢書》'黄道'爲'光道',則又古篆法黄〔𡕛〕、兊〔芺〕近似故也",則桄與橫形、音、義俱同,故"古字蓋橫、桄通"。

第三步,橫、桄與光。鄭注"橫,充也"義出《爾雅》,《爾雅》又曰"光,充也"、"桄,充也",光、桄、橫三字義同。又從文獻、文法等方面證明"橫被"之可能性,進而得出"'橫'轉寫爲'桄',脱誤爲'光'"的結論。

論證可謂步步爲營、絲絲入扣,而第 31 條闕文作用顯然:"古字蓋橫、桄通"既是上文材料(第二步)的結論,又是下文"'橫'轉寫爲'桄',脱誤爲'光'"的證據;"《漢書》'黄道'爲'光道',則又古篆法黄〔𡕛〕、兊〔芺〕似故也",則是"黄"與"光"形近字通的文獻依據,進而爲"橫"與"桄"通提供旁證,且呼應上文"自有書契已來,科斗而篆籀,篆籀而徒隸,字畫俛仰,寖失本眞"的文字學理論;"六經中用橫不用桄"既呼應上文"《爾雅》桄字,六經不見"的觀點,又啓下文"《堯典》古本必有作'橫被四表'者"的結論。若無此段文字,如《文集》直接得出"《堯典》古本必有作'橫被四表'者",則論證極爲跳躍且論斷過於草率。而由其他學者的引述,同樣可以證明這一點(見下文)。

由此可知,這兩處文字斷非戴震自删,而爲原札所必不可無。

至於《文集》的編刻者，《東原文集》十卷，最初由戴震姻親孔繼涵刊刻於乾隆四十三年(1778)，世稱微波榭本。該本收錄不備，段玉裁認爲："論音韻、論六書轉注、論義理之學諸大篇，不可不見《文集》中，故愚經韻樓刻輒補入。"①於是在微波榭本的基礎上，於乾隆五十七年(1792)重新編刻了十二卷本的《戴東原集》，世稱經韻樓本。《與王内翰鳳喈書》，二本皆載，而這兩處文字，在孔氏初刊時便已漏刻，至段氏重刊時，玉裁又"惜牽於家事，未能親校，友人臧庸、顧明編次失體，字畫訛誤，未稱善本，近日謀一新之，以垂久遠焉"，②由段氏《覆刊札記》亦可得而知，闕文則未能校出。經韻樓本流傳甚廣，後世各本多以之爲底本，今通行本如1980年趙玉新點校本、1980年湯志鈞點校本以及1995年《戴震全書》本、1997年《戴震全集》本，均以經韻樓本爲底本，層層相因，而闕文遂晦矣。

對於以上異文與闕文的出現，排除王鳴盛主動修補的可能，且有《湖海文傳》作爲有力的版本證據，則最佳的解釋應是：王鳴盛《蛾術編》所引即是戴震當年寄給他的原札，也就是今《與王内翰鳳喈書》的底本。《湖海文傳》所據應是戴震轉錄友人的衆多鈔本之一，③所以與《蛾術編》及《文集》中所錄皆有不同出入，但就整體而言，更接近後者。《文集》所據大約是戴震壬午、癸未年間(1762—1763)的修訂本，闕文或因《文集》編刻者疏忽而失載。

## 三、旁　　證

### (一) 闕文之引證

第31條闕文最直接的引證莫過於戴震自己的《尚書義考》。《尚書

---

① 〔清〕段玉裁：《戴東原先生年譜》，載趙玉新點校：《戴震文集》，頁246。
② 同上注。
③ 《湖海文傳·凡例》王昶自署"嘉慶乙丑仲夏"，則該書編訂於嘉慶十年(1805)，戴震《文集》先後在乾隆四十三年、五十七年刊行，校文中所見與《文集》諸多不同，則足以説明王昶所據絕非《文集》，當如其《凡例》所言："《文傳》所錄，有集行世者十之四五，其或有集未刊，或刊而未見，則皆錄其平昔寄示之作，至其人無專集，偶見他書，必急爲採取，蓋吉光片羽，彌足寶貴。"故戴震《與王編修鳳階書》即屬於"刊而未見"之類，"錄其平昔寄示之作"則可知矣。

義考》"光被四表"條大約作於壬午、癸未兩年間,①即在《與王內翰鳳喈書》修訂後不久。兩者論點相同,而後者論證較簡單,先列出錢、姚、戴三人所舉的四則例證,主要論證則是上文分析的第二步"桄與橫"與第三步"橫、桄與光"。文獻方面,只增加《毛詩疏》引"光耀"《注》一條。論證"桄與橫"云:

> 蓋古字"桄"與"橫"通用,遂訛而爲"光"。②

正是第 31 條闕文的省略,只是論述所在位置不同而已。③

至於其他學者的引述,可分三類:

第一,遵循《文集》而不知有闕文者。如段玉裁《古文尚書撰異》和邵晉涵《爾雅正義》,未見有表述"古字蓋橫、桄通"之意的文字。④

第二,認爲有闕文而自行予以補救者。王引之《經義述聞》"光被四表"條:

> 戴氏《文集》曰:……橫、桄同古曠反。"橫,充也"即《爾雅》

---

① 《尚書義考》此條載壬午孟冬戴受堂所舉例證,則在壬午後可知。又段氏《戴譜》斷《尚書今文古文考》作於癸酉至癸未十年間,而是篇與《義考》前四條《義例》意同而文約,則《義考》大約亦在癸未之前所作。參見《戴震全書》第 1 冊《尚書義考説明》(合肥:黃山書社,1994 年),頁 4;林文華《戴震經學之研究》附錄一《戴震經學著述年表》。
② 〔清〕戴震:《尚書義考》,《戴震全書》第 1 冊,卷一,頁 22—23。
③ 陳志峰先生將此段視爲《與王內翰鳳喈書》的補充,云:"桄、橫的關係如何? 戴震在此信中並未説明,而是在後來的《尚書義考》中提出了他進一步的説法",又云:"戴震在《尚書義考》當中,一半用了'因聲求義'法,一半用了校勘學上的'理校法'。'因聲求義'法的運用是他認爲桄、橫兩字通用,而'理校法'則是説明'光'爲'桄'之誤字。"(見其《論王鳴盛、戴震解〈堯典〉"光被四表"及相關問題》,頁 195、202,207—208。)其實"因聲求義"法與"理校法",戴震此信皆有運用,《尚書義考》僅析其精華而已。志峰先生擱置此中是非不論,故未能檢到此處別有闕文也。
④ 詳見〔清〕段玉裁:《古文尚書撰異》,清乾隆道光間經韻樓叢書本,卷一上,頁 4 上至 7 上。段氏《序》曰:"乾隆四十七年,……又爲《古文尚書撰異》三十二卷,始箸雍涒灘,迄重光大淵獻皋月乃成。"劉盼遂認爲段氏紀年有誤,而定該書著作年代爲乾隆四十七年至五十六年,見《段玉裁先生年譜》(1936 年鉛印本)"乾隆五十六年"條。陳鴻森先生又爲劉氏訂補,認爲段氏不誤,著作年代本爲乾隆五十三年至五十六年,見《〈段玉裁年譜〉訂補》,《"中央研究院"歷史語言研究所集刊》第六十本第三分(1989 年 9 月),頁 611—612。〔清〕邵晉涵:《爾雅正義》,《續修四庫全書》經部第 187 冊影清乾隆五十三年(1788)邵氏面水層軒刻本,卷三,頁 7 至 8(總頁 85)。《爾雅正義》於乾隆四十年(1775)始具簡編,又經十年增訂,於乾隆五十年(1785)告成。

"桄,充也"。《漢書·王襃傳》曰:"化溢四表,横被無窮",《王莽傳》曰:"昔唐堯横被四表",《後漢書·馮異傳》曰:"横被四表,昭假上下",然則《堯典》古本必作"横被四表"。①

王引之同樣感覺《文集》此處上下不相銜接,故以"横、桄同古曠反"總結上文,且采戴氏後記中的例證補足文義。在此之前,王引之又爲之補充一條例證,即《祭義》"置之而塞乎天地,溥之而横乎四海",《文集》"正如《記》所云'横於天下'、'横乎四海'是也",戴震只舉"横於天下"之例而未言及"横乎四海",所以王引之爲之補全。諸如此類,足見王引之精審處。所不同者,戴震原作"《堯典》古本必有作'横被四表'者",而王引之徑作"《堯典》古本必作'横被四表'",有違戴原本意。《尚書義考》云:"然以光爲光耀,則漢時相傳之本亦不自一",正與"《堯典》古本必有作'横被四表'者"相合。

第三,表述基本一致者。錢大昕《廿二史考異》"馮異傳"條:

"横被"即《書》"光被"也。《漢書·王莽傳》"昔唐堯横被四表,無以加之",《王襃傳》"化溢四表,横被無窮",班固《西都賦》亦云"横被六合"。蓋《堯典》"光被"字,漢儒傳授本作"横"矣。《釋言》:"桄、熲,充也。""桄"即"横"字,古文"光"爲"芫",與"黄"相似,故"横"或爲"桄"。孔《傳》出於魏、晉之閒,《堯典》"横"已作"光",而訓"光"爲"充",猶存古義。後世因作光輝解,失漢儒之本旨矣。②

錢大昕所引三條例證,再加之《馮異傳》本條,恰是戴震後記所列,而錢氏對洪、段二人所舉并未提及,可知他此時應未及看到微波榭、經韻樓二刻本。但就他所說"'桄'即"横"字,古文'光'爲'芫',與'黄'相似,故

---

① 〔清〕王引之:《經義述聞》(南京:江蘇古籍出版社,2000),卷三,頁65—66。嘉慶二年(1797年)初刊二十八卷,道光七年(1827)重刊爲三十二卷。
② 〔清〕錢大昕:《廿二史考異》,清乾隆四十五年(1780)序刊本,卷十一,頁3下。此書乾隆三十二年(1767)開始撰寫,四十七年(1782)編爲百卷,五十九年(1794)刻成新舊《五代史》以前部分,嘉慶二年(1797)全書刻畢。

'橫'或爲'桄'",與闕文意思完全一致。乾隆丁丑(1757),錢大昕爲戴震舉《馮異傳》,估計二人關於此説當有討論,而至錢大昕撰寫《廿二史考異》此條時,則不必依據戴震《文集》矣。

除此而外,汪中在乾隆四十四年(1779)《與端臨書》中引述戴説,并反駁云:"古音橫、黄同聲,黄从苂,古光字,則又不必易光爲橫也。"①所據或是戴震與友人的其他鈔本。

又戴祖啓《尚書協異》對此也有考證:

> 《爾雅・釋言》"桄,充也",孫炎本桄作光,疏引此。《漢書・宣帝紀》"充塞天地,光被四表",《王莽傳》"横被四表",安帝詔亦作"横被",《馮異傳》"横被四表,昭假上下",班固《西都賦》"横被六合",《典引》則云"光被六幽"。光、桄、横、充,皆同聲相轉,不煩改字。②

戴祖啓乾隆四十八年卒,可知此條必在1783年之前作。錢大昕《國子監學正戴先生墓志銘》云:"往歲壬午,與族人東原同舉於鄉,一時有二戴之目。予與東原交最久,東原殁後,始得交先生,而意氣相投,猶東原也。"③此説似亦受到東原影響。

## (二) 戴、王之自述

西莊云:"及檢《毛詩・周頌・噫嘻》疏引鄭注,知鄭本已作'光',解爲'光耀',則吉士之説可不用矣,故《後案》内不載。"可見西莊是在瞭解

---

① 〔清〕汪中著,王清信、葉純芳點校:《汪中集》(臺北:"中研院"文哲所籌備處,2000年),頁280。據〔清〕汪喜孫:《容甫先生年譜》,《江都汪氏叢書》第1册(上海:中國書店,1925年),頁21上。
② 〔清〕戴祖啓:《尚書協異》,《續修四庫全書》經部第45册影清嘉慶元年(1796)田畿刻本,卷上,頁3上(總頁420)。戴祖啓(1725—1783),字敬咸,又字東田,號未堂,江蘇上元人,祖籍安徽休寧。四庫開館,於敏中曾屬戴震召祖啓,而其《師華山房文集》卷三《答衍善問經學書》載戴震晚年論學語,見張舜徽:《清人文集别録》(北京:中華書局,1963年),頁192。
③ 〔清〕錢大昕著,吕友仁點校:《潛研堂文集》,載《潛研堂集》(上海:上海古籍出版社,1989年),卷四十六,頁814。

戴說後對其《後案》作出修訂的。戴震云其"論列故訓,先徵《爾雅》",而今《尚書後案》則并非如此。此條先引戴震後記所列的《王莽傳》、《馮異傳》、《西都賦》"橫被"例,云:"似此經當作'橫被'。但鄭注作'光'。"又引《漢書·蕭望之傳》作"光被",於是得出"與鄭合,則作'光'是也"的結論。① 顯然是針對戴震"橫被"之說而發。

西莊自言:"吉士没,其《文集》出,内有與予札","至段玉裁重刻《戴集》,仍存此文"。則其於東原謝世後就見過微波榭本,後來又見過經韻樓本,則應知書札後有東原之後記:"壬午孟冬余族弟受堂舉《漢書·王莽傳》'昔唐堯横被四表',尤顯確",而他却說:"後予檢《王莽傳》,云'昔唐堯横被四表',益駭服其說。吉士却不知引。"前後難以照應。

王鳴盛也承認當年戴震確曾告以"横被"之說,而戴震不僅將此說、此札廣而質諸友朋,更將之收入《尚書義考》中,僞造之理甚微。

最後,梳理一下時間順序:

《尚書後案·堯典》(1745年草稿)→《與王内翰鳳喈書》(1755年原札,約1762—1763年修訂)→《尚書義考》(約1762—1763)→《東原文集》(1778年微波榭本)→《尚書後案》(1779年成書,1780年刊刻)→《戴東原集》(1792年經韻樓本)→《蛾術編·光被》(1792—1794)②。

以上諸多證據皆表明,王鳴盛所引絕非如其所說——出自戴震《文集》中的《與王内翰鳳喈書》,更像是戴震當年寄給他的原書札。而戴震亦無需捏造理由,詐稱見過王氏《後案》,而僞造書信,且將其說載入專門著作中,更廣爲散布,與諸友人討論。可見王鳴盛對戴震的指控是不成立的。

## 四、餘　論

戴震"横被"之說廣爲學者引用,《文集》也早已刊布,王鳴盛在《尚

---

① 〔清〕王鳴盛:《尚書後案》,《續修四庫全書》經部第45册影清乾隆四十五年(1780)禮堂藏版,頁2上(總頁4)。
② 據王鳴盛所言"三十餘年前"及"至段玉裁重刻《戴集》"。戴震與王鳴盛論"光被四表"在乾隆二十年秋,段刻《戴集》在乾隆五十七年八月,可知此文所作最早在乾隆五十七年八月後,最晚在乾隆五十九年底。

書後案》中已見反駁之端倪,奈何當時不及時澄清,而待十幾年後段刻《文集》再版,方作翻案之文?而翻案文章中爲何謊稱未見戴札,又對東原之品行學問嚴詞苛斥?或許王鳴盛這句話可以給後人些許提示,云:"今吉士札譎與否不足辨,獨鄙見謂鄭注載《毛詩疏》者,竟未檢照,而遽欲改經字,創新説爲魯莽,此則吉士在地下亦當首肯。"西莊認爲戴札是否僞托不足辨,而重要的在於戴震沒有引鄭注便遽創新説,并認爲他的批評,戴震在地下亦當首肯。西莊正面否定戴説即在此處。

岑溢成先生曾指出,王氏對戴震的批評仍以鄭玄注爲基礎,①頗有啓發意義。王鳴盛"豈惟戴震,今天下無人不説經,無一人知家法也",大可與《十七史商榷·師法》條相參看,云:"兩漢尊師法,而俗學即出乎其間,……觀此則知俗學之妄,古今同慨。自唐中葉以後,凡説經者皆以意説,無師法,夫以意説而廢師法,此夫子之所謂不知而作也。"②王氏認爲"以意説而廢師法"才是"不知而作",恰可與戴震"不能遍觀盡識,輕疑前古,不知而作"、"信古而愚,愈於不知而作"形成對比。足見,漢人家法特別是鄭氏家法才是其經學研究的最高標準。

尊崇鄭學,乃王鳴盛一生的爲學宗旨,這於其三部學術代表中體現得非常明顯。《尚書後案·序》云:"《尚書後案》何爲作也?所以發揮鄭氏康成一家之學也。……予於鄭氏一家之學,可謂盡心焉耳矣。若云有功於經,則吾豈敢!"③《十七史商榷·序》云:"抑治經豈特不敢駁經而已,經文艱奧難通,若於古傳注憑己意擇取融貫,猶未免於僭越,但當墨守漢人家法,定從一師,而不敢佗徙。"④《蛾術編》乃西莊晚年大製作,全書宗旨正在鄭氏一家之學,對鄭學及其家法之尊崇,集中在《説錄》與《説人》門,其中《説人》專有兩卷表彰鄭氏其人其學,卷五十八開篇即云"余説經以先師漢鄭氏爲宗"。⑤

但王鳴盛於"通儒"之學上確有與戴震不謀而合處。《十七史商

---

① 岑溢成:《詩補傳與戴震解經方法》,頁164—165。
② 〔清〕王鳴盛:《十七史商榷》,清乾隆五十二年(1787)洞涇草堂本,卷二十七,頁5下至6上。
③ 〔清〕王鳴盛著:《尚書後案》,頁1(總頁1)。
④ 〔清〕王鳴盛:《十七史商榷》,序頁1下至2下。
⑤ 〔清〕王鳴盛:《蛾術編》,卷五十八,頁1上。

榷·唐以前音學諸書》云：

> 聲音、文字，學之門也，得其門者或寡矣，雖然，苟得其門，又何求焉？終身以之，惟是爲務，其佗概謝曰我弗知，此高門中一司閽之老蒼頭耳。門户之事熟諳極矣，行立坐卧，不離乎門，其所造詣，鈴下而止，不敢擅自升堂階，况敢窺房奧乎？予於此等姑舍是。①

而戴震嘗言於段玉裁曰：

> 六書、九數等事，如轎夫然，所以舁轎中人也。以六書、九數等事盡我，是猶誤認轎夫爲轎中人也。②

不得不說兩人之寓意，極爲吻合，而西莊"高門中一司閽之老蒼頭"較東原"轎夫"之喻更見生動巧妙。

戴震亦崇鄭氏，但却與王鳴盛不同。王鳴盛《古經解鈎沉序》載：

> 吾交天下士，得通經者二人：吳郡惠定宇，歙州戴東原也。間與東原從容語："子之學於定宇何如？"東原曰："不同。定宇求古，吾求是。"嘻，東原雖自命不同，究之，求古即所以求是，舍古無是者也。③

戴震以惠學求古、己學求是以相區別，而西莊則認爲"求古即所以求是，舍古無是者"。王鳴盛之於鄭學重在"存古"，《尚書後案》主要功績也在於搜集考證鄭注上，"自謂存古之功，與惠氏《周易述》相埒"。④ 杭世駿

---

① 〔清〕王鳴盛：《十七史商榷》，卷八十二，頁 10 下。
② 〔清〕段玉裁：《戴東原集序》，載《戴東原集》卷首，序頁 2 上。
③ 〔清〕王鳴盛：《西莊始存稿》，《續修四庫全書》集部第 1434 册影清乾隆三十年(1765)刻本影印，卷二十四，頁 6 下至 7 上（總頁 315—316）。洪榜《戴東原行狀》將戴震語誤作王鳴盛，見趙玉新點校：《戴震文集》，頁 255。
④ 〔清〕錢大昕：《西沚先生墓志銘》，《潛研堂文集》，載吕友仁點校：《潛研堂集》，卷四十八，頁 840。

《尚書後案序》云：

> 光禄卿王君西莊，當世之能爲鄭學者也，戚然憂之，鑽研群籍，爬羅剔抉，凡一言一字之出於鄭者，悉甄而録之，勒成數萬言，使世知有鄭氏之注，并使世知有鄭氏之學而未已也。①

正是"存古之功"的具體説明。

而戴震對於"古"則持懷疑態度，其《古經解鈎沉序》云：

> 士生千載後，求道於典章制度，而遺文垂絶，今古縣隔。時之相去，殆無異地之相遠，廑廑賴夫經師，故訓乃通，無異譯言以爲之傳導也者。又況古人之小學亡，而後有故訓，故訓之法亡，流而爲鑿空。數百年已降，説經之弊，善鑿空而已矣。雖然，經自漢經師所授受，已差違失次，其所訓釋，復各持異解。②

東原認爲今古懸隔，而古人之小學、詁訓已亡，剩下鑿空而已。對於西莊所尊信的漢儒家法，認爲是"差違失次"，而漢人訓釋，則是經師"各持異解"。東原《與某書》又云：

> 治經先考字義，次通文理，志存聞道，必空所依傍。漢儒故訓有師承，亦有時傅會。晉人傅會鑿空益多。宋人則恃胸臆爲斷，故其襲取者多謬，而不謬者在其所棄。③

則可見東原之態度。

戴氏在爲王昶所寫的《鄭學齋記》云：

---

① 〔清〕杭世駿：《道古堂文集》，清乾隆四十一年(1776)刻光緒十四年(1888)汪曾唯增修本，卷四，頁3上至3下。
② 〔清〕戴震：《戴東原集》，卷十，頁1下至2上。
③ 同上注，卷九，頁11下。

> 是故由六書九數、制度名物,能通乎其詞,然後以心相遇。是故求之茫茫,空馳以逃難,岐爲異端者,振其蕘而更之。然後知古人治經有法,此之謂鄭學。①

東原屢次強調"心"在通經聞道中的作用。可見同樣面對古學已亡的境況,西莊求之於輯佚存古,而東原則"求不謬於心"。此是其不同處。

經過以上的分析,重新回到王鳴盛與戴震《與王內翰鳳喈書》的問題。對於王鳴盛的心理與行爲,前人多歸之於其本身的性格與人品,認爲王氏生性好勝,且喜詆訶他人,對戴震的指責與誣告,便是爭名好勝之心太重所致。② 雖然如此,但從他對戴震的反駁來看,却足以牽出二人治學的諸多細節。鄭氏家法,是王氏一生的治學脈絡,後人雖以"墨守"、"泥古"病之,但其學術理念確實有和戴震同樣精彩之處。究其所不同,二人治學形態有别,乃是一大原因,一爲輯佚存古,一爲"求不謬於心"。或正因爲王鳴盛對鄭氏尊信之篤,而戴震書信援引浩博,却隻字未提及鄭注,這點恰好挑戰到王鳴盛的學術信仰,從而引發了這場"死無對證"的意氣之爭。

---

① 〔清〕戴震:《戴東原集》,卷十一,頁 21 下。
② 錢大昕《答王西莊書》云:"得手教,以所撰述於昆山顧氏、秀水朱氏、德清胡氏、長洲何氏間有駁正,恐觀者以詆訶前哲爲咎。愚以爲學問乃千秋事,訂訛規過,非以訾毁前人,實以嘉惠後學。但議論須平允,詞氣須謙和,一事之失,無妨全體之善,不可效宋儒所云'一有差失,則餘無足觀'耳。……且其言而誠誤耶,吾雖不言,後必有言之者,雖欲掩之,惡得而掩之!所慮者,古人本不誤,而吾從而誤駁之,此則無損於古人,而適以成吾之妄。"(《潛研堂文集》,卷三十五,頁 635—636)可謂正中西莊之病。可參看陳垣:《書〈十七史商榷〉第一條後》,載氏著:《陳垣史源學雜文》(北京:人民出版社,1980 年),頁 58—62;黃曙輝:《整理弁言》,《十七史商榷》(上海:上海書店,2005 年),頁 6—7。

## 附：《與王内翰鳳喈書》三家校本

與王**内翰**鳳喈書 乙亥①（湖海：與王編修鳳階書；且無年份。）

戴震

承示《**書·堯典**》**注**，(1. 湖海：讀所注書堯典。蛾術：昨讀所注今文尚書。)逐條之下，辨②正字體、字音，悉準乎古。及論列**故訓**③，(2. 二本：詁訓。)先徵《爾雅》，**乃後廣搜漢儒之説**，(3. 蛾術：然後。)功勤而益鉅，誠學古之津涉也。昨僕偶舉篇首"兗"字，引《爾雅》："兗，充也。"僕以爲此解不可無辨。欲就一字見考古之難，則請終其説以明例。(4. 蛾術：震偶舉卷首一光字，語未竟而退，不可不終其説。)

孔《傳》"兗，充也"，**陸德明**《釋文》無音切，(5. 蛾術作"陸氏"，無"切"字。)**孔沖遠**《正義》曰：(6. 湖海：孔穎達。蛾術：穎達。)"兗、充，《釋言》文。據郭本《爾雅》："桄、熲，充也。"《注》曰："皆充盛也。"《釋文》曰："桄，**孫作兗，古黃反**。"(7. 蛾術：古黃反，孫叔然作光。)用是言之，兗之爲充，《爾雅》具其義。漢、唐諸儒，凡**於**字義出《爾雅》者，(8. 蛾術：于。)④則信守之篤。然如兗字，雖不解，(9. 蛾術：訓。)靡不曉者，(10. 蛾術：解。)**解**之爲充，(11. 蛾術：訓。)轉致學者疑。(12. 闕。湖海：詁訓之體，遠而近之，不幾廢近索遠。蛾術：詁訓之體，遠而近之，不廢近索遠。)蔡仲默《書集傳》"兗，顯也"，**似**比近可通，(13. 湖海無"似"字。)古説必**遠舉兗充之解**何**歟**⑤？(14. 遠舉、歟，湖海：更尋、與。解，蛾術：訓。)雖孔《傳》出魏、晉**間**⑥人手，**以僕觀此字據依《爾雅》**，(15. 二本無"以僕觀"三字。)**又**密合古人屬**詞**⑦之法，

---

① 今案：微波榭本作"乙亥秋"。段玉裁於《戴集》後又有《覆校札記》一篇，末尾云："刻版既成，不欲多剜損，故箋其後如此。得此書者，尚依此研朱校改，以俟重刊。乾隆壬子八月，段玉裁記。"（頁四下）本篇段氏並無校語，不過其中有通例之處，今則一併標出。
② 今案：微波榭本作"辯"，全文同。
③ 段校："卷一，四頁上五行'故訓'：本作'訓詁'。按《漢書·儒林傳》'訓故舉大義'，鄭君序《周禮》'考訓詁，捃祕逸'，不必倒爲'故訓'，'故'亦不必改爲'詁'也。全書內做此。"（頁一上）今案：微波榭本作"詁訓"，與二本同。
④ 今案：以下與此同者僅於正文加粗標示。
⑤ 段校："卷二，五頁上五行'歟'：本作'與'，全書內同。"（頁一下）
⑥ 今案：微波榭本作"間"，除"孔子閒居"外皆同。
⑦ 段校："卷一，二十七頁上六行'異詞'：本作'辭'，全書內皆同。按'辭'者，説也，從䇂辛，䇂辛猶理辜也，凡文辭字多用此。䛐者，意内而言外也，從司言，凡發聲助語之䛐多用此。二字截然分別。又全書內'視'字本多作'眡'，'實'字本多作'寔'，'撐'字本多作'掩'，'韻'字本多作'韻'，'歟'字本多作'與'，皆不必改者。"（頁一）今案：微波榭本作"辭"。

(16. 蛾術無"又"字。詞,二本:辭。)非魏、晉聞人所能。(17. 湖海:問。)必襲取師師相傳舊解,見其奇古有據,**遂**不敢易爾。(18. 蛾術無"遂"字。)**後人**不用《爾雅》及古注,(19. 蛾術:後儒。)殆笑《爾雅》迂遠,古注膠滯,**如兖之訓充**,(20. 湖海:如光不直云顯必曲云充。)玆類實繁。余獨**以**謂病在**後人不能**徧觀盡識,(21. 二本無"以"、"能"二字。後人,蛾術:後儒。)輕疑**前古**,(22. 蛾術:前人。)不知而作也。

自有書契**已來**①,(23. 二本:以來。)科斗而篆籀,**篆籀**而徒隸,(24. 湖海無"篆籀"二字。)字畫俛仰,**寖**失本眞。(25. 蛾術:浸。)《爾雅》"桄"字,六經不見。《説文》:"**桄**,(26. 湖海:光。)充也。"孫愐《唐**韻**②》:(27. 二本:韻。)"古曠**反**。"(28. 二本:切。)《樂記》:"鐘聲鏗,鏗以立號,號以立橫,橫以立武。"**鄭康成注**曰:(29. 蛾術:鄭注。)"橫,充也,謂氣作充滿也。"《釋文》曰:"橫,古曠反。"《孔子閒居》**篇**:(30. 蛾術無"篇"字。)"夫民之父母乎,必達**於**禮樂之原,以致五至而行三無,以橫**於**天下。"鄭注曰:"橫,充也",疏家不知其義出《爾雅》。(31. 闕。湖海:古字蓋橫、桄通,六經中用橫不用桄。蛾術:古字蓋橫、桄通。《漢書》"黄道"爲"光道",則又古篆法黄〔炗〕、兖〔茨〕③近似故也。六經中用橫不用桄。)《堯典》古本必有作"橫被四表"者。横被,廣被也,正如《記》所云"橫**於**天下"、"橫乎四海"是也。(32. 闕。湖海:《後漢書·馮異傳》永初六年安帝詔有"橫被四表,昭假上下"之語,班孟堅《西都賦》"橫被六合",其宜有所自矣。)"橫四表"、"格上下"對舉。溥徧所及曰橫,貫通所至曰格。**四表言被**,(33. 湖海:曰。)以德加民物言也;上下言于,(34. 湖海:於)以德**及**天地言也。(35. 湖海:極。)《集傳》曰(36. 蛾術:云。):"被四表,格上下",**殆失**古文屬**辭**④意歟。(37. 湖海:辭、與。蛾術:非古文屬辭意矣。)"橫"轉寫爲"桄",脫誤爲"兖"。追原古初,當讀"古曠**反**",(38. 蛾術:切。)庶合充霶廣遠之義。而《釋文》**於**《堯典》無音**切**,(39. 蛾術無"切"字。)**於**《爾雅》乃"古黄反",殊少精覈⑤。述古之難,**如此類者**,(40. 蛾術:若。)遽數之不能終其物。(41. 蛾術至此止。)

六書廢棄⑥,經學荒謬,二千年以至今。足下思奮乎二千年之後,好古洞其

---

① 今案:微波榭及中華、上古等點校本皆作"以來"。
② 今案:微波榭本作"韻"。
③ 今案:《蛾術編》原文黄〔炗〕、兖〔茨〕括號中的字體爲篆文,本文引用同此例。
④ 今案:微波榭本、《尚書義考》皆作"辭"。經韵樓本前後兩處"詞",微波榭本及二本皆作"辭",可知戴氏原本即作"辭",段氏剜改爲"詞"。
⑤ 段校:"卷三,二頁上六行'綜覈':本作'核'。凡'核'皆改作'覈',可不必,後仿此。"(頁二上)今案:微波榭本作"覈"。
⑥ 今案:微波榭本作"棄"。

原①,(42. 湖海：源。)諒不厪市古爲也。僕情僻識狹,以謂信古而愚,愈於不知而作,但宜推求,勿②爲株守。(43. 湖海：拘守。)例以"尭"之一字,疑古者在茲,信古者亦在茲,漫設繁言以獻。震再拜。

　　丁丑仲秋,③錢太史曉徵爲余舉一證曰：(44. 湖海：編修。)《後漢書》有"橫被四表,昭假上下"語。檢之《馮異傳》,永初六年安帝詔也。姚孝廉姬傳又爲余舉班孟堅《西都賦》"橫被六合"。壬午孟冬,余族弟受堂舉《漢書・王莽傳》"昔唐堯橫被四表",尤顯確;又舉王子淵《聖主得賢臣頌》"化溢四表,橫被無窮"。(45. 湖海至此止。)

　　洪榜案：《淮南・原道訓》"橫四維而含陰陽",高誘注："橫讀桄車之桄",是漢人"橫"、"桄"通用甚明。

　　段玉裁案：李善注《魏都賦》引《東京賦》"惠風橫被",今本《東京賦》作"惠風廣被",後人妄改也。④

　　　　　（本文作者係香港中文大學中國語言及文學系博士候選人）

---

① 今案：微波榭本作"源",與湖海本同。
② 段校："卷一,十七頁上八行'弗正之'：本作'勿',全書内'勿'字皆改作'弗',意以'勿'爲禁止,訓'弗'爲矯拂,古人却通用不拘,後仿此。"（頁一上）今案：微波榭本作"勿"。
③ 今案：《皇清經解》本《東原集》自"述古之難"至"丁丑仲秋"略去未載,見卷五六五,頁三三上至三四上。
④ 今案："段玉裁案"一條乃經韻樓本增,微波榭本無。

# 論胡培翬《儀禮正義》之體例及其"以例治禮"方法之運用

陳曙光

**提要**：本文根據胡培翬《上羅椒生學使書》提及其《儀禮正義》貫徹四大體例，分析胡培翬"以例治禮"（利用體例研究儀禮）的研究方法。本文認爲，四例的創立和運用除了證明胡培翬研究《儀禮》以鄭玄注爲依歸外，更反映胡氏詮釋《儀禮》時采用的不同準則。本文將綜合前人的研究成果，梳理四例的具體內容。其次研究"以例治禮"與胡培翬整理歷代禮說之間的關係，分析《儀禮》學史上的重要文獻對於胡氏治學的影響，最後討論胡氏"以例治禮"的優劣，冀能給予《儀禮正義》公允的評價。

**關鍵詞**：胡培翬　儀禮　以例治禮　訓詁學　鄭玄

## 一、引　言

《儀禮》古稱《禮經》，記述先秦時期不同階級的禮儀，其中涉及的器具、宮室、食物、行禮儀節極爲繁瑣。《禮記·禮器》云："經禮三百，曲禮三千"，鄭注："經禮謂《周禮》也，《周禮》六篇，其官有三百六十。曲猶事也，事禮謂今禮也。禮篇多亡，本數未聞，其中事儀三千。"[1]《中庸》云："禮儀三百，威儀三千"，孔疏云："'禮儀三百'者，《周禮》有三百六十官，

---

[1] 鄭玄注，孔穎達疏：《禮記正義》，李學勤主編：《十三經注疏（整理本）》（北京：北京大學出版社，2000年），頁863。

言'三百'者,舉其成數耳。'威儀三千'者,即《儀禮》行事之威儀。《儀禮》雖十七篇,其中事有三千。"①楊向奎指出:"疏《儀禮》與疏《周禮》不同,《周禮》多政經大事,疏者必心有全牛,而《儀禮》乃繁文縟禮,其細如髮,疏者必深入腠理。《周禮》、《儀禮》都是三千年前之朝廷大事及士族生活,三千年後,其中其事朽滅無垠,欲于簡單之古樸記載中,得窺古代士族之生活全貌,實屬不易。"②清代的《儀禮》研究風氣甚盛,學者以文字、聲韻、訓詁等方法取得驕人的成果。其中集大成者,則首推胡培翬的《儀禮正義》。

胡培翬師承凌廷堪,雖無《儀禮釋例》一類專門研究《儀禮》體例的著作,但"以例釋禮"亦爲胡氏治《儀禮》的重要方法。段熙仲在點校《儀禮正義》時提出"前代名家著作,其能成一家之言而篇帙較多者,往往于全書之中,有系統地自成體例。後學細心尋繹,儻發見其內在規律爲當務之急。秩然不紊,通貫全書,一字不苟,足以助後人理解。"③胡培翬的《儀禮正義》搜羅漢至清道光以前有關《儀禮》的研究結果加以排比,并按己意篩選,評定優劣,故其篇幅宏大。胡氏曾在與羅惇衍的書信中提及有"訂注"、"附注"、"補注"、"申注"四大體例,用以處理龐雜的禮學資料及主張。對于這四例的具體內容,由羅惇衍、段熙仲以至程克雅均有不同的發明。其中程克雅的博士論文《乾嘉學者以例釋禮解經方式比較研究》除了解釋四例的內容,亦同時指出:

> 胡氏的釋例觀點,是建立在四個不同的層面,交相據以釋讀經義的基礎上。這四個層面亦即:一、以經證經、補經;二、通賈疏以申鄭注;三、匯各家學說以附鄭注;四、采他說以訂鄭注。均是比較經義、注義及疏義各家異說之後,以"釋例"法則,從而建立解釋經義、抉擇注疏的準據。④

---

① 鄭玄注,孔穎達疏:《禮記正義》,頁1699。
② 楊向奎:《清儒學案新編》(濟南:齊魯書社,1965年),頁323。
③ 胡培翬:《儀禮正義》(南京:江蘇古籍出版社,1993年),頁1。
④ 程克雅:《乾嘉學者"以例釋禮"解經方法比較研究——江永、凌廷堪與胡培翬爲主軸之析論》(臺灣師大國研所博士論文,1998年),頁263。

唯礙于篇幅，程氏未有作進一步的研究及闡釋。本文將全面梳理四例與胡氏治《禮》方法和宗尚之關係，分析胡氏"以例治禮"的優劣，冀補前人研究之不足。

## 二、"補注"、"申注"、"附注"、"訂注"的内涵簡釋

所謂"補注"，胡培翬云："鄭君康成生于漢世，去古未遠，其視經文，多有謂無須注解而明者。然至今日，非注不明，故于經之無注者，一一疏之，疏經即以補注也。"①羅敦衍《儀禮正義序》則云："曰補注，補鄭君注所未備也。"②鄭注頗為簡略，很多在漢代常用的字義及常見的名物形制，鄭玄均無注釋，這符合東漢時代治經者的需要。然而，隨著時代的變遷，部分字義已經變得隱晦或其本義已被後起的引申義、假借義取代，名物形制也出現重大變化，後人讀注時難免出現困難。胡培翬認為要通讀《儀禮》，必須先補充鄭玄未有注釋或注釋未詳的部分。段熙仲《胡氏〈儀禮正義〉釋例》舉《士冠禮》"布席于門中闑西外西面"一句，鄭玄只注出今古文的異字，而《儀禮正義》則引《儀禮古今文疏義序》，補充鄭氏選取今古文的原則；在"贊者皆與，贊冠者為介"鄭注云："贊者，眾人賓也。"《儀禮正義》則引朱熹云："贊者謂主人之贊者也，恐字誤作眾賓耳。"③其後，胡培翬進一步申述朱氏之説云："今案：下云贊冠者為介，即前經宿贊冠者一人，乃賓之贊者也。則此贊者為主人之贊者甚明。"④在《喪服》中，《儀禮正義》也大量補充鄭注，如"斬衰章"中，"父"、"諸侯為天子"、"君"等條目鄭玄均無注，而《喪服傳》均以"至尊"解釋。然而，為何三者均為"至尊"？又何以先列父後列天子及君？鄭注均未有闡明，故《儀禮正義》于"父"後引《喪服四制》，指出為父斬衰三年"以恩制者也。"又引賈疏"恩義并設，義由恩出"、吳廷華"君亦有父也"之

---

① 胡培翬：《上羅椒生學使書》，胡培翬著；黃智明點校：《胡培翬集》（臺北："中央研究院"中國文哲研究所，2005年），頁165。
② 胡培翬：《儀禮正義》，頁1。
③ 同上，頁5。
④ 同上，頁93。

説,説明先父後君的原則。又于"諸侯爲天子"後指出"言諸侯爲天子者,嫌諸侯有君國之禮,或不爲天子服斬,故特著之。"①胡氏綜合前人的意見,并以己意分析《喪服》制定條目及排列次序的原則,足以補鄭玄未及之處。

此外,對于字詞的訓詁,鄭玄多只以"A,B也"的形式説明;至于引用互見文獻,鄭玄也多不徵引出處。賈公彥作疏時已有爲鄭玄補充出處,但其中尚有不足者;《儀禮正義》繼續補充鄭注的訓詁依據,如《士喪禮》"命曰:哀子某,爲其父某甫筮宅。度茲幽宅兆基,無有後艱。"鄭注:"某甫,且字也。若言山甫、孔甫矣。宅,居也。度,謀也。茲,此也。基,始也。言爲其父筮葬居,今謀此以爲幽冥居兆域之始,得無後將有艱難乎?艱難,謂有非常若崩壞也。《孝經》曰:'卜其宅安,而後厝之。'"賈疏詮釋"某甫"之義,并解釋鄭注引《孝經》的原因。②《儀禮正義》則補充鄭注的字詞訓詁云:"云宅居也度謀也茲此也基始也者,宅居詳上,餘俱《爾雅·釋詁》文";③又《士冠禮》記載大量行禮時應對的言辭,如醮辭、醴辭、字辭等,然而賈疏對于這些言辭的訓釋均頗爲簡略。胡培翬對于注疏進行大量補充的工作,如"棄爾幼志,順爾成德。壽考惟祺,介爾景福。"鄭注:"爾,女也。既冠爲成德。祺,祥也。介、景,皆大也。因冠而戒,且勸之。女如是則有壽考之祥,大女之大福也。"賈疏只作簡單的解説云:"云'祺,祥也'者,祺訓爲祥,祥又訓爲善也。云'因冠而戒'者,則經'棄爾幼志,順爾成德'是也。云'且勸之'者,即經云'壽考惟祺,介爾景福'是也。"④而《儀禮正義》則補充相關書證,如以《左傳》童心釋"幼志"、《釋言》、《釋詁》、《毛傳》論證鄭玄訓詁的依據等。⑤可見補注的内容相當廣泛,既有補充文獻訓詁未備的資料,也有補充鄭注解釋過于疏略之處,無論如何,其作用均在于闡釋鄭注,以解除後人讀注時的疑竇。

---

① 胡培翬:《儀禮正義》,頁 1363—1364。
② 同上,頁 826—827。
③ 同上,頁 1806—1807。
④ 鄭玄注,賈公彦疏:《儀禮注疏》,頁 55—56。
⑤ 胡培翬:《儀禮正義》,頁 122—123。

所謂"申注",即"鄭君之注,通貫全經,囊括衆典,文辭簡奧,必疏通而證明之,其義乃顯。昔人謂讀經憑注,讀注憑疏,是故疏以申注,乃疏家之正則也。"①羅氏則云:"曰申注,申鄭君義也。"②段熙仲列舉四例闡述"申注",首先是《士冠禮》鄭注云:"其不宿者爲衆賓或悉來或否者",《儀禮正義》引朱熹之説駁正賈疏以及《經典釋文》錯解鄭注之處;又"缺項"的形制後人衆説紛紜,胡氏引沈彤之説,論證此説當仍以鄭注爲依歸;此外,"冠者見姑姊"一節,鄭注分姑與姊爲二。後人或據《左傳》而駁之,胡氏則引三個不同的例證支持鄭説;最後在《覲禮》中,《儀禮正義》引張爾岐、褚寅亮、秦蕙田三家之説駁斥敖繼公以闡明鄭注。③ 又如《士冠禮》"適子冠于阼,以著代也。醮于客位,加有成也。三加彌尊,諭其志也。"鄭注:"醮,夏、殷之禮,每加於阼,則醮之于客位,所以尊敬之,成其爲人也。彌,猶益也。冠服後加益尊。諭其志者,欲其德之進也。"賈疏的解説頗爲疏略,但云:"此記人説夏、殷法,可兼于周。以其於阼及三加皆同,唯醮醴有異,故知舉二以見一也。"④可見賈氏只詮釋經文的内容及意義,未有申論鄭注。《儀禮正義》則引《郊特牲》、《冠義》等篇的鄭注互相發明,又引《吕氏春秋》高誘注證明"彌"可以訓爲益。⑤《儀禮正義》申注的部分特多,從上述的引例可見,由于鄭注的簡略,引起後世學者的質疑。他們或援引其他經典,提出與鄭注牴牾的意見。申注就是胡氏在整理不同古籍的鄭玄注以及漢以後禮學家的説法時,比對諸家説法的優劣。若諸家之説以鄭義爲長,則或援引經典,以經證注;或引後世學者闡釋鄭義以及駁斥與鄭玄不同學説,從而達到申述鄭注的目的。

至于"附注",按胡培翬的説法是:

> 六朝、唐人之作疏,往往株守注義,不參衆説,故有"寧言周、孔

---

① 胡培翬:《上羅椒生學使書》,《胡培翬集》,頁 165—166。
② 胡培翬:《儀禮正義》,頁 1。
③ 同上,頁 5。
④ 鄭玄注,賈公彥疏:《儀禮注疏》,李學勤主編:《十三經注疏(整理本)》(北京:北京大學出版社,2000 年),頁 62。
⑤ 胡培翬:《儀禮正義》,頁 135—136。

誤,莫道鄭、服非"之謠。又孔沖遠作《五經正義》,于《禮》則是鄭而非杜,于《左傳》則又是杜而非鄭,令人靡所適從,此豈非疏家之過乎!今惟求之于經,是非得失,一以經爲斷,勿拘"疏不破注"之例,凡注後各家及近儒之説,雖與注異,可并存者,則附録之,以待後人之參考,謂之附注。①

羅氏則云:"曰附注,近儒所説,雖異鄭怡,義可旁通,附而存之,廣異聞,佐專己也。"②段熙仲指出《士冠禮》鄭注"童子任職居士位年二十而冠",《儀禮正義》徵引敖繼公認此篇乃士冠其嫡子之禮,胡培翬認爲經文"主人玄冠朝服"及"將冠者采衣紛"反映父子二人的身份不同,故提出"敖説近是";③又如《聘禮》"賓即館,訝將公命"鄭玄以爲此乃大夫、士之訝。《儀禮正義》引《三禮札記》及《儀禮疑義》認爲此乃諸侯之掌訝,并下案語云:"據此,則首節所云大夫士降一等之訝,乃聘日迎賓之訝,自此以下,則皆謂掌訝也。今姑依鄭釋之,而附載《札記》及《疑義》二説于此,俟後人考定焉。"④胡氏較爲贊成《三禮札記》之説,但未有確實的證據,故仍依鄭注作解釋,再附以他説,可見其治經的態度嚴謹。至于鄭玄從未提及的論點而後世學者有所見者,《儀禮正義》亦會附録。《儀禮》十七篇,只有《士相見禮》、《大射儀》、《士喪禮》、《少牢饋食禮》、《有司徹》有經無記。鄭注并未有分析有經無記的原因。清代韋協夢(生卒年不詳)云:"蓋記者,記經之未備,釋義之未明耳。《大射》、《少牢》與《鄉射》、《特牲》其儀制多有同者,《鄉射》、《特牲》有記,則二篇可無。"⑤而《士喪禮》的記見于下篇《既夕禮》;《有司徹》爲《少牢饋食禮》的下篇,記文已見于《特牲饋食禮》。只有《士相見禮》有經無記,《儀禮》又無類似的禮儀可做參照。韋氏認爲整篇《士相見禮》其實都是記文。⑥然而,爲

---

① 胡培翬:《上羅椒生學使書》,《胡培翬集》,頁166。
② 胡培翬:《儀禮正義》,頁1。
③ 同上,頁4。
④ 同上,頁1147—1149。
⑤ 韋協夢:《儀禮蠡測》,《續修四庫全書(89)》(上海:上海古籍出版社,1995年),頁570。
⑥ 韋氏云:"此篇(《士相見禮》)總論卿大夫士相見之禮,本記體也,何必又爲記以贅于後乎?"詳參韋協夢:《儀禮蠡測》,《續修四庫全書(89)》,頁585。

何作爲記文的《士相見禮》會獨立成篇，并與其他經文并列，韋氏則未有解釋。張爾岐懷疑"凡燕見于君"以下均爲記文，盛世佐則認爲由"士見于大夫"以下均爲記文。《儀禮正義》兼録二人之説，并加案語云："自凡燕見于君以下，文體與經不相似，非周公作，張氏、盛氏以爲記文，説亦有見，今并録存之，以諗來者。"①可見附注就是引録引鄭玄并未提及或與鄭義不同而無牴觸之説，故有"廣異聞"的意義。

"訂注"就是"其注義有未盡確者，則或采他説，或下己意以辨正之，必求其是而後已"②羅氏云："曰訂注，鄭君注義偶有違失，詳爲辨正，别是非、明折衷也。"③段熙仲引《士冠禮》胡氏批評及贊同敖繼公學説的部分；又鄭玄每以"士無臣"釋禮，胡氏引《儀禮釋官》"宰、家宰、私臣，亦曰家相。宰本家臣之名，而邑長亦稱宰。諸侯之士無地，未必有邑宰，但于私臣中擇其長者一人"，以反駁鄭説。段氏下評語云："是則是非則非，竹邨之持論不苟如此。此訂鄭注所以爲明是非而爲新疏大例之一。"④又如《聘禮》"儐之如初。下大夫勞者遂以賓入"鄭注云："然則賓送不拜。"《儀禮正義》認爲鄭説可疑，因後文勞者出時有"賓送再拜"之文，故此送亦應有拜，并云："經不言者，蓋已統于如初中矣。"⑤《儀禮》爲了節省經文的篇幅，多用"如初"重覆前文某位置開始的儀節。由于經文未有明示，學者對于"如初"所代表的位置往往會有不同的理解。胡氏認爲此節前文有"勞者揖皮出，乃退，賓送再拜"，故"如初"則指再拜；又《喪服傳》"何以期也？妾不得體君，爲其父母遂也"，鄭注批評傳云："是言子不加于父母，傳似誤矣。"《正義》徵引陳銓、雷次宗、郝敬、盛世佐、沈彤、程瑶田等人的説法，并下案語云："其以女君爲比例，乃注家借以勘明經義，非傳者立言之意。鄭誤以傳言妾不得體君爲對女君得體君言，故于此傳遂窒礙難通。諸家辨之，是矣。"⑥胡氏多依《儀禮》爲依據，采用以經證經的方法糾正鄭注。

---

① 胡培翬：《儀禮正義》，頁236。
② 胡培翬：《上羅椒生學使書》，《胡培翬集》，頁166。
③ 胡培翬：《儀禮正義》，頁1。
④ 同上，頁3—4。
⑤ 同上，頁987。
⑥ 同上，頁1454—1456。

## 三、"四例"與胡培翬詮釋
## 《儀禮》方法之關係

胡氏提出的四例,所處理的已非限于補充或糾正鄭注,程克雅認爲:

> 胡培翬撰述《儀禮正義》,在釋例方法上表現出來的特點,是屬于禮學說釋的回顧與異說的抉擇。這和傳統在《春秋》微言大義的闡發上,不但目標有別,而且"釋例"術言的發明及運用也相異。胡氏的釋例方法,不妨定位爲禮經解釋史中,本經與本經、本經與注疏、《鄭注》與其他注解交相比較後的"抉擇"方式,而不是將"例"藉固定術語寄寓于新疏行文之中,以待說者鉤玄發明的那一類。①

筆者認爲,胡氏訂立的"四例",其實體現了其治《儀禮》有以下的詮釋準則:

### (一) 以經證經

胡培翬訂立補注和申注兩例以補鄭注之簡略;又立附注和訂注兩例,處理與鄭玄不同的學說。在未有確切的證據前,胡氏只會附錄他說而不敢遽爾批評鄭說,段熙仲云:"實事求是爲胡樸齋治學家法,故四例之中,'訂注'最嚴最慎。"②胡培翬同時承繼凌廷堪的治《禮》方法,特別重視《儀禮》經文的内證,如《聘禮》"宰夫實觶以醴,加柶于觶,面枋。"鄭注云:"酌以授君也。君不自酌,尊也者。"《儀禮正義》認爲此說可疑,故引《禮經釋例》說明《士冠禮》賓禮冠者、《士昏禮》女父醴使者,均不自酌,以證明此乃《儀禮》的通例,而非因爲君尊故不自酌;③又《公食大夫

---

① 程克雅:《乾嘉學者"以例釋禮"解經方法比較研究——江永、凌廷堪與胡培翬爲主軸之析論》,頁266。
② 胡培翬:《儀禮正義》,頁3。
③ 同上,頁1033。

禮》"魚七，縮俎，寢右。"鄭注云："寢右，進鬐也。乾魚近腴，多骨鯁。"胡培翬以《士喪禮》、《士虞禮記》、《少牢饋食禮》的記載，論證"云乾魚近腴多骨鯁者，腴，腹下也。乾魚近腴多骨鯁，故必以鬐進賓，便于取食也。此食生人法也"；此外，胡氏又因《少牢饋食禮》及《公食大夫禮》均不記載有進魚之首尾的記載，推斷"是祭祀及饗食正禮，或進鬐，或進腴，不進首進尾也。"①《儀禮》記載繁瑣，但不同的禮節頗多相同之處，如《公食大夫禮》、《聘禮》、《燕禮》均有飲宴的記載，對于"皮弁"、"爵弁"的描述亦散見于各篇，内容可以互相參照。凌氏、胡氏運用"内證"發明的經例大部分均可信。

此外，胡培翬又重視"《三禮》互證法"，若單據《儀禮》未能判定是非，胡氏則會以《周禮》、《禮記》甚至《大戴禮記》輔助考證或補充記載，如《聘禮》"賓覿，奉束錦，總乘馬，二人贊，入門右，北面奠幣，再拜稽首。"《儀禮正義》即云："《周禮·司儀職》云：及禮、私面、私獻，皆再拜稽首，君答拜。鄭注云：禮，以醴禮客。私面，私覿也，既覿則或有私獻者。"然後説明私面與《聘禮》的"私覿"相通，此以《周禮》輔助考證《儀禮》；②又《既夕禮》"若就器，則坐奠于陳"，《儀禮正義》云："《喪服小記》曰：陳器之道，多陳之而省納之，可也。鄭注多陳之，謂賓客之就器也，以多爲榮。即謂此也。"③就是《儀禮》所載過于簡略，故引《禮記》相關資料補充。然而，胡培翬認爲《三禮》之中，《儀禮》的地位高於《周禮》及《禮記》。在《儀禮正義》的開首，胡氏已引朱熹批評王安石科舉廢《儀禮》而獨留《禮記》，其云："遭秦滅學，禮樂先壞。漢、晉以來，竟無全書，其頗存者，《三禮》而已。《周官》一書，固爲禮之綱領，至其儀法度數，則《儀禮》乃其本經，而《禮記·郊特牲》、《冠義》等篇，乃其義疏耳。棄經任傳，遺本宗末，其失已甚"；又引張淳論《三禮》的關係云："《禮記》古矣，然皆釋《儀禮》之義，若《祭義》、《冠義》、《昏義》、《鄉飲酒義》、《射義》、《燕義》、《聘義》是也，豈得而先《儀禮》？"後復引熊朋來又説云："《周禮》大綱雖正，其間職掌繁密，恐傳者不皆周公之舊。《戴記》固多

---

① 胡培翬：《儀禮正義》，頁 1202—1203。
② 同上，頁 1037—1038。
③ 同上，頁 1876。

格言,而訛謬亦不免。惟《儀禮》爲《禮經》之稍完者,先儒謂其文物彬彬,乃周公制作之遺。"在熊氏看來,《周禮》、《禮記》均不免有訛誤處,只有《儀禮》爲周公所作,是較爲完備的《禮經》。胡培翬極爲同意以上諸人之説,故下案語云:"今案據此諸説,《三禮》惟《儀禮》最古,亦爲《儀禮》最醇矣。《儀禮》有經、有記、有傳,記、傳乃孔門七十子之徒之所爲,而經非周公莫能作,其間器物陳設之多,行禮節次之密,升降揖讓裼襲之繁,讀之無不條理秩然。每篇自首至尾,一氣貫注,有欲增減而不能者。今所存止十七篇,以爲殘闕不全,固有之矣,若以爲出後人之僞撰,則斷乎其未有也。"①尤其是《禮記》出于後人的記述,故其地位在《三禮》中理應最低,若遇到《儀禮》、《禮記》之間有牴牾,《正義》均會以《儀禮》爲依據,如《士喪禮》與《喪大記》的記述不同,胡培翬云:"案《喪大記》曰:士之喪,于大夫,不當斂則出。此經云唯君命出,則是小斂以前,大夫來吊,不當斂亦不出也。《喪大記》與此不合。但經是周公所作,井然不紊。記是後人所述,或有異聞。學者于經傳異同之説,遵經而舍傳,毋以傳而疑經可矣。"②可見胡氏認爲《三禮》的先後次序應是《儀禮》爲先,次之爲《周禮》,最後才是《禮記》。

　　《三禮》以外,胡氏也多以《詩經》及《春秋》以證《儀禮》,《詩經》既有上古的民謠,亦有貴族燕飲、祭祀祖先的詩篇,故記載不少古代的名物及典章制度。胡培翬云:"三百篇中,自天文、地理、朝廟、典章,下至鳥獸草木,一名一物之微,罔不具載。讀《詩》者必先由訓詁以通乎制度名物,而後作《詩》之旨可得而明。"③胡氏所云治《詩》與治《禮》的方法均應由名物訓詁著手。《鄉飲酒禮》、《燕禮》等記載貴族飲食之禮時所奏的樂曲,如《鹿鳴》、《皇皇者華》、《關雎》等均是《詩經》的篇章;又如冠禮的醮辭、醴辭等亦與《詩經》相類似。可見《詩經》無論在名物制度及禮節上均有可與《儀禮》互證的地方。故此,《儀禮正義》多引《詩》以證《禮》,甚至作爲評論鄭注優劣的依據,如《士冠禮》"入見姑姊",鄭注分姑與姊爲兩人,并申述云:"姑與姊亦俠拜也。不見妹,妹卑。"後世或以爲"姑

---

① 胡培翬:《儀禮正義》,頁 4—5。
② 同上,頁 1661。
③ 胡培翬:《黃氏詩考序》,《胡培翬集》,頁 175。

姊"乃合稱,即父之姊。《儀禮正義》引《喪服》中有"姑姊妹"一稱,若以爲是"姑姊"、"姑妹"的簡稱,則必然出現"則是父之姊妹有服,而己之姊妹無服"的不合理情況。然而,這仍未足以證明鄭説必然成立,故《儀禮正義》又引《爾雅·釋親》不見"姑姊"、"姑妹"的稱呼,而《詩·泉水》則有"問我諸姑,遂及伯姊。"可見先秦古籍中也有類似用例,以支持鄭注。① 在胡培翬的認知下,《儀禮》乃周公所作,其地位亦在《詩經》之上,如在"醮辭"云:"或謂此醮辭與三百篇文句多相似,乃後人襲《詩》辭爲之,非周公作經之舊,不知周公因舊俗而制醮禮,自當有其辭,安知非後之作《詩》者,襲取《禮經》而用之乎?"②此外,《春秋》(《左傳》)記載東周史事,其中亦有大量涉及祭祀、外交等與禮制有關的記述,可説是記述《儀禮》的具體落實的情況,故胡氏亦大量徵引《春秋》以釋《禮》,特別是涉及外交的禮節,如《覲禮》引《左傳》證明有"秋覲"之名,其云:"《春秋》隱公四年,秋九月,衛人殺州吁濮。而傳云:王覲爲可。又云:朝陳使請。案左氏于陳語朝,于王言覲,是秋覲之名,至春秋時猶存也。"③又"諸侯前朝,皆受舍于朝。同姓西面北上,異姓東面北上。"《儀禮正義》云:"云分別同姓異姓受之將有先後也《春秋傳》曰寡人若朝于薛不敢與諸任齒則周禮先同姓者,言次位如此分別者,爲將來受覲有先後之序也。《左傳》隱十一年:滕侯、薛侯來朝,爭長。公使羽父請于薛侯曰:周之宗盟,異姓爲後。寡人若朝于薛,不敢與諸任齒。是其先同姓之禮也。"④在胡氏治《儀禮》的系統中,《春秋》只是《儀禮》實行的佐證,是周公之禮在春秋時尚得以保留的證據,故在以經證《禮》上《春秋》的地位在《周禮》、《詩經》之下。

綜上可見,"以經證經"是胡氏治《禮》的最基本原則,無論《儀禮》內證法、《三禮》互證法,以《詩》、《春秋》釋《儀禮》,均是建立在以《儀禮》爲主軸的治經方法。故此不論補注、申注還是訂注的基本原則在于鄭説是否違背經文。

---

① 胡培翬:《儀禮正義》,頁 85—86。
② 同上,頁 126—127。
③ 同上,頁 1264。
④ 同上,頁 1273—1275。

## (二) 宗主鄭玄，折衷王、敖

王鳴盛云："案《英華》卷七百六十六劉子元引鄭康成自序云：'遭黨錮之事，逃難注禮。'……合之《戒子書》'坐黨錮十四年'，則是康成注經，《三禮》居首，閱十四年乃成，用力最深也。"①胡培翬訂立的四例均圍繞鄭注，把解釋鄭注的工作提升成爲貫徹《儀禮正義》的釋經體例。在後世學者眼中，鄭注過分簡略是不爭的事實。然而，胡培翬認爲解釋鄭注是正確理解《儀禮》的唯一方法，故《儀禮正義》雖有大量梳理經文的工作，仍祇視作補充鄭注。至于駁斥他說以維護鄭注、徵引他說以附鄭注兩例，均以肯定鄭說爲基礎。對于胡培翬而言，鄭注祇是"未盡確"、"偶有違失"。因此，《儀禮正義》補注、申注的篇幅明顯較附注及訂注爲多，充分展示以鄭玄爲宗主的治《禮》態度。除了《儀禮注》外，胡培翬也重視鄭玄的其他著作，故在徵引《周禮》、《禮記》、《詩經》時多兼引、兼釋鄭說以證《儀禮》，這是鄭注的內部互證法。胡氏或據彼注以申此注，如《士喪禮》"商祝襲祭服，褖衣次。"鄭注云："祭服，爵弁服、皮弁服，皆從君助祭之服。"《儀禮正義》則云："《雜記》：士弁而祭于公。注：弁，爵弁。是爵弁爲助祭服也"；②或解釋鄭注不一致的原因，如《士冠禮》"櫛實于簞"鄭注："簞，笥也。"《儀禮正義》云："鄭注《曲禮》及《論語》俱云：'圓曰簞，方曰笥'，此乃訓簞爲笥者，亦對文異，散則通也。"③而胡氏最得意的發現，就是從《詩·斯干》鄭箋中有關天子築燕寢的主張及《儀禮注》中"人君左右房"的觀點矛盾，從而推論"左右房"爲諸侯至士的正寢結構，而燕寢則爲"東房西室"。可見通過比較不同古籍的鄭注，考證其一致或牴牾之處，是胡氏研究《儀禮》的重要方法。

鄭注以外，《儀禮正義》也梳理自漢以來的各家禮學主張。在《儀禮》研究史上，鄭玄曾經面對兩次大規模挑戰，第一次是西晉的王肅，第二次是元代的敖繼公。胡培翬在整理舊說時，必須面對這些與鄭注大

---

① 王鳴盛：《鄭氏著述》，《蛾術篇》，《續修四庫全書(1150)》(上海：上海古籍出版社，1995年)，頁 568。
② 胡培翬：《儀禮正義》，頁 1698。
③ 同上，頁 48。

相徑庭的説法。《儀禮正義·喪服》云："此篇于鄭注外，兼存馬王諸家説，至賈疏之可從者，亦多采録焉"，①《喪服》引録王説特多。王肅雖攻訐鄭玄，然其喪服主張亦有與鄭氏相同，如《喪服》記載"大夫之妾爲庶子適人者"服小功服。馬融認爲大夫之妾本應爲女兒服大功，因其已出嫁，故降爲小功；鄭玄認爲大夫之妾爲未嫁女兒服大功，若女兒嫁于大夫仍服大功。王肅則云："適士，降一等在小功。"可見馬氏以女兒是否出嫁决定制服原則；鄭玄雖未明言，但其與王肅同以女兒所嫁者地位的高低爲原則，故胡氏云："嫁于大夫大功，故適士小功，王説與鄭同。"②若鄭、王之説有别，胡氏則會小心比較，大抵能做到折衷二説，不因王肅違鄭而反對，也不因鄭玄爲正統而曲護。故《儀禮正義》有支持王説者，如《喪服》有"繼母如母"一條，繼母是親母死後，父續弦而娶之正室，其地位與親母相等，故子與繼母雖無血緣關係，仍須爲其服齊衰三年。賈疏云："繼母配父，即是胖合之義，與己母無别，故孝子不敢殊異之也。"③《喪服》又云："父卒，繼母嫁，從，爲之服，報。"繼母與子本無血緣關係，改嫁後亦失去與父"胖合"的名分，唯子仍須服齊衰期服，看似于理不合，故《傳》云："何以期也？貴終也。"鄭注釋曰："嘗爲母子，貴終其恩"，鄭注未有解釋"從"字的意義。王肅則云："從乎繼母而寄育，則爲服，不從則不服。服也則報，不服則不報。"若子年幼，從繼母嫁則爲之服，若不從繼母改嫁，則不用爲無血緣關係的繼母服喪。《儀禮正義》認爲"如王説，從字方有著落，如馬、鄭説，則從字似贅文矣"。其後《儀禮正義》進一步申述聖人爲繼母改嫁者制服的原意云："禮，婦人不貳斬，而乃爲嫁母制服，又爲繼父制服，何哉？曰：此聖人恤孤之義，不得已而制之，禮之權也。蓋夫死子幼，無大功之親相養以生，守死固爲義，而孤則無與立矣。嫁而以從，俾不致轉于溝壑，則于子猶能終其恩，故不可絶也。"④可見《儀禮正義》亦以爲此處鄭注未盡完善，故從文獻表述以及制禮原則兩方面著手，肯定王肅之説。

---

① 胡培翬：《儀禮正義》，頁1342。
② 同上，頁1545—1546。
③ 鄭玄注，賈公彦疏：《儀禮注疏》，頁653。
④ 胡培翬：《儀禮正義》，頁1405—1408。

《儀禮正義》亦有駁斥王肅者，如《喪服》規定曾祖父母服齊衰三月，《喪服傳》云："何以齊衰三月也？小功者，兄弟之服也，不敢以兄弟之服，服至尊也。"王肅以從祖祖父、從祖父及從祖昆弟釋"兄弟之服"。《儀禮正義》引徐乾學云："此所云小功者，非指小功五月之期，乃指小功衰裳之服也。蓋謂小功布衰裳之服，乃兄弟之服，不可以加至尊，故用齊衰。"《喪服》所載的制喪服及喪期原則，大抵以"親親"（血緣越遠者喪服越輕）、"尊尊"（地位越尊者喪服越重）爲主。曾祖父母與己相隔三代，故只須爲其服喪三月；由于曾祖是家中的"至尊"，而小功服（服期爲五個月）是爲兄弟而設，故必須加服至齊衰，以示尊重曾祖之意。經文所指的"兄弟之服"是指小功服而非小功五月的喪期。王氏混淆二者，故《儀禮正義》下案語云："王以從祖祖父、從祖父、從祖昆弟三者，釋兄弟之服，説殊迂曲。徐氏駁之，是矣。"①

當面對鄭、王之爭各有所見時，胡氏則多采鄭説，最明顯的是"三年喪期"的問題。《士虞禮記》云："期而小祥，曰薦此常事，又期而大祥，曰薦此祥事，中月而禫。"由喪禮至大祥共歷二十五個月，此乃學者的共識。惟鄭、王對"中月而禫"的理解有異，鄭玄在祥祭後再隔一月才能舉行禫祭，故云："中，猶間也。禫，祭名也。與大祥間一月。自喪至此，凡二十七月"；②《禮記正義》引述王肅之説曰："王肅以二十五月大祥，其月爲禫，二十六月作樂"、"王肅難鄭云：'若以二十七月禫，其歲末遭喪，則出入四年，《喪服小記》何以云"再期之喪三年？"'"③可見王肅認爲大祥與禫祭在同月舉行，因《檀弓》云："祥而縞，是月禫，徙月樂"，故三年之喪只有二十五個月，《士虞禮》所記應是"月中而禫"。其實三年之喪共歷二十七月是兩漢以來經師的共識，其後《通典》、《開元禮》等沿用其説。《儀禮正義》認爲王肅誤讀《檀弓》，又徵引《喪服變除禮》、《白虎通》等文獻證明漢以來學者對《檀弓》的理解均爲二十七月才舉行禫祭，最後又以案語引《閒傳》、《雜記》等説明"若如王肅之説，則必改中月之文，爲月中而後可。且一月之中，既舉祥祭，又舉禫祭，不嫌于數乎"、"是禫與祥

---

① 胡培翬：《儀禮正義》，頁1471—1473。
② 鄭玄注，賈公彥疏：《儀禮注疏》，頁964—965。
③ 鄭玄注，孔穎達疏：《禮記正義》，頁222—223。

異月之明證,不得謂十五月而禫者,禫亦在祥月中也。禮文章顯如是,而後人猶有謂王說實本于禮。親喪宜厚,故鄭說沿用至今。何歟?"①二十五月之說歷代少有學者遵從,然而王肅并非純是臆測之說。以"中月"爲一月之中,先秦古籍雖無完全相同的辭例,但也有類似的用法,《尚書·無逸》云:"文王受命惟中身,厥享國五十年。"鄭注云:"中身,謂中年。"②除了《禮記·檀弓》外,《三年問》亦云:"則三年之喪,二十五月而畢。"③按《檀弓》云:"公叔木有同母異父之昆弟死,問于子游。子游曰:'其大功乎?'狄儀有同母異父之昆弟死,問于子夏,子夏曰:'我未之前聞也;魯人則爲之齊衰。'狄儀行齊衰。"④可見,即使是孔門弟子,對于喪服制度也有不同的理解,可以推測先秦時期已有不少關于喪服、喪期的論爭。《禮記》不同的篇章存在矛盾,可能反映不同學者對于禮制的不同理解,胡培翬徵引《雜記》等實不足以駁倒王肅之說。按兩說各有闕失,以二十七月爲喪期,若在首年最後一個月開始服喪,正常情況下便會橫跨四年;以二十五個月爲喪期,若在第一年首月開始服喪,又遇上閏月,則喪期便只橫跨兩年,二者同樣有機會出現不合"三年之喪"的情況。而鄭、王的分歧在于對《士虞禮記》有不同的詮釋,且各自以相關的《禮記》爲論據。胡氏是鄭而非王其實反映宗主鄭玄的傾向。

王肅之說在清代多已散佚,只零星散見于《通典》、《禮記正義》、《儀禮疏》等典籍。至元代敖繼公認爲鄭注多有瑕疵,故撰《儀禮集說》全面駁斥鄭說。此書在清代仍得以完整保留,且在明代及清初得到學者的普遍接納。《儀禮正義》既提出以鄭注爲中心的四例,對于反對鄭玄最力的《集說》實有全面整理的必要,據筆者的統計,單以《士冠禮》爲例,《儀禮正義》徵引敖說不少于 70 次(不包括暗引及轉引)。除了敖氏的主張外,《儀禮正義》也會兼及《集說》的版本問題,如"筮人執筴,抽上韇,兼執之,進受命于主人。"《儀禮正義》云:"《曲禮》曰:'筴爲蓍',則筴

---
① 胡培翬:《儀禮正義》,頁 2073—2075。
② 孔安國傳,孔穎達疏:《尚書正義》,李學勤主編:《十三經注疏(整理本)》(北京:北京大學出版社,2000 年),頁 512。
③ 鄭玄注,孔穎達疏:《禮記正義》,頁 1818。
④ 同上,頁 270—271。

亦善也，宜從各本作筵。敖氏并改經筵字爲筳，尤非"；又"賓如主人服，贊者玄端從之，立于外門之外。"包括宋嚴州單注本在內的不同版本，鄭注均作"外門，大門外。"只有《集説》本無"外"字。《儀禮正義》以嚴州本爲校勘的依據，故不敢遽改注文，然而胡培翬却認爲當依《集説》，故云："經云立于外門之外，則門外義已明，注特釋外門二字耳。敖是也。今仍嚴本而附辨于此。"①《集説》雖非善本，但胡氏并未忽略其版本學的價值，遇有可取之處均會于附録于《儀禮正義》。

《集説》與注疏不同的論點，《儀禮正義》尚能折衷二説，不因敖氏違鄭便立即撻伐。若認爲敖氏觀點有可取之處，《儀禮正義》均會采納，如《喪服》"女子子嫁者未嫁者，爲曾祖父母。"《傳》曰："何以服齊衰三月？不敢降其祖也。"《大傳》云："服術有六。一曰親親，二曰尊尊，三曰名，四曰出入，五曰長幼，六曰從服。"②不同的制服原則之間可能會有衝突，需要取捨。"出入"是制定喪服的重要原則，如女子子未嫁者爲父服斬衰，嫁後成爲夫家之人，故爲本生父母只能服齊衰期。此處經文指出無論出入，均須爲曾祖父母服齊衰三月，《傳》則以"不敢降"釋之。爲何已嫁的女子爲血緣關係最親的本生父母可以降一等而血緣較疏的曾祖父母反而不降？鄭玄并未有特别的注釋，故《儀禮正義》引敖氏云："女子子之適人者，降其父母一等，乃不降其祖與曾祖者，蓋尊服止于齊衰三月。其自大功以下，則服至尊者不用焉。故父母之三年，可降而爲齊衰期，而祖之齊衰期，不可降而爲大功。曾祖之齊衰三月，又不可降而無服。此所以二祖之服俱不降也。"③由于齊衰三月是尊服中最輕的，大功以下的喪服并不是爲尊者而設，若因女已嫁再降一等則必須降至大功以下，故敖氏認爲此條中"出入"必須屈從于"尊尊"的原則。《儀禮正義》贊成敖説，并云："此説最精。否則何以降父母而不降祖與曾祖乎？李氏謂父母之降期，屈于不二斬，不如此説之確"；④又如《聘禮》"不賄，不禮玉，不贈。"鄭注但云："喪殺禮，爲之不備。"未有詳述其原因，故《儀

---

① 鄭玄注，賈公彥疏：《儀禮正義》，頁17，58。
② 鄭玄注，孔穎達疏：《禮記正義》，頁1172。
③ 胡培翬：《儀禮正義》，頁1477。
④ 同上，頁1477—1479。

禮正義》云："敖氏云：賄與禮玉，主君以報聘君者也。今主君薨，難乎其爲辭，故闕之。贈者，所以答私覿，遭喪則不覿，故主國亦不贈。注云喪殺禮爲之不備者，即《掌客》所云：凡禮賓客，札喪殺禮。是據大概言之，不若敖説之細密。"①

當然，即使采納敖繼公之説，在胡培翬的心目中，其學術地位仍然遠不及鄭玄。最明顯的例子是對于爲人後爲其本生家族的喪服，賈疏認爲"本宗餘親皆降一等"；胡培翬則認爲祇據《喪服》爲本生父母兄弟降服一等，其餘親屬均依其與所後父母的關係制服。此説實本于敖繼公，故《儀禮正義》云："今案：敖氏此説極是，後儒多駁之，由未明《儀禮》後大宗之義耳，……足見敖説正得《禮經》本義也。"②胡氏此説不依注疏，故也受到時人的問難，認爲《集説》似是而非，不足爲據。胡氏回答云："余之説，固熟復全經而確見其爲然，非以敖氏有是説而徇之也。且敖氏之書，豈盡無可從耶？語云'愚者千慮，必有一得'，若必以其説之出于敖氏而故違之，非平心讀書之道矣。"③從胡培翬的回應可見其并無排斥《集説》之意，但也認爲敖氏祇是愚者偶有一得而已，故此"駁敖申鄭"是《儀禮正義》的重要主題，也是胡培翬治《儀禮》最得意的部分。胡氏或引其他學者的意見，或下己意反駁敖繼公，故《儀禮正義》經常出現"敖説非"、"敖説誤甚"等評語。如《覲禮》"侯氏降，兩階之間，北面再拜稽首，升成拜。"鄭注云："大史辭之降也。《春秋傳》曰：'且有後命，以伯舅耋老，加勞賜一級，無下拜。'此辭之類。"④而敖氏則云："不辭之而升成拜，尊者之禮。"⑤按《禮經釋例》有"凡臣與君行禮，皆堂下再拜稽首，異國之君亦如之"及"凡君待以客禮，下拜則辭之，然後升成拜"兩例，凌氏引《燕禮》、《大射儀》、《覲禮》的相關記載以證明。⑥ 鄭、敖之别在于鄭以爲經文簡略，未有記載諸侯降階時大史代表王辭降，故引《春秋》僖公九年，齊桓公會諸侯于葵丘，天子命使者賜胙，齊桓公將下拜，使者辭拜

---

① 胡培翬：《儀禮正義》，頁1119。
② 同上，頁1532—1534。
③ 胡培翬：《儀禮爲人後者爲其本宗服述》，《胡培翬集》，頁33—34。
④ 鄭玄注，賈公彥疏：《儀禮注疏》，頁605。
⑤ 敖繼公：《儀禮集説》，《通志堂經解(33)》，頁19164—19165。
⑥ 凌廷堪：《禮經釋例》，頁93—99。

的辭例補充；敖氏則以爲天子位尊，故不用辭降。鄭玄所引雖非桓公覲見天子之禮，但其身份及行禮的過程亦與覲禮頗相似，其説較敖氏可信，胡培翬辨之云："注云大史辭之降也，謂辭其降拜也，……今案：下拜者，臣之正禮，未有不辭而升成拜者。此節升成拜，經不言辭，文不備，故注特補之。"至于敖氏"不辭成拜"之説，《儀禮正義》則引盛世佐、褚寅亮及秦蕙田三家之説駁之，并下案語云："秦説是也"，以反駁敖氏臆測之説。①

胡培翬自認爲最躊躇滿志者當是《覲禮》記載"會同之禮"云："上介皆奉其君之旂，置于宫，尚左，公侯伯子男皆就其旂而立，四傳擯。天子乘龍，載大旂，象日月升龍降龍。出拜日于東門之外，反祀方明。禮日于南門外，禮月與四瀆于北門外，禮山川丘陵于西門外。"按經文所記，拜日、禮日等當于諸侯就其旂而立以後舉行。鄭注按《朝事儀》曰："帥諸侯而朝日于東郊，所以教尊尊也。退而朝諸侯"，把拜日之禮定于朝會諸侯之先。敖繼公反對鄭説，認爲不應援引《朝事儀》，而應按經文次序，天子受諸侯朝享，才率領諸侯至東南西北門行禮。清儒盛世佐、姜兆錫均從敖説。鄭、敖之異不單牽涉對于朝會及祭祀先後次序之不同，更觸及覲禮的禮意，實有辨正的必要。胡培翬先從《儀禮》記事方式申述鄭注，認爲朝會爲四時相同之禮，拜日等禮則因四時而行不同之禮，其云："此謂天子會同之日，先拜日而後朝諸侯也。依行禮節次，此當在公侯伯子男皆就其旂而立之前，因奉旂就旂連叙爲順，而就旂而立，及四傳擯，四時會同之禮皆同。拜日、禮日、禮月四瀆、禮山川丘陵，四時有異，故先以同者叙于前，而以其異者退叙于後。此記者叙次之法，後儒多誤駁。"然後又引張爾岐、褚寅亮及秦蕙田之説反駁《集説》，②其中

---

① 胡培翬：《儀禮正義》，頁 1305—1306。
② "張氏爾岐云：推其次第，上介先期置旂，質明，王帥諸侯拜日東郊，反祀方明。二伯帥諸侯入壇門，王降階，南鄉三揖，諸侯皆就其旂而立，乃傳擯。褚氏云：此及下兩節行禮次第，當在公侯伯子男皆就其旂而立之前。東門，王城東門也。先拜日于東門外，乃至壇祀方明，然後徹方明朝諸侯。或有盟誓之事，則朝畢復加方明。節次宜如是。若先受朝而始拜日祀方明，恐非敬神之道。夏秋冬以此推之。若如敖氏，不分四時，專就壇宮三百步之地，一日而遍輯五瑞，姑無論日力不給也，即如此日受朝之後，乃始出壇東門而拜日，復反而祀方明，又至南門重舉已拜之日，乃越西門至北門而禮月之四瀆，終乃旋至西門以祀山川丘陝，其紛雜無緒甚矣。周公制禮，夫豈其然？秦氏蕙田云：敖氏謂此三禮者（轉下頁）

褚氏之説從敬神之道及祭祀不分四時將會紛雜無章立論最爲明確,故《儀禮正義》云:"以上三説,皆辨正敖氏之失,而褚氏之説尤詳備,其有功經、注大矣。"①《儀禮正義》雖無另立新説支持鄭玄,但細心爬梳整理前人説法,使鄭、敖之説優劣自見,是"駁敖申鄭"最成功的例子。

　　胡培翬既以鄭玄爲宗,在處理鄭、敖二人論點的衝突時,有時表現出尊鄭太過的傾向,以致未能作出客觀的判斷,甚至產生矛盾,如《士冠禮》的"士"所指何人,鄭玄認爲是"將冠者";敖繼公則認爲士是將冠者之父(主人),此禮乃冠其嫡子之禮。胡培翬以經文記載冠禮時主人所穿的玄冠乃士之朝服,與其子所穿的不同,故認爲"敖説近是。"然而,《儀禮正義》接著又稱賈疏引"小功章"載"大夫爲昆弟之長殤",證明有年未二十已有任職者,故評論云:"若必專主未仕之士言,又不若鄭説之該括矣。"②然而,年未二十而得爲士者應屬于少數的例外,《儀禮》所記應是較常見的情況。胡培翬在討論叔嫂服制時曾云:"《禮》當爲天下萬世遵行,不當爲一二人立制。"③如今胡氏既按經文肯定敖説,但又認爲注説能概括更多情況,明顯是崇鄭而自歧其説。又如《士冠禮》"主人降,復初位",鄭注云:"初位,初至階讓升之位。"《儀禮正義》引程瑤田的説法云:"案主人初立于阼階下,直東序,西面,此云復初位,即其位也。賓主階上立,位在序端,則階下立,位亦宜直東西序,與賓主位必相對也。且至階讓升處,賓主皆然,非位也。鄭注蓋誤。今案:程説是也。張氏惠言亦辨之。"④然而此説實本《集説》,其云:"但云直西序則當南于階。初位,阼階東,直東序之位。冠者立于西階東南面。賓字之,冠者對。"⑤胡培翬撰《儀禮正義》既欲"駁敖申鄭",則理應常參考《集説》。《儀禮正義》大量引用及評價敖説,此處不似是大意的遺漏,而是胡培翬不欲直接以敖説攻擊鄭玄,有曲護鄭玄之嫌。

------

　　(接上頁)皆與上事相屬,則是于拜日祀方明之後復舉之。既拜日東門外,又禮日南門外,一事而再祭,毋乃數而瀆乎?"胡培翬:《儀禮正義》,頁1320—1324。
① 胡培翬:《儀禮正義》,頁1320—1324。
② 同上,頁2。
③ 同上,頁1499。
④ 同上,頁83。
⑤ 敖繼公:《儀禮集説》:《通志堂經解(33)》,頁18920。

随著清末鄭玄與敖繼公的地位逆轉，曹元弼更把王肅、敖繼公之論一律駁斥爲邪説，尤其對敖氏攻訐最力，其云："至繼公、敬，則離經叛道，喪心病狂，其是者，皆隱竊注疏之義。其非者，至于改經、詆經而無忌憚，學者所當鳴鼓而攻之。"①曹氏的批評已近乎不理性，認爲敖説毫無可取之處。相對而言，《儀禮正義》較能做到折衷、調和鄭玄、王肅以及敖繼公等不同系統的論述，唯在個別情況下仍表現出袒護鄭玄的傾向。

### （三）補賈闕，匡賈謬

自鄭玄遍注《三禮》以後，至唐代出現《三禮》的義疏，其中孔穎達《禮記正義》成書最早，作爲官修的科擧讀本，内容最爲翔實。賈公彦的《周禮疏》亦得到學者的贊許。《四庫全書總目提要》評云："公彦之《疏》亦極博核，足以發揮鄭學。《朱子語録》稱'《五經》疏中，《周禮疏》最好。'蓋宋儒惟朱子深于《禮》，故能知鄭、賈之善云。"②至于同爲賈公彦的《儀禮疏》，由於撰寫時缺乏參考材料，在《三禮疏》中的評價最差，阮元云："《儀禮》最爲難讀，昔顧炎武以唐石刻九經校明監本，惟《儀禮》訛脱尤甚。經文且然，況注疏乎？賈疏文筆冗蔓，詞意鬱轖，不若孔氏《五經正義》之條暢，傳寫者不得其意，脱文誤句，往往有之。"③在十七篇中，《喪服疏》的水準又在諸篇之上。羅惇衍的《儀禮正義序》論及唐代以前《儀禮》學發展及賈疏之失云：

> 鄭注孤行，雖有荀崧宜置博士之請，而爲其學者絶少。自王肅、沈重、黄慶、李孟悊而外，如袁準、孔倫數十家，大都專解《喪服》而已。故賈氏并疏二《禮》，而《儀禮》不逮《周禮》之該洽。即《儀禮》一經，而衆篇亦不逮《喪服》之該洽。觀其自序，稱《喪服》南北章疏多，其解全經惟取裁黄李二家，則其詳略之殊致，亦以所本者多寡歟？況自高堂生"推士禮以合之天子"，後儒雖錯綜全經，旁推

---

① 曹元弼：《禮經纂疏序》，《復禮堂文集（4）》（臺北：文史哲出版社，1973年），頁31。
② 紀昀總纂：《四庫全書總目提要》（石家莊：河北教育人民出版社，2000年），頁503。
③ 鄭玄注，賈公彦疏：《儀禮注疏》，頁2。

午貫,而先王制禮,貴多貴少,主減進文,精意所存,有非一端可例。則即鄭注以考經文,亦不免偶有歧合之殊。而疏家例取專門,即有違失,必爲曲解,又所申釋,必取經注正文,彼此殊科,或亦强爲比傅,則其解經而反違經旨,申注而并失注義,亦勢所必然。①

胡培翬并非不尊重賈氏研究《儀禮》的貢獻,其撰《儀禮正義》正是在肯定賈疏的基礎上展開,如《喪服》"妾爲君",《儀禮正義》特引賈疏分析妻與妾的部分云:"《内則》:聘則爲妻,奔則爲妾。鄭注:妾之言接,聞彼有禮,走而往焉,以得接見于君子,是名妾之義,但共并后匹適,則國亡家絶之本,故深抑之,别名爲妾也。既名爲妾,即不得名婿爲夫,故加其尊名,名之爲君也。今案:賈疏義特嚴正,故録之。"②在重疏《喪服》時徵引賈氏之説尤多。然而,面對賈疏之失,《儀禮正義》亦不會維護,其訂立、申注之例,正是通過補足賈疏簡略錯謬之處以申述鄭注;至于附注則是有感唐人作疏時株守注義,賈疏有時爲了牽合鄭説,解釋時反而會違反經義及注説。此外,鄭注亦偶有失察之處,倘嚴守"疏不破注"之例,反而會曲解經文。附注正是附録不同的説法,以糾正賈疏株守一家之失。

在補賈闕方面,鑒于鄭注簡略,對于字詞多作"A,B也"的簡單訓詁,賈公彦撰《儀禮疏》時,開始爲鄭注的訓詁補充書證,但尚有遺漏未盡善之處。因此,胡培翬沿賈疏的方法再作補充,如《士冠禮》"以歲之正,以月之令,咸加爾服"鄭玄云:"正猶善也。咸,皆也。皆加女之三服,謂緇布冠、皮弁、爵弁也。"鄭玄未有詳述文獻的根據。賈疏亦無注解,故《儀禮正義》補充云:"云正猶善也者,上注云:令,吉,皆善也。此正亦是善,故云猶善。《士喪禮》:決用正王棘。注云:正,善也。是正有善義。云咸皆也者,《爾雅·釋詁》文。"③此處補注疏書證之不足;此外,賈公彦作疏時可參考的資料不多,除了《喪服》外,對于其他篇章内名物制度的考證頗爲簡略,大多只簡述其形制,未有逐句闡述經文及鄭

————————
① 羅惇衍:《儀禮正義序》,《儀禮正義》,頁2—3。
② 胡培翬:《儀禮正義》,頁1372。
③ 同上,頁123—124。

注,更少有徵引其他古籍的記載作對照比較,《儀禮正義》往往在賈疏的基礎上,補充大量相關名物在其他的古籍記載,又詳考其形制。如《士喪禮》記載行"襲事"的衣飾包括"明衣裳"、"鬠笄"、"布巾"、"掩"、"瑱"、"幎目"、"握手"、"決"、"冒"等,賈疏的考證較爲粗疏,如"掩",賈疏云:"掩,若今人幞頭。但死者以後二脚于頤下結之,與生人爲異也。此陳之耳,若設之。"①《儀禮正義》闡述"掩"的作用,并徵引古籍描述其形制云:

> 掩亦所以代冠,惟有掩,故不用冠也,練帛,熟帛,經不言色,蓋用素帛。即《考工記·巟氏》所謂湅帛也。《說文》:練,湅繒也。是練爲已湅之帛,以練帛爲掩,取其軟也。《荀子》所謂"設掩面",即此。然掩以代冠,自覆頭,非覆面也。廣終幅,據《聘禮》疏引《鄭志》趙商問:咫八寸,四八三十二,幅廣三尺二寸,太廣,非其度。答曰:古積畫誤爲四,當爲三,三咫則二尺四寸矣。是終幅爲二尺四寸。此掩蓋廣二尺四寸而長五尺也。注云掩裹首也者,謂以掩裹頭,非連首全裹之也。《說文》:掩,斂也。小上曰掩。《釋名》:綃頭,齊人謂之幓,言斂髮使上提也。《方言》:帍,憭頭也。②

又如"幎目",賈疏但云:"鄭讀從'葛藟縈'之縈者,以其葛藟縈于樹木,此面衣亦縈于面目,故讀從之也。云'組繫,爲可結也'者,以四角有繫于後結之,故月組繫也。"③可見賈疏的重點只在處理鄭玄的音讀,對於"幎目"的形制則輕輕帶過,考證未詳。《儀禮正義》則云:

> 《荀子》云"設幎目"幎目即幎目也。方尺二寸,廣袤皆尺二寸也。言經裏,則緇其表矣。注云幎目覆面者也者,《說文》:幎,幔也。《周禮》有幎人,今《周禮》作幂。鄭注《周禮》云:以巾覆物曰幂。此幎目雖以目爲名,亦兼覆面。《呂氏春秋·知化篇》云:乃爲

---

① 鄭玄注,賈公彥疏:《儀禮注疏》,頁774。
② 胡培翬:《儀禮正義》,頁1674—1675。
③ 鄭玄注,賈公彥疏:《儀禮注疏》,頁775。

幎以冒面而死。是也。云幎讀若《詩》云葛藟縈之之縈者，胡氏承珙云：讀幎若縈，祇是比方其音。幎之義爲覆，賈疏謂似葛藟之縈非也。云緅赤也者，《爾雅》：再染謂之緅。鄭云：赤係大概言之，其實緅是淺赤也。云著充之以絮也者，謂以絮充人緇表緅裏之中。云組繫爲可結也者，賈疏云：四角有繫于後結之。組繫，以組爲繫也。①

胡氏既有引用賈疏，但更重視徵引古籍裏與"幎目"有關的記載，詳細描述其異名、形制、顔色等，考證明顯較賈疏詳盡。《儀禮正義》在補充賈疏對于名物制度考證的部分尤爲突出。

匡賈謬方面，胡培翬專門著有《儀禮注疏訂疑》一書，糾正賈疏之失，此書今已散佚。然而，在《儀禮正義》中亦有不少駁正賈疏錯謬的部分，如《特牲饋食禮》"若不吉，則筮遠日，如初儀。"鄭注云："遠日，旬之外日。"賈疏云：

> 案《曲禮》云："吉事先近日，喪事先遠日。"此尊卑禮同也。又云："旬之内曰近某日，旬之外曰遠某日。"此尊卑有異。云旬之内曰近某日，據士禮吉事先近日，謂祭祀，假令孟月，先于孟月上旬内筮，筮不吉，乃用中旬之内更筮，中旬又不吉，更于下旬内筮，筮不吉，即止。大夫已上，假令孟月祭，于前月下旬筮來月之上旬，不吉，又于孟月之上旬筮中旬，中旬不吉，又于中旬筮下旬，下旬又不吉，即止，不祭。②

"特牲饋食禮"爲士之祭禮，"少牢饋食禮"爲大夫之祭禮，則賈疏以爲其尊卑有別，其筮日之法亦有異，士則于祭祀當月上旬筮日，且先筮上旬之十日，故曰"近某日"；大夫則于祭祀前一個月的下旬筮日，由于所筮爲下月上旬之日，故曰"遠某日"。胡培翬反對疏説，其云：

---

① 胡培翬：《儀禮正義》，頁 1675—1676。
② 鄭玄注，賈公彦疏：《儀禮注疏》，頁 972。

誤甚。案《曲禮》曰：凡卜筮日，旬之外曰遠某日，旬之内曰近某日。喪事先遠日，吉事先近日。鄭注：旬，十日也。喪事，葬與練祥也。吉事，祭祀、冠、取之屬也。據經遠日近日，即承上遠某日、近某日言。據注冠取與祭祀同，亦不言尊卑有異。若如賈說，則經所謂遠某日者，係專指大夫言之。近某日，係專指士言之。而大夫之吉事亦先遠日，則大夫無先近日之事。經所謂喪事先遠日，吉事先近日，皆爲士言矣。豈其然？蓋旬之外，旬之内，皆據上旬言之。每月三旬，惟初旬可云旬。若再旬爲二十日，三旬爲三十日，即不得僅云旬矣。古人卜筮日之法，皆以此月之下旬，卜筮來月之日。如吉事則以此月之下旬，先卜筮來月之上旬，不吉，卜筮中旬，又不吉，卜筮下旬。喪事則以此月之下旬，先卜筮來月之下旬，不吉，卜筮中旬，又不吉，卜筮上旬。此所謂喪事先遠日，吉事先近日也。孔疏釋喪事先遠日二句，尚無大謬。而于旬之外曰遠某日二句，亦據《特牲》、《少牢》言之，則是經文遠某日、近某日，與下遠日、近日分作兩解。誤與賈同。總由誤以《少牢》筮旬有一日爲遠日也。不知士與大夫之異，在諏日不筮日，而筮日則皆在祭期十日之前。所以然者，祭前散齊七日，致齊三日，無論尊卑皆同。故皆以此月之下旬，筮來月之上旬，所謂旬之内也。不吉筮中旬下旬，則爲旬之外矣。《少牢》言筮旬有一日，而《特牲》不言者，省文互見，非有異耳。孔疏亦謂士于旬初，即筮旬内之日，豈非誤以《少牢》筮旬有一日爲遠日，并誤以士與大夫異乎？至賈氏《禮》疏，謂士筮初旬，不吉即筮中旬，中旬不吉，即筮下旬。同日預筮三旬。大夫則不并筮于前月，筮來月之上旬，不吉，至上旬，又筮中旬，不吉，至中旬又筮下旬。據《少牢》云：若不吉則及遠日，又筮日如初。與此經云若不吉，則筮遠日如初儀者，異。其説尚是。然《少牢》疏又引《曲禮》吉事先近日，謂近日即上旬丁、己，則與前說以近某日爲指《特牲》筮日言者，又相矛盾，其誤益見矣。①

---

① 胡培翬：《儀禮正義》，頁 2088—2089。

《儀禮正義》認爲鄭注《曲禮》云:"旬,十日也。喪事,葬與練祥也。吉事,祭祀、冠、取之屬也",并無論及尊卑之别,則"旬之内曰近某日,旬之外曰遠某日"亦通大夫與士而言;若依賈説,則大夫應先筮遠某日,然《少牢饋食禮》爲大夫禮,賈氏反引《曲禮》"吉事先近日",是自相矛盾,故認爲其説曲解經注。據《正義》的考證,則以吉凶分别筮遠日、近日,符合《曲禮》"凡卜筮日"的辭例,其説較爲可從。又如《少牢饋食禮》開首曰:"日用丁、己"鄭注云:"内事用柔日,必丁、己者,取其令名,自丁寧,自變改,皆爲謹敬。"然而,後文云:"主人曰:孝孫某,來日丁亥,用薦歲事于皇祖伯某,以某妃配,某氏,尚饗。"由于經文明言用丁、己日,故鄭注云:"丁,未必亥也,直舉一日以言之耳。《禘于大廟禮》曰:'日用丁亥,不得丁亥,則己亥、辛亥,亦用之,無則苟有亥焉可也。'"①賈疏云:

云"丁,未必亥也,直舉一日以言之耳"者,以日有十,辰有十二,以五剛日配六陽辰,以五柔日配六陰辰,若云甲子,乙丑之等。以日配辰,丁日不定,故云丁未必亥。經云"丁亥"者,不能具載,直舉一日以丁當亥而言,餘或以己當亥,或以丁當丑,此等皆得用之也。云"《禘于大廟禮》曰日用丁亥"者,《大戴禮》文。引之證祭用丁亥之義也。云"不得丁亥則己亥、辛亥亦用之"者,鄭云此吉事先近日,唯有上旬。若上旬之内,或不得丁、己以配亥,或上旬之内,無亥以配日,則餘陰辰亦用之。②

按《大戴禮記·夏小正》云:"丁亥萬用入學。丁亥者,吉日也。萬也者,干戚舞也。入學也者,大學也。"③賈疏認爲鄭玄徵引的只有"日用丁亥"一句,而"不得丁亥則己亥、辛亥亦用之"則爲鄭玄之注解。胡氏先引張惠言辨説賈疏誤以《禘于大廟禮》爲注文,又下按語云:

張説甚是。鄭明云丁未必亥矣,而又云苟有亥焉可也,不自相

---

① 鄭玄注,賈公彥疏:《儀禮注疏》,頁1037—1038。
② 同上,頁1038。
③ 王聘珍:《大戴禮記解詁》(北京:中華書局,1930年),頁31。

背庚乎？蓋《禘于大廟禮》以亥爲主，不得丁亥，則凡有亥焉皆可用之。《少牢》祭日以丁、己爲主，不得丁亥，則凡丁日、己日皆可用之。此鄭引以證經之義也。不然，經言丁、己，注專言亥，其作經意，夫人知之。鄭氏大儒，曰猶昧此？且鄭注"日用丁、己"云：必丁、己者，取其令名。注"筮旬有一日"云：以先月下旬之己，筮來月下旬之己。注"若不吉則及遠日"云：遠日後丁若後己。是鄭前後注皆依經立義，何獨于此往而違之？以此益知"不得丁亥"以下，爲《禘于大廟禮》文無疑也。後人議此注者甚多，皆由賈疏誤之耳。①

若據賈説則鄭注強調亥時的重要，顯與上注及經文"日用丁、己"牴牾，此乃賈疏背經違注之例。經過《儀禮正義》的整理後，厘清鄭注與《禘于大廟禮》的混淆，也闡明少牢禮重丁日、禘禮重亥時之別；又如《喪服》稱父爲家中的至尊，母爲私尊，若父在生只能爲母親服齊衰期。父親死後則可以爲母親服齊衰三年，故云"父卒則爲母。"鄭注云："尊得伸也。"賈疏認爲要等待父死後三年才可以爲母守三年之喪。敖繼公則認爲父親死後即可爲母服喪三年。《儀禮正義》認爲敖氏釋經注最明，而賈疏則違反鄭意，故引孔穎達、姜兆錫、徐乾學、吳紱、方苞等之説駁之。最後又以文字訓詁作補充云："則字，古與即通，言父卒即爲母三年也。《廣雅》云：則，即也。可證賈疏之謬，諸儒論之甚詳，茲不備錄。"②均是通過匡正賈謬以釋經文及申鄭注。

### (四) 不分古今、漢宋，廣引群籍

段熙仲曾撰《胡氏儀禮正義引用書目》，并附于點校本《儀禮正義》之後。據段氏的分類，《儀禮正義》徵引的書目共分 16 個小類，合共 274 部專著。③ 其後陳功文又輯出段氏未有羅列的書目若干，合共 339 部。④

---

① 胡培翬：《儀禮正義》，頁 2232—2233。
② 同上，頁 1385—1386。
③ 同上，頁 2469—2478。
④ 詳參陳功文：《胡培翬〈儀禮正義〉徵引文獻探析》，《圖書情報工作網刊》(2011 年 2 月)，頁 1—4。

《儀禮正義》所引的書籍遍及經、史、子、集、小學、類書等。彙集前説,加以裁斷是胡培翬治《禮》的重要方法。《儀禮正義》得享集大成之名,并非胡氏個人研究的成果,而是承繼祖、父及師長輩的成果,再參考歷代研究者的心得而成。胡氏在搜集前人的説法時,并没有門户之見。清代學術界一直存在漢(重考據)、宋(重義理)之學的分歧;胡氏作爲乾嘉時期樸學的後勁人物,却没有忽視宋學的重要,并認爲漢、宋之學没有根本的對立。在這種治學理念下,胡氏雖以鄭注爲主,却不會偏廢宋人之説。值得注意的是,胡氏特別重視清儒的《儀禮》學著作,《儀禮正義》大量徵引江永、盛世佐、王士讓、褚寅亮、程瑶田、張惠言、吴廷華、凌廷堪、胡承珙等人的觀點,亦收録清儒通考群經的著作、札記、文集,如王引之《經義述聞》、錢大昕《十駕齋養新録》等。

《儀禮正義》并非單純抄録前人的意見,當學者的意見互相牴觸時,胡培翬會于案語中比較不同學者説法,擇其義長者而從之。例如"出妻之子爲母",鄭玄衹簡單解釋云:"出,猶去也。"賀循(260—319)認爲是父在時爲被休的母親服齊衰杖期,因爲至尊在,子已由爲母服齊衰三月降爲齊衰期,故不可因爲母親被出而一降再降;敖繼公認爲父在才可以爲出母服,若父已没則不服出母之喪;高愈則認爲此條乃父親死後,兒子才得以爲被出的母親服齊衰,若父在則不無服;盛世佐以爲此條總包父之存没而言。可見後儒對上述的分歧甚多,胡培翬認爲高説爲是,認爲據《喪服》記載,正常情況下,兒子本應爲母服齊衰三年,但父只爲母服齊衰期,故兒子屈于父在,只能改爲齊衰期。母親一旦被出,父親便不會爲其服喪,兒子在父親健在時也不能爲出母服喪,只有在父親死後,才可以服齊衰期服;① 又如《士喪禮》"吊者入,升自西階,東面,主人

---

① "賀氏循云:父在爲母厭尊,故屈而從期,出母服不減者,以本既降,義無再厭故也。敖氏云:出妻之子,主于父在者也。若父没則或有無服者矣,如下傳所云者,是也。高氏愈云:出妻之子爲母期,蓋指父没言之。父没本應爲母齊衰三年,因其出也,故降爲期,不敢欺其死父也。若父在而出母没也,其惟心喪乎? 盛氏云:此禮該父存没而言也。今案:諸説以高爲是。父不爲出妻服,則子于父在,自不爲出母服,明矣。況父在爲母期,以父服至期而除,子不敢過之,亦服期而止。豈出母父所不服者,而子敢服之于父側乎? 然則爲母期者,以父在而屈,爲出母期者,必父没乃伸。賀氏以父在爲母例之,猶非也。或謂經言子者,皆有父之稱,似當以父在爲是。不知經若言出母,則似子其出其母,于義有乖,故係父言之,而云出妻之子,與他章言子者有别,義已詳雷氏説矣。"胡培翬:《儀禮正義》,頁1401。

進中庭,吊者致命。"褚寅亮因經文云吊者向東面站著,故認爲主人所站之處應爲中庭之東面,與吊者相對;盛世佐則以爲吊者代表君主而來,主人應站在中庭之中央位置接待。胡培翬根據《聘禮》,認爲當以盛説爲是,故下案語云:"褚氏以爲東方之中庭者,據賓東面言也。盛氏、江氏以中庭爲東西之中者,據《聘禮》賓自碑内聽命,碑在東西之中也。此時賓升西階致命,則中庭在東西之中,亦得東西向之。又聽命宜近,堂當中庭少北,盛氏、江氏之説是也。"①又《儀禮正義》間會闡述不錄某家的原因,如鄭玄認爲士虞禮中只有天子與諸侯才可有木主,大夫與士卑,不得有主。清初有學者懷疑鄭玄之説,認爲大夫與士亦當有主。胡培翬以《士昏禮》、《聘禮》等經文證之,故反對有主之説,其云:"近儒萬氏斯大、方氏苞,皆謂大夫士有主。然皆由重推之亦無確據,故不錄其説焉。"②《儀禮正義》爲胡氏以畢生心力排比甄別諸説然後擇善而從的成果,故《儀禮正義序》云:"是非旁搜博考,神與古會,念釋所在,回翔反覆,即器數以考誼理之存,使精融形釋,若親接古人而與之進退、酬酢于其間,亦安能抉經之心,析異同之見,以折衷一是哉?余于茲識先生爲之之勤,研之之久,而益信其所擇者精,所成者大也。"③當然,胡氏的徵引及篩選有不盡善之處,黄以周的《禮書通故》多有批評,但瑕不掩瑜。《儀禮正義》實爲集道光以前禮學大成之專著,亦爲後人治《儀禮》提供最方便乃全面的讀本。

### (五)《喪服》以外,不以後世之禮制釋《儀禮》

《儀禮》乃先秦時期的文獻,有關諸侯的儀節多隨封建制度的崩潰而没落;後世與士人有關的禮儀如冠、昏禮等亦已大異于《儀禮》所載。東漢鄭玄作注仍有以漢禮推測古禮,但魏晉以後禮制更少與《儀禮》相合。因此胡培翬不會據魏晉以後禮制還原古禮,《儀禮正義》也少詳述由魏晉至清歷代禮制的轉變。胡氏在整理《儀禮》其他篇章時,以還原《儀禮》所記的先秦古禮爲宗旨,基本上不收錄後世有關禮節變化過程

---

① 胡培翬:《儀禮正義》,頁 1656—1657。
② 同上,頁 1994。
③ 羅惇衍:《儀禮正義序》,《儀禮正義》,頁 3。

的記載,如《家禮》類文獻。即使徵引《白虎通》、《通典》等,亦祇著重記載儒生議禮的主張及理據。

諸篇祇有《喪服》例外,因受到統治者的重視,每次服制改革時也必嘗試援引《喪服》。鄧聲國認爲"胡氏較少運用禮俗互證法,即使是對《喪服》篇經、《傳》、《記》具體服制條文的詮釋當中,亦同樣俱強調從制服原則及其經文行文之貫通入手,從情、義、理諸解度進行訓詁,而不作歷代服制之變遷情況考察。"[1]按此説只適用于其他篇章,但《喪服》的情況却不然,面臨服制的重要改變,特别這些改變影響"親親"、"尊尊"等制服原則的闡釋時,胡培翬却會詳細引録并作評論,如在"曾祖父母"討論貞觀年間魏徵上奏把齊衰三月加爲齊衰五月;《開元禮》又規定爲曾祖父母服齊衰五月,高祖父母則齊衰三月。胡氏引朱子云"然非制禮本意",并于後文詳述《儀禮》兄弟之服與至尊之服的分別,以闡釋禮意所在。[2] 又如"庶婦",胡氏亦引《舊唐書·禮儀志》有關貞觀年間魏徵的建議;[3]在討論不同喪服制度時,胡氏也多以"此末俗之失"、"此末俗之禮"作批評。[4] 張壽安指出"胡書的特色在于不僅廣集前人注疏并做出裁斷,同時對歷代服制之改易也做出批評。"[5]《儀禮正義》徵引史部文獻多見于《喪服》一篇,可見禮俗互證是胡氏研究《喪服》時重要的方法之一。

## 四、胡培翬"以例治禮"的優點與不足

"以例治禮"是胡培翬研究《儀禮》最重要的方法。首先,《儀禮正

---

[1] 鄧聲國:《清代〈儀禮〉文獻研究》,頁122。
[2] 胡培翬:《儀禮正義》,頁1469—1470。
[3] 同上,頁1546。
[4] 如"昆弟",《正義》云:"今案:《雜記》云:大夫爲其父母兄弟之未爲大夫者之喪服,如士服,士爲其父母兄弟之爲大夫者之喪服,如士服。此末俗之禮,非正禮,辨見後'大夫爲祖父母適孫爲士者'下";"繼父同居者",《正義》云:"今案:同母異父之昆弟有服,乃末俗之失。鄭以服大功爲是,亦非也。據《禮》父族之服,因己與同宗而制,母黨之服。因母所自生而制。此繼父同居者本路人,不過以其有恩于己而服之,與父族異,則不得因繼父而及其子。至母既再嫁,此異父之子乃母再嫁所生,與母黨異,亦不得因嫁母而及其子。故《禮經》不爲同母異父者制服也。惜聖門弟子,亦沿末流之失,不能援禮經以正之耳。"胡培翬:《儀禮正義》,頁1415—1416、1429—1430。
[5] 張壽安:《十八世紀禮學考證的思想活力》(臺北:"中央研究院"近代史研究所,2001年),頁384—385。

義》雖未能建立劃一的體例，但胡培翬明顯已有統一體例的意識。胡氏所建立訂注等四例極爲嚴謹，以鄭注爲中心，透過分析駁斥不同學者的禮説以達至釋經的目的。故黄侃《禮學略説》論及清代《儀禮》學發展時最爲推崇《儀禮正義》中的四例，其評云："而尤精備者，則推胡氏之正義；其書四例：曰補注，曰申注，曰附注，曰訂注。蓋無所依違，期爲通學。"①在這四例的具體操作下，不單展現其"以經證經"的治禮家法；更反映其兼采百家之善的特點，《儀禮正義》曾徵引的學説之多、涉及範圍之潤、歷時之廣均冠絶前代。道光以前學者有關《儀禮》的重要研究心得，經過胡培翬的整理後，瑕瑜互見，方便後來讀者認識及研究《儀禮》。此外，胡培翬在篩選禮説的過程中多提出判别的標準，對於個别的禮學專題胡氏也有獨到的心得，如在"宫室結構"、"喪服制度"等方面提出大量新見，故《儀禮正義》并非單純前人的資料彙編，誠如鄧聲國云："在援據諸家解説方面，胡氏引用態度謹嚴，辨擇精善，理據詳確，所謂集大成之功乃得各家之精髓，非一般《欽定儀禮義疏》之類纂體及集解體著作所能比也。"②

其次，胡氏在詮釋《儀禮》及徵引學説時，明確提出不循唐人"疏不破注"的傳統；胡氏雖醉心漢學，治《禮》以鄭玄爲宗；但對于宋代學者的意見，或違反鄭注的説法，胡培翬均會參考采撫。稍後的孫詒讓在撰《周禮正義》的"凡例"提及"唐疏例不破注，而六朝義疏家則不盡然。鄭學精毋群經，固不容輕破。然三君之義，後鄭所贊辨者，本互有是非。乾嘉近儒考釋此經，閒與鄭異，而于古訓古制，宣究詳塙，或勝注義。今疏亦唯以尋繹經文，博稽衆家爲主，注有忤違，輒爲匡糾"；"兩漢大師，義詁已自舛互。至王肅《聖證》，意在破鄭，攻瑕索痏，偏庆尤甚。然如郊社禘祫，則鄭是而王非；廟制昏期，則王長而鄭短。若斯之倫，未容偏主。唐疏各尊其注，每多曲護，未爲閎通。今并究諸經，求厥至當，無所黨伐，以示折衷。"③其尊鄭而又兼容後世學説的態度與胡培翬一致，明顯受到《儀禮正義》的影響。在處理與鄭玄相異的學説時，《儀禮正義》

---

① 黄侃：《黄侃論學雜著》（臺北：中華書局，1970 年），頁 453。
② 鄧聲國：《清代〈儀禮〉文獻研究》（上海：上海古籍出版社，2006 年），頁 120。
③ 孫詒讓：《周禮正義》（北京：中華書局，1987 年），頁 2—3。

不單收錄王肅和敖繼公等人的學説,甚至被清儒視作離經背道的郝敬,若其説有可取者,《儀禮正義》亦會收錄,如《聘禮》"束帛將命于朝"鄭注"將,猶奉也。"《儀禮正義》云:"云將猶奉也者,郝氏敬云:將命,奉主君之命以請也";①又《喪服》"乳母。傳曰:何以緦也?以名服也。"《儀禮正義》云:"馬氏云:士爲乳母服,以其乳養于己,有母名。郝氏敬云:乳母,外人婦代食子者,本不名母,而以乳得名,本無服,而以名得服。今案:二説發明傳義,是也。"②而孫詒讓撰《周禮正義》則明確云:"近儒考釋,或綴粹古書,曲爲傅合,非徒于經無會,彌復增其紛粗,如惠士奇《禮説》,義證極博,而是非互陳,失在繁雜。至沈夢周《周禮學》,而新奇繆盩甚矣。又陳奐《毛詩傳疏》及鄒漢勛《讀書偶識》諸書,説禮亦多此失,學者詳之。今無取焉。"③可見胡培翬治《禮》的態度較孫詒讓更爲開放。

建立《儀禮正義》的體例一方面是胡培翬治《儀禮》的重要特色。另一方面,胡氏亦循鄭注以來的傳統,透過分析《儀禮》內部所展現的"例"作爲釋經的重要依據。胡培翬在賈公彦、江永、凌廷堪等人的基礎上進一步研究,對《喪服》一篇用力尤深。胡氏對于《喪服》所歸納的用例有助詮釋"喪服"之本意,如"大夫之適子爲妻。傳曰:何以期也?父之所不降,子亦不敢降也。何以不杖也?父在則爲妻不杖。"張爾岐、程瑶田均認爲此條乃專指大夫之禮,而張履則認爲此條乃庶人、士與大夫相同之禮,其云:

> 此條雖爲大夫之適子言,實通乎士庶之父在爲妻。其《杖期章》爲妻條,則固爲父卒者立法,而父在之例,則于大夫之適子見之。若如程説,士庶爲妻,父在得杖,豈其父不主適婦之喪乎?父主適婦之喪既杖,而子亦杖,可乎?《雜記》:爲妻,父母在不杖,不稽顙。曷嘗有大夫子之文乎?

胡培翬則下案語云:"此經言大夫、大夫之子,皆其與士異者。張氏謂通

---

① 胡培翬:《儀禮正義》,頁968。
② 同上,頁1563。
③ 孫詒讓:《周禮正義》,頁3—4。

乎士庶,此疏于禮例之言,不足辨也。"①胡氏以《喪服》其他章節所有"大夫、大夫之子"均非大夫以至庶人通用之禮。可見《喪服》對于"大夫、大夫之子"實有特指,此條不應例外,故指出張履之說乃因不通禮例而起。又如先秦古籍中常有"兄弟"、"昆弟"之稱。胡氏在《喪服》"昆弟"列舉《爾雅》、《説文》、《白虎通》等用例,證明二者相通,但在《喪服》中則有明顯的分別。其云:

> 蓋《喪服》大功以下無外姻之服,小功以下乃有之。古人通謂外姻爲兄弟,以小功緦麻内皆有異姓之服,故名其服爲兄弟服。其言昆弟者,則皆指人言之,仍經例也。然兄弟亦有指人言者,鄭記注云"兄弟猶言族親",是也。總之,服制之稱,止可言兄弟,不可言昆弟,其同行輩之稱,則兄弟與昆弟亦通。他經多有言兄弟者,非謂昆弟之必不可稱兄弟也。②

胡培翬辨明"兄弟"與"昆弟"之別,并指出"兄弟服"并非爲"兄弟所制的喪服",而是"小功緦麻内皆有異姓之服,故名其服爲兄弟服。"這有助於後人瞭解《喪服》有關"兄弟服"的記載。

至于不足方面,胡培翬治《儀禮》的最大闕失在於其研究未能脱離傳統經學的範疇,故偶爾表現出崇鄭太過的傾向。在面對鄭玄與王肅等人的解説有衝突時,胡氏會爲了維護鄭説而隱瞞所徵引學説的來源。此外,在未有足夠的證據時,胡氏仍多采納鄭説,并以"鄭氏必有所受"爲理由,如《覲禮》鄭玄《目録》云:"春見曰朝,夏見曰宗,秋見曰覲,冬見曰遇。朝、宗,禮備,覲、遇,禮省,是以享獻不見焉。三時禮亡,唯此存爾。"可見鄭玄以爲春夏朝見天子時有享獻,其禮較秋冬之時隆重,而此篇則爲秋天朝見天子之禮。《儀禮正義》爲此下案語云:"《樂記》曰:朝覲然後諸侯知所以臣。《祭義》曰:朝覲所以教諸侯之臣也。《經解》曰:朝覲之禮,所以明君臣之義也。禮每以朝覲對舉,則朝可該宗,覲可該

---

① 胡培翬:《儀禮正義》,頁 1412—1413。
② 同上,頁 1416。

遇。鄭氏夏宗依春,冬遇依秋,朝宗禮備,覲遇禮省之説,當有所受矣。"①按《儀禮正義》徵引《禮記》的語句均只説明諸侯朝覲天子的意義,既無提及夏宗、冬遇之禮,更無論及春夏秋冬覲見天子禮儀的差別。胡氏以古籍常見"朝覲"二字連用,便邊爾支持鄭玄;又《既夕禮》云:"折,橫覆之。"鄭注云:"折,猶庪也。方鑿連木爲之。"《儀禮正義》云:"云方鑿連木爲之者,謂以木一大片,中鑿方格,分縱橫之形,而木仍連而不斷也。或改方鑿連木爲方鑿橫木,不知折之制甚古,鄭説必有所受,未可臆改也。"②鄭玄身處東漢時代,距離先秦已有三百餘年。③ 期間古禮大量散佚,如鄭玄已不能完整得見有關朝、宗、遇禮的記載,故此其《三禮注》多以漢制解釋古禮。如上文所引"朝、宗,禮備,覲、遇,禮省之説"、折的形制等,鄭玄既沒有提出具體的理據或學説的來源;胡培翬亦未能從出土材料或傳世古籍中提出證據支持鄭玄,似應視爲"闕疑"的例子。然胡氏多以"鄭説必有所受"做爲支持的理由,實未有足夠的理據。

《四庫全書總目提要》云:"自明正德、嘉靖以後,其學各抒心得,及其弊也肆。空談臆斷,考證必疏,于是博雅之儒,引古義以抵其隙。國初諸家,其學徵實不誣,及其弊也瑣。"④四庫館臣所論及的清初的治學情況,而乾嘉時期的經學新疏以及小學著作亦有此弊,故《經學歷史》云:"瑣者,國朝漢學也。《提要》之作,當惠、戴講漢學專宗、鄭之時,其繁稱博引,間有如漢人三萬言説'若稽古'者。"⑤

胡培翬考證《儀禮》時循乾嘉學者治經之法,徵引學説橫跨先秦至清中葉。《儀禮正義》篇幅宏大,胡氏搜羅、列舉歷代學者的成果作比較研究,用功之勤冠絶清代治《儀禮》的學者,然其篩選舊説時有令人未能滿意的地方。黃侃雖大力贊賞《儀禮正義》"四例"的體例謹嚴,有益于禮學研究,却又云:"清人編修群經之疏,而《小戴記》無之,蓋無以加于

---

① 胡培翬:《儀禮正義》,頁 1262—1263。
② 同上,頁 1853—1854。
③ 按公元前 221 年,秦滅齊,統一六國,結束分裂割據的局面,而鄭玄生于公元 127 年,與戰國時代已相距近 350 年。
④ 紀昀總纂:《四庫全書總目提要》,頁 49。
⑤ 皮錫瑞:《經學歷史》(北京:中華書局,1981 年),頁 347。

舊疏耳。孫詒讓《周禮正義》，取舊疏者頗多，若胡培翬《儀禮疏》(《儀禮正義》)直可不作也。"①按黃氏的批評雖嫌過于嚴厲，胡氏的《儀禮正義》亦有不少獨特的研究心得，特別在"燕寢"以及"喪服"的考證上，創獲尤多；且大抵能判別不同禮說的優劣，其整理之功實有益於後世的研究，固非"直可不作"的著作。然而，《儀禮正義》的確有徵引太繁瑣之失，最明顯莫過于徵引凌廷堪《禮經釋例》。凌廷堪是胡培翬之師，其《禮經釋例》對胡氏治禮的影響尤大，故《儀禮正義》在徵引時多比較歷代以至同時代學者禮說的優劣，却從不敢批評其師之說。程克雅在分析《儀禮正義》與《禮經釋例》的關係時歸納了"引用《禮經釋例》之發凡、申述禮例"、"依據《禮經釋例》之解析，厘清疑義"、"援引《禮經釋例》之結論，提出訂補"及"因與凌廷堪所見有異，故略師說不提，而辯駁其他諸家之釋義"。② 清末黃以周已注意到這一情況，故常以"胡培翬唯凌例是從"等語句駁議胡氏的禮說。此外，據筆者統計，不計算非胡培翬親疏的《士昏禮》等五篇，《儀禮正義》徵引《禮經釋例》達 236 次，其中不乏過于詳細繁瑣之處，如《士冠禮》"擯者請期，宰告曰：質明行事。"鄭注云："在主人曰擯，在客曰介。"《儀禮正義》云：

> 云在主人曰擯者，擯主人所使接賓者也。云在客曰介者，介，客所用以爲輔者也。《禮經釋例》云：所謂擯介者，凡禮皆有之。《禮》：擯者請期。又云：擯者玄端負東塾。又近賓擯者告。《士昏禮》：問名、禮賓，擯者出請事。《士昏記》：賓至，擯者請。又不親迎，婿見，擯者以摯出請受。《燕禮》：射人納賓。注：射人爲擯者也，今文曰擯者。《大射儀》：大射正擯，擯者請賓。又擯者命賓、擯者反命、擯者納賓。《公食大夫禮》：賓入，大夫納賓。注：大夫謂上擯也。又拜至，擯者辭。又賓三飯擯者退負東塾而立。又公以束帛侑賓，擯者進相幣。《公食大夫記》：卿擯由下。此嘉禮之擯也。《士相見禮》：士見于大夫，若嘗爲臣者，賓出，使擯者還其贄于

---

① 張暉編：《量守廬學記續編》(北京：三聯書店，2006 年)，頁 8。
② 詳參程克雅：《乾嘉學者"以例釋禮"解經方法比較研究——江永、凌廷堪與胡培翬爲主軸之析論》，頁 275—283。

門外。又賓對，擯者對。又始見于君，若他邦之人，則使擯者還其摯。《聘禮》：卿爲上擯，大夫爲承擯，士爲紹擯。又賓問卿下人夫擯。《聘禮記》：賓若私獻，擯者入告。《覲禮》：嗇夫，蓋司空之屬也，爲末擯。又擯者謁，又擯者言之曰升。又享，擯者曰：予一人將受之。又禮畢，擯者謁諸天子。又諸侯覲于天子，四傳擯。此賓禮之擯也。《既夕禮》：公賵，擯者出請入告。又賓賵者將命，擯者出請入告。又賓奉幣，擯者先入。又賵畢，擯者出請。此凶禮之擯也。《有司徹》：主人出迎尸，宗人擯。注：賓客尸而迎之。主人益尊，擯贊。此吉禮之擯也。皆在主人曰擯也。《禮》：冠畢，乃醴賓以壹獻之禮，贊冠者爲介。注：介，賓之輔。飲酒之禮，賢者爲賓，其次爲介。疏云：此禮賓與饗禮同。《鄉飲酒禮》：主人就先生而謀賓介。注：賢者爲賓，其次爲介。《聘禮記》：大夫來使，無罪，饗之，其介爲介。注：饗賓有介者，尊賓行敵禮也。據此則饗禮亦有介。此嘉禮之介也。《聘禮》：受命遂行，上介及衆介俟于使者之門外。又郊勞上介出主請入告。又聘介皆入門左。又上介覿，士介覿。又歸饔餼上介請事。又賓問卿上介特面，衆介面。又還玉上介出請。又公館賓賓辟，上介聽命。注：聽命于廟門中，西面，如相拜者然也。《覲禮》：上介皆奉其君之旂，置于宮。此賓，禮之介也。《有司徹》：仍儀侑于牖，以異姓，宗人戒侑。賓尸之禮尸如賓，侑如介。此吉禮之介也。皆有客曰介也。至于《聘禮》郊勞、歸饔餼、還玉之上介出請，即聘問禮之擯者出請也。公館賓之上介聽命，即覿面及私獻之擯者立于門中以相拜也。此時怕賓爲主人，故上介所行，皆擯者之禮矣。釋例又云：案《禮》疏云：《聘禮》及《大行人》，皆以在主人曰擯，在客稱介，亦曰相。《司儀》每門止一相。是也。《士相見禮》：請還贄于將命者。注：將猶傳也，傳命謂擯相也。疏云：出接賓曰擯入詔禮曰相，一也。故《聘禮》與《冠義》皆云"每門止一相"，是謂擯介爲相也。考《聘禮》、《冠義》皆無每門止一相之文，唯《周官‧司儀》有之，不知疏説何所本？又《鄉飲酒》、《鄉射》主人迎賓，皆云"主人一相迎于門外"，注：相，主人之吏。《鄉射》注作"主人家臣"。擯贊傳命者，皆指擯者曰相，唯《司儀》鄭注，相謂主君擯者及賓之介,故疏兼擯介而言也。①

從上例可見在徵引《釋例》以前,胡氏已清楚闡釋鄭玄對"擯介"的定義,若要兼述禮例,則引"所謂擯介者,凡禮皆有之"已可。《儀禮正義》却詳引凌氏對于《儀禮》不同篇章中有關擯介記載的歸納,實無必要;且各篇中的擯介亦略有不同,如諸侯之聘禮的擯有不同等級,與士禮有別。故在注《聘禮》時,胡氏又不得不詳細分辨"上擯"、"承擯"之別。鑒於《儀禮正義》作爲《儀禮》學史上最詳盡的讀本,但內容過于冗長,難以普及,郁元英遂撰《儀禮正義節抄》,其節錄《儀禮正義》的準則可以從其弁言得見:

> 二、凡解經義有疑問者,因歷來學者辨正駁斥,已認爲定論者,胡正義復考正是非,不厭求詳,以昭示來者,故必引證全文,長篇累牘,若此者,錄其論斷,節去其餘。
> 三、胡正義疏禮經鄭注,逐句釋義,必引用原注曰"……者",其能不引原注句,即瞭然所釋注句者,則略去之,而疏所釋注語用〇以爲間隔,若注文複雜,非原句不明者,仍錄之。②

如《士冠禮》"徹筮席",《儀禮正義節抄》完全不錄《儀禮正義》的校勘以及其徵引《曲禮》、《內則》等篇幅,但引鄭注云:"徹,去也,斂也";又"宗人告事畢",《儀禮正義節抄》但引《儀禮正義》"宗人位在西方,進東北面告主人也",不錄其徵引《儀禮釋官》的部分。③ 胡培翬的其他著作亦有同樣的特點,《燕寢考》論證古代的"燕寢"制度,共分爲八個部分,胡氏的推論頗爲嚴謹,但徵引仍不免繁瑣割裂之弊,如對于《大射儀》鄭注以及《斯干》鄭箋有關東房西室的異同及優劣重見于《東房西室疑問》、《燕寢房室廂堂階考》及《附考注疏東房西室誤說》三篇之中,顯得重複及零碎。

---

① 胡培翬:《儀禮正義》,頁30—31。
② 郁元英:《儀禮正義節要》(臺北:郁氏印書及獎學基金會,1984年),頁2—3。
③ 詳參郁元英:《儀禮正義節要》頁3及胡培翬:《儀禮正義》,頁22—23。

## 五、結　語

　　總括而言，胡氏"以例治禮"仍屬于傳統經學的考證範疇，未能突破時代的束縛以及清儒考證繁瑣的特點。然而，《儀禮正義》的四例已初具現代學術著作的雛形；而其"附注"、"訂注"已展現科學研究的精神。凌廷堪的"以例治禮"是建立禮例，以便分析不同禮制之間的異同，爲後世研究《儀禮》提供簡便的方法。胡培翬的"以例治禮"則是具體運作以及篩選材料的準則。面對龐雜零碎的資料，胡培翬有條理地整理不同學者的研究成果，并且大規模分析不同禮說的優劣，把禮學研究推展至前所未有的高峰。這是《儀禮正義》得以享"集大成"之名的重要原因。《儀禮正義》以後的注疏類著作均祇承其餘緒之作，如曹元弼在《禮經校釋序》云：

　　　　胡氏之書，體大思精，深恐小疵或累大純，取其所引各說異注者，推其致誤之由，爲《正義》訂誤，然後經義不爲異說所淆。弼之爲訂誤也，非敢與胡氏立異，袪其疑所以堅其信，糾其違所以成其美。且胡氏之訂注，非求勝注也，于注義遇有未達耳，後人苟能達其所未能，固胡氏之所取也。①

　　可見《校釋》的出現只是糾正、補充《儀禮正義》的一些不足。直至民國以後，學者以出土文獻、考古發掘等新材料考證《儀禮》舊說之不足。1965年，李濟創立"儀禮復原實驗小組"，提出以復原實驗的方法研究《儀禮》，編成"《儀禮》復原研究叢刊"，如鄭良樹的《儀禮宮室考》、章景明的《先秦喪服制度考》等；近年中國大量宮室遺址、器物出土，學者得以實物與古籍相參照，糾正鄭玄以來注疏記載的謬誤，才進一步突破胡培翬等清儒的研究。

　　　　　　　　（本文作者係香港宏恩基督教學院助理教授）

---

① 曹元弼：《禮經校釋》，《續修四庫全書(94)》，頁528。

# 華嚴字母韻表語音與符號系統考

## 蕭振豪

**提要**：本文分析華嚴字母韻表的十三攝系統，指出其排列次序依照元音及韻尾從後到前排列，而且以宕攝為首，其原理與《切韻》系統以至以通攝或效攝起首的系統並不相同，屬於非常珍貴的歷史殘遺。此外又通過與宋代八種韻書、韻圖的比較，說明韻表與宋代韻學的傳承關係，並發現韻表代表字與《四聲等子》以至僧侶的密切關係。本文最後說明華嚴字母韻表中的清濁符號非但不成體系，而且時代晚出，並非《康熙字典》所載符號的源頭。《康熙字典》與華嚴字母韻表符號自旋的情況，或許與《貫珠集》的概念有關。

**關鍵詞**：華嚴字母韻表　十三攝　《四聲等子》《康熙字典》

## 一、華嚴字母韻表簡介

悉曇學中有兩大類字門，分別是五十字門與四十二字門，除了在佛教中有宣教之用，同時也是童蒙學習書寫文字的材料。五十字門的排列十分整齊，基本上符合語音學上的分類；但四十二字門與此却大相徑庭，字門輔音排列並不按照發音部位或方法排列，且出現大量不規則的

---

\* 本研究蒙業師黃耀堃教授指導及趙詠詩女士的熱心幫忙，並獲2009/2010年度尤德爵士紀念基金研究生獎學金(Sir Edward Youde Memorial Fellowships 2009/2010)，謹此致謝！本文部分內容曾於中國音韻學研究會第十六屆學術研討會暨漢語音韻學第十一屆國際學術研討會(2010年8月，山西大學)宣讀。

複輔音字門：

| | | | | |
|---|---|---|---|---|
| 1 a | 2 ra | 3 pa | 4 ca | 5 na |
| 6 la | 7 da | 8 ba | 9 ḍa | 10 ṣa |
| 11 va | 12 ta | 13 ya | 14 ṣṭa | 15 ka |
| 16 sa | 17 ma | 18 ga | 19 tha | 20 ja |
| 21 sva | 22 dha | 23 śa | 24 kha | 25 kṣa |
| 26 sta | 27 ña | 28 rtha | 29 bha | 30 cha |
| 31 sma | 32 hva | 33 tsa | 34 gha | 35 ṭha |
| 36 ṇa | 37 pha | 38 ska | 39 ysa | 40 śca |
| 41 ṭa | 42 ḍha | | | |

然而影響明清等韻學的却是四十二字門，而不是可以直接套用的五十字門，這一點頗堪玩味。四十二字門又被稱爲"華嚴字母"，當然和《大方廣佛華嚴經》有直接的關係。以實叉難陀譯八十卷本《大方廣佛華嚴經》（簡稱"八十華嚴"）卷七十六所載爲例：

> 遍友答言："善男子！此有童子，名善知衆藝，學菩薩字智。汝可問之，當爲汝説。"……時，彼童子告善財言："善男子！我得菩薩解脱，名善知衆藝。我恒唱持此之字母：唱阿（引案：a）字時，入般若波羅蜜門，名以菩薩威力入無差別境界；唱多（引案：ra）字時，入般若波羅蜜門，名無邊差別門；唱波（引案：pa）字時，入般若波羅蜜門，名普照法界；唱者（引案：ca）字時，入般若波羅蜜門，名普輪斷差別……唱陀（引案：ḍha）字時，入般若波羅蜜門，名一切法輪差別藏。善男子！我唱如是字母時，此四十二般若波羅蜜門爲首，入無量無數般若波羅蜜門。"（大正 10：418a—c）

善知衆藝童子演説四十二字門，從字門中可以得悟種種佛教教義，而字門都用漢字記音。現存經典中，有關四十二字門的細目，最早見於西晉法護譯《光贊般若經》（大正 8），此後在鳩摩羅什、玄奘、馱跋陀羅、不空等譯經中也屢見記録。各家的譯音用字不一，當中牽涉到漢語時地語音的變化、印度及流傳地區的方言差異乃至記音的嚴謹程度等問題，與本文關係不大，故此從略。本研究的重點所在并非四十二字門本身，而是從四十二字門衍生而成的韻表。先將《禪宗全書》所載的華嚴字母內容韻表校理如下，原文由豎排改爲橫排：①

1. 阿〇　佉鞿翁烏爊哀醫因安音諳謳阿
2. 多〇　當登東都刀鼟低顛單㗖耽兜多
3. 波〇　幫崩㟆逋襃頵卑賓般㕛㕛襃波
4. 左〇　臧增宗租遭災賫津箋浸簪陬左
5. 那◉　囊能濃奴猱痆泥年難誽南㝹那
6. 邏◉　郎楞籠盧勞來黎嶙闌林藍婁邏
7. 柂●　唐騰同徒陶臺嗁田檀㽚覃頭柂
8. 婆●　傍朋蓬蒲袍牌毘頻槃㚁㪍袤婆
9. 茶●　長澄重除桃嬯池陳𤞜沉忱儔茶
10. 沙◎　霜生春疎稍㟅詩申山深衫搜沙
11. 嚩◐　忘㛄馮無聲㦖微文棩䒢㪅雺嚩
12. 哆〇　鐺燈冬都㬵㦖堤顛㽚㽚擔㑒哆
13. 也◎　陽蠅容余遥㗢移寅延淫鹽由也
14. 瑟吒(二合)◎〇　尸張尸徵書中書朱尸朝尸桠尸知尸珍師亶尸砧師詀師輖瑟吒
15. 迦〇　岡揯公孤高該雞斤干金鉤迦
16. 娑◎　桑僧㯶甦艘䐔西新珊心三涑娑
17. 麽◐　茫瞢蒙模毛埋彌民瞞㽰姏呣麽
18. 伽●　强殑窮渠喬㨁奇勤虔琴鉗求伽
19. 他◎　湯鼟通捈叨胎梯天灘䪻貪偷他
20. 社●　常成慵蜍韶㒗時辰禪諶蟾酬社
21. 鎩◎　顙僧馺蘇掃諰洗凶傘𡥈糁㪅鎩
22. 柂●　堂滕筒途桃擡提田壇㽚談投柂
23. 奢◎　傷升舂書燒篩尸伸羶琛苫收奢

---

① 《禪門日誦》，藍吉富編：《禪宗全書》(臺北：文殊文化，1988 年)，册 97，頁 406—441。

24. 佉◎　康硎空枯尻開欺鼜看欽龕彄佉
25. 叉◎　創琤衝初抄釵鴟嗔嘽讖攙搋叉
26. 娑多◎○（二合）　思當思登蘇東蘇都思刀思鼟西低西顛思單西⑲思耽思兜娑多
27. 壤●　穰仍茸如饒⑭而仁然任髥柔壤
28. 曷攞多（三合）●○○　杭郎當恆楞登洪籠東胡盧都毫勞刀孩來鼟㝬黎低賢嶙顛寒闌單⑪林⑲含藍耽侯婁兜曷攞多
29. 婆●　旁棚髼葡炮排皮貧桮⑭䴘髼婆
30. 車◎　昌稱衝樞恌差蚩瞋闡覘䡾犨車
31. 娑麼◎○　斯䒾斯萌蘇蒙蘇模思毛思埋西迷西民西蠻西⑭思菱思謀娑麼
32. 訶婆◎●　欣旁亨朋烘蓬呼蒲蒿袍咍排希毗⑪貧頂桮⑪賓含㦊呴哀訶婆
33. 縒◎　喪僧鬆蘇繰顋西辛珊芯穇鎪縒
34. 伽●　強擎蚚劬翹⑭其芹乾禽鍼裘伽
35. 吒○　張徵中豬朝桯知珍䡃砧詀輈吒
36. 拏◎　孃釀䖳狃嬈尼紉喃詀鈕穤拏
37. 娑頗◎○　思滂思潣蘇徬蘇蒲思胞思崷西披西玢思潘西⑳思芝思抙娑頗
38. 娑迦◎○　思岡思揯蘇公蘇孤思高思該西雞西斤思干西今思甘思勾娑迦
39. 也婆●○　亦桑亦僧亦蚣亦甦亦臊亦䐑亦西亦辛亦珊亦心亦三亦鞍也婆
40. 室左◎○　室臧室增室宗室租室遭室災室賷室津瑟箋室浸瑟簪室陬室左
41. 佗◎　葛磴踵攄超擄獮脡琛覘抽佗
42. 陀●　唐滕彤圖韜駘騠田驒⑭曇骰陀

從這個所謂"韻表"不難看出其組成部分：首先列出字母，然後以符號標明清濁。其後以該字母的聲母配上十二個韻母，得出十二個"從音字"，如果字母由兩個或三個字組成，則相應有二十四或三十六字。"從音字"後又再重複一次字母,作爲全行的終結。

華嚴字母韻表的代表字,簡單來説,有以下特點:

1. 代表字除少數字外,基本上用平聲字,完全没有入聲字。以平眨上、去的話,韻表可視爲舒聲音節一覽表。

2. 代表字基本上用一等字,遇上無一等字的聲母(如羣、喻、知系等),改爲相應的非一等韻母。

3. 代表字所屬的韻多爲開口韻,祇有少數例外。遇有非開口的韻母(如微母)則改用合口。

## 二、華嚴字母韻表十三攝排序

華嚴字母韻表中的十二個韻母,正相當于十二攝的地位,如果連字門也算進去的話,韻表一共是十三攝。無論是十二還是傳統的十六攝,都與悉曇學有非常密切的關係,五十字門裏的韻母部分一共有十六個,如果把"別摩多"删去便是十二個。這十三攝如果以現在通行的十六攝來分析:

果假 ‖宕 曾梗 通 遇 效 蟹 止 臻 山 深 咸 流

出現了果假合攝、曾梗合攝的情況。另外江攝因爲是二等字,而韻表只載一等字,因此不出現於韻表中。

粗看華嚴字母韻表的韻母排列,除去起始-a韻尾的字門不論,-ŋ韻尾的宕、曾梗、通三攝連在一起,與-i韻尾有關的蟹、止也連在一起,-n韻尾的臻、山,-m韻尾的深、咸,也排列整齊,這種做法和《切韻》等韻書也很相近,似乎没有什麽可討論的地方。趙蔭棠擬出的音值是:①

宕 曾 梗 通 遇 效 蟹 止 臻 山 深 咸 流
aŋ eŋ oŋ u au ai i in an im am ou

然而仔細追踪這十二攝的整體排列次序,可以發覺韻表有把韻尾相近的攝排成一組的傾向,但各組的出現次序和《切韻》並不相同。況且,如

---

① 趙憇之(趙蔭棠):《等韻源流》(臺北:文史哲出版社,1984年),頁264。

果依據趙蔭棠的擬音,-u韻尾的遇、效、流三攝並不排在一起,似乎自亂其例。

尾崎雄二郎(OZAKI Yūjirō)提出"韻序一貫"的説法,認爲《切韻》韻目次序與悉曇學有關,從發音部位言,《切韻》上平部分依主元音及韻尾從後至前排列,下平則依照雙唇的開合程度,由開唇度高到低排列。① 尾崎雄二郎的説法是否完備,并不是本文要探討的焦點,諸如小川環樹(OGAWA Tamaki)便提出尾崎的觀點若干處需要更多的證明。② 然而尾崎雄二郎的觀點有兩處值得借鑒:首先是排列次序牽涉元音的前後和韻尾的前後,其次是從發音部位來看可以分爲"喉"、"唇"兩大類,以上、下平爲分界。回頭看看華嚴字母韻表的情况,從-ŋ到-n到-m,隱約符合了從後到前的原則,而與-i韻尾有關的蟹、止二攝,-i與-n舌位相近,放在-n的前面也十分合理。

如果循此觀察排列末位的流攝,便會發覺-u放在最後似乎十分不倫,尤其是《切韻》的排列是"尤、侯、幽、侵、嚴……",把-u置在-m前面。五十字門的系統中的韻母排列,也是u在aṃ之前,因此也不能説是韻表依循五十字門的韻母排列。然而五十字門的u是主要元音,流攝的-u却是韻尾,作爲半元音的-w來看,五十字門的半元音(42—45)中va(～wa)便排在最後,反映悉曇學系統中的確有以w/u爲發音部位最前的概念。其實這種概念並不難理解,如果單純從雙唇的活動來看,發-w/-u時雙唇聚攏向前突出,其所在位置又的確比緊閉雙唇的-m要前。如果把-i也看成是-j的話,-j在-w前,與五十字門的順序相同,更能説明流攝的排列方式無誤,只是韻表與《切韻》的排列原理不一而已:韻表依照的是發音時雙唇的位置,而《切韻》依照的是張唇的程度。

因此,效攝的韻尾不可能是-u,否則便應該歸到流攝的附近。深、咸、流三攝與唇有關自成一類,前面的九攝也當另爲一類,也就是所謂"喉"的一類,擬爲-u便令這個界限變得模糊。考慮到遇、效二攝處在-ŋ

---

① 尾崎雄二郎:《漢字の音韻》,載貝塚茂樹、小川環樹編:《日本語の世界3・中國の漢字》(東京:中央公論社,1981年),頁150—160。
② 小川環樹:《讀尾崎雄二郎"漢語語音史研究"》,《世界華學季刊》第二卷第三期(1981年),頁1—6。

和-i中間,最適切的擬音應當是-o、-Vo(案:效攝的主要元音爲慎重起見,暫不擬出)。因此華嚴字母韻表的韻尾排列次序爲:

$$-\eta \to -o \to -i \to -n \qquad \to -m \to -u$$
$$\text{喉} \qquad\qquad\qquad \text{唇}$$

這裏又有兩點值得注意:首先是-ŋ與-o相配,-i與-n相配,-m與-u相配,剛好都是陰聲與陽聲相配,這不單是按韻尾前後排列而得的結果,更是韻表作者對陰陽相配的一種認識,因爲作者没有把-i和-u當作純元音來看待。其次,"喉"的前一組和"唇"的一組都是陽聲在前陰聲在後,中間的一組却剛好相反,造成-o和-i、-n和-m兩個陰/陽聲相連的結果,這反映了陰聲和陽聲的次序,在各發音部位都不一樣,這點論者一般很少提到。

關於韻目的排列次序,依序排列的似乎祇有《切韻》系書,明清以後的韻書到底有没有另一種排列方法,至今未見專論提及。日本國立公文書館藏楊從時《重編改正四聲全形等子》(下稱"重編本")所載"□韻聲源律例括要圖"各列位的排列次序,[①]和華嚴字母韻表非常相似,前者同樣主要收録一等字:[②]

| 華嚴字母韻表 | 果假 | 宕 | 曾梗 | 通 | 遇 | 效 |  | 蟹 | 止 | 臻 | 山 | 深 | 咸 |  | 流 |
|---|---|---|---|---|---|---|---|---|---|---|---|---|---|---|---|
| □韻聲源律例括要圖 |  | 宕 | 曾梗 | 通 | 遇 |  | 果假 | 蟹 | 止 | 臻 | 山 | 深 | 咸 | 效 | 流 |

華嚴字母韻表由于要先讀出帶-a的梵文字母,所以把相應的果假攝字前移,"□韻聲源律例括要圖"則没有前移。"□韻聲源律例括要圖"對-u的處理和華嚴字母韻表相同,而且還把華嚴字母韻表中讀爲-o的效攝字,和流攝一樣視爲-u而置于最後。在這種情況下,華嚴字母韻表的十三攝不單依序排列,而且排列原理與《切韻》系統以至以通攝或效

---

[①] 楊從時編:《重編改正四聲全形等子》,日本國立公文書館藏本,頁5a。
[②] 蕭振豪:〈《重編改正四聲全形等子》初探——兼論〈四聲等子〉與〈指玄論〉的關係〉,《語言研究》,2015年第四期,頁72—80。

攝起首的系統又不相同,實在是非常珍貴的歷史殘遺。

## 三、華嚴字母韻表代表字來源考

　　研究華嚴字母韻表的作成過程,與研究其他韻圖,有很大的差別,具體而言,韻圖的代表字極多,而且又牽涉到又音、後人改動、版本等問題,因此某韻圖爲什麼要用這一代表字,原因往往難以尋探,更遑論探討更爲細緻的問題,例如作者拿着什麼材料?遇到韻部并合時,作者參考哪本韻書的音系?作者如何轉化其他材料而形成新的韻圖?如果能解答這些問題,不獨對研究韻圖的音系與背景有莫大的幫助,對於聲韻學在古代的傳習模式也將有更深入的認知。華嚴字母韻表的"從音字"(實際上就是代表字)數目不多,而且沒有分列四聲四等,相比韻圖來說簡單得多,把每個代表字都逐一觀察、對照並不困難,本文即嘗試從這一方面着手,并發現了一些有趣的現象。

　　從常理來看,如果要創製像華嚴字母韻表,豎看是一個聲母配十二個韻母,橫看是一個韻母配四十二個不同的字門(當然會遇到"二合"、"三合"等問題),除非是憑空創作,想到同音字即隨意采用,否則按照韻書或韻圖轉錄是最爲便捷的方法,因爲這些材料已經把小韻按序排列。如果是韻書的話,更可以在小韻中的同音字中選擇采用哪一代表字。比較之下,華嚴字母韻表的代表字顯然並非憑空而造,因爲這些代表字當中有不少平日罕用的僻字,如果是作者隨手所記,不太可能使用這些字;另一方面,這些代表字與其他韻書所列的小韻代表字非常相似。這裏以宕攝的幾個小韻爲例,列出它們在韻圖中的相應代表字,韻書則列出小韻首字:(√代表與韻表相同,〇代表無相應代表字)

| 宕攝 | 華嚴字母韻表 | | 廣韻 | 集韻 | 禮部韻略 | 切韻指掌圖 | 五音集韻 | 四聲等子 | 經史正音切韻指南 |
|---|---|---|---|---|---|---|---|---|---|
| | 唐一 | 陽三 | | | | | | | |
| 幫 | 幫 | | √ | √ | 搒 | √ | √ | √ | 〇 |
| 滂 | 滂 | | √ | √ | √ | √ | √ | √ | √ |

(續表)

| 宕攝 | 華嚴字母韻表 | | 廣韻 | 集韻 | 禮部韻略 | 切韻指掌圖 | 五音集韻 | 四聲等子 | 經史正音切韻指南 |
|---|---|---|---|---|---|---|---|---|---|
| | 唐一 | 陽三 | | | | | | | |
| 並 | 旁 傍 | | ✓ | ✓ | ✓ | ✓ | ✓ | ✓ | ○ |
| 明 | 茫 | | ✓ | 芒 | ✓ | 忙 | ✓ | 忙 | ✓ |

各韻書的代表字都十分相近,甚至如"滂"字般完全相同。至於並母在韻表中出現了"旁"、"傍"兩個同音字,按道理可以用同一代表字來表達這個音節,然而韻表作者却使用同音字,而"旁"字却非韻圖所有,反而是韻書中的小韻首字。這明顯反映了作者參考的書不只一本,而且很可能抄録各書的小韻首字,成爲韻表中的同音字。

如果説并非憑空創作,那麽應如何確定韻表參考了哪一本? 表面上看,統計各書與韻表的相似度是最可行有效的方法,然而考慮到各書之間代表字用字相似度大,如上文的"幫"字就只能肯定並非抄自《禮部韻略》和《切韻指南》,至于是來自哪一本書則難以確定;整體來説,很容易出現韻表與好幾種韻書/韻圖都非常相似的情况。然而這却不代表韻表的作者全部參考了這些著作,因爲甲書的代表字與韻表的相似度雖然很高,作者却很可能在不利用甲書的情况下便能從乙書轉録出相同的代表字。因此要找出確鑿的證據,祇能倒過來看,看看有哪些小韻字祇見於某一材料,從而推論韻表較有可能參考了該材料,是以本文着重的是"異"而不是"同"。

在着手比較以前,不妨再考慮兩個問題。現時所能看到最早的華嚴字母韻表是嘉靖二十八年(1549)《華嚴字母經》,因此韻表不可能抄録較晚的韻學材料,諸如《交泰韻》(1603)、《音韻日月燈》(1633)等可以不予考慮。其次是韻書與韻圖的便捷程度,如果要抄録小韻,韻圖的小韻都已排在同一個表格當中,實在是方便得多。當然韻書的小韻也聚集在一韻中,不過要翻頁還是十分麻煩,尤其是早期的韻書如《廣韻》,小韻不按聲母次序排列,頗有雜亂無序之感;《集韻》的小韻排列雖然略按聲類排列,[①]但仍非十分工整,

---

① 潘重規、陳紹棠:《中國聲韻學》(臺北:東大圖書公司,1990年),頁276。

不便檢索;除非有像《廣韻作業》一類的簡表列出小韻,否則要從這些韻書中抄錄小韻代表字可謂十分複雜。至于不按聲韻地位而按其他方法排列韻字的材料如《龍龕手鑑》等,又或聲母系統與三十六字母系統相差較遠如《中原音韻》等,根本無從轉化出韻表,因此都不在比較之列。綜合以上的考慮,本文挑選了《廣韻》、《集韻》、《七音略》、《禮部韻略》、《切韻指掌圖》、《五音集韻》、《四聲等子》、《經史正音切韻指南》八種爲比較對象,其中《廣韻》、《集韻》、《禮部韻略》、《五音集韻》只屬于參照對象,並不符合上文提到的原則。《廣韻》的小韻代表字與《韻鏡》亦大抵相合,可以作爲參考,不過《韻鏡》似乎很早就不見于中土,華嚴字母韻表參考《韻鏡》的可能性相對較低。另外需要說明的是,《廣韻》、《集韻》、《禮部韻略》和《五音集韻》的小韻分別參考辻本春彥(TSUJIMOTO Haruhiko)《廣韻切韻譜》、方孝岳《廣韻韻圖》、佐佐木猛(SASAKI Takeshi)《集韻切韻譜》、佐佐木猛《增修互注禮部韻略切韻譜》和大岩本幸次(OIWAMOTO Kōji)《五音集韻切韻譜》。《七音略》用楊軍《七音略校注》所影印元至治本,《切韻指掌圖》參照《音韻學叢書》本,《四聲等子》用《叢書集成初編》本(間中參考重編本),《經史正音切韻指南》用藝文出版社《等韻五種》本。①

　　首先從用字來看,《切韻指掌圖》、《五音集韻》、《四聲等子》、《經史正音切韻指南》都各自有特殊的地方,當中以《四聲等子》最爲顯著,如:

| 曾梗攝 | 華嚴字母韻表 | | | | | | | 廣韻 | 集韻 | 七音略 | 禮部韻略 | 切韻指掌圖 | 五音集韻 | 四聲等子 | 經史正音切韻指南 |
|---|---|---|---|---|---|---|---|---|---|---|---|---|---|---|---|
| | 曾登一 | 梗庚二 | 梗耕二 | 曾蒸三 | 梗清三 | 梗庚三 | 梗青四 | | | | | | | | |
| 明 | | 萌 | | | | | | 甍 | 甍 | 盲 | 甍 | 盲 | 甍 | ✓ | 甍 |

---

① 辻本春彥著,森博達編:《廣韻切韻譜》(京都:臨川書店,2008年),頁1—105。方孝岳:《廣韻韻圖》(北京:中華書局,2005年),頁50—135。佐佐木猛:《集韻切韻譜》(福岡:中國書店,2000年),頁1—98。佐佐木猛:《增修互注禮部韻略切韻譜》(福岡:中國書店,1996年),頁1—102。大岩本幸次:《五音集韻切韻譜》,《金代字書的研究》(仙臺:東北大学出版会,2007年),頁1—77。楊軍:《七音略校注》,影印元至治本(上海:上海辭書出版社,2003年),頁2—87。[傳]司馬光:《切韻指掌圖》影印《音韻學叢書》本(臺北:廣文書局,1974年),頁1a—20b。撰人不詳:《四聲等子》,《叢書集成初編》(上海:商務印書館,1937年),頁15—55。藝文印書館編:《等韻五種》,影印弘治九年(1496)本(臺北:藝文印書館,2003年),頁3—53。

華嚴字母韻表語音與符號系統考　397

| 效攝 | 華嚴字母韻表 | | | | 廣韻 | 集韻 | 七音略 | 禮部韻略 | 切韻指掌圖 | 五音集韻 | 四聲等子 | 切韻指南 | 經史正音 |
|---|---|---|---|---|---|---|---|---|---|---|---|---|---|
| | 豪一 | 肴/爻二 | 宵三 | 蕭四 | | | | | | | | | |
| 透 | 叨 | | | | 饕 | 饕 | 饕 | 饕 | 饕 | 饕 | ✓ | 饕 | |
| 穿二 | | 抄 | | | 謥 | 謥 | 謥 | 謥 | 謥 | 謥 | ✓ | 謥 | |

然而韻表代表字祇與《四聲等子》不合的情況也特別多：

| 宕攝 | 華嚴字母韻表 | | 廣韻 | 集韻 | 七音略 | 禮部韻略 | 切韻指掌圖 | 五音集韻 | 四聲等子 | 切韻指南 | 經史正音 |
|---|---|---|---|---|---|---|---|---|---|---|---|
| | 唐一 | 陽三 | | | | | | | | | |
| 喻 | | 陽 | ✓ | ✓ | ✓ | | ✓ | | 羊 | ✓ | |

| 止攝 | 華嚴字母韻表 | | | | 廣韻 | 集韻 | 七音略 | 禮部韻略 | 切韻指掌圖 | 五音集韻 | 四聲等子 | 切韻指南 | 經史正音 |
|---|---|---|---|---|---|---|---|---|---|---|---|---|---|
| | 之三 | 支三 | 脂三 | 齊四 | 微三 | | | | | | | | |
| 審三 | 詩 | | | | | ✓ | ✓ | ✓ | | ✓ | | 施 | ✓ |
| 禪三 | 時 | | | | | ✓ | ✓ | ✓ | | ✓ | | 匙 | |

值得注意的是，如果參照重編本《四聲等子》，則《四聲等子》與韻表相合的比例更高，如（括號後爲重編本的代表字）：

| 宕攝 | 華嚴字母韻表 | | 廣韻 | 集韻 | 禮部韻略 | 切韻指掌圖 | 五音集韻 | 四聲等子 | 切韻指南 | 經史正音 |
|---|---|---|---|---|---|---|---|---|---|---|
| | 唐一 | 陽三 | | | | | | | | |
| 知 | | 張 | ✓ | ✓ | ✓ | | | 萇(✓) | ✓ | |
| 喻 | | 陽 | ✓ | ✓ | ✓ | | | 羊(✓) | ✓ | |

| 通攝 | 華嚴字母韻表 | | | | 廣韻 | 集韻 | 七音略 | 禮部韻略 | 切韻指掌圖 | 五音集韻 | 四聲等子 | 切韻指南 | 經史正音 |
|---|---|---|---|---|---|---|---|---|---|---|---|---|---|
| | 東一 | 東三 | 冬一 | 鍾三 | | | | | | | | | |
| 穿三 | | | | 重 | ✓ | ✓ | ✓ | | 蟲 | | 蟲(✓) | ✓ | |
| 喻 | | | | 容 | ✓ | ✓ | ✓ | | 融 | | ○(✓) | ✓ | |

重編本自稱"形依《廣》、《集》,聲稟《指玄》",據《廣韻》和《集韻》修改了《四聲等子》的原本內容,重編本一類的版本在當時是否流行,已難考知。

《七音略》與韻表代表字亦多相合,如遇攝中很多代表字都與《四聲等子》不合,但與《七音略》則祇有一例不合,其餘完全相同。然而這些相合之處也往往與《廣韻》、《集韻》等相同,不過由于《七音略》屬於韻圖,從中援引代表字較韻書爲易,因此值得注意。韻表中若干代表字雖與韻書相合,但在韻圖中僅見于《七音略》,如止攝即有數例:

| 止攝 | 華嚴字母韻表 | | | | | 廣韻 | 集韻 | 七音略 | 禮部韻略 | 切韻指掌圖 | 五音集韻 | 四聲等子 | 切韻指南 | 經史正音 |
|---|---|---|---|---|---|---|---|---|---|---|---|---|---|---|
| | 之三 | 支三 | 脂三 | 齊四 | 微三 | | | | | | | | | |
| 穿三 | 蚩 | | | | | ✓ | ✓ | ✓ | | 眵 | 鴟 | 眵 | | 鴟 |
| 審三 | | | 尸 | | | ✓ | ✓ | ✓只>尸 | ✓ | 詩 | 詩 | 施 | | 詩 |
| 曉 | | | | | [希] | ✓ | ✓ | ✓ | | 僖 | ✓ | 義 | | 犧 |

又如蟹攝幫母至明母代表字獨與《七音略》全同,編者或即整套援引:

| 蟹攝 | 華嚴字母韻表 | | | 廣韻 | 集韻 | 七音略 | 禮部韻略 | 切韻指掌圖 | 五音集韻 | 四聲等子 | 切韻指南 | 經史正音 |
|---|---|---|---|---|---|---|---|---|---|---|---|---|
| | 哈一 | 皆二 | 佳二 | | | | | | | | | |
| 幫 | | 桮① | | ○ | ✓ | ✓ | ○ | ○ | ✓ | 牌 | | ✓ |
| 滂 | | 㔻② | | ○ | ✓ | ✓ | | 姀 | ✓ | ○ | | ✓ |
| 並 | | 排 | 牌③ | ✓ | ✓ | ✓ | 簿排 | 排 | ○ | ✓ | 牌 | 排✓ |
| 明 | | 埋 | | | | ✓ | 薶 | ✓ | | 䏲 | 䐴 | 暝/䐴 |

---

① 依《集韻》。
② 同上。
③ 此字尚有皆二一讀,此據諸圖定爲佳二。

不過亦有若干處《七音略》獨異，而他圖與韻表皆合：

| 臻攝 | 華嚴字母韻表 | | | | 廣韻 | 集韻 | 七音略 | 禮部韻略 | 切韻指掌圖 | 五音集韻 | 四聲等子 | 切韻指南 | 經史正音 |
|---|---|---|---|---|---|---|---|---|---|---|---|---|---|
| | 真三 | （《集韻》諄三） | 文三（合） | 欣/殷三 | | | | | | | | | |
| 幫 | 賓A | | | | ✓ | ✓ | 份 | ✓ | ✓ | ✓ | ✓ | ✓ | |
| 並 | 頻A | | | | ✓ | ✓ | ○ | ✓ | ✓ | ✓ | ✓ | ✓ | |
| 明 | 民A | | | | ✓ | ✓ | ○ | ✓ | ✓ | ✓ | ✓ | ✓ | |

韻表沒有與他圖全異而與《切韻指掌圖》獨合的例子，相反確有與他圖全同而與《切韻指掌圖》獨異的例子：

| 通攝 | 華嚴字母韻表 | | | | 廣韻 | 集韻 | 七音略 | 禮部韻略 | 切韻指掌圖 | 五音集韻 | 四聲等子 | 切韻指南 | 經史正音 |
|---|---|---|---|---|---|---|---|---|---|---|---|---|---|
| | 東一 | 東三 | 冬一 | 鍾三 | | | | | | | | | |
| 穿三 | | | | 衝 | ✓ | ✓衝 | ✓ | | 充 | ✓衝 | | ✓衝 | |
| 喻 | | | | 容 | ✓ | ✓ | ✓ | | 融 | ✓ | ○(✓) | ✓ | |
| 日 | | | | 茸 | ✓ | ✓ | ✓ | | 戎 | ✓ | | ✓ | |

因此韻表并沒有濃厚的《切韻指掌圖》色彩，即使《切韻指掌圖》與韻表相合的地方還是很多，韻表作者却毋須通過《切韻指掌圖》而可從各書中轉錄這些代表字。不過《切韻指掌圖》却不是完全與韻表沒有任何特殊的相似性，韻表的止攝包括了之三、支三、脂三、齊四和微三字，然而齊韻一般歸入蟹攝而非止攝，從之、支、脂分韻的《韻鏡》、《七音略》，到三韻合一的《五音集韻》、《經史正音切韻指南》都是如此，乃至《古今韻會舉要》中的三韻也合而為一，齊韻仍然獨用。唯獨《切韻指掌圖》圖十七到圖二十情況獨異：[1]

---

[1] 司馬光：《切韻指掌圖》，影印《音韻學叢書》本（臺北：廣文書局，1974年），頁13a—20b。

|  | 十七(開) | 十八(開) | 十九(合) | 二十(合) |
|---|---|---|---|---|
| 一等 | 咍 | 之支 | 灰 | ○ |
| 二等 | 皆佳 | 之支脂 | 支 | 皆咍佳 |
| 三等 | 佳咍 | 之支脂 | 微脂支 | ○ |
| 四等 | ○ | 齊支之脂 | 齊支脂 | ○ |

這裏又牽涉到這四圖的分合問題,如果撇除齊韻不論,圖十七和圖二十屬傳統的蟹攝,圖十八和圖十九屬止攝。學者對《切韻指掌圖》的這四圖應爲一攝還是兩攝有不同的意見,董同龢、錢玄同等認爲當分爲兩攝,黃耀堃認爲當合爲一攝。[1] 有關這個問題,本文不擬細論,竊以爲如果合爲一攝的話,大概是因爲一個韻圖不能容納全部開口小韻而拆爲兩圖,再按扇面對稱列出合口的兩圖。回到主題,如果這四圖應分爲兩攝,那麼華嚴字母韻表與《切韻指掌圖》便同樣把齊韻歸到止攝;即使是四圖歸爲一攝,和韻表分兩攝的情況不同,還是有值得留意的地方。如果考慮到圖十七和圖二十的四等完全無字,按照其他韻圖的排列,這個無字的四等本來就屬于齊韻,因此《切韻指掌圖》把齊韻移走,並不是因爲圖十七和二十沒有位置安措這些小韻,而是齊韻的元音已與支之脂混同,與佳咍不一致。因此《切韻指掌圖》的作者雖然把這四圖合爲一攝,實際上仍有意把這個攝的字分爲兩類,華嚴字母韻表雖然不一定承襲自《切韻指掌圖》,但其止攝的韻却與《切韻指掌圖》的其中一類相同,這一點非常值得留意。認爲齊韻與支之脂接近,當然只能是依靠某時某地的方音,因爲前此的韻書、韻圖都沒有這樣的排列;從此又可以推斷,韻表沒有直接參考《切韻指掌圖》的可能性非常高,但却參考了一種與《切韻指掌圖》一樣并齊于止攝的韻圖,這種韻圖可能止蟹合攝,也可能是分攝,然而却似乎也明確分爲兩類。

接下來再分析曾梗攝的情況。先列出傳統曾、梗二攝的韻目:

---

[1] 黃耀堃:《宋本〈切韻指掌圖〉的檢例與〈四聲等子〉比較研究》,《黃耀堃語言學論文集》(南京:鳳凰出版社,2004 年),頁 162—165。

|  | 曾 | 梗 |
|---|---|---|
| 一等 | 登 | ○ |
| 二等 | ○ | 庚耕 |
| 三等 | 蒸 | 庚清 |
| 四等 | ○ | 青 |

韻表中兩攝合一,《經史正音切韻指南》仍然是兩攝分立,祇有《切韻指掌圖》和《四聲等子》的情況類似。《四聲等子》的內外八轉劃分淆亂:

| 內 | 一 | 二 | 三 | 四 | 五 | 六 | 七 | 八 |
|---|---|---|---|---|---|---|---|---|
| 內 | 通 | 止 | 遇 | 果 | 宕 | 流 | 深 | 曾 |
| 外 | ? | 蟹(梗) | 臻 | 山 | 效 | (麻)假 | ? | 咸(梗) | (江?) |

江攝沒有標明攝的編號,而梗攝韻目出現在兩圖中,却分別標示爲"梗攝外二"和"梗攝外八"。《經史正音切韻指南》的十六攝次序雖然不同,然而剛好是"江攝外一"和"梗攝外七",不知道《四聲等子》本來是否也如此?① 無論梗攝是外轉第幾攝,和曾攝分攝却是事實,然而梗攝字和曾攝字却置於同圖:

|  | 曾攝內八<br>梗攝外八<br>啓口呼 | 曾攝內八<br>梗攝外二<br>合口呼 |
|---|---|---|
| 一等 | 登 | 登 |
| 二等 | 庚 | (庚) |
| 三等 | 蒸 | 庚 |
| 四等 | 青 | 清 |

兩圖末都有"內外混等,隣韻借用"八字。② 內轉曾攝字居於一、三等,外

---

① 竊以爲當作"梗攝外七"爲是。"梗攝外八"乃沿"曾攝內八"而誤,"梗攝外二"之"二"乃"七"之形誤。
② 撰人不詳:《四聲等子》,《叢書集成初編》(上海:商務印書館,1937年),頁47—50。

轉梗攝字居二、三、四等，合爲一圖，正是"內外混等"所指；然則兩攝雖然分攝，但實際上却是合於一圖，與合攝無異。《四聲等子》有"內外混等"情況的攝還有宕與江攝、果與假攝（麻攝），按此把十六攝歸併，恰好也是十三攝，與華嚴字母韻表無論是攝的數量還是合攝情況都完全吻合（江攝因二等而不出現于韻表），這也再次說明華嚴字母韻表與《四聲等子》關係密切。

另一方面，《切韻指掌圖》的曾梗攝却是名副其實的合攝：①

|  | 十五（合） | 十六（開） |
| --- | --- | --- |
| 一等 | 庚耕 | 登 |
| 二等 | 登 | 庚耕 |
| 三等 | 庚蒸 | 庚清蒸 |
| 四等 | 清青 | 清青 |

不過這也不能說明韻表直接抄錄了《切韻指掌圖》的小韻，因爲曾梗攝中韻表與其他韻圖皆同而與《切韻指掌圖》獨異的代表字也有四例。

至於《五音集韻》和《經史正音切韻指南》，特殊的代表字也不多：

| 宕攝 | 華嚴字母韻表 | | 廣韻 | 集韻 | 七音略 | 禮部韻略 | 切韻指掌圖 | 五音集韻 | 四聲等子 | 經史正音切韻指南 |
| --- | --- | --- | --- | --- | --- | --- | --- | --- | --- | --- |
| | 唐一 | 陽三 | | | | | | | | |
| 微 | | 忘 | 亡 | 亡 | 亡 | 亡 | 亡 | 亡 | 亡 | ✓ |

| 臻攝 | 華嚴字母韻表 | | | | 廣韻 | 集韻 | 七音略 | 禮部韻略 | 切韻指掌圖 | 五音集韻 | 四聲等子 | 經史正音切韻指南 |
| --- | --- | --- | --- | --- | --- | --- | --- | --- | --- | --- | --- | --- |
| | 真三 | | 文三 | 欣三 | | | | | | | | |
| | | 集韻真/諄 | | | | | | | | | | |
| 群 | | | | 勤芹 | ✓ | ✓ | ✓ | ✓ | ✓ | ✓ | ✓ | 穜[矜] |

---

① 《切韻指掌圖》，頁 9a—12b。

但同時《五音集韻》却沒有獨異的情況，這可以視爲《五音集韻》本身的代表字多與他書相同，很難看出與韻表的直接聯繫。不過，如果把《五音集韻》和《經史正音切韻指南》合觀的話，兩書相同而與他書獨異的情況也不少，單在咸攝就有數例：

| 咸攝 | 華嚴字母韻表 | | | | 廣韻 | 集韻 | 七音略 | 禮部韻略 | 切韻指掌圖 | 五音集韻 | 四聲等子 | 經史正音切韻指南 |
|---|---|---|---|---|---|---|---|---|---|---|---|---|
| | 覃一 | 談一 | 銜二 | 咸二 鹽三 | | | | | | | | |
| 泥 | 南 | | | | ✓ | ✓ | ✓ | ✓ | 男 | ✓ | 男 | ✓ |
| 見 | | 甘 | | | ✓ | ✓ | ✓ | ✓ | | 弇 | ✓ | 弇 |
| 溪 | 龕 | | | | ✓ | ✓ | ✓ | ✓ | 坩 | ✓ | 堪 | |
| 群 | | | | 鍼A 鉗B | ✓箝 | ✓箝 | ○箝 | ○箝 | ✓箝 | ○涅 ○ | | ○涅 |
| 審二 | | | 衫 | | ✓ | ✓ | ✓ | ✓ | | 櫼[杉] | ✓ | 櫼[杉] |
| 匣 | [含] | | | | ✓ | ✓ | ✓ | ✓ | 酣 | ✓ | ○ | |

因此如果把這些例子也列入考慮，韻表參考了兩書的情況也可以確定下來，只是兩者之間相似度又較大，很難確定是參考了哪一種，韻表的作者甚至可能同時參考了兩者。相對於《四聲等子》而言，《五音集韻》和《經史正音切韻指南》在韻表中的特徵較低，很可能是韻表作者次要的輔助材料。

以下分析兩個特殊的例子，首先是第十一字門的通攝字問題，通行本作：

| 㘅 | 忘 | ㊝ | ㊥ | 無 | 犛 | ㊗ | 微 | 文 | 構 | ㊉ | ㊏ | 雺 |

然而如果看看效攝的"犛"字，會發現所有韻書、韻圖中，代表字都是"毛"而不是"犛"。實際上好幾種本子都作：

| 㘅 | 忘 | ㊝ | 犛 | 無 | ○ | ㊗ | 微 | 文 | 構 | ㊉ | ㊏ | 雺 |

"犛"字《集韻》鳴龍切，鍾韻三等，明顯是後人誤"犛"爲"犛"，因爲

"聱"字不合通攝，而效攝適逢無字，遂誤移"聱"字到效攝一格，再用近音字"⒨"填補通攝的位置。如果認爲"鏊"才是本字，和諸書比較之下：

| 通攝 | 華嚴字母韻表 | | | | 廣韻 | 集韻 | 七音略 | 禮部韻略 | 切韻指掌圖 | 五音集韻 | 四聲等子 | 經史正音切韻指南 |
|---|---|---|---|---|---|---|---|---|---|---|---|---|
| | 東一 | 東三 | 冬一 | 鍾三 | | | | | | | | |
| 微 | | | | 鏊 | ○ | ✓ | ○ | ○ | ○ | ○ | ○(鏊) | ✓ |

只有重編本《四聲等子》和《經史正音切韻指南》載有此代表字，這個代表字的原始出處很可能就是《集韻》。

| 臻攝 | 華嚴字母韻表 | | | | 廣韻 | 集韻 | 七音略 | 禮部韻略 | 切韻指掌圖 | 五音集韻 | 四聲等子 | 經史正音切韻指南 |
|---|---|---|---|---|---|---|---|---|---|---|---|---|
| | 真三 | | 文三(合) | 欣三 | | | | | | | | |
| | | 集韻真/諄 | | | | | | | | | | |
| 端 | | 顛 | | | ○ | ✓ | ○ | ○ | ○ | ✓ | ✓ | ✓ |
| 透 | | 天 | | | ○ | ✓ | ○ | ○ | ○ | ✓ | ✓ | ✓ |
| 定 | | 田 | | | ○ | ✓ | ○ | ○ | ○ | ✓ | ✓ | ✓ |
| 泥 | | 年 | | | ○ | ✓ | ○ | ○ | ○ | ✓ | ✓ | ✓ |
| 溪 | | 鼜 | | | ○ | ✓ | ○ | ○ | ○ | ✓ | ✓ | ✓ |
| 匣 | | [賢] | | | 礥 | 礥 | 礥 | 礥 | 礥 | 礥 | ✓ | 礥 |

這裏列出的都是《廣韻》中的先韻字，《集韻》加了真韻或諄韻的又音，[1]實際上這些都是上古的真部字，《集韻》所收的很可能是上古音在字書或方言中的古音孑遺，不過《集韻》匣母的小韻首字是"礥"而不是"賢"。《廣韻》、《七音略》、《禮部韻略》和《切韻指掌圖》收錄"礥"，《五音集韻》和《經史正音切韻指南》雖然全數收入這些代表字，但匣母仍然依《集韻》小韻首字作"礥"，只有《四聲等子》是例外。這種例子在韻表裏尚有數處，一方面再次證明《四聲等子》的重要性，因爲雖然從別的韻圖

---

[1] 《集韻》本身即將一批《切韻》真韻字移入諄韻，因此此處將這些特殊的真、諄韻合爲一類。

上還是可以抄錄"賢"字以外的代表字，不過如果從一系列的字來考慮，只有《四聲等子》的系統與韻表吻合，韻表作者可能一連串地抄錄了這些被置於四等的真韻三等字。另一方面可以推想《集韻》對後世韻圖的影響，而韻表肯定要到《集韻》的小韻首字被修改後，才能抄錄到這個新的代表字。

　　韻表的作者必須面對另外一個問題，也就是韻表中同一個小韻地位出現兩次或以上的問題，這包括全濁聲母送氣和不送氣的聲母合用一母，以及二合、三合字的情況。按理來説，如果要表現兩字屬于同一小韻地位，用同一個代表字來表達最爲恰當，然而韻表的作者卻往往使用同音字來代替。舉例來説，如果要代表某個東韻三等小韻，使用《韻鏡》一類分韻的書，還可以翻到後面一頁，把相應的鍾韻三等字抄出來作爲同音字看待；然而《四聲等子》等書已經合韻合圖，東三和鍾三字只出現其中一個代表字，韻表作者從何處抄出另一個代表字？

　　還有另一種不涉及跨韻的情況，如韻表在並母唐韻一等中用了"旁"和"傍"，這即使在分韻分圖的韻圖中也不能全數抄錄，因此韻表韻用了哪些書作爲這種"後備代表字"的材料也值得探討。韻書在這方面也許能發揮作用，因爲在小韻首字下還有同音字，無論需要多少個"後備代表字"都可以依次抄出；另一方面也可以轉錄自其他韻圖，當中有些是靠抄出其他韻圖中同韻的相異代表字，有些是抄出其他韻圖中分圖的相應代表字。從韻表的具體情況看來，似乎韻書、韻圖都曾參考。先列出參考韻圖的一些例子，《四聲等子》和《經史正音切韻指南》都參考了：

| 通攝 | 華嚴字母韻表 | | | | 廣韻 | 集韻 | 七音略 | 禮部韻略 | 切韻指掌圖 | 五音集韻 | 四聲等子 | 經史正音切韻指南 |
|---|---|---|---|---|---|---|---|---|---|---|---|---|
| | 東一 | 東三 | 冬一 | 鍾三 | | | | | | | | |
| 心 | 熨揌 | | | 鬆蚣 | √檧 √ | √檧 √ | √檧 √ | 憽 ○ | √檧 √ | √檧 √ | √檧 ○ | √檧 √ |

| 效攝 | 華嚴字母韻表 | | | | 廣韻 | 集韻 | 七音略 | 禮部韻略 | 切韻指掌圖 | 五音集韻 | 四聲等子 | 切韻指南 | 經史正音 |
|---|---|---|---|---|---|---|---|---|---|---|---|---|---|
| | 豪一 | 肴/爻二 | 宵三 | 蕭四 | | | | | | | | | |
| 並 | 袍 | 炮 | | | ✓庖 | ✓庖 | ✓庖 | ✓庖 | ✓庖 | ✓庖 | ✓ | | ✓庖 |

| 臻攝 | 華嚴字母韻表 | | | | 廣韻 | 集韻 | 七音略 | 禮部韻略 | 切韻指掌圖 | 五音集韻 | 四聲等子 | 切韻指南 | 經史正音 |
|---|---|---|---|---|---|---|---|---|---|---|---|---|---|
| | 真三 | 集韻真/諄 | 文三(合) | 欣三 | | | | | | | | | |
| 穿三 | 瞋嗔 | | | | ✓ | ✓ | ✓ | ✓ | ✓ | | ✓ | | ✓ |

　　《切韻指掌圖》可以使用的"後備小韻"都見于《集韻》或《禮部韻略》、《五音集韻》等，因此不肯定是否抄錄自《切韻指掌圖》。

　　然而還有很多例子不能找出和韻圖的關係，基本上每攝都有這樣的例子，以通攝為例：

| | 華嚴字母韻表 | | | | 廣韻 | 集韻 | 七音略 | 禮部韻略 | 切韻指掌圖 | 五音集韻 | 四聲等子 | 切韻指南 | 經史正音 |
|---|---|---|---|---|---|---|---|---|---|---|---|---|---|
| | 東一 | 東三 | 冬一 | 鍾三 | | | | | | | | | |
| 並 | 蓬髼 | | | | ✓ | ✓ | ✓ | ✓ | ✓ | ✓ | ✓ | | ✓ |
| 端 | 東 | | 冬 | | ✓✓ | ✓✓ | ✓ ○[>冬?] | ✓ | ✓ | ✓東 | ✓東 | | ✓東 |
| 定 | 同筒 | | 彤 | | ✓✓ | ✓✓ | ✓ ○[>彤?] | ✓ | ✓ | ✓同 | ✓同 | | ✓同 |

　　第一種情況如端母的"東"和"冬"，兩韻合圖後韻圖已沒有"冬"字，只能從韻書取出；第二種情況如並母，韻書小韻首字和韻圖小韻字都是"蓬"字，"髼"字不知從何處錄出；如"定"母韻表錄出三字，當中"同"見於諸書，"彤"可以從韻書小韻首字錄出，但還有"筒"字未知來源。要解釋這

個現象，當然可以説韻表參考了現今未知的韻圖，又或是韻表抄録了韻書的非韻首字。然而要再追尋下去有相當的難度，畢竟未知的韻圖無法比較，而抄録非韻首字不見得要按次序抄録，不能夠從抄寫"後備代表字"的次序來推尋所用的韻書。尤其參看止攝的這個例子：

| 止攝 | 華嚴字母韻表 | | | | 廣韻 | 集韻 | 七音略 | 禮部韻略 | 切韻指掌圖 | 五音集韻 | 四聲等子 | 經史正音切韻指南 |
|---|---|---|---|---|---|---|---|---|---|---|---|---|
| | 之三 | 支三 | 脂三 | 齊四 | 微三 | | | | | | | |
| 定 | | | | 啼提騠 | | √嚏 | 題 | 題 | 題 | 蹄 | √嚏 | √ | √嚏 |

韻表編者可以從韻書、韻表中抄出"啼"字，然後加上《四聲等子》的"提"字，《集韻》、《七音略》、《禮部韻略》有小韻首字"題"，《切韻指掌圖》有"蹄"，韻表却轉用未明出處的"騠"。此外，八種材料的代表字與韻表不一的情況雖然很少，但也存在：

| 流攝 | 華嚴字母韻表 | | 廣韻 | 集韻 | 七音略 | 禮部韻略 | 切韻指掌圖 | 五音集韻 | 四聲等子 | 經史正音切韻指南 |
|---|---|---|---|---|---|---|---|---|---|---|
| | 侯一 | 尤三 | | | | | | | | |
| 曉 | [呴] | | 齁 | 齁 | 齁 | ○ | 齁 | 齁 | 齁 | 齁 |

總的來説，華嚴字母韻表參考多種韻書、韻圖以製成韻表的傾向非常強烈，雖然仍然有不清晰之處，但主要和《四聲等子》有密切的關係，這一點毋庸置疑，而《七音略》、《經史正音切韻指南》乃至《五音集韻》一類很可能是輔助材料；至于韻表與《切韻指掌圖》的關聯相對薄弱。饒宗頤提出：

> 明代佛子競爲等韻之業，成化間有戒璿、文儒、思遠、文通；弘治、正德有真空，均承受韓道昭一書等韻門法。①

---

① 饒宗頤：《趙宧光及其〈悉曇經傳〉》，《悉曇經傳》，影印南京博物院藏本（臺北：新文豐出版公司，1999年），頁2。

韓道昭《五音集韻》對明代聲韻，尤其是佛家的聲韻研究有極爲重要的影響，這一點没有問題；不過審諸華嚴字母韻表，《五音集韻》的色彩並不濃厚，反而《四聲等子》最爲重要。《四聲等子》的劉鑑序提到："近以《龍龕手鑑》重校類編于大藏經函帙之末，……遂以此附《龍龕手鑑》之後。"①真空《新編篇韻貫珠集》卷八《復摠述來原譜》也提到："禹王造韻野王篇，字母溫公舍利傳。等子觀音斯置造，五音呼噏是軒轅。"②以《四聲等子》爲"觀音等子"的觀念，證明除《五音等韻》以外，《四聲等子》是另外一種佛門聲韻研究的重要材料。再放遠一點看，《貫珠集》的卷八也有所謂"指南釋義"，把"經史正音切韻指南"八字逐一解釋，煞有介事，却與聲韻學完全無關；③弘治九年（1496）本的《經史正音切韻指南》，又是由"金臺釋子思宜重刊"，④那麼明代的僧侶集團在研究聲韻時，很可能就是圍繞着這幾種著作，而華嚴字母韻表正爲整個研究潮流中的側面。

## 四、華嚴字母所載符號與明清小學

華嚴字母韻表附有表示清濁的符號，而現在比較易見的材料中附有清濁符號的聲韻材料，當數《康熙字典》，李新魁《〈康熙字典〉的兩種韻圖》提到：

> 這些符號是襲用明釋真空所撰的《篇韻貫珠集》中的"創纂啓蒙免疑金口訣"而來的，這些原來是佛教僧侶用來表示某些宗教觀念的符號，後來竟被用來表示聲音上清濁的觀念。首先使用這些符號的，大概是《華嚴經》中的《華嚴字母韻圖》，後來《內含圖》（引案：指《康熙字典·內含四聲音韻圖》）也跟着這麼做。⑤

---

① 《四聲等子》，《叢書集成初編》，頁6。
② 釋真空：《新編篇韻貫珠集》，《四庫全書存目叢書》影印北京大學圖書館藏明弘治十一年（1498）本（臺南：莊嚴文化事業有限公司，1997年），册213，頁529。
③ 《新編篇韻貫珠集》，《四庫全書存目叢書》，册213，頁529。
④ 撰人不詳：《經史正音切韻指南》，《等韻五種》，頁3。
⑤ 李新魁：《〈康熙字典〉的兩種韻圖》，《辭書研究》第1期（1980年），頁178。

研究《康熙字典》的學者一般對清濁符號不太注意，因此李新魁的説法十分重要。依李新魁的説法，好像先是"華嚴字母韻圖"運用了清濁符號，《康熙字典》"也跟着這麼做"；但一方面《篇韻貫珠集》（下簡稱《貫珠集》）的"創纂啓蒙免疑金口訣"也用了這些符號，《康熙字典》"襲用"了《貫珠集》。華嚴字母韻表、《貫珠集》和《康熙字典》韻圖的符號到底有什麼關係，以致是否華嚴字母韻表最早使用清濁符號，都值得深入探討。

首先從華嚴字母韻表的版本入手，年代較早的華嚴字母韻表並没有清濁符號，其後康熙年間的《嘉興藏‧諸經日誦》中也同樣如此。筆者寓目的"禪門日誦"類的華嚴字母韻表中，只有天啓本、光緒二十六年（1900）天寧寺本、香港大學馮平山圖書館藏民國十五年（1926）昭慶慧空經房本和民國二十年（1931）毗陵刻經處本有清濁符號，有符號的本子相對來説數量不多，讓人懷疑清濁符號並非華嚴字母韻表所原有。

如果清濁符號不源于華嚴字母韻表，能不能倒過來説，即華嚴字母韻表抄襲了《康熙字典》的符號，或抄襲了《康熙字典》所本的材料？華嚴字母韻表中"半白半黑"的符號◐◑◒◓，研究韻表的學者一直没能説清其實際意義，蕭蜕的《華嚴字母學音篇》就認爲"前人有◐◑◒◓四種符號，無人能通其説，今不用。"①實際上《康熙字典》也有這種符號，兩者有没有相承的關係？

先看看《康熙字典》裏清濁符號的具體情况，這些符號分別見于《内含四聲音韻圖》、《明顯四聲等韻圖》和《等韻切音指南》。《内含四聲音韻圖》以○爲全清，⊙爲次清，●爲全濁，◐◑◒◓爲"清濁"，②當中◐◑◒◓依據逆時針方向旋轉輪流出現。把"清濁"符號旋轉的具體意義雖不可知，但這四個符號的意思完全相同則可以確定。《明顯四聲等韻圖》的所用的符號完全相同，而《等韻切音指南》的"清濁"符號却已經統一爲◐，可見《康熙字典》的編撰者没有可能不知道這四個符號意義完全相同。

---

① 蕭蜕：《華嚴字母學音篇》，《佛乘》，頁13。
② 《康熙字典》的分類與《韻鏡》系統不甚吻合，如心母在《韻鏡》爲清，《康熙字典》列爲清濁；曉母《韻鏡》列爲清，《康熙字典》列爲清濁；來母《韻鏡》爲清濁，《康熙字典》列爲清。

撇開沿襲《康熙字典》系統的材料不論，現時看到的明清聲韻材料中，"清濁"符號有旋轉情況的最早衹有《康熙字典》和華嚴字母韻表。華嚴字母韻表的"清濁"符號與《康熙字典》却并不一樣：

　　5. 那◐　　6. 邏◐　　11. 嚩◐　　13. 也◐
　　17. 麼◐　　27. 壤◐　　31. 娑麼◎◐　　39. 也娑●○

由于有二字的字門（31 和 39），在系統上華嚴字母韻表和《康熙字典》已經很不相同，不過按道理還是可以依舊把"清濁"符號旋轉。按照華嚴字母的次序排列，却只有 11～27 的四個符號勉強可以說是逆時針旋轉，或許只是巧合；5、6、31 和 39 不合規律。如果重新按傳統韻圖的次序來排列：

（1）按《韻鏡》次序：

　　［明］17. 麼◐　　　　　［明］31. 娑麼◎◐
　　［微］11. 嚩◐　　　　　［泥］5. 那◐
　　［心］39. 也娑●○　　　［喻四］13. 也◐
　　［來］6. 邏◐　　　　　　［日］27. 壤◐

（2）按《四聲等子》次序：（案：《康熙字典》次序與此同）

　　［泥］5. 那◐　　　　　　［明］17. 麼◐
　　［明］31. 娑麼◎◐　　　［微］11. 嚩◐
　　［心］39. 也娑●○　　　［喻四］13. 也◐
　　［來］6. 邏◐　　　　　　［日］27. 壤◐

無論是哪種次序，甚至是其他的次序，①都沒有辦法完全順次旋轉，因此可以說明華嚴字母韻表的"清濁"符號，雖然有旋轉的情況，却不能自成系統。

如果不是在華嚴字母韻表中旋轉得出，那麼有沒有可能從別的系

---

① 依敦煌 S. 0512《歸三十字母例》的諸家排序，也無法排出規律。關於〈歸三十字母例〉的不同排序，參看黃耀堃：〈試論〈歸三十字母例〉在韻學史的地位〉，《黃耀堃語言學論文集》（南京：鳳凰出版社，2004 年），頁 37—83。其實華嚴字母韻表中的◐號，竟占了 8 個字母中的 4 個，可見很難排出一個有系統的次序來。

統中旋轉而成後,從這個系統中抄錄而得？考慮到華嚴字母中缺少某些聲母(如疑母),節錄成華嚴字母韻表後,自然就會造成不能自旋的情況。這種猜想似乎很合理,然而看看華嚴字母韻表中的明母出現了兩次(17 和 31),兩次的符號都不一樣,如果從某個已定型的系統中抽出,不可能出現這種情況。而且再看類似的例子：

  17. 麼◐  31. 娑麼◎◐
  16. 娑◎  31. 娑麼◎◐  37. 娑頗◎○  38. 娑迦◎○  39. 也娑◐○
  6. 邏◐  28. 曷攞多●○○（引案：邏、攞同爲來母）

同屬一字,不但"清濁"的符號轉向不同,甚至清濁的歸類也不相同,華嚴字母韻表的符號,混亂的程度讓人感到十分費解。

回顧清濁符號在小學類書籍的利用情況,明代吳繼仕《音聲紀元》(萬曆三十九年[1611])卷五用到這些符號："譜中○者全清,☉者次清,◐者清濁半,●者全濁,〇者次濁。"①《音聲紀元》的成書年代與《字學元元》(1603)非常相近,後者的華嚴字母韻表却還沒有符號,《音聲紀元》的符號系統也與華嚴字母韻表不盡相同,然而起碼說最遲在萬曆年間已經使用類近的符號表示清濁。

這種符號的更早記錄,可以推到金代邢準《新修絫音引證群籍玉篇》(1188)以前,當中的《篇内號樣》提到：

  每段下篇    ○餘文
  ●龍龕      ◐川篇
  ●奚韻      ⊖類篇②

又有所謂"舊字號樣"、"新字號樣"：

---

① 吳繼仕：《音聲紀元》,《續修四庫全書》影印北京圖書館藏明萬曆刻本(上海：上海古籍出版社,1995 年),册 254,頁 737。
② 邢準：《新修絫音引證群籍玉篇》,《續修四庫全書》影印北京圖書館藏金刻本,册 229,頁 2。

舊字號樣
　○陰祐餘文
　●古龍龕
　◐會川玉篇
　●奚韻取有形注
　◒類篇
新字號樣
　◉廣集韻
　◌省韻
　⊙切韻
　◻廣韻①

"每段下篇"的"篇"指《玉篇》,當字書要補上《玉篇》以外各字書所收的字時,便以各種符號標示該字的來源。"舊字號樣"所載的是《增廣類玉篇海》的符號,而邢準再加上四種材料,因此共有九種符號。② 因此可以推斷,早在邢準以前,已有以符號標示版本的習慣。

在"篇海類"書籍當中,《成化丁亥重刊改併五音類聚四聲篇海》(1467)的符號略有改動:

五音改併增添明頭號樣
　每段下玉篇　　　　○餘文
　●奚韻　　　　　　◒類篇
　●龍龕　　　　　　◐川篇
　◉對韻音訓　　　　◉搜真玉鏡
　⊕併了部頭　　　　⊕俗字背篇③

―――――――――――
① 《新修絫音引證群籍玉篇》,《續修四庫全書》,册 229,頁 4。
② 大岩本幸次:《金代字書の研究》(仙臺:東北大学出版会,2007 年),頁 173。
③ 韓孝彥、韓道昭著,釋文儒、思遠、文通刪補:《成化丁亥重刊改併五音類聚四聲篇海》,《續修四庫全書》,册 229,頁 249。

這種符號只標明版本，和聲韻學完全沒有關係，驟眼看來沒有詳述的必要。然而這九個符號中的其中八個，尤其是比較特別的⊕形，卻出現在《貫珠集》中，因此這裏重新回到李新魁的論點，正好可以觀察《康熙字典》是否與《貫珠集》在符號上有關聯，甚而兼論華嚴字母韻表的來源。

《康熙字典》襲用《貫珠集》這一點毫無疑義，《康熙字典》中的許多口訣都與《貫珠集》相同。然而在清濁符號這一方面，似乎不能說是完全襲用。李新魁提到《貫珠集》中有符號的部分是"創纂啓蒙免疑金口訣"，查《貫珠集》卷八"創纂啓蒙免疑金口訣"完全沒有任何符號，真正有符號的是卷三"新編檢五音篇海捷法總目"和卷四"貼五音類聚四聲篇海捷法"。這兩部分都附有"捷法"：

西　方　世　界　阿　彌　陀　佛
◐　◑　○　●　◐　◑　⊕　◎
當　來　下　生　彌　勒　尊　佛

卷四還附上這八個符號的名稱："上、下、空、滿、左、右、十、環"。① 首先從篇名看，這個捷法是爲了方便查找"篇海類"的書籍，與"篇海類"有直接的關係，因此襲用了這套符號不足爲奇。然而《貫珠集》的這套符號並不用于標明版本，而是在于標出部首所在，"西方"、"當來"和符號三套輪流使用，實際功能相當，這一點不詳論；但由此也可見《貫珠集》的符號用途和《康熙字典》也完全不相符，不能說有承襲的關係。不過《貫珠集》卷三完結時的兩句歌訣，却讓人十分困惑："或是西方俱一體，若然彌勒亦皆同"。② "西方"指的就是◐◑兩個符號，"彌勒"相應的是◐◑兩個符號，剛好就是"清濁"符號相旋的四個符號。然而《貫珠集》用符號來識別部首所在的位置，怎麼可能說這些符號"一體"、"皆同"？這個問題現在還不能解決，不過却帶來啓示：《康熙字典》的符號用法固然與《貫珠集》不同，而由於早在《音聲紀元》已有用符號標示清濁的例子，

---

① 釋真空：《新編篇韻貫珠集》，《四庫全書存目叢書》影印北京大學圖書館藏明弘治十一年本（臺南：莊嚴文化事業有限公司，1997年），册213，頁516，519。
② 《新編篇韻貫珠集》，《四庫全書存目叢書》，册213，頁518。

《康熙字典》的符號用法或許另有所循。但考慮到"清濁"符號自旋的祇有《康熙字典》和華嚴字母韻表，兩者的"清濁"符號自旋，是否與《貫珠集》的概念有關？提及"西方"、"彌勒"，或許與佛教有密切的關係，畢竟三者都與釋氏有關，但濁符號是否與佛教有關的問題，非本文所能涵蓋，留待異日細考。

《内含四聲音韻圖》的末行出現了"唱"字，因而被指爲承襲自華嚴字母韻表，然而後者自身的符號不但不成體系，與《康熙字典》也不一致。至于《康熙字典》的符號，雖然與《貫珠集》不一致，但出現符號自旋的情況，或許與《貫珠集》的概念有關。小學書籍使用符號，似乎可以分爲兩類，一類是像《音聲紀元》般直接標示清濁，符號相對穩定；一類即如"篇海類"書籍般作各種用途，並出現了旋轉符號的情況。《康熙字典》與華嚴字母韻表的情況，或許即是兩者相互影響的產物也未可知。

最後補充一條材料，這就是康熙年間熊士伯的《等切元聲》。《等切元聲》卷八《釋氏字母》有華嚴字母韻表，同樣有清濁符號，但由於這是聲韻學的專論，不能肯定符號是否熊士伯所加，因此暫不據此認爲華嚴字母韻表本帶有符號。這個本子的華嚴字母韻表，在所有"清濁"類的符號處，不是符號闕刊了，就是作其他符號，這能否說明華嚴字母韻表的符號，本來就很不固定，以致出現淆亂不成體系的情況？有關明清小學書籍中所載符號，還有研究的空間，像華嚴字母韻表這種材料，也許還能在其他古書中找到。

(本文作者係香港中文大學中國語言及文學系助理教授)

# 晚清傳教士與漢語研究*
## ——以潮汕方言歷時語料爲例

### 徐宇航

**提要**：本文考察晚清(1840—1911)傳教士在粵東地區編寫的語言材料,介紹語料概況,藉語料序言與簡介内容,討論傳教士在潮汕方言語音、詞彙和語法上的研究成果,并對傳教士語料的研究現狀作學術梳理。

**關鍵詞**：潮汕方言　晚清　傳教士語料　歷時研究

## 一、引　　言

　　語言研究的角度有共時與歷時之别。共時研究主要考察現代語言現象,歷時研究則有賴于對歷史文獻和語料的分析。除了少數小説與戲劇作品,中國傳統文人對漢語的描寫和研究重心,集中在書面語。文人所編方言韻書目的在賦詩填詞上,故韻書只記音類,不記音值,鮮有當時當地口語情况的記録。這爲漢語歷時研究帶來諸多不便。20世紀

---

\* 本文爲本人主持衛奕信勳爵文物信托研究項目"香港閩南方言之生態研究"(HAB/C 27/9/11)與本人參與2012年度中國國家社會科學基金重大項目"海外珍藏漢語文獻與南方明清漢語研究"(12&ZD178)階段性成果。部分來華傳教士對漢語有深入研究,可稱爲漢學家,故本文"傳教士"包括單以傳教爲目的宗教人員,亦包括以傳教爲目的,且對漢語有深入造詣的漢學家。爲行文方便,下文所有"傳教士"皆包括兩者,不細分傳教士與漢學家。

30年代以來，隨著學術交流增加，越來越多傳教士所編寫的語言材料進入語言學家研究視野，漢語歷時研究有了新角度。來華傳教士皆屬知識界，有些對漢語有深入研究，常在《中國評論》(*China Review*)發表漢語研究相關文章，屬于造詣頗深的漢學家[1]。他們所編材料描寫的大多是當時的方言口語，記音詳細，語料豐富，比方言韻書更能反映口語；且多用字母(羅馬字和其他拼音字母)記音，較好體現實際發音，彌補了傳統韻書只記音類不標音值的缺陷，是研究漢語語音史、詞彙史和語法史的重要材料。[2]

較早留意傳教士所編語料的研究價值，要屬羅常培。羅先生于1930年、1935年先後發表《耶穌會士在音韻學上的貢獻》和《耶穌會士在音韻學上的貢獻(補)》二文，開啓學界對傳教士所編語料的關注，此後陸續有相關研究著作問世。從傳教士語料入手，描寫語料編寫年代漢語通語及諸方言情況，并從歷時角度分析語言的變化發展，逐漸成爲漢語歷時分析的熱點。本文以晚清(1840—1911)傳教士在粵東地區編寫的語料爲考察對象，主要討論傳教士于潮汕方言語音、詞彙和語法問題的研究成果，并藉現代學者對潮汕方言傳教士語料的研究現狀，對潮汕方言歷時研究作學術梳理。

## 二、潮汕方言傳教士語料的類型與特點

16世紀開始，西方傳教士進入中國。爲了布教方便，傳教士們學習漢語官話和各種方言，留下大量語言材料，包括《聖經》方言譯本、漢語方言語音學論著、詞典類著作、課本類著作和語法書等。[3]

---

[1] 根據游汝杰(2002：34)："來華傳教士皆屬知識界，并非一般的等閒之輩，以耶穌會士最爲典型。中學或大學畢業以後，要經過十五年的專門訓練才能成爲合格的耶穌會士，包括兩年神學(也稱爲初學)，三年科學和哲學研究；兩年或三年神學研究；最後一年神學(也稱爲最後考驗或卒試)。"
[2] 參考徐睿淵：《廈門方言一百多年來語音系統和詞彙系統的演變》(廈門：廈門大學博士論文，2008年)。
[3] 同上。

具體到潮汕方言，現存的傳教士語料主要來自晚清時期（1840—1911）。從 19 世紀中葉開始，受中國政治、經濟等環境的影響，傳教士陸續進入中國傳教，處于沿海地帶的潮汕地區因交通便利吸引了不少傳教士到來，留下衆多記錄方言的語料。據游汝杰《西洋傳教士漢語方言學著作書目考述》一書的總結，當時留下的傳教士語料逾一百種。由于文化環境變遷和時代因素，這些語料多已喪失，僅有零星存于世界各地圖書館，如哈佛燕京圖書館、牛津大學圖書館、香港大學圖書館、香港中文大學圖書館、北京國家圖書館、臺灣"中研院"傅斯年圖書館等。資料分布零散，收集困難。我們經努力，收集到這批語料中的十二本，具體包括①：

Dean, William. *First Lessons in the Tie-Chiw Dialect*. (Swatow: American Presbyterian Mission Press. 1841). (簡稱 Dean 1841)

Giles, Herbert Allen. *Handbook of the Swatow Dialect: with A Vocabulary*. ( published with the assistance of the Strait's Government. 1877). (簡稱 Giles 1877)

Fielde, Adele Marion. *First Lessons in the Swatow Dialect*. (Swatow: Swatow Printing Office Company. 1878). (簡稱 Fielde 1878)

Fielde, Adele Marion. *A Pronouncing and Defining Dictionary of the Swatow Dialect Arranged according to Syllables and Tones*. (Swatow: American Presbyterian Mission Press. 1883). (簡稱 Fielde 1883)

Goddard, Josiah. *A Chinese and English Vocabulary in the Tie-Chiu Dialect*. ( Swatow: American Presbyterian Mission Press. 1883). (簡稱 Goddard 1883)

Duffus, William. *English-Chinese Vocabulary of the Vernacular or Spoken Language of Swatow*. ( Swatow: English Presbyterian Mission Press. 1883). (簡稱 Duffus 1883)

---

① 語料按出版年代排列。不過，須指明，語料出版年代與編寫年代存在時間差異，出版年代晚的語料，不代表編寫年代晚。

Ashmore, William. *Primary Lessons in Swatow Grammar*. (Swatow: English Presbyterian Mission Press. 1884). (简稱 Ashmore 1884)

Lim, Hiong Seng. *A Handbook of the Swatow Vernacular*. (Sincapore-Printed at the Koh Yew Heanm Press. 1886). (簡稱 Lim 1886)

Gibson, John Campbell. *A Swatow Index of the Syllabic Dictionary of Chinese by S. Wells Williams, of Amoy by Carstairs Douglas*. (Swatow: English Presbyterian Mission Press. 1886). (簡稱 Gibson 1886)

Duffus, William and Gibson, John Campbell. *Sin-Ieh Ma-Thai Hok-Im Tsu Tshuan-Tsu ( Ek-So Tie-Chiu Peh-Ue )*. (Swatow: English Presbyterian Mission Press. 1889). (简稱 Matthew 1889)

The author is unfound. *Ku-Ieh Tshang-Si Ki Tshuan-Tsu ( Ek-Tso Tie-Chiu Peh-Ue )*. (Swatow: English Presbyterian Mission Press. 1896). (簡稱 Genesis 1896)

Steele. John. *The Swatow Syllabary with Mandarin Pronunciations*. (Swatow: English Presbyterian Mission Press. 1924). (簡稱 Steele 1924).

從出版情況來看，這個時期的語料主要出自北美浸信會（American Presbyterian Mission）和英國長老會（English Presbyterian Mission）。從類型上講，這個時期的語料主要有辭書、教科書和聖經譯本三種。Goddard 1883、Fielde 1883、Duffus 1883、Gibson 1886 和 Steele 1924 屬于辭書，Dean 1841、Giles 1877、Fielde 1878、Ashmore 1884 和 Lim 1886 屬于方言教科書，Matthew 1889 與 Genesis 1896 則屬於聖經譯本。從編寫方式上看，這些語料在體例、內容和特點上有較多相似之處。第一，這些語料皆采用羅馬字母標音，19 世紀 70 年代以前的語料多參考 Lepsius 系統[①]，70 年代後編寫出版的語料則多沿用"閩南白話

---

① Richard Lepsius(1810—1884)是 19 世紀的著名語言學家，在柏林任教授。在語（轉下頁）

字基礎上創制的拼音方案"①。相對于只有漢字標記、無音標詮釋的方言韻書,這種語料更能反映當時語音的具體情況。第二,這些語料采用"英文—羅馬字"對照體系,以英文解釋羅馬字音標,部分語料還附漢字說明。同一英文詞語在方言中有不同説法,或詞彙在方言中有不同讀音,語料也如實指出。第三,由于此類語料的創製是爲了學習當地方言,以適應傳教需要,編寫的傳教士本身也非以潮汕方言爲母語,因而語料中記錄的多是傳教士在當地聽到的日常用語,無"方言韻書出于文人編撰"②的危險。

## 三、傳教士與潮汕方言研究

如上文所言,來華傳教士多受過良好教育,有的還具語言學專業訓練背景,是頗具造詣的漢學家。長期的旅外生涯,也讓他們積累了豐富的語言習得經驗,因此多數傳教士掌握了較強的審音、記音能力。更難得的是,傳教士在編寫語料之前,會根據自身對語言學的了解,介紹和討論潮汕方言呈現狀態及語言特點,爲今天的歷時研究留下彌足珍貴的資料。傳教士對潮汕方言的討論篇章,一般附于正文之前,故對語料"自序"、"簡介"的研究,有助于了解傳教士的觀察與考量,從而對正文描寫材料有準確定位。

### (一) 傳教士語料概況的介紹

了解編寫語料傳教士的基本生平和在粵東地區的生活軌迹,可把

---

(接上頁)音學界創制國際音標之前,Lepsius 系統是權威的拼音系統,他曾出版專著 *Standard Alphabet for Reducing Language and Foreign Graphic System to a Uniform Orthography on European Letters*(1855),用他設計的系統標記許多尚無文字的非印歐語。這一套標準字母以 26 個拉丁字母爲基礎,加上附加符號構成,符號和語音的關係,主要參酌比較主要的幾種歐洲語言,最後確定。

① 參考莊初昇、陳曉丹:《19 世紀以來潮汕方言的羅馬字拼音方案》,載《南方語言學》(第一輯)(廣州:暨南大學出版社,2009 年),頁 63。
② 由于方言韻書是文人爲作詩習字而用,韻書的編寫者也多爲當地的文人墨客。當代學者(如梅祖麟、李如龍)研究表明,在現有的方言韻書中,不排除部分難字、僻字的字音是文人編書時按照語音、字形情況"推讀"出來的。

握語料編寫角度、重點,以下我們主要考察語料作者基本情況、正文體例及"自序"、"簡介",對晚清潮汕方言傳教士語料概況進行介紹。

*First Lessons in the Tie-Chiw Dialect*(譯作《潮州方言第一課》,下稱 Dean 1841)作者是北美浸信會傳教士 William Dean(1807—1895)。該書 1841 年在泰國曼谷出版。全書正文共 48 頁,側重方言詞彙和短句的描寫。封面有中文"潮州話"①字樣,扉頁附有 William Dean 所作英文序言。序言非常具體,共分六段。第一段介紹 Dean 1841 對記錄潮州話的首創性;第二段主要介紹"潮州"的地理位置,并指出潮州話與同屬一省的廣東話差別很大,反而與鄰省福建方言有相似之處;第三段說明生活在泰國曼谷的華人很多,其中更以講潮州話居多的事實;第四段介紹該書以羅馬字母記錄潮州話語音,主要記錄潮州話口語詞彙,更指出該書只是初步記錄潮州話,不記聲調的特徵;第五段闡述 Dean 1841 的體例:詞條按英文、漢字和潮州口語羅馬字注音排列,部分詞語依字母次序排列,有些詞彙後還附帶例句,以明確詞彙的使用場景;第六段指出該書的編寫對象爲潮州方言的初學者。19 世紀來華傳教士編寫中國各個方言地區的語料甚衆,Dean 1841 則開了傳教士編寫潮汕方言語料的先河,因此有學者稱該書爲"第一部使用羅馬字注音的潮汕方言文獻"②。

*Handbook of the Swatow Dialect: with A Vocabulary* 是前英國駐華外交官、著名漢學家、劍橋大學第二任漢學教授 Herbert Allen Giles(1845—1935)③所編,Giles 精通中國語言及文化,編寫過語言教程、工具書,也翻譯過中文作品,并發表過中國語言及文學的雜論,漢語水平甚佳。同時,Giles 是"威妥瑪-翟理思漢語羅馬字拼音系統"(Wade-Giles system)④的修訂完成者。不過,出版于 1877 年的這本語

---

① 傳教士一般將潮汕方言稱爲潮州話。我們遵照語料叙述,在此文中引用語料説法時一律直接引用傳教士所言之"潮州話"、"潮州方言"。在此注釋説明。
② 莊初昇、陳曉丹:《19 世紀以來潮汕方言的羅馬字拼音方案》,載《南方語言學》(第一輯)(廣州:暨南大學出版社,2009 年),頁 59。
③ 對翟理斯的介紹參考莊初昇、陳曉丹:《19 世紀以來潮汕方言的羅馬字拼音方案》,載《南方語言學》(第一輯)(廣州:暨南大學出版社,2009 年),頁 62。
④ 威妥瑪-翟理思漢語羅馬字拼音系統廣泛地運用在音譯中文之中。在漢語拼音方案尚未誕生之時,該拼音系統爲中文主要的音譯系統。參考 Krieger, Larry S &. Neill,(轉下頁)

料并没有用威妥瑪-翟理思漢語羅馬字拼音系統進行標注。估計因該書出版之時,威妥瑪-翟理思漢語羅馬字拼音系統并未修訂完善,而没有采用。Giles 1877 全書正文 57 頁,該書與 Dean 1841 一樣,只記聲韻母,不記聲調,該書以記録方言短句爲主,全書只有英文和羅馬字對應翻譯,無漢字説明。

*First Lessons in the Swatow Dialect* 爲 Adele Marion Fielde(1839—1916,中文名菲爾德,又稱斐女士)于 1878 年完成出版。斐女士是北美浸信會派遣到粤東地區傳教的女傳教士,她在 1873 年抵達潮汕地區,并在汕頭礐石地區開辦"女子聖經培訓學校",創粤東女學之先河。由于居住粤東多年,執教辦學,體察百姓疾苦,菲女士與當地居民結下深刻友誼,且對粤東地區的風俗、文化、民生瞭解頗深。她于 1894 年出版 *A Corner of Cathay* 一書,叙述了自己在粤東的所見所聞,詳盡記録了粤東風土人情,并對某些社會問題進行探討。該書對我們了解 19 世紀粤東風土民情,具有極大價值。菲女士編寫的 Fielde 1878 正文部分有 200 頁,正文前有此書音系介紹,正文之後還附詞彙索引。此書對方言的口語讀音聲母、韻母和聲調都作了詳細記録,并側重口語句子的教習。在每一頁中,作者將頁面分爲上下兩部分,第一部分爲詞彙,以漢字、羅馬字注音和英文釋義的次序編排;第二部分爲句子,以英文和羅馬字對譯的方式編排,無漢字説明。

*First Lessons in the Swatow Dialect* 和 *A Pronouncing and Defining Dictionary of the Swatow Dialect Arranged according to Syllables and Tones* 二書一脈相承,都是 Adele Marion Fielde 所編寫。與 Fielde 1878 讀音、句子并重的描寫不同,Fielde 1883 側重的則是漢字讀音和意義解釋。Fielde 1883 全書 631 頁,收録 5 442 個漢字,以羅馬字讀音爲編排順序,用羅馬字母標注方言字音及其所成詞句,并以英文釋義,是一本真正意義上的解釋方言字義的英漢字典。該書還有一個重要特色:它在收録標準漢字的同時也收録方言漢字,還收録了大量

---

(接上頁)Kenneth & Reynolds, Edward. *World History: Perspectives on the Past*. (Illinois: D. C. Heath and Company. 1997), 82.

潮汕方言特有的雙聲叠韻詞，對了解當地生動活潑的語言文化有較大的意義和價值。

我們找到的 *A Chinese and English Vocabulary in the Tie-Chiu Dialect* 是北美浸信會傳教士 Josiah Goddard（1813—1854，中文譯名高德）1883 年再版的語料，出版地爲上海北美浸信會出版社，第一版爲 1847 年版本。全書正文 174 頁，正文前附 6 頁"自序"，正文後附 1 頁"部首表"。全書正文按羅馬拼音順序排字，只記聲母、韻母，不記聲調。每頁分兩欄排版，同聲、韻母條件下列出漢字，在漢字右邊用英文對該字字義進行解釋，同義字以符號"}"標明。全書體例類似不考慮聲調因素的同音字表。"自序"詳細介紹潮州話部分聲母、韻母音值，并分析聲調及變調現象，最後指出潮汕方言存在文白異讀，且説明該書記音以"白讀音"爲主。

*English-Chinese Vocabulary of the Vernacular or Spoken Language of Swatow* 是英國長老會傳教士 William Duffus（？—1894）1883 年出版的作品。全書正文 302 頁，正文前面附前言、注音解釋和勘誤表。前言還指出，該書基于三十多年前 Lechler（中文名黎力基）的手稿修改完成。這一説明使得該書的音系年限提前。此書正文按英文 26 個字母次序排列詞彙，以羅馬字注釋英文單詞的潮汕方言白話音，是一本方便以英文詞義檢索方言讀音的著作。此書記録方言的聲韻調，無漢字解説。

*Primary Lessons in Swatow Grammar* 爲北美浸信會的傳教士 William Ashmore（1824—1909）于 1884 年編寫出版。值得注意的是，William Ashmore 雖爲浸信會傳教士，但他的這本著作却在英國長老會出版，可見當時的傳教士在語料編寫上有所聯繫、相互借鑒。該書文如其名，主要是教習方言句法的著作。全書正文 155 頁，正文前附讀音解釋、勘誤表，并且用較大篇幅討論了方言的"實字、虛字"以及造句規則等問題。此書以詞性和句子類型爲坐標，分章節記録。該書介紹中提及其收録的句子以日常口語爲主，實爲探討一百多年前潮汕方言語法不可多得的材料。

與其他語料的編寫者不同，*A Handbook of the Swatow*

Vernacular 是由以華人 Lim Hiong Seng(生卒年不詳,中文名音譯爲林雄成)于 1886 年在新加坡古友軒(Koh Yew Hean Press)出版。由書的扉頁介紹可知,Lim Hiong Seng 爲海峽殖民地法院的翻譯。他在該書的正文前附有中英文前言,英文前言指出作者本身通曉潮州話,且該書主要記錄潮州話口語,中文前言更是指出"此書乃彙集英潮土語,專爲英人學習潮語,潮人學習英語"。該書正文分兩個部分,第一部分以詞彙和句式的主題劃分,記錄方言口語詞彙和句子,共 169 頁;第二部分爲詞彙表,以英文、羅馬字注音和漢字三者對譯的形式編寫,并以英文單詞字母次序排列,共 107 頁。正文前也附有注音解釋、勘誤表和目錄。作爲母語使用者,Lim Hiong Seng 編寫語料更有優勢,他的判別能力可以減少許多因誤記、發音人誤讀等情況帶來的錯誤。

*A Swatow Index of the Syllabic Dictionary of Chinese by S. Wells Williams, of Amoy by Carstairs Douglas* 是英國漢學家 John Campbell Gibson(1849—1919)的作品。John Campbell Gibson 本人漢學基礎頗深,在中國南部地區傳教多年,作品除方言字典外,還有 *Mission Problems and Mission Methods in South China*(1902 年,中文譯名《華南地區的傳教問題與方法》)等介紹傳教工作的書籍。從書名可見,Gibson 1886 是一本索引式字典。該書旨在服務 Dr. Williams 和 Dr. Douglas 的 *Syllabic Dictionary of Chinese/Amoy*. 按照作者的説法,Gibson 1886 作用是引導有志于學習潮汕方言的學生習得基本方言字音,爲進入 Dr. Williams 和 Dr. Douglas 的字典作準備[①]。Gibson 1886 正文 171 頁,正文前有長達 18 頁的引言討論潮汕方言讀音特徵、異讀情況及字音層次等問題。引言之後還附漢字部首列表、部首俗名表和勘誤表共 8 頁。作爲索引式字典,Gibson 1886 采用部首排列法編寫,將漢字按 214 個部首排列,每個字右邊以羅馬字注方言音標,字的上方以數字標明在 *Syllabic Dictionary of Chinese* 中的頁碼。該書選字没有英文注釋,全書正文以漢字和羅馬字爲主,外加標注頁碼的阿拉

---

① Dr. Douglas 著有字典 *Dictionary of Amoy Vernacular*. 參考 Gibson, John Campbell. *A Swatow Index of the Syllabic Dictionary of Chinese*. (Swatow: English Presbyterian Mission Press, 1886), Introduction 5.

伯數字。同時，由于在選字上參考了《康熙字典》[①]，并聽取當地文人的意見，該書記錄了不少方言"正音"，爲我們考察 19 世紀方言的異讀現象帶來了便利。不過，該書夾雜方言字與異體字，有時同一義項，用不同漢字表示，加之沒有英文説明等其他輔助解釋手段，也給我們的整理帶來了困難。

*The Swatow Syllabary with Mandarin Pronunciations* 是 20 世紀初的作品，由英國長老會傳教士 John Steele(1849—1919)于 1909 年完成，并于 1924 年由汕頭英國長老會出版社出版。書的扉頁上除了英文書名、作者、出版社、出版年份和版本介紹外，還有中文書名《潮正兩音字集》以及"粵省潮音類列，北方正韻編行"的説明。正文前有 1909 年由作者 John Steele 寫的英文版編寫介紹和注音説明，介紹説明之後還附出版補正該書的匿名社員寫的中文序言。英文序言討論聲韻調標識方法并指明該書依"澄海音系"而作，同時説明該書的漢字注釋多參考 Gibson 1886，中文序言稱頌汲約翰牧師闢潮正字音對譯之功，稱該書"實爲潮音之準繩"，同時又對該書的編寫方式等做詳細介紹："先將同音之字。盡爲搜集。各歸類列。循序挨次。貫串成編。亦用羅馬字。于每行之首。注明潮州本音。中央注準定正音。右邊又注潮州別音。"從序言的介紹可知，該書爲當時的北方官話和潮汕方言讀音的對譯字典。考察全書內容可知，該書以羅馬字閩語音字母爲序，排列類似于現代方言學者所作"同音字表"。所不同的是，字表還附當時的北方官話讀音和潮汕地區該字的"正音"、"別音"。全書正文 293 頁，正文後附 3 頁"字符順序排列筆畫表"和長達 85 頁的漢字檢索。此書與 Gibson 1886 相似，都屬于不以英文爲編寫參照系的著作，且記錄了不少方便考察異讀層次的方言"正音"。同時，該書在用字上頗具特色，書中使用通行繁體漢字的同時加入了一些方言俗字，有些俗字今天的潮汕地區仍在用。這一點與 Gibson 1886 相同，我們在整理過程中須多加分析和甄別。

---

[①] 參考 Gibson, John Campbell. *A Swatow Index of the Syllabic Dictionary of Chinese*. (Swatow: English Presbyterian Mission Press, 1886)，Introduction 5.

与上述专门记录方言情况的语料不同，*Sin-Ieh Ma-Thai Hok-Im Tsṳ Tshuan-Tsṳ*（*Ek-Tso Tie-Chiu Peh-Ue*）（《新约·马太福音书全书（译做潮州白话）》）与 *Ku-Ieh Tshang-Si Ki Tshuan-Tsṳ*（*Ek-Tso Tie-Chiu Peh-Ue*）（《旧约·创世记全书（译做潮州白话）》）不以记录方言材料为目的，而是将《圣经》资料翻译为潮汕地区白话，以方便传教。其中，Matthew 1889 的作者为上述资料曾提及的 William Duffus 和 John Campbell Gibson，并于 1889 年由英国长老会出版。全书正文 90 页，直接用罗马字将《新约·马太福音》内容翻译为潮汕土白，没有英文注释。该书正文之前附有用罗马字标注书名、出版地点、印刷人姓名以及出版日期的封面。Genesis 1896 则因书页脱落遗失了作者资料。在我们找到的版本中，没能见到该书的作者姓名及其他情况。Genesis 1896 全书正文 138 页，与 Matthew 1889 相同，Genesis 1896 正文之前也附有以罗马字标注书名、出版地点、印刷人姓名及出版日期的封面。且该书也以罗马字直译《旧约·创世记》内容，全书无任何英文或汉字注释。《圣经》译作当时当地白话，不仅记录字音、词音，且记录语句，本可作为考察 19 世纪潮汕方言语法现象的重要参考资料。但据相关学者（陈泽平，2010 年）研究，传教士翻译《圣经》资料与客观记录方言字词不同，他们考虑如何"准确传达上帝福音"多于考虑语句的地道和通顺，因此这些资料有"硬译"的嫌疑[①]。基于此，以《圣经》译作考察字词读音尚可，若运用这些资料进行语法现象研究，则须谨慎甄别，以免受"硬译"左右，影响研究准确性。

## （二）传教士集中讨论的语言学问题

编写汉语语料的传教士虽非全是语言学家，但多受过严格学术训练，且彼此间经常交流、探讨记音心得，力求做到审音严格，记录精确。

---

[①] 陈泽平指出："传教士译《圣经》的时候，考虑最多的是'信'，即如何忠实地传达'上帝的福音'。不仅要直译英文版的《圣经》，还讲究译语是否与希伯来文、拉丁文版本切合，至于译语本身是否自然流畅则往往被忽视。更糟糕的是，一些传教士出于西方人的优越感，有意无意地漠视汉语内在的规范要求，放任'硬译'。"引自陈泽平：《19 世纪以来的福州方言——传教士福州土白文献之语言学研究》（福州：福建人民出版社，2010 年），页 23。

除《聖經》譯本没有方言情況介紹外,其他語料皆有作者對當時當地方言的觀察與考究。傳教士藉語料"自序"、"簡介"等篇章介紹潮汕方言音值、調值以及語料的編寫體例、注音方式、方言特點和應用,爲我們展現了晚清潮汕方言的整體概貌。同時,考察這些篇章發現,19世紀傳教士留意到許多目前仍是研究熱點的潮汕方言問題,這些問題囊括了語音、詞彙和語法領域,包括方言内部差異、境外方言使用情況、異讀現象、詞彙分類等,爲現代學者研究潮汕方言提供了很好的參考。本節通過選譯與評釋語料的自序與簡介内容,考察19世紀傳教士對潮汕方言的討論,重點分析傳教士所討論的異讀和詞彙分類現象。

**1. 方言的内、外部差異**

(1) 潮汕方言與廣府方言

早于19世紀潮汕地區就屬廣東管轄,政治、經濟、文化上頗受珠江三角洲省會地帶影響。但在語言使用上,潮汕地區與珠江三角洲地區却表現不同。不同于珠三角講粵語,粵東潮汕地區所使用的方言屬于閩南方言,與鄰省的福建閩南方言同屬一類。初涉潮汕方言的傳教士也留意到這點。Dean 1841在自序中説到,儘管潮州隸屬廣東省,但它的語言與其省内西邊的粵語不同,反而與鄰省的福建話有共通之處①。

現代語言學研究表明,潮汕方言在歸屬上屬于閩南方言。但在方言内部,也仍保留許多與廣府方言相同的古少數民族語言因素,這些殘留成分作爲語言的底層,與晚近的層次共存,顯示著潮汕方言與同省的廣府方言的歷史淵源。傳教士對潮汕方言的歸屬問題進行討論,足見他們對廣府方言、福建閩語之了解。對多種方言的了解,有助于方言間的比較,亦有助于審音的準確。

(2) 潮汕方言内部差異

粵東絶大多數區域使用閩南方言,少數地區講客家話或少數民族語言。但潮汕方言内部也存在差異。這點在19世紀傳教士語料中亦有所記錄。

---

① 參考 Dean, William. *First Lessons in the Tie-Chiw Dialect*. (Swatow: American Presbyterian Mission Press. 1841), Preface.

Fielde 1878 在前言中曾説明，同一個詞在潮汕地區不同的地方有不同的讀音，該書主要記録潮州府城區的讀音形式①。與 Fielde 1878 同一作者的另外一本 1883 年語料則指出，潮汕地區每個村落都有自己的特殊用語和詞彙，這些特殊形式，往往不爲村落外的其他人所知②。Duffus 1883 在説明收詞原則時，也談及方言内部差異。材料自序指出，潮汕地區具有多種不同的方言，該書選取潮州府城方言作爲描寫對象③。Lim 1886 在其自序中也提到，潮汕地區的方言有多種，雖然該書選擇的是潮州府城方言，但在新加坡和汕頭港，澄海口音更爲常見④。Gibson 1886 在其正文之前的簡介中也指出了類似問題。作者表示材料的編寫是借助來自潮州府的陳治安秀才之力。并點明在潮州方言内部有多種不同的腔調，其中以中心城市潮州府的腔調爲標準⑤。看來，當時的傳教士對潮汕内部方言的差異已有明確的認識。同時，由于當時的汕頭港還處于開發的初步狀態，多數傳教士還是選取潮州府城區（今天的潮州市區）方言作爲描寫對象。

　　當然，也有不以潮州府城方言爲描寫對象，選擇討論其他方言點的語料。如 Steele 1924 便是以潮州府城西南邊的澄海方言爲描寫對象的語料。該語料的前言，同樣指出了潮汕方言具有内部差別，并歸結出潮陽方言與其他方言差異最大的結論，指出在府城以及澄海地區讀爲 ie、ieⁿ、oiⁿ 的音節，在潮陽地區通常發爲 io、iang、aiⁿ 音節，同時潮陽地區通常將其他地區讀 u 韻母的音節讀爲 i 韻母的音節⑥。

---

① 參考 Fielde, Adele Marion. *First Lessons in the Swatow Dialect*. (Swatow: Swatow Printing Office Company. 1878), 4.
② 參考 Fielde. Adele Marion. *A Pronouncing and Defining Dictionary of the Swatow Dialect Arranged according to Syllables and Tones*. (Swatow: American Presbyterian Mission Press. 1883), Introduction iii.
③ 參考 Duffus William. *English-Chinese Vocabulary of the Vernacular or Spoken Language of Swatow*. (Swatow: English Presbyterian Mission Press. 1883), Preface.
④ 參考 Lim, Hiong Seng. *A Handbook of the Swatow Vernacular*. (Sincapore: Koh Yew Hean Press. 1886), Preface. IV.
⑤ 參考 Gibson, John Campbell. *A Swatow Index of the Syllabic Dictionary of Chinese*. (Swatow: English Presbyterian Mission Press. 1886), Introduction 6.
⑥ 參考 Sleele. John. *The Swatow Syllabary with Mandarin Pronunciations*. (Swatow: English Presbyterian Mission Press. 1924), Introduction iii-iv.

對潮汕方言內部差異描寫得較爲具體的,應屬 Ashmore 1884。該語料簡介中指出,潮州方言內部具有多種不同的語音分布,其中來自府城和澄海的方音最受推崇。但在方言的實際運用中,橫跨汕頭港的潮陽地區在語音分布上與府城和澄海區有很大分歧。這種分歧涵蓋許多詞彙。語料還將這種具有差異的詞彙分類列出,告知讀者其中的差異,這些差異主要有:

e 與 au 的區別:廟 bie-biau,轎 kie-kiau,招 chie-chiau,牆 chhie$^n$-chhiau$^n$,鄉 hie$^n$-hiau$^n$;

u̱ 與 oo 的區別:薯 chu̱-choo,魚 hu̱-hoo,去 khu̱-khoo/kha,許 hu̱-hoo,事 su̱-soo;

oi$^n$ 與 ai$^n$ 的區別:還 hoi$^n$-hai$^n$,閑 oi$^n$-ai$^n$,街 koi$^n$-hai$^n$,先 soi$^n$-sai$^n$;

ou/au 與 ow 的區別:□(追趕) jiau-jiow,渺 miau$^n$-miow,貓 ngiau-ngiow,孥 nou$^n$-now$^n$;

o 與 io 的區別:辱 jok-jiok,中 tong-tiong,俗 sok-siok;

u̱ 與 i 的區別:斤 ku̱n-kin,銀 ngu̱n-ngin,恨 hu̱n-hin;

a 與 e, io 與 we 的區別:榮 iong-weng,光 kuang-kweng,傾 khuang-khweng;

u 與 wa 的區別:吩咐 hun hu - hwan hu①。

上述 Ashmore 1884 所列舉的例子,轉寫成國際音標,e 與 au 的區別實爲[ie]、[iau]的區別;u̱ 與 oo 的區別,實爲[ɤ/ɯ]、[u]的區別;oi$^n$ 與 ai$^n$ 的區別,實爲[õĩ]、[ãĩ]的區別;ou/au 與 ow 的區別,實爲[ou]、[au]的區別,o 與 io 的區別,實爲[o]、[io]的區別;u̱ 與 i 的區別,實爲[ɤ/ɯ]、[i]的區別;a 與 e, io 與 we 的區別,實爲[a]、[e]和[io]、[ue]的區別;u 與 wa 的區別,實爲[u]、[ua]的區別。這些區別實際上既包含潮汕方言的區域性差異,也包含方言層次差異。某些差異在今天的方言現狀中仍可找到相似點,某些則反映了語音在百餘年來的演變。對比今天的潮汕方言現狀②,Ashmore 1884 所述 u̱ 與 oo,oi$^n$ 與 ai$^n$,u̱ 與 i 的

---

① 以上論述與材料參考 Ashmore, William. *Primary Lessons in Swatow Grammar.* (Swatow: English Presbyterian Mission Press. 1884). Introduction. VI-VII.

② 現代潮汕方言主要參考林倫倫、陳小楓:《廣東閩方言語音研究》(汕頭:汕頭大(轉下頁)

差異,屬于潮州府城、澄海地區與潮陽地區的差異。這些區别特徵,在今天的方言中仍保存。e 與 au,ou/au 與 ow 的差異,則不僅是潮州府、澄海地區與潮陽地區的區别,今天的汕頭市區,讀音也與潮陽地區一樣,保持與潮州、澄海的區别。與上述兩類不同,語料所列出的 o 與 io、a 與 e,io 與 we 的差異,則并非地域差異。這種讀音區别涉及音變和層次叠加,并在 19 世紀和今天的方言中表現不一致。其中,o 與 io、io 與 we 的差異在今天的方言中并不存在。o 與 io 差異中,io 類讀音不見于現代方言。Ashmore 1884 所列 o 與 io 異讀字"中、俗、辱"皆爲通攝字,兩者之異,屬層次差異。io 與 we 差異中,語料舉出的例字"榮",we 類讀音則屬晚于中古的層次,io、we 之異,也屬層次差異。而 a 與 e 的區别,涉及的是 ua>ue 的音變,屬歷時演變範疇。

**2. 潮汕方言境外使用情況**

潮汕地區自古就有"移民"習慣。離開本土的潮汕先民落脚在北美、東南亞、港澳臺等地。其中,氣候適合農業種植且離本土距離相對較近的東南亞成爲潮汕移民重地。"大約在泰國的大城王朝(1350—1767)時代,已經有潮州人到了泰國。"①根據黄挺(1997:70)研究,約從康熙二十三年(1684)開始,其後五六十年間由于社會相對穩定,潮汕地區人口增長加速,"到乾隆中葉,本區的糧食生産已經不敷自給。"②爲解决糧食短缺問題,政府許可潮汕商人打造貨船,從暹羅(今泰國)進口稻米。由糧食交易開始,潮籍商人與東南亞地區的貿易活動不斷增加。從而也引發了大量潮汕人移居暹羅等地,"形成 18 世紀七八十年代潮州人向東南亞的第一次移民高潮。"③這一次移民高潮使得潮汕方言在東南亞頗具影響力。到 19 世紀,聚居在泰國、新加坡、馬來西亞等東南亞地區的潮汕人已爲數不少,潮汕方言也就成了當地具有影響力的華語之一。19 世紀潮汕方言在東南亞地區的使用情況,傳教士語料給予

---

(接上頁)學出版社,1996 年),頁 84—86。
① 林倫倫:《潮汕方言和泰語的雙向借詞及其演變發展》,載《民族語文》2(北京:商務印書館,2006 年),頁 24。
② 黄挺:《潮汕文化源流》(廣州:廣東高等教育出版社,1997 年),第 70 頁。
③ 同上。

詳細的記錄。

　　Dean 1841 是迄今發現的 19 世紀最早記錄潮汕方言語料。該語料正是在泰國曼谷編寫而成。該書正文之前的自序對潮汕方言于泰國曼谷的使用情況做了詳細描寫。它指出,當時居住在泰國的中國人有 25 萬~40 萬,其中三分之二的中國人説潮州話。説潮州話的人彼此具有鄉土認同感,常常用異于當地用法的詞彙來顯示其語言的地道。同時,Dean 1841 進一步指出,泰國潮州話從當地語言吸收詞彙的同時,也將潮州話的詞彙帶進當地語言。這些被帶進泰國語言的詞彙包括數詞、蔬菜與家具等的名稱詞以及少量動詞和量詞。這些由漢語方言借入的詞彙在使用中極少被改造[1]。看來,19 世紀潮州方言在泰國已具相當的影響力。從傳教士樸素的介紹中可見,潮州方言進入泰國之後,與當地的語言發生了程度較深的雙向融合。漢語方言把自身的詞彙帶入泰國語言的同時,自己也接受了泰國語言的詞彙,譬如直至今日潮州方言中仍在使用的□sa □te(沙茶)、kak□ pik□(皮箱)等詞,與泰國及其周邊語言密切相關,而傳教士所説的泰語中的數詞、動詞和量詞得以從漢語方言中引入,則是漢語方言對泰國語言影響深刻的直接證據。

　　19 世紀的潮汕方言除了與泰國語言發生接觸外,與同屬東南亞地區的新加坡也存在聯繫。Giles 1877 在自序中説到,使用潮州方言除了本土人士,包括衆多在新加坡勞力市場尋求生存的華人[2]。從 Giles 1877 的説明可知,移民將潮汕方言帶到新加坡。這讓潮汕方言使用範圍進一步擴大,并在東南亞地區發展。而 Lim 1886 就是出版于新加坡的語料。據語料封面及自序介紹,該書作者林雄成(Lim Hiong Seng),任職海峽殖民地警察法院口譯員(interpreter in the police courts of the straits settlements)[3],由于作者本身的母語就是潮汕方言,本書定位于

---

[1] Dean, William. *First Lessons in the Tie-Chiw Dialect*. (Swatow: American Presbyterian Mission Press. 1841),Preface.
[2] 參考 Giles, Herbert Allen. *Handbook of the Swatow Dialect: with A Vocabulary*. (Published with the assistance of the Strait's Government. 1877). First Paragraph in "To the Reader".
[3] 參考 Lim, Hiong Seng. *A Handbook of the Swatow Vernacular*. Sincapore-Printed at the Koh Yew Hean Press. 1886),Front Cover & Preface.

描寫潮汕方言口語。該書雖無直接説明潮汕方言在新加坡的使用情况，但從作者的身份我們可知，當時的新加坡華人中確有潮籍人士存在。而這些生活于新加坡的潮籍人士仍以潮汕方言爲母語，則可看出潮汕方言在當地的活躍程度。

### 3. 潮汕方言習得方法

傳教士編寫方言語料，主要是方便後來的傳教士習得當地方言，以達到傳教目的。因此，這些語料很注重對習得方言方法的討論。Ashmore 1884 在介紹方言音系之後，曾對習得潮汕方言提出了兩個方法。第一個方法是針對學習有介音音節而言的，語料讓學習者用"拉長介音"的方法，將介音的長度拉長到原來的兩倍，以避免介音的消失。第二個方法是作者基于西方語言的習得方式提出。他認爲，西方語言有一種學習方法，是將音節數目、重音位置都相同的詞彙放在一起朗讀，以訓練拼讀能力。基于此，語料列舉數個詞内聲調相同的雙音詞，如"貧窮"、"災殃"等，讓讀者朗讀這些詞彙，以幫助熟悉潮州方言①。"拉長介音"的方法的確可以幫助不習慣潮汕方言韻母特點的西方人避免介音的丟失，但"朗讀同聲調詞"以訓練拼讀能力的西方語言習得方法，對潮汕方言來説，用處不大。更何况聲調相同的雙音節詞本身就不多，因而語料所列舉的例子中也有不少聲調不同的雙音節詞，如"猜疑"、"愛惜"等，因此以西方語言的習得方式教習潮汕方言這樣一種東方語言，須在方法上加以改進，才能取得好效果。

### 4. 潮汕方言有音無字現象

潮汕方言層次複雜，方音與文字在歷時演變中發生分離，造成許多方言用法，人們只知其音，不知其字。這種在當今方言中依舊存在的"有音無字"現象，19 世紀的傳教士語料也有所提及。Lim 1886 在其序言中指出："潮州土音多有無字可寫者"。Duffus 1883 更是在自序中闡述了收錄這種"有音無字"現象的重要性。Gibson 1886 在分析潮汕方言三個不同歷史層次造成的讀音差異時，也特別指出在潮汕方言口語

---

① 參考 Ashmore, William. *Primary Lessons in Swatow Grammar*. (Swatow: English Presbyterian Mission Press, 1884), Introduction V. & VIII-IX.

系統中,存在"有音無字"現象①。Fielde 1883更是用一個單獨小節介紹這種"有音無字"現象。它指出,潮汕方言口語無法書寫,與中國其他可以書寫的方言不同,提醒習得者要避免依賴漢字注釋,以領會羅馬字注音的詞句的準確讀法②。看來,這種在民衆看來沒有文字可寫,却在交流中必不可少的"有音無字"讀音,早在19世紀就爲傳教士所察覺。

現代研究成果表明,"有音無字"現象,未必是真正的"有音無字",很可能是語音與文字在長期分離使用後,因彼此關係不明確所造成。因此通過音義對應等考本字的方法可以將語音與文字的關係尋回。傳教士作爲初涉漢語的外國人,自然無法深入考證語音與文字的關係。不過,傳教士對這種"有音無字"現象給予充分重視,并想盡辦法説明和描寫這種現象。我們所找到的19世紀語料都對"有音無字"現象進行了描寫和解釋。在附有漢字解説的語料中,傳教士選擇意義相近的字詞進行描寫、説明。在没有漢字説明的語料中,傳教士選擇在羅馬字注音之後用英文釋義。

### 5. 潮汕方言的異讀現象

一字多音現象在潮汕方言中廣泛存在。不同讀音出現在不同的場合時,一個字常常有兩讀,甚至三讀。這種情况我們稱爲異讀,異讀現象包括學界廣爲討論的文白異讀,也包括訓讀、別義異讀等。查閲語料我們發現,異讀現象在19世紀傳教士語料中有所討論。其中較爲簡單的別義異讀現象在多數語料的正文中都有體現:按照意義的不同,同一個音節,記録不同的讀音。而Gibson 1886在記録之餘還于前言中將別義異讀的一字多音現象提出來,并舉"樂"、"説"、"陰"三字的讀音做例。③這些説明傳教士在考察潮汕方言時,已留意到方言語音與漢字的非綫性對應關係。而較別義異讀現象更爲複雜的文白異讀現象,在諸

---

① 參考 Gibson, John Campbell. *A Swatow Index of the Syllabic Dictionary of Chinese*. (Swatow: English Presbyterian Mission Press. 1886). Introduction 7.
② 參考 Fielde. Adele Marion. *A Pronouncing and Defining Dictionary of the Swatow Dialect Arranged according to Syllables and Tones*. (Swatow: American Presbyterian Mission Press. 1883), Introduction iii. "The Chinese Characters".
③ 參考 Gibson, John Campbell. *A Swatow Index of the Syllabic Dictionary of Chinese*. (Swatow: English Presbyterian Mission Press. 1886), Introduction 17. "Various Sounds".

多語料中也有所提及。更有語料提及文白異讀之餘,還討論方言的層次問題。以下我們將各本語料對文白異讀現象的分析做綜合討論,展現 19 世紀潮汕方言的層次脈絡。

(1) 潮汕方言的三個層次及其使用範圍

Lim 1886 在自序中指出,潮州方言中"口語"(colloquial)與"書面語"(bookish words)在使用上存在差別。該文提出,以往諸多語料僅記書面語,不記口語,這讓初學者學了很多詞彙,仍然聽不懂日常交流的潮州話[①]。從 Lim 1886 的論述中可見,當時的語料已留意到潮汕方言在不同語境裏的字音異讀現象。從這個角度上講,當時的語料已有類似區分"文白異讀"的樸素語言學概念。

對"文白異讀"等異讀問題探討較爲詳細的,還應屬 Gibson 1886。Gibson 1886 在簡介中用了 4 頁專門討論了潮州方言的"字音風格"。文中指出,除了口語音,潮州方言的書面語一般有兩種讀音方式。第一種讀音主要用于古籍閱讀和某些專有名詞的讀法上,其他場合一般不用,這種讀音稱爲"正音",有時也叫"孔子正"或"官音"。這些讀音爲學者讀古籍時專用,很多正音憑學者記憶存在。當他們解釋古籍文意時,這些字音都會換成當地的口語説法。第二種讀音稱爲"白音"或"白文",這種讀音用于朗讀文義未明的古文以及其他種類的書籍、公告、文章等書面文件。作者還舉《論語》:"子曰,學而時習之,不亦悦乎? 有朋自遠方來,不亦樂乎?"爲例,説明這兩種讀音方式的不同。這句話標音如下:

正:Tsṳ iet, hiȯk zṳ sṳ sip tsṳ, put ėk zuȧt hu? Iú phông tsṳ̃ ién huang lâi, put ėk lȯk hu?

白:Tsṳ uat, hȧk zṳ sî sip tsṳ, put iā zuȧt hu? Ũ phêng tsṳ̃ ién hng lâi, put iā lȧk hu?[②]

書塾念書的傳統在今天的潮汕地區已無保存,我們無法以今天的

---

[①] 參考 Lim, Hiong Seng. *A Handbook of the Swatow Vernacular*. (Singapore: Koh Yew Hean Press. 1886), Preface.
[②] 語料及其論述參考 Gibson, John Campbell. *A Swatow Index of the Syllabic Dictionary of Chinese*. (Swatow: English Presbyterian Mission Press. 1886), Introduction 6-7.

眼光來看這兩種讀音形式的變化。不過,按例子標注的讀音情況來看,第一種讀音離今天的方言距離更遠。在現代潮汕地區,受過教育的民衆用方言朗讀這段《論語》內容,多數人讀出來的是第二種讀音。換言之,今天的潮汕方言"正音"("孔子正"、"官音")已不被多數人熟悉,應用範圍更廣的"白音"("白文")仍存在。

作者介紹兩種書面語讀音的不同之後,又介紹方言口語讀音情況。作者指出,潮州方言許多字詞具有多個讀音:古典讀音、普通讀音和口語音。同時,潮州方言還存在許多"有音無字"的口語讀法,它們無法像上述兩種書面語一樣寫出來。爲説明字詞多種讀音的性質,作者舉了"大學"這個詞的三種讀音作爲例子:

口語音:Tōa-ȯh　普通讀音:Tāi-hȧk　古典讀音:Ta-hiȯk

作者解釋,不同的讀音形式可能會帶來不同的意義。如Tōa-ȯh義爲高等學府,Tāi-hȧk是《大學》一書書名的讀音,且常在讀書和釋義時用到。Ta-hiȯk僅在用極其古雅的古典讀音讀古籍時會用到,且不用于讀《大學》這個書名。除了"大學"這個例子,作者還列舉了同樣具有不同讀音的"大人"一詞,以説明不同讀音帶來不同的意義。當"大人"讀Tāi-jîn時,義爲高級官員;讀Tōa-nâng時,則釋爲對朋友或親屬的尊稱[①]。

上述列舉的諸多例子,實際上都屬"文白異讀"。將傳教士的説法與今天的方言現狀作比較,我們發現,一百多年來的潮汕方言在文白異讀上也發生了變化,19世紀語料比現代潮汕方言保留了更多的"正音"讀法。譬如上述所説的"大學"讀Ta-hiȯk,在現代潮汕方言中已不存在。即便是用很正式、莊重的語言讀古文,也不會出現Ta-hiȯk這樣的讀音。表示高等學府的"大學"、書名《大學》,皆讀Tāi-hȧk,前者非Tōa-ȯh,後者非Ta-hiȯk。而"大人"讀Tāi-jîn,則僅保留在地方戲——潮劇的唱腔中,日常生活中已不存在。可見三種讀音在百年間其使用範圍和使用情況已產生了不平衡發展。

---

① 語料及其論述參考 Gibson, John Campbell. *A Swatow Index of the Syllabic Dictionary of Chinese*. (Swatow: English Presbyterian Mission Press, 1886),Introduction 7.

（2）潮汕方言三個層次間的關係

舉了上述例子之後，Gibson 1886 作者還爲這三種不同的讀音類型的關係作總結。作者厘出三種讀音的十種可能性關係，并提出在一般情況下，三種讀音有彼此不同的出現場合，但同時又密切相關：

具有Ⅰ、Ⅱ和Ⅲ三種讀音，且讀音相同；

具有Ⅰ、Ⅱ和Ⅲ三種讀音，Ⅰ讀一個音，Ⅱ和Ⅲ讀另一個音；

具有Ⅰ、Ⅱ和Ⅲ三種讀音，Ⅲ讀一個音，Ⅰ和Ⅱ讀另一個音；

具有Ⅰ、Ⅱ和Ⅲ三種讀音，三種讀音完全不同；

只有Ⅰ、Ⅱ兩種讀音，且讀音相同；

只有Ⅰ、Ⅱ兩種讀音，Ⅰ讀一個音，Ⅱ讀另一個音；

只有Ⅱ、Ⅲ兩種讀音，且讀音相同；

只有Ⅱ、Ⅲ兩種讀音，Ⅱ讀一個音，Ⅲ讀另一個音；

只有Ⅱ一種讀音；

只有Ⅰ一種讀音，且有音無字。

（Ⅰ表示口語音，Ⅱ表示普通讀音，Ⅲ表示古典讀音）[①]

上述規則總結了潮汕方言層次的多種關係，雖爲不完全歸納，但對今天的研究仍有現實意義。在現代潮汕方言中，字詞因出現的場合和頻率不同，可能有兩個或兩個以上讀音，這些讀音在邏輯上也存在多種可能性。對異讀現象作分類分析，是現代學者研究異讀現象的必要步驟。這種由分類形成的結果，一般被稱爲科學分類的產物。傳教士在一百多年前就爲異讀現象的可能性作出科學歸結，不得不稱爲科學研究潮汕方言異讀現象的先驅。

（3）兩種書面語讀音的使用範圍

討論三種讀音關係之後，Gibson 1886 又指出，初學潮州話，用于日常交流，第二種讀音，也就是我們所説的普通讀音（"白音"、"白文"）最爲重要。若用于學術、研究的目的，則"正音"（"孔子正"、"官音"）更重要。作者還特別指出，在特有名詞，如外國經文名稱，即便在用普通讀

---

[①] 參考 Gibson, John Campbell. *A Swatow Index of the Syllabic Dictionary of Chinese*. (Swatow: English Presbyterian Mission Press, 1886), Introduction 8.

音讀出來的文句中,也會被讀爲與官話較爲相似的"孔子正"。故此,有的特有名詞的普通讀音早已丟失,僅有"正音"讀法。對特有名詞的讀音類型,作者舉四例加以説明①:

|  |  | 正音 | 白音 |
|---|---|---|---|
| 其田 | Gideon | khî-thiên | khî-tshân |
| 以西結 | Ezekiel | íⁿ-si-kiet | íⁿ-sai-kat |
| 以馬内利 | Immanuel | íⁿ-má-nūi-lī | íⁿ-bé-lāi-lī |
| 西面 | Simeon | si-miēn | sai-mīn |

雖然有的名詞普通讀音丟失,但傳教士留意到,"白音"在日常交流中有更爲重要的特徵。這點現代方言也可佐證。在今天的潮汕方言中,日常交流使用口語音,基本不出現上述的"正音"。即便對書面資料,民衆也習慣用"白音"朗讀和交流。在現代潮汕地區,受"推普"政策影響,基礎教育一般使用通語,用方言正音進行學術研究的傳統,在年輕一代已漸消失。因此,"正音"于學術研究的作用也不復存在。故而,上述傳教士所列舉的四個特有名詞,若要以今天的潮州方言朗讀,"白音"讀法更爲普遍和常見。

(4) 輔音韻尾與喉塞韻尾的區別

在談到"正音"與"白音"使用範圍不同的同時,Gibson 1886 還認爲入聲字在讀音表現上與其他聲調字存在不同。作者説到,潮州方言入聲字的"正音"帶 p、t、k 韻尾,距官話讀音甚遠,"白音"帶 h 韻尾,反而與官話更接近②。

傳教士的這種説法是比較潮汕方言與漢語官話的結果。若聯繫歷時演變、語言層次等因素,則潮汕方言帶 h(實爲 ʔ)韻尾讀音比帶 p、t、k 韻尾讀音有更爲久遠的歷史,屬方言早期白讀層次保留。帶塞音韻尾

---

① 例子及論述參考 Gibson, John Campbell. *A Swatow Index of the Syllabic Dictionary of Chinese*. (Swatow: English Presbyterian Mission Press. 1886),Introduction p. 8.
② 參考 Gibson, John Campbell. *A Swatow Index of the Syllabic Dictionary of Chinese*. (Swatow: English Presbyterian Mission Press. 1886),Introduction 8-9.

的層次實爲中古語音特色的體現。同時,在這一點上,入聲字并非真的與其他聲調字不同。與 p、t、k 韻尾平行的 m、n、ŋ 韻尾,在語音特點上與入聲字也極爲相似。這套韻尾同樣具有 m、n、ŋ 與鼻化元音的區別,其中,m、n、ŋ 與 p、t、k 搭配,鼻化元音則與 h(ʔ)韻尾搭配。只不過在官話系統裏仍舊保存 n、ŋ 韻尾,因而傳教士沒有發覺它們的相關。傳教士沒有意識到鼻音、塞音的相關性,故認爲入聲字語音特殊。

(5) 方言的訓讀問題

Gibson 1886 最後還探討方言的訓讀現象。語料指出,潮汕地區有獨特的漢語教育淵源,但往往教育水平不高。這種水平體現在訓讀字的使用上。如"夜"字讀 ià,在潮汕地區并不爲人所知。即便在"正音"讀法中,人們常將"夜"字讀爲 eⁿ,"白音"讀法更是以 mê 訓讀"夜"字。另一種訓讀的例子則造成了"正音"與"白音"的巨大差異。如"昔"字,在"正音"中讀爲 sek,在"正音"以外的場合常讀爲 tsá。又如"看"字,"正音"讀 khàn,"白音"與口語音則常被非本字音 thói 所代替。口語詞"看命"中,"看"又讀成 khùaⁿ。由此作者總結,錯誤讀音在潮州方言中廣泛使用,正確字音只爲少數追求精確的學者所知,多數教習方言的老師使用的是錯誤讀音。這種不規則讀音,有其存在的歷史和淵源①。

可見,對訓讀現象的研究并非始于 20 世紀,早在 19 世紀傳教士語料中就有所涉及。如傳教士所言,造成訓讀的重要原因在于本地文人缺乏探究字源的習慣。這種習慣積累下來,訓讀音也就成了方言特色,無法改正。也因此,現代潮汕方言中,如同見"夜"讀 mê,見"昔"讀 tsá,見"看"讀 thói 等現象,依舊存在。

(6) 評述

歸結上述觀點,傳教士在此涉及的層次問題主要有:文白層次及其使用範圍、三種層次讀音間的關係、輔音韻尾的特殊性以及訓讀問題。比較今天的學術成果可知,傳教士得出的結論,大體上與方言事實相符。如潮州方言三個語音層次在讀音表現與使用範圍上存在區別,在

---

① 參考 Gibson, John Campbell. *A Swatow Index of the Syllabic Dictionary of Chinese*. (Swatow: English Presbyterian Mission Press, 1886), Introduction 9.

今天的方言中仍舊存在。不過由于今天的潮汕地區已無用方言念古籍的習慣,因此當時傳教士所聽到的"孔子正",今天已所剩無幾。新派年輕人無法用"孔子正"讀書,却用通語讀書,形成新的異讀,與19世紀形成鮮明對比。再如傳教士談及潮州方言"正音"保持輔音韻尾,今天的方言同樣是文讀音系統保留輔音韻尾,白讀系統讀喉塞韻尾,讀音類型與19世紀同[①]。傳教士所提及的訓讀現象,今天也仍存在。今天潮汕地區的教育水平比19世紀進步,但對方言與文字對應關係的考究,仍限于少數研究方言與文字的學者。普通民衆見"夜"依舊讀 mê,見"看"依舊讀 thói。

科學探討方言異讀現象,一般認爲是20世紀以來學者的貢獻。Gibson 1886 這段論述的出現,無疑使研究潮汕方言異讀現象的時間,大大提前。Gibson 1886 對潮汕方言異讀層次歸類、分析,并用實例佐證,區分方言讀音的不同層次,厘清層次間的關係與使用範圍,發現訓讀現象及其成因。初涉漢語的傳教士得以對方言複雜的層次作討論,足見其記錄之細、研究之深。這些研究成果,對今天我們探討潮汕方言的層次問題,具有極大的參考價值。

### 6. 潮汕方言詞彙的分類

19世紀傳教士語料除了討論方言的字音、詞音,也關注方言的詞法和句法現象。在我們所找到的語料中,Ashmore 1884 集中討論潮汕方言的語法現象。該書將方言詞彙進行分類,以三十六課内容描寫潮汕方言句子。在描寫各類句式之前,作者先對潮汕方言的"文法"特點(實指詞彙特點)做了詳細討論。

(1)"實字"、"虛字"的討論

在討論"文法"特點的篇章中,Ashmore 1884 力圖借潮汕方言的特點,説明漢語語法的特徵。它首先指出,潮州方言乃至漢語的單詞没有時態、變格等特徵,并指出漢語句法的實現,主要靠助詞等輔助手段,漢語詞彙在性質上具有多功能特徵,往往一個詞可充當不同角色。作者接著引出"實字"、"虚字"概念,詳細討論潮州方言的"實字"、"虚字"現

---

[①] 今天的潮州方言比19世紀少了-t韻尾。

象。所謂"實字"、"虛字",實爲漢語名詞類詞彙分類的一種嘗試。"實字"是"表示有形事物的詞";"虛字"是"表示無形的變化狀態等的詞"。同時文章進一步指出,"漢語詞彙中關于山川、土地、天空、河流、道路、木材、動物、鳥類、門窗、村莊,都是實字;相反,關于顏色、思量、用途、原因、愛憎、想法,上下、出入,都屬于虛字"。基于上述説法,該文又説,潮州方言一個單詞中,往往第一個字爲"實字",第二個字爲"虛字",并舉"山頂"、"處下"、"海底"、"天上"、"肚痛"、"心想"、"骸腫"、"儂□(睡覺)"、"日出"和"雨落"爲例①。

(2) "活字"、"死字"的討論②

"實字"、"虛字"論之後,Ashmore 1884 又分析了"活字"與"死字"的區別。據語料説法,所謂"活字"、"死字",主要是針對名詞與動詞關係所做的分類。作者指出,在漢語(實指潮汕方言)中,"描述會想、會做的字,稱爲活字;描述不會想、不會做的字,稱爲死字"。Ashmore 1884 提出這個概念後,自己對該概念提出了批評。它認爲,因爲這個概念經常混淆同一個詞的使用範圍,如同一個詞因主、被動,時態等的不同,可能被劃歸不同的範疇。因此這個概念表面上看似明確,實質上却無法很好將詞彙分類。作者用實例對此進行解釋。如潮州方言的本應歸入"死字"的名詞"儂(人)",由于人具有活動力和行爲能力,故"儂(人)"亦可爲"活字"。動詞(及動詞性短語)方面,作者又舉四例:

"請坐"please be seated("活字")—"坐了"seated("死字"),動作完成與否

"唔閒坐"I have no leisure to sit("活字")—"我且坐"I will still remain seated("死字"),意圖變更動作與否

"火燒厝"the fire burns the house("活字")—"厝燒掉了"the house is burned("死字"),能量停止與否

---

① 此段論述參考 Ashmore, William. *Primary Lessons in Swatow Grammar*. (Swatow: English Presbyterian Mission Press. 1884), Grammar 1 - 2.
② 此節論述,除我們評釋的語句,其他説法均選譯自 Ashmore, William. *Primary Lessons in Swatow Grammar*. (Swatow: English Presbyterian Mission Press. 1884), Grammar 2 - 4. 特此聲明。

"魚掠弱載"how many fish did you catch?("活字")—"掠無魚"caught no fish("死字")

除最後一個例子，前面三例都附有作者的解釋。作者認爲，以動作、能量的進行狀態作爲"活字"與"死字"的區別形式，實際是把主被動、時態的區別當成"活字"與"死字"的區別。這樣的分類很模糊。許多學者將"死字"用作"活字"，又將"活字"用成"死字"，這就像將名詞用作動詞，將動詞用作名詞。這種用法在擬人與比喻手法中更爲常見。爲了證明擬人、比喻中"死字"、"活字"混用的情況，作者又舉以下幾例。

"死字"用作"活字"的例子：

死儂—□(辯論)到企(死人被說到能站起來)；無骹儂—掠著(被沒有腳的人抓到)；青盲人—睇見(被瞎子看見)；

山—會叫，谷—會應，海—會笑，月—會開弓，珊瑚鬚—會開花。

"活字"用作"死字"的例子：

雞—□(不會)啼，狗—□(不會)吠，馬—□(不會)跑，心—硬過石，要說法，無人來，相信—信念，會談—□(不會)行(會說不會做)，會想—□(不會)做，有骹—□(不會)行(有脚不會走路)，有手—□(不會)挈物(有手不會拿東西)

按照作者的說法，單純的比喻，以不具活力的事物比喻有活力的事物，打算做的事件沒有達成，動作完成，動作停止，都是"活字"用作"死字"的表現。作者最後總結，漢語（潮汕方言）不具語法標記。教習漢語的老師不會對學生說"你違背了語法規則"，祇會說"這個用法不對，沒人這樣說"。

(3) 評述

上述"實字"、"虛字"、"活字"、"死字"概念，并非傳教士的創新，而是引用中國文人作詩、評詩的概念。這種將詞彙區以"虛、實"、"死、活"的說法，在宋代就已出現。宋人范晞文在詩話作品《對床夜話》評論五言律詩時就曾提及："虛活字極難下，虛死字尤不易，蓋雖是死字，欲使之活，此所以爲難"，評論七言詩時又曾說道"蓋語長、氣短者易流于卑，而事實、意虛者又幾乎塞"①。可見這種"虛實、死活"概念，應是引用教

---

① 古人"虛、實"、"死、活"說法之見于《對床夜話》，爲黃耀堃教授告知，特此致謝。

習中國方言教師(即中國文人)的說法,而非傳教士自己的創造。如此,這種"虛實、死活"之分,某種程度上代表了中國人對方言語法的分類觀點。同時,由上述討論可見,傳教士并非單純引用中國傳統詞彙劃分觀點,而是以英語形態特點作參照,分析中國文人所總結的詞類劃分法,并用這種分類方法解釋方言詞彙,試圖通過個案分析,找出傳統"虛、實"、"死、活"概念的實質。不過,由于這種討論并未引入科學的詞法理論,無法從本質上說明詞類特點,最後祇能得出"潮州方言語法上沒有規則"等非科學結論。

事實上,以今天的語言學觀點考察"虛、實"、"死、活",可以對"虛、實"、"死、活"之別,有準確定位。"虛、實"之別,實則與"複合詞"構詞法相關。"死、活"之別,實則與"事件與動詞的分類關係"相關①。

先看"虛、實"之別。傳教士所說的"虛字"、"實字",與現代語言學所說的虛詞、實詞不同。這種"虛字"、"實字",都是對實詞的分類,與虛詞無關。如上文所言,除去以"有形、無形"作爲區分標準的"虛、實"字,Ashmore 1884 還列舉第一個字爲"實字",第二個字爲"虛字"的潮汕方言"虛實組合詞":"山頂"、"處下"、"海底"、"天上"、"肚痛"、"心想"、"骹腫"、"儂□(睡覺)"、"日出"和"雨落",在這種"虛實組合詞"中,作爲"實字"的"山、處、海、天、肚、心、骹、儂、日、雨"皆爲名詞,屬中心語,其後"虛字""頂、下、底、上、痛、想、腫、□(睡覺)、出、落"與中心語的關係,則分兩種情況,一爲作中心語的補充成分,如處所、方位詞"頂、下、底、上";一爲對中心語的陳述,如作謂語的動詞或形容詞"痛、想、腫、□(睡覺)、出、落",與中心語組成"主謂結構"。可見,這種"虛、實"之別,涉及複合詞構詞方法。

再看"死、活"之別。根據 Ashmore 1884 的說法,所謂"死、活",是以"動作是否進行、變更、實現"作爲劃分條件。如果動作正在進行,就會被劃歸"活字"範疇,而當這個動作結束,則屬于"死字"。這種樸素的分類方法實爲對句子(短語)的主語、謂語關係分類的一種嘗試。系統

---

① "虛、實"、"死、活"與構詞法和事件、動詞分類的關係,參考鄧思穎教授對徐宇航 2010 年提交的博士研究生年終報告《傳教士與潮州方言》一文之評審意見。特此致謝。

研究主語、謂語關係(即事物與動作關係),并根據動作所表達的事物特徵對動詞進行分類的學者爲 Zeno Vendler。根據 Vendler(1957 年)的研究,因事物和動作的關係不同,動詞可分爲"狀態(states)"、"活動(activities)"、"完結(accomplishments)"和"達成(achievements)"四類。這種主謂關係又可按"動作是否具有過程的時空限制"分爲"狀態(states)"和"事件(events)"①。Ashmore 1884 認爲,動作正在進行,劃歸"活字",動作結束,則屬"死字",即同一個謂語動詞因時態、語氣的不同,可劃歸不同的範疇。這種分類剛好與上述"狀態"與"事件"的區別表現一致。觀察傳教士的舉例,也基本符合"狀態"與"事件"的區別。如表示事件進行的"請坐"、"火燒厝",表示靜止形態改變的"青盲人一睇見(被睛子看見)"、"海一會笑"等,爲"活字",表示狀態持續的"我且坐"、"掠無魚"、"雞一囗(不會)啼"、"心一硬過石"等,則爲"死字"。從這個角度上講,Ashmore 1884 對"死、活"之分,應屬較早注意到漢語"事件與動詞分類關係"的論述。不過,須指出,傳教士的這種分類并不周延。如"厝燒掉了"、"會談一囗(不會)行(會說不會做)"等"死字",實際上表示"形態的改變",屬于有過程的事件範疇,歸入"死字",混淆了"狀態"與"事件"的概念。同時認爲,由于"儂(人)"具有活動力和行爲能力就等于"活字",則混淆了"事物本身"和"事物與動作關係"。可見,彌足珍貴的詞法分類嘗試有其積極的歷史意義,也有不足之處,科學甄別尤爲重要。

## 四、潮汕方言傳教士語料的研究現狀

傳教士語料彌補了方言韻書衹記音類,不記音值的缺陷,成爲考察方言歷時演變的重要參考。近年來,結合傳教士語料對潮汕方言進行

---

① 參考 Vendler. Zeno. Verbs and Times, *The Philosophical Review*,Vol. 66. No. 2. Duke University Press. 1957,143—160;鄧思穎:《形式漢語句法學》(上海:上海教育出版社,2006 年),頁 85—87;鄧思穎:《粵語框式結構"咪……囉"的句法特點》,載《中國語言學集刊》3.1(紀念李方桂先生中國語言學研究學會及香港科技大學中國語言學研究中心出版,2008 年);高明樂:《事件語義學與動詞語義表達式》,載《外語學刊》2(哈爾濱:黑龍江大學出版社,2011 年)。

共時、歷時系統探討的研究成果不斷湧現。現代學者對傳教士語料的研究,集中在語料介紹和音韻領域,詞彙和語法現象考究的成果較少。如《西洋傳教士漢語方言學著作書目考述》(游汝杰,2002年)、《漢語閩粵方言聖經譯本考述》(趙曉陽,2011年)就屬介紹潮汕方言的傳教士語料基本情況。藉傳教士語料研究潮汕方言音韻現象的論文包括:《Some Recent Sound Shifts in Chaozhou and Other Southern Min Dialects》(Badman,1982年)、《潮州方言語音的演變》(李如龍、李竹青,1994年)、《〈潮正兩音字集〉音系初探》(張屏生,1994年)、《The Historic Role of the Late Professor Y. R. Chao's 1929 Field Materials》(余靄芹,2001年)、《從〈汕頭口語語法基礎教程〉看120年前的潮州方言音系》(林倫倫,2005年)、《從一百多年前的兩本書看潮州話的韻尾演變》(陳麗瑩,2007年)、《19世紀以來潮汕方言的羅馬字拼音方案》(莊初昇、陳曉丹,2009年)和《從歷史文獻看潮汕方言-n、-ŋ韻尾在19世紀以後的演變》(吳芳,2013年)。這些論文皆參考一本或多本傳教士語料,通過方言歷時與共時對照,討論方言整體或部分語音現象(包括記音符號)的變化與發展。此外,臺灣大學碩士論文《〈汕頭方言辭典〉音系研究》(莊金鳳,2005年)研究 Fielde 1883 單本語料的音系。香港中文大學博士論文《潮州方言一百多年來語音演變的研究》(徐宇航,2012年)則以十一本19世紀傳教士語料為參考,結合共時和歷時研究方法,討論19世紀潮汕方言語音現象及其在一百多年間的演變。

以傳教士語料作為歷時材料,涉及詞彙、語法範疇研究的,有施其生《〈汕頭話讀本〉所見潮州方言中性問句》(2009年),該文以出版於1886年的《汕頭話讀本》為考察對象,探討"中性問句"在潮州方言中的類型、特點和變化發展;施先生的另一論文《漢語方言中語言成分的同質兼併》(2009年)論述汕頭話否定詞的"同質兼併"時,也運用了《汕頭話讀本》的資料。與施先生論述對象相似,《潮州方言"唔字結構"合音條件及合音演變》(徐宇航,2012年)也對潮州方言的否定結構"唔字結構"的合音現象進行討論,并以多本傳教士語料作為該合音現象歷時演變的證據,探究合音條件和運作模式。

## 五、結　語

　　本文以晚清時期潮汕方言傳教士語料爲考察對象，介紹語料概況的同時，藉語料序言與簡介内容，分析傳教士所討論的潮汕方言問題，并對傳教士語料的研究現狀進行梳理。

　　從上文可見，初涉潮汕地區的傳教士并不局限于記錄和描寫方言，對方言中存在的特殊現象，也進行仔細思考、嚴謹分析。如語料中所談到的方言内部差異問題，足見傳教士對地區方言的調查之廣、記錄之細。又如語料所談到的潮汕方言在東南亞的使用情況，由于用了統計數據，論述頗爲可信。同時，語料探討該問題時指出的語言雙向接觸特點，也爲今天的研究所證明。再如傳教士所談到的方言異讀與層次問題，無論研究方法還是所得結論，都對現代學術探討具有深刻影響。異讀現象今天仍存在，研究的學者也不在少數。對比今天的成果與傳教士的討論，我們發現，許多現代學者所得出的結論，當時的語料中已有所涉及。比如楊秀芳（1982）認爲潮州方言具有三個不同的語音層次，傳教士語料則指出潮州方言具有"正音"、"白音"和"口語音"；再如沈鍾偉（2007）指出，輔音韻尾與喉塞韻尾字具有不同的歷史來源，傳教士則指出潮汕方言輔音韻尾與喉塞韻尾在音色及與官話的關係上存在不一致。這些互相呼應的結論，無疑增加了傳教士語料的學術價值。

　　當然，我們也要看到，這批晚清傳教士語料對方言的討論，也有不科學之處，如上述詞彙分類的不周延。傳教士語料是漢語歷時研究彌足珍貴的資料。唯有在現代語言學研究成果下，持批判態度，對語料的說法、記錄和結論作甄別式研究，方能取其精華、去其糟粕，在利用其嚴謹、科學之處的同時，亦不爲其錯誤所惑。

（本文作者係香港中文大學人文學科研究所副研究員）

圖書在版編目(CIP)數據

明清研究論叢. 第二輯/香港中文大學中國語言及文學系編.—上海：上海古籍出版社，2015.11
ISBN 978-7-5325-7850-4

Ⅰ.①明… Ⅱ.①香… Ⅲ.①文史哲—中國—明清時代—文集 Ⅳ.①C53

中國版本圖書館 CIP 數據核字(2015)第 248359 號

## 明清研究論叢(第二輯)

香港中文大學中國語言及文學系　編

上海世紀出版股份有限公司
上　海　古　籍　出　版　社　出版
(上海瑞金二路 272 號　郵政編碼 200020)

(1)網址：www.guji.com.cn
(2)E-mail：guji1@guji.com.cn
(3)易文網網址：www.ewen.co

上海世紀出版股份有限公司發行中心發行經銷
啟東市人民印刷有限公司印刷
開本 635×965　1/16　印張 28　插頁 2　字數 403,000
2015 年 11 月第 1 版　2015 年 11 月第 1 次印刷
ISBN 978-7-5325-7850-4
Ⅰ·2984　定價：88.00 元
如有質量問題，請與承印公司聯繫